SAS统计分析应用

（第2版）

SAS

统 计 分 析 教 材

◎ 董大钧 主编
◎ 申笑颜 董 丽 李 茜 副主编

電子工業出版社
Publishing House of Electronics Industry
北京 · BEIJING

内 容 简 介

本书基于 SAS 9.2 中文版编写，介绍了 Base SAS、SAS\STAT 的用法。全书以统计分析方法为主线，通过大量实例，详细介绍了 SAS 程序设计方法及各种统计过程适用条件和使用方法，并对统计过程实例的输出结果做了详尽的解释。本书中的例题和分析数据均放在华信教育资源网 www.hxedu.com.cn，供读者下载使用。

本书既可作为高等院校本科生、研究生信息统计分析相关课程的教材，也可作为从事数据分析和数据管理的人员的参考用书。

图书在版编目（CIP）数据

SAS 统计分析应用/董大钧主编. —2 版. —北京：电子工业出版社，2014.5
统计分析教材
ISBN 978-7-121-22793-6

I. ①S… II. ①董… III. ①统计分析-应用软件-高等学校-教材 IV. ①C819

中国版本图书馆 CIP 数据核字（2014）第 062627 号

策划编辑：秦淑灵
责任编辑：秦淑灵
印　　刷：北京七彩京通数码快印有限公司
装　　订：北京七彩京通数码快印有限公司
出版发行：电子工业出版社
　　　　　北京市海淀区万寿路 173 信箱　邮编　100036
开　　本：787×1092　1/16　印张：28.5　字数：804 千字
印　　次：2025 年 2 月第 12 次印刷
定　　价：55.00 元

凡所购买电子工业出版社图书有缺损问题，请向购买书店调换。若书店售缺，请与本社发行部联系，联系及邮购电话：(010)88254888。

质量投诉请发邮件至 zlts@phei.com.cn，盗版侵权举报请发邮件至 dbqq@phei.com.cn。

服务热线：(010)88258888。

前　　言

在信息时代的今天，人们在工作实践中会获取大量的信息，存储、整理和分析处理它们是一项极其重要的工作。由于对数据的分析大都是基于基本的统计原理进行的，国内外学者多年来编制了许多统计软件包，如 BMDP、SAS、SPSS 等，其中 SAS 软件包则是诸多统计软件包中的佼佼者。

SAS 系统全称为 Statistics Analysis System，是用于决策支持的大型集成信息系统，经过多年的发展，SAS 已被全世界 120 多个国家和地区的六万多家机构采用，遍及金融、医药卫生、生产、运输、通信、政府和教育科研等领域。在数据处理和统计分析领域，SAS 系统被誉为国际上的标准软件系统，是建立数据库的首选产品，堪称统计软件界的巨无霸。

SAS 系统具有灵活的功能扩展接口和强大的功能模块，在 Base SAS 的基础上，还可以增加不同的模块而实现不同的功能，如 SAS/STAT（统计分析模块）、SAS/GRAPH（绘图模块）、SAS/QC（质量控制模块）、SAS/ETS（经济计量学和时间序列分析模块）、SAS/OR（运筹学模块）、SAS/IML（交互式矩阵程序设计语言模块）、SAS/FSP（快速数据处理的交互式菜单系统模块）、SAS/AF（交互式全屏幕软件应用系统模块），等等。SAS 有一个智能型绘图系统，能绘制各种统计图。SAS 提供了许多统计过程，每个过程均含有丰富的任选项。用户还可以通过对数据集的一连串加工，实现更为复杂的统计分析。此外，SAS 还提供了各类概率分析函数、分位数函数、样本统计函数和随机数生成函数，使用户能方便地实现特殊统计目的。

自 1993 年由董大钧教授主编的全国第一本高校 SAS 统计软件应用教材出版以来，SAS 软件被迅速推广，它大大地提高了用户的计算机应用水平、信息处理的工作效率和工作质量。

本书为高等院校计算机数据处理、统计分析课程的教科书，也可以作为 SAS 软件应用的指导书。本书介绍了 SAS 9.2 中文版的 Base SAS 和 SAS/STAT 的主要内容；通过大量实例详细阐述如何使用 SAS 语言编写程序，以及 SAS 统计软件包中许多基本统计过程的使用方法和结果的分析。本书的例题和分析数据均可通过华信教育资源网（www.hxedu.com.cn）下载。

本书第 1 章和第 2 章由董丽编写，第 3 章由申笑颜编写，第 4 章、第 5 章由李茜编写。其余各章由董大钧编写。

由于我们知识和经验有限，加之时间仓促，本书难免存在各种问题，望读者提出宝贵的意见和建议。

编　者

目　　录

绪　　论

1. 什么是 SAS

SAS(Statistical Analysis System)是一个用于决策支持的大型集成信息系统，用来管理、分析数据和编写报告的组合软件系统。该软件系统最早的功能限于统计分析，至今，统计分析功能也仍是它的重要组成部分和核心功能。经过多年的发展，SAS 已被全世界 120 多个国家和地区的三万多家机构所采用，直接用户超过三百万人，遍及金融、医药卫生、生产、运输、通信、政府和教育科研等领域。在数据处理和统计分析领域，SAS 系统被誉为国际上的标准统计软件系统，堪称统计软件界的巨无霸。对数据处理要求最严格的美国食品和药物管理局 FDA，在进行新药报批时，实验数据只有使用 SAS 软件处理才接受申请。

SAS 是唯一一家将领先的数据仓库、分析和传统的商业智能(BI)应用完全集成在一起的供应商，可从海量数据中创造智能。SAS 提供了世界级的分析、数据操纵和报表展现能力，它具有可伸缩性、高度的互用性和易管理性。

SAS 是一种模块化软件，SAS 系统由三十几个模块组成，其分析功能散布在几乎所有的模块之中，较为集中的具有统计分析功能的是 BASE SAS、SAS/STAT、SAS/QC、SAS/INSIGHT、SAS/ETS 等一些模块，通过编程可以调用各种分析功能。

对于常用的一些统计分析方法，SAS 系统中的如下三种方法可以达到同样的目的：

- SAS/INSIGHT(“交互式数据分析”)该方法直观。
- Analyst(“分析家”)在属性数据分析和功效函数计算方面功能强。
- 直接编程功能最强，对一些特殊的分析，只能用编程方法处理。

Base SAS 软件是 SAS 提供的各种数据管理和分析软件组件的核心基础，它是访问、管理、分析和显示数据的世界技术领先的信息传输系统。Base SAS 软件包括第四代编程语言和称为过程的现成程序。这些过程可处理数据、信息存储和检索、统计分析和报表编写等。

SAS/STAT 可用于高级统计分析和应用，包括方差分析、回归分析、属性数据分析、多元分析、生存分析、聚类分析、判断分析及非参数分析等。

SAS/ACCESS 用于从数据库管理系统（DBMS），以及 PC 文件格式读取和写入数据。

SAS/GRAPH 以各种彩色图表展示信息，完成各种用于业务管理和统计分析的中、外文图形报表，包括直方图、饼形图、曲线图、三维图等。

SAS/ASSIST 提供任务导向式、菜单驱动用户友好界面，利用图形式的选项画面，自动生成完整的 SAS 程序。

SAS/OR 可做线性规划、项目管理、资源分配和决策支持。

SAS/IML 交互式矩阵语言，可利用其内置的功能进行科学计算和统计分析。

SAS/QC 提供用于质量管理的各种专门工具，可做实验设计、质量管理和过程控制，并提供完整的实验设计和质量管理的菜单系统。

SAS/ETS 建立计量经济及财务模型，分析和预测各种时间序列资料。

SAS/INSIGHT 为交互式统计分析及动态图形展示工具，进行交互式动态资料分析和展示。

SAS/EM 智能型的数据挖掘集成工具，SAS/EM 的图形化界面、可视化操作引导用户按 SEMMA

原则成功地进行数据挖掘。SAS/EM 可实现与数据仓库和数据库、商务智能及报表工具的无缝集成。

2. 利用 SAS 系统处理数据的过程

SAS 系统提供了一种完善的编程语言。属于第四代计算机高级语言，在 SAS 中，把大部分常用的复杂数据计算的算法作为标准过程，SAS 用户只需要熟悉其命令、语句及简单的语法规则就可以实现对数据的管理和分析处理工作。这使得 SAS 编程十分简单。SAS 系统也提供了了图形化的软件模块，使数据集的建立像使用电子表格软件那样方便，处理数据只需要回答对话框中的问题提交即可，使对数据处理更简便。然而在预处理数据时，就不像使用 SAS 语言编程那样灵活。因此，掌握 SAS 编程技术是使用 SAS 的关键环节。

SAS 编程处理数据分为两个步骤，数据步和过程步。在数据步建立起数据集、这是对数据能否处理成功的关键。

可以用各种数据步的语句对数据进行预处理，整理数据，以使数据符合数据处理过程的需要，整理好的数据放在数据集中。在过程步，利用各种过程对指定的数据集中的数据进行处理、分析，并输出结果

数据步(DATA Step)以 DATA 语句开始，以 RUN 语句结束。

过程步(PROC Step)以 PROC 语句开始，以 RUN 语句结束。也有些过程步要用 QUIT 语句结束。

3. 随书附带光盘的使用

本书中所有例题、数据及某些参考资料保存在华信教育资源网 www.hxedu.com.cn 上，在使用本书时请将其中的 SASDT、SASPRG、SASLX、SASLX1、SASLX2 和 SASEX 等文件夹复制到你的计算机 E:\下。

由于有极个别的例子中所用的命令是 SAS 9.2 后新增加的，故在 SAS 早期版本上运行时，会出现命令或函数找不到的错误。

第 1 章　SAS 系统概述

1.1　SAS 窗口系统

1.1.1　SAS 系统的启动和退出

1. 启动

SAS 软件有租期限制，只有机器时间在软件有效期内才能启动 SAS。

若计算机安装有 SAS 系统，打开“开始”菜单，选择 SAS 9.2，或“程序”→“The SAS System”→“The SAS System for Windows 9.2”，即进入 SAS 系统，打开“SAS”窗口，如图 1-1 所示。

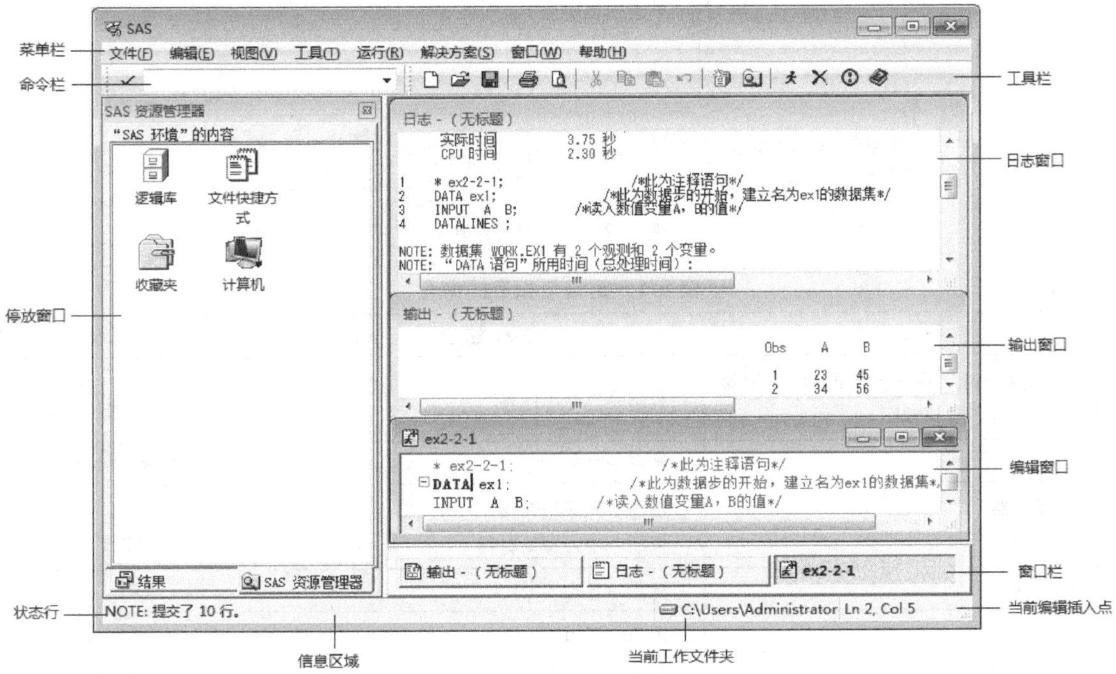

图 1-1　“SAS”窗口

2. 退出 SAS 系统

在工作结束之后要退出 SAS 系统，可使用下列方法之一：

(1) 单击“SAS”窗口的“关闭”按钮；

(2) 在窗口的命令栏上输入“BYE”后按回车键；

(3) 在程序编辑器的语句行上输入“ENDSAS;” 按回车或工具栏上的提交(SUBMIT)键提交它。

1.1.2 SAS 窗口环境

当启动 SAS 时，将打开 5 个主窗口："SAS 资源管理器"窗口、"结果"窗口、"程序编辑器"窗口、"日志"窗口和"输出"窗口。另外还有 30 多个窗口可供使用。

1. 打开窗口

要打开主窗口，可以从"视图"菜单选择相应的命令项或在命令栏中使用相应的命令，如图 1-2和表 1-1 所示。

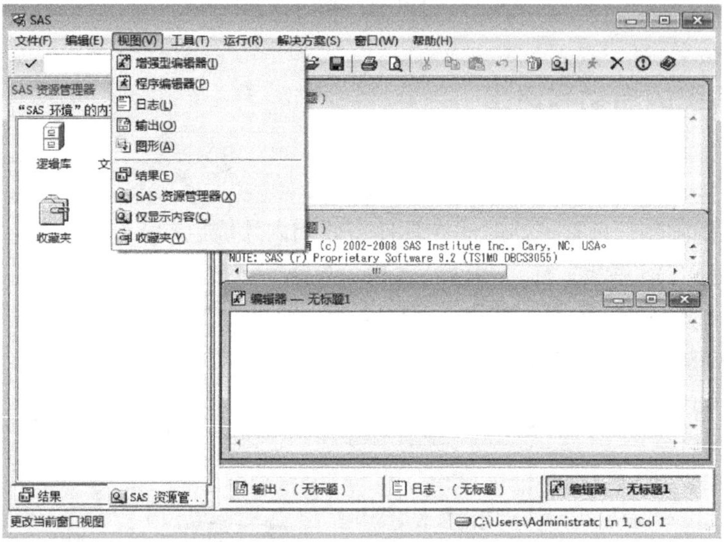

图 1-2 "视图"菜单

表 1-1 窗口与相应的命令

窗　口	菜单路径	命　令
以"只显示内容"视图显示的"SAS 资源管理器"窗口(没有树视图)	视图→只显示内容	SASENV
"结果"窗口	视图→结果	ODSRESULTS
程序编辑器 增强型编辑器	视图→程序编辑器 视图→增强型编辑器	PGM WEDIT
"日志"窗口	视图→日志	LOG
"输出"窗口	视图→输出	OUTPUT
"SAS 资源管理器"窗口	视图→SAS 资源管理器	EXPLORER

SAS 命令无须完整输入，只要前面的字符能与其他命令区分开即可。在命令栏中可以输入多个窗口命令，命令之间须用分号分隔。例如，以下命令可打开"脚注"和"查找"窗口：

```
footnote;expfind;
```

单击窗口切换按钮，或在"窗口"菜单中选中某窗口，使该窗口成为当前窗口。当前窗口标题栏颜色深并有光标闪烁。SAS 只对当前窗口进行操作。

2. “停放”视图

工作区的左侧区域为停放视图区。其他任何打开的窗口将不会遮挡停放视图。默认情况下，“SAS 资源管理器”窗口和“结果”窗口为停放窗口。每个停放窗口的停放区域底部都有一个选项卡，单击选项卡，即可在停放的窗口间切换。当停放窗口数量较多时，下部将出现向左和向右箭头，可用以浏览各停放窗口。

(1)停放窗口

① 选择窗口以使其成为当前窗口。

② 选择“窗口”→“ 停放”，如图 1-3 所示。

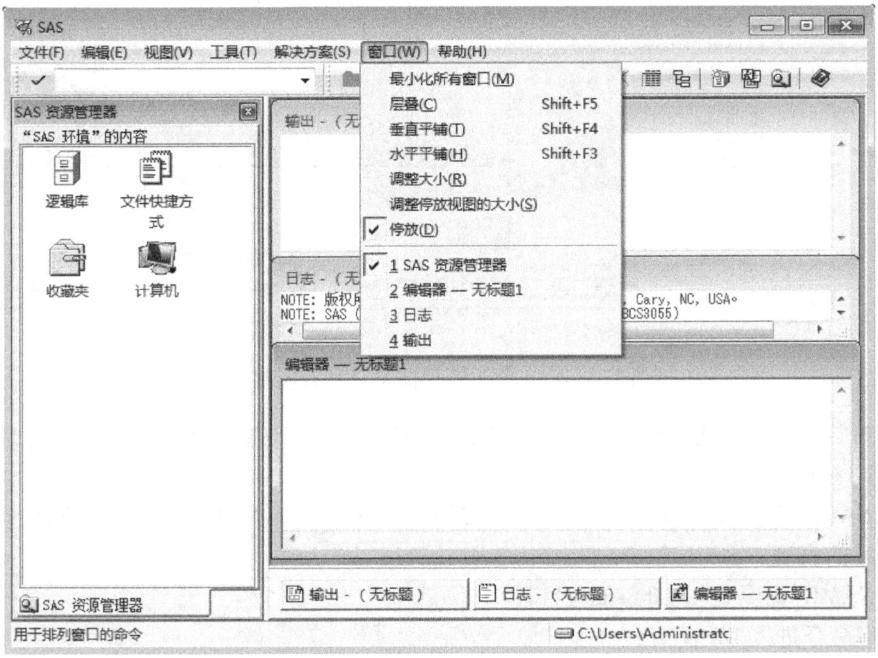

图 1-3　窗口菜单中的“停放”项

注意：如果某窗口不能停放，则“停放”菜单项为灰色显示。

(2)取消停放窗口

① 在停放区域的底部，单击要取消停放的窗口的选项卡。

② 选择“窗口”→“停放”，将停放项前的对号取消。

3. “SAS 资源管理器”(Explorer)窗口

“SAS 资源管理器”窗口的作用类似于 Windows 操作系统下的资源管理器，是管理、访问数据的中心。这些数据包括目录、表(数据集)、逻辑库和主机文件数据，也可用于执行基本的 SAS 任务。

“SAS 资源管理器”的使用方法与 Windows 资源管理器的使用方法几乎相同。在命令栏使用“视图”,“SAS 资源管理器”命令，可以打开“SAS 资源管理器”。

“SAS 资源管理器”有两个窗格。左窗格为“SAS 环境视图”(也称为树视图)显示 SAS 的逻辑库及 Windows 资源管理器的大部分内容。右窗格显示在左窗格中所选中的项目的内容，如果在“视图”菜单中单击“仅显示内容”，则打开的是“SAS 环境”的内容视图。

利用视图菜单，可以一次打开多个“SAS 资源管理器”窗口。注意，当前窗口不同，视图菜单也不同，如图 1-4 所示。

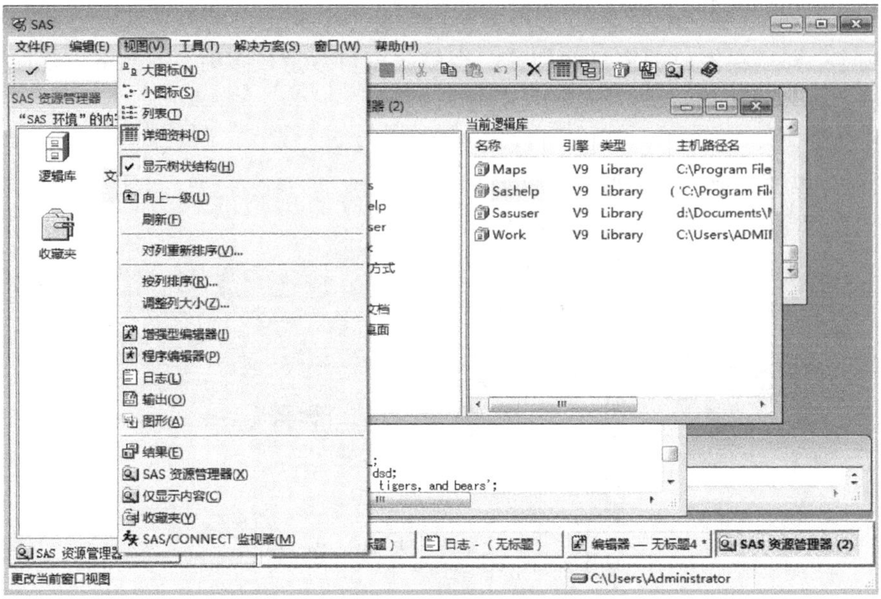

图 1-4　SAS 资源管理器窗口和查看菜单

可以选择“视图”→“显示树状结构”，或输入 TREE 命令，切换显示“SAS 资源管理器”视图和“只显示内容”视图。

除使用 SAS 管理器(SAS Explorer)窗口直接管理 SAS 数据库及其文件外，也可通过其他窗口来实现对数据库的管理：

用“LIBNAME”命令进入 Libname 窗口；

用“DIR”命令进入 Dir 窗口；

用“VAR”命令进入 Var 窗口(默认为显示临时库中数据集的属性)。

1.1.3　程序编辑器(Editor)窗口

程序编辑器窗口是 SAS 的文字编辑器，程序编辑器使用方法像 Word 等文字编辑软件一样。在此窗口可以编辑任何文本文件和程序，可用“文件”(FILE)菜单的“保存”(Save)命令存储此窗口中的内容。编辑好的程序可利用工具栏的提交按钮或在命令窗口用“SUBMIT”命令提交给 SAS 系统去执行。

1. 窗口分类

程序编辑器分为两种。一种仅用于 Windows 操作环境，能利用彩色分出程序的各部分，可展开并折叠程序段，自动缩排使程序清晰易懂；用虚线隔开程序的各步，可记录宏，称为增强型程序“编辑器”，如图 1-5 所示。

在命令栏使用“WEDIT”命令可打开“增强型程序编辑器”窗口。

如果对“编辑器”窗口中的内容进行了修改，标题中将增加一个星号。

除了增强型编辑器外，SAS 还提供了可用于所有 SAS 平台的普通的“程序编辑器”(program editor)窗口，它拥有与其他文本编辑器类似的文本编辑功能，可以作为读入、编辑和提交 SAS 程序的窗口。在命令栏使用“PGM”命令可打开普通程序编辑器窗口，如图 1-6 所示。

在这两种程序编辑器窗口都能输入和编辑 SAS 程序，并能将程序提交给 SAS 系统。

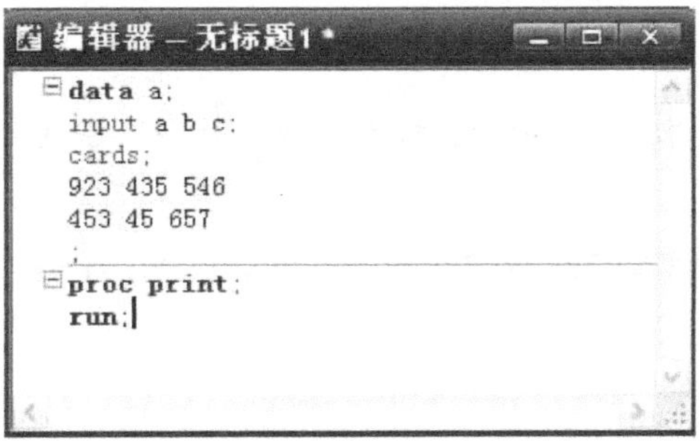

图 1-5 增强型程序“编辑器”

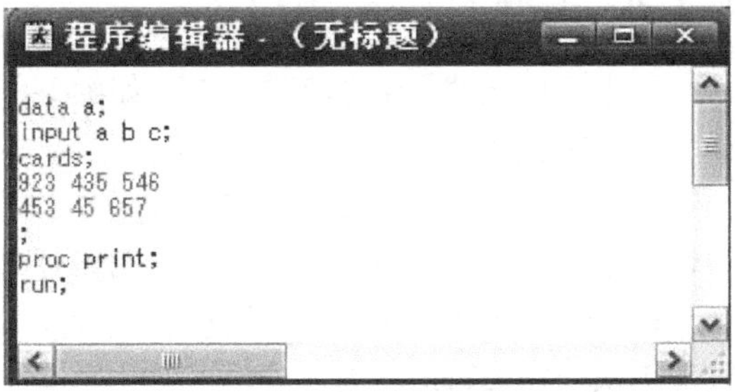

图 1-6 程序编辑器

2. 窗口内容的存取

1）调入外部文件

利用“文件”菜单的“打开”命令，找到 SAS 程序文件，即可将其调入程序编辑器窗口，或在程序编辑器窗口的命令栏上，利用“INCLUDE”命令将文本文件的内容调入该窗口。例如，将存于 E 盘 SASPG 文件夹的 ex2-1-1. sas 文件调入程序编辑器窗口，在命令栏上使用 INCLUDE 'E：\SASPG\ex2-1-1. sas'，即可将该文件调入。

2）保存当前窗口内容

这两种程序编辑器窗口都能输入和编辑 SAS 程序。保存程序时，选择“文件”→“保存”，指定路径，给出文件名确定即可。程序文件后缀为 . sas。

3）当前窗口内容的删除

如想将当前窗口中的内容全部删除，可以按 Ctrl + E 组合键或在命令栏上使用“CLEAR”命令或在工具栏上单击删除按钮。

3. 窗口设置

要显示程序的行号或在提交程序后清除提交的程序，在程序编辑器为当前窗口时，选择“工具”→“选项”→“程序编辑器”，在弹出的“程序编辑器选项”对话框中进行设置，如图 1-7 所示。

也可选择“工具”→“选项”→“参数选择”，在弹出的“参数选择”对话框中进行设置。

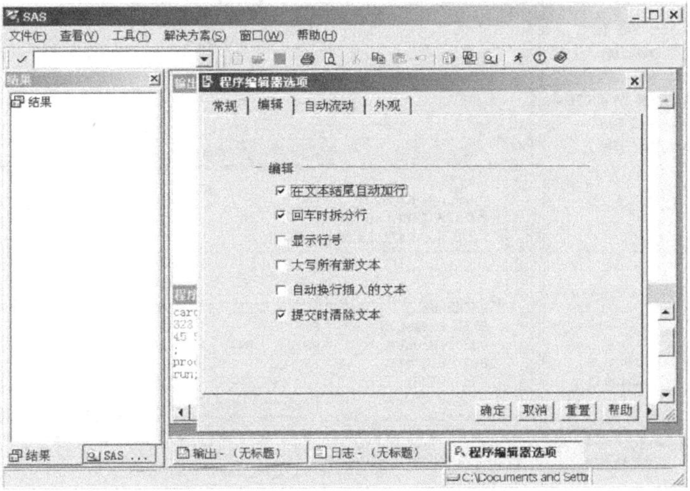

图 1-7 “程序编辑器选项”对话框

1.1.4 日志(LOG)窗口

日志窗口记载 SAS 的工作日志，如图 1-8 所示。随着 SAS 语句的执行，显示出已执行的语句和 SAS 系统的信息：

程序行——黑色表示，以本次会话中提交的程序总次序行号记录执行过的每一行程序。

提示——蓝色表示，以“NOTE”开始，提供系统或程序运行的信息。

警告——绿色表示，以“WARNING”开始，系统能自动纠正程序中的小错误，如将 INPUT 输入成 IMPUT 会提示错误语句，并自动纠正错误。当内存不足或软件即将到期也会给出警告信息。

错误——红色显示，以“ERROR”开始，表示该程序存在错误，即使程序显示出结果，结果必是错误的。应仔细查看此部分信息，找出错误原因，要找出最早的错误所在，因为该错误会影响后面的程序行的执行。

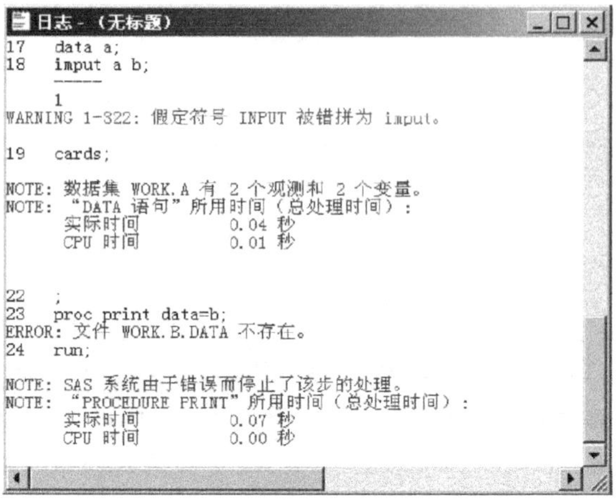

图 1-8　LOG 窗口

日志窗口中的内容在保存时被存为扩展名为“.log”的纯文本文件。

1.1.5 输出(OUTPUT)窗口

显示由 SAS 过程所输出的结果。在查看日志窗口确认程序运行无误后，该窗口显示的内容才是程序运行的结果。输出窗口中的内容在保存时被存为扩展名为“.lst”的纯文本文件。使用“output”命令或按 F6 键可打开输出窗口，如图 1-9 所示。

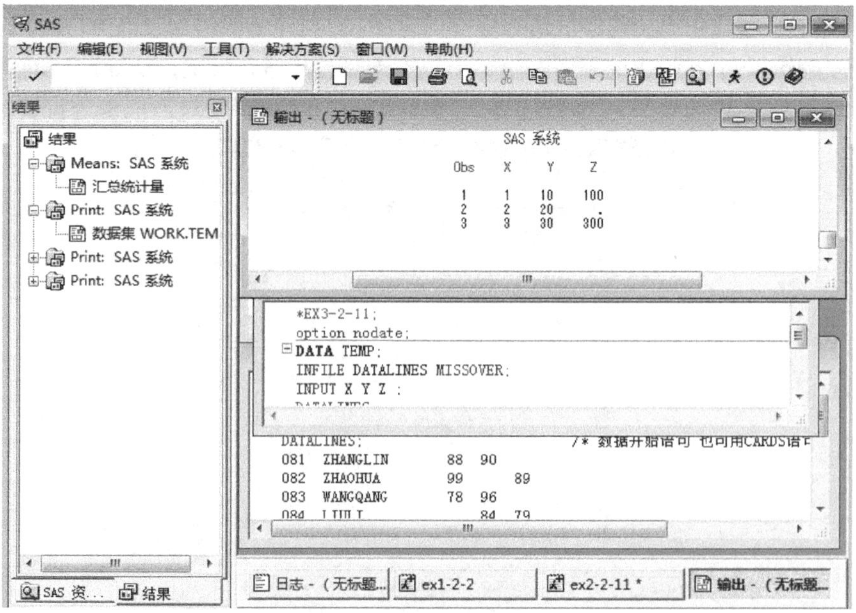

图 1-9　结果与输出窗口

1.1.6　结果(Results)窗口

当运行了许多过程步，输出结果非常多时，为了方便地查阅某部分结果，可利用结果(Results)窗口中的目录树进行快速定位。

结果窗口管理所提交的 SAS 程序的输出结果，所有输出结果按照目录树的结构依次排列，每一个过程步的结果被表示为一个节点。单击节点左边的加号，展开该节点，可进一步看到表示不同输出内容的子节点；用鼠标右击每个节点，就可对输出结果的各部分进行查看、存储、显示、删除等操作。

在默认情况下，结果窗口被隐藏在资源管理器窗口的背后，当有新的结果输出时，就会和输出窗口一起自动移到前台被显示出来。使用“ODSRESULT”命令可打开结果窗口。

1.1.7　改变窗口显示

在 SAS 中，可以在命令栏用“ZOOM”命令(或按窗口扩大键)去扩大当前窗口，使这个窗口充满整个屏幕，以便看到更多的信息。

有些英文版的 SAS 系统运行在中文 Windows 下输出表格线时可能出现乱码，可在 SAS 文件夹下找到 SAS. CFG 或类似名称的 Config 配置文件，用记事本程序将它打开，找到

```
/* This is the ANSI character set    */
```

将下面语句：

```
/* -FORMCHAR "|----|+|---+=|-/\<>*"     */
```

两端的注释符“/* ”和“ */”去掉后存盘，重启后即可解决乱码问题。

1.1.8　打印和保存 SAS 活动窗口中的内容

1. 打印

利用“文件”菜单“打印”命令或在命令行发出“DMPRINT”命令，可将当前窗口的内容由打印机打印出来。

可先对打印机及页面进行设置，可改变属性和字体等，如图 1-10 所示。

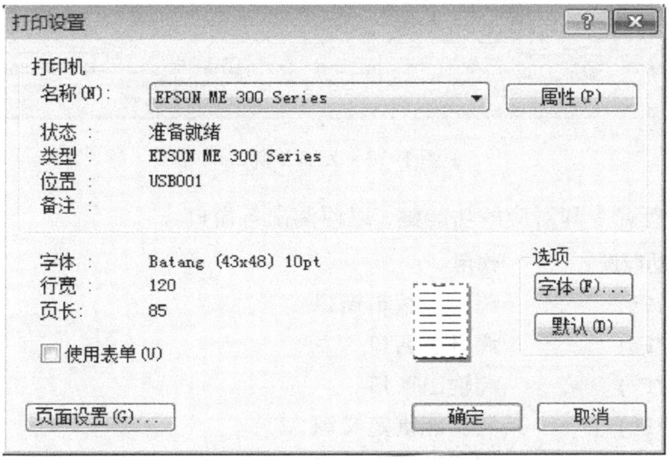

图 1-10　打印与页面设置

2. 保存文件

程序编辑器、输出、日志窗口中的内容，可利用“文件”菜单中的“保存”(Save)命令将其存入磁盘文件中。程序编辑器窗口的内容存成扩展名为 . sas 的文件，LOG 窗口的内容存成 . log 文件，OUTPUT 窗口的内容存成 . lst 文件。这些文件都是文本文件。

通过 SAS 系统的功能建立、维护和管理的文件统称为 SAS 文件。SAS 文件主要包括数据集文件、索引文件及目录类型的文件，SAS 文件具有特殊的后缀，如 SAS 程序文件的后缀是 . SAS，SAS 永久数据集文件的后缀是 . sas7bdat。各类型文件的图标如图 1-11 所示。

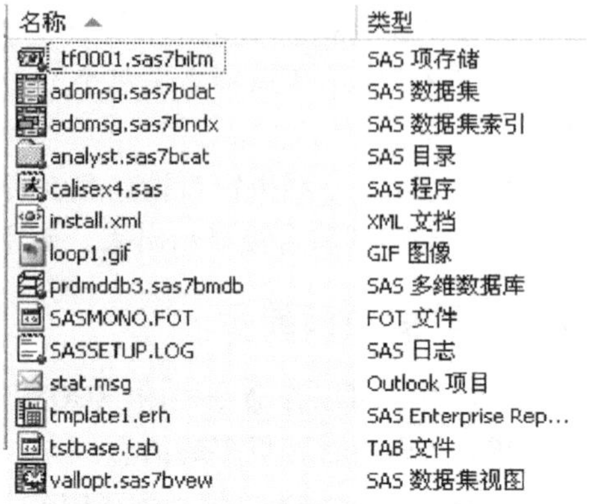

图 1-11　SAS 文件类型与图标

大部分类型的 SAS 文件除了 SAS 系统外，操作系统无法直接打开它。

1.1.9　KEYS 窗口

为了方便应用 SAS 系统，系统定义了一些功能键。在命令栏输入“KEYS”命令，按回车键，可调出 KEYS 窗口。该窗口显示常用的窗口调用命令和相应的功能键，如图 1-12 所示。

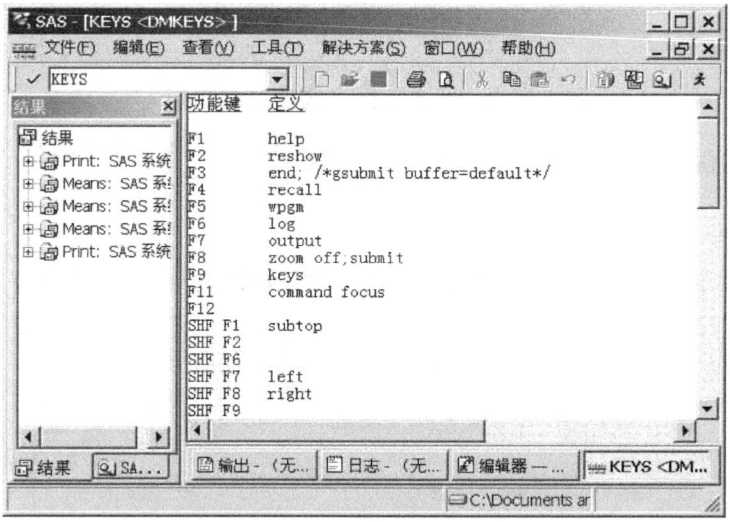

图 1-12　KEYS 窗口

记住如下的命令行命令和对应的功能键，以便调出各窗口。

命令	功能键	作用
PGM	(F5)	调程序编辑窗口
LOG	(F6)	调日志窗口
OUT	(F7)	调输出窗口
KEYS	(F9)	调功能键定义窗口
HELP	(F1)	调帮助信息窗口
RECALL	(F4)	调 PGM 以前的内容

除几个主窗口之外，后来调出的任何窗口，都可按 F3 键或在命令栏上用“END”命令将其移走。

1.2　SAS 数据集

1.2.1　SAS 数据集

SAS 数据处理的核心是 SAS 数据集。SAS 数据集是 SAS 文件的一种，一般由以下两部分组成：

1）描述部分

包含该数据集的一般信息，包括：数据集的名字及其成员类型、数据集建立的日期和时间、观测的数目、变量的数目以及数据集中每一个变量的特征信息，包括：Name（变量名）、Type（类型）、Length（长度）、Format（输出格式）、Informat（输入格式）、Label（标签）。例如，在 SAS 资源管理器逻辑库 SASHELP 中，右击 SAS 系统自带的数据集 class，选属性，可看到该数据集的描述信息。

2）数据部分

包含该数据集中收集的数据的值，可以看成一个矩形的表格。双击 SAS 自带的数据集 Sashelp. Class，在 VIEWTABLE 表单中，可看到该数据集中包含的 19 个学生的有关信息。

在 SAS 数据集中，变量分为两种类型：字符型变量和数值型变量。在某些 SAS 模块中，为了区分变量在分析中的不同作用，又按变量的测量水平分为两类：

- 区间型变量（interval variable）：区间型变量必须是数值型变量，可以对其观测值进行四则运算，计算各种统计量；
- 列名型变量（nominal variable）：列名型变量可以是数值型的，也可以是字符型的，常起分类作用。

1.2.2　数据集名

SAS 数据集文件分为临时文件和永久文件。临时文件在退出 SAS 系统时自动被删除，永久文件在退出 SAS 系统时不会被删除。

我们把作为中间结果使用的数据集或练习用的数据集作为临时数据集保存，而将以后还要再使用的数据集保存为永久数据集。数据集文件名由两部分（称为两级名）组成：

逻辑库名．数据集名

逻辑库名和数据集名中间用句点分隔。例如 MYLIB. student 是指逻辑库 MYLIB 中名为 student 的 SAS 数据集（表）文件。

临时数据集名和永久数据集名的区别是：临时数据集的逻辑库名为 WORK，例如学生信息临时数据集 student 的完整名称为 WORK. student，可以只用一级名 student 表示；而永久数据集名必须使用二级名，比如 MYLIB. student。永久数据集在生成时放到由逻辑库名指定的硬盘的文件夹（子目录）中永久存储，在读取时到逻辑库名指定的文件夹中读取，该文件在本次 SAS 会话结束时不会被自动删除。

在引用 Work 库中的 SAS 临时文件时，可省略逻辑库名。例如，引用 SAS 文件时，work. abc 和 abc 表示同一个 SAS 文件。

1.2.3　SAS 逻辑库概述

SAS 逻辑库是 SAS 数据集和目录等文件的集合。

在 SAS 中，不能直接使用文件存取的物理路径。为了访问一个 SAS 数据文件，一定要为该 SAS 文件所存放的位置指定一个别名（称为 SAS 逻辑库引用名或者就称为逻辑库名）。

访问一个 SAS 文件，一定要指明它所在的逻辑库，格式为：逻辑库名. 文件名。如在 Sasuser 库下建立一个名为 Mydata 的数据集，访问的时候，要用 Sasuser. mydata。

在每次启动 SAS 时，SAS 都会自动指定三个逻辑库：WORK、SASHELP、SASUSER。

- WORK 逻辑库为临时库，存放无须保存的 SAS 文件，这些临时文件当本次会话结束，退出 SAS 系统时会被自动删除。
- SASHELP 包含样本数据及控制 SAS 在用户的环境下如何工作的其他文件，它是只读逻辑库。
- SASUSER 用于存储用户个人文件的逻辑库。

可以使用菜单或 LIBNAME 命令创建一个逻辑库。一个 SAS 逻辑库名一旦被指定，就将其与磁盘上的一个存储位置(文件夹)建立了联系。这个逻辑库名在这个 SAS 进程中一直有效，除非对它进行修改。在这个 SAS 会话结束时，该逻辑库名就失效了。然而永久逻辑库内的 SAS 文件仍保留在磁盘物理位置上。在另一个 SAS 进程开始时，如果还要使用上次使用过的数据集，需重新指定逻辑库引用名。这次指定的逻辑库名可以不与上次使用的逻辑库名相同。

删除逻辑库时，仅将访问路径指针取消，文件仍保存在计算机上，但因为取消了 SAS 系统与 Windows 文件夹的联系，本次会话中这些文件不再能为 SAS 所访问，除非再次指定逻辑库名。

1.2.4 创建逻辑库

创建逻辑库实质就是提供指向操作环境中存储 SAS 文件存储位置的 SAS 别名或指针。

利用窗口的菜单命令创建逻辑库

(1) 在“SAS 资源管理器”窗口中，选择“逻辑库”文件夹。

(2) 选择“文件”→“新建”，或在 SAS 环境窗口右击逻辑库，选择“新建”，如图 1-13 所示。

图 1-13　SAS 资源管理器窗口右击当前逻辑库

(3) 在“新建逻辑库”窗口的名称域中输入逻辑库名，如 mylib。逻辑库名不得超过 8 个字符。

(4) 选择引擎类型。为了提供在 SAS 系统中可以直接地访问其他 SAS 版本创建的 SAS 文件和由其他外部数据库软件生成的相应格式的数据文件，应指定库的引擎，以指示系统用什么格式向逻辑库读/写文件。例如要读入或修改 SAS 6. 12 生成的文件，就必须使用 V6 引擎。库引擎是一组以规定格式向逻辑库读写文件的内部指令，利用库引擎可以直接访问其他 SAS 版本创建的 SAS 文件和外部数据库格式文件。对于当前的 SAS 版本逻辑库，常用默认的引擎，如图 1-14 所示。

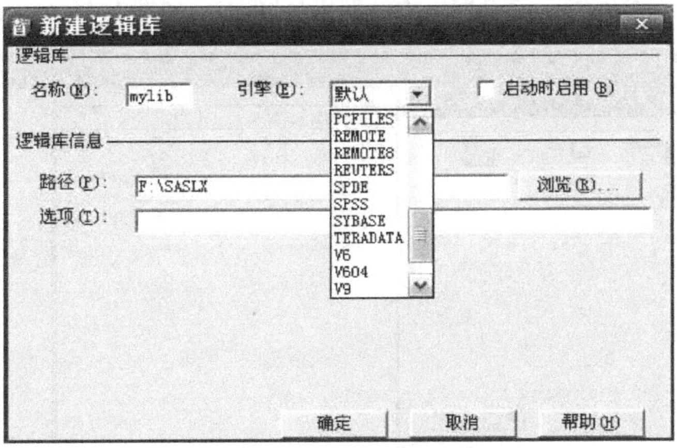

图 1-14　“新建逻辑库”对话框

如果不能确定应选择哪个引擎，使用“默认”引擎(自动选定)。“默认”引擎让 SAS 系统自动地选择合适的引擎。如果新逻辑库中没有数据集，则分配 Base SAS 引擎。

(5) 如果希望以后 SAS 在启动时自动启用该逻辑库，选中“启动时启用”复选框。

(6) 在“逻辑库信息”区域，可以单击“浏览”按钮找到那个文件夹，路径域中给出 SAS 文件所在的路径。

(7) 单击“确定”按钮，新逻辑库将出现在“SAS 资源管理器”窗口的逻辑库中。

1.2.5　用 LIBNAME 语句指定逻辑库引用名

在处理数据的程序中，要使用永久数据集时，应该用 LIBNAME 语句为数据集存储的“路径”定义一个逻辑库引用名，简称逻辑库名(Libref)。

语句格式为：

```
LIBNAME 逻辑库引用名'路径';
```

例如，想把数据集存在事先已在 e 盘建立的文件夹 saslx 上，则可用

```
libname ep 'e:\saslx' ;
```

ep 是使用者任意起的名称。该命令执行后，在日志中显示“已成功分配逻辑库引用名 ep”;引擎 V9；物理名 e:\sasLx，如图 1-15 所示。在这次进程期间，程序中若想使用路径“e:\saslx”，就应使用逻辑库引用名“ep”代替“e:\saslx”。本书中使用的所有数据集文件皆放在“e:\saslx”目录下。

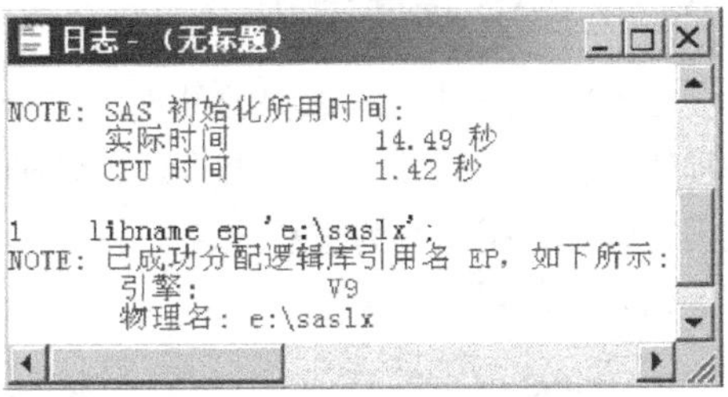

图 1-15　用 LIBNAME 分配逻辑库引用名

逻辑库引用名和路径的联系一直在起作用，直至用另一个 LIBNAME 语句改变这种联系或是进程结束。

1.2.6　创建逻辑库成员

向逻辑库添加新的成员如表或目录，可按以下步骤操作。

(1) 选择要包含成员的逻辑库。要执行此操作，可以在“SAS 资源管理器”中打开该逻辑库，如前面建的逻辑库 ep。

(2) 选择“文件”→“新建”。打开“Ep 中的新成员”窗口,如图 1-16 所示。

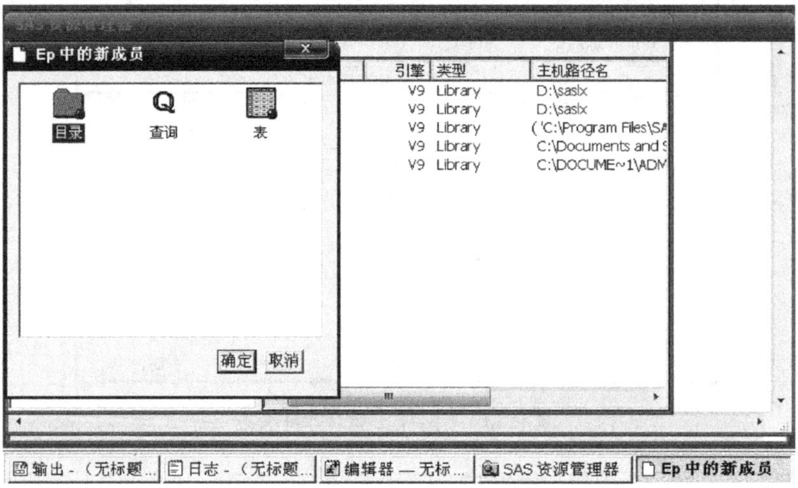

图 1-16　建立新成员

(3) 选择要添加成员的类型,可以是目录、查询和表(即数据集),然后单击“确定”按钮。

(4) 如果选择目录,系统将提示输入新目录的名称。如果选择查询或表,将打开“查询”窗口或“Viewtable”窗口。

1.2.7　删除逻辑库

(1) 选择要删除的逻辑库。

(2) 在菜单中,选择“编辑”→“删除”来删除逻辑库。

如果删除了某一逻辑库,仅删除了查找文件的路径指针,SAS 将不再识别该逻辑库,但路径及文件仍然存在。

1.3　SAS 程序的输入与运行

1.3.1　SAS 程序结构

在 SAS 系统中,对数据的处理大体分成两步:一是将数据读入 SAS 系统,建立 SAS 数据集,这一程序步称为数据步;另一步是调用各种系统已有的程序(称为 SAS 过程)处理和分析数据集中的数据,这一程序步称为过程步。

【例 1-3-1】

```
* ex1-3-1;                  /* 此为注释语句*/
DATA ex1;                   /* 此为数据步的开始,建立名为 ex1 的数据集*/
  INPUT  A  B;              /* 读入数值变量 A, B 的值*/
  DATALINES ;               /* 以下是数据行*/
  23  45
  34  56
  ;
RUN;                        /* 数据步结束并运行*/
PROC PRINT;                 /* 此为过程步的开始*/
RUN;                        /* 过程步结束,运行本程序*/
```

每一数据步都以 DATA 语句开始，以 RUN 语句结束；而过程步则以 PROC 语句开始，以 RUN 语句结束。每行写一个语句，每个语句的后面都要用“;”结束。“ * ex1-3-1;” 是注释语句，对程序行或程序段加以解释。该语句以“ * ”开头。如果注释内容放在语句的后面，注释前面应加“/ * ”，注释后面加“ */”。注释语句是不执行语句，一般用于较大的程序中。

将光标移至程序编辑器窗口，输入上面的程序。

每行输入完后按 Enter 键，光标就会移到下一行的开始处。每一数据步及每一过程步都应以“RUN”语句结束。输入无误后打开“运行”菜单，选“提交”，或按工具栏上的提交按钮“ ”。

INPUT 语句逐行读 DATALINES 后面各行的数据建立临时数据集 ex1。

在日志中指出程序建立起 ex1 数据集，数据集中有两个观测，有两个变量。通过调用 PRINT 过程将刚刚建立的数据集的内容显示出来。

在数据处理过程中，可有多个数据步或多个过程步或数据步与过程步混合使用，后一个 DATA 或 PROC 语句能起到前一步的 RUN 语句的作用，故两步中间的 RUN 语句常省略。但最后一步的后面必须有 RUN 语句，否则最后一步将不能运行。运行过程与输出结果如图 1-17 所示。

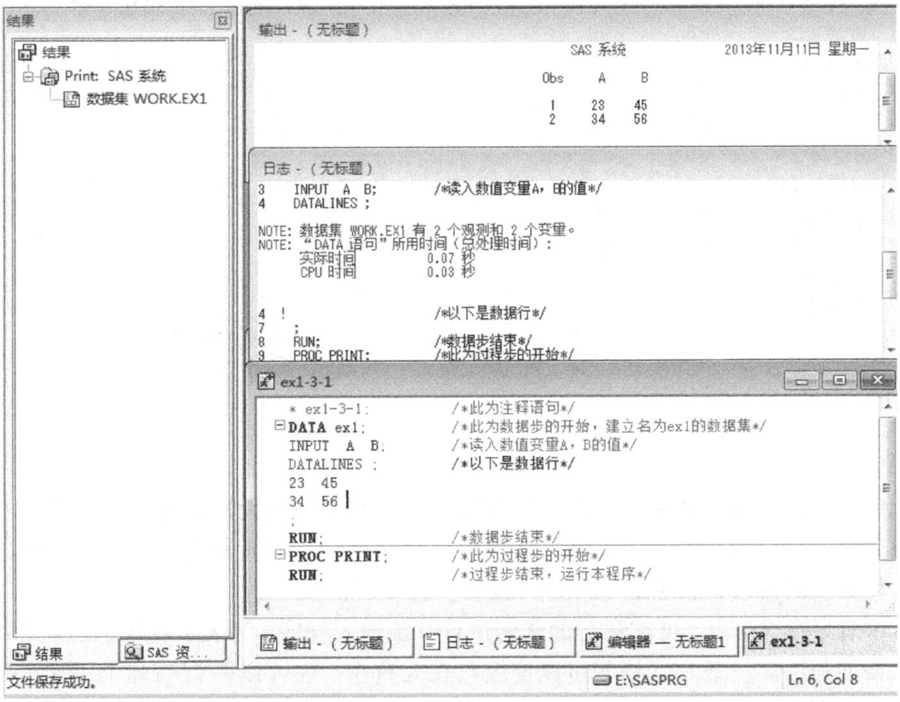

图 1-17　程序与输出

1.3.2 SAS 程序的输入、修改和运行

1. 程序编制例

【例 1-3-2】 有 10 名学生考试成绩数据，记录了每个学生的学号、姓名、英语和计算机成绩，如表 1-2所示。计算各科平均成绩，给出各科成绩的描述统计量：均值、标准差、最小值、最大值。

数据中，num(学号)、name(姓名)都应使用字符型变量，在 INPUT 语句中应在变量后加上“$”号表示。为求出描述统计量，可使用 MEANS 过程。

表 1-2　成绩数据清单

Num	name	English	computer
081	ZHANGLIN	88	90
082	ZHAOHUA	99	89
083	WANGQANG	78	96
084	LIULI	84	79
085	SHIDONG	69	88
086	KONGYING	77	79
087	LILING	82	67
088	GUANFEN	80	91
091	MAQIANG	66	78
092	NEWHUA	88	99

完成此项统计工作的程序如下：

```
* ex1-3-2;
DATA  score;
  INPUT  num $ name $ English computer ;     /* 读入 4 个变量 */
DATALINES;                                   /* 数据开始语句 也可用 CARDS 语句 */
081 ZHANGLIN      88       90
082 ZHAOHUA       99       89
083 WANGQANG      78       96
084 LIULI         84       79
085 SHIDONG       69       88
086 KONGYING      77       79
087 LILING        82       67
088 GUANFEN       80       91
091 MAQIANG       66       78
092 NEWHUA        88       99
;                                            /* 分号为数据结束语句 */
PROC MEANS;                                  /* 调用 MEANS 过程*/
RUN;
```

2. 程序输入

将光标定位于程序编辑器窗口，输入上面的程序。可以使用大写或小写英文字母或大小写混合输入 SAS 语句，语句中每个单词或数据项间应以空格间隔。在程序输入过程中，可以上下左右移动光标去做必要的修改，像使用“记事本”编辑文件一样。

SAS 语句书写格式自由，可在各行的任何位置开始输入程序；为表示程序的层次，一些语句常采用缩进几格的写法。一条 SAS 语句可以连续写在几行中，也可以一行写几个语句。每个语句的后面一定要用“;”号结束，如：

```
DATA score; INPUT num $ name $ English computer ;
```

DATALINES (或 CARDS)语句指示下面就是数据行(Cards 是老式卡片机读数据命令)。通常在 DATALINES 语句后的数据直到数据结束之前都不能有“;”号。数据后一般用一空语句(仅有“;”)表示数据结束。若数据后的第一个语句是下一程序步的 PROC 或 DATA 语句，则可省略空语句。

注意：DATALINES 语句必须放在数据步语句的最后，数据之前。除数据外，在它之后不允许再有该数据步的任何语句。

3. 提交程序

当程序被正确输入后，使用菜单“运行”→“提交”命令，或单击工具栏上的提交按钮“ ”或按功能键“F8”，或在命令栏上打入“SUBMIT”再按 Enter 键，提交给 SAS 系统。

4. 查看运行信息

程序执行情况及某些运行结果会在日志窗口记录下来。提交程序后，应该注意观察日志窗口中的信息，以确信程序是否被正确执行。

如 ex1-3-2 的数据步运行完后，在日志窗口会给出：

NOTE：数据集 WORK. SCORE 有 10 个观测和 4 个变量。等信息，表示已建立起名为 WORK. SCORE 的数据集，其中有 10 个观测(observations)，4 个变量(variables)。

程序语句前面的数字表示在这次 SAS 会话期间，累计执行的语句行数。

如果在日志窗口出现红色字体，表示程序执行错误。必须修改程序后再运行。若本次程序执行过程中没出现错误，则可查看输出结果。

5. 输出结果

MEANS 过程给出的统计量如不指出，默认给出观测数 N、均值、标准偏差、最小值、最大值，如图 1-18 所示。

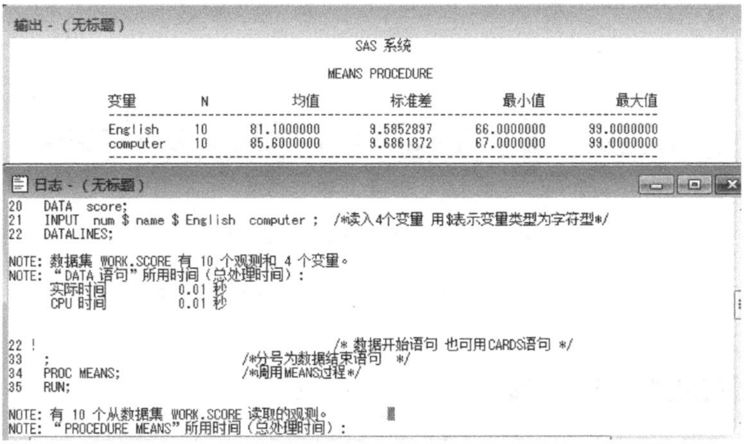

图 1-18　MEANS 过程输出

6. 程序错误及排除

如果在提交 SAS 语句后，LOG 窗口显示出错信息(用红色显示)，应将光标移至此窗口，观察错误信息，找到错误所在。初学者常犯的错误有如下几种。

(1) 在一个语句的后面忘记使用分号，此时，SAS 继续读下一语句，并将后一语句作为前一语句的一部分，由于无法解释该语句而在 LOG 窗口给出错误信息。此时，应先检查前一个语句尾部是否有分号。

(2) 在对字符型变量赋值的语句中，字符串要使用引号括起，若遗漏一个引号，在 LOG 窗口会指出字符串太长或没有 CARDS 语句。在程序编辑器上出现“DATA STEP 正在运行”的信息。

(3)程序中使用了全角符号。

【例 1-3-3】 用 PUT 语句在日志窗口输出三个变量的值。

```
* ex1-3-3;
DATA;
  INPUT a b;
  g='ssss;          /* 建一个新字符型变量 g，并赋字符串'ssss'，但漏写一个单引号*/
  PUT a b g;        /* 在 LOG 窗口输出三个变量的值*/
CARDS;
```

```
3 5
;
run;
proc print;
run;
```

运行时，在标题栏上给出如下信息:“DATA STEP 正在运行”，如图 1-19 所示。

图 1-19　出错的程序正在运行

即使做了修改，再次提交时，系统仍会给出上述信息，并且在 LOG 窗口显示出错信息，如图 1-20 所示。

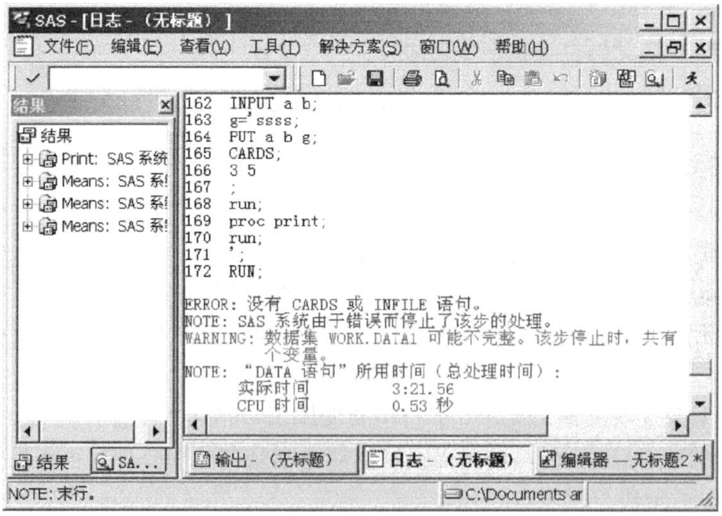

图 1-20　LOG 窗口

因为少一配对的单引号，系统总认为后面所有语句皆为 g 赋值的字符串。解决的办法是输入一个单引号和分号，加上一个 RUN 语句:

```
' ; RUN ;
```

提交即可结束程序的运行，然后可重新修改程序并提交。

一个程序中也可能同时有单引号和双引号遗漏，可在程序编辑器中按遗漏单、双引号的反向次序输入：

```
' ; " ; RUN;
```

提交，问题解决。调回程序，修改后重新运行即可。

有时即使这样做，也不能使修改后的程序正常运行，此时可将当前程序存盘，按下工具栏中的“中断”按钮，或同时按下 Ctrl + Break 组合键，出现任务管理器(见图 1-21)，选择“2 中断数据步/过程：DATESTEP”，单击“确定”按钮。在随后弹出的“中断→提交”窗口(见图 1-22)选择“Y 中断数据步或过程步，”，单击“确定”按钮再重新打开程序，运行即可。

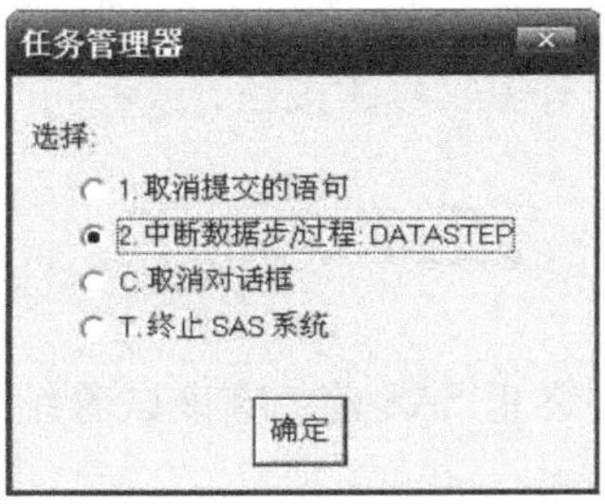

图 1-21　任务管理器

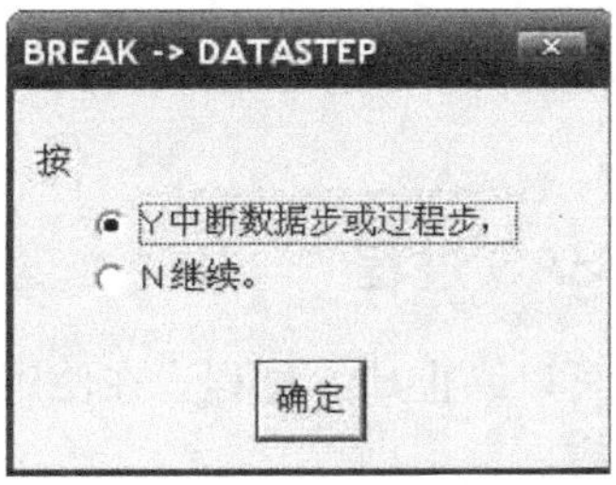

图 1-22　“中断→提交”窗口

(3) 若程序的最后缺少 RUN 语句，提交后程序编辑器上显示“DATA (PROC) …… 正在运行”(见图 1-23)。在最后加一“run;”语句，发送即可。

(4) 关键字拼写错误，有些错误 SAS 系统会自动更正，如将“INFILE”错拼为“INFIE”，系统会自动更正过来(见图 1-24)。

对一些拼错太多的词，SAS 无法理解，给出语句无效的提示(见图 1-25)。

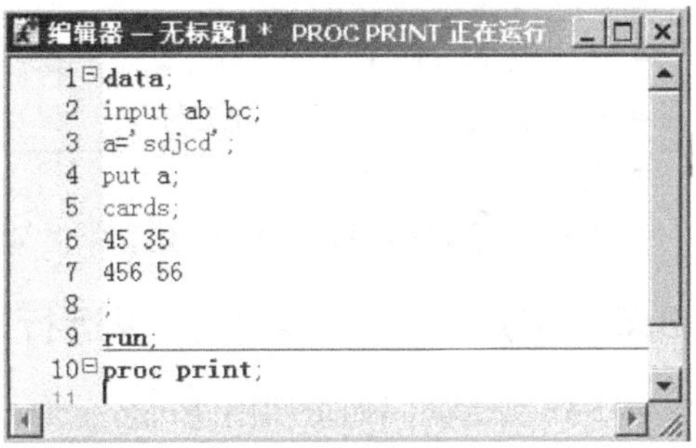

图 1-23　程序最后缺少 RUN 语句

7. 调回已提交的程序

每次提交的程序都顺次存于 SAS 的临时存储区中。程序编辑器窗口可以设为提交后清空。如果刚提交的程序有错误或需要再次使用前面提交过的程序，可在程序编辑窗口，在命令栏用 RECALL 命令(或按 F4 键)，调回前面提交的程序。可以修改程序，然后重新提交。如无必要不要连续单击“RECALL”按钮，否则将依次调回以前提交的各程序。

与本次无关的程序应删除，否则不仅浪费时间且输出的内容太多，错误也不易发现。

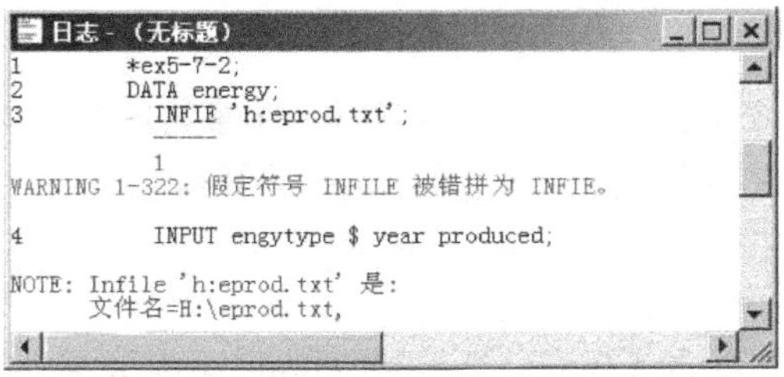

图 1-24　LOG 窗口显示 SAS 系统自动更正错误

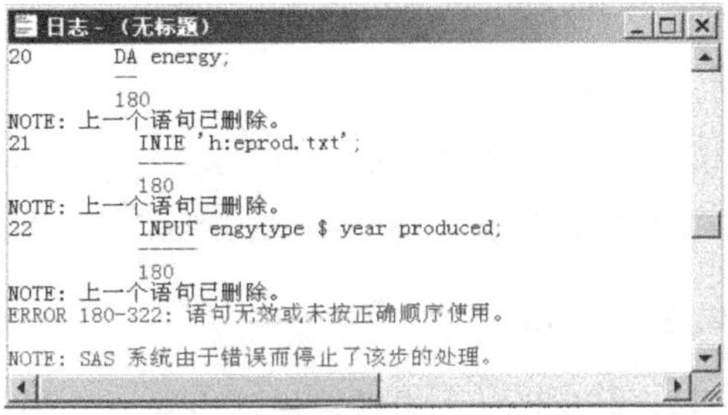

图 1-25　LOG 窗口显示程序错误

8. 程序的输出

SAS 程序的输出有如下 4 种方法。

(1) 大部分 SAS 过程都具有在 OUTPUT 窗口输出的功能。

(2) 利用 PUT 语句将信息输出至 LOG 窗口,常用来调试程序,显示中间结果。

(3) 利用 FILE 语句指出输出的文件名,用 PUT 语句将输出写入文件中。

(4) 利用 OUTPUT 语句或某些过程的 PROC 语句的选项"OUT = 数据集",将数据流中的信息写入数据集。

1.3.3 中断 SAS 会话

在 SAS 会话期间要中断过程运行,可以在工具栏单击圆中有惊叹号的按钮,或者同时按下 Ctrl + Break 键。

1.3.4 终止 SAS 过程

有多种方法可以终止 SAS 过程。在使用下面某一种方法终止 SAS 前,应该试着结束所做的处理或保存相关内容。

- 从主窗口控制菜单中选择关闭 SAS。
- 双击主要的 SAS 窗口的控制菜单,或在 SAS 主窗口右上角,单击关闭按钮[X]。
- 从 SAS 的命令行发出"bye"或"endsas"命令。
- 提交一个 endsas 语句。
- 从主要的 SAS 窗口菜单栏文件下拉菜单选择退出 SAS。
- 从弹出式菜单选择退出文件。
- 按 Alt + F4 快捷键组合。

如果由于错误而导致 SAS 终止,则 SAS 日志可能包含错误信息,以说明故障所在。

1.3.5 使用 X 语句或 X 指令运行 Windows 指令

在 SAS 会话期间如想调用 Windows 命令,可使用 X 语句或者 X 指令运行 Windows 指令。X 语句能在一个数据步外面被运行。能在命令栏或任何 SAS 指令行中发送 X 指令。

X 语句语法:

```
X<" 命令 ">;
```

1.4 SAS 编程基础

1.4.1 观测

在 SAS 数据集中,描述单一整体,如一个人、一个实验动物、一个地区或一个事物的某些属性的一系列数据值称为观测(observation),又称观察。它相当于数据表中的行(或记录)。

1.4.2 变量

描述某属性的一组数据值称为变量(variable),如身高或体重。它相当于数据表中的列(或字段)。在 SAS 数据集中,每一个观测是由各个变量的数据值组成的。

1. 命名

SAS 变量名和其他名称如数据集名等的命名规则都相同，它可以多至 32 个字符长，第一个字符必须是字母(A，B，C，…，Z)，或者是下画线“_”，后面的字符可以是字母(不区分大小写)、数字或下画线。空格和特殊字符(如$，@，#)不允许在 SAS 名中使用。SAS 系统保留了一定的名称作为特殊的变量名，这些名称以下画线开始和结尾，如“_ N _”和“_ ERROR _”等。

2. 给变量赋值

在 SAS 系统中给变量赋值有如下两种方法。

(1) 用 INPUT 语句将 DATALINES 后面的数据或数据文件中的数据读入 SAS 数据集。

(2) 用赋值语句将值赋给变量。将一字符串赋给一变量时，要用引号将字符串括起来。如：将 3 赋给变量 a，用 a = 3；将字符串"abcdefg"赋给变量 b，用 b = "abcdefg"；将变量 a 的值加上 4 后，结果赋给变量 c，用 c = a + 4。

3. 变量特性

SAS 变量有两种类型：数值型和字符型。

数值型数据通常只含有数字，或带有 E 符号、小数点和负号的数字。它的值可进行加、减、乘、除四则运算。

字符型数据是一个简单的字符序列。它可包含字母、数字和各种其他特殊字符，比如，破折号“——”，“#”号和“&”号。在 INPUT 语句中，字符型变量要在变量名后用一“$”号来表示其类型。

除了类型外，SAS 变量还有下列特性：长度、标签、输入格式和输出格式。

变量的长度特性，是指用以存储变量值的字节数，一个变量长度不超过 32 767 字节。

标签可在某些报表中代替变量名，标签是不超过 256 个字符的描述性文本。

变量的输入及输出格式将在后面介绍。

变量的特性，或者明确地说明，或者在它们首次出现的上下文中给出定义。

【例 1-4-1】

```
* ex1-4-1;
DATA a;
  a = 3;
  c = "dsf";
  a = "cdef";
  c = "abcdef";
  PUT a c;
RUN;
```

在上面的程序中，变量 a 在第一次赋值时已被定义成数值型变量，第二次对 a 赋值时却将字符串赋给它，故 SAS 在将该字符串转换成数值时出错，a 的值成为缺失值。C 在第一次出现时已被定义成字符型变量，长度为 3，因此第二次再向 C 中赋值“abcdefg”时，由于 C 已被定义成长度为 3，故 C 中只存有“abc”(见图 1-26)。

使用 INPUT 语句读入字符变量时，默认长度为 8 字节，超过 8 字节应使用 LENGTH 语句指出其长度。数值型变量长度最大为 8，超过 8 位时使用科学计数法表示。

PUT 语句的作用是把变量的值输出到 LOG 窗口。可在 LOG 窗口看到输出信息。

变量的其他特性将在后面逐渐介绍。

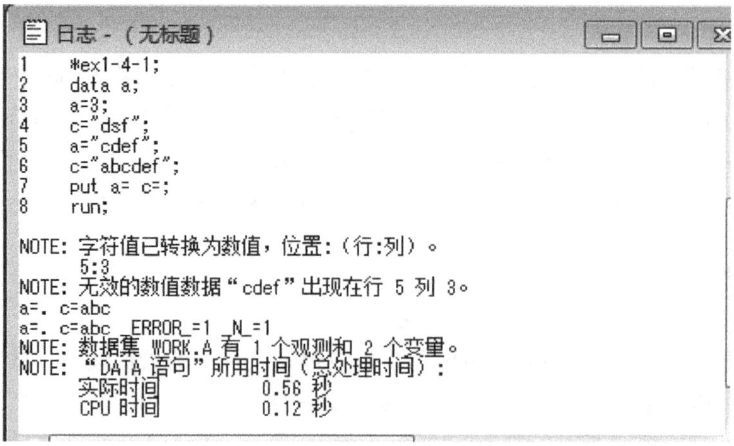

图 1-26　执行赋值语句的日志窗口

4. 变量清单的简化表示

在 SAS 程序中，对多个形如 x_1，x_2，…，x_n 的带有顺序序号的同类型变量，可以使用缩写变量清单形式表示：x_1-x_n。例如：

```
INPUT name $ var1 var2 var3 var4 var5 var6;
```

可以写成：

```
INPUT name $ var1-var6;
```

注意：字符型变量 name 不包含在这个缩写清单中，有序号的变量不必全部列出，这些变量要求类型相同，或全是数值型的或全是字符型的。

5. 缺项值

当一个变量由于某种原因，其值没有得到(可能没有观测到，或由于读数据时类型错误，或由于计算错误)，该变量被赋予缺失值(又称为缺项值)，在 SAS 中用“.”来表示。

1.4.3 常量

SAS 常用三种类型的常量：字符型；数值型；日期、时间和日期时间型。

1. 字符型

一个字符常量可以由 1 ~ 32 767 个字符组成，例如，'China Medical Informatics Association'等。在赋值语句中字符常量要用单(双)引号括起。

2. 数值型

数值常量可为正负整数和小数。对于过大和过小的数则用科学计数法表示，如 1.785E－9，即 $1.785 * 10^{-9}$。

3. 日期、时间和日期时间型

在 SAS 系统中，日期、时间和日期时间型量都属于数值型量，只是它们的输入、输出格式不同而已。该型常量值须用引号括起，后面接着用一个 D(DATE)，T(TIME) 或 DT (DATETIME)来表示其类型，例如'1JAN1980'D，'9:25:19'T，'18JAN80:9:27:05'DT 等。

SAS 将日期和时间存储为一个唯一的数字，这样就可以像使用其他数值变量一样在程序中使用它们：

- SAS 日期值代表介于 1960 年 1 月 1 日和指定日期之间的天数。1960 年 1 月 1 日之前的日期值为负数；在此之后的日期值为正数。

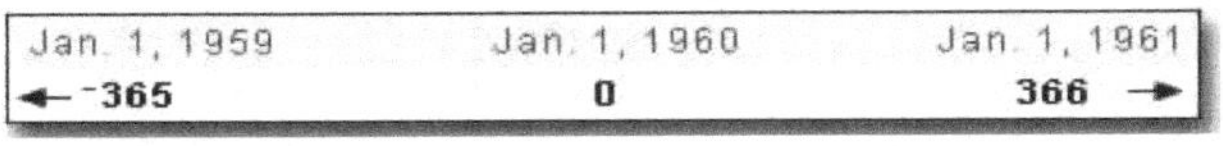

- SAS 时间值代表自当日午夜 12 时算起的秒数。

- SAS 日期时间值是代表 1960 年 1 月 1 日和指定日期的小时/分钟/秒之间的秒数的值。

要处理 SAS 日期、时间和日期时间值，应使用以下方法：

- 输入格式，用于读取日期、时间或日期时间值。
- 输出格式，用于显示日历日期或时钟时间。
- 函数，用于对 SAS 日期、时间和日期时间值执行操作。

注意：原始数据中经常包含的是两位年份值。SAS 可以读取两位或四位年份值。使用系统选项“YEARCUTOFF =”选项可以在 100 年的时间跨度内为任意两位年份值指定所属的世纪。例如，YEARCUTOFF = 1950 表示 50 ~ 99 之间的两位年份值对应于 1950 ~ 1999 年，而 00 ~ 49 之间的两位年份值对应于 2000 ~ 2049 年（见图 1-27）。

SAS 版本 9 中“YEARCUTOFF =”选项的默认值为 1920，可以在 DATA 步中调整“YEARCUTOFF =”的值，使其适应当前使用的数据值范围。

读取日期时，比较好的编程做法是始终使用 DATE9. 或 MMDDYY10. 输入格式以确保正确读取数据。如果使用 DATE7. 或 MMDDYY8. 输入格式，则 SAS 只读取年份的前两位数字。

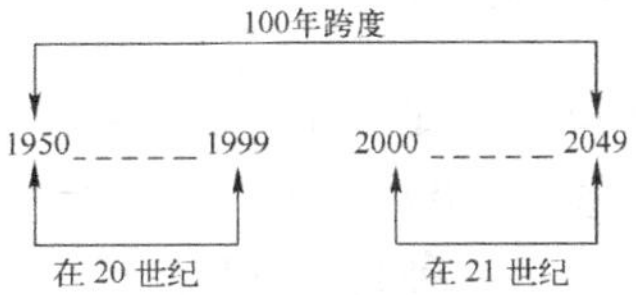

图 1-27　YEARCUTOFF 使用示意

【例 1-4-2】

```
* ex1-4-2;
DATA ex;
    INPUT n birthday DATE7. ;
    FORMAT birthday DATE9. ;
CARDS;
11 12FEB1946
13 12JAN20
14 13MAR19
15 20OCT00
PROC PRINT;
RUN;
```

运行结果如图 1-28 所示，因为输入格式为 DATE7，可见，第一个观测 birthday 读错。

【例 1-4-3】　如设定 YEARCUTOFF = 1930，若读入的年份大于等于 30，则都为 19 × ×年，否则为 20 × ×年。运行结果如图 1-29 所示。

```
* ex1-4-3;
data;
yearcutoff=1930;
input y mmddyy6.;
put y date9.;
cards;
112312
103007
031329
062830
081531
123099
;
run;
```

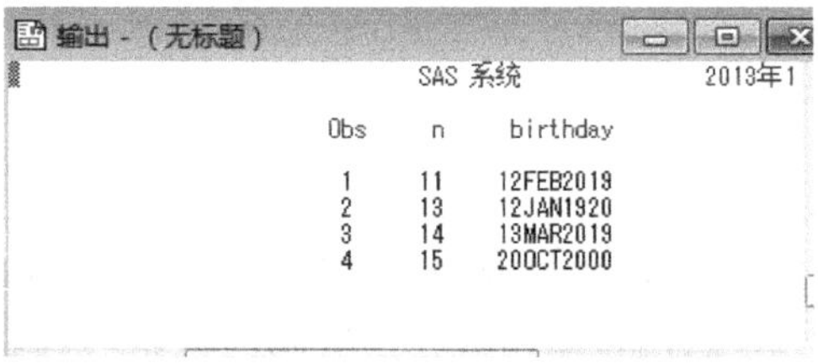

图 1-28　日期型量的表示

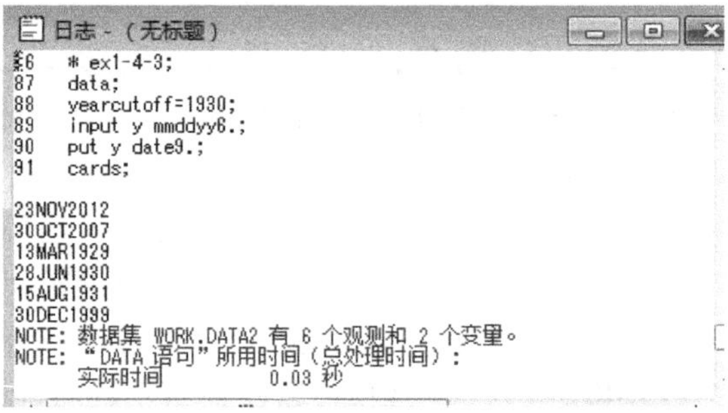

图 1-29　YEARCUTOFF 选项应用

1.4.4　函数

SAS 函数是一个早已编好的程序，它对一个或多个参数进行计算后返回一个值。SAS/BASE 提供的函数有 500 多个，有两种形式：一种是函数(FUNCTION)，可以进行计算或者系统操作并且会返回值；另一种是 CALL 例程(CALL routine)，用来改变变量的值或者执行其他的系统函数，但不返回值。

SAS 函数可以非常方便地用于 DATA 步中，WHERE 子句和 SQL 查询语句中；CALL 例程一般用于 DATA 步中。SAS 提供了种类繁多的函数和 CALL 例程，并且一直在发展。

SAS9.2 系统中用户可以自定义函数。这样对于用户来说用自定义函数可以取代部分宏语言，使模块化编程更容易。

为了调用函数，写出函数名，接着是括在括号中的一个或多个要进行计算的参数：

```
函数名(参数, 参数, ...)
```

当参数多于一个时，参数之间应该用半角逗号分隔，也可写成如下两种形式之一：

```
函数(OF 变量 1-变量 n)
函数(OF 变量 1 变量 2 变量 3 ...)
```

例如，下列形式是正确的：

```
SUM(OF x1-x100 y1-y100)
SUM(OF x y z )
SUM(x1, x2, x3, x4)
```

SAS 有 100 多种函数，这里仅介绍部分常用函数。

1. 算术函数

(1) ABS(x)　　返回 x 的绝对值。

(2) MAX(x, y, ...)　　返回 x，y，…中的最大值。

(3) MIN(x, y, ...)　　返回 x，y，…中的最小值。

(4) MOD(x, y)　　计算 x/y 的余数。

(5) SIGN(x)　　返回参数 x 的符号或 0。

(6) SQRT(x)　　计算 x 的平方根。

(7) INT(x/y)　　返回 x/y 的整数部分。

2. 数学函数

(1) EXP(x)　　e 的 x 次幂。

(2) LOG(x)　　计算 x 的自然对数。

(3) LOG2(x)　　计算底为 2 的 x 的对数。

(4) LOG10(x)　　计算底为 10 的 x 的常用对数。

3. 字符函数

(1) LENGTH(s)　　返回字符串 s 的长度。

(2) RIGHT(s)　　右对齐一字符串 s。

(3) UPCASE(S)　　转成大写字符。

(4) SUBSTR(s, n, m)从字符串 s 的第 n 位开始截取 m 位长的子字符串。

SUBSTR 函数还有另一功能：替换字符串的部分内容。

SUBSTR(变量，开始位置，<n>) = 替代的字符串。

n：要替换的字符串长度，若缺失，则从开始位置到以后的所有字符。

(5) INDEX(源字符串，目标值)

在源字符串中寻找目标字符串。如找到，返回目标值的位置；否则返回 0。

(6) CAT(string1 <, ... stringn>) 连接字符串，不删除首尾的空格。

(7) CATT(string1 <, ... stringn>) 连接字符串，删除尾部的空格。

(8) COUNT(string,substring <,modifiers>) 计算特定的子串在指定的字符串中出现的次数。

(9) FIND (string,substring <,modifiers> <,startpos>) 在指定的字符串中搜索特定的子字符串的位置。

(10) NOTDIGIT(string <,start>) 在字符串中搜索非数字字符，返回其位置。

(11) NOTLOWER(string <,start>) 在字符串中搜索非小写字母，返回其第一次出现的位置。

(12) STRIP(string) 返回删除了所有首、尾空格的字符串。

4. Perl 正则表达式（PRX）函数

(1) PRXMATCH　　搜索匹配的模式，若找到则返回其位置。

(2) PRXPAREN　　返回模式中存在匹配的最后一个括号内匹配。

(3) PRXPARSE　　编译可用于字符值的模式匹配的 Perl 正则表达式。

5. 日期和时间函数

SAS 系统是用从 1960 年 1 月 1 日到某一天之间的天数存储日期值的；而日期时间值是用 1960 年 1 月 1 日 0 时到某日期时间之间的秒数存储的。

(1) DATE()　　返回今天日期，作为 SAS 日期值。

(2) DAY(date)　　从 SAS 日期值 date 的值中提取月份中的日数。

(3) MONTH(date) 从 SAS 日期值 date 的值中提取月份。

(4) YEAR(date)　　从 SAS 日期值 date 的值中提取年数。

(5) INTCK(interval, from, to) 返回时间间隔数。

INTCK 函数测定在给定的时间间距里所发生的时间间隔 interval 数，这个结果总是一个整数。

间隔是一个字符常量或变量，其值是下列清单中之一。

日期间隔	**日期时间间隔**	**时间间隔**
DAY	DTDAY	HOUR
WEEK	DTWEEK	MINUTE
MONTH	DTMONTH	SECOND
QTR	DTQTR	
YEAR	DTYEAR	

from 和 to 的值可以表示成 SAS 日期，日期时间或时间值，或者它们的字面值。INTCK 函数不能区别日期、时间和日期时间值，所以必须规定间隔(interval)的正确类型。

- 当 from 和 to 包含有日期值时，使用日期间隔。
- 当 from 和 to 包含有日期时间值时，使用日期时间间隔。
- 当 from 和 to 包含有时间值时，使用时间间隔。

INTCK 函数是从固定的间隔开始处进行间隔计数的，例如，WEEK 间隔是按星期日计数，而不是从 from 参数起，按 7 天计数；YEAR 间隔是按 1 月 1 日计数的，不是按 365 天计数的，或者说按日历的年计数的见下列结果：

INTCK('YEAR', '31DEC04'D, '1JAN05'D) 结果是 1，尽管仅过了 1 天。

然而，

INTCK('YEAR', '1JAN04'D, '31DEC04'D) 尽管已过了 364 天，结果却是 0。

【例 1-4-4】 某公司年终为雇员发工薪，设每天工资为 80 元。会计科使用 INTCK 函数去计算每个新雇员本年已经工作的天数(付薪的节假日要计算，周六、日不计算)。在下面的例子中，数据集包含了编号和每个雇员开始工作的日期。

```
* ex1-4-4;
DATA EMPLOYEE;
   INPUT id $ starting DATE7. @@ ;/* @@表示在一行上不换行连续读数据*/
   W=INTCK('WEEK',starting,'31DEC05'D);
   d=INTCK('DAY',starting,'31DEC05'D);
   wdays=d-w*2;              /* 从总天数减去这段时间内的周六与周日
   pay=wdays*80;
   DROP w d;
CARDS;
0176 06jan05 0177 09jan05 0178 12jan05 0179 16jan05
0180 19jan05 0181 29jan05 0182 16feb05 0183 16may05
PROC PRINT;
   FORMAT starting DATE7. ;
RUN;
```

工资程序输出结果如图 1-30 所示。若 ID 为数值型量，则前面的 0 会被滤掉，故 ID 用字符型量。

输出 - （无标题）

Obs	ID	STARTING	WDAYS	PAY
1	176	06JAN05	257	20560
2	177	09JAN05	256	20480
3	178	12JAN05	253	20240
4	179	16JAN05	251	20080
5	180	19JAN05	248	19840
6	181	29JAN05	240	19200
7	182	16FEB05	228	18240
8	183	16MAY05	165	13200

图 1-30　工资程序输出结果

（6）MDY(month, day, year）从月、日和年的值中返回 SAS 日期值。

【例 1-4-5】　利用 SAS 字符和日期函数从身份证号码中获取出生日期，从而计算年龄。

```
* ex1-4-5;
DATA birtAGE;
    LENGTH ID $18;
    INPUT NAME $ ID;
    y=SUBSTR(ID,7,4);
    m=SUBSTR(ID,11,2);
    d=SUBSTR(ID,13,2);
    drop y m d;
    birthday=mdy(m,d,y);
    format birthday day date9.;
    day=date();
    age=int((day- birthday)/365.25);
CARDS;
Jinxuan 212103197107303022
lisi    210103194409093917
;
Proc print;
run;
```

ID 为身份证号，由于其长度超过默认长度 8，故应使用 LENGTH 语句指出其长度为 18，类型为字符型。

利用 SUBSTR 函数从 ID 字符串中提取出生年(y)、月(m)和日(d)，用 MDY 函数从 m，d，y 值中得到 SAS 日期值。利用 DATE 函数获取当天的日期，求出时间差(天数)，被一年平均天数 365.25 除，取整即得年龄。

输出结果如图 1-31 所示。

输出 - （无标题）

SAS 系统　　2013年11月13日 星期三 下午07时15分

Obs	ID	NAME	birthday	day	age
1	212103197107303022	Jinxuan	30JUL1971	13NOV2013	42
2	210103194409093917	lisi	09SEP1944	13NOV2013	69

图 1-31　由身份证号计算年龄

年龄也可用下式计算：

```
age = year(today() - birthday) - 1960;
```

6. 统计函数

(1) CINV(p, df, nc)　　卡方分布分位数
(2) TINV(p, df, nc)　　T 分布分位数
(3) CSS(x1, x2...)　　计算离均差平方和
(4) CV(x1, x2...)　　计算变异系数
(5) KURTOSIS(x1, x2...)　　给出峰度
(6) MAX (x1, x2...)　　返回最大值
(7) MIN (x1, x2...)　　返回最小值
(8) MEAN(x1, x2...)　　计算算术均值
(9) SKEWNESS(x1, x2...)　　给出偏度
(10) STD(x1, x2...)　　计算标准差
(11) STDERR(x1, x2...)　　计算均值的标准误
(12) SUM(x1, x2...)　　计算参数和
(13) VAR(x1, x2...)　　计算方差

7. 概率函数

(1) PROBBNML(p, n, r)

二项式概率分布函数 p 为事件的发生率，n 为样本含量，r 为阳性事件个数。函数给出的是发生阳性事件数 < = r 的概率。

(2) POISSON(λ, n)

函数返回一个来自泊松分布的，观测小于等于 n 的概率。其中 λ 为均数。由两个累分布值的差可计算泊松分布的单一项，其中 0 < = λ 和 0 < = n。

8. 数值与字符转换函数

SAS 具有数值与字符自动转换功能，同时还有两个转换函数。

(1) INPUT(源数据，输入格式) 字符值转换成数值。如：

```
a = '1234'; b = INPUT(a, 4.);
```

(2) PUT(源数据，输出格式) 数值转换成字符值。

如：

```
input code $ number; /* code 为区号，number 为电话号 * /
phone = '('!! strip(code)!! ')'!! put(number,8.); /*  !! 为字符串连接符* /
```

9. LAG 函数与 DIF 函数

(1) LAG(变量名) 返回上一条记录中该变量的值。

(2) DIF(变量名) 返回当前记录该变量的值减去上一条记录中该变量的值。

【例 1-4-6】 工厂某年各月份产量见程序中 CARDS 后面的数据，列出各月产量和本月较前月增长的数量。

```
* ex1-4-6;
DATA nl;
 INPUT mon yield @@ ;
 LAG _ YIELD = LAG(yield);
 DIF _ YIELD = DIF(yield);
CARDS;
 1 345 2 389 3 399 4 401 5 418 6 429
 7 440 8 459 9 470 10 479 11 480 12 481
PROC PRINT;
RUN;
```

程序输出结果如图 1-32 所示。

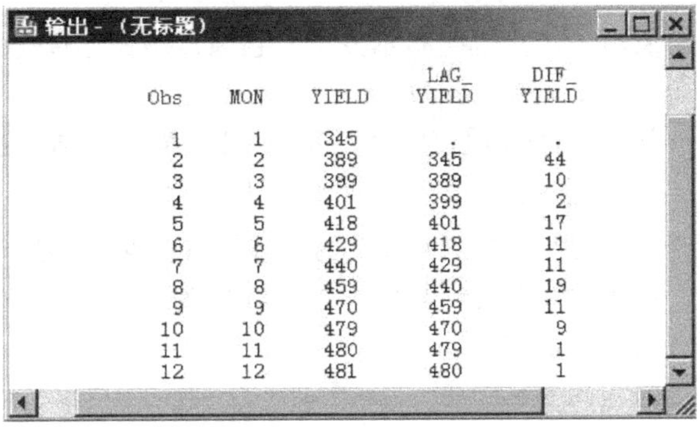

Obs	MON	YIELD	LAG_ YIELD	DIF_ YIELD
1	1	345	.	.
2	2	389	345	44
3	3	399	389	10
4	4	401	399	2
5	5	418	401	17
6	6	429	418	11
7	7	440	429	11
8	8	459	440	19
9	9	470	459	11
10	10	479	470	9
11	11	480	479	1
12	12	481	480	1

图 1-32　LAG 和 DIF 函数应用

10. CALL 例程：

(1) CALL ALLPERM 生成若干变量的值的所有排列。

(2) CALL CATS 连接字符串，删除开头和结尾的空格。

(3) CALL CATT 连接字符串，仅删除结尾的空格。

(4) CALL CATX 连接字符串，删除开头和结尾的空格，并插入分隔符。

(5) CALL COMPCOST 设置操作成本，供 COMPGED 函数将来使用。

(6) CALL LOGISTIC 返回每个参数的逻辑值。

(7) CALL MISSING 对指定的字符变量或数字变量分配缺失值。

(8) CALL PRXCHANGE 执行模式匹配替换。

(9) CALL PRXDEBUG 使 DATA 步中的 Perl 正则表达式向 SAS 日志发送调试输出。

(10) CALL RANPERK 随机改变参数值的序列，并返回 k 种排列方式(针对 n 个值)。

(11) CALL SCAN 返回字符表达式中指定单词的位置和长度。

(12) CALL SCANQ 返回字符表达式中指定单词的位置和长度，并忽略引号内的分隔符。

1.4.5　操作符

SAS 操作符是表示需要做算术计算、比较或者逻辑操作的记号。

1. 算术操作符

算术操作符指出一个要执行的算术计算。算术操作符有：

** (乘方)、* (乘)、/ (除)、+ (加)、- (减)

对于一个算术操作符的操作数，若为缺项值，则计算结果也为缺项值。

2. 比较操作符

比较符要求 SAS 确定两个数据量间是否存在一种关系。如果不存在(换句话说如果它是假的)其结果值为 0。比较操作符有：

= 或 EQ 等于　　^= 或 NE 不等于

> 或 GT 大于　　< 或 LT 小于

>=或 GE 大于等于　<=或 LE 小于等于

对字符值比较也与数值比较一样，字符操作数被从左到右一个字符一个字符地按 ASCII 码值进行比较。比较运算总是输出一个数值结果(1 或 0)。

比较运算符主要用于条件语句中，但也可用于赋值语句中，如：

```
IF x<y THEN c=15;
 ELSE c=12;
```

可写成：

```
c=15* (x<y) +12* (x>=y);
```

3. 逻辑操作符

逻辑操作符也叫布尔算符。它通常用在连接一系列比较表达式中。符号如下：

& AND ， | OR ， ^ NOT

如果 AND 两端都为真，那么 AND 操作的结果是 1，否则为 0。例如表达式：

a<b & c>0

仅当 $a<b$ 为 1(真)和 $c>0$ 为 1(真)时，即当 a 小于 b，且 c 为正时，该表达式值为 1。

如果 OR 两端至少有一个为 1(即为真)，那么 OR 操作的结果为 1(真)，否则 OR 操作结果为 0 值。例如表达式：

a<b | c>0

只要两个关系中有一个成立，其值即为 1。

4. 字符值拼接符 "||"或 "!!"

拼接两个或多个字符值。

如：E-mail = username || "@"!! Host_Domainname

1.4.6 SAS 表达式

表达式是用一系列操作符将常量、函数和变量连接起来形成的一个式子，它被执行后产生一个结果值。表达式可以是简单的(仅用一个操作符)或复合的(使用多个操作符)。下面是表达式的例子：

```
x+1
LOG(y)
part/ba* 100
1-EXP(n/(n-1))
age<100
state='NC'| state='SC'
a=b=c
```

注意：在操作中，如对数值量进行了字符类操作或对字符型数字量进行了数值类操作时，SAS 会自动地进行相应的转换。

【例 1-4-7】

```
* ex1-4-7;
DATA exm;
  a='3';
  b='5';
  c=a+b;
PUT c;
RUN;
```

程序执行到 $c = a + b$ 时，a，b 中的字符值自动转换成数值。运行结果在 LOG 窗口输出，如图 1-33 所示。

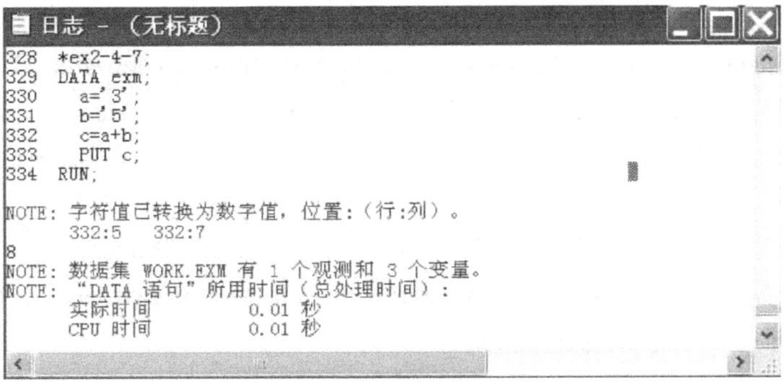

图 1-33　变量转换的日志

习　　题

1. SAS 系统的英文全称是(　　)。

A) Statistical Analysis System　　B) Statistical and System

2. SAS 系统中常用的分析模块有(　　)两部分。

A) SAS/GRAPH 和 SAS/STAT　　B) SAS/GRAPH 和 Base SAS

C) Base SAS 和 SAS/STAT

3. SAS 系统的主窗口有(　　)。

A) Editor　　B) Output　　C) Log　　D) Explorer

E) Results　　F) 5 个都是

4. (　　)窗口显示 SAS 程序运行的状态。

A) Editor　　B) Output　　C) Log　　D) Results

5. SAS 程序的每条语句必须以(　　)符号结束。

A) 逗号“，”　　B) 分号“；”　　C) 点句号“.”　　D) 单引号“‘’”

6. SAS 数据集的种类有(　　)。

A) 临时数据集和永久数据集　　B) 永久数据集

C) 目录　　D) 表

7. SAS 过程步由(　　)关键词引出。

A) DATA　　B) PROC　　C) CARDS　　D) RUN

8. 当某过程步中要使用一个已存在的永久数据集时，操作顺序为(　　)。

① 在 work 库中建立一个逻辑库名指向该永久数据集所在的磁盘目录。

② 在 Explorer 的 Library 中建立一个逻辑库名指向该永久数据集所在的磁盘目录。

③ 在 SAS 程序的 PROC 语句中必须写明 DATA = 逻辑库名.永久数据集名。

A) ①和③　　B) ②和③　　C) ①和②　　D) ①、②、③

9. 打开的 SAS 数据集显示在(　　)窗口中。

A) Editor　　B) Output　　C) Viewtable　　D) Log

10. 在 d:\sasex 文件夹下有一文件 ex.sas，应在哪个窗口调用它，如何调用？

11. 有一批数据如下：

学号　　姓名　　身份证号

107108　　张三　　210103199507303919

107109　　李四　　210113199502202740

编程输出学号、姓名、身份证号、年龄、性别(男 1，女 0)。

12. Which statement describes a characteristic of the SAS automatic variable _ERROR_?

A) The _ERROR_ variable maintains a count of the number of data errors in a DATA step.

B) The _ERROR_ variable is added to the program data vector and becomes part of the data set being created.

C) The _ERROR_ variable can be used in expressions in the DATA step.

D) The _ERROR_ variable contains the number of the observation that caused the data error.

13. Which is a valid LIBNAME statement?

A) libname "_SAS_data_library_location_";

B) sasdata libname "_SAS_data_library_location_";

C) libname sasdata "_SAS_data_library_location_";

D) libname sasdata sas "_SAS_data_library_location_";

14. The following SAS program is submitted:

```
data WORK.DATE_INFO;
   X="01Jan1960" D ;
run;
```

Variable X contains what value?

A) the numeric value 0

B) the character value "01Jan1960"

C) the date value 01011960

D) the code contains a syntax error and does not execute.

15. The following SAS program is submitted:

```
data WORK.ACCOUNTING;
  set WORK.DEPARTMENT;
  length EmpId $6;
  CharEmpid=EmpId;
  run;
```

If data set WORK. DEPARTMENT has a numeric variable EmpId, which statement is true about the output data set?

A) The type of the variable CharEmpid is numeric.

B) The type of the variable CharEmpid is unknown.

C) The type of the variable CharEmpid is character.

D) The program fails to execute due to errors.

第2章　建立数据集

利用SAS系统处理数据的关键一步是建立数据集，只有将准确无误的数据送入数据集，才能调用合适的过程对数据集中的数据进行处理。数据集是一种SAS数据文件，数据集分为临时集和永久集两种。

2.1　SAS数据集

SAS数据集是以矩阵表单方式组织的数据值及其相关描述性信息，可以由“SAS系统”识别并进行处理。

在“SAS数据集”内，列或数据元素称为变量。行或记录称为观测。每个观测都是变量值的集合。

SAS数据集也可以包含索引。“SAS索引”存储各项变量的值和SAS系统用于在数据集内查找记录的指针。

SAS数据集一般由以下两部分组成：

(1)描述部分

包含该数据集的一般信息，包括：数据集的名字及其成员类型、数据集建立的日期和时间、观测的数目、变量的数目以及数据集中每一个变量的特征信息，包括Name(变量名)、Type(类型)、Length(长度)、Format(输出格式)、Informat(输入格式)、Label(标签)。

(2)数据部分

包含该数据集中收集的数据的值，可以看成一个矩形的表格。类型是DATA。

在SAS数据集中，变量分为两种类型：字符型变量和数值型变量。

在SAS/INSIGHT中，为了区分变量在分析中的不同作用，又按变量的测量水平分为两类：

- 区间型变量(interval variable)：区间型变量必须是数值型变量，可以对其观测值进行四则运算，计算各种统计量；
- 列名型变量(nominal variable)：列名型变量可以是数值型的，也可以是字符型的，在SAS/INSIGHT中常起分类作用。字符型变量只能是列名型的。

基于不同的数据形式，利用SAS输入数据大体上有如下几种方法：

① 直接将数据输入数据集中，在DATA步中利用INPUT读入DATALINES后面的数据。INPUT语句定义读取的变量，程序运行时读入数据。

② 读取文本文件数据。SAS并不是专业的录入软件，对于大量数据直接输入数据集中是不现实的。若数据已经存于文本文件中，可以通过INFILE语句指定数据文件保存的位置，用INPUT语句指定数据的输入格式读取数据。

③ 将其他软件中的数据导入SAS数据集中。主要使用import过程，将EXCEL、ACCESS等软件录入的数据文件进行转换。

④ 直接读取其他软件中的数据。如使用PROC SQL过程读取SYBASE、ORACLE等数据库中的数据。

2.2 利用工具建立数据集

在 SAS 系统中，可以使用像 Excel 的电子表格那样的表格工具建立、浏览、编辑和处理数据。

2.2.1 用 Viewtable 建立和编辑数据集

用 Viewtable 窗口可使你浏览、建立和编辑表(数据集)。

在 SAS 资源管理器中，右击某个以前建立的逻辑库，如 Work，选择“新建”，弹出“Work 中的新成员”对话框，如图 2-1 所示。选择“表”，单击“确定”按钮，或在命令栏发布命令 VIEWTABLE (或 VT)，或利用菜单“工具”/“表编辑器”打开 VIEWTABLE 窗口。

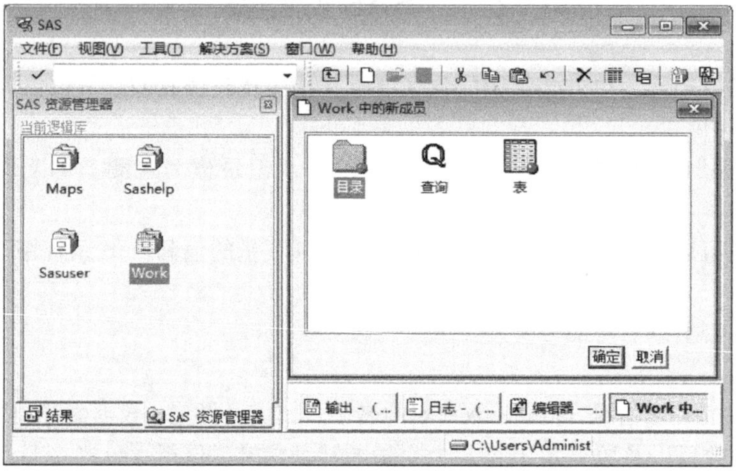

图 2-1 “Work 中的新成员”窗口

在 VIEWTABLE 电子表格窗口，右击第一列上方的列标签“A”，出现“Column Attributes”对话框，如图 2-2 所示，输入该列(变量)属性信息。如 Name(变量名)输入 No；Label(标签)为“学号”，如不输入标签，系统会将变量名作标签；Length(变量长度)输入该变量最大可能的长度；Type(类型)为 Character(字符)或 Numeric(数值)；给出 Format(输出格式)和 Informat(输入格式)。输入结束单击“Apply”按钮。

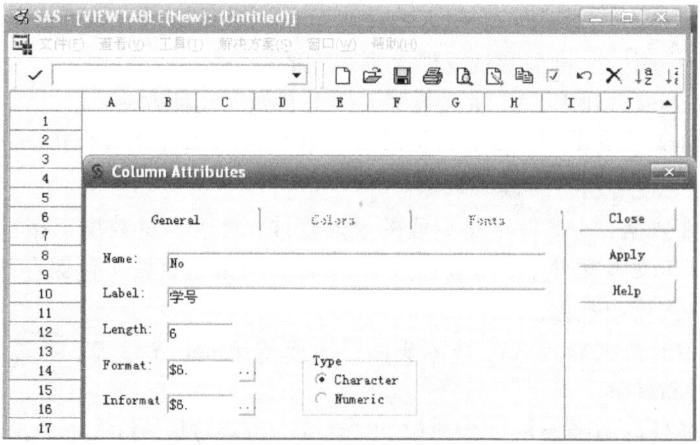

图 2-2 列属性对话框

如想建立有学号(No)、姓名(NAME)和出生日期的数据集，在设置 birthday(出生日期)变量的属性时，Type 选“Numeric”，然后单击 Format(输出格式)和 Informat(输入格式)输入域右边的按钮，在相应的格式窗口中，选择合适的格式，如 yymmdd(年月日格式)，如图 2-3 所示。

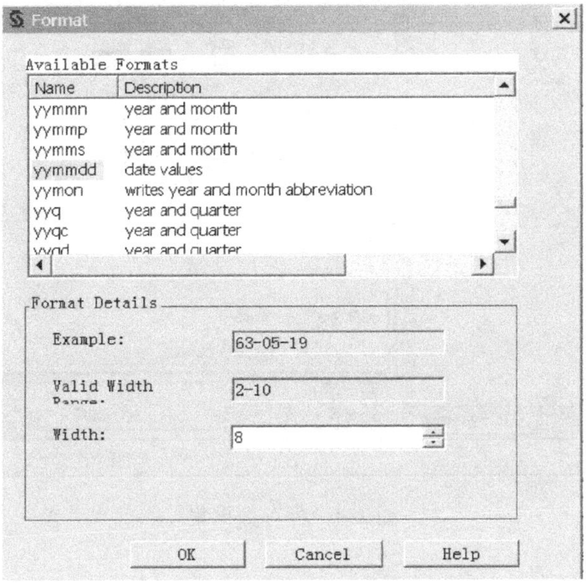

图 2-3　输出格式对话框

1. 数据集变量的属性描述

Name	变量名字，由字母或下画线开始，且不超过 8 个字符或数字
Type	变量类型，C 或者 $ 代表字符型，N 或者空格代表数值型
Length	变量长度，默认为 8 字节(≤200)
Label	变量标签，默认为 40 字节
Informat	输入格式名 w.d
Format	输出格式名 w.d

几种常用的输入、输出格式：

w.d	标准的数字型格式
$w.	标准的字符型格式
COMMAw.d	数字中嵌入逗号
DOLLARw.d	数字中嵌入逗号，数字前加上 $
DATAw.	日期格式
MMDDYYw.	日期格式

“w”代表输入或输出的宽度；“.”为必需的分隔符；“d”为小数部分的长度。

2. 输入数据

建起表的结构后，在表格中输入各记录(称为观测)的各变量值。

3. 保存数据集

输入结束后，要保存文件。在“文件”菜单中选择“另存为”，打开“另存为”对话框，如图 2-4 所示。选中逻辑库中的“Work”，在“另存为”框中的“成员名”栏，输入数据集名，如“student”，单击“保存”按钮。

图 2-4　保存数据集

4. 编辑已存在的数据集

在修改已建立的表格时，使用 VIEWTABLE 的编辑模式，在编辑菜单中选“编辑模式”，双击列标签，显示“列属性”对话框。注意不能修改变量名，只可改变变量的标签 Label。在表中默认显示的是标签，如想显示变量名，可通过菜单“查看(View)”→“列标签(Columns Label)”和“查看”→“列名”进行切换。可改变某一单元格中的内容。

数据表输入结束后，可在 SAS 资源管理器的相应逻辑库中看到该表；若表建在 Work 逻辑库中，就是临时数据集，在其他的逻辑库中就是永久数据集。

打开一个数据集时，数据集的内容显示在 VIEWTABLE 中。

2.2.2　使用分析数据表

分析数据表是 SAS/INSIGHT 提供的观测数据集的电子表格，可以直接将数据输入表格，也可从 SAS 数据集、数据视图和其他数据源中显示数据。一旦建立了数据集，就可利用分析数据表进行多种统计分析。

在 SAS 菜单中选择“解决方案(Solutions)”→“分析(Analysis)”→“交互式数据分析(INSIGHT)”。

弹出“SAS/INSIGHT：打开”对话框，如图 2-5 所示。选中逻辑库，可新建或打开已有的数据集。

若新建临时表，则在逻辑库栏中选中“Work”，单击“新建”按钮，打开一个名为“WORK. A”的电子表格，如图 2-6 所示。

在一个新建表中，在一列输入的第一个值就确定了该列的数据类型。

在表格中第一行直接输入数据值，输入数据后，标题栏显示出 A、B、C 等列名称，同时在标题栏上方显示出已经输入的数据的类型。双击每列的标题项，弹出“定义变量”对话框，修改变量的属性。接着把数据输完，建立起数据集。

对电子表格中的数据，可通过“分析”等菜单进行分析，如图 2-7 所示。

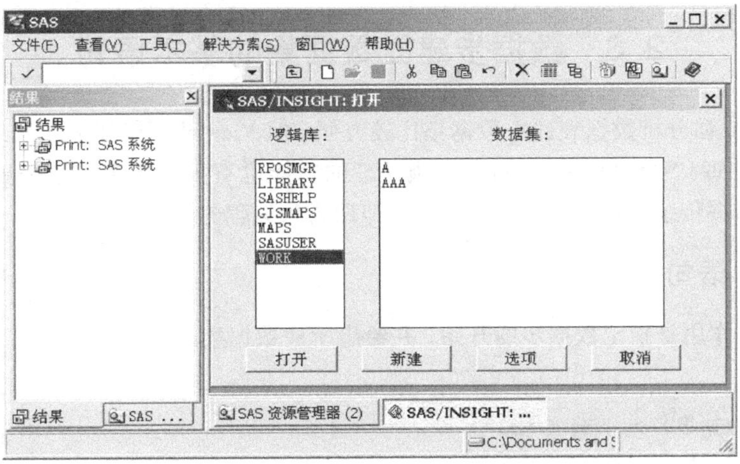

图 2-5　“SAS/INSIGHT：打开”对话框

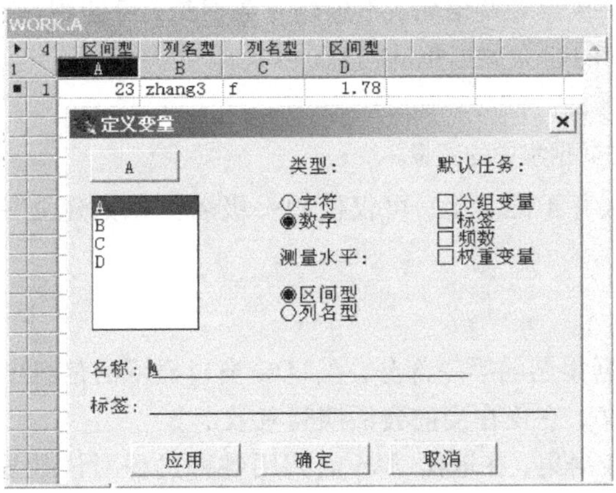

图 2-6　定义变量

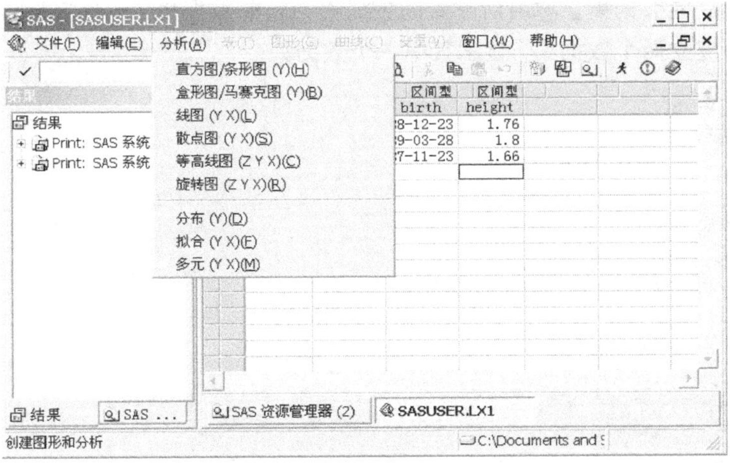

图 2-7　用 SAS/INSIGHT 进行分析

2.3 数据步建立数据集的基本语句

利用 Viewtable 和分析数据表建立数据集比较方便，但 Viewtable 仅能显示和编辑数据集，无法对数据集进行预处理，SAS/INSIGHT 对数据预处理的功能也有限。要想使数据更符合统计分析程序的需要，必须掌握传统的建立数据集的方法，即用语句编程的方法。

2.3.1 DATA 语句

DATA 语句的作用是指定数据步的开始，并给出所建数据集的名称。

语句格式：

```
DATA  <数据集名> <选项>;
```

如果同时建立多个数据集，在 DATA 语句中指定多个数据集名，各数据集名间以空格分隔。若不指定数据集名，系统自动以 DATA1，DATA2，……依次命名建立的临时数据集。

如果仅想在 DATA 步中执行一些语句，不想建立数据集，可使用特殊的数据集名“_NULL_”。

选项：向系统提供更多的建立数据集的信息。

Label = 为数据集提供标记；

DROP = 列出不包括在数据集中的变量。

如果不想把数据集永久存于磁盘上，可仅使用一级名。比如建立一个名为“FITNESS”的数据集，使用

```
DATA fitness;
```

系统自动以 WORK 作为数据集名的第一部分，在 LOG 窗口显示的信息中称该数据集为 WORK. FITNESS。这种数据集是临时集，它仅在当前会话期间有效。

用户一旦建立了某一数据集，在退出 SAS 前调用各种过程对该数据集进行处理时，不必再重新建立数据集。

在 SAS 系统中可同时存在多个数据集。处理某一数据集中的数据时，应指出该数据集的名称，否则只处理最后建立的数据集。称最后建立的数据集为当前数据集，不论它是临时集还是永久集。

【例 2-3-1】 建立两个数据集，显示其中一个数据集。

```
* ex2-3-1;
DATAstudent;
INPUT num $ name $ sex $;
DATALINES;
060101 zhangsan f
060102 liling m
060201 liufeng f
DATA score;
  INPUT num $ phy math engl;
DATALINES;
060101 89 90 77
060102 92 70 88
060201 80 84 75
PROC PRINT;
RUN;
```

数据集输出时，各个观测用一特殊变量 Obs 来标识，此即观测在数据集中的序号，如图 2-8 所示。

两个数据步分别建立数据集 student 和 score，score 为当前数据集，PRINT 过程输出 score 数据集中的内容至 OUTPUT 窗口。

在调用 PRINT 过程显示非当前数据集 student 中的内容时，必须在 PROC 语句中使用选项 DATA = student，否则显示的是最后建立的 score 中的内容。如：

```
PROC PRINT DATA = student;
```

【例 2-3-2】 仅需计算 SIN(π/4)的值。这个工作不需建立数据集，故 DATA 语句中数据集名可使用“_ NULL _”。由于不建数据集，使用 PUT 语句，将要显示的内容输出到 LOG 窗口，如图 2-9 所示。

```
* ex2-3-2;
DATA _ NULL _;
a = SIN(3.14159/4);
PUT a ;
RUN;
```

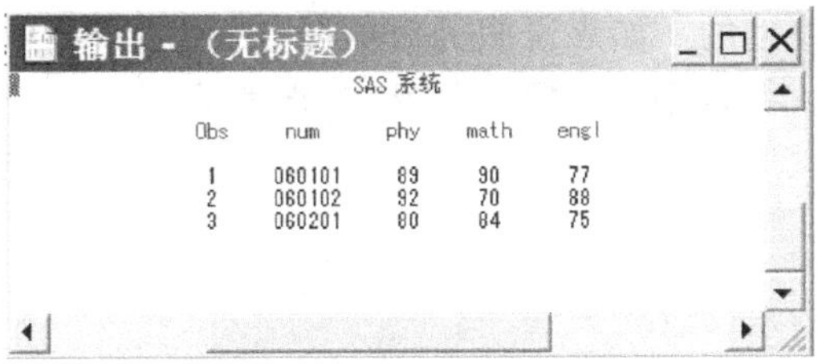

图 2-8 当前数据集 Score 的内容

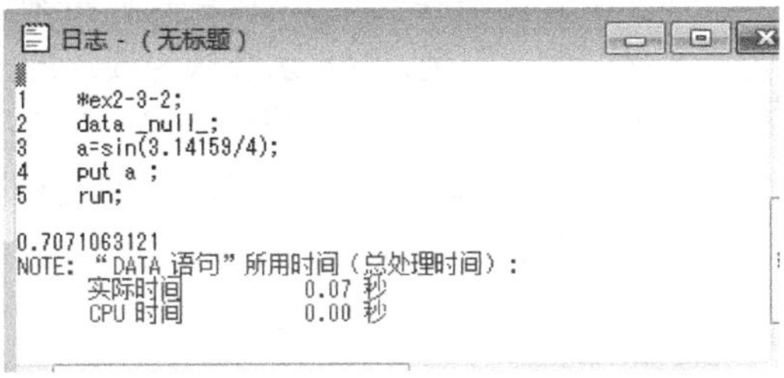

图 2-9 使用“_ NULL _”不建立数据集

若要建立起永久数据集，必须先用 LIBNAME 语句定义一个逻辑库名，以便确定数据集存储的位置，然后在 DATA 语句中利用二级名来命名数据集。

【例 2-3-3】 建立一个永久数据集。

```
* ex2-3-3;
LIBNAME ep 'e:\saslx';
DATA ep.students;
INPUT num $ name $ sex $ h w ;
DATALINES;
020801   ZHANGLIN   F  1.56 47.1
020802   ZHAOHUA     M  1.72 61.5
030813   WANGQANG    M  1.69 64.5
030824   LIULI       F  1.58 53.6
030815   SHIDONG     F  1.60 48.0
;
PROC PRINT;
RUN;
```

LIBNAME 语句将逻辑库引用名“ep”和已存在的路径“e:\saslx”联系起来，这个程序执行时，SAS 永久数据集 students.sas7bdat 被存于“e:\saslx”文件夹中。程序运行结果如图 2-10 所示。

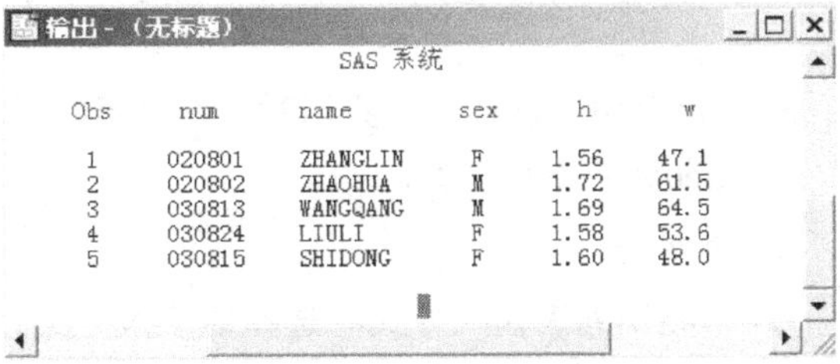

图 2-10 永久数据集内容

一旦在磁盘上建立起 SAS 永久数据集，今后要使用这个数据集中的数据时，只要将该数据集所在的驱动器名及所在的子目录名再一次用 LIBNAME 语句定义一个库逻辑引用名，就可直接使用数据集中的数据了。如：

```
LIBNAME ep1 'e:\saslx';
PROC PRINT DATA = ep1. students;
```

就可将 e:\saslx 上的 students. sas7bdat 永久数据集中的内容显示出来。

2. 3. 2 INPUT 语句

INPUT 语句用来描述输入的数据，从一个外部文件中或从跟在 CARDS 语句后的数据中读入数据，赋给该语句列出的各变量。

在一个 DATA 步中，可有一个或多个 INPUT 语句。

INPUT 语句的一般格式：

```
INPUT <数据项描述>...;
```

一个变量除非在变量名后跟一“$”符来表示，或用字符的输入格式来表示，或该变量已被事先定义成字符型，否则，SAS 系统认为读入的数据是数值型的。如果说明的数据类型和数据不相符，SAS 系统按无效数据处理，将该变量的值置为缺项值。数据中的缺项值要用“.”来表示。

有三种方法对 INPUT 语句读记录的值进行描述：

- 列表或自由格式
- 列
- 格式化

1. 列表输入

1）格式

```
INPUT  变量名 < $ > ... ;
```

$ 表示前一变量为字符型。

列表输入是最简单的数据输入方法，因为它只需把要被赋值的变量列在 INPUT 语句中，而不必了解在输入记录中数据占有哪些列。

2）要求

列表输入时将变量简单地列在 INPUT 语句中，变量间使用空格分隔。在列表输入中，SAS 系统扫描数据输入行读入数据值。列表输入要求：

- 输入数据项间至少被一个空格分开。
- 用英文句号而不是空格来表示缺项值。
- 如果变量已被预先定义成字符型，$符号可省去不用。
- 除非在前面使用 LENGTH，ATTRIB 或 INFORMAT 语句中给定了字符变量更长的长度，否则字符型变量输入数据的最大长度是 8 个字节。读数值型变量时，超过 8 位长，使用科学计数法表示。
- 用列表输入方式读入数据时，在 INPUT 语句中列出的变量的顺序与输入数据中它们相应的值的顺序必须一致。

3）说明

① 不能用列表输入方式有选择地读入数据，但可忽略给定点之后的所有数据。比如，假设每个输入行含有变量 A，B，C，D，E 的每个值，而你仅需要 A，B 和 D 的值。用简单的列表输入不能越过 C，但可省去 E，因为 E 在你想要的最后值 D 的后面：

```
INPUT A B C D;
```

② 列表方式读的数据项都是由一个或多个空格或是由输入记录的结束来定界的。因空格表示数据项的结束，故如无特殊的说明就无法将数据项前后的空格有效地读入，更无法读中间有空格的数据。

2. 列输入

当数据中各数据项按列对齐，即同一变量值位于相同的列上时，可使用列输入方式或格式化输入方式。

1）列输入格式

```
INPUT 变量名 < $ > 开始列 < - 结束列 > ... ;
```

使用列输入时，在 INPUT 语句的变量名后要指出变量值所处的列号。

2）列输入的特点

① 输入值可以以任何顺序读入，而不管它们在输入记录中的位置。例如：

```
INPUT First 27 - 33 Second 10 - 12;
```

首先从第 27 ~ 33 列读入变量 First 的值，然后从第 10 ~ 12 列读入 Second 的值。

② 字符型数据中可包含空格。全部是空格或只含一个英文句号(.)的字段被解释为缺项值。

③ 可读取全部或部分数据值。

【例 2-3-4】 从 18 位的身份证号 ID 中读入 7 ~ 10 位上的出生年，计算年龄。程序如下：

```
* ex2-3-4;
DATA;
    INPUT ID $ 1 - 18 birthyear 7 - 10 m 11 - 12 d 13 - 14 name $ 19 - 29;
    Age = YEAR(DATE()mdy(m,d,birthyear)) - 1960;drop m d;
DATALINES;
210103195909123912zhanglin
210104195007231234liuli
211110195208113421linzexu
;
PROC PRINT;
RUN;
```

第 1 ~ 18 列含有身份证号码 ID 的值；ID 的第 7 ~ 10 列是出生年 birthyear 的值。第 11 ~ 12 列是月份值，第 13 ~ 14 列为日期值，用 mdy 函数求出出生日期。运行结果如图 2-11 所示。

SAS 系统　　2007年10月01日 星期一 上

Obs	ID	birthyear	name	Age
1	210103195909123912	1959	zhanglin	48
2	210104195007231234	1950	liuli	57
3	211110195208113421	1952	linzexu	55

图 2-11　列输入程序例的输出

在列输入中，数据行每行第一个字段前面不能留有空格，因为这些空格位是要计算位置的。如果要把空格作为值的一部分或把空格当零来处理，须使用格式化输入。

3. 格式化输入

输入格式:

```
INPUT 变量名 <修饰符> 输入格式 ... ;
```

修饰符:在后面介绍。

输入格式:读入数据使用的格式，一个格式中包含一个“.”或以“.”结束。如:

```
INPUT name $10. birthday mmddyy10. weight 4.1;
```

其中，$10. 是变量 name 的输入格式，表示 name 是字符型变量，变量长为 10；4.1 是 weight 的输入格式，表示 weight 是数值型量，长度为 4，小数点后有 1 位(小数点占 1 位)。

由于日期在不同的地方表示习惯不同，有用形如 03 15 07 或 03/15/07 或 03-15-07 格式表示，也有用如 15MAR07 格式表示。所以为了能读入这些日期型的数据必须指出所用的输入格式。SAS 系统存储了许多种输入格式，如：MMDDYY8.、MMDDYY10.、DATE7.、DATE9. 等，后面的数表示读入数据的长度。数据的月、日、年间使用特殊字符或空格隔开。

【例 2-3-5】 格式化输入例，输出如图 2-12 所示。

```
* ex2-3-5;
DATA days;
    INPUT num $3. name $14. birthday MMDDYY8. weight 4.1;
DATALINES;
081ZHANGLIN       7-21-86 60.5
082ZHAOHUA        10/30/86640
083WANGQANG       06 19 8659.5
084LIULI          03 07 8763
proc print;
run;
```

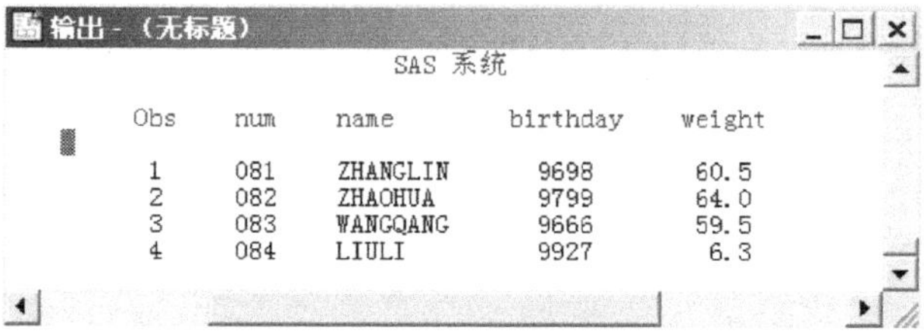

输出 - (无标题)

SAS 系统

Obs	num	name	birthday	weight
1	081	ZHANGLIN	9698	60.5
2	082	ZHAOHUA	9799	64.0
3	083	WANGQANG	9666	59.5
4	084	LIULI	9927	6.3

图 2-12　格式化输入例日期值的机内表示

注意:

(1) 格式化读入时，数据项不再以空格作为结束标志，而是由读数据指针按给出的格式长度移动，依次读数据项，数据项前后的空格也要计算在内。因此，数据项要按格式指出的区段放置。如 num 占 1 ~ 3 列，name 占 4 ~ 17 列，birthday 占 18 ~ 25 列，weight 占 26 ~ 29 列，有一位小数位，小数点占一位，如在 26 ~ 29 列中没有小数点，则数据右对齐保证小数位。如第 2 个观测最后的 640，0 作为小数位，成 64.0；而第 4 个观测最后的 63，3 作为小数位，成 6.3。如格式给出的长度不足，则会出现数据截尾。

(2) 日期的输出格式。要想按“月日年”方式输出，输出时要使用 FORMAT 语句指出变量的输出格式 MMDDYY10.。

【例 2-3-6】 将前面建立的数据集 days 的 birthday 用 WORDDATE. 格式输出，如图 2-13 所示。

```
* ex2-3-6;
PROC PRINT DATA=days;
FORMAT birthday WORDDATE.;
RUN;
```

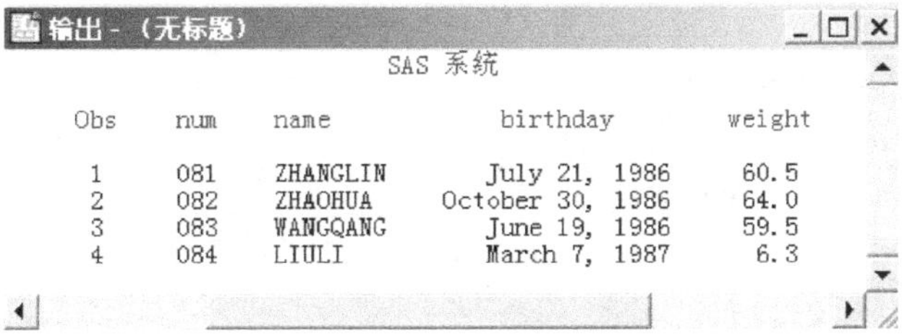

图 2-13　WORDDATE. 格式的输出

（3）输入格式 BZ. 能把空格转换成零。

（4）分组格式列表。当输入值以同一种模式被排列时，可以用分组格式列表对它们加以描述。一个分组格式列表含有两个表，第一个命名了要读的变量，第二个给出了它们相应的输入格式，每个表都括在括号中。例如，5 个变量 score1-score5 的每个值被排列为 4 列且中间无空格。可用下面的 INPUT 语句：

```
INPUT (scorel-score5) (4. 4. 4. 4. 4.);
```

- 编了号的变量名可使用缩写形式，因而避免了列出所有单独的变量。
- 格式列表被循环执行直到所有的变量被读出。如果说明的格式少于输入变量，则格式列表被再次使用去读剩余的变量。上面的语句可写成：

```
INPUT (scorel-score5) (4.);
```

当变量表中所有的值都已读到，INPUT 语句就不再考虑输入格式表中的其他项。

在格式列表中可使用“n * ”修饰符说明下面的格式要被重复使用 n 次。比如，你想先读入变量 NAME 的值，接着再读入 5 个 score 的值：

```
INPUT (name scorel-score5) ($10. 5* 4.);
```

这个 INPUT 语句首先从第 1 ~ 10 列读入变量 name 的值，然后从后面的 20 列中读得 5 个 score 的值。

4. 格式修饰符

格式修饰符用来改变输入格式读取数值的方式。格式修饰符要在使用它们的输入格式前，进行说明。

有两种格式修饰符：

（1）“:” 冒号表示从下一个非空格列读入数值，直到

- 再下一空格列；
- 读到预先定义的变量长度；
- 数据行结束。

哪个先出现就在哪儿结束。

（2）“&” 指出字符型输入值中可含有一个或多个单空格，并且读取是从下一个非空格列开始，直到遇见

- 两个连续的空格；

- 在 DATA 步中定义的最初的变量长度;
- 输入行结束。

哪个先出现就在哪儿结束。

因为“&”格式修饰符允许输入值含有单个的嵌入空格，所以要用两个空格表示值的结束。

【例 2-3-7】

```
* ex2-3-7;
DATA one;
    INPUT name & $12. sex $ age;
DATALINES;
Li Li    F 19
  Wang Da Zhi M 20
PROC PRINT;
RUN;
```

程序运行结果如图 2-14 所示。

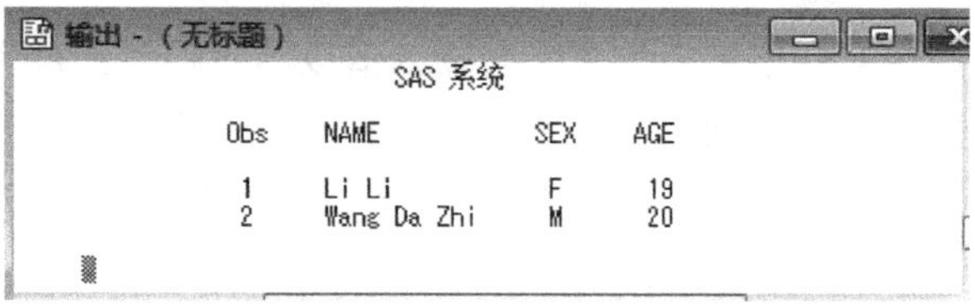

图 2-14　& 格式修饰符的应用

因为“&”号含有冒号的功能，在这种情况下冒号是不必要的。NAME 的值是从第一个非空格列开始读，直到读过 12 列或遇到两个连续空格或是行的末尾。对于第一个观测 NAME = "Li Li"，因其后有两个空格，故读到此即结束。第二个观测 NAME = "Wang Da Zhi"，前面虽有两个空格但是从第一个非空列 W 读起，长度为 12。

5. 命名输入

使用命名输入，在指定的变量名后跟一个等号。SAS 在输入记录中寻找一个后面带有等号的变量名称。

例如:

```
input name= $ age=;
```

这个 INPUT 语句能正确地读取下列数据记录:

```
DATALINES;
name=Peterson age=21
name=Morgan age=17
```

6. 利用指针控制读数据

当 SAS 系统从输入行读取数据时，SAS 系统可以用指针控制读数据时行、列的位置。例如，如果每个观测有若干个输入数据行，并且我们想从第 2 行的第 10 列开始读入一数值，可将指针的位置置于第 2 行第 10 列。

1) 列指针控制

把指针移向规定的列。

(1) 绝对指针控制

① 数值型绝对指针控制

把指针移向所规定的列。有:

@n;　　　@指针变量;　　　@(表达式);

n 必须为正整数，变量或表达式的结果为正整数。

比如：

```
INPUT @15 sales 5. ;
```

把指针移到第 15 列，读 5 位 sales 的值。

下面的 INPUT 语句：

```
A=25;
INPUT num 1 - 6 @A name  $10. ;
```

把指针移到第 25 列，即 A 的值，读 10 位 name 的值。

指针可以向后或向前移动，也可以混合使用各种输入方式。

【例 2-3-8】

```
* ex2-3-8;
DATA ONE;
  B=2;
  INPUT @(B*3) GRADE @1 A 3. ;
DATALINES;
1234567 343454
;
PROC PRINT;
RUN;
```

首先读从第 6 列开始的 GRADE 值，然后移到同一行的第 1 列读得 3 列 a 的值。运行结果如图 2-15 所示。

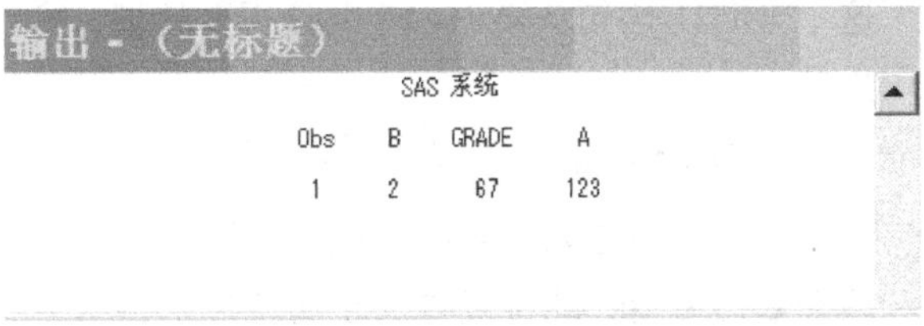

图 2-15　列指针控制输入应用

如果一个负数与@ 指针控制相联系，则指针移到第 1 列。

② 字符型绝对指针控制

可以对输入行中的一串字符进行定位，并把指针移向字符串之后的第一个非空格列。有

@'字符串'；　　@ 字符变量；　　@（字符表达式）；

若数据行含有：SIZE =343，可以用下面方法读取 343 的值：

```
INPUT @'SIZE= ' A 3. ;
```

【例 2-3-9】　读取“size =”后面的 3 位数值。

```
* ex2-3-9;
DATA ONE;
  INPUT @'size=' A 3. ;
DATALINES;
Li Li F19size=343454
Wang Da Zhi M 20size=123456
PROC PRINT;
RUN;
```

程序运行结果如图 2-16 所示。

(2) 相对指针控制

以“ + ”号开始，后带有数字、变量或表达式，

+n;　　　　+指针变量　　　　+ (表达式)

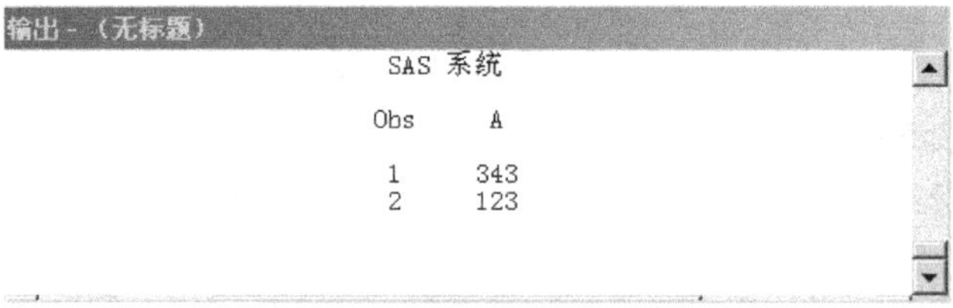

图 2-16 @'字符串'方式指针的定位

是把指针自当前位置移过规定的列数。n 必须为正整数，变量或表达式的结果可以为正也可以为负，如为负值则指针向前移动。比如语句：

```
INPUT @23 length 4. +5 width
```

把指针移到第 23 列，从后面的 4 列(23，24，25，26)中读取 length 的值，指针由 27 列再移动 5 列，在第 32 列读取 width 的值。

下面的例子是在 DATA 步中设置一指针变量来向回移动指针，通过对“+”指针控制后的变量作说明，从而使指针移动到想要退回的列。比如，想退回 1 列：

```
m= -1;
INPUT x 1-10 +m y 2.;
```

这个 INPUT 语句从第 1－10 列读得 x 的值，然后向回移动 1 列读得从 10 列开始的 y 值，也可使用负的表达式：

```
INPUT x 1-10 +(-1) y 2.;
```

(3) 读取数据后列指针的定位

读完数据后指针的位置取决于所使用的输入方式。

① 当使用列表输入时，跳过指针所在位置的空格和其后连续的空格，从下一非空列读入数据。每读完一个数据，指针跳过其后的一个空格。

② 当使用格式化输入时，从指针所在处开始读入一变量，指针移过格式指定的位(不论其中有多少空格)，并从此列开始读入下一变量。比如，语句：

```
INPUT name $12. sex $1.;
```

这个语句使用格式方式读入。name 值所处的域从输入行的第 1 列开始到第 12 列结束，读完 name 值后，指针移到第 13 列，sex 由第 13 列开始读 1 位。

③ 当使用列表和格式化混合输入时，如：

```
INPUT num $ name $15. birthday MMDDYY8. weight;
```

num 与 name 变量间仍以一个空格为间隔，在读完 num 后，指针跳过一个空格，指向 num 后的第二列，因 name 变量为格式化输入，故就从这一位置开始读 name 值，不论前后是否有空格，都将指针向后移过 15 位，接着读入 birthday 的值；读日期值时，指针移过 8 位，并从这个位置开始读 weight 值，如果在此位置是一个空格或是一串空格，就跳过空格直到一非空格处才读入 weight 值(再遇空格或换行符后结束)。

④ 当数据行中的数据个数少于 INPUT 语句中的变量个数时，若本行已无数据可读，SAS 系统到下一行的第 1 列去读取，并在 SAS 日志上显示下面的信息：

```
NOTE: SAS WENT TO A NEW LINE WHEN INPUT STATEMENT
REACHED PAST THE END OF A LINE。
```

这时经常会出现读入错误，应尽量避免。

INPUT 语句中的变量读完后，指针移向新的记录行，列指针自动置为 1。

2）行指针控制

当一个观测的数据有多行时，读数据时就要指出数据所在的行。

(1) 行指针控制

行指针控制用来说明 INPUT 语句要读取的数据所在的行。移动指针到规定的行数，有 4 种行指针控制：

① # n;　　② # 指针变量;　　③ #(表达式);　　④ /

在 INPUT 语句中，跟在行指针控制“#”号后的最大数字决定每个观测要读多少行。除非在 INFILE 语句中对“N =”项进行说明，使指针控制无效。比如，这个语句：

```
INPUT @31 age 2. #3 ID 3-4 #2 @6 name $20.;
```

“#”号后的最大数字是 3，所以 INPUT 语句每执行一次都读三个输入行。由第 1 行第 31 列开始读 2 位 age，移至第 3 行 3－4 列读 ID，移回到第 2 行第 6 列读 20 位的 name。

当每个观测有多个输入行，但不从最后一行读取数值时，在 INPUT 语句末尾就必须使用“#”指针控制将指针移到最后一行。比如，每个观测有 4 行，但仅从第 1，2 行读取数据，INPUT 语句应是这样的：

```
INPUT name $ 1-10 #2 age 13-14 #4;
```

“/” 表示把指针移动到下一输入行的第 1 列。比如，语句：

```
INPUT age grade / score1-score5;
```

age 和 grade 的值从一行上读取，然后跳到下一行读取 score1-score5 的值。

若已经用“/”指针控制移到下面的行后，可以使用“#n”再把指针移回前面的某行。例如下面的语句：

```
INPUT a / b #1 @52 c #2;
```

从第 1 行读得 a，第 2 行读得 b，然后返回第 1 行在第 52 列读得 c，“#2”指针控制说明每个观测有两个输入行。

(2) 行保持说明符

行保持说明符使行指针保持在当前输入行。有两种行保持说明符：单尾随符“@”和双尾随符“@@”。

在下面两种情况下，行保持符保持行指针于当前的输入行上。

- 多个 INPUT 语句读取同一个数据行的数据，使用单尾随符“@”；
- 用一个 INPUT 语句从一输入行中读取多个观测，使用双尾随符“@@”。

【例 2-3-10】 在 INPUT 语句中使用双尾随符“@@”。

```
* ex2-3-10;
DATA b;
INPUT x y @@;
DATALINES;
3.16 2.9 5.8 3 4.9 4.17
;
PROC PRINT;
RUN;
```

输出如图 2-17 所示。

当指针移过行的末尾时，SAS 系统释放由尾随“@@”保持的行。另外，不含操作数或“@”的 INPUT 语句立即释放被保持的行。

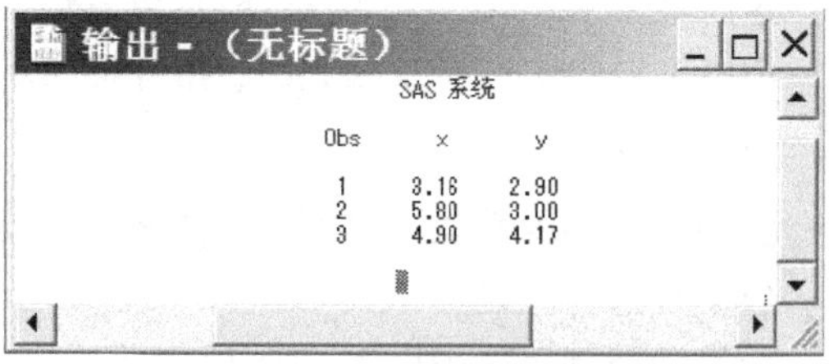

Obs	x	y
1	3.16	2.90
2	5.80	3.00
3	4.90	4.17

图 2-17　行保持符@@ 的使用

7. 无参数 INPUT 语句

没有参数的 INPUT 语句又称为空输入语句。

空输入语句将输入数据记录放在输入缓冲区中，不产生任何 SAS 变量。它能释放一个由尾随@或双尾@@ 保持的输入数据记录。

例如，可使用一个空 INPUT 语句，数据步从输入文件复制记录到输出文件，不产生任何 SAS 变量。

【例 2-3-11】 在 e:\sasdt 下有一个学生选课信息的数据文件 cour-stud. txt，文件内容如图 2-18 所示。

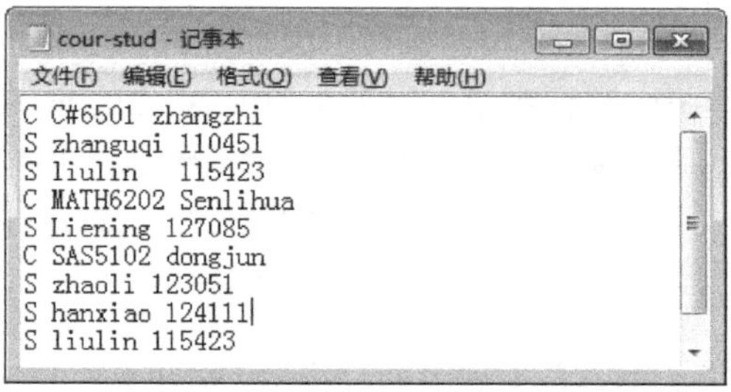

```
C C#6501 zhangzhi
S zhanguqi 110451
S liulin   115423
C MATH6202 Senlihua
S Liening 127085
C SAS5102 dongjun
S zhaoli 123051
S hanxiao 124111
S liulin 115423
```

图 2-18　学生选课信息的数据文件 cour-stud. txt

用空 INPUT 语句读数据，在输入缓冲区中保持记录，用 PUT 语句输出缓冲区中的内容。

```
* ex2-3-11;
data _null_;
   infile 'e:\sasdt\cour-stud.txt';
   input;
   put _infile_;
run;
```

运行结果如图 2-19 所示。

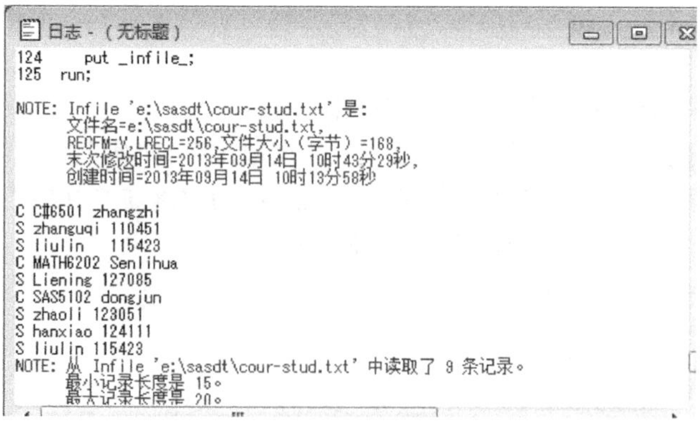

图 2-19　空 INPUT 语句作用

2.3.3　INFILE 语句

INFILE 语句的作用是在数据步中指出用 INPUT 语句读取的外部数据文件。

1. 语法

```
INFILE file - specification < options > < operating - environment - options > ;
INFILE DBMS - specifications;
```

1) 文件说明

file- specification 确定输入数据的记录源，这是一个外部文件或流内的数据。文件规格可以是这些形式：

① 外部文件。指定外部文件的物理名称，即操作环境访问文件使用的名称。

② FileRef。指定一个外部文件的文件逻辑名。必须事先用 FILENAME 语句或 FILENAME 函数将文件逻辑名与外部文件的文件名联系起来。

③ Datalines | datalines4。指定输入数据步中紧跟在 datalines 或 datalines4 后面的数据。允许使用 infile 语句选项来控制用 INPUT 语句读取的数据行。

【例 2-3-12】 在 SASDT\cour-stud. txt 的学生选课数据文件包含两种类型的数据记录，一种数据记录包含有关一个特定的课程信息。第二种记录包含有关学生信息。从这些记录中读数据并创建一个 SAS 数据集。需要两个 INPUT 语句读取两个记录并用不同的输出格式赋值给不同的变量。包含课程(CLASS)信息记录的第 1 列是数据类型 type 为 C；包含学生信息记录的第 1 列是数据类型 type 为 S。

为了知道使用了哪个输入语句，检查每一个读的记录，用一个 INPUT 语句，只读取那个说明记录是包含课程还是学生的变量 kype。判断并连接课程和选课学生信息，输出至数据集。

```
* ex2-3-12;
data schedule(drop = type);
    infile 'e:\sasdt\cour - stud.txt';
    retain Course Professor;                /* 保留课程名和教授的信息*/
    input type $1. @ ;                      /* 读入每行的第一个字符 */
    if type = 'C' then                      /* 判断该字符是否为 C */
        input course $ professor $ ;
    else if type = 'S' then
        do;                                 /* do  end 相当大括号 */
          input Name $10. Id;
          output schedule;
        end;
run;
proc print;
run;
```

输出结果如图 2-20 所示。

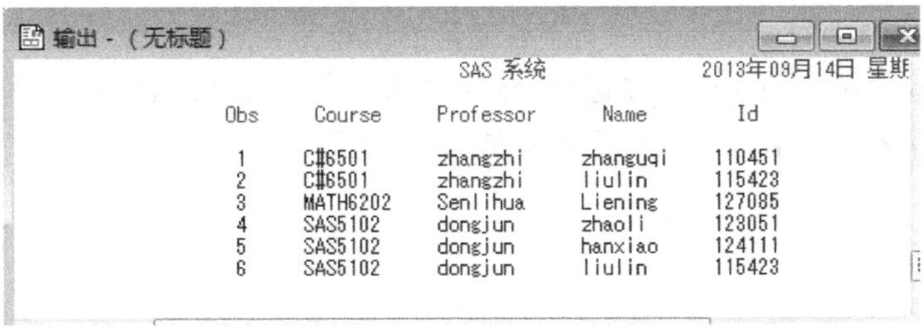
输出 - (无标题)

SAS 系统　　2013年09月14日 星期

Obs	Course	Professor	Name	Id
1	C#6501	zhangzhi	zhanguqi	110451
2	C#6501	zhangzhi	liulin	115423
3	MATH6202	Senlihua	Liening	127085
4	SAS5102	dongjun	zhaoli	123051
5	SAS5102	dongjun	hanxiao	124111
6	SAS5102	dongjun	liulin	115423

图 2-20　学生选课信息

【例 2-3-13】 从 DATALINES 后读入一行变长字符数据，写入日志中。

```
* ex2-3-13;
data _null_;
  input line $80.;
  put line;
  datalines;
Jenny's Phone Book
Jim Johanson phone: 619 - 555 - 9340
Jim wants a scarf for the holidays.
Jane Jovalley phone: (213) 555 - 4820
Jane started growing cabbage in her garden.
Her dog's name is Juniper.
J.R. Hauptman phone: (49)12 34 - 56 78 - 90
J.R. is my brother.
   ;
run;
```

运行结果如图 2-21 所示。

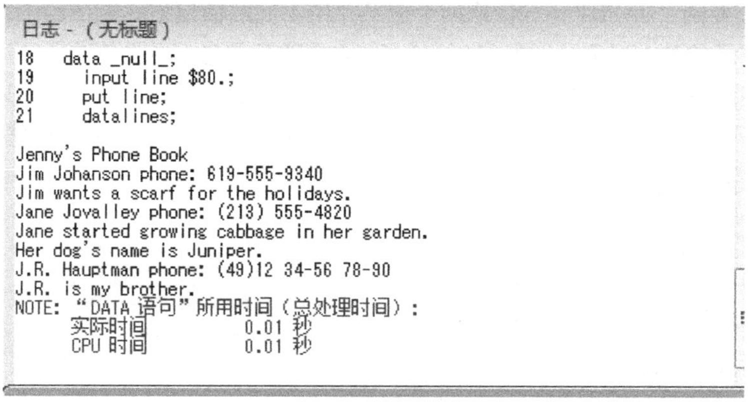
日志 - (无标题)

```
18   data _null_;
19     input line $80.;
20     put line;
21     datalines;

Jenny's Phone Book
Jim Johanson phone: 619-555-9340
Jim wants a scarf for the holidays.
Jane Jovalley phone: (213) 555-4820
Jane started growing cabbage in her garden.
Her dog's name is Juniper.
J.R. Hauptman phone: (49)12 34-56 78-90
J.R. is my brother.
NOTE: "DATA 语句"所用时间(总处理时间):
      实际时间          0.01 秒
      CPU 时间          0.01 秒
```

图 2-21　变长数据写入日志

2) 可选项

(1) COLUMN = 变量（别名：col = ）

SAS 将输入指针定位在当前列的位置。COLUMN = 变量不写入数据集。

(2) DELIMITER = 分隔符(别名：DLM =)

指定一个定界符(而非空格)被用于列表输入。分隔符可以是①“分隔符的列表”指定一个或多个字符作为分隔符；② 字符变量指定一个字符变量的值作为分隔符。默认值为空格。

例如，下面的程序使用列表读取以逗号分隔的数据。第二行数据包含缺失值。由于 SAS 列表输入允许连续的分隔符，故输入的语句不能检测到缺失值。

【例 2-3-14】

```
* ex2-3-14;
data scores;
   infile datalines delimiter = ',';
   input test1 test2 test3;
   datalines;
91,87,95
97,,92
```

```
,1,1
;
PROC PRINT;
run;
```

运行结果如图 2-22 所示。

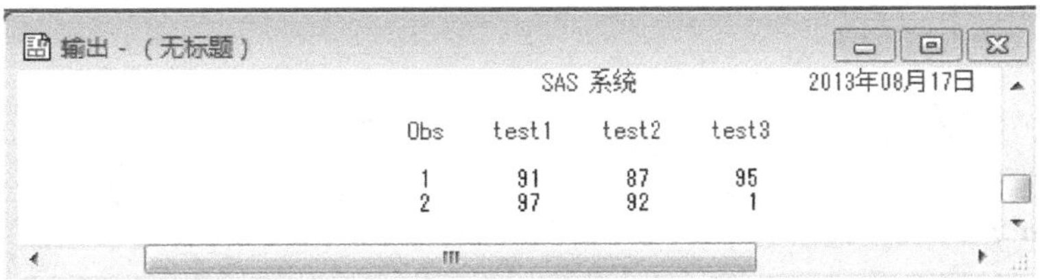

图 2-22 没有检测到缺失值

为正确读取数据，在 INFILE 语句中应增加 DSD 选项。

(3) DSD(分隔符的敏感数据)

若使用列表输入和设置一个逗号作为默认的分隔符时，DSD 选项改变了 SAS 如何处理分隔符。默认情况下，INPUT 语句将连续的分隔符作为一个单位处理。当使用 DSD 输入语句，将连续的分隔符之间缺少的值被读为缺失值。当数据值用引号括起来，值内的定界符被视为字符数据，引号被从数据中移出。DSD 默认的分隔符为逗号。

【例 2-3-15】

```
* ex2-3-15;
data scores;
  infile datalines dsd;
  input test1 test2 test3;
  datalines;
91,87,95
97,,92
,1,1
;
proc print;
run;
```

运行结果如图 2-23 所示。

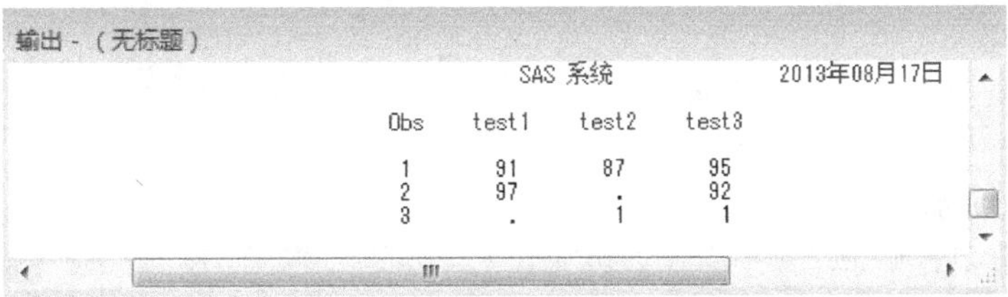

图 2-23 读有分隔符数据的输出

DSD 选项设置逗号为默认的分隔符，因为在第三数据行的第一个值是一个逗号，缺失值分配给第三观测的变量 test1，第 2 个值赋给变量 test2。

如果数据使用一个逗号以外的分隔符或多个分隔符，那么只需用 DELIMITER = 选项指定分隔符值。

【例 2-3-16】 字符 a 或 b 作为数据间的分隔符:

```
* ex2-3-16;
data nums;
    infile datalines dsd delimiter = 'ab';
    input X Y Z;
    datalines;
1aa2ab3
4b5bab6
7a8b9
;
proc print;
run;
```

分隔符或 a 或 b,运行结果如图 2-24 所示。

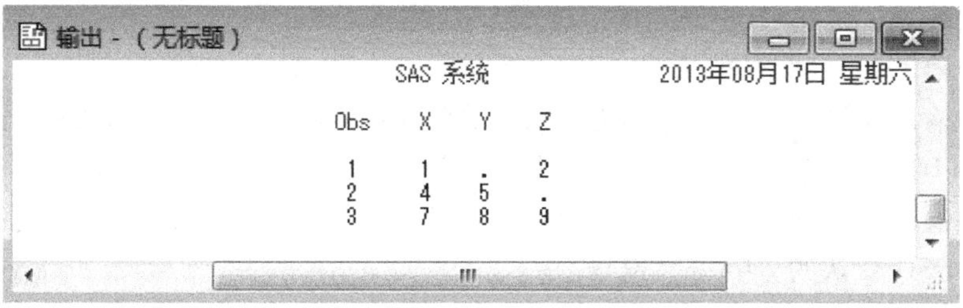

图 2-24 用 DELIMITER = 选项读 ab 作分隔符的数据

如果省略 DSD,字符 a, b, aa, ab, bb, ba 或 bab 作为分隔符,没有缺失值分配给变量,如例 2-3-17。

【例 2-3-17】

```
* ex2-3-17;
data nums;
    infile datalines   delimiter = 'ab';
    input X Y Z;
datalines;
1aa2ab3
4b5bab6
7a8b9
;
proc print;
run;
```

结果如图 2-25 所示。

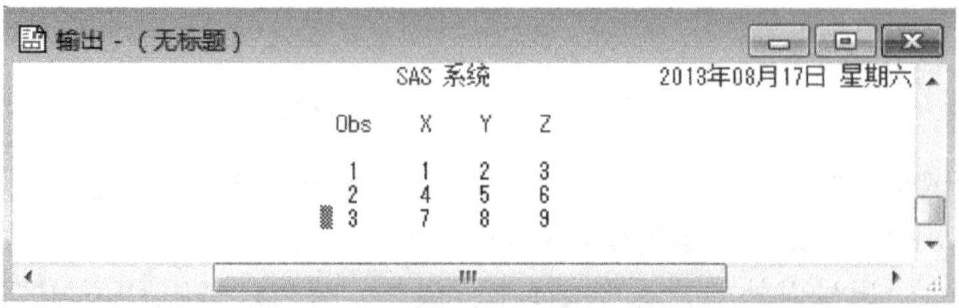

图 2-25 省略了 DSD 用字符作分隔符读入的数据集

(4) END = 变量

命名一个变量，当输入数据记录是输入文件的最后一条记录时，SAS 设该变量为 1。在 SAS 处理数据最后一个记录前，END = 变量都为 0。像自动变量一样，这个变量是不写入数据集的。

使用 DATALINES 或 DATALINES4 语句时及一个输入语句读取多个输入数据记录时，不能使用 END = 选项。

提示：当 END = 无效时，选择使用 EOF = 。

(5) EOV = 变量

命名一个变量，在读一系列的文件的某文件的第一个记录时，SAS 设该变量为 1。只有在 SAS 遇到下一个文件时该变量才设置。像自动变量一样，变量不写入数据集。

提示：SAS 遇到的每个边界后，EOV = 变量复位变回 0。

(6) expandtabs | noexpandtabs

指定是否要扩大制表符的标准为 8 列的间隔设置，开始在第 9 列。默认值：noexpandtabs。

提示：当你读包含你的操作环境的制表符的数据时，expandtabs 是有用的。

(7) FILENAME = 变量

命名一个变量，SAS 设置为当前打开的输入文件的物理名称。像自动变量一样，变量不写入数据集。

提示：应使用 LENGTH 语句语句使变量长度足够长，以便包含文件名的值。

(8) filevar = 变量

命名一个变量，当 infile 语句关闭当前输入文件并打开一个新的文件时，该变量值发生变化，filevar 变量包含有物理文件名的字符串。下一个 INPUT 语句执行时，它从 filevar = 变量指定的新文件读取。像自动变量一样，这个变量不写入数据集。

提示：使用 filevar = 选项能动态改变当前打开的输入文件为新的物理文件。

(9) N = 可用行数

指定输入指针一次能读的行数。

在 DATA 步的任何一 INPUT 语句中跟在#后的指针控制读入行数的最高值。如果忽略了#指针控制，则默认值为 1。

提示：在 INPUT 语句若使用#指针控制，当#指针值小于 N = 值，会得到意想不到的结果。为了避免这种情况，INPUT 语句中应包括#指针控制等于 N = 选项的值。例如：

```
infile 'external file' n=5;
   input #2 name : $25. #3 job : $25. #5;
```

(10) _INFILE_ = variable

命名一个字符变量以便引用 INFILE 语句的当前输入缓冲区的内容。该变量是自动保留并初始化为空 。像自动变量一样，该_infile_ = 变量不写入数据集。

限制：变量不能是预先定义的变量。确保_infile_ = 指定的这一变量是在数据步中第一次出现。不能使用 LENTH 和 ATTRIB 语句设置或更改_infile_ = 变量的长度或属性。然而，你可以使用 ATTRIB 或 FORMAT 语句将一个格式附加给这个变量。

对这个变量的修改是直接修改 infile 语句的当前输入缓冲区。任何 PUT _infile_(当此 infile 是当前的)下的缓冲修改反映了修改缓冲区的内容。该_infile_ = 变量只访问指定 infile 语句的当前输入缓冲区，即使你使用 n = 选项来指定多个缓冲区。

提示：访问另一个语句的输入缓冲区的内容，不使用_infile_ = 选项，而使用自动变量_infile_。

(11)missover

如果在当前输入行中没有找到 INPUT 语句中所有变量的值，或者数据长度短于 INPUT 语句对该字段格式要求的长度时，IPUT 语句会继续读下一个输入数据记录。这是输入语句的默认行为。使用 missover 能防止 input 语句从一个新的行读入数据记录，当 INPUT 语句到达当前输入数据记录结束时，没有被赋予任何值的变量取缺失值。

【例 2-3-18】 一个外部文件 mis. txt 包含可变长度记录，有些记录还缺项，内容如下：

```
1 1
2 22
3 333
4
5 55555
6 666666
```

编制程序读取这些数据创建 SAS 数据集。

```
* ex2-3-18;
data numbers;
   infile 'e:\sasdt\1 - 5.txt' ;
   inputa testnum 5.;
run;
proc print;
run;
```

运行结果如图 2-26 所示。

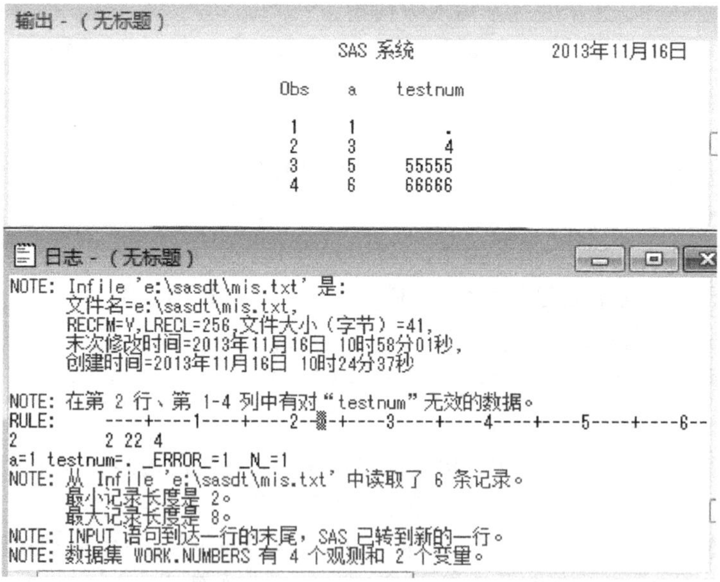

图 2-26　字段长度太短及缺项数据读错

DATA 步从 6 个输入数据记录中创建 4 个观测，其中 1、2 记录读在一起，3、4 记录读在一起。第 5 条记录正常，第 6 条记录被截短。

如果在 infile 语句中使用 missover 选项，能正常读各变量，所有的值被记录，但太短的值和缺项变量被设为缺失值，如图 2-27 所示。

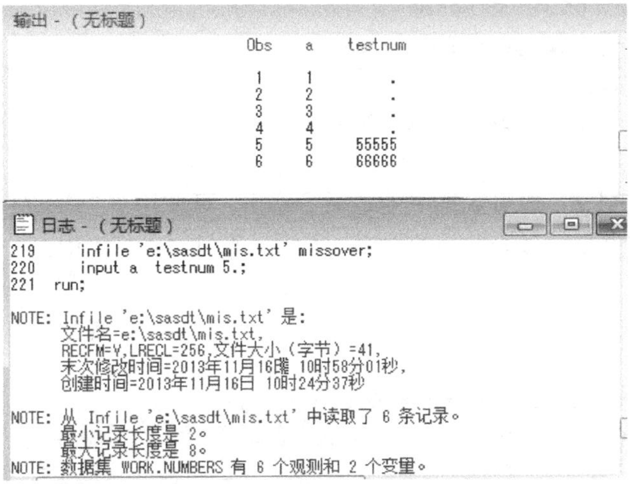
输出 - (无标题)

Obs	a	testnum
1	1	.
2	2	.
3	3	.
4	4	.
5	5	55555
6	6	66666

日志 - (无标题)

```
219      infile 'e:\sasdt\mis.txt' missover;
220      input a  testnum 5.;
221   run;

NOTE: Infile 'e:\sasdt\mis.txt' 是:
      文件名=e:\sasdt\mis.txt,
      RECFM=V,LRECL=256,文件大小（字节）=41,
      上次修改时间=2013年11月16日 10时58分01秒,
      创建时间=2013年11月16日 10时24分37秒

NOTE: 从 Infile 'e:\sasdt\mis.txt' 中读取了 6 条记录。
      最小记录长度是 2。
      最大记录长度是 8。
NOTE: 数据集 WORK.NUMBERS 有 6 个观测和 2 个变量。
```

图 2-27　使用 missover 选项读数据结果

(12) TRUNCOVER

当输入数据短于 INPUT 语句期望的长度时，INPUT 语句默认会自动读下一输入数据记录。而 TRUNCOVER 拒绝 INPUT 语句的默认行为，它能使你读短于 INPUT 语句期望的变长的数据记录。无任何值赋予变量时，则设置为缺失值。

【例 2-3-19】

```
* ex2-3-19;
data numbers;
  infile 'e:\sasdt\1-5.txt' truncover;
  input a  testnum5.;
run;
proc print;
run;
```

运行结果如图 2-28 所示。

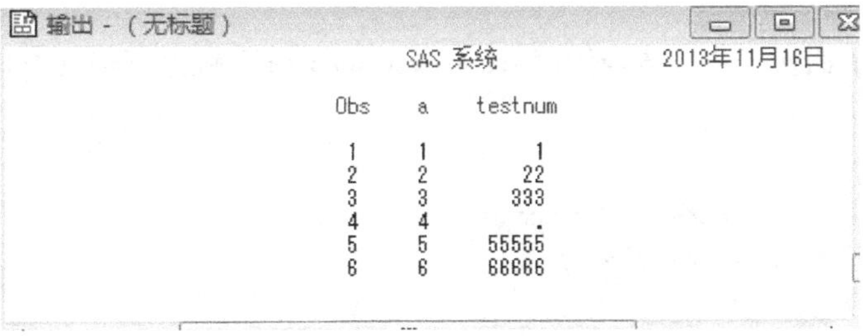
输出 - (无标题)

SAS 系统　　2013年11月16日

Obs	a	testnum
1	1	1
2	2	22
3	3	333
4	4	.
5	5	55555
6	6	66666

图 2-28　使用 truncover 选项读数据

truncover 和 missover 选项的作用部分相似。这两个选项都能使 INPUT 语句正常读出数据中的各记录，设置缺失的变量为缺失值。然而，missover 选项，当数据长度短于 INPUT 语句中指定的字段长时，会将值设为缺失；truncover 选项却将读到的内容给相应的变量。

例如，在 e:\sasdt\phonebk 文本文件中数据如下：

```
Jenny's Phone Book
Jim Johanson phone: 619-555-9340
Jim wants a scarf for the holidays.
```

```
Jane Jovalley phone: (213) 555 - 4820
Jane started growing cabbage in her garden.
Her dog's name is Juniper.
J.R. Hauptman phone: (49)12 34 - 56 78 - 90
J.R. is my brother.
```

数据中有些行仅有姓名，想将数据中的电话号输出，可使用@“phone:”来扫描文件行中的电话号码，将读指针定位在电话号码开始的地方。电话号码只写入日志中。

【例 2-3-20】

```
* ex2-3-20;
data ;
   infile'e:\sasdt\phonebk' truncover;
   input @ 'phone:' phone $32.;
   put phone = ;
run;
```

运行结果如图 2-29 所示。

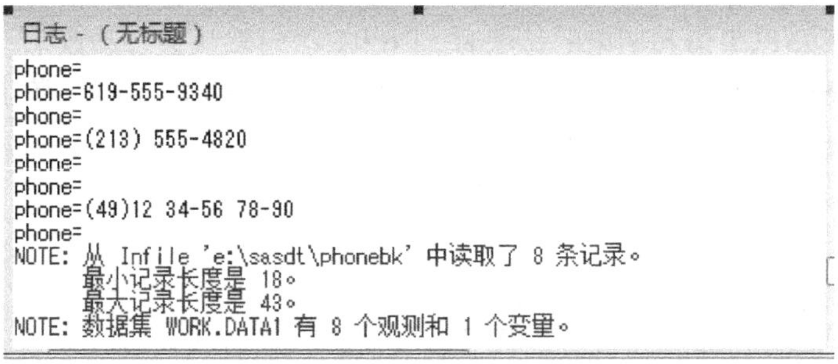

日志 - (无标题)
phone=
phone=619-555-9340
phone=
phone=(213) 555-4820
phone=
phone=
phone=(49)12 34-56 78-90
phone=
NOTE: 从 Infile 'e:\sasdt\phonebk' 中读取了 8 条记录。
      最小记录长度是 18。
      最大记录长度是 43。
NOTE: 数据集 WORK.DATA1 有 8 个观测和 1 个变量。

图 2-29　用@‘phone’扫描行输出

(13) SCANOVER

引起 INPUT 语句扫描输入数据记录，直到在@ 'character-string'表达式中规定的字符串被发现才做处理。

【例 2-3-21】 上面例子中，结合使用 scanover truncover 可跳过不包含“phone:”的行。

```
* ex2-3-21;
data _NULL_;
   infile'e:\sasdt\phonebk' truncover scanover;
   input @ 'phone:' phone $32.;
   put phone = ;
run;
```

程序运行结果如图 2-30 所示。

2. 如何使用 INFILE 语句

因为 INFILE 语句识别要读的文件，它必须在读数据的 INPUT 语句前执行。可以在条件处理里(如 IF – THEN 语句中)使用 INFILE 语句，它是可执行语句，能使你控制输入数据记录源。

通常能使用 INFILE 语句从一个外部文件中读数据。当要数据从工作流中读出时，必须使用 DATALINES 语句。为了利用那些仅在 INFILE 语句中有效的读数据选项，可使用一个带有 DATALINES 说明的 INFILE 语句，并且在同一 DATA 步中使用 DATALINES 语句。

这对同一文件说明使用一个以上的 infile 语句和在每个 infile 语句中使用选项效果是相加的。为了避免混淆，对于一个给定的外部文件，在第一个 infile 语句中使用所有的选项。

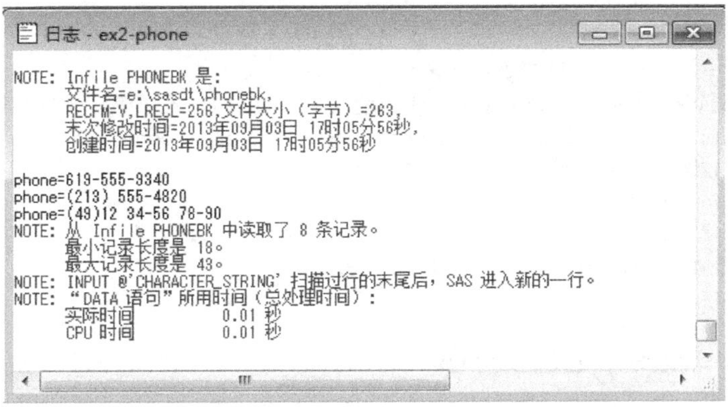

图 2-30　用 scanover 扫描电话号

3. 读多个输入文件

在 DATA 步中用单循环从多个输入文件中读数据，有两种方法：

(1) 为保持多个文件打开并且改变哪一个文件被读，使用多个 INFILE 语句。

(2) 为在单一 DATA 步中动态改变当前的输入文件，在 INFILE 语句中使用 FILEVAR = 选项。FILEVAR = 选项能使你从一个文件中读，关闭它并且接着打开另一个文件。

【例 2-3-22】 从两个季度的销量文件中读数据，计算各季度的销量合计，创建新数据集。

下面的 DATA 步在每一次数据步循环过程中，从两个输入文件读取数据。当 SAS 从一个文件切换到另一个时，每个文件都保持打开状态。输入指针保留在下一次 INPUT 语句开始读取该文件的位置。

```
* ex2-3-22;
data qtrtot(drop=jansale febsale marsale aprsale maysale junsale);
   infile 'e:\sasdt\sale1.txt'; /* 第一个文件的识别定位 */
   input name $ jansale febsale marsale;/* 从第一个文件读数据值   */
   qtr1tot=sum(jansale,febsale,marsale);
   infile  'e:\sasdt\sale3.txt';/* 第二个文件的识别定位 */
   input name $ aprsale maysale junsale; /* 从第二个文件读数据值   */
   qtr2tot=sum(aprsale,maysale,junsale);
run;
proc print;
run;
```

当 SAS 遇到最短的输入文件结束时，数据步终止。运行结果如图 2-31 所示。

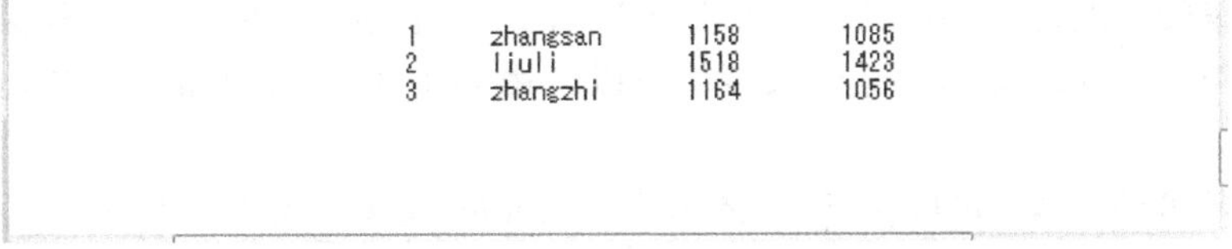

图 2-31　从两个外部文件中读入数据计算各季度销量合计

【例 2-3-23】 下面的 DATA 步在每次循环执行中使用 filevar =选项从不同的文件读数据：

```
* ex2-3-23;
data allsales;
   length fileloc myinfile $300;   /*  设置两个文件名变量的长度 */
   input fileloc $ ;/*  读流数据   */
/*  INFILE 语句执行时，infile 语句关闭当前文件，如 fileloc 值变化将打开一个新的文件*/
   infile xxx filevar=fileloc filename=myinfile end=done;
/* 当读取最后输入的记录时，DONE 设置为 1 */
   do while(not done);
/* 从目前打开的输入文件读入所有输入记录，写到 allsales   */
     input name $ jansale febsale marsale;
     output;
   end;
   put 'Finished reading ' myinfile=;
   datalines;
e:\sasdt\sale1.txt
e:\sasdt\sale2.txt
;
proc print;
run;
```

程序中，infile xxx 的 xxx 为读入的文件名。

运行结果如图 2-32 所示。

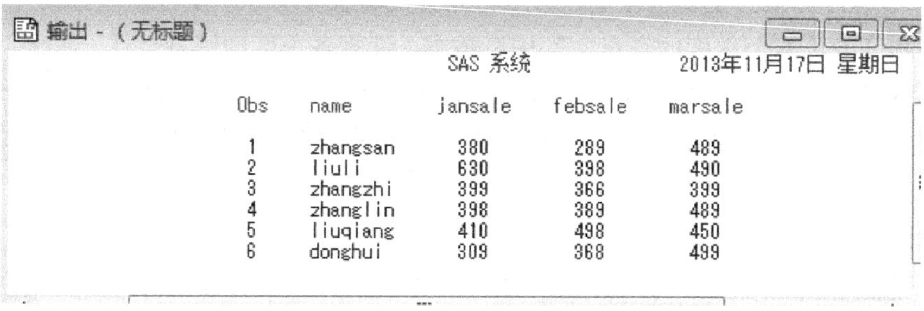

Obs	name	jansale	febsale	marsale
1	zhangsan	380	289	489
2	liuli	630	398	490
3	zhangzhi	399	366	399
4	zhanglin	398	389	489
5	liuqiang	410	498	450
6	donghui	309	368	499

图 2-32 用 filevar =读入两个外部数据文件

4．访问输入缓冲区的内容

除了_infile_ =变量，您可以使用自动_infile_变量引用 infile 语句的最近执行的当前输入缓冲区的内容。这个字符变量自动保留并初始化为空白。像其他的自动变量一样，_infile_不写入数据集。

当在 infile 语句指定_infile_ =选项，这个变量也就间接地被自动变量_infile_引用。如果自动_infile_变量存在，而你在一个特定的 infile 语句中忽略_infile_ =，那么 SAS 为该 infile 语句创建一个内部_infile_ =变量。否则，SAS 不会为这个特定的文件创建_infile_ =变量。

在执行期间，这一字符变量的最大长度是当前_infile_ =变量的最大长度。然而这些变量的长度不到执行阶段是不知道的。在编译阶段指定的长度是 32 767。例如，如果你赋予_infile_一个新的变量，该变量的长度是不确定的，那么新的变量的默认长度为 32 767。你不能使用 LENGTH 语句和 ATTRIB 语句设置或重写_infile_的长度。可以使用 FORMAT 语句和 ATTRIB 语句分配_infile_一个格式。

如其他的 SAS 变量一样，可以在赋值语句中更新_infile_变量。还可以在 PUT 语句中使用_infile_格式。

```
put _infile_ $hex100.;
```

【例 2-3-24】 对 ex2-3-20 中使用的数据文件 phonebk，用 INPUT 语句从文件中读取记录。在 PUT 语句中用自动变量_infile_写记录到日志里。

```
* ex2-3-24;
data ;
   infile 'e:\sasdt\phonebk' truncover scanover;
   input;
   put _infile_;
run;
```

运行结果如图 2-33 所示。

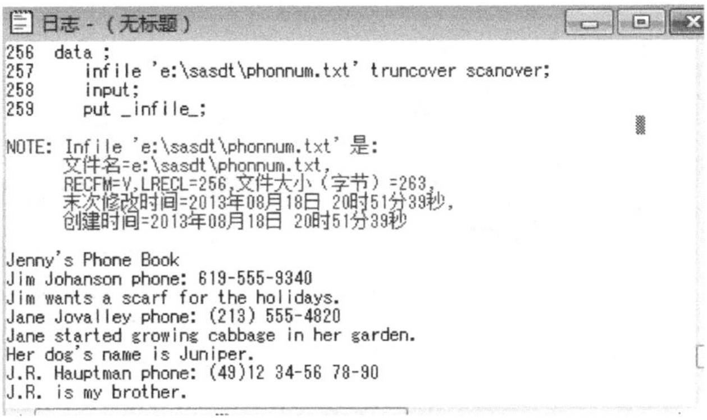
```
日志 - (无标题)
256  data ;
257     infile 'e:\sasdt\phonnum.txt' truncover scanover;
258     input;
259     put _infile_;

NOTE: Infile 'e:\sasdt\phonnum.txt' 是:
      文件名=e:\sasdt\phonnum.txt,
      RECFM=V,LRECL=256,文件大小 (字节) =263,
      末次修改时间=2013年08月18日 20时51分39秒,
      创建时间=2013年08月18日 20时51分39秒

Jenny's Phone Book
Jim Johanson phone: 619-555-9340
Jim wants a scarf for the holidays.
Jane Jovalley phone: (213) 555-4820
Jane started growing cabbage in her garden.
Her dog's name is Juniper.
J.R. Hauptman phone: (49)12 34-56 78-90
J.R. is my brother.
```

图 2-33　put _infile_输出内容

【例 2-3-25】 使用@"phone:"来扫描文件行的电话号码，结合使用 scanover truncover 跳过不包含"phone:"的行。将常用电话号码的行写入日志中。

```
* ex2-3-25;
data _NULL_;
   infile 'e:\sasdt\phonebk' truncover scanover;
   input @ 'phone:';
   put _INFILE_;
run;
```

运行结果如图 2-34 所示。

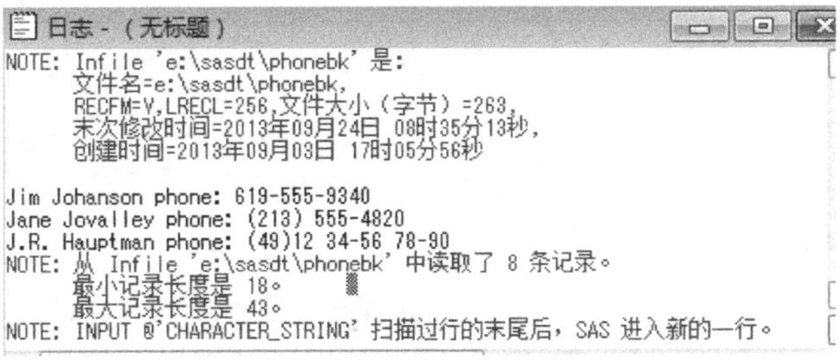
```
日志 - (无标题)
NOTE: Infile 'e:\sasdt\phonebk' 是:
      文件名=e:\sasdt\phonebk,
      RECFM=V,LRECL=256,文件大小 (字节) =263,
      末次修改时间=2013年09月24日 08时35分13秒,
      创建时间=2013年09月03日 17时05分56秒

Jim Johanson phone: 619-555-9340
Jane Jovalley phone: (213) 555-4820
J.R. Hauptman phone: (49)12 34-56 78-90
NOTE: 从 Infile 'e:\sasdt\phonebk' 中读取了 8 条记录。
      最小记录长度是 18。
      最大记录长度是 43。
NOTE: INPUT @'CHARACTER_STRING' 扫描过行的末尾后，SAS 进入新的一行。
```

图 2-34　put _infile_输出内容

2.3.4　DATALINES 和 DATALINES4 语句

1. DATALINES 语句

如果想在 SAS 程序中输入数据，DATALINES 语句(等同于 CARDS 语句)，应出现在数据行之前，以告诉 SAS 系统下面所跟的是数据。DATALINES 语句必须是 DATA 步的最后一个语句，其后紧跟数据行。数据行的最后是一行空语句(仅含一个分号),SAS 系统遇到分号“;”就认为数据行结束。数据行中的数据数应与 INPUT 语句中的变量数相等。

如果数据在磁盘的文本数据文件中,应使用 INFILE 语句代替 DATALINES 语句指出数据存储的位置。

如果 DATALINES 后面某数据行的数据数少于变量数,则读数据时,该行数据不足就会到下一行去继续读数据,导致读数据混乱。为此可使用 INFILE DATALINES MISSOVER 语句,从 DATALINES 后的数据行读数据,数据项不足时,不会转到下一行去读,而按缺项处理。

【例 2-3-26】

```
* ex2-3-26;
DATA TEMP;
  INFILE DATALINES MISSOVER;
  INPUT X Y Z;
DATALINES;
1 10 100
2 20
3 30 300
;
PROC PRINT;
RUN;
```

输出如图 2-35 所示。

2. DATALINES4 语句

因为分号标志着数据行的结束,所以如果 DATALINES 语句后的数据行中含有分号,那么必须用 DATALINES4(或 CARDS4)语句代替 DATALINES 语句。数据的最后使用 4 个分号“;;;;”。

【例 2-3-27】

```
* ex2-3-27;
DATAB;
INPUT NUM CITATION & $50. ;
    DATALINES4;
    1 SMITH, 1982
    2 ALLEN ET AL., 1975; BRADY, 1983
    3 BROWN, 1980; LEWIS,1974; WILLIAMS,1972
    ;;;;
    PROC PRINT;
    RUN;
```

输出如图 2-36 所示。

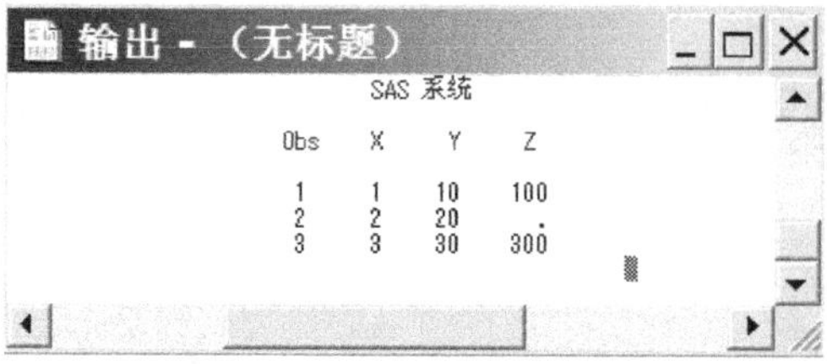

图 2-35　读缺项数据的结果

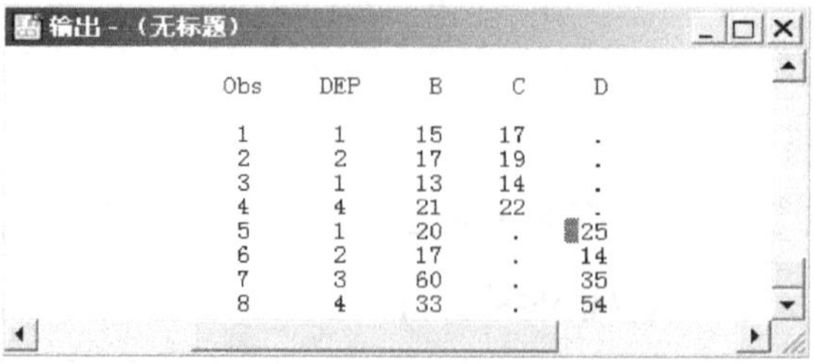

图 2-36　数据中含有分号

2.4　数据步流程

在数据步中，DATA 语句总是标志着这个步的开始。对输入数据中的每一观测都执行一遍这个程序，直到将整个输入源中的数据读完。SAS 系统用一特殊的变量“_N_”，记录目前执行 DATA 步的次数。变量“_N_”常用作控制用。

在 DATA 步中提及的所有变量都称为程序数据矢量的一部分。来自每一输入数据源的变量与程序语句建立的变量一起放在程序数据矢量中。

当执行到 DATA 步中的最后一条语句（或者一个引起返回到该步的开始，去重新执行的 RETURN 语句）时，通常从程序数据矢量中将当前值写到正被建立起的 SAS 数据集中好像有一个 OUTPUT 语句一样。SAS 返回到 DATA 语句后的第一个语句，初始化程序数据矢量中的非保留变量为缺项值，并且开始执行语句去建立下一个观测。如此循环读入数据，处理并写入数据集。

DATA 步被执行多少次?

对读入的每一观测，都执行 DATA 步中的各个语句。这一程序步被反复执行，直到将一个输入源中的数据读完，或者直到一个 STOP 或 ABORT 语句被执行。

程序语句可以包括那些使 DATA 步中的其他语句被多次执行的语句，如 DO 循环，LINK/RETURN 或 GOTO 语句。

对于每一 DATA 步，SAS 自动产生变量“_N_”，它的值是 SAS 执行这个 DATA 步的次数。在 DATA 步的程序语句中，能使用这个值去控制程序的执行。

不包含 INPUT、SET、MERGE 或 UPDATE 语句的 DATA 步仅被执行一次。

2.5　提供信息的几个语句

2.5.1　LENGTH 语句

当一个字符型变量长度超过或不足默认值 8 时，除用格式方式读入变量外，还可用 LENGTH 语句指出变量的长度。

语句格式：

```
LENGTH 变量 < $ > 长度;
```

当变量为字符型量时，要用“$”号指出其类型。

【例 2-5-1】

```
* ex2-5-1;
DATA a;
  LENGTH name $ 12;
  INPUT name sex $ h w;
DATALINES;
ZhangZhihui F 1.71 49
ZhaoChangtai M 1.73 55
;
```

由于 name 变量已在 LENGTH 语句中定义为字符型量，故 INPUT 语句中 name 后不再使用“$”号标示其数据类型。在读用 LENGTH 语句定义的变量时，若数据长度小于变量定义的长度时，则遇到空格时该变量读入结束。

2.5.2 LABEL 语句

在程序中，为了简洁、方便，变量名常仅用几个字符，不能完全表达变量的意思。比如：用 h 表示身高，w 表示体重等，而在输出时，又希望能把变量的意思表达完全。这可以使用 LABEL 语句给变量一个标记。

语句格式：

```
LABEL  变量名='标记';
```

标记长可达 40 个字符。它与变量值同时存于数据集中，并可以被许多 SAS 过程显示出来。

【例 2-5-2】

```
* ex2-5-2;
DATA d;
   INPUT name $12. sex $ h w;
   LABEL h='身高'  w='体重';
DATALINES;
ZhangZhihui F 1.71 49
ZhaoChangtai M 1.73 55
;
PROC PRINT LABEL;
RUN;
```

程序运行结果如图 2-37 所示。

注意：在 PROC PRINT 语句中，应加 LABEL 选项才能将数据集中已定义的变量的标记显示出来。LABEL 语句也可用于许多过程步中。

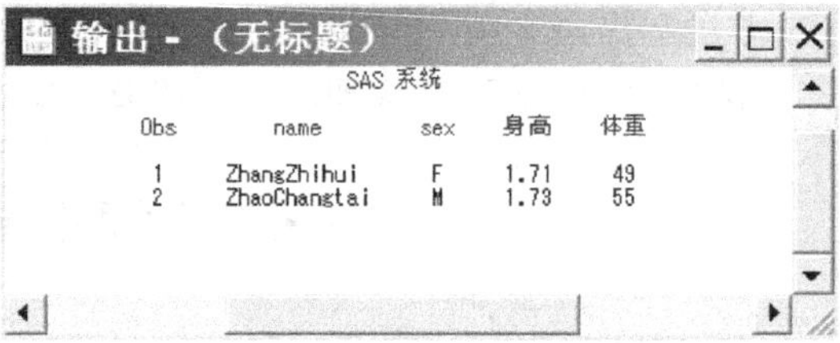

图 2-37 用标记输出

2.5.3 LOSTCARD 语句

如果每个观测的输入数据有多个固定的行数，若在读数据中遇到缺欠记录(观测的数据行比所期望的少)时，为防止 SAS 系统去读取下一个观测的数据行，造成读入数据的混乱，观测的每个数据行应含有相同值的标识变量，并用 LOSTCARD 语句来使输入数据重新同步。

LOSTCARD 语句的格式：

```
LOSTCARD;
```

要使该语句起作用，必须在 IF…THEN 语句中，说明数据行丢失的条件，并在 THEN 语句中或跟在 THEN 后的语句组中使用 LOSTCARD 语句。

当 LOSTCARD 语句执行时，SAS 系统采取下列步骤：

(1) SAS 系统在 SAS 日志上显示出丢失信息，尺寸和为建立当前观测所读取的数据行；

(2) SAS 系统不输出观测，不自动递增变量“_N_”。SAS 系统丢弃组中前面的数据行并返回到 DATA 步的开始；

(3) SAS 系统从丢弃数据的下一个数据行读入数据，开始建立一个新观测。

【例 2-5-3】 下面是一个缺一行数据的例子。

```
option nodate;
* ex2-5-3;
DATA TEST;
```

```
    INPUT ID TEST1 #2 IDCHECK TEST2 TEST3;
        IF ID NE IDCHECK THEN LOSTCARD;
DATALINES;
301  92
301  61 73
302  83
302  88 99
303  92 78
304  85
304  90 94
PROC PRINT;
RUN;
```

程序运行结果如图 2-38 和图 2-39 所示。

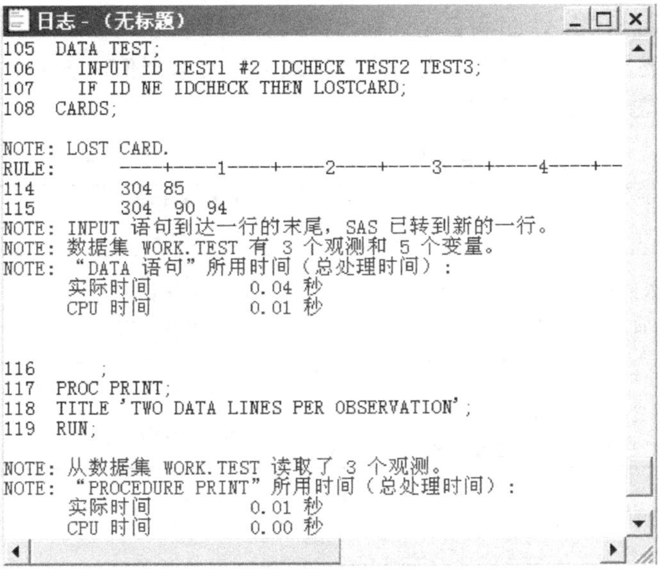

```
日志 - (无标题)
105  DATA TEST;
106    INPUT ID TEST1 #2 IDCHECK TEST2 TEST3;
107    IF ID NE IDCHECK THEN LOSTCARD;
108  CARDS;

NOTE: LOST CARD.
RULE:       ----+----1----+----2----+----3----+----4----+--
114         304 85
115         304  90 94
NOTE: INPUT 语句到达一行的末尾，SAS 已转到新的一行。
NOTE: 数据集 WORK.TEST 有 3 个观测和 5 个变量。
NOTE: “DATA 语句”所用时间（总处理时间）：
      实际时间          0.04 秒
      CPU 时间          0.01 秒



116       ;
117  PROC PRINT;
118  TITLE 'TWO DATA LINES PER OBSERVATION';
119  RUN;

NOTE: 从数据集 WORK.TEST 读取了 3 个观测。
NOTE: “PROCEDURE PRINT”所用时间（总处理时间）：
      实际时间          0.01 秒
      CPU 时间          0.00 秒
```

图 2-38　使用 LOSTCARD 的日志

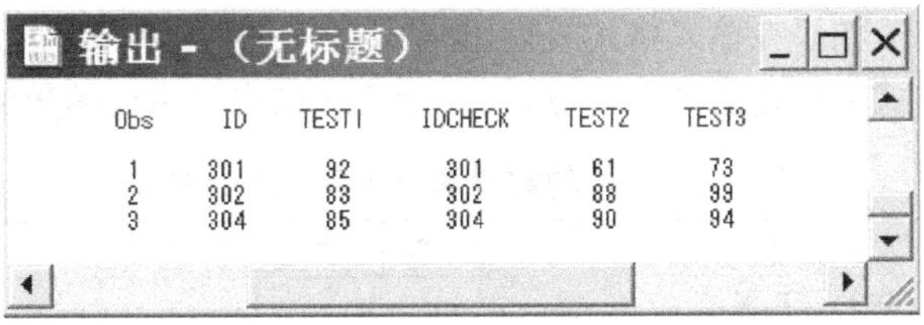

输出 - （无标题）

Obs	ID	TEST1	IDCHECK	TEST2	TEST3
1	301	92	301	61	73
2	302	83	302	88	99
3	304	85	304	90	94

图 2-39　LOSTCARD 语句的应用

在这个例子中，每个观测由两个输入数据行组成。每行的 1 ~ 3 列含有一个标识数字，可以看出，当第 1 行的标识数字(变量 ID)不等于第 2 行的标识数字(IDCHECK)时，说明一个数据行被放错或丢失了。本例中第 3 个观测(IDCHECK = 303)缺少了第一个数据行。

当 SAS 系统想从第 5、第 6 输入行建立一个观测时，读得 ID(303)的值和 IDCHECK(304)的值不匹配。因此，SAS 系统丢掉该组中的第 1 行(第 5 行)，开始用第 2 行建立一个新观测。因为第 6 行和第 7 行的 ID 和 IDCHECK 相等，所以 SAS 系统从这些行建立一个观测。结果数据集有 3 个观测，ID 项的值为 301、302 和 304，没有 ID = 303 的观测。

2.5.4 INFORMAT 语句与 FORMAT 语句及 SAS 输入格式与输出格式

1. 概述

SAS 有灵活的输入格式和输出格式，在输入与输出数据时，有时必须明确的指示 SAS 系统以何种方式去读或写一个值。例如数据行上的数值 1,000, 000 作为一个数，通常是不可接受的，因为数中含有逗号。然而若告诉 SAS 系统用合适的输入格式就能读这个数据。同样也能告诉 SAS 系统把值 1000000 显示成 1,000,000、$1,000,000 或其他格式。

输入格式是读一个值的一组指示。例如，为了读 1,000,000，使用 COMMA9. 输入格式。

输出格式是写一个值的一组指示。用来显示 1000000 成上面写法的输出格式分别是 COMMA9. 和 DOLLAR10. 。

SAS 系统提供许多输入格式和输出格式以用于数值、字符、日期、时间及日期时间量的输入与输出。此外，也可以用 FORMAT 过程自定义输出格式。

SAS 系统中有几种方法利用输入格式和输出格式去读写数据值。表 2-1 介绍了在一定情况下使用 SAS 输入格式和输出格式的方法。

表 2-1　使用 SAS 输入格式及输出格式的方法

	方　法	把读/写格式与变量相联系使用	读/写格式直接用在…
输入值	SAS 输入格式 (包括：日期，时间及日期时间)	INFORMAT 语句 ATTRIB 语句	INPUT 语句 INPUT 函数
输出值	SAS 输出格式 (包括：日期，时间及日期时间) 用 PROC FORMAT 定义的输出格式	FORMAT 语句 ATTRIB 语句	PUT 语句 PUT 函数

SAS 输入格式和输出格式如下：

```
informat w.d
format w.d
```

这里，*informat* 和 *format* 是输入格式及输出格式的名称。w 是宽度值(输入或输出的字段的列数)，d 是任选的小数位数，如果在输入格式或输出格式中略去了 w 和 d，则 SAS 使用默认的 w 值，但必须在输入格式或输出格式名称之后加个句点(.)。表 2-2 列出了主要的数值和字符输入、输出格式。

表 2-2　主要的数值和字符输入输出格式

格　式	说　明	宽度范围	小数范围	默认宽度	对齐方式
w.	(I/O)标准数值	1 –32			右
w. d		d < w			
COMMAw. d	(I/O)数中有逗号	2 –32	0 或 2	6	右
DOLLARw. d	(I/O)美元符，逗号	2 –32	0 或 2	6	右
Ew.	(I/O)科学计数法	7 –32	12	右	
$w.	(I/O)标准字符	1 –200	1 或变量长度	左	
$CHARw.	(I/O)带空格的字符串	1 –200	1 或变量长度	左	
BESTw.	(O)SAS 选择最佳记数法	1 –32	12	右	
ROMANw.	(O)罗马数字	2 –32	6	左	
Zw. d	(O)打印首零	1 –32	1	右	

2. 使用 SAS 输入格式

使变量和输入格式联系起来的最简单的方法是：在一个 INPUT 语句中，在变量之后给出输入格式。例如，

```
INPUT @15 STYLE 3. @21 PRICE 5.2;
```

读数据指针移到 15 位，读 3 位数值量 STYLY，移到第 21 位后读 5 位数值型量 PRICE 其中有 2 位小数位，小数点占一位。

```
input a dollar10.2 ;
```

读带有$号的每 3 位用“,”分隔的数值型数据如 $1,234.56。

利用 INFORMAT 或 ATTRIB 语句能使变量和输入格式建立联系。例如：

```
DATA B;
    INFORMAT BIRTHDAY INTERVW DATE.,
    ATTRIB INCOME INFORMAT=COMMA.;
INPUT @20 BIRTHDAY INTERVW @50 INCOME;
……
```

SAS 使用 INFORMAT 或 ATTRIB 语句去决定变量的类型(数值或字符)，但是对字符变量仅仅可以决定它的长度。

注意：如果使用了一个与变量值不相容的输入格式(例如，在数值字段中使用字母字符)，SAS 在日志上打印出错误信息，指出问题并且置变量的值为缺项。

3. 使用 SAS 输出格式

使输出格式与变量联系起来的最简单的方法是：在 PUT 语句中，在变量之后加一个输出格式。下面的例子使用 Format 语句将 b 与 DOLLAR. 输出格式联系起来，以使输出的数值显示为美元的量。

【例 2-5-4】

```
* ex2-5-4;
data ;
    inputa b dollar10.2;
    format b  dollar10.2;
    put  b;
datalines;
1  $1,234.56
;
proc print;
run;
```

运行后在日志窗口显示如下结果：

```
$1,234.56
```

FORMAT 和 ATTRIB 语句把输出格式与变量联系起来。然而在 PUT 语句中使用的格式与在 FORMAT 和 ATTRIB 语句中规定的格式不同。PUT 语句中的输出格式保留头部空格，而 FORMAT 和 ATTRIB 语句将切掉头部空格。

如果想使一个格式与一个变量永久地联系起来，从而使后面的 PROC 步和 DATA 步也使用这种输出格式，必须在 DATA 步中用 FORMAT 或 ATTRIB 语句指定变量的输出格式。

如果打算仅仅在一个过程中，使一个格式与变量相联系。可在 PROC 步中，使用 FORMAT 或 ATTRIB 语句。

【例 2-5-5】

```
* ex2-5-5;
DATA WHOLEYR;
        INFILE 'E:/sasdt/lx.txt';
        INPUT SALES1 - SALES6 ;
        SALESYR = SUM(OF SALES1 - SALES6);
        FORMAT SALES1 - SALES3 DOLLAR10.2;
option nodate;
PROC PRINT;
format salesyr DOLLAR11.2;
    VAR SALES1 - SALES6   SALESYR;
run;
```

输出结果如图 2-40 所示。

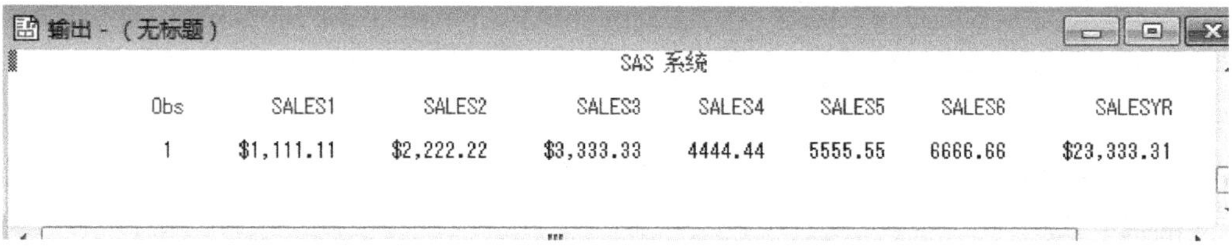

图 2-40　变量 SALESYR 的格式为 DOLLAR11.2 格式

若再一次打印刚创建的数据集:

```
proc print;
run;
```

输出结果如图 2-41 所示 。

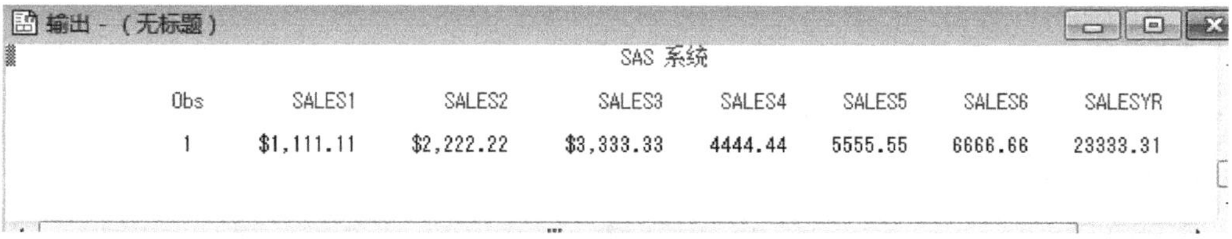

图 2-41　变量 SALESYR 的格式恢复为默认格式

如果变量在多于一个的 FORMAT 或 ATTRIB 语句中被指定，则最后一个语句中给出的格式有效。

为了删除一个变量的格式，在 FORMAT 或 ATTRIB 语句中使用变量的名，但后面不必写出格式。还可以用 PROC DATASETS 修改或删除输出格式。

如果变量的值不适合正在用的输出格式的宽度，SAS 将尽力压缩值到可用的空间里，字符格式将截去右边多出的部分，数值输出格式有时回复到 BEST. 格式。

例 1: X 的值是 1257000，且打算写入 10 – 15 列的 6 列中。因为精确地表示 X 的值需要 7 列，所以 SAS 用 E 记数法将其压缩成 6 列。语句:

```
PUT  @10 X BEST6.;
```

打印出 1.26E6。

例2：X的值是1257000，打算在10－12列中写入它，SAS系统要最大可能地把信息写入3列中。语句

```
PUT @10 X BEST3.;
```

输出值1E6。

尽管部分值没有显示出来，但值仍然打印了，如果仅仅给出2列去打印这个值，则SAS打印一个“*”。

4. 使用SAS日期，时间，日期时间输入格式及输出格式

在特殊的情况下，当变量值代表一个SAS日期、时间或日期时间值时，必须要赋给变量一个输入格式及输出格式。为了使用这些值，需要理解SAS系统是如何存储它们的。

SAS系统用1960年1月1日和这个日期之间的天数存储日期。例如：

01Jan1961　　被作为366存储；

30 Dec1959　　被作为－.2存储。

类似地，SAS系统用从午夜开始的秒数存时间值。

时间值9:54　　被作为35640存储；

值15:23(或3:23PM)　　被作为55380存储。

日期时间值是用1960年1月1日午夜和该日期时间之间的秒数来存储的。例如：

27APR85:17:49:45　　被作为799091385存储。

这种存放日期、时间、日期时间值的方法是很有用的。因为能通过减法获得值之间的间隔，而且值容易被排序，标准也是国际间可识别的。然而，如果对日期、时间或日期时间值使用了默认的输入格式和输出格式，就必须输入和读取要存放的那样大的数，非常不方便。为了用可识别的方式输入和输出值，应该为变量指定一个SAS日期、时间或日期时间的输入格式及输出格式。SAS日期、时间、日期时间的输入和输出格式见表2-3和表2-4。

表2-3　SAS日期、时间、日期时间的输入格式

输入格式	说　明	宽度范围	默认宽度	例
DATEw.	(I/O)日期 ddMMMyy	7-32/5-9	7	16MAR，16MAR2003
DATETIMEw. d	(I/O)日期时间值	13-40/7-40	18/16	10NOV05，10NOV2005:03:49:19.00
DDMMYYw.	(I/O)日期值	6-32/2-10	6/8	24，24/12/2005
MMDDYYw.	(I/O)日期值	6-32/2-10	6/8	10，10/25/2005
TIMEw. d	(I/O)时间值	5-32/2-20	8	16，16:24:43
YYMMDDw.	(I/O)日期值	6-32/2-10	6/8	05，2005-04-03
YYQw.	(I/O)年和季度	4-32	6	05Q2，2005Q2
MONYYw.	(I/O)月和年	5-32/5-7	5	mar99，mar1999

表2-4　SAS日期、时间、日期时间的输出格式

输出格式	说　明	宽度范围(w/d)	默认宽度	例
HHMMw. d	小时和分	2-20/1-19	5	13:00，12:59:56 PM
HOURw. d	小时	2-20/0-19	2	11.5，11:30 AM
MMSSw. d	分和秒	2-20/0-19	5	75:30
TODw. d	当天时间	2-20	8	14，14:20:23
WEEKDATEw.	日期值	3-37	29	Tue，Tue，Jun 14，2005
WEEKDATXw.	日期值	3-37	29	Wednesday，23 February 2005
WORDDATEw.	日期值	3-32	18	Jun，June 14，2005
WORDDATXw.	日期值	3-32	18	05 March 2005
E8601DA.	日期值			2005-04-03

注意：在日期与时间格式中，d 的值为格式中最小单位的小数值。如果宽度 w 值不够大，则按该格式从左向右尽量打印，或 yy(年)或 mm(月)或 dd(日)。过宽的范围则在左边打印空格。

表中的说明前，(I/O)表示输入/输出两种类型格式，(I)为输入格式，(O)为输出格式。如输入格式与输出格式不一致时，宽度采用类似 6/8 的形式表示。

对于有输出格式的日期时间项，例子给出最小值和输出完整值的打印结果。

对于仅有输入格式的项，例子给出读入数据的最小宽度有效值和完整数据值。

【例 2-5-6】 考虑日期 03NOV2012，假设这个日期在输入数据行上被写成 11 - 3 - 12，为了作为一个 SAS 日期值读入，使用输入格式 MMDDYY8. 来读 11-3-12，并且把它转换成在 1960 年 1 月 1 日和 2012 年 11 月 3 日之间的天数：19300 天。下面的程序用多种输出格式显示该值。

```
* ex2-5-6;
data;
input a mmddyy8.;
put a;
put a DATE9.;
put a DATETIME35.2;
put a DDMMYY10.;
put a MMDDYY9.;
put a MONYY7.   ;
put a TIME20.2;
put a YYMMDD8.;
put a YYQ8.     ;
put a E8601DA.;
put a weekU11.;
put a weekv11.;
cards;
11 - 03 - 12
;
run;
```

程序中，put a E8601DA.；中的 E9601DA. 是 SAS 9.2 新加入的 yyyy- mm- dd 输出格式。put a weekU11.；中的 weekU11. 是 SAS 9.2 新加入的使用 U 算法以十进制格式输出的星期编号，输出如 2013 - W44 - 01，表示 2013 年第 44 周的第 1 天(星期日)；weekV11. 使用 V 算法，输出如 2013 - W44 - 07，表示 2013 年第 44 周的第 7 天(星期日)。输出结果如图 2-42 所示。

Anydtdte 是 SAS V9 新增的输入函数，能从多种格式中提取日期值。

【例 2-5-7】

```
* ex2-5-7;
Data a;
    input dateinfo anydtdte21.;
  put dateinfo date9.;
cards;
14JAN2011
14JAN2011 12:24:32.8
14012011
20110114
;
Run;
```

输出皆为 14JAN2011。

在 DATA 步里，能用 FORMAT 或 ATTRIB 语句把一个输出格式与值相联系。例如下面两个语句：

```
FORMAT dateinfo DATE7.;
ATTRIB dateinfo FORMAT = DATE7.;
```

在数据集 a 中，dateinfo 的值为 14JAN11。

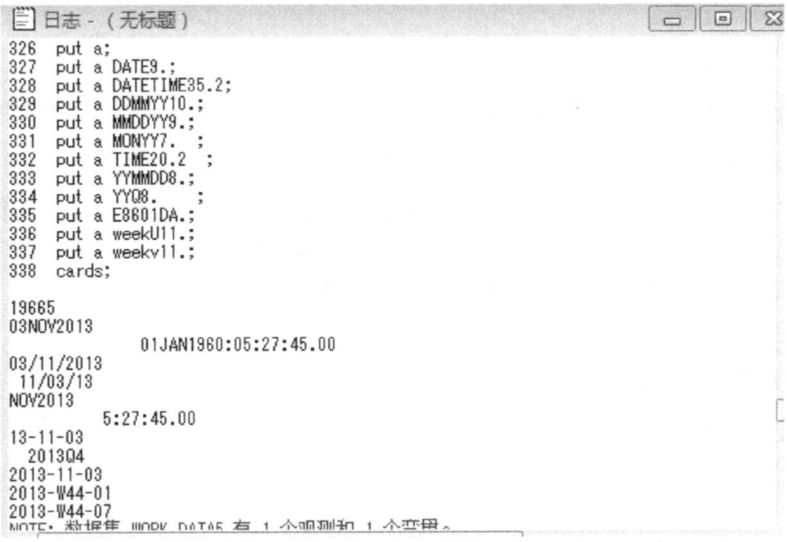

图 2-42　各种日期时间格式的输出结果

5. INFORMAT 语句

语法：

```
INFORMAT variable1 <… variablen> <informat>;
INFORMAT <variable1> <… variablen> <DEFAULT = default - informat>;
```

在一个 DATA 步中，INFORMAT 语句能永久地将输入格式与变量联系起来。可以指定标准的 SAS 输入格式、用户编写的输入格式或以前在 FORMAT 过程中定义的格式。一个单一的 INFORMAT 语句可以将同样的输入格式与几个变量相联系，也可以将不同的输入格式与不同的变量相联系。如果一个变量出现在多个 INFORMAT 语句中，则 SAS 使用最后赋予的输入格式。

DEFAULT = *default - informat*

指定列在 INFORMAT 语句中变量的读数据的临时输入格式。如果没有变量指定，则 DEFAULT = 输入格式适用于读数据步中包括的所有变量。数字 informats 应用于数字变量，而字符 informats 应用于字符变量。这些 DEFAULT = *informats* 只应用于当前数据步中。

【例 2-5-8】

```
* ex2-5-8;
data tstinfmt;
  informat default = 4.1;
  input x;
  put x;
  datalines;
111
222
333
;
```

PUT 语句产生的输出如下：

```
11.1
22.2
33.3
```

6. FORMAT 语句

FORMAT 语句将输出格式与变量联系起来，即可以用在数据步，也可用在过程步中。

```
FORMAT variable1 <…variablen> <format> <DEFAULT=default_format>;
```

在数据步中，FORMAT 语句把输出格式和变量永久联系起来。对于日期和时间量，除输入时必须使用 SAS 已经定义的格式外，输出时如不指定一种输出格式，输出的结果就不易理解。为此，可用 FORMAT 语句为变量赋以相应的日期、时间或日期时间的输出格式。

语句格式：

```
FORMAT 变量 格式 ...;
```

【例 2-5-9】 输入与输出格式。

```
* ex2-5-9;
DATA STUDENT;
    INFORMAT birthday mmddyy8. ;
    INPUT name $ birthday ;
    FORMAT birthday WORDDATE.;
DATALINES;
ZhongLi 03-15-89
LiuWei 07/22/85
PROC PRINT;
RUN;
```

程序中，用 INFORMAT 将变量 birthday 与输入格式 mmddyy8. 联系起来。

用 FORMAT 语句把 SAS 输出格式 WORDDATE. 和变量 birthday 联系起来。结果如图 2-43 所示。

```
                  SAS 系统

Obs        birthday          name

 1      March 15, 1989     ZhongLi
 2       July 22, 1985     LiuWei
```

图 2-43 使用 WORDDATE. 格式的输出

FORMAT 语句也可用于某些过程步，将数据步中的 FORMAT 语句移至 PROC PRINT 语句之后，输出结果相同。

在实际应用中，经常需要自己定义一些格式。比如，对年龄进行分组，或者将输入时使用的代码在输出时还原成确切的意思，可以利用 FORMAT 过程完成。

2.5.5 MISSING 语句

有时可能想记录和分析某些数值型数据缺失的原因。可利用 26 个大写字母中的任何一个表示缺失原因，所使用的字母要用一个 MISSING 语句来宣布，这样在录入的数据中这些字母代表数值型数据的缺失值。

MISSING 语句格式：

```
MISSING 值；
```

【例 2-5-10】　某一调查，调查项 answer 为数值型变量，调查时，该项内容有些人已经记不清了，有些人却拒绝回答。假设用字母“N”代表在调查时记不清了，“R”代表拒绝回答。程序中，用 MISSING 语句指出：数据值“N”和“R”是特殊的缺项值，而非无效数据。程序如下：

```
* ex2-5-10;
DATA surv;
  MISSING N R;
  INPUT num answer @@ ;
  DATALINES;
1001 2 1002 R 1003 1
1004 N 1005 2
PROC PRINT;
RUN;
```

运行结果如图 2-44 所示。

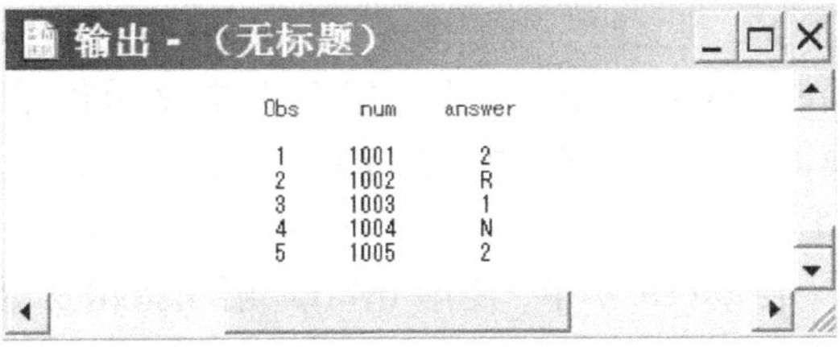

图 2-44　MISSING 语句的应用

2.5.6　注释语句

在编写程序时，如想在程序中加入一些注释以解释程序的作用或变量的意义，可使用注释语句。在语句开头加一个星号，就表示该语句的内容是注释信息而不予执行。

对于大段信息的注释，可用“/＊”放在信息的开头，将“＊/”放在信息的尾部。在调试程序时，常将部分程序用“/＊”和“＊/”括起来不执行，以加快调试程序的运行速度。

【例 2-5-11】　若上例的程序初次运行时，错将 PROC PRINT 拼成 PRC PRINT，数据集已建立，但 PRINT 过程没执行。将此段程序调回修改，在发送前，可将数据步用注释符括起来以加快运行。

```
* ex2-5-11;
/* DATA a;
    LABEL  n = "name"  h = "height";
    INPUT num n  $  h;
DATALINES ;
1001 Zhang3 1.73
1002 Li4    1.82
;*/
PROC PRINT label;
RUN;
```

2.5.7　OPTIONS 语句

OPTIONS 语句能改变系统的设置。语句格式：

```
OPTIONS 选项...;
```

OPTIONS 语句可以放在 SAS 程序中的任何位置上。由 OPTIONS 语句所做的改变在 SAS 会话期间一直起作用，直至被另一个 OPTIONS 语句改变为止。选项：

(1) 数据集选项

FIRSTOBS = n　指定 SAS 数据集中被处理的第一个观测的序号

OBS = 　指定 SAS 数据集中被处理的最后一个观测的序号

REPLACE　用同名的其他数据集永久地替换已存在的 SAS 数据集

(2) 输出格式选项

LINESIZE = 　为日志和过程输出指定显示行宽度

PAGESIZE = 　指定每个 SAS 输出页要显示的行数

NODATE　在输出窗口不显示系统的日期

2.6　建立数据集的另外几种途径

2.6.1　从外部文本数据文件中读入数据

利用 SAS 处理数据，经常是从外部的文本数据文件中读入数据，建立起一个数据集。要求外部的数据文件必须是可以在 Windows 操作系统下用记事本显示出其全部内容的 ASCII 码文件。该文本文件的第一行就是数据，不可以是字段名。

在 DATA 步中，使用 INFILE 语句指出从哪一文件中读入数据。

【例 2-6-1】　若在 E 盘上 sasdt 文件夹中有一名为 fit. txt 的文本文件(请将随书附带的光盘中 SASDT、SASPRG、SASLX、SASLX1 和 SASLX2 文件夹复制到你计算机的 E:下)如图 2-45 所示，文件中每行为一个人的编号、姓名、性别、身高和体重数据，数据间用空格间隔。欲建立数据集 d1，可用如下程序读入数据：

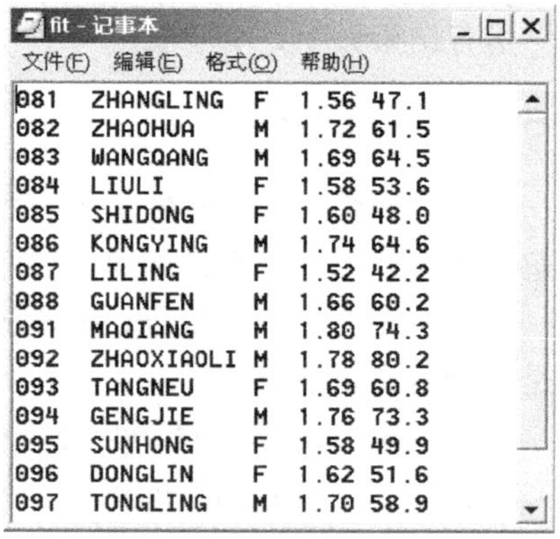


```
081  ZHANGLING  F  1.56 47.1
082  ZHAOHUA    M  1.72 61.5
083  WANGQANG   M  1.69 64.5
084  LIULI      F  1.58 53.6
085  SHIDONG    F  1.60 48.0
086  KONGYING   M  1.74 64.6
087  LILING     F  1.52 42.2
088  GUANFEN    M  1.66 60.2
091  MAQIANG    M  1.80 74.3
092  ZHAOXIAOLI M  1.78 80.2
093  TANGNEU    F  1.69 60.8
094  GENGJIE    M  1.76 73.3
095  SUNHONG    F  1.58 49.9
096  DONGLIN    F  1.62 51.6
097  TONGLING   M  1.70 58.9
```

图 2-45　fit. txt 文本文件的内容

```
* ex2-6-1;
DATA d1;
    INFILE 'e:\sasdt\fit.txt';
    LENGTH name $ 10;
    INPUT num $ name sex $ height weight;
PROC PRINT;
RUN;
```

若 name 变量的长度超过默认的长度 8，应用 LENGTH 语句指出其长度，否则只读入前 8 个字符。

对于像 fit. txt 这样的各字段值严格按列对齐的数据文件，如仅想读取部分字段，也可采用列输入方式，在 INPUT 语句中变量名后给出该变量值的起、止列。

2.6.2　从已建立的数据集中读入数据

利用 SET 语句，可以从一个已存在的数据集中依次读入每一个观测。对数据做某种处理后，写入新数据集。例如，从已存在的数据集 d1 中读入数据，建立起数据集 d3，使用如下程序：

```
DATA  d3;
  SET d1;
RUN;
```

2.6.3　从数据库文件中导入数据

在许多时候，已经使用各种流行的数据管理软件将需要处理的数据录入到数据库文件中，用 SAS 处理时，就必须将该数据格式的文件转换为 SAS 数据集。可以使用数据导入(Import)功能，实现 Access、EXCEL、dbf 等常见数据格式与 SAS 数据集的无缝转换。

1. 使用向导实现数据的导入

例如：文件 cjb.xls 中保存有学生学号，姓名，计算机、C 语言和英语的三科成绩。如图 2-46 所示。将该文件转换成名为 score 的临时数据集。

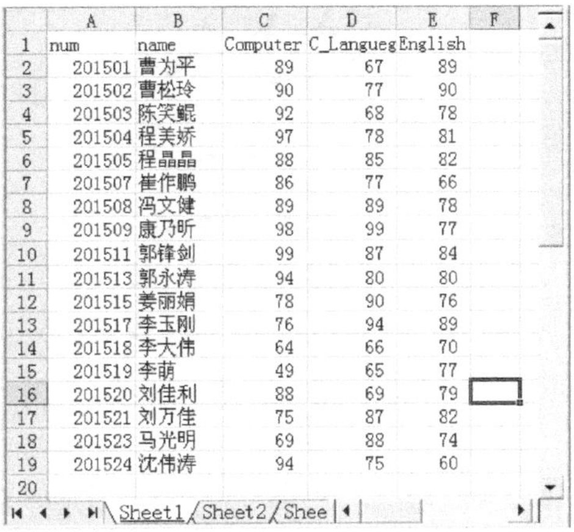

	A	B	C	D	E	F
1	num	name	Computer	C_Langueg	English	
2	201501	曹为平	89	67	89	
3	201502	曹松玲	90	77	90	
4	201503	陈笑鲲	92	68	78	
5	201504	程美娇	97	78	81	
6	201505	程晶晶	88	85	82	
7	201507	崔作鹏	86	77	66	
8	201508	冯文健	89	89	78	
9	201509	康乃昕	98	99	77	
10	201511	郭锋剑	99	87	84	
11	201513	郭永涛	94	80	80	
12	201515	姜丽娟	78	90	76	
13	201517	李玉刚	76	94	89	
14	201518	李大伟	64	66	70	
15	201519	李萌	49	65	77	
16	201520	刘佳利	88	69	79	
17	201521	刘万佳	75	87	82	
18	201523	马光明	69	88	74	
19	201524	沈伟涛	94	75	60	
20						

图 2-46　cjb.xls 文件内容

使用 SAS"文件"菜单的"导入数据"命令 Import，启动 Import 过程向导，引导你输入该过程所需的各种信息。

(1) 进入 SAS 系统，单击"文件(File)"，在文件菜单中选"导入数据...(Import Data...)"，启动"Import Wizard(向导)"(见图 2-47)。

(2) 从下拉列表中选择你所使用的数据源类型，如 Microsoft Excel97 or Excel 2000(.xls)单击"下一步(NEXT)"按钮。

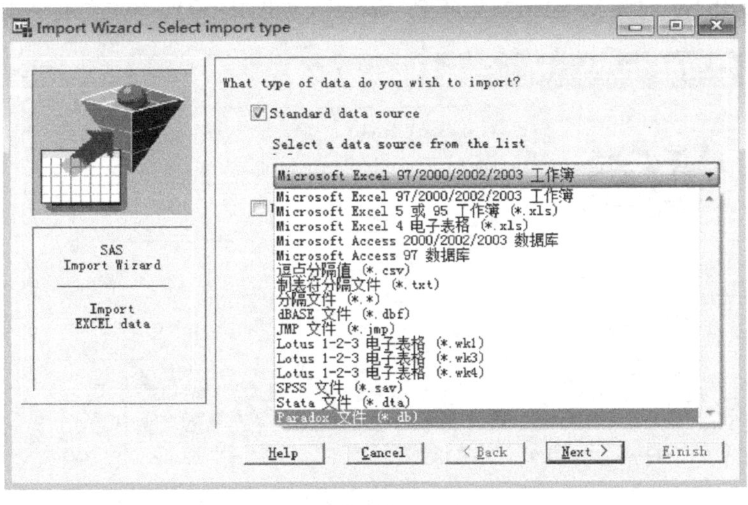

图 2-47　选择导入的源文件类型

(3) 选择数据源文件，比如 Excel 的数据文件在 E 盘上"e:\saxdt\cjb.xls"，单击"浏览(Browse)"按钮，选中该文件(见图 2-48)，单击"OK"按钮。

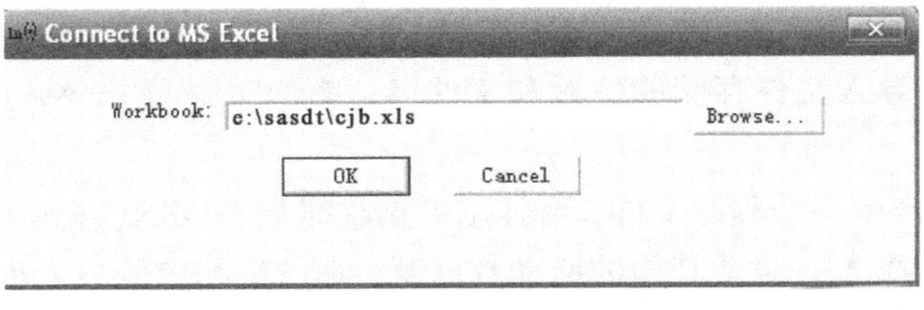

图 2-48　连接 Excel 文件

(4) 选择 Excel 工作表单名，如“Sheet1 $”(见图 2-49)。

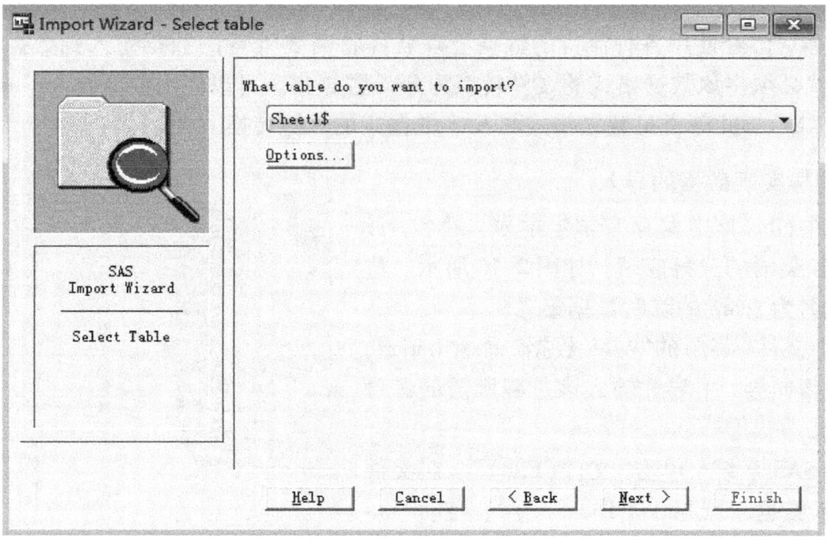

图 2-49　选择使用的表单

(5) 选择建立何种数据集，确定数据集存储位置逻辑库(library)和数据集名(member)。

可事先利用 LIBNAME 语句建立一个逻辑库，或利用系统提供的 User 逻辑库，建立永久数据集。本例使用 WORK(临时集)，给出数据集名“Score”(见图 2-50)，单击“下一步”按钮。

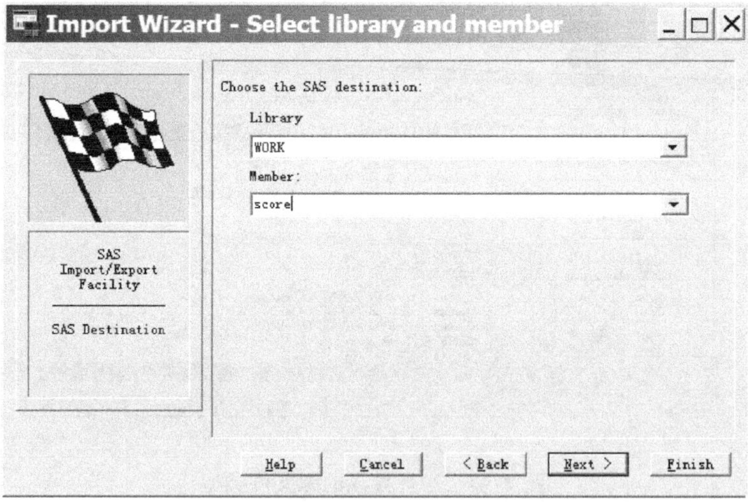

图 2-50　选择 SAS 数据集类型

(6) 单击“完成(Finish)”按钮，如果希望将相应的操作写为程序文件，单击“Next”按钮(见图 2-51)。

(7) 输入要建立的导入文件存储的位置和文件名，单击“浏览(Browse)”按钮，选择位置及文件名如 proimport。

单击“Finish”按钮产生一个程序文件，由日志可见临时集 WORK. score 被成功建立。

如果在步骤 2 中选择 Access 或其他的标准数据源，则产生相应的导入程序。

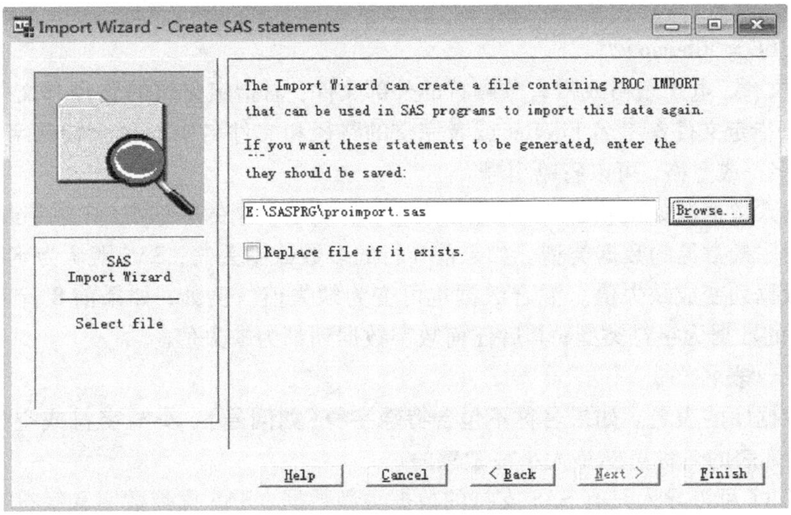

图2-51　给出程序文件名

2. SAS导出数据向导

SAS导出数据是将SAS数据集中的数据导出至外部数据文件中。导出数据向导的对话框与导入没有本质区别，只是各项出现的顺序颠倒而已。

如为自定义的数据格式，则可以在“User-defined forma”前打勾进行文件格式自定义。确定后单击“Next”按钮(见图2-52)。

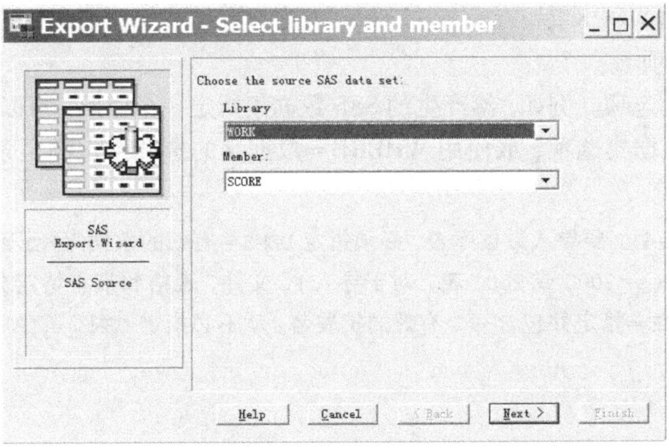

图2-52　SAS导出数据向导

数据的导入和导出向导很容易操作，但当需要进行多个文件的导入或者导出时，使用向导只能一个一个地进行，不仅麻烦，且不能自动处理。若使用程序方式，则可以高效自动地处理导入和导出问题。

3. PROC IMPORT过程实现外部数据的导入

语法：

```
PROC IMPORT
    DATAFILE = "filename"  | TABLE = "tablename"
    OUT = <libref.> SAS - data - set  < (SAS - data - set - options) >
     < DBMS = identifier > < REPLACE > ;
```

语句参数:

(1)DATAFILE = "filename"

为输入 PC 文件、电子表格或带有分隔符的外部文件，需指定完整的路径和文件名或文件参考名 FileRef。如果指定文件参考名 FileRef 或者完整的路径和文件名中不包含特殊字符(如路径中的反斜杠)、小写字符或空格，可以省略引号。

对于某些输入数据源如微软的 Excel 电子表格，为确定一列的数据类型(数字或字符)，扫描数据的前 8 行并使用最常见的数据类型。如果前 8 行的多数数据丢失，SAS 默认为字符数据类型；以后的任何数字数据列变成缺失值。混合数据也可变为缺失值。例如，如果前 8 行大多含有字符数据，SAS 指定列的数据为字符类型；其后任何数字数据列都为缺失值。

(2)TABLE = "表名"

指定输入数据库的表名。如果名称不包含特殊字符(如问号)、小写字符或空格，可以省略引号。注意，数据库表的名称可能是大小写敏感的。

PROC IMPORT 可以导入只有 SAS 支持的数据类型数据。SAS 支持数字和字符类型的数据。过程试图以最大的能力转换数据；但是，对于某些类型数据则不可能转换。

对于 DBF 文件，如果文件是由微软 Visual FoxPro 创建，该文件必须由 Visual FoxPro 输出为适当的 dBASE 格式文件以便导入 SAS。

要求：当导入一个 DBMS 表时，必须指定 DBMS = 选项。

(3)OUT = <libref> SAS 数据集

确定输出的 SAS 数据集，使用一级或两级的 SAS 名(库和成员名)。如果指定的 SAS 数据集不存在，PROC IMPORT 创建它。如果指定一个一级名，默认情况下 PROC IMPORT 使用 USER 库，如果未指定 USER 则使用 WORK 库。

(4)SAS 数据集选项

指定 SAS 数据集的选项。例如，给产生的 SAS 数据集指定一个密码，可以使用 ALTER = , Pw = , READ = 或 WRITE = 数据集选项，或使用 WHERE = 数据集的选项指定满足条件的导入数据。

① DBMS =标识符

指定要导入的数据类型。要导入数据库表，必须指定 DBMS = 有效的数据库标识符。例如 DBMS = ACCESS, 访问指定的微软 Access 2000 或 2002 表。对于导入 PC 文件，表格和带有特定分隔符的外部文件，如果文件名是由 DATAFILE = 指定并包含一个有效的扩展名，就不必指定 DBMS = , PROC IMPORT 可以识别数据类型。

② REPLACE

覆盖已存在的数据集。

(5)数据源语句

① DATAROW = n;

从外部文件的第 n 行开始读数据。

② DELIMITER = 'char' | 'nn'x;

对有分隔符的外部文件，指出分隔各列数据的分隔符。若不指出，则默认为空格。

③ GETNAMES = YES | NO;

对于电子表格和有分隔符的外部文件，确定是否从输入文件的第一行获取列名作为 SAS 变量名。

④ MIXED = YES | NO;

若 EXCEL 文件的数据中混合含有数值和字符，用此选项可以将数值转换成字符。

⑤ SHEET = spreadsheet- name;

在工作簿的一组工作表中识别特定的工作表。

(6) DBMS 表语句

① DATABASE = "database";

指定由 DBMS 确定的数据库的完整的路径和文件名。

② DBPWD = "database password";

指定允许存取数据库的口令。

③ DBSASLABEL = COMPAT | NONE;

当 DBSASLABEL = COMPA，数据源的列名被存成相应的 SAS 标签名(Label)。

④ UID = "user- id";

识别 DBMS 的用户。

⑤ WGDB = "workgroup-database-name";

DBMS 为指定包含有 USERID 和 PWD 的工作组数据库名。

例如，有一个使用“&”分隔数据的 e:\sasdt\delimiter. txt 文件，其内容如下：

```
Region&State&Month&Expenses&Revenue
Southern&GA&JAN2001&2000&8000
Southern&GA&FEB2001&1200&6000
Southern&FL&FEB2001&8500&11000
Northern&NY&FEB2001&3000&4000
Northern&NY&MAR2001&6000&5000
Southern&FL&MAR2001&9800&13500
Northern&MA&MAR2001&1500&1000
```

【例 2-6-2】 下面过程从 e:\sasdt\delimiter. txt 文件中导入数据，并输出。

```
* ex2-6-2;
proc import datafile = "e:\sasdt\delimiter.txt"
     out = mydata
     dbms = dlm
     replace;
     delimiter = '&';
     getnames = yes;
run;
  options nodate ps = 60 ls = 80;
proc print data = mydata;
run;
```

运行结果如图 2-53 所示。

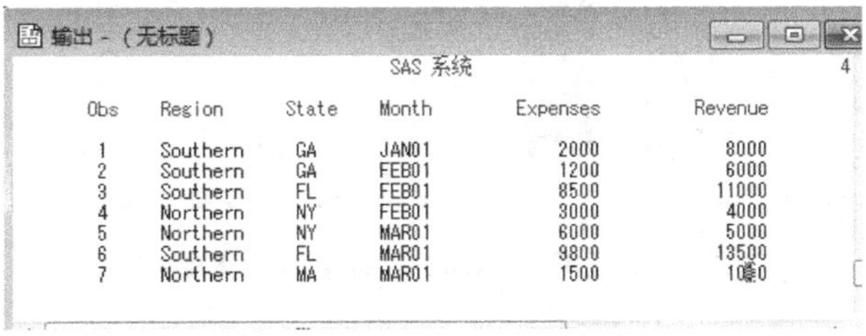

Obs	Region	State	Month	Expenses	Revenue
1	Southern	GA	JAN01	2000	8000
2	Southern	GA	FEB01	1200	6000
3	Southern	FL	FEB01	8500	11000
4	Northern	NY	FEB01	3000	4000
5	Northern	NY	MAR01	6000	5000
6	Southern	FL	MAR01	9800	13500
7	Northern	MA	MAR01	1500	1000

图 2-53　从带有分隔符的文件导入的数据集

程序执行过程日志如图 2-54 所示。

```
日志 - (无标题)
214  *ex2-5-1;
215  proc import datafile="e:\sasdt\delimiter.txt"
216       out=mydata
217       dbms=dlm
218       replace;
219       delimiter='&';
220       getnames=yes;
221  run;

222   /**********************************************************************
223   *   PRODUCT:   SAS
224   *   VERSION:   9.2
225   *   CREATOR:   External File Interface
226   *   DATE:      07SEP13
227   *   DESC:      Generated SAS Datastep Code
228   *   TEMPLATE SOURCE:  (None Specified.)
229   ***********************************************************************/
230      data WORK.MYDATA                                    ;
231      %let _EFIERR_ = 0; /* set the ERROR detection macro variable */
232      infile 'e:\sasdt\delimiter.txt' delimiter = '&' MISSOVER DSD
232! lrecl=32767 firstobs=2 ;
233         informat Region $8. ;
234         informat State $2. ;
235         informat Month MONYY. ;
236         informat Expenses best32. ;
237         informat Revenue best32. ;
238         format Region $8. ;
239         format State $2. ;
240         format Month MONYY. ;
241         format Expenses best12. ;
242         format Revenue best12. ;
243      input
244                 Region $
245                 State $
246                 Month
247                 Expenses
248                 Revenue
249      ;
250      if _ERROR_ then call symputx('_EFIERR_',1);  /* set ERROR detection
250! macro variable */
251      run;

NOTE: Infile 'e:\sasdt\delimiter.txt' 是:
      文件名=e:\sasdt\delimiter.txt,
      RECFM=V,LRECL=32767,文件大小(字节)=256,
      末次修改时间=2013年09月07日 09时07分17秒,
      创建时间=2013年09月07日 09时07分16秒

NOTE: 从 Infile 'e:\sasdt\delimiter.txt' 中读取了 7 条记录。
```

图 2-54　运行日志

【例 2-6-3】 从 Excel 工作簿 e:\sasdt\cjb.xls 导入一个电子表格,并创建一个新的名为 sasuser.cjb11 的永久 SAS 数据集。

```
* ex2-6-3;
proc import datafile="e:\sasdt\cjb.xls"
    out=sasuser.cjb11 replace;
    getnames=yes;
proc print data=sasuser.cjb11(obs=10);
run;
```

输出如图 2-55 所示。

输出 - (无标题)

SAS 系统　　2013年09月05日 星期四 上午

Obs	num	name	Computer	C_Languege	English
1	201501	曹为平	89	67	89
2	201502	曹松玲	90	77	90
3	201503	陈笑鲲	92	68	78
4	201504	程美娅	97	78	81
5	201505	程晶晶	88	85	82
6	201507	崔作鹏	86	77	66
7	201508	冯文健	89	89	78
8	201509	康乃昕	98	99	77
9	201511	郭锋剑	99	87	84
10	201513	郭永涛	94	80	80

图 2-55　用 IMPORT 过程编程导入数据

【例 2-6-4】 从 e:\sasdt\fit.xls 读入数据,产生一个仅有女生的数据集,并输出。

```
* ex2-6-4;
proc import datafile = 'e:\sasdt\fit.xls'
    out = work.femaleclass (where = (sex = 'F')) replace;
proc print data = work.femaleclass;
run;
```

运行结果如图 2-56 所示。

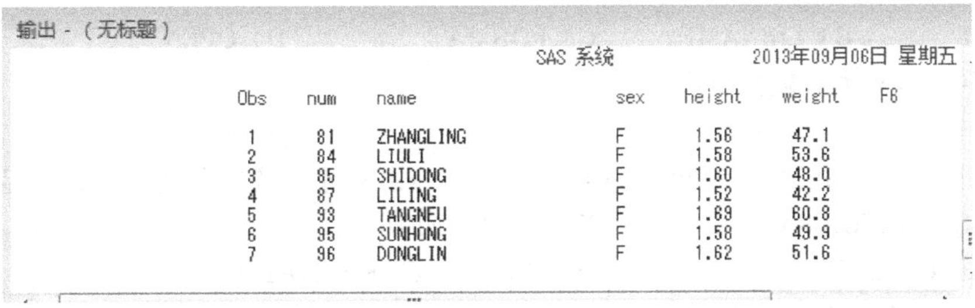
输出 - (无标题)

SAS 系统 2013年09月06日 星期五

Obs	num	name	sex	height	weight	F6
1	81	ZHANGLING	F	1.56	47.1	
2	84	LIULI	F	1.58	53.6	
3	85	SHIDONG	F	1.60	48.0	
4	87	LILING	F	1.52	42.2	
5	93	TANGNEU	F	1.69	60.8	
6	95	SUNHONG	F	1.58	49.9	
7	96	DONGLIN	F	1.62	51.6	

图 2-56 用 IMPORT 过程编程有选择地导入数据

4. PROC EXPORT 过程实现数据的导出

PROC EXPORT 过程读取一个 SAS 数据集的数据写入到外部数据源。外部数据源包括微软 Access 数据库，Excel 电子表格文件，lotus1-2-3，和使用分隔符的外部文件(其中的数据值的各列由分隔符分离)。

【例 2-6-5】

```
* ex2-6-5;
DATA AB;
INPUT A B;
CARDS;
11 122
22 244
;
PROC EXPORT DATA = AB OUTFILE = "E:\SASLX\CJB11.XLS"
            dbms = EXCEL REPLACE;
    SHEET = "SHEET1";
    RUN;
```

习　　题

一、选择题

1. 在使用 DATA 步建立 SAS 数据集时，对于缺失的数值型数据，在对应的位置应使用(　　)表示缺失。

A) 空格　　B) 点(.)　　C) 星号(*)　　D) 问号(?)

2. 在使用 DATA 步建立 SAS 数据集时，对于缺失的字符型数据，在对应的位置应使用(　　)表示缺失。

A) 空格　　B) 点(.)　　C)井号(#)　　D) 星号(*)

3. 在使用 DATA 步建立 SAS 数据集时，若数据行中含有分号，应(　　)。

A) 数据行前使用 datalines、数据行后使用“;”

B) 数据行前使用 datalines、数据行后使用“;;;;”

C) 数据行前使用 datalines4、数据行后使用“;;;;”

D) 数据行前使用 datalines4、数据行后使用“;”

4. 当 DATA 步的 DATALINES 语句中的数据一行有多条观测时，用一条 INPUT 语句读入，INPUT 语句必须加(　　)。

A) #　　B) @　　C) @@　　D) *

5. 建立逻辑库名的语句是(　　)。

A) INPUT　　B) LIBNAME　　C) FORMAT　　D) OPEN

6. 输入字符型变量必须在变量名后加(　　)。

A) ;　　B) #　　C) $　　D) @

7. 对日期型数据，在输入/输出时必须使用(　　)语句才能按日期格式读入和显示。

A) FORMAT/INFORMAT　　B) DATE/INFORMA

C) DATA FORMAT　　D) INFORMAT/FORMAT

8. @ 和@@ 有什么作用，举例说明。

9. 将一个 Excel 数据文件导入 SAS 数据集必须注意(　　)。

① Excel 数据文件名必须是英文字母或英文字母加数字。

② Excel 数据文件名可以是英文字母加数字，也可以是中文加数字。

③ Excel 表中第 1 行必须为变量名，且变量名必须为英文字母或英文加数字；第 2 行及以下应为具体数据。

④ 导入时必须将该 Excel 文件关闭。

A) 2, 3, 4　　B) 1, 2, 4　　C) 1, 3, 4　　D)1, 2, 3

10. 从外部数据文件导入的 SAS 数据集不可以修改的是(　　)。

A) 数据集中的 Label 标签　　B)数据集中的变量名 name

C) 数据集中的数据　　D) 变量类型

二、应用题

11. 在 e:\saslx 文件夹下有一文件，students. sas7bdat，请编一程序，显示出其内容。

12. 有一数据集名为 student. sas7bdat，存于“e:\saslx”文件夹下，编程显示其内容。

13. 在“e:\sasdt”文件夹下有一个 student. txt 文件，其中 5-18 列为姓名，19 列为性别，20-27 列为出生年月(mmddyy8. 格式)。编程显示出姓名、性别、年龄三项内容。

14. 从 EXCEL 文件中读入 XSCJ. XLS 数据，建立数据集 xscj，并将其中各科成绩小于 60 分的分别建立各科不及格数据集并打印出来。

15. _INFILE_有何作用?

16. 从两个数据文件中读入数据建立一个数据集如何做?

17. Which statement specifies that records 1 through 10 are to be read from the raw data file customer. txt?

A) infile 'customer. txt' 1 – 10;

B) input 'customer. txt' stop@ 10;

C) infile 'customer. txt' obs = 10;

D) input 'customer. txt' stop = 10。

18. The following SAS program is submitted:

```
data WORK.RETAIL;
  Cost = '$20,000';
  Discount = .10* Cost;
run;
```

What is the result?

A) The value of the variable Discount in the output data set is 2000. No messages are written to the SAS log.

B) The value of the variable Discount in the output data set is 2000. A note that conversion has taken place is written to the SAS log.

C) The value of the variable Discount in the output data set is missing. A note in the SAS log refers to invalid numeric data.

D) The variable Discount in the output data set is set to zero. No messages are written to the SAS log.

19. 阅读下面内容，并配以相应的文件，运行过程，解释结果。

The LENGTH = option is useful when you copy the input file to another file with the PUT _INFILE_ statement. Use LENGTH = to truncate the copied records. For example, these statements truncate the last 20 columns from each input data record before the input data record is written to the output file:

```
data _null_;
   infile  file - specification - 1 length = a;
   input;
   a = a - 20;
   filefile - specification - 2;
   put _infile_;
run;
```

The START = option is also useful when you want to truncate what the PUT _INFILE_ statement copies. For example, if you do not want to copy the first 10 columns of each record, these statements copy from column 11 to the end of each record in the input buffer:

```
data _null_;
   infilefile - specification start = s;
   input;
   s = 11;
   filefile - specification - 2;
   put _infile_;
run;
```

20. 阅读并运行过程，说明过程结果。

This DATA step assigns the value of the current pointer location in the input buffer to the variables LINEPT and COLUMNPT:

```
data _null_;
   infile datalines n = 2 line = Linept col = Columnpt;
   input name $ 1 - 15 #2 @3 id;
   put linept = columnpt = ;
   datalines;
J. Brooks
  40974
T. R. Ansen
  4032
;
```

21. 说出下列过程的输出结果。

filename phonbillhost- specific- filename;

```
data _null_;
   file phonbill;
   input line $80.;
   put line;
   datalines;
   City Number Minutes Charge
Jackson 415-555-2384 <25> <2.45>
Jefferson 813-555-2356 <15> <1.62>
Joliet 913-555-3223 <65> <10.32>
   ;
run;
data _null_;
   infile phonbill firstobs=2;
   input;
   city = scan(_infile_, 1, ' ');
   char_min = scan(_infile_, 3, ' ');
   char_min = substr(char_min, 2, length(char_min)-2);
   minutes = input(char_min, BEST12.);
   put city= minutes=;
run;
```

第 3 章　整理数据集

使用 SAS 统计软件重要问题是数据集中的数据格式要适合统计过程的要求。我们平时在收集和整理资料时，数据记录的格式往往不符合统计分析过程的要求，必须在数据步中，对数据集中的数据进行预处理，以满足统计分析过程对数据格式的要求。编程整理数据是 SAS 有别于其他统计分析软件的独特之处。

3.1　数据集中的数据格式

大多数统计过程对数据格式都有着如下特定的要求。

(1) 用于成组资料比较的 t 检验、F 检验或秩和检验等需要的单组或多组数据。

平时我们多记录成“第 1 组、第 2 组、第 3 组、……”等，样本含量相等或不等。试验数据的记录如表 3-1 所示。

要求数据集中的分析数据格式如下所示：

```
1 , 11
1 , 12
1 , 13
1 , 14
2 , 21
2 , 22
2 , 23
3 , 31
3 , 32
```

统计分析格式中第一列为分组变量，指示所在的组号；第二列为原始数据。

(2) 用于配伍组资料比较或秩和检验等的配伍组数据。

试验数据的记录格式如表 3-2 所示。

表 3-1　数据记录格式 1

序　号	第 1 组	第 2 组	第 3 组
1	11	21	31
2	12	22	32
3	13	23	
4	14		
样本量	4	3	2

表 3-2　数据记录格式 2

序　号	第 1 组	第 2 组	第 3 组
1	11	21	31
2	12	22	32
样本量	2	2	2

数据集中的分析数据格式应该如下所示：

```
1 , 1 , 11
1 , 2 , 12
2 , 1 , 21
2 , 2 , 22
```

```
3 , 1 , 31
3 , 2 , 32
```

数据集中第一列为第一分组变量，指示所在的组号；第二列为第二分组变量，指示在该组中的序号，第三列为原始数据。

（3）用于配对计量资料比较的 t 检验、秩和检验；直线回归与相关；曲线拟合等单组成对数据变量名分别为：X、Y，要求样本含量相等。试验数据记录如表 3-3 所示。

数据集中分析数据的格式应为：

```
0.1 , 11
0.2 , 12
0.3 , 13
```

（4）用于协方差分析的多组成对数据，试验数据记录如表 3-4 所示。

表 3-3　数据记录格式 3

序　号	X	Y
1	0.1	11
2	0.2	12
3	0.3	13
样本量	3	3

表 3-4　数据记录格式 4

序　号	X1	Y1	X2	Y2
1	1.1	2.1	3.1	4.1
2	1.2	2.2	3.2	4.2
3			3.3	4.3
样本量	2	2	3	3

数据集中分析数据的格式应该如下所示：

```
1 , 1.1 , 2.1
1 , 1.2 , 2.2
2 , 3.1 , 4.1
2 , 3.2 , 4.2
2 , 3.3 , 4.3
```

其中，第一列为对子组号，第二列与第三列分别为该组的成对数据 X、Y。

原始数据须经过适当的读取，建立、删除和保留变量等处理，才能符合数据处理的需要。

3.2　建立、删除与保留变量

3.2.1　赋值语句建立变量

在建立 SAS 数据集时，除了用 INPUT 语句从数据源读入数据，建立变量外，经常需要用赋值语句对某些量经过计算得到一个新的变量值，或者修改某一变量值。

语句格式：

```
变量 = 表达式;
```

作用：将赋值号右边表达式的值计算出来，赋给左边的变量。

【例 3-2-1】

```
* ex3-2-1;
DATA a;
INPUT x y @@ ;
    z = x + y;
    y = y + 1;
```

```
DATALINES;
1 2 3 4 5 6
PROC PRINT;
RUN;
```

程序中，读入的 x 值与 y 值相加后赋给 z，然后 y 值加 1。程序运行结果如图 3-1 所示。

如果表达式中的变量有缺项值，则结果有时为缺项值。

【例 3-2-2】

```
* ex3-2-2;
DATA b;
    a=.;
    b=a+5;
    c=SUM(a, 5);
PROC PRINT;
RUN;
```

程序运行结果如图 3-2 所示，由于变量 a 为缺项值，故变量 b 值也为缺项值，c 因为使用求和函数 SUM，函数的值为 5。可见，在求多个变量值之和时，应该用 SUM 函数而不宜使用由加号连接变量的加法算式。

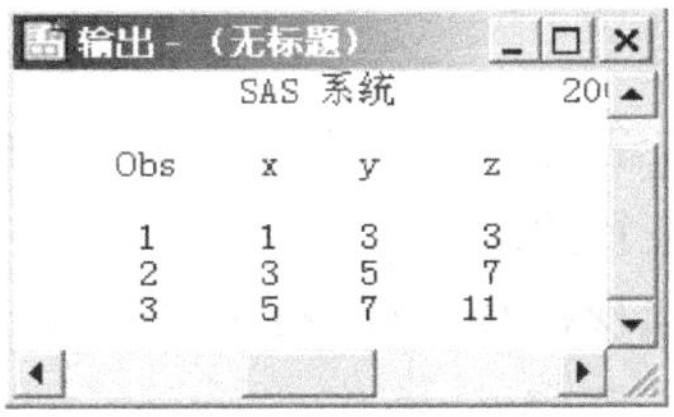

图 3-1　用赋值语句产生新变量

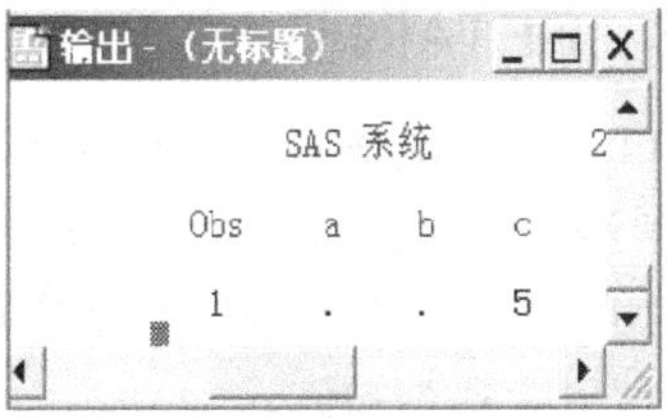

图 3-2　表达式中缺项值用法

赋值语句也可以为字符型变量赋值。赋值时，要用引号将字符串括起来，例如：

```
name='ZhangLin';
```

引号可以用单引号也可使用双引号。如果一个字符常量中包含一个单引号，在 SAS 表达式中要写成两个连续的单引号，SAS 根据前后的单引号，会把它处理成一个。例如，如果你想规定一个字符值 TomS ' 为一常量，应该使用

```
NAME='TOM' 'S';
```

也可用双引号将带有单引号的字符串括起，写成

```
NAME="TOM' S";
```

3.2.2　求和语句

在建数据集时，如果希望对某一变量逐个记录进行累加，可用求和语句。

语句格式：

```
变量名+表达式;
```

其中，变量名是记录累加值的数值变量名，数据步第一次执行时，累加和变量的初值被 SAS 自动设置为 0。以后数据步每次执行前，累加和变量的值为上一次的值；表达式是在执行过程中往累加值变量中累加的内容，该表达式是数值表达式。如果其值为缺项值，则按 0 值处理。

【例 3-2-3】　读入变量 X 和 Y 的值，对 X 进行累加求和。程序如下：

```
* ex3-2-3;
DATA A;
INPUT X Y @@ ;
S + X;
DATALINES;
3 5 7 9 20 21
;
PROC PRINT;
RUN;
```

结果如图 3-3 所示。

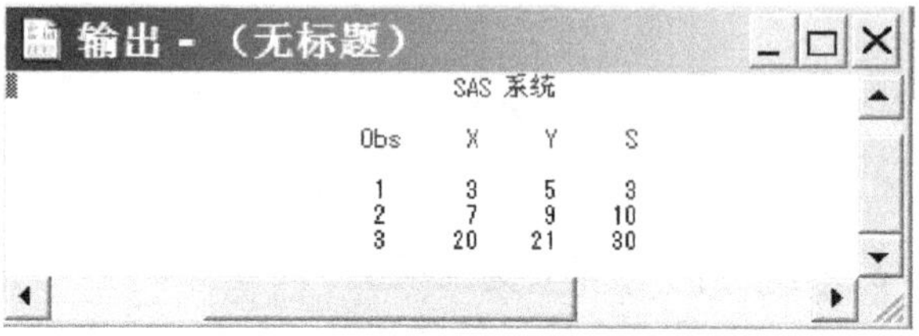

图 3-3　累加和用法

3. 2. 3　RETAIN 语句

DATA 步每次执行时，SAS 系统对由 INPUT 或赋值语句建立的变量自动地置为缺项值。RETAIN 语句能保留前一次由 INPUT 语句或赋值语句所建立的变量的值。

能用一个 RETAIN 语句给出变量的初始值。如果有一个值出现在 RETAIN 语句中，在该值前面的变量被置为那个初值。

RETAIN 语句是非执行语句，能出现在数据步中的任意位置。

RETAIN 语句格式：

```
RETAIN <variables… <initial value>>…;
```

这里，variables 是要保留其值的变量名字。如果没列出任何变量，则保留在数据步中所有变量的值。

initial value 为前面变量指定初值。在数据步首次执行时，在 RETAIN 语句中该值前面的变量被设置为这个值。

例如：

```
RETAIN month1-month5 1 year 0 A B C 'ABC';
```

变量 month1 至 month5 被设置的初值均为 1，year 初值为 0；变量 *A*、*B* 和 *C* 被设置成值'ABC'。

【例 3-2-4】　对于数值型量，RETAIN 语句不仅能给变量设置一任意初值，还可以与求和语句作用相似，如图 3-4 所示。

```
* ex3-2-4;
DATA a;
   z=0;              /* 每次执行 z 都是 0 */
   INPUT x @@ ;
   RETAIN y 8;       /* 第一次执行 y 是 8，以后每次执行 Y 都是上一步的 Y 值 */
   s+x;     /* 第一次执行 s 是缺项值，以后每次执行 s 都是上一步的 s 值与本次 x 值相加 */
   y=y+x;
   z=z+x;
```

```
CARDS;
2 23 34 45 12 23 12 29 35
PROC PRINT;
RUN;
```

运行结果如图 3-4 所示。

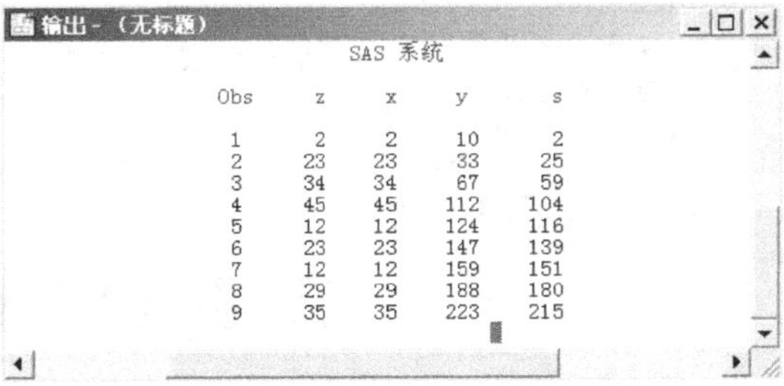

图 3-4　RETAIN 语句与求和语句比较

3.2.4　DROP 语句删除变量

有些变量参与操作后，就失去了意义，不应该加进数据集，此时应将该变量删掉。在 DATA 步中，用 DROP 语句可以删除变量。DROP 语句告诉 SAS 系统，语句中给出的变量不写入正建立的 SAS 数据集中。但是这些变量仍可在该数据步的所有编程语句中使用。DROP 是非执行语句，可位于 DATA 步中任何地方，产生的效果都相同。

语句格式：

```
DROP　变量表;
```

这里，变量表指出数据集中要删去的变量。

【例 3-2-5】

```
* ex3-2-5;
DATA score;
    LENGTH name $ 10;
    INPUT name s1 s2 s3;
    total = SUM(s1, s2, s3);
    DROP s1 s2 s3;
DATALINES;
ZhangLin 78 89 98
WangQiang 95 87 89
PROC PRINT;
RUN;
```

运行结果如图 3-5 所示。

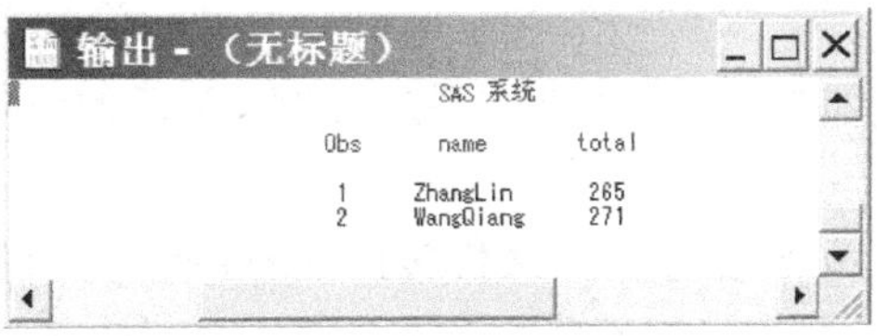

图 3-5　score 数据集的内容

变量 total 是 s1、s2 和 s3 值的和。在数据集中已不再包括变量 s1、s2 和 s3。

3.2.5　KEEP 语句保留变量

在 DATA 步中，使用 KEEP 语句去说明在正被建立的数据集中都包括哪些变量。

如果在 DATA 步中有 KEEP 语句，只有 KEEP 语句中出现的变量被写入新数据集中。而在 KEEP 语句中不包括的变量却仍适用于其他程序语句。KEEP 语句也是非执行语句。

【例 3-2-6】 求出上例学生的平均成绩，仅输出姓名和平均成绩。

```
* ex3-2-6;
DATA average;
SET score;
KEEP name mean;
mean = total/3;
PROC PRINT;
RUN;
```

运行结果如图 3-6 所示。

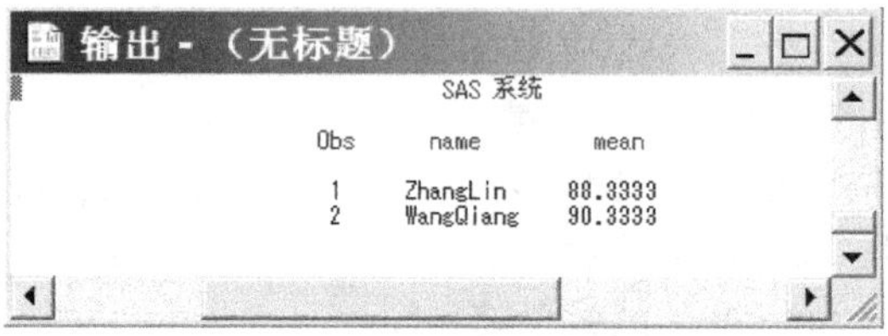

图 3-6 KEEP 语句程序举例

在 DATA 步中，不要同时使用 KEEP 语句和 DROP 语句。如果保留的变量比去掉的变量少，宜使用 KEEP 语句。

3.3 条件语句

在程序中常常会根据某种条件满足与否执行不同的语句。这种程序的流程叫分支。在 SAS 语言中，使用 IF 语句进行条件的判断。有两种 IF 语句：条件 IF 语句和子集 IF 语句。

3.3.1 条件 IF 语句

1. IF-THEN 语句

在数据步中，如果只想对满足指定条件的观测执行一条语句，可使用 IF-THEN 语句。IF-THEN 语句格式：

```
IF 表达式 THEN 语句;
```

执行时，系统对表达式求值，如果其值为非零，则执行 THEN 后的语句；否则不执行 THEN 后的语句，而去执行下一条语句。

【例 3-3-1】 利用由 ex2-6-4 中 cjb. xls 文件转换成的 sasuser. cjbll 数据集，计算每人的计算机、C 语言和英语三科的平均成绩，列出平均成绩大于等于 85 分的学生的学号、姓名和平均成绩。

建立一数据集，从 score 数据集中复制数据。

```
* ex3-3-1;
LIBNAME ep 'e:\saslx';
DATA ep.score1;
    SET sasuser.cjbll;
    ave = MEAN(Computer, C_Languege, English);
    IF ave > =85 THEN PUT num name ave;
PROC PRINT;
RUN;
```

程序运行读每一个观测时，仅保留需要的几个变量，计算三科成绩的平均值赋给变量 ave，判断平均值 ave 是否大于等于 85，若是，则输出学号 num、姓名 name 和平均值 ave。新建的数据集如图 3-7 所示。

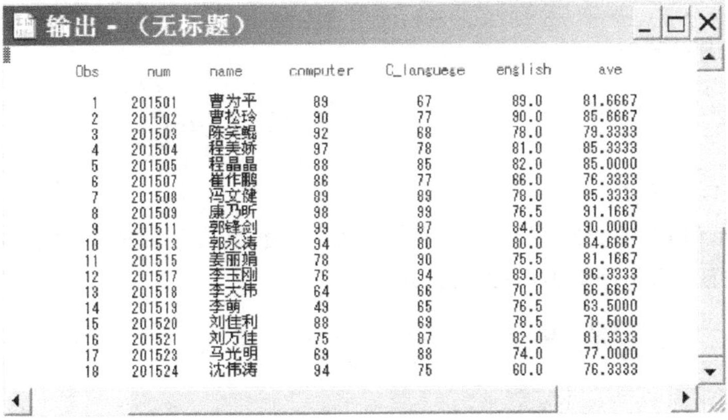

Obs	num	name	computer	C_languege	english	ave
1	201501	曹为平	89	67	89.0	81.6667
2	201502	曹松玲	90	77	90.0	85.6667
3	201503	陈笑鲲	92	68	78.0	79.3333
4	201504	程美娇	97	78	81.0	85.3333
5	201505	程晶晶	88	85	82.0	85.0000
6	201507	崔作鹏	86	77	66.0	76.3333
7	201508	冯文健	89	89	78.0	85.3333
8	201509	康乃昕	98	99	76.5	91.1667
9	201511	郭锋剑	99	87	84.0	90.0000
10	201513	郭永涛	94	80	80.0	84.6667
11	201515	姜丽娟	78	90	75.5	81.1667
12	201517	李玉刚	76	94	89.0	86.3333
13	201518	李大伟	64	66	70.0	66.6667
14	201519	李萌	49	65	76.5	63.5000
15	201520	刘佳利	88	69	78.5	78.5000
16	201521	刘万佳	75	87	82.0	81.3333
17	201523	马光明	69	88	74.0	77.0000
18	201524	沈伟涛	94	75	60.0	76.3333

图 3-7　数据集 score1 中的内容

平均成绩大于等于 85 的学生由 PUT 语句在 LOG 窗口中输出，如图 3-8 所示。

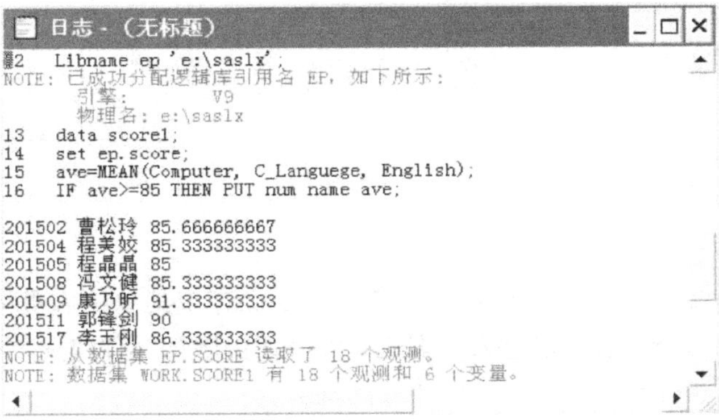


```
2    Libname ep 'e:\saslx';
NOTE: 已成功分配逻辑库引用名 EP，如下所示:
      引擎:        V9
      物理名: e:\saslx
13   data score1;
14   set ep.score;
15   ave=MEAN(Computer, C_Languege, English);
16   IF ave>=85 THEN PUT num name ave;

201502 曹松玲 85.666666667
201504 程美姣 85.333333333
201505 程晶晶 85
201508 冯文健 85.333333333
201509 康乃昕 91.333333333
201511 郭锋剑 90
201517 李玉刚 86.333333333
NOTE: 从数据集 EP.SCORE 读取了 18 个观测。
NOTE: 数据集 WORK.SCORE1 有 18 个观测和 6 个变量。
```

图 3-8　满足条件数据的输出

2. IF-THEN/ELSE 语句

语句格式：

```
IF 条件表达式 THEN 语句 1;
ELSE 语句 2;
```

当条件表达式的值为真时，执行语句 1，反之执行语句 2。

【例 3-3-2】　在整理口腔病普查数据时，对于每个人的牙齿状态 yczt，假设只有如下情况中的一种：

1. 良好　2. 龋齿　3. 龋齿已填充　4. 因龋失牙　5. 其他原因失牙

数据存于文本文件 'e:\sasdt\kqb.txt' 中，想统计是否曾患过龋齿和失牙的情况，可另设两变量：hq（患龋）、sy（失牙）。如果 2 < = yczt < = 4，则 hq = 1，否则 hq = 0。如果 4 < = yczt < = 5，则 sy = 1 否则 sy = 0。用 shq 累加患龋齿人数，用 ssy 累加失牙人数。程序如下：

```
* ex3-3-2;
DATA kqb;
    INFILE 'e:\sasdt\kqb.txt';
    INPUT num yczt;
```

```
        IF yczt > =2 AND yczt < =4 THEN hq=1;
        ELSE hq=0;
    Shq+hq;
        IF 4 < =yczt < =5 THEN sy=1;
        ELSE sy=0;
    Ssy+sy;
PROC PRINT;
RUN;
```

运行结果如图 3-9 所示。

注意：在 THEN 和 ELSE 之后只允许使用一个语句，如果当条件成立时要执行几个语句，则应该把要同时执行的几个语句用 DO-END 括起来。

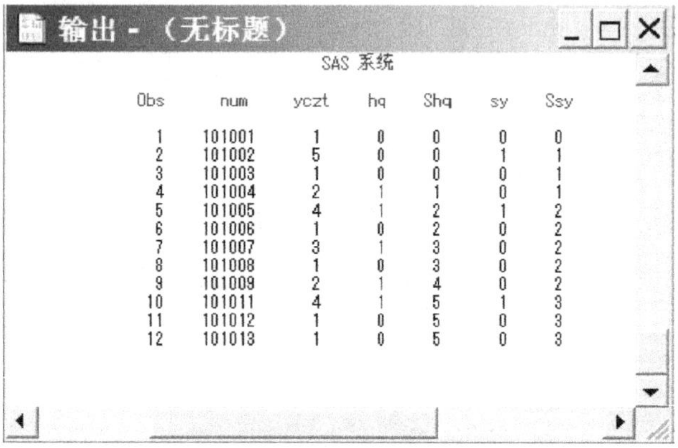

Obs	num	yczt	hq	Shq	sy	Ssy
1	101001	1	0	0	0	0
2	101002	5	0	0	1	1
3	101003	1	0	0	0	1
4	101004	2	1	1	0	1
5	101005	4	1	2	1	2
6	101006	1	0	2	0	2
7	101007	3	1	3	0	2
8	101008	1	0	3	0	2
9	101009	2	1	4	0	2
10	101011	4	1	5	1	3
11	101012	1	0	5	0	3
12	101013	1	0	5	0	3

图 3-9　患龋齿和失牙统计

【例 3-3-3】　有一文本数据文件'e:\sasdt\fit.txt'，保存着某单位人员体检数据，该文件的首行是各变量的变量名，该行内容不能进入数据集。编程用此数据文件建立数据集。

fit.txt 文件中的内容如下：

编号	姓名	性别	身高	体重
081	ZHANGLING	F	1.56	47.1
082	ZHAOHUA	M	1.72	61.5
083	WANGQANG	M	1.69	64.5

读数据时，如果是第 1 次读数据，则将读入的首行内容删掉。程序如下：

```
* ex3-3-3;
DATA A;
    INFILE 'e:\sasdt\fit.txt';
    LENGTH NAM $ 10;
      IF _N_=1 THEN DO;              如果是第 1 次读数据
          INPUT Nb $ ; PUT Nb;       读首行数据
          DROP Nb;                   删掉读入的内容
      END;                           条件判断结束
    INPUT no $ nam $ sex $ h w;
PROC PRINT;
RUN;
```

程序运行结果见图 3-10。INPUT Nb 将文件中首行的“编号”读出，从而跳过该行。

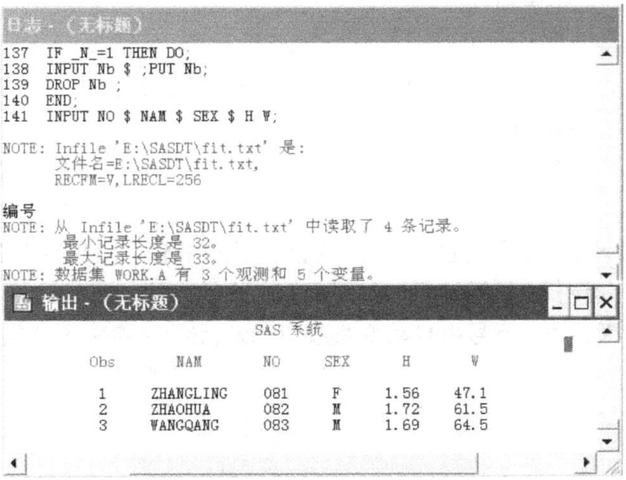

图 3-10　利用_ N _做第一行读入控制

【例 3-3-4】　将地区号不在指定范围的观测输出到 LOG 窗口。

```
* ex3-3-4;
data A;
   length first last AREA  $ 3 phone  $  12;
   input first last AREA phone ;
      if area ^in ("828" "336"
                  "704" "910"
                  "919" "252") then
       putlog "NOTE: Not inN. Carolina: "
          first last "(" area ")" phone;
datalines;
Thomas Archer       919 319 - 1677
Lucy Mallory        800 899 - 2164
Tom Joad            508 852 - 2146
Laurie Jorgensen    252 352 - 7583
;
Run;
```

运行结果如图 3-11 所示。

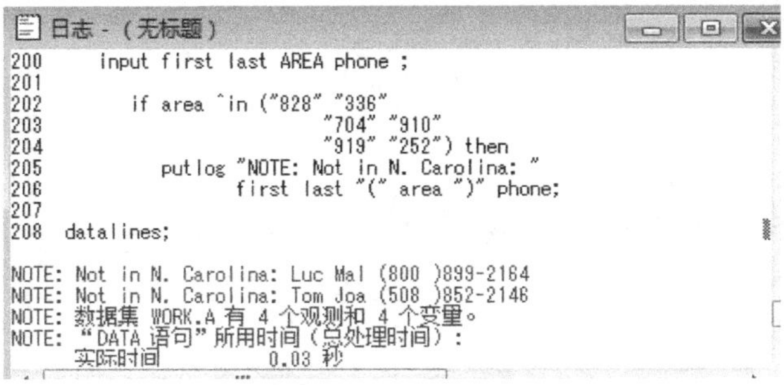

图 3-11　条件判断的输出

【例 3-3-5】　数据中，第一列为办公地点开始的列位置数，下一个数字列表示区域类别，在地理区域后是办公室的员工数。

```
8          New York     1 USA 14
5     Cary              1 USA 2274
3 Chicago               1 USA 37
22 Tokyo                5 ASIA 80
5     Vancouver         2 CANADA 6
9          Milano       4EUROPE 123
```

程序中使用两个输入语句，首先读 x 值，x 为读指针控制值，以确定办公地点开始的列数，用尾随@，保持以后继续读该行，如果 x < =10 则用第二个输入语句将指针移动到 x 列，读取 9 位城市值；否则输出该行为无效值，行号由自动变量_n_计数。该行不输出到数据集中。

```
* ex3-3-5;
libname ep "e:\saslx\";
data ep.office (drop=x);
   input x @ ;
   if 1< =x<=10 then
      input @ x City $9.;
   else do;
      put 'Invalid input at line ' _n_;
      delete;
   end;
   datalines;
8          New York     1 USA 14
5   Cary                1 USA 2274
3 Chicago               1 USA 37
22 Tokyo                5 ASIA 80
5     Vancouver         2 CANADA 6
9          Milano       4 EUROPE 123
;
proc print;
run;
```

运行时，数据步只写 5 个观测到 office 的数据集中。因为第 4 行数据 x 的值大于 10，输入数据记录无效。因此，第二个输入语句不执行，把输入无效的消息写入 SAS 日志，并用 DELETE 语句停止处理观测。结果如图 3-12 所示。

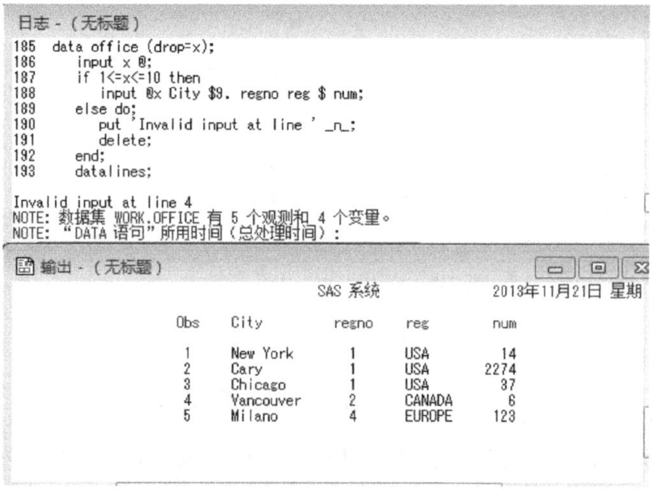

```
日志 - (无标题)
185  data office (drop=x);
186     input x @;
187     if 1<=x<=10 then
188        input @x City $9. regno reg $ num;
189     else do;
190        put 'Invalid input at line ' _n_;
191        delete;
192     end;
193     datalines;

Invalid input at line 4
NOTE: 数据集 WORK.OFFICE 有 5 个观测和 4 个变量。
NOTE: “DATA 语句”所用时间（总处理时间）:
```

```
输出 - (无标题)
                         SAS 系统              2013年11月21日 星期

        Obs    City         regno    reg         num

         1     New York       1      USA          14
         2     Cary           1      USA        2274
         3     Chicago        1      USA          37
         4     Vancouver      2      CANADA        6
         5     Milano         4      EUROPE      123
```

图 3-12　在 log 窗口列出无效数据行

3.3.2　求子集 IF 语句

用求子集 IF 语句，使 SAS 系统仅继续处理符合 IF 语句条件规定的观测，而得到的数据集是原数据集的子集。

求子集 IF 语句的格式：

```
IF 表达式;
```

如果表达式为真(非零)，SAS 系统继续执行 DATA 步中各语句，建立观测。如果表达式的值是假(0 或缺项)，SAS 系统马上返回到 DATA 步的开始，去进行另一次执行而不建立这个观测。比如语句：

```
IF SEX='F';
```

在结果数据集中所包含的仅仅是 SEX 的值为'F'的那些观测，但 SEX 的值为'f'的观测，则不包括在该数据集中。

【例 3-3-6】 使用求子集 IF 语句，产生原数据集子集例：前一数据步读入数据产生一个 child 数据集，第二数据步将 child 数据集中出生小于等于 12 个月的婴儿数据送入 baby 数据集，第三数据步将 child 数据集中性别为女的数据送入 girls 数据集。

```
* ex3-3-6;
DATA child;
  INPUT num $ sex $ month @@ ;
DATALINES;
1001 F 8 1002 M 9 1003 F 17 1004 M 14 1005 F 10 1006 F 16
  ;
DATA baby;
  SET child;
  IF month< =12;
DATA girls;
  SET child;
  IF sex='F';
RUN;
```

运行日志如图 3-13 所示。

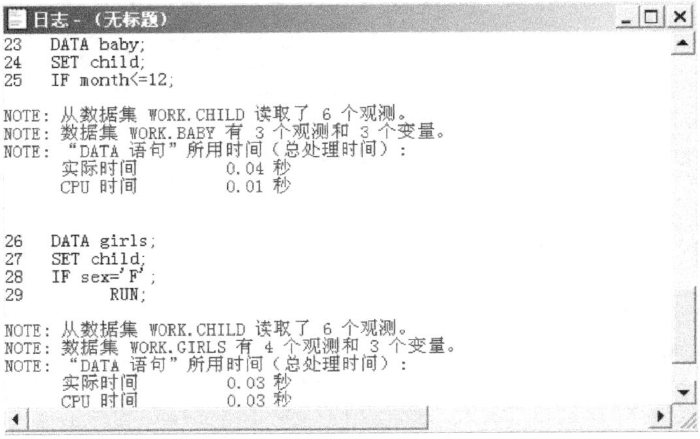

```
日志 - (无标题)
23   DATA baby;
24   SET child;
25   IF month<=12;

NOTE: 从数据集 WORK.CHILD 读取了 6 个观测。
NOTE: 数据集 WORK.BABY 有 3 个观测和 3 个变量。
NOTE: “DATA 语句”所用时间（总处理时间）：
      实际时间          0.04 秒
      CPU 时间          0.01 秒


26   DATA girls;
27   SET child;
28   IF sex='F';
29        RUN;

NOTE: 从数据集 WORK.CHILD 读取了 6 个观测。
NOTE: 数据集 WORK.GIRLS 有 4 个观测和 3 个变量。
NOTE: “DATA 语句”所用时间（总处理时间）：
      实际时间          0.03 秒
      CPU 时间          0.03 秒
```

图 3-13　利用条件 IF 语句建立多个数据集

baby 数据集所含的观测仅仅是 child 数据集中 month 值小于或等于 12 的观测，数据集 girls 所含的观测是数据集 child 中 sex 值为'F'的观测。

可以在 SAS 资源管理器中，打开逻辑库的 work，双击各数据集，可在 VIEWTABLE 中看到数据集内容。

3.4 SELECT 语句

用于数据步中，根据计算出的选择表达式的值控制执行几个语句或一组语句中的一个。

语法：

```
SELECT < (select - expression) > ;
   WHEN - 1 (when - expression - 1 < ..., when - expression - n > ) statement;
   < ... WHEN - n (when - expression - 1 < ..., when -
      expression - n > ) statement; >
      < OTHERWISE statement; >
END;
```

参数：

```
(select - expression)
```

指定的任何 SAS 表达式，计算结果为单个值。

```
(when-expression)
```

指定的任何 SAS 表达式，包括复合表达式。SELECT 选择需要指定至少一个 when - expression。

提示：用逗号分隔多个 when 表达式，等价于逻辑运算符“OR”分隔它们。

```
Statement
```

可以是任何可执行的 SAS 语句，包括 DO、SELECT 和空语句。

3.4.1 根据读入的值进行不同的计算

【例 3-4-1】 使用 SELECT 语句，根据读入的值不同，输出不同的值。

```
* ex3-4-1;
Data;
input a @@ ;
select (a);
   when (1) x = a* 10;
   when (2);
   when (3,4,5) x = a* 100;
   otherwise;
end;
put x;
datalines;
1 2 3 4 5 6 4 3 2 1
;
run;
```

输出结果如图 3-14 所示。

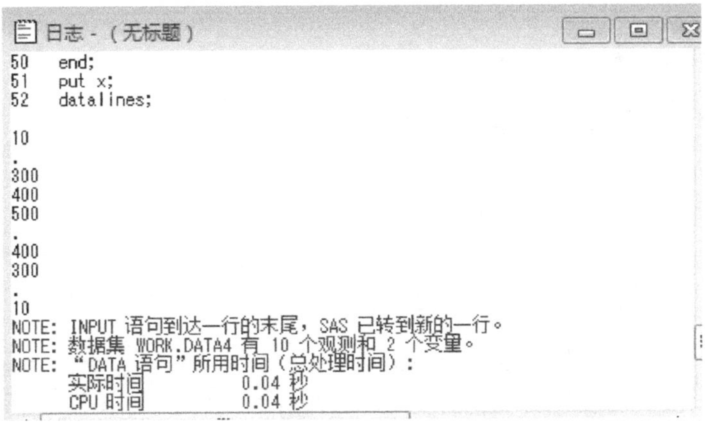
日志 - (无标题)
```
50    end;
51    put x;
52    datalines;

10
.
300
400
500
.
400
300
.
10
NOTE: INPUT 语句到达一行的末尾，SAS 已转到新的一行。
NOTE: 数据集 WORK.DATA4 有 10 个观测和 2 个变量。
NOTE: “DATA 语句”所用时间（总处理时间）：
      实际时间            0.04 秒
      CPU 时间            0.04 秒
```

图 3-14　SELECT 语句根据读入值的不同输出不同值

3.4.2　SELECT 语句中使用 DO 组

【例 3-4-2】 有两种类型的工作人员，一种为月薪，一种为计时工资，计时工资要用工作时间 hrs 乘以各自小时工资标准 hrlywage，若工作时间大于 40，则要提示检查该数据是否准确。

```
* ex3-4-2;
data;
input ID $ payclass $ salary  hrs hrlywage ;
select (payclass);
   when ('monthly')
   do;
   amt = salary;
   hrs = " ";
   hrlywage = " " ;
   end;
  when ('hourly')
     do;
          amt = hrlywage* min(hrs,40);
if hrs > 40 then put ID 'CHECK TIMECARD';
     end;          /*  end of do        */
   otherwise put ID 'PROBLEM OBSERVATION';
end;                  /*  end of select        */
datalines;
031190  monthly    3900 38 80
029011  hourly  .  39  78
033023  hourly  .  35  68
019902  hourly  .  45  77
;
proc print ;
run;
```

输出结果如图 3-15 所示。

ID 为 019902 者，因时间 hrs 超时而在日志中列出。

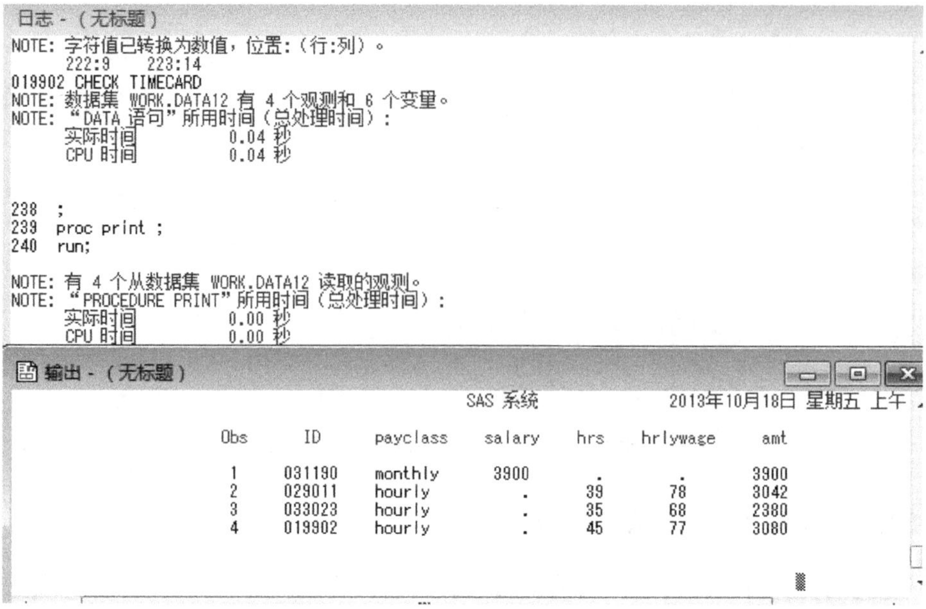

```
日志 - (无标题)
NOTE: 字符值已转换为数值，位置:(行:列)。
      222:9    223:14
019902 CHECK TIMECARD
NOTE: 数据集 WORK.DATA12 有 4 个观测和 6 个变量。
NOTE: "DATA 语句" 所用时间(总处理时间):
      实际时间          0.04 秒
      CPU 时间          0.04 秒


238  ;
239  proc print ;
240  run;

NOTE: 有 4 个从数据集 WORK.DATA12 读取的观测。
NOTE: "PROCEDURE PRINT" 所用时间(总处理时间):
      实际时间          0.00 秒
      CPU 时间          0.00 秒
```

```
输出 - (无标题)
                              SAS 系统          2013年10月18日 星期五 上午

       Obs     ID      payclass   salary   hrs   hrlywage    amt

        1    031190    monthly     3900     .        .       3900
        2    029011    hourly        .     39       78       3042
        3    033023    hourly        .     35       68       2380
        4    019902    hourly        .     45       77       3080
```

图 3-15　SELECT 语句根据工资类型的不同输出不同工资

3.4.3　SELECT 判断用复合表达式

【例 3-4-3】 根据气温和月份判断是否进入了实际意义上的春夏秋冬季节。使用复合表达式输出月份和四季。

```
* ex3-4-3;
DATA;
input mon $ temp;
select;
   when (mon in ('JUN', 'JUL', 'AUG')
   and temp > 70) put 'SUMMER ' mon = ;
   when (mon in ('MAR', 'APR', 'MAY'))
   put 'SPRING ' mon = ;
   otherwise put 'FALL OR WINTER ' mon = ;
end;
datalines;
JUN  79
SEP  71
JUL  76
AUG  80
JAN  50
FEB  55
;
run;
```

输出结果如图 3-16 所示。

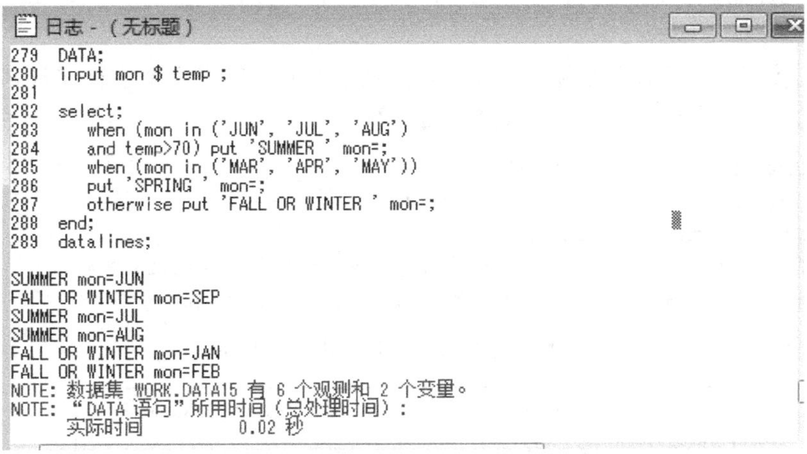

```
日志 - (无标题)
279  DATA;
280  input mon $ temp ;
281
282  select;
283     when (mon in ('JUN', 'JUL', 'AUG')
284     and temp>70) put 'SUMMER ' mon=;
285     when (mon in ('MAR', 'APR', 'MAY'))
286     put 'SPRING ' mon=;
287     otherwise put 'FALL OR WINTER ' mon=;
288  end;
289  datalines;

SUMMER mon=JUN
FALL OR WINTER mon=SEP
SUMMER mon=JUL
SUMMER mon=AUG
FALL OR WINTER mon=JAN
FALL OR WINTER mon=FEB
NOTE: 数据集 WORK.DATA15 有 6 个观测和 2 个变量。
NOTE: "DATA 语句"所用时间(总处理时间):
      实际时间          0.02 秒
```

图 3-16　SELECT-复合表达式输出四季和月份

3.5　WHERE 语句

使用 WHERE 语句从 SAS 数据集选择满足特定条件的观测来进行分析。可用于数据步和过程步中。

语法:

```
WHERE where-expression-1 < logical-operator where-expression-n >;
```

where-expression 是一个算术或逻辑表达式。

logical-operator 可以是 AND, AND NOT, OR,或 OR NOT。

使用 WHERE 语句 因为不需要从输入数据集读所有的观测,从而提高了 SAS 程序效率。

WHERE 语句按条件被执行;也就是,不能将它作为 IF-THEN 语句的一部分。

WHERE 语句可以包含多个由逻辑运算符连接的 where 表达式。

(1)在数据步中

WHERE 语句适用于在前面的 SET、MERGE、MODIFY 或 UPDATE 语句中所有的数据集,并且用在 WHERE 语句中的变量必须出现在所有这些数据集中。WHERE 语句,不能与带有 POINT = 选择的 SET 和 MODIFY 语句一起使用。

不能使用 WHERE 语句从包含原始数据的外部文件中选择记录,也无法在同一数据步用 DATALINES 语句读一个数据流的同时使用 WHERE 语句。

如果一个数据步包含 WHERE 语句和 BY 语句,则 WHERE 语句执行在 BY 组被创建之前。

(2)在过程步中

可以在任何读取 SAS 数据集的 SAS 过程中使用 WHERE 语句。使该过程仅处理原始数据的子集。

在 WHERE 语句中,使用的操作数如:

```
● WHERE score > 50;
● WHERE date > = '01jan1999'd and time > = '9:00't;
● WHERE state = 'Mississippi';
```

与其他的 SAS 表达式一样,数值变量名可以单独使用。SAS 将 0 值或缺失值视为假;其他的值都为真。例如,以下两个语句中,包含数字变量 empnum 和 SSN:

```
WHERE empnum;
WHERE empnum and SSN;
```

字符或字符变量名也可以独自用在 where 表达式中。如果使用一个字符变量名作为一种表达式，当字符变量的值不为空时，则 SAS 选择观测。例：

```
where empnum between 500 and 1000;
where company ? 'bay';          /* ?意味是否包含 */
where company contains 'bay';
where lastname = * 'Smith';     /* 选择听起来像“Smith”的 lastname */
where name like 'D% ';          /* 选择开始字符为 D 的所有 name */
```

例如，有下列 name 值：Diana、Diane、Dianna、Dianthus、Dyan。

WHERE 语句	被选择的 Name
where name like 'D_an';	Dyan
where name like 'D_an_';	Diana, Diane
where name like 'D_an__';	Dianna
where name like 'D_an%';	all names from list

【例 3-5-1】 在 sashelp. class 数据集中，有姓名、性别、年龄、身高(英寸)和体重，建立一个仅有年龄在 11 ~ 14 岁间，体重大于等于 90 磅的女孩的数据集。

```
【例 3-5-1】
* ex3-5-1;
data class;
  set sashelp.class;
  where sex = '女' and age between 11 and 14
    and weight > = 90;
run;
proc print;
  run;
```

运行结果如图 3-17 所示。

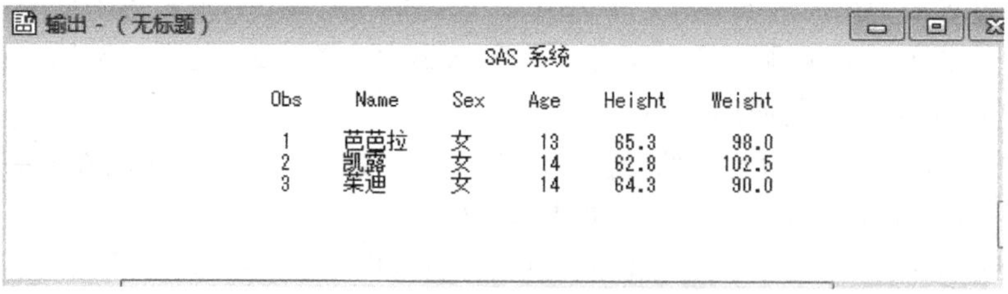

图 3-17 用 where 建立的数据集

3.6 删除观测

3.6.1 用 DELETE 语句删除观测

在整理数据时，有时根据需要停止处理当前观测，不将该观测写入数据集中，即删除该观测，可以使用 DELETE 语句来实现。

DELETE 语句格式：

```
DELETE;
```

DELETE 语句使得 SAS 系统停止处理当前的观测，当前的观测不被写入正在建立的数据集中，SAS 系统返回 DATA 步的开始处进行下一次执行。

【例 3-6-1】 建立英语成绩及格学生的数据集，输出 English 值小于 60 的观测的编号并删除该观测。

```
* ex3-6-1;
DATA students;
    INPUT num $ english test1 test2 @@ ;
    IF english < 60 THEN DO;                          /* 如果英语成绩 < 60 则 * /
        PUT num;   DELETE;                            /* 输出学号，删除此观测 * /
    END;                                              /* 条件判断结束 * /
    total = SUM(OF test1 test2 English);
DATALINES;
88011 100 78  90   88012 97  86  100   88013 59  68  88
;
RUN;
```

DELETE 语句通常用做 IF 语句中的 THEN 子句，或作为有条件地执行 DO 语句的一部分。如果对于每一个观测都执行了 DELETE 语句，则新数据集将不含有任何观测。程序运行日志如图 3-18 所示。

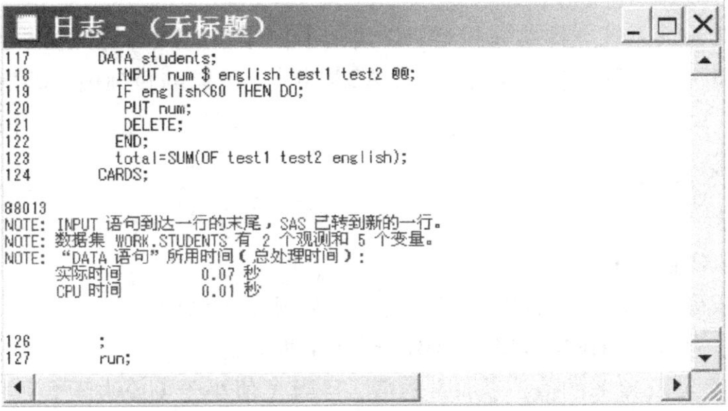

图 3-18　在条件语句中使用 DO/END 语句

通常，对从数据集中排除观测的条件容易说明时，使用 DELETE 语句；对于包含观测的条件容易说明时，则使用产生子集的 IF 语句。

3.6.2　删除 SAS 数据集中的重复值

在处理数据的时候，经常会遇到或产生一些重复数据，有些重复数据是多余的。可先对数据集排序，再用 First. 和 Last. 识别独立的数据，而找出该数据集里重复数据的方法。

【例 3-6-2】 在 SASLX 文件夹下有一学生参加社团的数据集 studdata. sas7bdat，其中有重复的数据列出参加社团活动的学生名单。

```
* ex3-6-2;
Libname ep 'e:\saslx';
proc sort data = ep.studdata out = ss;
```

```
    by ID;
  data dups nodups ; /* 分离数据*/
    set ss ;
    by id ;
    if first.id then output nodups;
  run;
  proc print data=nodups;
  run;
```

运行结果为无重复的数据集，如图 3-19 所示。

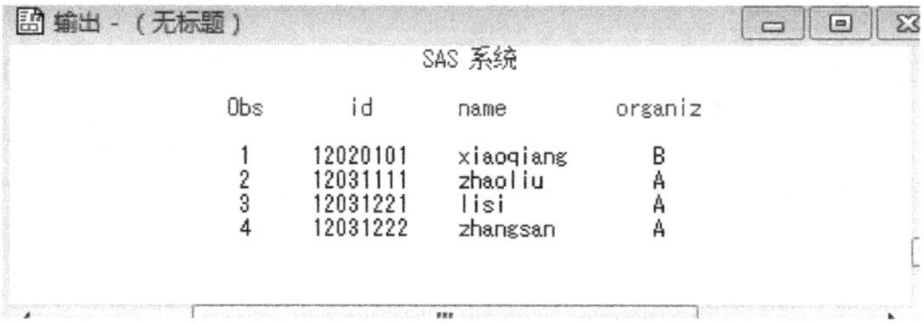
输出 - (无标题)

SAS 系统

Obs	id	name	organiz
1	12020101	xiaoqiang	B
2	12031111	zhaoliu	A
3	12031221	lisi	A
4	12031222	zhangsan	A

图 3-19　无重复数据的数据集

3.7　GOTO 语句

GOTO 语句使得 SAS 系统立即跳向在 GOTO 语句中标号指向的语句，并从那一点开始接着向下执行。GOTO 语句和跳向的目标都必须在一个 DADA 步中，跳向的目标由 GOTO 语句和目标语句中的标号来标明。

GOTO 语句格式：

```
GOTO label;
```

label：标识 GOTO 目标的语句标号。

GOTO 不要分开写成 GO TO，否则在程序编辑时会显示出错误。

GOTO 语句常作为 IF - THEN 语句的 THEN 子句出现。

【例 3-7-1】　读入 X 和 Y 的值，累加 Y 的值，且当 X 值小于 1 或大于 5 时将 X 清为 0，并计算这种情况发生的次数。

```
* ex3-7-1;
DATA INFO;
  INPUT X Y @@ ;
  IF 1< =X< =5 THEN GOTO OK;
  X=0;
  COUNT+1;
OK: SUMY+Y;
DATALINES;
3 5 7 9 2.7 3.8 59 10
;
PROC PRINT;
RUN;
```

运行结果如图 3-20 所示。

本例中，不论 X 为何值，标识为“OK”的语句都要进行 Y 的累加。如果要求当 X 值不满足给定的条件“1 < = X < = 5”时，不再累加 Y，就应在标号“OK”前使用 RETURN 语句返回到 DATA 步的开始，继续执行 INPUT 语句重新读数据。

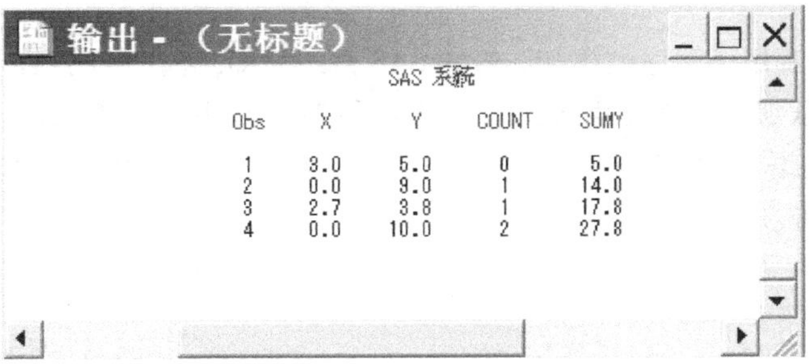
输出 - （无标题）

SAS 系统

Obs	X	Y	COUNT	SUMY
1	3.0	5.0	0	5.0
2	0.0	9.0	1	14.0
3	2.7	3.8	1	17.8
4	0.0	10.0	2	27.8

图 3-20　GOTO 语句的用法

3.8　RETURN 语句

RETURN 语句告诉 SAS 系统，在数据步的当前点上停止执行各语句，返回到一个预定的位置继续执行。返回的位置取决于 RETURN 语句出现时的环境。

【例 3-8-1】　程序：

```
* ex3-8-1;
DATA RECORD;
    INPUT X Y @@ ;
    IF 1 < =X< =5 THEN GOTO OK;
        X=0;
        COUNT +1;
    RETURN;
OK: SUMY + Y;
DATALINES;
3 5 7 9 2.7 3.8 59 10
;
PROC PRINT;
RUN;
```

运行结果如图 3-21 所示。

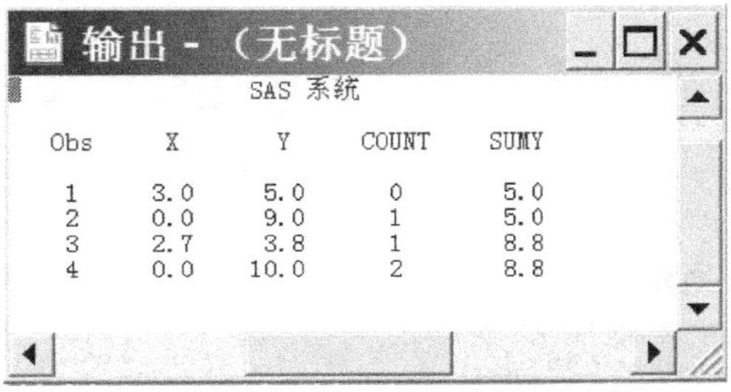
输出 - （无标题）

SAS 系统

Obs	X	Y	COUNT	SUMY
1	3.0	5.0	0	5.0
2	0.0	9.0	1	5.0
3	2.7	3.8	1	8.8
4	0.0	10.0	2	8.8

图 3-21　RETURN 语句应用

语句“SUMY + Y”；只有当观测的 X 值介于 1 和 5 之间时才被执行。执行 RETURN 语句，SAS 系统把当前观测输出到数据集 RECORD 中，并返回到 DATA 步开始处，进行一次新的执行。

3.9 LINK 语句

LINK 语句是一种调用子程序的语句，告知 SAS 系统立即跳向(调用)在 LINK 语句中给出标号的语句(子程序)，并从那一点继续执行，直至遇到 RETURN 语句。RETURN 语句使系统的执行返回到跟在 LINK 后面的语句，即返回到调用子程序的主程序，并从那里开始继续执行。LINK 语句和目标必须在一个 DATA 步中。

语句格式：

```
LINK label;
```

这里 label 是标识子程序的语句标号。

LINK 语句和 GOTO 语句的区别在于后面的 RETURN 语句的作用不同。LINK 语句后的 RETURN 是回到 LINK 后的下一条语句去执行；GOTO 后的 RETURN 语句是返回到 DATA 步的开始去执行。另外，LINK 语句通常和一明显的 RETURN 语句一起使用，而 GOTO 语句使用时常不带 RETURN 语句。

在子程序中，可以放置另一个 LINK 语句形成子程序调用嵌套。最多可嵌套 10 层。当多个 LINK 语句被执行时，RETURN 语句将控制转回到最后执行的 LINK 语句后面所跟的语句去执行。

下面是一个使用 LINK 语句的例子：

【例 3-9-1】 将三次测验中的'E'等级改为'D'等级；'F'等级改为'E'等级。

```
* ex3-9-1;
DATA CLASS;
  INPUT ID TEST1 $ TEST2 $ TEST3 $ @@ ;
  DROP TEST;          /* TEST 为一个临时中间变量，不写入数据集 */
     TEST = TEST1;LINK RECODE;
       TEST1 = TEST;
     TEST = TEST2;LINK RECODE;
       TEST2 = TEST;
     TEST = TEST3;LINK RECODE;
       TEST3 = TEST;
     RETURN;
RECODE: IF TEST = 'E' THEN TEST = 'D';    /* 这两条语句的顺序很重要 */
        IF TEST = 'F' THEN TEST = 'E';
     RETURN;
DATALINES;
101 A B F  102 B E F  103 C E F
;
PROC PRINT;
RUN;
```

程序运行结果如图 3-22 所示。

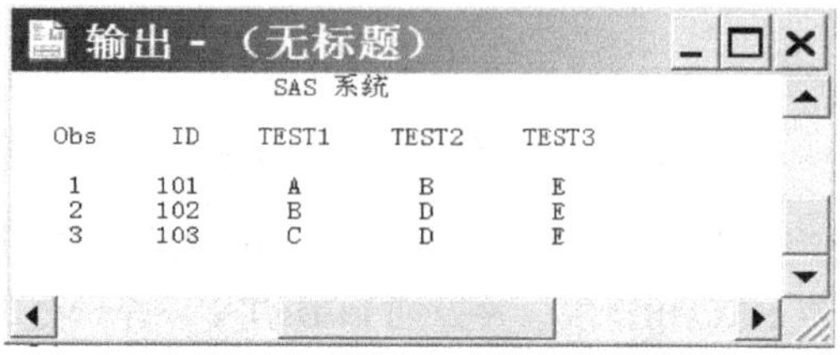

Obs	ID	TEST1	TEST2	TEST3
1	101	A	B	E
2	102	B	D	E
3	103	C	D	E

图 3-22　用 LINK 语句调用子程序

为了重新编码每个测验的等级，SAS 系统把等级数据 TESTn 送至变量 TEST 中，然后转到子程序 RECODE 并改变它，从子程序返回后，又把改变后的 TEST 值送回原来的变量 TESTn。

注意：子程序的两个 IF 语句顺序不可颠倒。

3.10　循　　环

在数据整理过程中，有时会在数据步的一次执行中反复地执行某一部分语句，这种程序部分的反复执行称为循环。

3.10.1　利用 GOTO 实现循环

若在 LOG 窗口显示 1-10，可使用 GOTO 语句实现循环输出。

【例 3-10-1】

```
* ex3-10-1;
DATA _NULL_; /*  不建立数据集 */
    I=1;
K: PUT I @@ ;
    I+1;
    IF I< =10 THEN GOTO K;
RUN;
```

程序运行结果如图 3-23 所示。

程序中，先给变量 I 一个初始值 1，用“PUT I;”输出该值，将 I 的值增加 1。如果 I 的值小于等于 10 则转到 K:标号指定的语句继续执行，直到 I 超过 10。

程序中，变量 I 既是要输出的变量，又可控制“PUT I;”语句循环执行的次数。用条件表达式“I< =10”进行循环与否的控制。

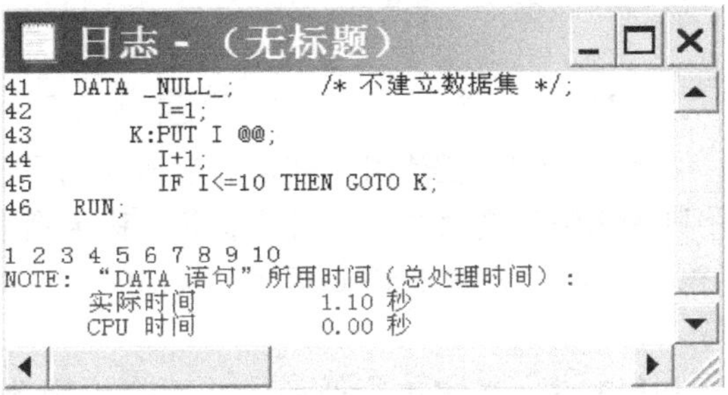

图 3-23　用 GOTO 语句构成循环

3.10.2　DO/END 循环

在 SAS 系统中，可使用更简洁的 DO/END 语句控制循环。

循环执行的次数一般由一个循环控制变量(又称指针变量)进行控制。有时循环执行与否也由某种条件进行控制。循环执行的语句部分夹在 DO 语句和 END 语句之间，称为循环体。

1. 语句格式

```
DO 循环控制变量 = 初值 < TO 终值 <BY 增量> >;
  循环体
END;
```

2. 语句说明

初值、终值与增量都可以为数字或者结果是数字的表达式，用来控制循环体执行的次数。

DO 语句组第一次执行时，循环控制变量被赋予初值，执行循环体。当终值和增量都存在时，则每执行到 END 语句时，循环控制变量 + 增量作为新的循环控制变量，并与终值作比较，若不超过终值，则再返回循环体去执行，直到循环控制变量的值超过终值时才停止执行 DO 语句组，向下继续执行。

注意：此时，循环控制变量的值已超过终值。

初值、终值和增量如果是表达式，它们是在第一次执行循环以前被计算的。如果没规定增量，增量的默认值为 1。如果仅有初值，则程序执行直到循环体中的一个条件语句满足条件由 GOTO 语句跳出循环。如：

```
DO I=1;
    SAS语句
    I+1;
    IF I=10 THEN GOTO F;
END;
F: PUT 'Finished';
```

初值允许是字符型量。如果初值与终值均未规定，则语句组仅执行一次。

可以使用如下形式的 DO 语句：

```
DO C=1 TO 8 BY 2, 13, 16 TO 18;
```

DO 语句执行时 C 取下列值：1，3，5，7，13，16，17，18。

【例 3-10-2】

```
* ex3-10-2;
DATA;
DO C=1 TO 8 BY 2, 13, 16 TO 18;
    PUT C= @@ ;
END;
RUN;
```

在程序的 PUT 语句中，变量名后面使用了等号，则输出值用变量名加等号来标识，称为命名输出。程序结果输出到 LOG 窗口，如图 3-24 所示。

一般来说，每次执行循环体并不产生观测，仅在循环程序运行完后产生一个观测，如在每次循环时都要输出数据到数据集中，应该使用 OUTPUT 语句。

循环正常结束后，循环控制变量的值应该刚刚超过其终值。

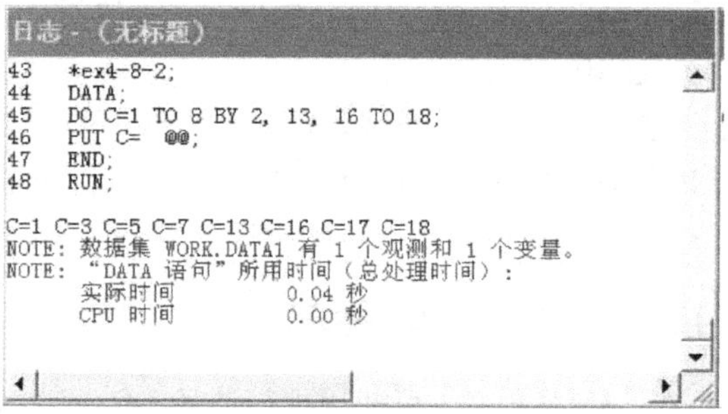

图 3-24　DO/END 循环语句输出

3.10.3　DO WHILE 循环

语句格式：

```
DO WHILE (表达式)
```

条件表达式的值在 DO 语句组执行前在循环的顶部计算，当表达式为真时就执行 DO 语句组。

【例 3-10-3】 用 N 作为计数器，从 0 开始至 4 为止，输出 N 的 5 个值。

```
* ex3-10-3;
DATA;
N=0;
  DO WHILE (N LT 5);        /* 当N<5时，执行循环体*/
```

```
    PUT N = ;
    N + 1;
  END;
RUN;
```

输出结果如图 3-25 所示。

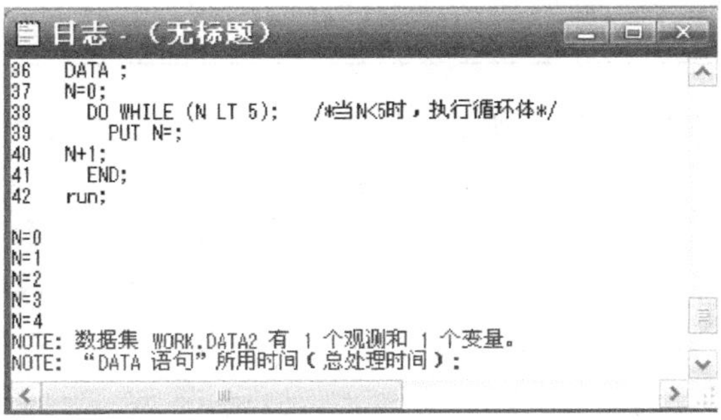

图 3-25　DO WHILE 语句执行

3.10.4　DO UNTIL 循环

语句格式：

```
DO UNTIL（表达式）
```

UNTIL 是在循环底部计算条件表达式，循环体至少要被执行一次。

【例 3-10-4】　DO UNTIL 语句即使一开始条件不满足，也要执行一次循环体。如：

```
* ex3-10-4;
DATA;
  N = 6;
  DO UNTIL (N > =5);
    PUT N = ;
    N + 1;
  END;
PUT N;
RUN;
```

程序运行结果如图 3-26 所示。循环体内显示的 N = 6，而 N 值加 1，故循环外输出 N 的值为 7。

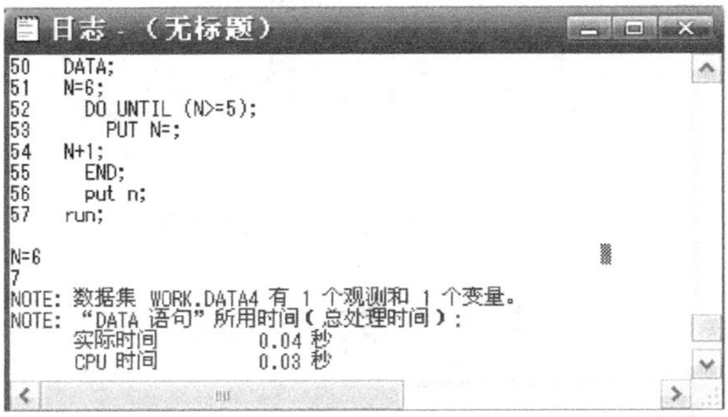

图 3-26　DO UNTIL 循环体至少被执行一次

【例 3-10-5】　用于成组资料比较的 t、F 或秩和检验等需要的单组或多组数据，记录成“第 1 组、第 2 组、第 3 组、……”等，样本含量相等或不等。试验数据的记录如表 3-5 所示。

表 3-5　实验数据记录表

序　　号	第 1 组	第 2 组	第 3 组
1	0.1	0.4	0.8
2	0.4	0.6	0.7
3	0.3	0.7	—
4	0.8	—	—
样本量	4	3	2

要求数据集中的分析数据格式如下所示：

```
1 , 0.1    1 , 0.4    1 , 0.3    1 , 0.8
2 , 0.4    2 , 0.6    2 , 0.7
3 , 0.8    3 , 0.7
```

编一程序建立起符合要求的数据集(见图 3-27)：

```
* ex3-10-5;
DATA ANAL;
  DO I =1 TO 3;
  INPUT N @ ;
    DO J =1 TO N;
      INPUT X @@ ;
      OUTPUT;          /* 此语句将数据矢量中的变量写入正建立的数据集中 */
    END;
  END;
  DROP N;
DATALINES;
4 0.1 0.4 0.3 0.8
3 0.4 0.6 0.7
2 0.8 0.7
;
PROC PRINT;
RUN;
```

图 3-27　利用双重循环读数据

3.11　数　　组

3.11.1　数组与下标变量

如果需要按同一方式处理多个变量，可使用 ARRAY 语句把一组变量(全是数值型的或全是字符型的)定义成数组中的元素。以后的 SAS 语句中提到这个数组时，就会用指出的数组中的元素

(又称下标变量)去代替它所代表的变量。可以利用数组名和括在大括号、中括号或圆括号中的数字(称为下标)来引用数组元素。因为通常要对多个数组元素进行处理，所以常在循环 DO 语句组中处理数组。

1. 数组定义

在使用数组前必须用 ARRAY 语句宣布所用的数组名称、元素个数及所代表的变量。

ARRAY 语句的格式：

```
ARRAY  数组名<{n}><$><数组元素表>;
```

这里：

数组名必须是有效的 SAS 名，而且不能与同一 DATA 步中的 SAS 变量名相同。

{n}：下标，说明数组中元素的个数。

$：表示数组中的元素是字符，如果数组元素已在前面定义成字符，则“$”符号可省略。

数组元素表：为构成数组的变量命名。一个变量可作为若干个数组中的元素。但是，不能把一个数组作为另一个数组的元素。

下标变量的下标可以是任何有效的 SAS 表达式，且括在括号中。

下标可以是正数“n”或星号“*”。如：

```
ARRAY RAIN{5} JAN FEB MAR APR MAY;
```

当使用星号时可消除数组中元素个数的计数，但必须列出每一个数组元素。例如：

```
ARRAY MONTH{* } JAN FEB JUL OCT NOV;
```

SAS 允许用“_NUMERIC_”(_CHARACTER_, _ALL_)作为变量名清单，表示在本数据步前面已经定义的数字(字符、全部)变量。例如：

```
Input z1-z5;
ARRAY X{* } _NUMERIC_;
```

2. 引用数组元素

在可以使用 SAS 表达式的任何地方都可以使用下标变量。

定义数组的 ARRAY 语句必须出现在 DATA 步中，而且要在使用数组之前。数组定义只对当前的 DATA 步有效。如果想在其他 DATA 步中使用同一数组，就必须在各个 DATA 步中重新对数组元素进行定义。

【例 3-11-1】 可按下例引用 TEST 数组中的第 4 个和第 6 个元素。

```
* ex3-11-1;
 DATA NEW;
    INPUT QA1-QA6  QB1-QB6;
    ARRAY TEST[8] QA1-QA4 QB1-QB4;
    PUT TEST(4) =   TEST{6} =;
DATALINES;
1  2  3  4  5  6  101 102 103 104 105 106
11 12 13 14 15 16  111 112 113 114 115 116
;
RUN;
```

PUT 语句输出 TEST 数组中第 4、第 6 两元素(即 QA4 与 QB2)的值，结果见图 3-28。

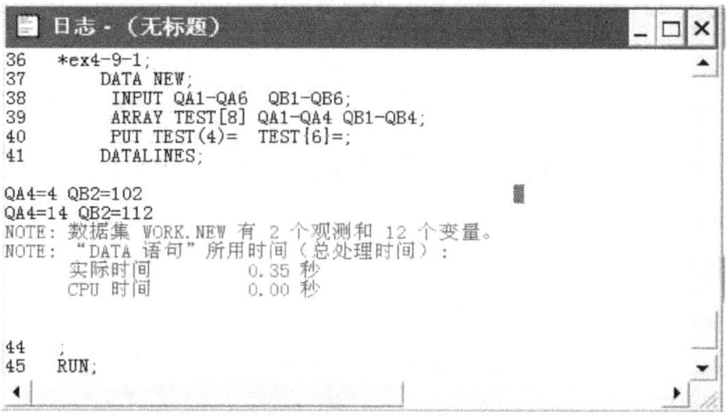

图 3-28　数组引用举例

3. 用@字符变量定位指针

【例 3-11-2】　在例 3-3-5 的数据集 OFFICE 中包含一个字符变量 city(办公地点)的值。若需要从原始数据文件读取其他的值，可使用另一个 DATA 步，用尾随@ 结合控制字符变量的指针，并且用@ 字符表达式控制定位值。可以使用以下数据步：

```
* ex3-11-2;
libname ep "e:\saslx\";
data office2;
  set ep.office;
  infile datalines;
  array region {5} $ _temporary_
         ('USA' 'CANADA' 'SA' 'EUROPE' 'ASIA');
  input @ city Location : 2. @ ;
  input @ (trim(region{location})) Population : 4.;
datalines;
8         New York     1 USA 14
5     Cary             1 USA 2274
3 Chicago              1 USA 37
22 Tokyo               5 ASIA 80
5     Vancouver        2 CANADA 6
9         Milano       4 EUROPE 123
;
proc print;
run;
```

程序中，利用 SET 语句将已存在的 OFFICE 数据集读入，该数据集仅有 city 变量，数组语句为临时数组元素赋予初始值。这些数组元素对应于办公地点的地理区域。第一个 INPUT 语句使用@ 字符变量指针控制。在观测中，每个记录被扫描以找寻 city 值的系列字符，然后，LOCATION 值被从下一个非空的列读出。LOCATION 是一个办公室的地理区域的数值分类。第二个 INPUT 语句中使用@ 符号表达式的指针控制判定数组引用，以确定在输入记录中办公室人数 POPULATION。表达式使用 Trim 函数从字符值中截掉空白字符。

图 3-29 所示是 PROC PRINT 过程对数据集 OFFICE2 产生的输出。

输出 - (无标题)

SAS 系统

Obs	City	Location	Population
1	New York	1	14
2	Cary	1	2274
3	Chicago	1	37
4	Vancouver	2	6
5	Milano	4	123

图 3-29　数据集 OFFICE2 的输出

3.11.2　在 DO 循环中使用数组

可在循环 DO，DO WHILE 或是 DO UNTIL 语句组中对数组进行处理。在语句组中使用 DO 语句的指针变量作为数组的下标。

【例 3-11-3】　一组患者的 4 项检查结果，各项指标的临界值分别为 3.7、4.56、9、7.8。如果患者的指标值高于相应项的临界值，则该指标设为 1；否则设为 0，显示新数据集(见图 3-30)。

输出 - (无标题)

SAS 系统

Obs	t1	t2	t3	t4	nt1	nt2	nt3	nt4	num
1	2.9	7.6	7.0	7.6	0	1	0	0	11
2	2.5	9.0	8.7	9.9	0	1	0	1	12
3	3.8	4.1	9.2	6.9	1	0	1	0	13
4	3.9	3.1	8.0	7.9	1	0	0	1	14
5	2.5	9.3	8.5	7.1	0	1	0	0	15
6	1.9	6.9	9.0	10.0	0	1	0	1	16

图 3-30　在循环语句中使用数组读入数据

给数组 index[4]赋初值:ARRAY index[4] ind1-ind4 (3.7 4.56 9 7.8);

```
* ex3-11-3;
DATA A;
  ARRAY index[4] ind1-ind4 (3.7 4.56 9 7.8);
  ARRAY test{4} t1-t4;
  ARRAY ntest{4} nt1-nt4;
  INPUT num test[*];
  DO i=1 TO 4;
    IF test{i} > index[i] THEN ntest[i]=1;
    Else ntest[i]=0;
  END;
  DROP I ind1-ind4;      /* 变量 ind1-ind4 和循环控制变量 I 没有显示意义，将其删除。*/
DATALINES;
11 2.9 7.6 7 7.6
12 2.5 9 8.7 9.9
13 3.8 4.1 9.2 6.9
14 3.9 3.1 8.0 7.9
15 2.5 9.3 8.5 7.1
16 1.9 6.9 9 10
PROC PRINT;
RUN;
```

3.11.3 多维数组

有多个下标值的数组为多维数组，例如：

```
ARRAY X{5,3} SCORE1-SCORE15;
```

定义了一个 5 行 3 列的二维数组。

在 SAS 系统中，将各个变量置于多维数组中是通过从数组的左上角开始，按顺序填满各行来实现的。在此例中，变量 SCORE1 置于 X{1,1}中；变量 SCORE2 置于 X{1,2}中；……；变量 SCORE4 置于 X{2,1}中；等等。

【例 3-11-4】 在进行多选题考试试题分析时，需要知道各题各项选择都有多少人选中。假设共有 4 题，每题有 4 种选择(1，2，3，4)，每人选择的答案如下所示：

NUM	T1	T2	T3	T4
1001	1	1	3	2
1002	2	1	3	3
1003	2	2	2	1
1004	4	3	3	2

在分析时，若希望数据集中有如下形式的数据，用 Tmn 表示第 *m* 题的第 *n* 种选择：

NUM	T11	T12	T13	T14	T21	T22	T23	T24	T31	T32	T33	T34	T41	T42	T43	T44
1001	1	0	0	0	1	0	0	0	0	0	1	0	0	1	0	0
1002	0	1	0	0	1	0	0	0	0	0	1	0	0	0	1	0
1003	0	1	0	0	0	1	0	0	0	1	0	0	1	0	0	0
1004	0	0	0	1	0	0	1	0	0	0	1	0	0	1	0	0

则程序如下：

```
* ex3-11-4;
DATA  A;
    INPUT NUM A1-A4 @@ ;
    ARRAY  AA[4]  A1-A4;
    ARRAY TT[4,4] T11-T14  T21-T24 T31-T34  T41-T44;
    DO  I=1 TO 4;
      DO J=1 TO 4;
       IF AA[I] =J  THEN TT[I,J]=1;
       ELSE  TT[I,J]=0;
      END;
    END;
    DROP i j a1-a4;
    DATALINES;
    1001  1  1   3   2   1002  2  1   3   3
    1003  2  2   2   1   1004  4  3   3   2
PROC PRINT;
RUN;
```

程序运行结果如图 3-31 所示。

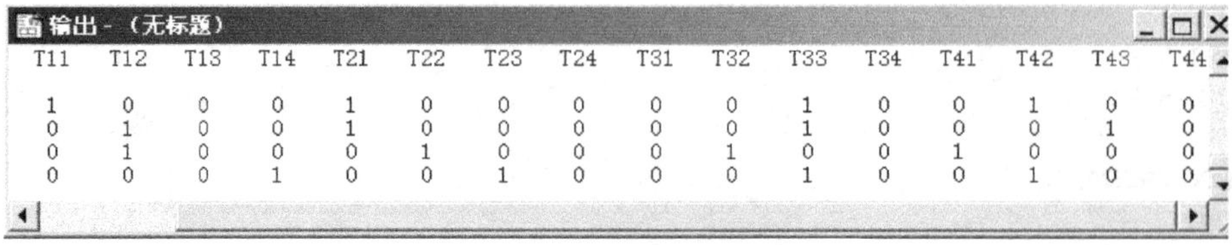

T11	T12	T13	T14	T21	T22	T23	T24	T31	T32	T33	T34	T41	T42	T43	T44
1	0	0	0	1	0	0	0	0	0	1	0	0	1	0	0
0	1	0	0	1	0	0	0	0	0	1	0	0	0	1	0
0	1	0	0	0	1	0	0	0	1	0	0	1	0	0	0
0	0	0	1	0	0	1	0	0	0	1	0	0	1	0	0

图 3-31 多选题选项分布

3.12 数据排序

在整理数据集时经常要对数据进行分类或排序。比如，按性别显示 STUDENTS 数据集中的学生名单，就需要对数据集按性别进行分类。排序或分类时需调用 SORT 过程。

3.12.1 PROC SORT 过程

1. SORT 过程所用的语句

```
PROC SORT <选项>;
    BY <DESCENDING> 变量 ...;
```

2. 语句说明

1) PROC SORT 语句

该语句调用 SORT 过程，按 BY 变量的值对数据集排序。语句可用如下选项：

① DATA=数据集　如对非当前数据集进行排序，须在 PROC 语句中用"DATA="指出要排序的数据集名。

② OUT=数据集　排序后产生一新数据集，数据集名用"OUT="指出。若该项默认，则排序后的输出数据集将覆盖源数据集。

③ DATECOPY　选项将创建输入数据集时的 SAS 内部日期和时间复制到输出数据集，并且将此次排序前最后一次修改时的 SAS 内部日期和时间复制到输出数据集。

④ DUPOUT=　选项指定包含重复观测的输出数据集。

⑤ OVERWRITE　选项向输出数据集填入观测之前，将删除输入数据集。

⑥ THREADS |NOTHREADS　选项启用或阻止多线程排序的激活。

⑦ EQUALS　保持 BY 组中的相对次序。

⑧ NOEQUALS　不保持 BY 组中的相对次序。

⑨ Nodupkey　删除 BY 值重复的观测。

⑩ Noduprecs　删除重复的观测。

NODUPKEY 选项

检查和消除带有重复的 BY 值的观测。如果指定此选项，那么 PROC SORT 对每个观测比较那些以前被写入输出数据集的所有观测的 BY 值。如果发现匹配，则观测不写入输出数据集。使用它可以保留每个 BY 组的第一个观测。

当使用 nodupkey 根据重复的 BY 值去除重复观测时，EQUALS 或 NOEQUALS 的选择会影响观测的去除。同时使用 EQUALS 与 NODUPKEY 可选项，在输出数据集中会得到顺序的结果。

NODUPRECS 选项（别名：NODUP）

检查和消除重复观测。如果指定此选项，那么 PROC SORT 对每个观测所有的变量值与那些刚刚写入输出数据集的观测进行比较。如果发现匹配，则当前观测不写入输出数据集。

当用 noduprecs 去除输出数据集中相邻的重复观测时，EQUALS 或 NOEQUALS 的选择会影响观测的去除。同时使用 EQUALS 与 NODUPRECS 可选项，在输出数据集中具有连续的结果。

noduprecs 作用与 sortdup = 系统选项的设置有直接关系。当 sortdup = 设置为 LOGICAL 时，noduprecs 对根据 DROP or KEEP 输入数据集去掉或保留操作后留下的变量值检查，删除重复的观测。设置 sortdup = LOGICAL 会增加重复观测被移除的数量，因为它在比较观测之前消除变量。同时，设置 sortdup = LOGICAL 可以提高性能，因为排序前减少了变量，从而减少了执行排序需要的内存量。当 sortdup = 设置为 PHYSICAL 时，noduprecs 检查数据集中的所有变量，而不管它们是否被保存或删除。

因为 noduprecs 只检查相邻的观测，一些不相邻的重复观测可保存在输出数据集中。

2) BY 语句

BY 语句指出用以排序的变量名，默认数据集中各观测是按 BY 变量值的升序排序的。如果需要按 BY 变量值降序排列，则在变量名前要用 DESCENDING 指出。

如 BY 语句中有多个变量，则先按前一变量值进行分组，在各组中再按后一变量值排序。

【例 3-12-1】 学生成绩数据集中有学生编号和三科成绩。编号中 3-4 位是班级，按班级和每个人的总成绩进行排序。

```
* ex3-12-1;
LIBNAME  mylib 'E:\saslx';
DATA mylib.score;
     INPUT NUM $ S1-S3 @@ ;
     CLAS = SUBSTR(num, 1,4);        /* 用 SUBSTR 函数从 NUM 中截取出班级 CLAS */
     TOT = SUM(OF S1-S3);
CARDS;
060101   79  96  87    060102   69  78  92
060203   98  87  93    060104   88  93  90
060201   76  89  88    060207   90  89  97
060105   85  90  93
PROC PRINT;
RUN;
PROC SORT DATA = MYLIB.SCORE OUT = CS1;
   BY CLAS descending TOT;
PROC PRINT;
RUN;
```

对 SCORE 集中数据按班级 CLAS 和总成绩 TOT 值降序排序，结果存在 CS1 数据集中(见图 3-32)。

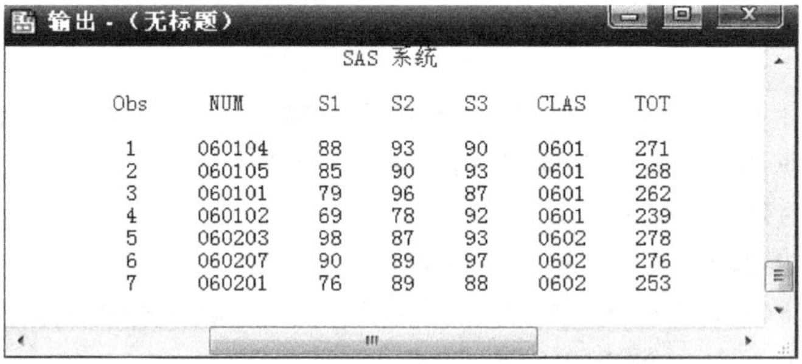

Obs	NUM	S1	S2	S3	CLAS	TOT
1	060104	88	93	90	0601	271
2	060105	85	90	93	0601	268
3	060101	79	96	87	0601	262
4	060102	69	78	92	0601	239
5	060203	98	87	93	0602	278
6	060207	90	89	97	0602	276
7	060201	76	89	88	0602	253

图 3-32　SCORE 排序后输出

【例 3-12-2】 有一学生参加社团的名单，打印出参加多个社团活动的学生名单。

用 sort 过程步的 nodupkey 选项删除重复值。

```
* ex3-12-2;
data studdata;
  input id name $10. organiz $ ;
datalines;
```

```
12031222 zhangsan   A
12031222 zhangsan   B
12031221 lisi       A
12031111 zhaoliu    A
12020101 xiaoqiang  B
12020101 xiaoqiang  A
;
run;
proc sort data = studdata  nodupkey dupout = dups;
   by ID;
proc print data = dups;
var ID name;
run;
```

重复观测写入 dups 数据集中，其余观测仍存于原数据集中。输出结果如图 3-33 所示。

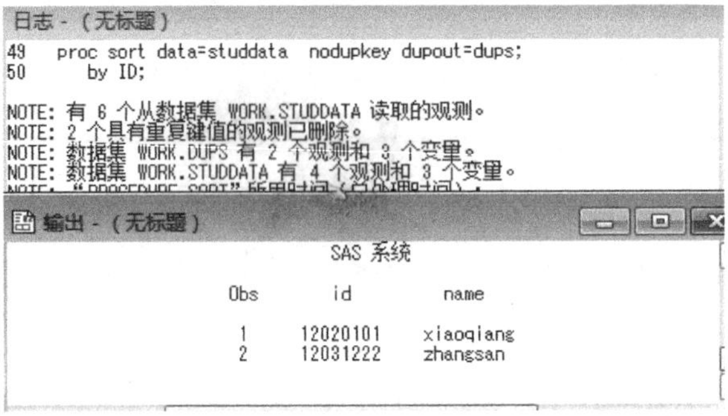

图 3-33　显示重复值(相同观测的后一观测)

3.12.2　分组控制

分组操作是利用 SORT 过程对数据集按变量值排序后，再在数据步中用 BY 语句控制 SET、MERGE、UPDATE 等语句的操作。BY 语句必须放在 SET、MERGE 或是 UPDATE 语句之后。操作时，会自动产生一组特殊的变量，称为分组标识变量。

当用 BY 分组处理数据集时，可能想识别出某一分组的第一个或最后一个观测。SAS 系统在排序时，通过对 BY 语句中的每一个变量值分组自动建立两个变量 FIRST. byvar 和 LAST. byvar，对所有分组中的第一个和最后一个观测进行记录。若在 BY 语句中，含有变量 CLAS 和 SEX，SAS 系统就会建立变量 FIRST. CLAS、LAST. CLAS、FIRST. SEX、LAST. SEX。

FIRST. byvar 和 LAST. byvar 可用于 DATA 步的可编程语句中，但是这些变量不能加到已建立的数据集中。

如果某一观测是按 byvar 值分组的第一个，则其 FIRST. byvar 值为 1。而该分组中的所有其他观测的 FIRST. byvar 变量值为 0。如果某一观测是其所在分组中的最后一个，则其 LAST. byvar 值为 1，而该分组中所有其他观测的 LAST. byvar 变量值均为 0。

【例 3-12-3】　输出 CS1 数据集中各班人数。

```
* ex3-12-3;
PROC SORT DATA = CS1 OUT = CS2;
   BY CLAS;
DATA STUDENT;
SET CS2;
```

```
BY CLAS;
    IF FIRST.CLAS THEN nn=1;
    ELSE nn+1;
  IF last.clas then put clas '班' nn '人';
PROC PRINT;
RUN;
```

输出结果如图 3-34 和图 3-35 所示。

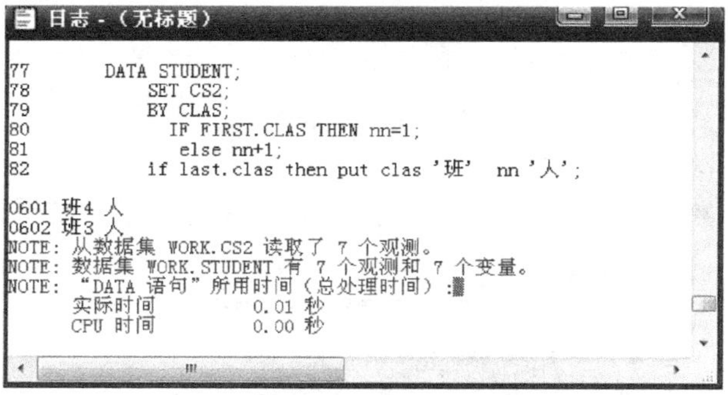

日志 - (无标题)

```
77        DATA STUDENT;
78            SET CS2;
79            BY CLAS;
80              IF FIRST.CLAS THEN nn=1;
81               else nn+1;
82            if last.clas then put clas '班'  nn '人';

0601 班4 人
0602 班3 人
NOTE: 从数据集 WORK.CS2 读取了 7 个观测。
NOTE: 数据集 WORK.STUDENT 有 7 个观测和 7 个变量。
NOTE: "DATA 语句"所用时间(总处理时间):
      实际时间            0.01 秒
      CPU 时间            0.00 秒
```

图 3-34　分组控制程序日志

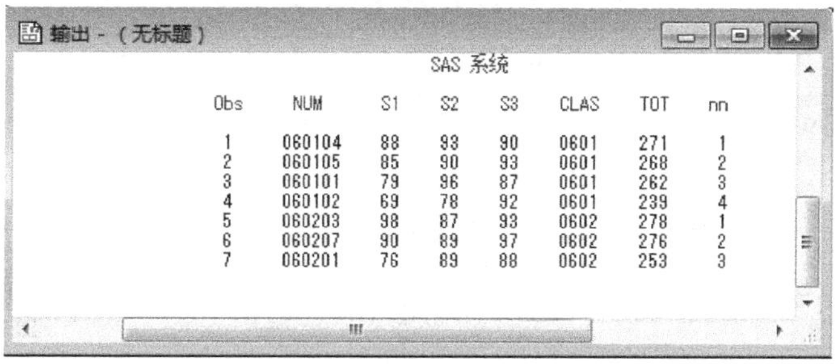

输出 - (无标题)

SAS 系统

Obs	NUM	S1	S2	S3	CLAS	TOT	nn
1	060104	88	93	90	0601	271	1
2	060105	85	90	93	0601	268	2
3	060101	79	96	87	0601	262	3
4	060102	69	78	92	0601	239	4
5	060203	98	87	93	0602	278	1
6	060207	90	89	97	0602	276	2
7	060201	76	89	88	0602	253	3

图 3-35　分组控制输出

3.13　数据集连接

3.13.1　SET 语句

每一次 SET 语句被执行，SAS 读取一个观测到程序的数据向量。SET 从输入数据集读取所有的变量和所有的观测，除非你告诉 SAS 另外去做。一个 SET 语句可以包含多个数据集；一个数据步也可以包含多个 SET 语句。

使用 SET 语句可以将几个结构相同的数据集连接到一起。其语法格式：

```
DATA <新数据集名>;
SET <数据集 1>[(IN=<变量名 1>)]  <数据集 2>[(IN=<变量名 2>)];
...
RUN;
```

其中，IN= 定义一个读数据集的指示变量，读该数据集则变量值为 1，否则为 0。

例如，若把 student 数据集按男、女拆分成了 studentm 和 studentf 两个数据集并抛弃了性别变量，可以用如下程序连接两个数据集并恢复性别信息：

```
data newstudent;
  set studentm(in=male) studentf(in=female);
  if male=1 then sex='男';
  if female=1 then sex='女';
run;
```

在进行大规模的调查时，可能分几个调查组，每组建立起自己的数据集，然后利用 SET 语句将两个或更多的数据集一个接一个地连在一起，形成一个单独的大数据集。

1. 变量相同

在最简单的情况下，所有的输入数据集包含相同的变量集，它们也是新数据集中的变量。例如，有两个数据集 Y01 和 Y02，每个包含相同的变量。一个由 2001 年的数据组成，另一个由 2002 年的数据组成，要把它们连接成一个单独的数据集，包括 2001 年和 2002 年的所有观测，可用如下语句：

```
DATA BOTHYEAR;
    SET Y01 Y02;
```

在新数据集中的观测个数是 Y01 和 Y02 两个数据集中观测个数的和。在数据集 BOTHYEAR 中，观测的次序是 Y01 的所有观测后跟 Y02 的所有观测。新数据集中的变量与旧数据集中的一样。

2. 变量不同

如果在 SET 语句中的各数据集包含不同的变量集，则新数据集将包括所有的变量。从某个数据集获得的观测中，对于该数据集中没有的变量将用缺失值填充。

【例 3-13-1】

```
* ex3-13-1;
DATA D1;
INPUT  DEP  B  C @@;
CARDS;
1  15  17  2  17  19  1  13  14  4  21  22
;
DATA  D2;
    INPUT  DEP  B  D @@;
CARDS;
1  20  25  2  17  14  3  60  35  4  33  54
;
DATA D3;
  SET D1  D2;
PROC PRINT;
RUN;
```

运行结果如图 3-36 所示。

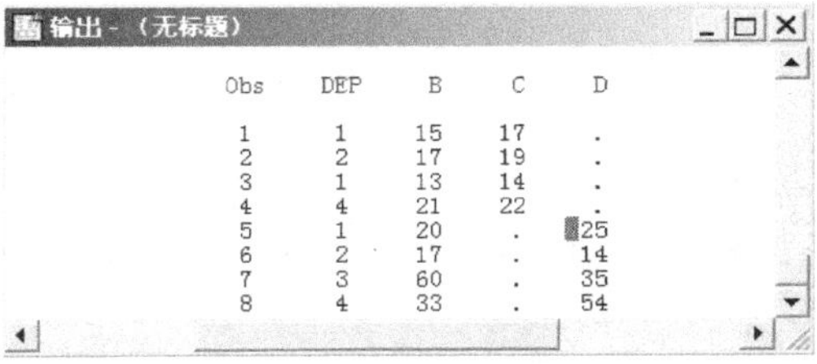

Obs	DEP	B	C	D
1	1	15	17	.
2	2	17	19	.
3	1	13	14	.
4	4	21	22	.
5	1	20	.	25
6	2	17	.	14
7	3	60	.	35
8	4	33	.	54

图 3-36　有不同变量的数据集连接结果

3. 交叉连接

如果两个数据集 D1 和 D2 已经按 DEP 值排过序，在连接两个数据集时想将有相同 DEP 值的数据交叉连在一起，可使用 BY 语句进行连接。

【例 3-13-2】 两数据集交叉连接。

```
* ex3-13-2;
PROC SORT DATA = D1 OUT = SORTD1;
  BY DEP;
PROC SORT DATA = D2 OUT = SORTD2;
  BY DEP;
DATA D1D2;
  SET SORTD1 SORTD2;
BY DEP;
PROC PRINT;
RUN;
```

运行结果如图 3-37 所示。

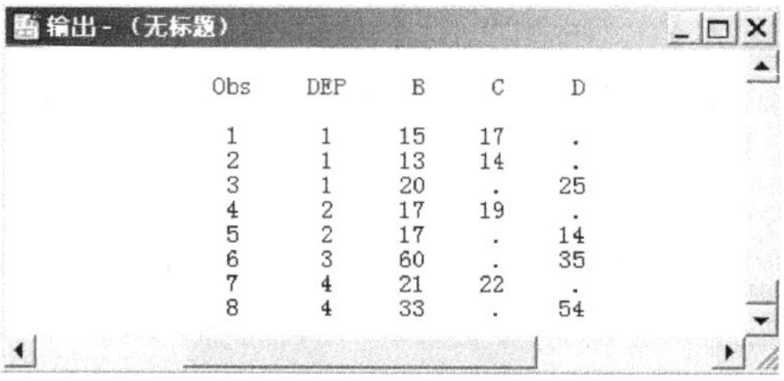

Obs	DEP	B	C	D
1	1	15	17	.
2	1	13	14	.
3	1	20	.	25
4	2	17	19	.
5	2	17	.	14
6	3	60	.	35
7	4	21	22	.
8	4	33	.	54

图 3-37 有相同 DEP 值的数据交叉连在一起

【例 3-13-3】 交叉读 SAS 数据集，在 SET 语句后使用 BY 语句交叉读两个或两个以上的 SAS 数据集。

```
* ex3-13-3;
data samA;
input sa $ aa $ @@ ;
datalines;
A09 a1     A10 a2     A11 a3     A18 a4
;
run;
data samB;
    input sa $ bb $ @@ ;
datalines;
A07 b1     A10 b2     A11 b3
A12 b4     A16 b5     A18 b6
;
run;
data ab;
  set samA(in = a) samB(in = b);
  put sa a = b = ;
  by sa;
run;
proc print;
run;
```

SET 语句中，a、b 是读取指示变量，当从 samA 读数据时，a 为 1，否则为 0。当从 samB 读数据时，b 为 1，否则为 0。按 BY 变量 sa 的值顺序读两数据集。

程序运行结果如图 3-38 所示。

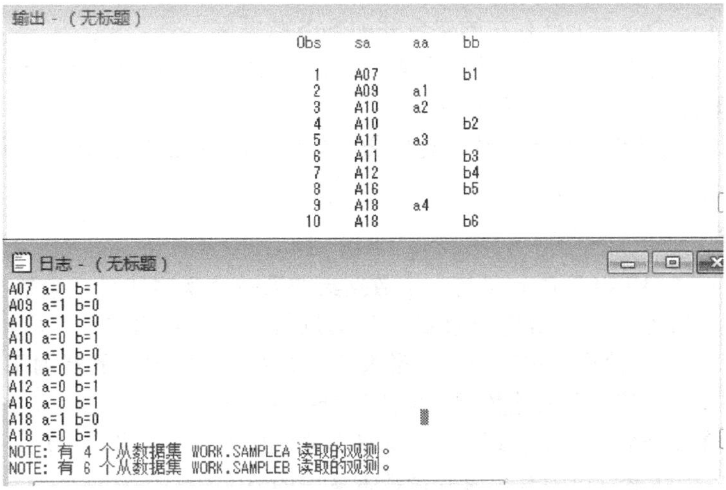

输出 - (无标题)

Obs	sa	aa	bb
1	A07		b1
2	A09	a1	
3	A10	a2	
4	A10		b2
5	A11	a3	
6	A11		b3
7	A12		b4
8	A16		b5
9	A18	a4	
10	A18		b6

日志 - (无标题)

```
A07 a=0 b=1
A09 a=1 b=0
A10 a=1 b=0
A10 a=0 b=1
A11 a=1 b=0
A11 a=0 b=1
A12 a=0 b=1
A16 a=0 b=1
A18 a=1 b=0
A18 a=0 b=1
NOTE: 有 4 个从数据集 WORK.SAMPLEA 读取的观测。
NOTE: 有 6 个从数据集 WORK.SAMPLEB 读取的观测。
```

图 3-38　运行日志显示读数据过程

【例 3-13-4】 如果仅读取上例中第一个数据集的某个观测，按其次序读另一个数据集的同一位置的观测，则可利用 point = _n_确定所读观测在数据集中的位置。

```
* ex3-13-4;
data ab;
set samA ;
      if aa = 'a4';
set samB point = _n_;
run;
proc print;
run;
```

运行结果如图 3-39 所示。

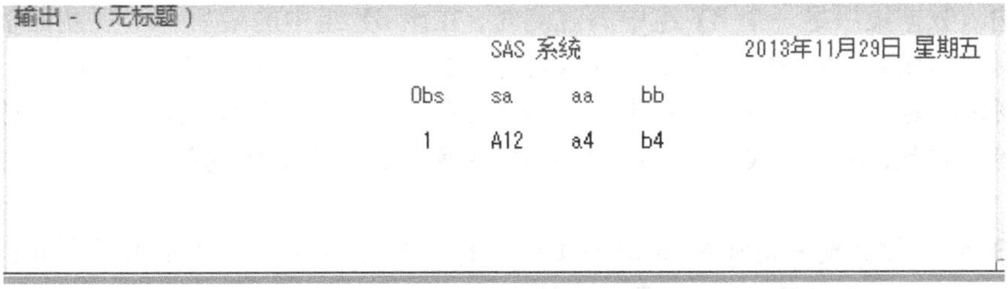

输出 - (无标题)

SAS 系统　　2013年11月29日 星期五

Obs	sa	aa	bb
1	A12	a4	b4

图 3-39　使用 point = _n_选项确定读数据的位置

3.13.2　利用 MERGE 语句进行数据集的横向合并

两个(或多个)数据集如果包含了同样的一些观测的不同变量，且各数据集的观测按顺序是一一对应的，就可以用如下带有 MERGE 语句的数据步把它们左右横向合并到一个数据集，其语法格式：

```
DATA <新数据集名>;
MERGE  <数据集列表>;
[BY <变量1> [<变量2>…]];
RUN;
```

数据集表：指定两个或多个已存在的要合并的 SAS 数据集。

将两个或多个 SAS 数据集中的观测合并成一个新数据集中单个的观测。SAS 系统合并观测的方法取决于 MERGE 语句是否伴随 BY 语句。

每当 MERGE 语句执行时，SAS 系统从这些数据集中读取观测。在 MERGE 语句中出现的数据集名可多至 50 个。

1. 一对一合并

不使用 BY 语句时，MERGE 语句是将一个数据集的第一个观测和另一个数据集的第一个观测相合并，第二个观测和另一个数据集的第二个观测进行合并，以此类推。新数据集中观测数为 MERGE 语句中所列出的各数据集中观测数的最大者。如果某个数据集的观测用完，则该数据集观测各变量的值由缺项值代替去和其他数据集的观测合并在一起。

如果一个变量在多个数据集中出现，则在新的数据集中，该变量名只出现一次，且该变量的值为在 MERGE 语句中列在最右边的有相应变量数据集中的值。

一对一合并是依靠观测序号 OBS 合并的，如果在两个数据集中对于同一物体的观测序号不同，则不能用此法合并。

2. 匹配合并

如果想将两个或多个含有部分相同变量的数据集的观测合并起来，就要在 MERGE 语句后使用 BY 语句。为了实现匹配合并，对于所有要合并的数据集要求它们至少有一个变量是相同的，并且每个数据集都应按这个变量排过序。用于匹配的变量称为 BY 变量，BY 语句被用来标识匹配变量。

1）在一个数据集中多个观测具有相同 BY 值

匹配合并操作将从观测具有当前 BY 值的每一个数据集中合并所有数据。这就是说，如果一个数据集有一个以上的观测具有相同的 BY 值，匹配合并操作将输出每一个观测。BY 组中的观测与每一个数据集中与其具有相同 BY 值的观测合并，即 BY 组中的第一个观测相合并，第二个观测与第二个结合，……，依次类推。

当一个输入数据集用尽一个 BY 组中的观测时，在该 BY 组中的最后一个观测的值被保留且用来同其他数据集的该 BY 组中的剩余观测的值合并。如果一个输入数据集不包括某一 BY 组中的任何观测，则该数据集提供缺项值给新数据集。结果数据集 BY 组中的观测数与各数据集的 BY 组中最大数目相等。因此，在新的数据集中的观测总数是所有输入数据集的每一个 BY 组中观测最大数目之和。

【例 3-13-5】 数据集 PERSON 和 LANGUSCO 有一个公共变量 NUMBER。下面这些步执行了匹配合并操作，并产生了如图 3-40 所示的数据集。

```
* ex3-13-5;
OPTIONS NODATE;
DATA PERSON;
    INPUT NUMBER $ NAME & $15. SEX $ AGE;
CARDS;
10001 Zhang Pinig F 20
10003 Li Xang Yang M 21
10002 Wang Zhen Hua M 19
;
```

```
DATA LANGUSCO;
    INPUT NUMBER $ LANGUAGE $ SCORE;
CARDS;
10001 ENGLISH 90
10002 JAPANESE 85
10001 RUSSIAN 79
;
RUN;
PROC SORT DATA=PERSON;
    BY NUMBER;
PROC SORT DATA=LANGUSCO;
    BY NUMBER;
DATA RESULT;
    MERGE PERSON LANGUSCO;
    BY NUMBER;
PROC PRINT;
    TITLE 'DATA SET RESULT';
RUN;
```

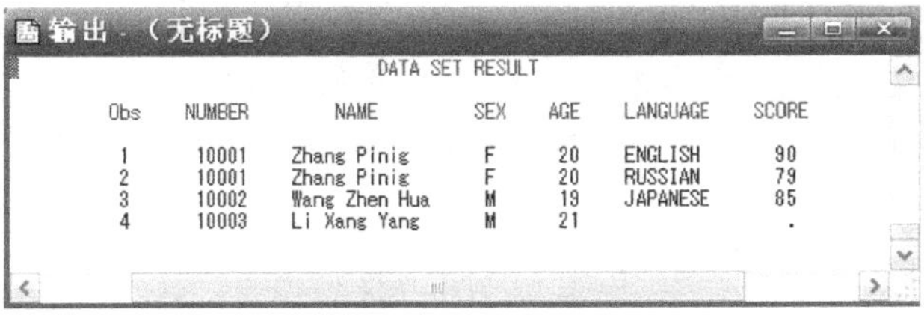

Obs	NUMBER	NAME	SEX	AGE	LANGUAGE	SCORE
1	10001	Zhang Pinig	F	20	ENGLISH	90
2	10001	Zhang Pinig	F	20	RUSSIAN	79
3	10002	Wang Zhen Hua	M	19	JAPANESE	85
4	10003	Li Xang Yang	M	21		.

图 3-40　RESULT 数据集

因为数据集 PERSON 和 LANGUSCO 没有按变量 NUMBER 排序，故合并它们之前一定对它们先排序。最低的 BY 值 10001，在数据集 PERSON 中有一个观测，数据集 LAGUSCO 中有两个观测，于是，PERSON 中 NUMBER 为 10001 的观测与 LANGUSCO 中的两个 NUMBER 为 10001 的观测相结合，这样数据集 RESULT 包括两个 NUMBER 为 10001 的观测，它具有来自数据集 PERSON 和 LAGUSCO 中观测的信息。

下一个 10002，在 PERSON 和 LANGUSCO 中各有一个观测，这样在数据集 RESULT 中，包括一个 NUMBER 为 10002 的观测，它具有来自数据集 PERSON 和 LANGUSCO 中观测的信息。最后 BY 值 10003，仅在 PERSON 中存在，这样来自 LANGUSCO 的 LANGUAGE 和 SCORE 值在 RESULT 的观测中是缺项值。

在合并时，如果要将成绩 score 缺失的观测删掉(见图 3-41)，可在数据步中加一语句：

```
If score<0 then delete;
```

【例 3-13-6】 将例 3-13-3 的数据集 samA 和 samB 中 sa 值相同的观测合并。

```
* ex3-13-6;
data ab;
    merge samA(in=a) samB(in=b);
    put sa= a= b=;
    by sa;
    if a=b;
run;
proc print;
run;
```

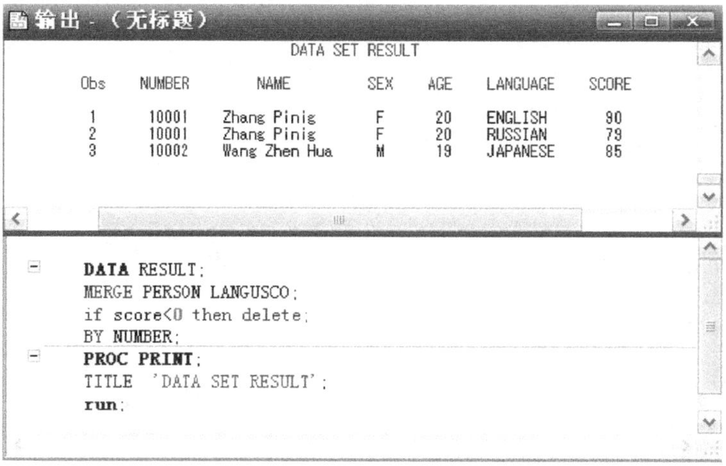

图 3-41　数据集合并时去掉缺项的观测

merge 语句中，*a*、*b* 是读取指示变量，当从 sampleA 读数据时，*a* 为 1，否则为 0。当从 sampleB 读数据时，*b* 为 1，否则为 0。为显示运行情况，增加一个 put 语句。运行结果如图 3-42 所示。

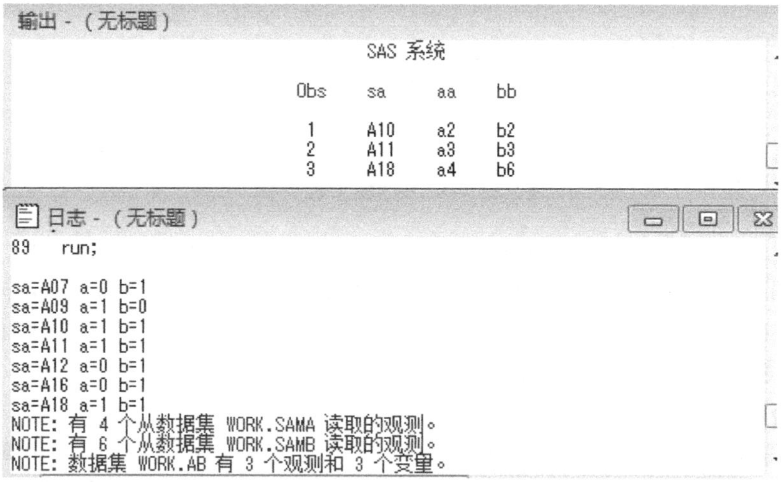

图 3-42　合并运行情况与结果

2)在多个数据集中具有同名变量

如果一个变量而不是 BY 变量，出现在被合并的多个数据集中，则仅有一个该名变量可出现在新数据集中。在新观测中的该变量的值是来自 MERGE 语句最后列出的有该变量的数据集中的值。

3.14　输出信息

在 SAS 程序执行时，常常需要将一些信息写到 SAS 日志中，或写至一个在 FILE 语句中指定的外部文件中。在数据步中，输出信息使用 PUT 语句。

PUT 语句能输出变量的值、文本字符串，通过使用命名输出，变量值能用变量名来标识。

与 INPUT 语句相似，PUT 语句有三种基本输出形式：列、列表(或自由形式)或格式形式。还可以使用指针控制输出。

3.14.1　PUT 语句格式

语句格式：

```
PUT <输出元><记录-指令><位置><格式>;
```

PUT 语句描述了如何将一个变量的值或一个字符串按描述的格式写入输出行。

- 输出元　要在记录的现在位置输出的内容。输出元可以是一个变量名、文字值或括在括弧中的表达式。输出元后面可直接跟输出格式。
- 记录-指令　开始新的记录。有如下类型：
  "@" 续行符在 PUT 语句结束的时候，输出指针不换行，保持在现在的记录后，以便稍后的 PUT 语句在该记录后面接着写。若无@，则下一个 PUT 语句自动地从下一行开始输出。
  "/" 换行写。
- 位置　指出 PUT 语句应该输出的位置。有两种类型的位置：
  @ 表达式，指出要输出的列位置，表达式可以是数字、变量或表达式。例如，"@30" 将输出指针定位到第 30 列。
  \+ 表达式，可以是一个数字、变量或表达式，指出指针将越过的列。
- 格式　指定有效的 SAS 或使用者定义的输出格式。如 w.d 或$w. 分别是标准的数值和字符格式，w 是域的宽度，d 是十进制小数位数；NAMEw.d 是被命名的格式，NAME 是格式名。如果宽度未指定，则使用默认宽度，对数值变量是 9。

3.14.2　输出形式

1. 列表输出

在 PUT 语句中，简单地按变量的顺序列出变量。

```
PUT NAME WEIGHT SEX;
```

2. 列形式输出

在变量名后面给出输出列位置的范围。例如：

```
PUT NAME 6-15 WEIGHT 17-19;
```

3. 格式输出

在变量名后面规定一种输出格式。例如：

```
PUT DATE MMDDYY8. TIME HHMM5.;
```

可在一个 PUT 语句中综合利用这些输出形式，按给出的顺序将每一项写入。

4. 指针控制输出

(1) 绝对指针

使用@n，@变量，@表达式　设置输出列指针位置。

(2) 相对指针

使用+N.TIF，+变量.TIF，+表达式　将指针从当前位置向前移动。

PUT 语句执行后，输出位置指针移到下一行首部。如果执行完一个 PUT 语句而不想换行，可在 PUT 语句末尾使用续行符“@”，下一次 PUT 语句执行时将接着前一输出行后输出。

一个没有任何说明的 PUT 语句称为空 PUT 语句。空 PUT 语句释放一个已被尾部带有“@”的 PUT 语句保持的输出行，将指针移至下一行首部。

【例 3-14-1】 显示九九表。

```
* ex3-14-1;
DATA _NULL_;              /* 不产生数据集 */
  DO i=1 TO 9;            /* i 控制行 */
    DO j=1 TO i;          /* j 控制列 */
       x=i* j;
       y=j* 5;            /* y 控制每行各项打印位置 */
       PUT @y x @ ;       /* 在第 y 位输出行与列乘积不换行 */
     END;
     PUT;                 /* 一行输出结束换行 */
  END;
RUN;
```

第一个 PUT 语句中的@y 是输出位置指针，在第 y 列输出 x 的值，后面的@是尾随符，表示不换行接着输出。第二个 PUT 语句是空输出，作用是在输出一行结束后换行(见图 4-43)。

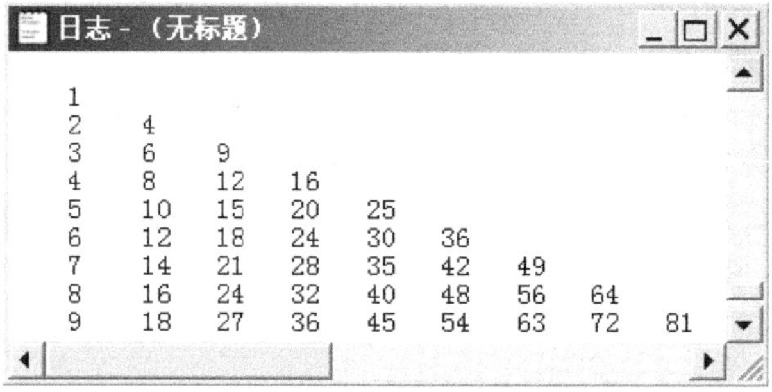

图 3-43　用 PUT 语句输出九九表

【例 3-14-2】 假设有一个名为 DEXT 的 SAS 数据集，其中包括一组孩子的敏捷测验数据。在数据集中每一个观测包括三个变量：CHILD 孩子的名字；SCORE 敏捷得分数；和 TYPE 哪只手(左或右)。每一个孩子有两个观测，一个右手得分数和一个左手得分数。在同一个输出行分别显示出左手和右手的得分数。此数据集事先已按 CHILD 排过序。

```
* ex3-14-2;
DATA _NULL_;
  SET DEXT;
  BY CHILD;
  IF FIRST.CHILD THEN PUT CHILD @ ;
  IF TYPE='LEFT' THEN PUT @25 SCORE 4.2@ ;
  ELSE IF TYPE='RIGHT' THEN PUT @35 SCORE 4.2@ ;
  IF LAST.CHILD THEN PUT;
RUN;
```

在这个例子中，如果观测对 CHILD(某个孩子)是第一个，即 FIRST. CHILD 为真，则孩子的名字被写入。指针保持在同一行上直到左或右手的得分数也被写入。指针仍然在同一行上，下一个记录被从 DEXT 数据集读来且将分数写入，当该记录对于这个孩子来说是最后一个，即 LAST. CHILD 为真时，通过最后一个 PUT 语句释放此行，指针移至下一行。

注意：在 PUT 语句中指定续行符@，则为下一个 PUT 语句的执行保持当前行，即使这个数据步开始另一次执行也如此。续行符@保持当前输出行不变，除非遇到下面的情况。

- 一个没有尾随符@的 PUT 语句，如前例最后一行；
- 被当前的“LINESIZE =”值所规定的当前行末尾；

- 数据结束；
- 一个指定了_PAGE_的 PUT 语句。

PUT _PAGE_；该语句向前移动指针到新页的第一行，当行数超过系统的页长参数 PAGESIZE 值时，SAS 系统自动开始一个新页。

【例 3-14-3】 在“格式”字段中对齐举例：字符变量 NAME 的值在格式化字段中右对齐（字符变量默认值是左对齐）。

```
* ex3-14-3;
data _null_;
   input name $1-12 score1 score2 score3;
   put name $12.-r +3 score1 3. score2 3.
       score34.;
   datalines;
Joseph        11  32  76
Mitchel       13  29  82
Sue Ellen     14  27  74
;
```

程序中，PUT 语句使用“-r”右对齐前一输出项。下面的输出被写入日志中：

```
----+----1----+----2----+----3----+----4
     Joseph    11  32  76
    Mitchel    13  29  82
  Sue Ellen    14  27  74
```

【例 3-14-4】 多个变量使用相同的格式输出。

```
* ex3-14-4;
data _null_;
   input x y z;
   put (x y z) (2.,+5);
   datalines;
2  24  36
0  20  30
;
```

在 PUT 语句中，x 值使用 2. 格式，然后，+5 列指针控制移动指针向前 5 列；接下来，y 值也用 2. 格式，+5 移动列指针向前移动 5 列；z 值也用 2. 格式，PUT 语句忽略了最后的 + 5 指针控制。这些行被写到 SAS 日志中：

```
----+----1----+
2      24     36
0      20     30
```

【例 3-14-5】 保持和释放输出行，这个数据的步骤演示了如何保持和释放 PUT 语句输出行。

```
* ex3-14-5;
data _null_;
   input idno name $ startwght 3.;
   put name @;                    /* 将输出指针保持在本行 */
   if startwght ne . then         /* 如果 startwght 变量不为缺失值 */
     put @15 startwght;           /* 在第 15 列输出 */
   else put;                      /* 否则释放此行 */
   datalines;
032 David 180
```

```
049 Amelia 145
126 Monica
219 Alan 210
;
Run;
```

运行日志如图 3-44 所示。

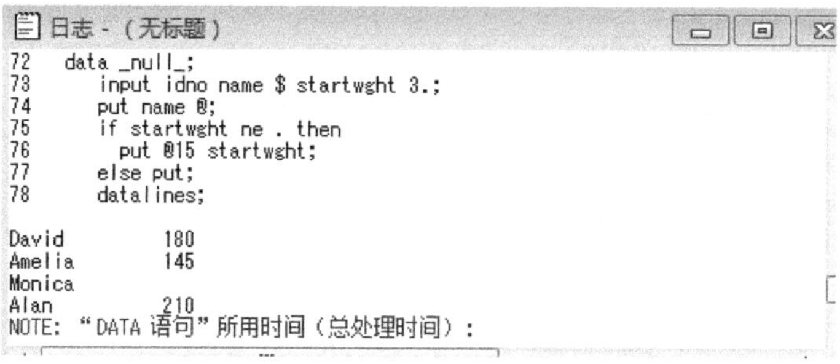

图 3-44 保持和释放 PUT 语句输出行

【例 3-14-6】 在一个 PUT 语句中使用多个输出方式。

```
* ex3-14-6;
options yearcutoff = 1920;  /* 将年份分割定在 1920, 2 位年份在 20 前即 21 世纪 */
data club1;
   input idno name $ startwght date : date7.;
   put name 'on ' date mmddyy10. ' weighs '
       startwght + (-1) '.' idno = 32 - 40;
   datalines;
032 David 180 25nov99
049 Amelia 145 25nov99
219 Alan 210 12nov99
;
run;
```

运行日志如图 3-45 所示。

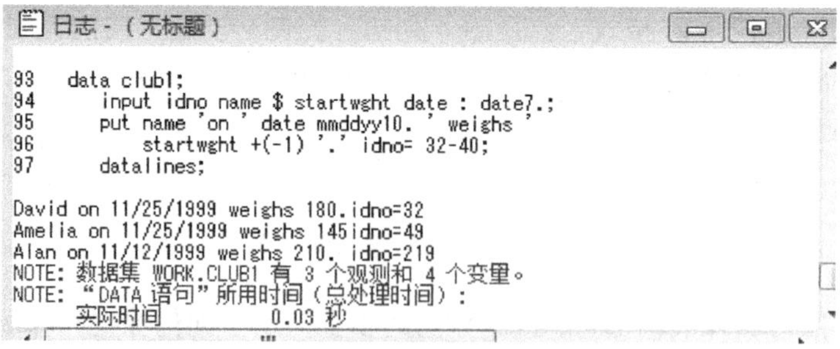

图 3-45 一个 PUT 语句使用多种输出方式

3.15 FILENAME 语句

FILENAME 语句将一个 SAS 文件逻辑名(又称文件引用名)和一个外部文件的全名(目录加文件名)联系起来,然后在访问外部文件的 SAS 程序语句中(用 INFILE, FILE, %INCLUDE 语句),使用文件逻辑名作为文件的简写符。把一个文件逻辑名和一个外部文件联系起来,也称为定义文件。

在 INFILE, FILE 或% INCLUDE 中使用文件逻辑名前，要用 FILENAME 语句定义文件。

文件逻辑名和文件名之间的联系仅仅维持在一个 SAS 作业或会话期间，或者直到用另一个 FILENAME 语句去改变它为止。文件逻辑名可以改变任意多次。

FILENAME 语句格式：

```
FILENAME fileref <device - type > 'external - file' <ENCODING = 'encoding - value' > <
options >;
```

即

```
FILENAME 文件引用名 <设备类型 >外部文件" < ENCODING = '编码值" > <选项 >;
```

设备类型：

gterm　指出输出设备的类型是一个图形设备，将接收图形数据。

Plotter　无缓冲的图形输出设备。

Printer　指定一个打印机或打印机的 spool 假脱机文件。

Temp　建立一个临时文件。临时文件只能通过逻辑名称访问。

Terminal　指定用户终端。

Uprinter　指定通用打印的打印机，定义打印机名称。

编码：

```
ENCODING = 'encoding - value' >
```

告诉 SAS 使用何种编码读取外部文件。

例如：指定一个编码读取外部文件。

此示例从外部文件创建一个 SAS 数据集。外部文件采用 UTF-8 字符集编码（针对 Unicode 的可变长字符编码，又称万国码），而目前的 SAS 会话用 wlatin1 编码（Windows 上用的单字节编码）。默认情况下，SAS 假定一个外部文件编码应与会话编码相同。

```
libname myfiles  'SAS - data - library';

filename extfile 'external - file' encoding = "UTF-8";
data myfiles.unicode;
  infile extfile;
  input Make $ Model $ Year;
run;
```

【例 3-15-1】　使用文件逻辑名读入外部文件中的数据。

```
* ex3-15-1;
filename stud 'e:\sasdt\student.txt';
data total1;
    infile stud;
    input ID $ name $ : sex $ ;
run;
```

【例 3-15-2】　在这个例子中，每个数据步从外部文件（分别为 student. txt 和 student2. txt）读取，这些文件都存储在同一存储位置“e:\sasdt\”下。

```
* ex3-15-2;
filename std 'e:\sasdt\';
  data total1;
      infile std(student.txt);
      input ID $ name $ : sex $ ;
```

```
  run;
data total1;
    infile std(student2.txt);
    input ID $ name $ : sex $;
run;
proc print;
run;
```

程序运行日志(部分)如图 3-46 所示。

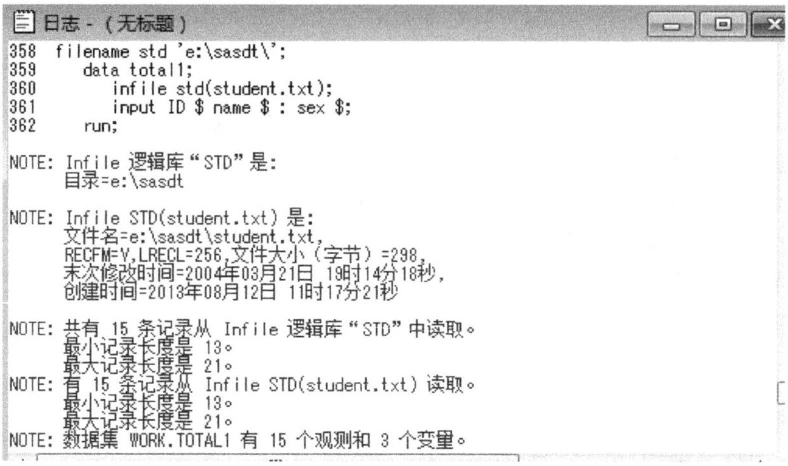

图 3-46 filename 语句应用

```
libname myfiles 'SAS-data-library';
filename outfile 'external-file' encoding="UTF-8";
data _null_;
  set myfiles.cars;
  file outfile;
  put Make Model Year;
run;
```

【例 3-15-3】 直接将输出送到打印机打印出来。

```
* ex3-15-3
filename out printer ;
 data sales;
    file out print;
    input salesrep $20. +6 jansales
          febsales marsales;
    put _infile_;
    datalines;
  Jones, E. A.             124357 155321 167895
  Lee, C. R.               111245 127564 143255
  Desmond, R. T.            97631 101345 117865
  ;
run;
```

此程序运行时使用的打印机是 EPSON ME300，运行日志如图 3-47 所示。

结果在连接的打印机上输出。

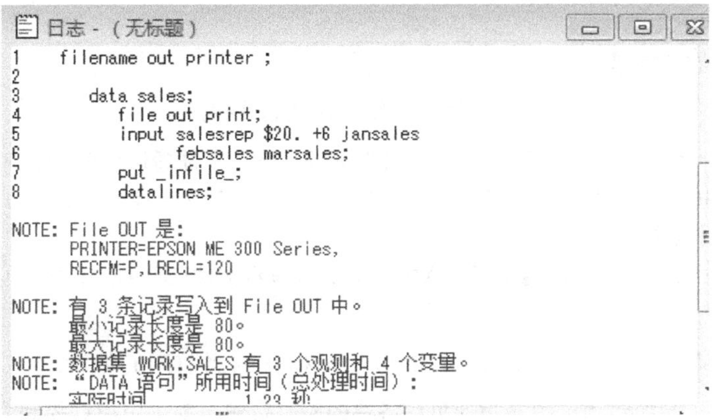

图 3-47　程序运行的日志

【例 3-15-4】　在 terminal(SAS Message Log)上输出。

```
* ex3-15-4;
    filename show terminal;
      data sales;
         file show;
    input salesrep $20. +6 jansales
               febsales marsales;
    put _infile_;     datalines;
      Jones, E. A.            124357 155321 167895
      Lee, C. R.              111245 127564 143255
      Desmond, R. T.           97631 101345 117865
      ;
```

运行结果如图 3-48 所示。

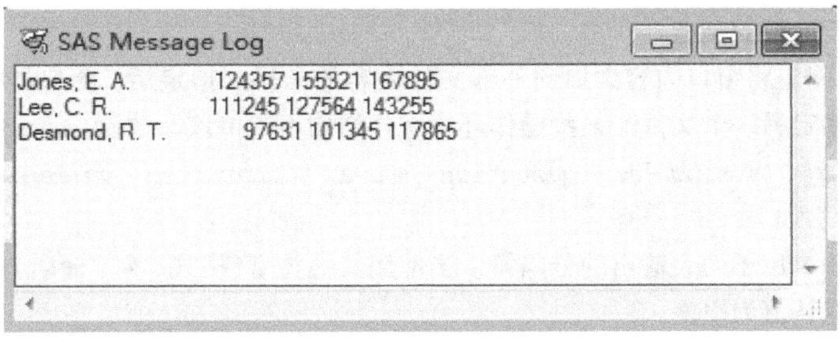

图 3-48　在 terminal 上输出

3.16　FILE 语句

FILE 语句用来在 DATA 步为 PUT 语句规定当前的输出文件。输出文件是一个有效存取的外部文件而不是 SAS 数据集，如果不用 FILE 语句规定，那么 PUT 语句将其输出写到 SAS 日志中。

FILE 语句选项可以控制如何去写一个输出文件。可以用 FILE 语句选项来定义记录当前行列指针位置的变量，以及说明在每一新输出页的开始所要显示的内容。

当使用 FILE 语句时，必须使用其他相关的语句，如 PUT，RETURN 等。PUT 语句建立并控制一输出行到前面最近一个 FILE 语句所命名的外部文件中。

FILE 语句格式:

```
FILE 文件说明 <选项>
```

(1) 文件说明:标识一个文件。文件说明有下列几种形式:

文件名 filename' 说明一个 PC DOS 文件的完整名字。文件名括在单引号中。

LOG 把由 PUT 语句产生的输出行写到 SAS 日志中。在 DATA 步每次执行的开始,SAS 系统置默认文件逻辑名为 LOG。

PRINT 把 PUT 语句产生的输出行写入标准的 SAS 显示文件(即 OUTPUT 窗口中)。

(2) 选项。

COLUMN = variable 定义一个变量,它的值表示指针的当前列的位置。

① N = PS |N = value N = PS 选项使页中各栏的所有行输出都可用指针控制,并给定行指针变化的范围。N = 选项的值可以是数字或关键字 PS。

例如,当 N = 3 时,可以把指针由 1 行移至 3 行并回到 1 行,1,2,3 行有效,直到把指针移至第 4 行;此时行 4,5,6 变为有效,以此类推。当移动到 'PAGESIZE = '所规定的数值或遇到一个 'PUT _ PAGE _' 语句时,指针移至新的输出页的第一行。

如果当前输出文件是一显示文件,则 'N = ' 的值必须是 1 或 PAGESIZE。

② LINE = variable 定义一个变量,它的值表示由 'N = ' 选项所规定的一组输出行中当前行的相对行号。这个变量取值范围是由 1 到 'N = ' 选项所规定的值。如果没有规定,则 'LINE = ' 变量的值为 1。

③ LINESIZE = value | LS = value 为报表设置的每行中列的最大值和数据文件中最大的记录长度。如果用 PUT 语句试图写入的行的长度超过了由 'LINESIZE = ' 选项所规定的长度,则 SAS 系统把一行写成两个或更多个单独的记录。

例如,如果 'LINESIZE = ' 的值是 80,则下列 PUT 语句将写成三个单独的记录:

```
PUT NAME 1 - 50 CITY 71 - 90 STATE 91 - 104;
```

NAME 值位于第一个记录中,CITY 位于第二个,STATE 位于第三个。'LINESIZE = ' 的默认值取决于文件的类型。

④ APPEND 指定将窗口内容添加到外部文件内容的末尾。指定后,此追加操作即变为默认操作,直到指定另一个文件。某些操作环境文件结构不支持该参数。

⑤ DELIMITER = 'string - in - quotation - marks' | character - variable

别名:DLM =

指定一个用于列表输出的分隔符。当使用其他类型(格式、列、命名)的输出时,该选项被忽略。默认值为空格。

一个字符串或字符变量是可接受的,可仅用字符串或变量的第一个字符作为输出定界符。

⑥ _file_ = 变量 命名一个字符变量,它引用该 FILE 语句的当前输出缓冲区。可以像使用任何其他变量一样使用该变量。该变量被自动保留并被初始化为空格。像自动变量一样,_file_ = 变量不被写入数据集中。

这个字符变量的最大长度为 FILE 语句指定的逻辑记录长度(LRECL)。

提示:对这个变量的修改将直接修改 FILE 语句的当前输出缓冲区。此 FILE 语句的任何随后的 PUT 语句输出修改的缓冲区的内容。即使使用 n = 选项来指定多个输出缓冲区,该 _file_ = 变量也只访问指定 FILE 语句的当前输出缓冲。

访问另一个表的输出缓冲区的内容,不使用 _file_ = 选项,而使用自动变量 _file_。

⑦ MOD 在文件中任何现有的行后写输出行。默认值为 OLD。

⑧ DROPOVER 当输出行长度超过 FILE 语句的 LINESIZE = 或 LRECL = 选项规定的长度时,丢弃该项。

⑨ FILEVAR = variable　定义一个变量，它的值包含一个物理文件名，当它的值改变时，会引起 FILE 语句关闭当前输出文件，并且在下次 FILE 语句执行时打开一个新文件。下一 PUT 语句执行时，写到 FILEVAR = 变量指定的新文件中。

⑩ FLOWOVER　超过当前行长度的数据写入一个新的行。当 PUT 语句试图写超出行的最大允许长度（被 FILE 语句中的 LINESIZE = 选项指定）时，当前输出行被写入文件且超过当前行长度的数据项写到一个新的行中。

【例 3-16-1】 在 'e:\saslx' 文件夹下的永久数据集 PH 中有 name 和 phone 等变量（见图3-49）。下面的程序将产生一个四栏的电话号码簿；在每一栏逐行输出姓名、区号和电话号码。

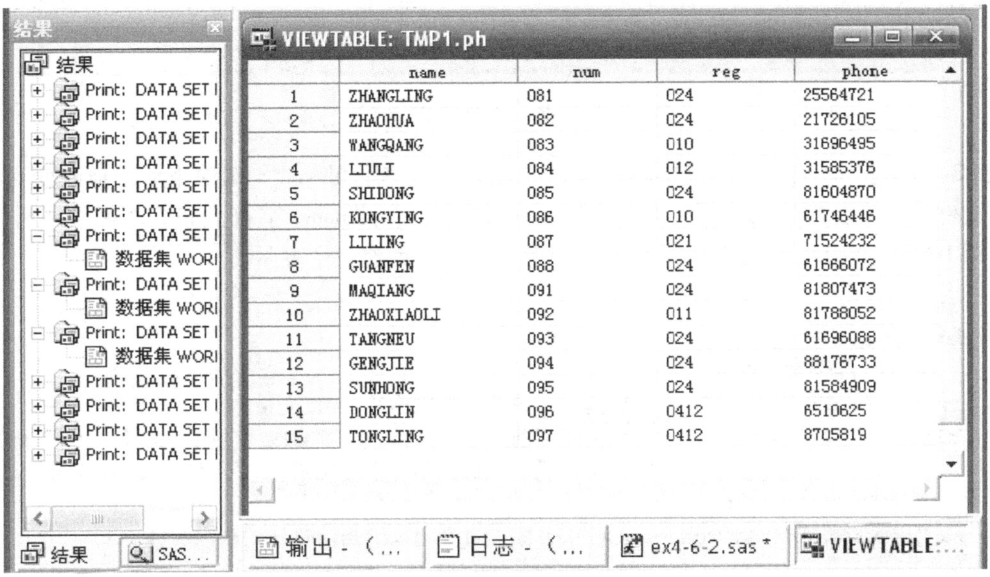

	name	num	reg	phone
1	ZHANGLING	081	024	25564721
2	ZHAOHUA	082	024	21726105
3	WANGQANG	083	010	31696495
4	LIULI	084	012	31585376
5	SHIDONG	085	024	81604870
6	KONGYING	086	010	61746446
7	LILING	087	021	71524232
8	GUANFEN	088	024	61666072
9	MAQIANG	091	024	81807473
10	ZHAOXIAOLI	092	011	81788052
11	TANGNEU	093	024	61696088
12	GENGJIE	094	024	88176733
13	SUNHONG	095	024	81584909
14	DONGLIN	096	0412	6510625
15	TONGLING	097	0412	8705819

图 3-49　数据集 PH 内容

```
* ex3-16-1;
LIBNAME ep 'e:\saslx';
   OPTIONS LINESLIZE = 120 NODATE;
   DATA _NULL_;
   TITLE'phone number table';
   FILE PRINT N = PS;      /* 所有输出行都可用指针控制 */
     DO L = 1 TO 4;
   DO C = 1 ,31,61,91;
     SET ep.PH;
     PUT #L @ C NAME $10. +1 REG $4. PHONE $8. ;
     END;
   END;
   PUT _PAGE_;
   RUN;
```

L 和 C 为循环控制变量，又可作为行和列的指针。

外循环 DO C = 1 ,31 , 61 ,91；相当于 DO C = 1 TO 91 BY 30；给出每栏的起始位置。每执行一次循环，用 SET 语句从数据集中读入一个人的姓名、区号和电话号码，并将他们输出在当前行（L）的当前列（C）上。

当第一次内层循环完成后，则完成每行有 4 个名字和电话号码的四栏输出。外循环变量增加，若不超过4，则进行下一行打印。4 行打印后结束。此时，执行“PUT _PAGE _;”语句换页。下一次执行 DATA 步时，L 和 C 的值又都从 1 开始。运行结果如图 3-50 所示。

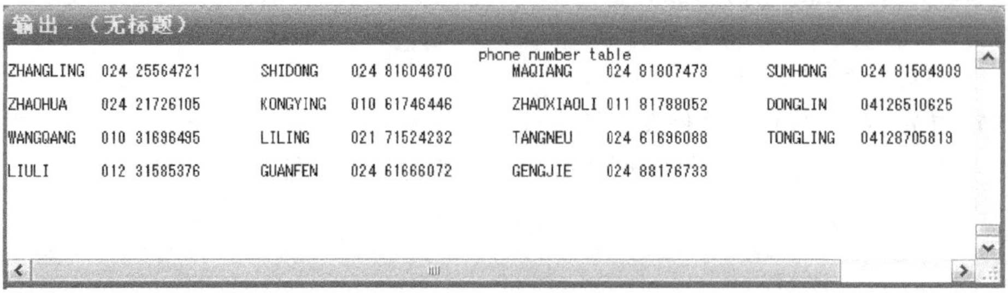

图 3-50　电话号码表

【例 3-16-2】　动态改变当前的输出文件。此数据步使用 filevar = 选项来动态地改变当前打开的输出文件到一个新的物理文件。LENGTH 语句创建一个长 name 字符变量，以便读入外部文件名。使用 DATA _NULL_写报告而不是创建一个数据集。创建一个变量。

```
* ex3-16-2;
data _null_;
  length name $200;
input name $;                   /* 读一个数据行并赋值给 NAME 变量 */
file xxx filevar=name mod;  /* 关闭当前的输出文件，并当 NAME 变量变化时打开一个新的文件。
                               文件说明 xxx 只是一个占位符；它可以是任何有效的 SAS 名：*/
      date = date();
put 'records updated ' date date. ;/* 添加日期记录到当前打开的输出文件  */
datalines;
e:\saslx\f-1                    /* 提供外部文件名  */
e:\saslx\f-2
e:\saslx\f-3
;
run;
```

运行日志如图 3-51 所示。

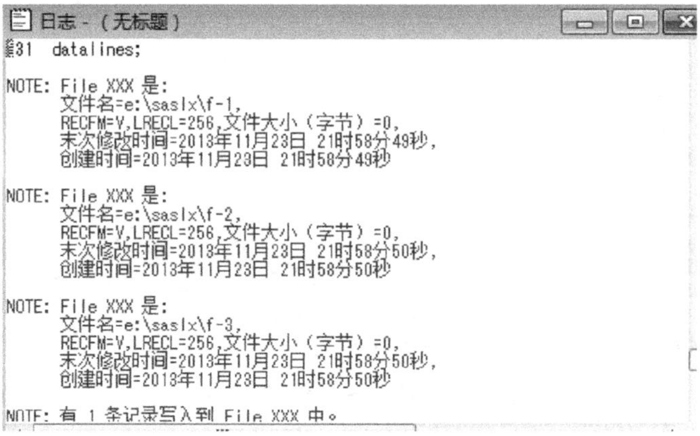

图 3-51　运行日志

用“记事本”打开 e:\saslx\f－1 文件，如图 3-52 所示。

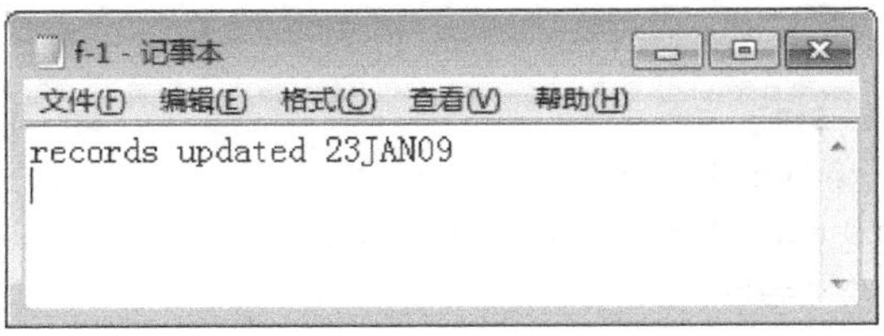

图 3-52　动态输出文件

默认情况下，PUT 输出写入到 SAS 日志。使用 FILE 语句能将输出写到外部文件中，可以是不同的外部文件。

3.17　OUTPUT 语句

OUTPUT 语句告诉 SAS 系统将当前的观测写入正建立的数据集中。

OUTPUT 语句格式：

```
OUTPUT <数据集名表> ...;
```

这里，“数据集名表”是在 DATA 语句中出现的数据集名，当前观测就写入这个数据集中。该语句可给出多个数据集的名字；当不给出数据集名字时，当前的观测被写到这个程序步正建立的所有数据集中。

默认情况下，每个数据步包含一个隐含的输出语句，在数据步每次循环结束时，SAS 写观测到数据集或正在创建的数据集。

若在数据步的程序中有 OUTPUT 语句，则仅当 OUTPUT 语句被执行时，SAS 才将一个观测写到 SAS 数据集中，不再自动输出。

可以单独使用 OUTPUT 语句，也可将其作为一个 IF－THEN 部分或 SELECT 语句或 DO 循环处理的一部分使用 OUTPUT 语句。

当同时使用 MODIFY 语句和 OUTPUT 语句时，OUTPUT、REPLACE 或 REMOVE 语句取代默认在数据步结束时的写动作。(OUTPUT 为默认操作；当使用 MODIFY 语句时，REPLACE 成为默认动作。)如果在数据步中使用了这些语句，则过程必须使用 OUTPUT 语句才能将新的观测写入数据集。

如果存在 MODIFY 语句，则不带参数的 OUTPUT 将当前观测写入到 MODIFY 语句指定的数据集的结尾。

当使用 MODIFY 语句与 OUTPUT 语句时，REMOVE 和 REPLACE 语句在数据步每一步迭代结束时覆盖隐写的行为。

简单的 SAS 数据步不必有 OUTPUT 语句，因为在 SAS 返回到数据步开始进行下一次运行之前，观测会自动输出。

3.17.1　在一个数据步中创建一个以上的数据集

若要在一个数据步中建立多个数据集，除了要用 DATA 语句指出多个数据集名外，还要使用 OUTPUT 语句将不同的值送入不同的数据集。

【例 3-17-1】　在一文本文件 faculty. txt 中有职工的编号、姓名、性别和学历(年)数据(见图 3-53)，要分建两个数据集：学历超过 12 年的 'college' 集和其余学历人员数据集 'hischool'。

```
* ex3-17-1;
DATA college hischool;
    INFILE 'e:\sasdt\faculty.txt';
    LENGTH name $ 15. ;
INPUT num $ name sex $ yrs_educ;
  IF yrs_educ< =12 THEN OUTPUT hischool;
  ELSE OUTPUT college;
PROC PRINT DATA=hischool;
    TITLE 'hischool';
PROC PRINT DATA=college;
    TITLE 'college';
RUN;
```

程序运行结果如图 3-54 所示。

faculty.txt - 记事本

文件(F) 编辑(E) 格式(O) 查看(V) 帮助(H)

```
060101 zhangling f 16
060102 lilinghong m 14
060201 zhaojiahe  m 10
060203 songjingdong f 12
060106 qiaosenhong f 10
060107 lijing  m 17
060207 kongyingfang f 14
050208 lili m 15
050301 fengling f 9
050111 qianjie m 11
050210 fuji f 14
050212 liudaliang m 18
050116 sunkongfen f 18
060118 dongfanghong m 15
```

图 3-53 faculty. txt

输出 - (无标题)

hischool

Obs	name	num	sex	yrs_educ
1	zhaojiahe	060201	m	10
2	songjingdong	060203	f	12
3	qiaosenhong	060106	f	10
4	fengling	050301	f	9
5	qianjie	050111	m	11

college

Obs	name	num	sex	yrs_educ
1	zhangling	060101	f	16
2	lilinghong	060102	m	14
3	lijing	060107	m	17
4	kongyingfang	060207	f	14
5	lili	050208	m	15
6	fuji	050210	f	14
7	liudaliang	050212	m	18
8	sunkongfen	050116	f	18
9	dongfanghong	060118	m	15

图 3-54 hischool 和 college 数据集

数据集 hischool 包含受教育年数 yrs_educ≤12 的所有观测。数据集 college 包含 yrs_educ>12 的观测。

3.17.2 从一个输入行中创建几个观测

【例 3-17-2】 有一批学生考试成绩，每行有学号和某科三次考试分数，为用 SAS 过程处理这批数据，要求每个学号后仅有一科成绩，即对于每一个输入行，要产生三个观测(见图 3-55)。每一个新的观测应包括学号和一次考试分数。

```
* ex3-17-2;
DATA REPEAT;
    INPUT NUM MEASURE1-MEASURE3 @@ ;
    DROP MEASURE1-MEASURE3;
    MEASURE=MEASURE1;
      OUTPUT;
    MEASURE=MEASURE2;
      OUTPUT;
    MEASURE=MEASURE3;
      OUTPUT;
CARDS;
```

```
101      92 85 94      102      73 86 62
;
PROC PRINT;
    TITLE 'DATA SET REPEAT';
RUN;
```

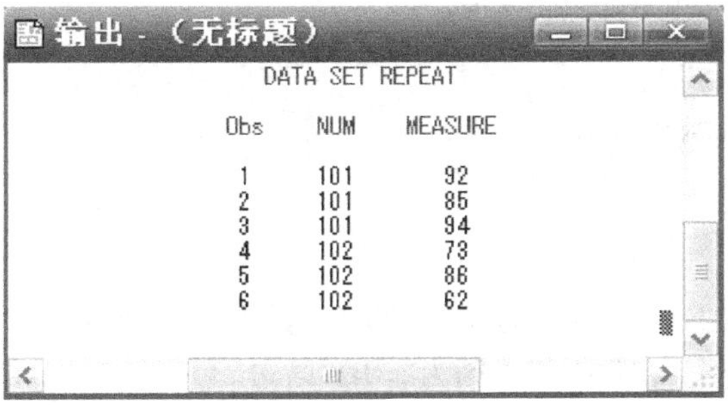

Obs	NUM	MEASURE
1	101	92
2	101	85
3	101	94
4	102	73
5	102	86
6	102	62

图 3-55　从一个输入行创建几个观测

3.17.3　从几个记录合并信息

【例 3-17-3】　有一个记录每人各种支出的数据集 PAY（见图 3-52），要求建立一个只有每人总支出的数据集。

```
* ex3-17-3;
DATA PAY;
INPUT NUM p @@ ;
CARDS;
123 200.5 125 134.7 126 109 121 39.5 123 345.6 126 330
121 110 125 290.5 121 580.5 123 55.9 126 90.8
;
PROC SORT DATA = PAY;
    BY NUM;
PROC PRINT;
    TITLE 'PAY AFTER SORTING';
RUN;
```

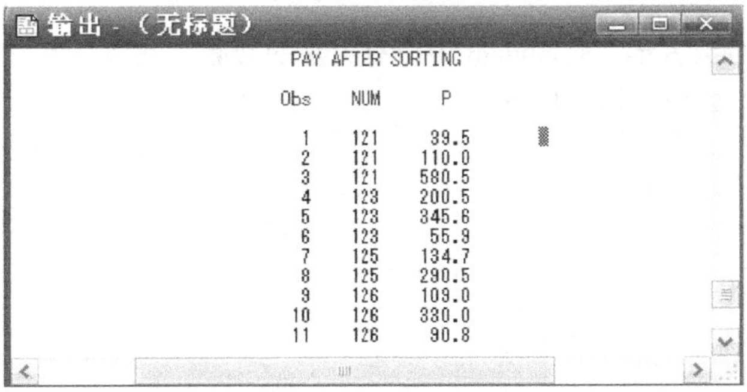

Obs	NUM	P
1	121	39.5
2	121	110.0
3	121	580.5
4	123	200.5
5	123	345.6
6	123	55.9
7	125	134.7
8	125	290.5
9	126	109.0
10	126	330.0
11	126	90.8

图 3-56　合并前的数据集

下面这些语句从几个输入记录中合并信息，成为 SAS 数据集中的一个观测，运行结果如图 3-56 所示。

【例 3-17-4】

```
* ex3-17-4;
DATA TOTPAY;
    SET PAY;
      BY NUM;
    IF FIRST.NUM THEN TOT_PAY=0;
      TOT_PAY+p;
      DROP p;
    IF LAST.NUM THEN OUTPUT;
PROC PRINT;
    TITLE 'TOTPAY';
RUN;
```

按 NUM 分类的数据集 PAY 被用做建立 TOTPAY 数据集的数据步的输入。对于每个 NUM 值，数据集 PAY 中包含几个观测。在数据步中因为有 BY 语句，FIRST. NUM 和 LAST. NUM 自动变量能用来表示具有每个 NUM 值的第一和最后一个观测。当一个观测是某人的第一个，即 FIRST. NUM 为 1 时，使 TOT_PAY 清零；求和语句为每个人计算总的累计支付。当一个观测是该人的最后一个观测时，SAS 将此观测写到新的数据集中。于是，这个新数据集对于 PAY 数据集中的每个 NUM 值，都只包含一个观测。数据集 TOTPAY 的内容如图 3-57 所示。

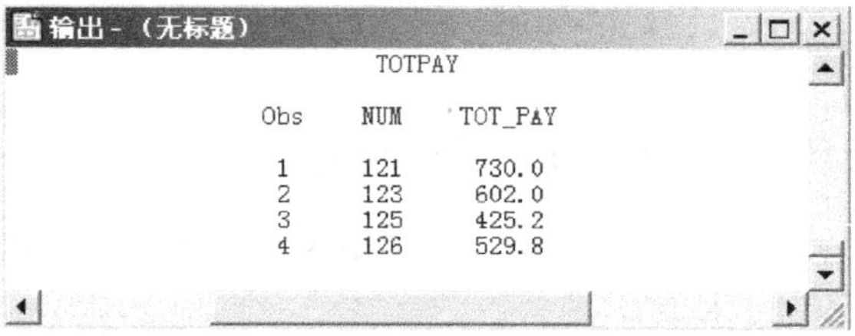

图 3-57　每个人总支出数据集

3.17.4　拆分数据集

使用 SET 和 OUTPUT 语句可以根据某一分类原则把数据行分别存放到不同的数据集，语法格式：

```
DATA <新数据集1>  <新数据集2> …;
SET <数据集名>[<选项>];
[WHEN(<条件1>) OUTPUT <新数据集1>;]
[WHEN(<条件2>) OUTPUT <新数据集2>;]
…
RUN;
```

【例 3-17-5】 拆分数据集，把 student 中所有男生的观测放到数据集 studentm 中，把所有女生的观测放到 studentf 中，去掉性别变量 sex。

```
* ex3-17-5;
libname ep 'e:\saslx';
data student;
input ID $ name $ sex $ high  weight;
datalines;
13301101  zhangsan  m 1.78 60.0
13301102  liuli  f 1.62 50.0
13301103  lisi m  1.73  57.5
13301104  wangli f 1.59 49.0
;
data ep.studentm ep.studentf;
  set student;
```

```
  select(sex);
    when('m') output ep.studentm;
    when('f') output ep.studentf;
    otherwise put sex = '有错';
  end;
  drop sex;
run;
proc print data=ep.studentm;
run;
```

输出结果如图 3-58 所示。

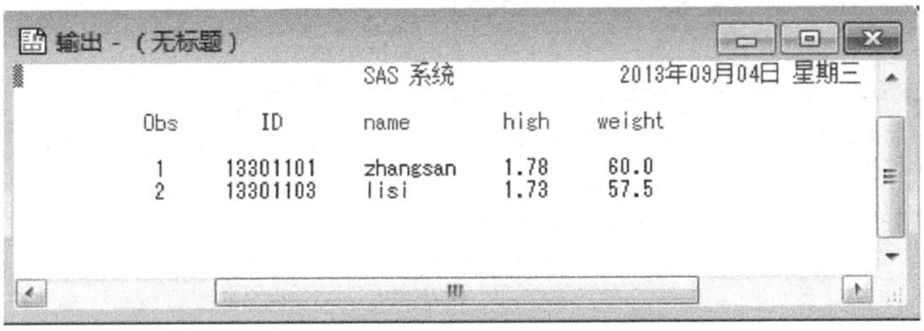

图 3-58　男生数据集内容

3.18　DATASETS 过程

DATASETS 过程管理 SAS 数据库，可以对 SAS 逻辑库中的文件内容进行列表、复制、改名，以及删除 SAS 逻辑库中的文件，改变文件口令，追加数据集，能改变 SAS 数据集的属性，如最后修改日期等，修改数据集中的变量名和有关的变量信息，如输入格式、输出格式或标签。

3.18.1　PROC DATASETS 过程语法

```
PROC DATASETS <option(s)>;
AGE current-name related-SAS-file(s) </ <ALTER=alter-password>
        <MEMTYPE=mtype>>;
APPEND BASE=<libref.>SAS-data-set <APPENDVER=V6>
        <DATA=<libref.>SAS-data-set> <FORCE>;
CHANGE old-name-1=new-name-1 <...old-name-n=new-name-n >
          </ <ALTER=alter-password> <GENNUM=ALL|integer>
          <MEMTYPE=mtype>>;
CONTENTS<option(s)>;
COPY OUT=libref-1 <CLONE|NOCLONE> <CONSTRAINT=YES|NO>
         <DATECOPY> <FORCE> <IN=libref-2> <INDEX=YES|NO>
         <MEMTYPE=(mtype(s))> <MOVE <ALTER=alter-password>>;
    EXCLUDE SAS-file(s) < / MEMTYPE=mtype>;
    SELECT SAS-file(s) </ <ALTER=alter-password>
          <MEMTYPE= mtype>>;
DELETE SAS-file(s) </ <ALTER=alter-password>
          <GENNUM=ALL|HIST|REVERT|integer> <MEMTYPE=mtype>>;
EXCHANGE name-1=other-name-1 <...name-n=other-name-n>
          </ <ALTER=alter-password> <MEMTYPE=mtype> >;
```

```
MODIFY SAS-file <(option(s))>
          </ <CORRECTENCODING=encoding-value>
          <DTC=SAS-date-time> <GENNUM=integer>
          <MEMTYPE=mtype>>;
   FORMAT variable-list-1 <format-1>
          <...variable-list-n <format-n>>;
   IC CREATE <constraint-name=> constraint
          <MESSAGE='message-string' <MSGTYPE=USER>>;
   IC DELETE constraint-name(s) | _ALL_;
   IC REACTIVATE foreign-key-name REFERENCES libref;
   INDEX CENTILES index(s) </ <REFRESH>
          <UPDATECENTILES= ALWAYS |NEVER |integer>>;
   INDEX CREATE index-specification(s) </ <NOMISS>
          <UNIQUE> <UPDATECENTILES=ALWAYS |NEVER |integer>>;
   INDEX DELETE index(s) | _ALL_;
   INFORMAT variable-list-1 <informat-1>
          <...variable-list-n <informat-n>>;
   LABEL variable-1=<'label-1'|' '>
          <...variable-n=<'label-n'|' ' >>;
   RENAME old-name-1=new-name-1 <...old-name-n=new-name-n>;
REPAIR SAS-file(s) </ <ALTER=alter-password>
          <GENNUM=integer> <MEMTYPE=mtype>>;
SAVE SAS-file(s) </ MEMTYPE=mtype>;
```

3.18.2 PROC DATASETS 语句

语句格式:

```
PROC DATASETS 选项;
```

调用 DATASET 过程。在 PROC DATASETS 语句中可使用选项:

LIBRARY=逻辑库名	指出被处理的 SAS 逻辑库,若不说明"LIBRARY=",则默认为 WORK
ALTER=	在 SAS 数据逻辑库中对任何改变保护的 SAS 文件改变有权使用
DETAILS |NODETAILS	包括日志中关于观测值数、变量数、索引数和数据集标签的信息
FORCE	强制执行运行组,即使有错误
FORCE	强制追加操作
GENNUM=	限制处理产生数据集
KILL	删除 SAS 文件
MEMTYPE=	处理某种类型的 SAS 文件
NOLIST	阻止目录的打印
NOWARN	阻止错误处理
PW=	提供读、写或改变存取
READ=	提供读取

3.18.3 APPEND 语句

语句格式:

```
APPEND BASE=数据集 选项;
```

使用 APPEND 语句从一个 SAS 数据集向另一数据集尾部追加观测。

APPEND 语句选项:

```
BASE=数据集
OUT=数据集　对要追加观测的数据集命名。如果 APPEND 未找到以这个名字命名的数据集，那么
    APPEND 建立一个新数据集。换句话说，使用 APPEND 语句通过在"BASE="中说明一个新的数
    据集名来建立一个数据集，"OUT="等价于"BASE="。"BASE="或"OUT="必须有一个。
DATA=SASDATASET　命名一个 SAS 数据集，这个数据集中的观测是要追加到由"BASE="说明的 SAS
    数据集的末尾。如果"DATA="省略，那么使用最新建立的 SAS 数据集。
```

3.18.4　CHANGE 语句

语句作用：重命名 SAS 数据集。

重命名数据集往往是逻辑库管理的要求。例如，当存档或添加新数据值时，可以重命名一个数据集。

语句格式：

```
CHANGE old-name=new-name;
```

下面这个例子将在 SAS 逻辑库 usclim 中两个包含有关美国气候信息的数据集中，将数据集的名称 HIGHTEMP 改成 USHIGH，将 LOWTEMP 改成 USLOW。

```
options pagesize=60 linesize=80 nonumber nodate;
libname usclim 'SAS-data-library';

proc datasets library=usclim;
    change hightemp=ushigh lowtemp=uslow;
run;
```

3.18.5　COPY 语句

语句格式：

```
COPY OUT=libref <IN=libref> <MOVE>;
```

COPY 语句将语句中的 IN=逻辑库指定的逻辑库的所有数据集复制到 OUT=指定的逻辑库中。

3.18.6　SELECT 语句

用 SELECT 语句指定要处理的数据集。

【例 3-18-1】 从 sour 逻辑库复制某些数据集(如 a、ab、abc)到 dest 逻辑库中；列出 dest 逻辑库数据集的详细内容。删除 dest 逻辑库中的数据集 a；将数据集 ab 改名为 abcd。

```
* ex3-18-1;
libname sour 'e:\saslx1';
libname dest 'e:\saslx2';

proc datasets memtype=data;
   copy in=sour out=dest;
   select a ab abc ;        /* 复制数据集 a、ab、abc，如无此语句，则复制全部文件 */
run;
proc datasets library=dest memtype=data details;
   delete a;                /* 将数据集 a 删除*/
   change ab=abcd;          /* 将数据集 ab 改为 abcd*/
run;
quit;
```

运行结果如图 3-59 所示。

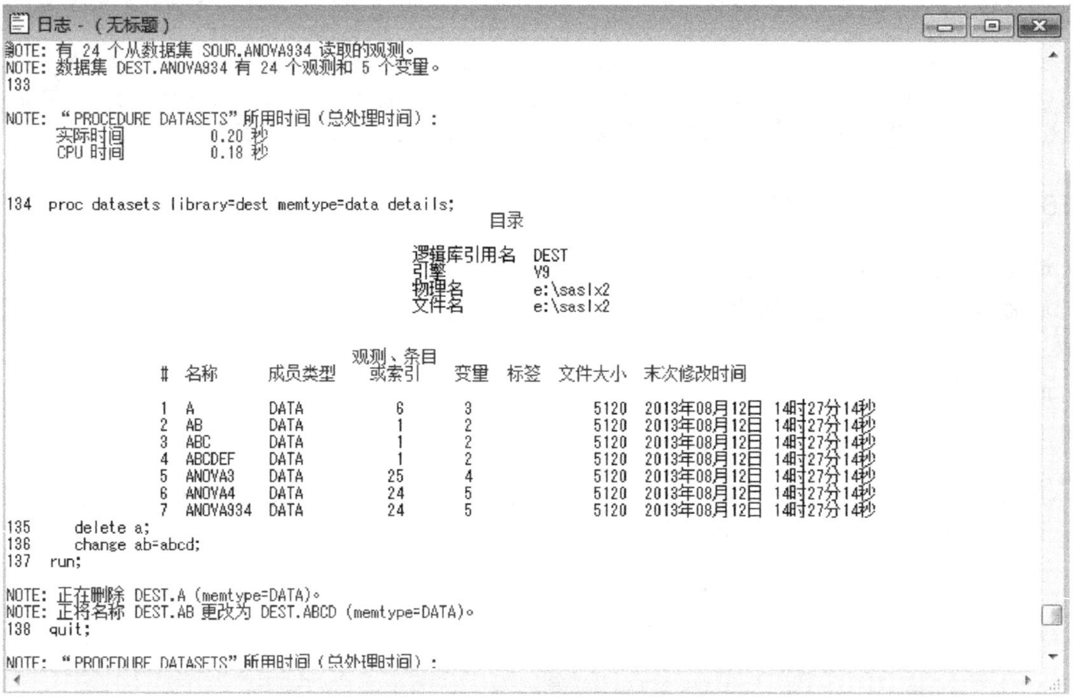
```
日志 - (无标题)
NOTE: 有 24 个从数据集 SOUR.ANOVA934 读取的观测。
NOTE: 数据集 DEST.ANOVA934 有 24 个观测和 5 个变量。
133

NOTE: “PROCEDURE DATASETS”所用时间(总处理时间):
      实际时间          0.20 秒
      CPU 时间          0.18 秒


134  proc datasets library=dest memtype=data details;
                                                   目录

                                          逻辑库引用名  DEST
                                          引擎          V9
                                          物理名        e:\saslx2
                                          文件名        e:\saslx2


                                      观测、条目
                # 名称      成员类型    或索引   变量  标签  文件大小  末次修改时间

                1 A         DATA          6       3           5120  2013年08月12日 14时27分14秒
                2 AB        DATA          1       2           5120  2013年08月12日 14时27分14秒
                3 ABC       DATA          1       2           5120  2013年08月12日 14时27分14秒
                4 ABCDEF    DATA          1       2           5120  2013年08月12日 14时27分14秒
                5 ANOVA3    DATA         25       4           5120  2013年08月12日 14时27分14秒
                6 ANOVA4    DATA         24       5           5120  2013年08月12日 14时27分14秒
                7 ANOVA934  DATA         24       5           5120  2013年08月12日 14时27分14秒
135     delete a;
136     change ab=abcd;
137  run;

NOTE: 正在删除 DEST.A (memtype=DATA)。
NOTE: 正将名称 DEST.AB 更改为 DEST.ABCD (memtype=DATA)。
138  quit;

NOTE: “PROCEDURE DATASETS”所用时间(总处理时间):
```

图 3-59　用 SELECT 语句指定要处理的数据集

3.18.7　CONTENTS 语句

CONTENTS 语句列出用 DATA = 指定的数据集的内容信息。

语句格式:

```
CONTENTS <DATA= <libref>.SAS-data-set> <NODS> <SHORT> <VARNUM> ;
```

DATA = 指出数据集,默认的数据集是最近创建的数据集,默认逻辑库为 WORK。

NODS 使用关键字_all_选项只产生 SAS 输出目录列表。NODS 选项禁止个别文件的内容。当只指定一个 SAS 数据集时,不能用 NODS 选项。

Short 选项产生变量名按字母顺序排列的列表、完整性约束信息、SAS 数据集排序的信息。

VARNUM 选项生成一个按创建时间排序的变量名列表,即它们在数据集中的逻辑位置。默认情况下,CONTENTS 语句按字母顺序列出变量。

【例 3-18-2】　列出存于 e:\saslx2 文件夹中的数据集 ab 的内容。

```
* ex3-18-2;
    libname dest 'e:\saslx2';

proc datasets library=dest memtype=data details;
    contents data=dest.ab;
run;
quit;
```

程序运行结果如图 3-60 所示。

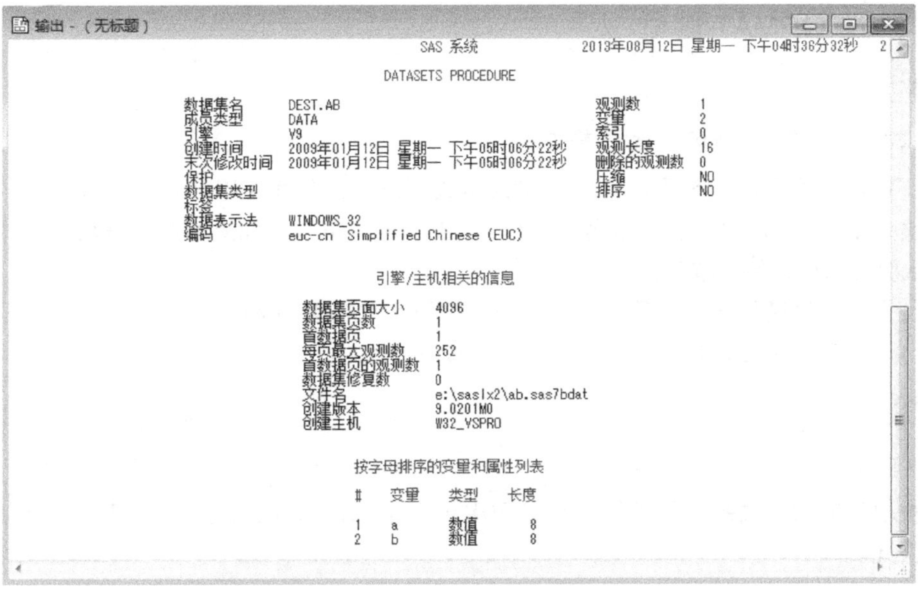

图 3-60　利用 CONTENTS 语句列出数据集的内容

3.18.8　MODIFY 语句

语句格式：

```
MODIFY 数据集 (选项);
```

使用 MODIFY 语句及其选项可以改变指定的 SAS 数据集的属性。每个 MODIFY 语句只能说明一个 SAS 数据集，而且在给定的 PROC 步中用多个 MODIFY 语句说明的数据集不能同名。

可以对 MODIFY 语句中指出的 SAS 数据集的类型、标签、建立日期、时期及口令进行改动。

3.18.9　FORMAT 语句

语句格式：

```
FORMAT 变量... 格式 变量...格式...;
```

由 MODIFY 语句说明的 SAS 数据集中的变量输出格式，可以通过 FORMAT 语句来改变或取消。为了改变输出格式，只需说明变量名，然后指出新的输出格式。如果给出变量名，而没给出伴随的格式，那么，旧格式便被取消。这个语句中可出现多个变量，也可以使用缩写的变量列表。比如 x1-x5，用一个 FORMAT 语句可以实现对所有要求变动的格式进行改变。下面是一个例子：

```
PROC DATASETS LIBRARY = STUDY;
MODIFY group1;
FORMAT x1-x3 4.1 time HHMM5.2 age;
```

对数据集 group1 中的变量 x_1，x_2，x_3 分配以 4.1 的输出格式；time 变量分配 HHMM5.2 的输出格式；而变量 AGE 的输出格式被取消。

任何被取消输出格式的变量必须列在 FORMAT 语句的最后；否则，它们被分配后面跟着的第一种输出格式。

3.18.10 INFORMAT 语句

语句格式：

```
INFORMAT 变量... 格式 变量...格式...;
```

MODIFY 语句说明的 SAS 数据集中的输入格式可以通过使用 INFORMAT 语句来改变或取消。为了改变输入格式，只需要说明变量名，然后给出新的输入格式。如果给出变量名但无伴随的输入格式，那么旧输入格式便被取消。

可以使用多个变量和缩写变量列表。比如，在 SAS 数据集 group1 中，用下面这些语句分配变量 a，b 和 $x1$-$x3$ 以新的输入格式，并取消变量 c 的输入格式。

```
PROC DATASETS LIBRARY = STUDY;
MODIFY group1;
INFORMAT a b 2. x1-x3 4.1 c;
```

任何被取消输入格式的变量必须列在 INFORMAT 语句的末尾；否则，它们被分配为后面跟着的第一种格式。

3.18.11 LABEL 语句

语句格式：

```
LABEL 变量 =新标签...;
```

LABEL 语句可以改变或取消由 MODIFY 语句指出的数据集中变量的标签，如果想取消标签，那么在等号后不作任何说明。如果新标签中包括括号、等号、冒号，那么标签必须括在单引号中。如果标签中出现单引号，那么必须使用双引号。新标签最多可到 256 个字符。下列语句：

```
PROC DATASETS LIBRARY = STUDY;
MODIFY group1;
LABEL x1 = 'Score1 = ' x2 = 'Score2 = ' a = ;
```

将改变 SAS 数据集 group1 中变量 x_1，x_2 的标签，取消变量 a 的标签。

3.18.12 RENAME 语句

语句格式：

```
RENAME 变量 =新名...;
```

使用 RENAME 语句可以为 MODIFY 语句指定的数据集中的变量分配一个新的名字。新名必须是有效的 SAS 名，在一个语句中改名的变量的个数没有限制，例如

```
RENAME Day1 = time1 day2 = time2;
```

【例 3-18-3】 将数据集 ab 中的变量 a 改名为 english，b 改名为 computer。程序如下：

```
* ex3-18-3;
proc datasets library = dest memtype = data details;
        modify ab;
    rename a = english b = computer ;
proc print data = dest.ab;
run;
```

运行结果如图 3-61 所示。

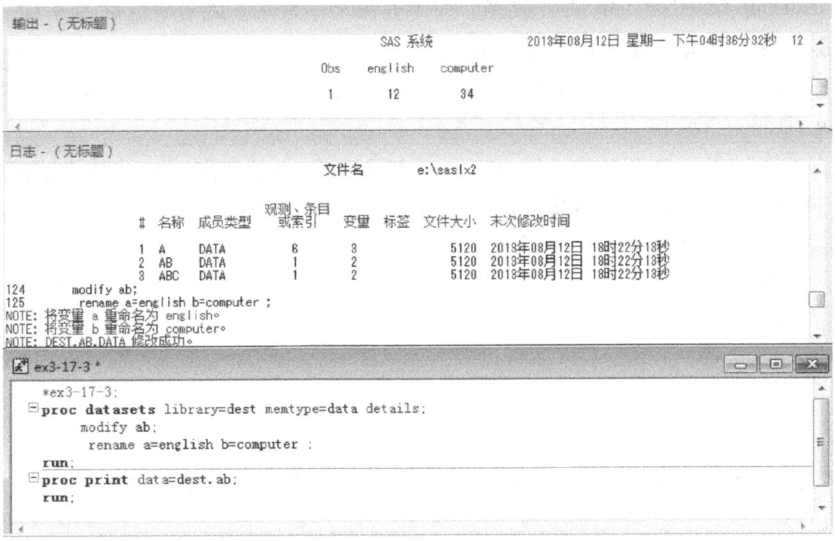

图 3-61　将数据集 ab 中的变量改名

习　　题

1. 删除变量可使用(　　)语句。

A) INPUT/RETURN　　B) DROP/KEEP

C) DROP/DELETE　　D) KEEP/DELETE

2. 删除观测可使用(　　)语句,

A) DELETE/IF　　B) DELETE/DROP

C) DROP/KEEP　　D) IF/DROP

3. RETURN 语句的作用是(　　)。

4. 将两个结构基本相同的数据集连接起来使用的语句是________。

5. 在 E:\sasdt 文件夹下，有描述一个班级学生基本情况的数据集 student. sas7bdat 和学生各科成绩的数据集 score. sas7bdat,两数据集中都有一变量学号(num)，将两数据集合并应如何做?

6. 在 e:\sasdt 文件夹中有一个文本文件 student. txt，其中有如下内容：

身份证号	姓名	英语	计算机
210101198707032911zhang	lihui	98	90.5
210102198709030932ling	dong	90.5	94
210101198709032611zhang	guang	89	90.5
210102198709030932li	xiao don	91.5	94
210103198801083948shang	hong	88.5	97
210105198811083927wang	ming	80.5	87
210103198801083944sun	hong	85.5	77
210105198811083925jing	xuan	78.5	92

身份证号共 18 位，其中 7－10 位为出生年份，17 位为性别代码(奇数为男，偶数为女)，在 e:\saslx 文件夹下,按性别分建两个永久数据集 mstu. sas7bdat，fstu. sas7bdat，其中仅有姓名、年龄、性别(男 1、女 2)、英语、计算机变量。

7. 利用上题所建的数据集，建立英语和计算机成绩都超过 90 分的永久数据集 stu90。

8. 从 e:\sasdt\ph. txt 中读入电话号数据，其中有编号、姓名、区号、电话号 4 项。已知第 10 行数据错误，应删掉该行数据，编程序显示出电话表。

9. 有数据集 WORK. stu1 和 MYLIB. stu2，将两个数据集进行纵向合并，产生数据集 MYLIB. stu1 _ 2，需要哪些语句？

10. 假设有 5 名同学的部分信息：姓名 name、性别 sex、语文成绩 chin、数学成绩 math，存放在'e:\sasdt\'文件夹内，纯文本文件名为 chengji1. txt。文件内容如下：

Name	sex	chin	math
Zhangyu	m	89	88
xuzhi	m	87	86
lixiao	f	88	89
xiaohan	f	90	89
minghui	f	93	91

这些同学的英语成绩存放在'd:\sas\'文件夹内，文件名为 chengji2. txt。

Name	engl
Zhangyu	80
xuzhi	76
lixiao	89
xiaohan	82
minghui	916

编程将两个数据文件转成数据集，并按姓名合并成一个永久数据集，存于 e:\saslx 中。

11. 请编写一段程序把数据 2 连接到数据 1 之后，打印输出。

数据 1：

LiuWei	M	21	175	65	A
ZhouLan	F	20	160	46	O
DengXue	F	22	158	45	B
ZhuJun	M	23	177	68	O
HuangXiaoming	M	19	173	65	O

数据 2：

ChenQiong	F	19	155	45	A
ZhaoFeng	M	22	179	66	B
ZhangBin	M	22	173	64	O
WeiLin	F	20	162	46	A
ShiQiang	M	21	180	70	B

12. Given the following code：

```
proc print data = SASHELP.CLASS (firstobs = 5 obs = 15);
    where Sex = 'M';
run;
```

How many observations will be displayed?

A) 11　　B) 15　　C) 10 or fewer　　D) 11 or fewer

13. Given the following raw data records：

```
----|----10---|----20---|----30
Susan* 12/29/1970* 10
Michael** 6
```

The following output is desired:

Obs	employee	bdate	years
1	Susan	4015	10
2	Michael	.	6

Which SAS program correctly reads in the raw data?

A)

```
data employees;
  infile 'file specification' dlm='* ';
  input employee $ bdate : mmddyy10. years;
run;
```

B)

```
data employees;
  infile 'file specification' dsd='* ';
  input employee $ bdate mmddyy10. years;
run;
```

C)

```
data employees;
  infile 'file specification' dlm dsd;
  input employee $ bdate mmddyy10. years;
run;
```

D)

```
data employees;
  infile 'file specification' dlm='* ' dsd;
  input employee $ bdate : mmddyy10. years;
run;
```

14. The following SAS program is sumbitted:

```
data WORK.INFO;
   infile 'DATAFILE.TXT';
   input @1 Company $20. @25 State $2. @;
   if State=' ' then input @30 Year;
   else input @30 City Year;
   input NumEmployees;
run;
```

How many raw data records are read during each iteration of the DATA step?

A) 1　　B) 2　　C) 3　　D) 4

15. You're attempting to read a raw data file and you see the following messages displayed in the SAS Log:

```
NOTE: Invalid data for Salary in line 4 15-23.
RULE:      ----+----1----+----2----+----3----+----4----+----5--
4          120104   F   46#30    11MAY1954 33
Employee_Id=120104 employee_gender=F Salary=. birth_date=-2061 _ERROR_=1 _N_=4
NOTE: 20 records were read from the infile 'c:\employees.dat'.
      The minimum record length was 33.
      The maximum record length was 33.
```

NOTE: The data set WORK. EMPLOYEES has 20 observations and 4 variables.

What does it mean?

A) A compiler error, triggered by an invalid character for the variable Salary.

B) An execution error, triggered by an invalid character for the variable Salary.

C) The 1st of potentially many errors, this one occurring on the 4th observation.

D) An error on the INPUT statement specification for reading the variable Salary.

16. The following SAS program is submitted:

```
data WORK.TOTAL;
    set WORK.SALARY;
    by Department Gender;
    if First.<_insert_code_> then Payroll=0;
    Payroll+Wagerate;
    if Last.<_insert_code_>;
run;
```

The SAS data set WORK. SALARY is currently ordered by Gender within Department.

Which inserted code will accumulate subtotals for each Gender within Department?

A) Gender　　B) Department　　C) Gender Department　　D) Department Gender

17. Given the following raw data records in TEXTFILE. TXT:

----|----10---|----20---|----30

John,FEB,13,25,14,27,Final

John,MAR,26,17,29,11,23,Current

Tina,FEB,15,18,12,13,Final

Tina,MAR,29,14,19,27,20,Current

The following output is desired:

Obs	Name	Month	Status	Week1	Week2	Week3	Week4	Week5
1	John	FEB	Final	$13	$25	$14	$27	.
2	John	MAR	Current	$26	$17	$29	$11	$23
3	Tina	FEB	Final	$15	$18	$12	$13	.
4	Tina	MAR	Current	$29	$14	$19	$27	$20

Which SAS program correctly produces the desired output?

A)

```
data WORK.NUMBERS;
   length Name $ 4 Month $ 3 Status $ 7;
   infile 'TEXTFILE.TXT' dsd;
   input Name $ Month $;
   if Month='FEB' then input Week1 Week2 Week3 Week4 Status $;
   else if Month='MAR' then input Week1 Week2 Week3 Week4 Week5 Status $;
   format Week1-Week5 dollar6.;
run;
proc print data=WORK.NUMBERS;
run;
```

B)

```
data WORK.NUMBERS;
   length Name $ 4 Month $ 3 Status $ 7;
   infile 'TEXTFILE.TXT' dlm=',' missover;
```

```
   input Name $ Month $ ;
   if Month = 'FEB' then input Week1 Week2 Week3 Week4 Status $ ;
   else if Month = 'MAR' then input Week1 Week2 Week3 Week4 Week5 Status $ ;
   format Week1 - Week5 dollar6.;
run;
proc print data = WORK.NUMBERS;
run;
```

C)

```
data WORK.NUMBERS;
   length Name $ 4 Month $ 3 Status $ 7;
   infile 'TEXTFILE.TXT' dlm = ',';
   input Name $ Month $ @ ;
   if Month = 'FEB' then input Week1 Week2 Week3 Week4 Status $ ;
   else if Month = 'MAR' then input Week1 Week2 Week3 Week4 Week5 Status $ ;
   format Week1 - Week5 dollar6.;
run;
proc print data = WORK.NUMBERS;
run;
```

D)

```
data WORK.NUMBERS;
   length Name $ 4 Month $ 3 Status $ 7;
   infile 'TEXTFILE.TXT' dsd @ ;
   input Name $ Month $ ;
   if Month = 'FEB' then input Week1 Week2 Week3 Week4 Status $ ;
   else if Month = 'MAR' then input Week1 Week2 Week3 Week4 Week5 Status $ ;
   format Week1 - Week5 dollar6.;
run;
proc print data = WORK.NUMBERS;
run;
```

18. Given the SAS data sets:

WORK. ONE

X	Y
--	--
A	10
A	3
A	14
B	9

WORK. TWO

SumY

36

The following SAS DATA step is submitted:

```
data WORK.COMBINE;
    if _n_ =1 then set WORK.TWO;
    set WORK.ONE;
run;
```

What data values are stored in data set WORK. COMBINE?

A) An ERROR message is written to the SAS log and the data set WORK. COMBINE is not created.

B)

SumY	X	Y
----	--	--
36	A	10

C)

SumY	X	Y
36	A	10
.	A	3
.	A	14
.	B	9

D)

SumY	X	Y
36	A	10
36	A	3
36	A	14
36	B	9

19. Which step sorts the observations of a permanent SAS data set by two variables and stores the sorted observations in a temporary SAS data set?

A)

```
proc sort out = EMPLOYEES data = EMPSORT;
   by Lname and Fname;
run;
```

B)

```
proc sort data = SASUSER.EMPLOYEES out = EMPSORT;
   by Lname Fname;
run;
```

C)

```
proc sort out = SASUSER.EMPLOYEES data = WORK.EMPSORT;
   by Lname Fname;
run;
```

D)

```
proc sort data = SASUSER.EMPLOYEES out = SASUSER.EMPSORT;
  by Lname and Fname;
run;
```

20. Given the SAS data set WORK. ONE:

Id	Char1
111	A
158	B
329	C
644	D

and the SAS data set WORK. TWO:

Id	Char2
111	E
538	F
644	G

The following program is submitted:

```
data WORK.BOTH;
  set WORK.ONE WORK.TWO;
  by Id;
run;
```

What is the first observation in SAS data set WORK. BOTH?

A)

```
Id  Char1  Char2
111  A
```

B)

```
Id  Char1  Char2
111         E
```

C)

```
Id  Char1  Char2
111  A      E
```

D)

```
Id  Char1  Char2
644  D      G
```

21. The following SAS program is submitted:

```
data WORK.TOTALSALES(keep = MonthSales{12});
  set WORK.MONTHLYSALES(keep = Year Product Sales);
  array MonthSales{12};
  do i = 1 to 12;
     MonthSales{i} = Sales;
  end;
  drop i;
run;
```

The program fails execution due to syntax errors.

What is the cause of the syntax error?

A) An array cannot be referenced on a keep = data set option.

B) The keep = data set option should be (keep = MonthSales *).

C) The keep = data set option should be the statement KEEP MonthSales{12}.

D) The variable MonthSales does not exist.

第 4 章　SAS 过程步中的常用语句

使用过程步对数据进行分析和处理时,需使用一些过程步语句和相应的选项。本章介绍过程步中的通用语句,某些过程步的专用语句和选项将在后面各过程中介绍。

4.1　PROC 语句

语句格式:

```
PROC  SAS过程名  <选项>;
```

功能:指定所需调用的过程,以及该过程的若干选项。

PROC 语句中有三种类型的选项用于各过程步。

(1) 关键字　　　　　　　规定反映本过程特征的关键字。

(2) 关键字 = 值　　　　 规定初值,该值可以是数字或字符串。

(3) 关键字 = SAS 数据集　规定输入或输出的数据集。

最常用的是 DATA = 数据集,指出所要处理的数据集名,默认则处理当前数据集。

例:PRINT 过程,显示数据集 a 的内容,用标签内容代替变量名。

```
PROC PRINT DATA = a LABEL;
```

4.2　BY 语句

语句格式:

```
BY <DESCENDING> 变量 ... <NOTSORTED>;
```

功能:以指定的变量值来分组处理某数据集。

BY 语句总是与 SORT(分类)过程一起使用,以便定义数据排列次序。当 BY 语句在其他大多数对 SAS 数据集分析的过程中使用时,能分别处理每一个(BY)分组的观测。这里的变量是数据集中用做分组的变量,以这个变量值按指定要求排序(分类)。

DESCENDING 选项要求按紧接之后的变量值降序(默认为升序)排列数据集中的各观测。

NOTSORTED 要求进行分组时各组不须按字母或数字顺序排序。

假设有一数据集 clas,包含变量 day 的观测,day 值是一周内某天的三个字符缩写形式(如:MON,TUE...),将数据集中具有相同 day 值的观测分为一组,day 的值是按日历顺序而不是字母顺序排列的。下面的语句可以和一个 PROC 语句一起使用,按 day 分组处理数据集(不排序,但按指定变量值将同类放在一起)。

```
BY day NOTSORTED;
```

【例 4-2-1】 下面的程序对数据集按 sex 变量值升序排列(F 在前,M 在后),并在同一 sex 组内按 h 的值降序排列,并按 sex 变量分组显示,结果如图 4-1 所示。

```
* ex4-2-1;
LIBNAME el 'e:\saslx';
PROC SORT DATA= el.students OUT=el.sortstud;
    BY sex DESCENDING h ;
PROC PRINT ;
    BY sex;
RUN;
```

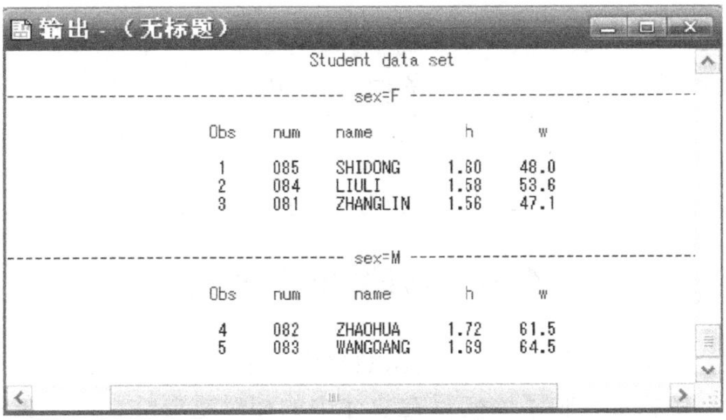

图 4-1　按 sex 分组输出排序的数据集

4.3　CLASS 语句

语句格式：

```
CLASS 变量表;
```

功能：定义分类变量。

分类变量应该只有少数的几个离散值或不连续值，可以是字符型或数值型。在 CLASS 语句中，指定进行分类的变量。CLASS 语句的作用类似于 BY 语句，不同的是，BY 语句要求数据集事先以 by 变量排过序。

4.4　VAR 语句

语句格式：

```
VAR  变量表;
```

功能：用于定义要分析的变量。

语句中变量表为要分析的数据集中的变量，任何有效的变量清单形式均可使用。当该语句省略时，则对所有变量做统计计算。

【例 4-4-1】　下面的语句按 sex 值分组对 VAR 所标识的 h 变量进行分析，产生两个单独的描述性统计报告，如图 4-2 所示。

```
* ex4-4-1;
LIBNAME ep 'e:\saslx';
PROC MEANS DATA =ep.sortstud;
    BY sex;
    VAR h;
RUN;
```

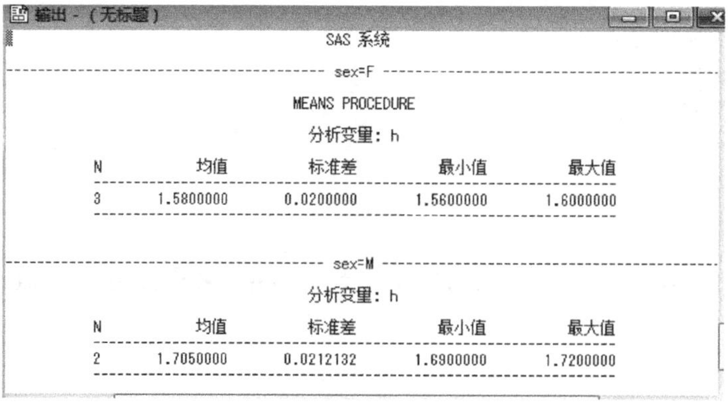
输出 - (无标题)

SAS 系统

sex=F

MEANS PROCEDURE

分析变量：h

N	均值	标准差	最小值	最大值
3	1.5800000	0.0200000	1.5600000	1.6000000

sex=M

分析变量：h

N	均值	标准差	最小值	最大值
2	1.7050000	0.0212132	1.6900000	1.7200000

图 4-2　按 sex 分组对 h 进行统计分析

4.5　WEIGHT 语句

若资料已经分组，编成了变量序列，在这组数据中，各个变量值在总结果中所占的百分比称为这个变量的权重。变量的权重反映了该变量在总体中的相对重要性，每种变量的权重的确定与一定的理论经验或变量在总体中的比重有关。权重的取值在不同的数据分析中方法不同。如在根据各等级工资人数汇总表计算平均工资时，各等级工资的人数即其权重。而在进行某种评估时，评估的指标体系中各项指标的重要程度称为权重，其值是根据专家打分的结果得出的。

语句格式：

```
WEIGHT 变量;
```

功能：在过程中规定一个数值变量,并以它的值作为观测的相关权重。权重值可以为大于 0 的数。当变量值为 0 或缺失时，该观测被从分析过程中剔除。

4.6　FREQ 语句

语句格式：

```
FREQ 变量;
```

功能：规定一个数值变量，它的值表示数据集中观测出现的频数。

假定某观测的 FREQ 变量值为 n，则在分析时，数据集中的该观测被视为出现了 n 次。当 $n<1$ 时，观测不加以计算，若 n 不是整数，则自动取整。总观测数被认为等于 FREQ 变量值的和。

【例 4-6-1】　一群学生中 20 岁女生 10 人，22 岁女生 23 人，21 岁男生 19 人，22 岁男生 16 人，问这些学生的平均年龄是多少？

```
* ex4-6-1;
DATA ex461;
    INPUT sex $  age number  @@ ;
CARDS ;
F  20  10  F  22  23
M  21  19  M  22  16
PROC  MEANS ;
    VAR age ;
    BY sex;
RUN;
```

结果如图 4-3 所示。

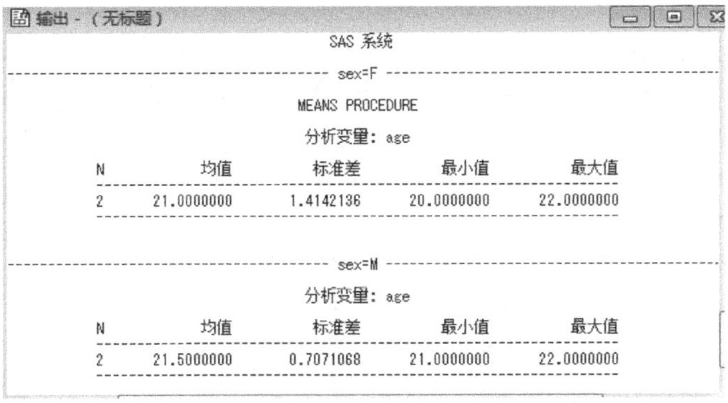

输出 - (无标题)

SAS 系统

sex=F

MEANS PROCEDURE

分析变量: age

N	均值	标准差	最小值	最大值
2	21.0000000	1.4142136	20.0000000	22.0000000

sex=M

分析变量: age

N	均值	标准差	最小值	最大值
2	21.5000000	0.7071068	21.0000000	22.0000000

图 4-3　不带 FREQ 语句的 MEANS 输出

这个结果是 A 数据集中男女各 2 个观测对 age 求平均。计算时没考虑各年龄组的人数，显然结果是错误的。应该在 MEANS 过程中加入表示各组频数的 FREQ 语句，程序如 * ex4-6-2，结果如图 4-4 所示。

【例 4-6-2】

```
* ex4-6-2;
PROC MEANS DATA = ex461;
    FREQ  number ;
    VAR  age ;
    BY sex;
RUN;
```

该结果按 10 个 20 岁(女)，23 个 22 岁(女)，19 个 21 岁(男)，16 个 22 岁(男)，总计 68 个观测按性别对 age 求平均。

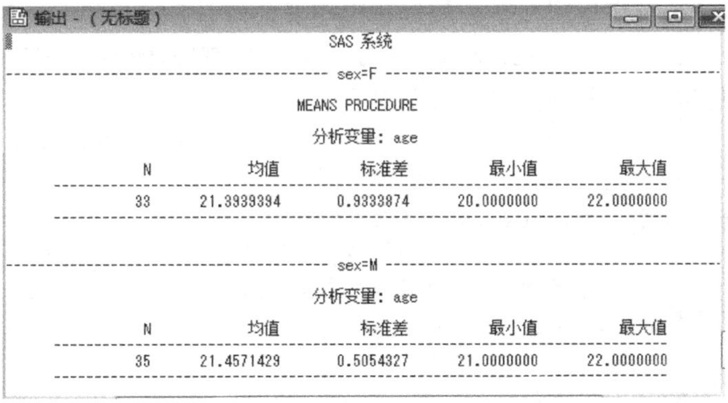

输出 - (无标题)

SAS 系统

sex=F

MEANS PROCEDURE

分析变量: age

N	均值	标准差	最小值	最大值
33	21.3939394	0.9333874	20.0000000	22.0000000

sex=M

分析变量: age

N	均值	标准差	最小值	最大值
35	21.4571429	0.5054327	21.0000000	22.0000000

图 4-4　带 FREQ 语句的 MEANS 输出

4.7　ID 语句

语句格式：

```
ID 变量表 ;
```

功能：用来规定一个或几个变量，以便在输出或由该过程产生的 SAS 数据集中，不再使用 Obs，而用这些变量值来识别观测。

【例 4-7-1】

```
* ex4-7-1;
LIBNAME ep 'E:\saslx';
PROC  PRINT DATA =ep.students;
    ID name;
RUN;
```

执行结果如图 4-5 所示。

SAS 系统

name	num	sex	h	w
ZHANGLIN	081	F	1.56	47.1
ZHAOHUA	082	M	1.72	61.5
WANGQANG	083	M	1.69	64.5
LIULI	084	F	1.58	53.6
SHIDONG	085	F	1.60	48.0

图 4-5 使用 ID 语句的输出

输出结果的第一列显示出 ID 语句中规定的 NAME 值,而不是观测序号(Obs)。

4.8 OUTPUT 语句

语句格式:

```
OUTPUT OUT =数据集名 <统计关键字 =变量名 >;
```

功能: 在过程步中的 OUTPUT 语句, 将过程结果输出到一个新的 SAS 数据集中, 以便作为下一步处理的输入。

如果想建立一个永久性 SAS 数据集, 必须指定一个二级名。

【例 4-8-1】 统计关键字指明在新的数据集中想要的统计项, 且给包含这些统计项的变量起名。例如, 对 e:\saslx\students. sas7bdat 数据集中变量 h,w 计算统计量: N 观测数,MEAN(平均值), SUM(总和)和 STD(标准差), 并产生输出数据集 ppp。

```
* ex4-8-1;
    LIBNAME ep 'e:\saslx';
    PROC MEANS DATA =ep.students N MEAN SUM;
        VAR h w;
        OUTPUT OUT =ppp MEAN =mh mw STD =sh sw;
    PROC PRINT DATA =ppp;
    RUN;
```

显示结果如图 4-6 和图 4-7 所示。

输出 - (无标题)

SAS 系统

MEANS 过程

变量	N	均值	总和
h	5	1.6300000	8.1500000
w	5	54.9400000	274.7000000

图 4-6 MEANS 过程的输出

输出 - (无标题)

SAS 系统

Obs	_TYPE_	_FREQ_	mh	mw	sh	sw
1	0	5	1.63	54.94	0.070711	7.83983

图 4-7 MEANS 过程建立的数据集内容

mh 和 mw 分别是 h 和 w 的均值，sh 是 h 的标准差，sw 是 w 的标准差。

图中的_TYPE_ = 0 表示省略了 CLASS 语句。

4.9　TITLE 语句

语句格式：

```
TITLE n <'标题'>;
```

功能：规定在 SAS 输出文件的第 n 行显示标题。

一旦为输出题头某一行规定了标题，那么在后继的输出中都输出该标题，直至取消这一标题或为该行定义其他的标题为止。如想取消现存的标题，可使用空 TITLE 语句：

```
TITLE n;
```

例如，为 PRINT 和 MEANS 两过程的输出显示标题。

```
PROC PRINT ;
    TITLE 'TITLE FOR FIRST PROC';
PROC MEANS;
    TITLE 'TITLE FOR SECOND PROC';
RUN ;
```

TITLE 语句应放在 PROC 语句之后和下一 DATA 或 PROC 或 RUN 语句之前的任何地方。

习　　题

1. WEIGHT 语句和 FREQ 语句有何作用？有何区别？
2. BY 和 CLASS 语句有何作用？有何区别？
3. OPTIONS 语句作用如何？
4. LABEL 和 TITLE 语句作用如何？
5. ID 语句有何作用？
6. OUTPUT 语句在何时使用？
7. 请对 SASHELP. class 数据集按性别作平均值等统计量的分析，输出结果到一指定的文本文件中。
8. OUTPUT 语句和 PUT 语句有何不同？
9. The NOTSORTED option on the BY statement cannot be used with which other statement or option?

A) SET

B) MERGE(and UPDATE Statement.)

C) IF FIRST. by-variable

D) BY GROUPFORMAT by-variable

10. Given the following code:

```
proc print data = SASHELP.CLASS(firstobs = 5 obs = 15);
    where Sex = 'M';
run;
```

How many observations will be displayed?

A) 11　　B) 15　　C) 10 or fewer　　D) 11 or fewer

第 5 章　SAS 实用过程

5.1　PRINT 过程

PRINT 是列出 SAS 数据集中数据的过程。能将一个 SAS 数据集中的观测值显示出来，也可显示部分或所有的变量，还可显示出数值变量的总计和小计。

在 PRINT 过程中常使用如下语句：

```
PROC PRINT <选项>;
PAGEBY by 变量
   VAR   变量表;
   ID    变量表;
   BY    变量表;
   SUM   变量表;
```

5.1.1　语句说明

1. PROC PRINT 语句

```
PROC PRINT <options>
```

常用的选项有：

DATA = 数据集　指出过程待处理的数据集，默认则使用当前数据集，此选项可用于几乎所有的过程。今后若无特殊之处将不再说明。

CONTENTS = 指定链接到输出内容的 HTML 文本。

Double | D 输出隔行打印。

Heading = *direction* 指定如何打印列抬头。Heading = Horizontal | H 所有列抬头水平打印；Heading = Vertical | V 所有列抬头垂直打印。

N < = "string - 1" < "string - 2" > 输出记录的个数，将字符串 string - 1 作为记录个数的标签。如果使用 BY 语句，在每个 BY 组的数据输出之后同时输出该 BY 组的记录个数。若既有 BY 语句又有 SUM 语句，可以通过字符串 string - 2 作为总记录个数的标签。

Round | R 对没有规定输出格式的数值变量保留两位小数，并四舍五入；而规定了输出格式的变量已经按照格式要求进行了四舍五入，不受该选项影响；print 过程的求和是在四舍五入的基础上进行的。

Label | L 使用变量的标签作为输出数据列表每列的抬头，标签可以作为变量属性并已经存在数据集中的，也可以是在 proc print 中新定义的，默认情况下是输出变量名。

NOOBS 不输出记录号 OBS。

OBS = "*column - header*" 规定记录号这一列的抬头。

Split = 'split - character' | S = 'split - character' 规定一个字符用于将较长的列标签分开，在下一行打印其后部内容，该分裂符应不是原标签中的字符。该选项默认使用变量标签，所以不必重复定义 Label 选项。另外注意，BY 变量的标签不会被分隔，如果规定 SPLIT = . ，则 PROC PRINT 用空格替换该分裂符。

Style = 用来定义输出结果的样式，如字体、背景、边框等。

STYLE <(location(s))> = <style-element-name>

<[style-attribute-specification(s)]>

规定报告中指定位置的样式元素。可以使用大括号{ }代替方括号 [ ]。

Location 确定报告中 STYLE 的选择影响的部分。

style-element-name 是一个样式的元素名，是被输出交付系统注册的样式定义的部分。

SAS 提供一些样式定义。用户可以用 PROC TEMPLATE 创建自己的样式定义。

style-attribute-specification 描述要改变的样式属性。

每个样式属性规范的一般形式：

style-attribute-name = style-attribute-value

Width= 规定打印的列宽，默认情况下，SAS 会在每一页根据数据的特点来显示。

2. BY 语句

按 BY 变量对记录进行分类打印，PRINT 过程选项 Label 与 split = 对 BY 变量无效。

3. Pageby 语句

当 Pageby 的 BY 变量的值改变时，PRINT 过程都会从新的一页开始输出。

4. Sumby 语句

当 Sumby 语句中 BY 变量的值改变时，PRINT 过程都会对 Sum 语句中的变量求和。

5. ID 语句

用来指定一个变量，这个变量将代替 Obs 来标识记录。

6. Sum 语句

指定计算需要求和的变量，可以指定在 Var 语句中没有列出的变量，这时 PRINT 过程会自动将 Sum 变量加到 Var 变量列表中。

7. Var 语句

指定要打印的变量名称与次序，默认则打印所有变量。

5.1.2　应用举例

【例 5-1-1】　有一关于两个不同地区在职人员与退休人员年平均收入与消费水平的调查，要求：

(1) 分在职与不在职显示出每一地区两种人员收入与消费的总和。

(2) 显示出每一地区人员收入与消费的总和。

程序中变量 reg 代表地区，wor 代表在职否(1 表示在职，2 表示不在职)，earn 代表收入，exp 代表消费。

```
* ex5-1-1;
Libname ep 'e:\saslx';
DATA ep.ear_exp;
     INPUT name $  reg $  wor $  earn  exp @@;
CARDS;
    LILING     A  1 5500  4700  LIUHONG    B  2 4600  4000
    SUNPING    B  2 5300  4800  ZHANGLI    A  1 5300  4500
    ZHAOGONG   A  1 5600  4600  XIWANG     B  1 8500  7400
    WEIDONG    A  1 5500  4500  ZHAOJUN    A  2 4500  4000
    WANGJIAN   B  1 9800  8300  LIUYAN     A  2 3500  3300
    HUANGHUA   A  2 3800  3500  ZHOULI     A  2 3900  3700
```

```
    QINWEI        B  2 4900   4400   DONGYI      B  1 15000   9000
    ZHANGSAN      B  1 10500 8800    WANGZI      B  2 4900    4500
    liujun        A  1 8900   7790   DONGFENG    B  1 11000   8090
    FENGJUN       A  1 8980   7720   KONGHAI     A  1 12000   9000
  ;
PROC SORT;
    BY reg wor;
PROC PRINT N='该组观测值数=' '总观测值表=';
    ID NAME;
   where earn > 5000;
    BY reg wor;
    SUM earn exp;
RUN;
```

先按地区，然后按在职与否排序。运行结果如图 5-1 所示。如果将 PRINT 过程中的 SUM 语句换成 SUMBY reg；则仅按地区求和。

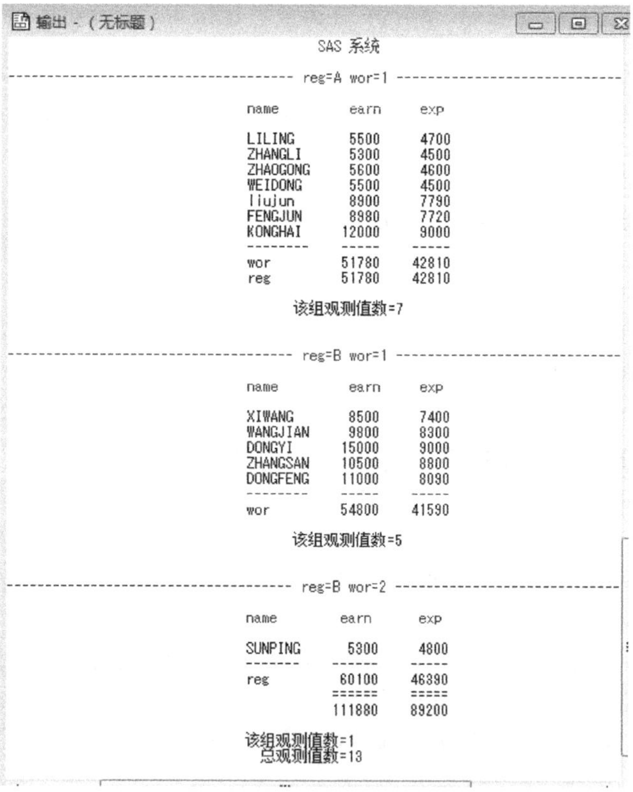

```
输出 - (无标题)
                                SAS 系统

---------------------------------- reg=A wor=1 ----------------------------

                          name         earn     exp

                          LILING       5500     4700
                          ZHANGLI      5300     4500
                          ZHAOGONG     5600     4600
                          WEIDONG      5500     4500
                          liujun       8900     7790
                          FENGJUN      8980     7720
                          KONGHAI     12000     9000
                          --------    -----    -----
                          wor         51780    42810
                          reg         51780    42810

                               该组观测值数=7

---------------------------------- reg=B wor=1 ----------------------------

                          name         earn     exp

                          XIWANG       8500     7400
                          WANGJIAN     9800     8300
                          DONGYI      15000     9000
                          ZHANGSAN    10500     8800
                          DONGFENG    11000     8090
                          --------    -----    -----
                          wor         54800    41590

                               该组观测值数=5

---------------------------------- reg=B wor=2 ----------------------------

                          name         earn      exp

                          SUNPING      5300     4800
                          -------     ------    -----
                          reg         60100    46390
                                      ======    =====
                                      111880    89200

                          该组观测值数=1
                            总观测值数=13
```

图 5-1　PRINT 过程输出报表

【例 5-1-2】　创建一个列表报告，如图 5-2 所示。

```
* ex5-1-2;
data exprev;
input  Month $   State $   Expenses;
datalines;
JAN95     GA          2000
FEB95     GA          1200
FEB95     FL          8500
```

```
FEB95      NY           3000
MAR95      NY           6000
MAR95      FL           9800
MAR95      MA           1500
;
proc print data = exprev split = '* ' n obs = 'Observation* Number*  =========== ';
     var month state expenses;
     label month = 'Month* *  ===== '
          state = 'State* *  ===== '
          expenses = 'Expenses* *  ======== ';
     format expenses comma10.;
   title 'Monthly Expenses for Offices in Each State';
run;
```

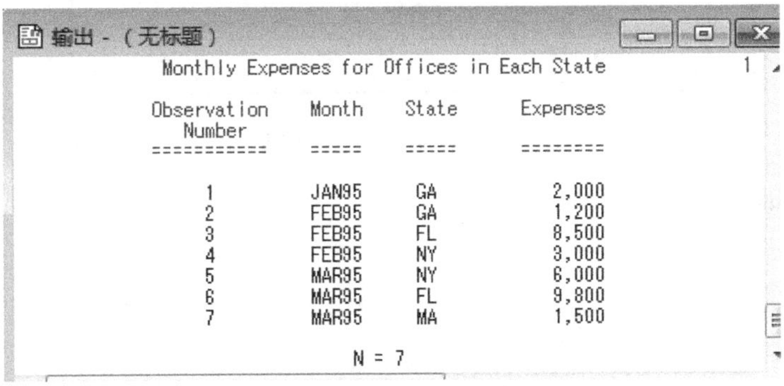

图 5-2　列表报告

5.2　FORMAT 过程

5.2.1　概述

利用 FORMAT 过程可以对字符或数值变量定义一个需要的输出格式。DATA 步中的 PUT 或 FORMAT 语句中的变量及一个含有 FORMAT 语句的过程步中的变量都可以使用该格式。

用输入格式 informats，可以将数字转换为字符串(例如，将 1 转换为 Yes)；将一个字符串转换到另一个不同的字符串(例如，转换'YES'成'OUI')；将一个字符串转成数值(例如，将 Yes 转成 1)；将数字转换为另一个数字(例如，转换 0-9 成 1，转换 10-100 成 2)，等等。

用输出格式，可以将数字值打印为字符值(例如，打印 1 为男，2 为女)；将一个字符串打印成一个不同的字符串(例如，打印 Yes 为 OUI)；使用模板打印数字值(例如，打印 9458763450 为 945-876-3450)。

【例 5-2-1】　现有 6 名学生三门课程的考试成绩。将成绩按 100 ~ 80 为'A'；小于 80、大于等于 60 为'B'；小于 60 为'C'，三个等级显示。

```
* ex5-2-1;
LIBNAME ep 'e:\saslx';
DATA ep.score;
  LENGTH name $ 12;
  INPUT name t1-t3 @@ ;
CARDS;
```

```
WANGDONG 90 70 60 XUEPING 85 95 88 ZHOUHUA 77 84 69
HEYAN     95 78 88 SUNHONG 89 97 87 ZHAOBIN 66 98 86
PROC FORMAT;
    VALUE fsmt low- <60 = 'C' 60- <80 = 'B' 80-100 = 'A';   /*  为格式命名为 fsmt */
PROC PRINT DATA = ep. score;
    FORMAT t1 - t3 fsmt. ;
run;
```

结果如图 5-3 所示。

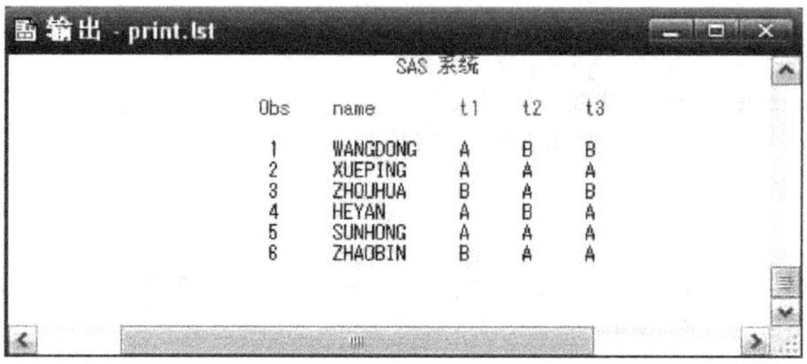

图 5-3　FORMAT 引例

5.2.2　语法说明

1. 语法

```
PROC FORMAT  <option(s)>;
    EXCLUDE entry(s);
    INVALUE  < $ >name  < (informat - option(s)) >  value - range - set(s);
    PICTURE name  < (format - option(s)) >  value - range - set - 1
                  < (picture - 1 - option(s) ) >  < ...value - range - set - n
                  < (picture - n - option(s)) >>;
    SELECT entry(s);
    VALUE  < $ >name  < (format - option(s)) >  value - range - set(s);
```

在同一 FORMAT 过程内，不能同时使用 SELECT 语句和 EXCLUDE 语句。

2. PROC FORMAT 语句

FORMAT 语句的选项：

选　项	作　用
CNTLIN =	指定一个 SAS 数据集从 PROC FORMAT 中建立输入或输出格式
CNTLOUT =	创建一个 SAS 数据集，存储输入或输出格式信息
FMTLIB	关于输入或输出打印信息
MAXLABLEN =	指定在 PROC FORMAT 输出中出现的输入或输出格式的字符数
MAXSELEN =	指定在 PROC FORMAT 输出中出现的起始值和结束值的字符数
NOREPLACE	防止新的输入或输出格式替换现有的同名格式
PAGE	在一个单独的页，打印每个输出和输入格式的信息

LIBRARY = 库逻辑名　当 LIBRARY = 被指定后，FORMAT 过程产生的所有格式都是永久的。这些格式存于逻辑由库名指出的永久目录文件中。要在一个永久目录中检索存储的输入输出格式，库逻辑名一定是 LIBRARY。

3. 在 PROC FORMAT 过程内可以使用的全局语句

语　句	作　用
INVALUE	创建用于读取或转换数据值的一个输入格式

```
PICTURE        创建一个打印数值的模板
VALUE          创建一个指定格式的字符串,用来打印变量的值
VALUE < $ >name < (format - option(s)) > <value - range - set(s) >;
```

4. VALUE 语句

每一 VALUE 语句可定义一种格式，在一个 FORMAT 过程中，可以使用多个 VALUE 语句定义多个格式。如定义的值范围为字符型量，在格式前要加“ $ ”号。

VALUE 语句定义一种输出格式,可把某变量的值按所定义的格式输出。可把数值转变成字符或把字符转变成另一字符。

VALUE 语句中的选项及其作用：

选　项	作　用
default =	指定输出格式的 t 默认长度
fuzz =	指定一个模糊因素以匹配值的一个范围
MAX =	指定输出格式的最大长度
min =	指定输出格式的最小长度
multilabel	对于一个给定的范围或重叠范围指定多个值
notsorted	确定存储的值或范围的顺序

例如：

```
VALUE abc  1 = 'A'  2 = 'B'  3 = 'C';
```

abc. 格式，将数值 1、2、3 分别转变成字符 'A'、'B'、'C'。

```
VALUE agefmt 0-12 = 'CHILD'  13-17 = 'YOUNG'  18-HIGH = 'ADULT';
```

agefmt. 格式，把连续值变为离散值，即年龄为 0 ~ 12 岁的用 'CHILD' 表示；13 ~ 17 岁的用 'YOUNG' 表示；20 岁以上的用 'ADULT' 表示。

```
VALUE  $ sexfmt 'M' = 'MALE'   'F' = 'FEMALE'  OTHER = 'MISCODED';
```

$ sexfmt 格式，在输出时用 'MALE' 代替字符 'M'；用 'FEMALE' 代替字符 'F'。

而 'MISCODE' 代替除 'M' 和 'F' 之外其他任何字符。

注意：范围内不要有重叠区域，例如，下面的语句是错误的：

```
VALUE xxx 1-2 = 'X1'  2-3 = 'X2';
```

因为在数值为 2 时有两种输出格式，将造成混乱。可用下列方法表示不包括范围：

```
VALUE  xxx  1- <2 = 'X1'    2-3 = 'X2';
```

这样数值 2 就只定义为 'X2' 了。

范围说明中可以包括关键字 LOW、HIGH 和 OTHER。LOW 和 HIGH 分别表示变量的最小值和最大值；LOW 不包括缺项值，OTHER 表示一个特殊的范围，此范围包括在其他任何范围中都不包括的值；字符必须放在引号内。

5. PICTURE 语句

创建打印数值的模板：

```
PICTURE name < (format - option(s)) >
 <value - range - set - 1 < (picture - 1 - option(s) ) >
 < ...value - range - set - n < (picture - n - option(s)) >> >;
```

选项:

(1)控制输出格式属性

DATATYPE =　为日期、时间或时间值指定模板

DEFAULT =　指定输出格式的默认长度

DECSEP =　指定数值小数部分的分隔字符

MAX =　指定输出格式的最大长度

MIN =　指定输出格式的最小长度

MULTILABEL　对于一个给定的值、范围和重叠范围指定多个模板

NOTSORTED　依定义的顺序存储值或范围

ROUND　格式化值舍入为最接近的整数

(2)在输出格式中控制每个 picture 的属性

FILL =　指定一个填满输出格式的字符

MULTIPLIER =　指定一个数乘以被格式化之前的变量的值

PREFIX =　为格式化值指定一个字符前缀

6. INVALUE 语句

INVALUE 语句为用于读取和转换原始数据值而创建的一个输入格式。

```
INVALUE < $ > name < (informat - option(s)) >
    < value - range - set(s) > ;
```

name 必须是一个有效的 SAS 名。数字输入格式名可以长达 31 个字符;字符输入格式名长达 30 个字符,但不能以数字结束。

例如:$gender. 输入格式将性别 F、M 分别转换成字符“1”、“2”。

```
invalue $gender 'F' = '1'
                'M' = '2';
```

例如:trial. 输入格式将“A” - “M”转换为数值 1;将“N” - “Z”转换为数值 2;将数值 1 - 3000 转换成数值 3。对于不在此范围的值给出出错信息。

```
invalue trial 'A' - 'M' =1
              'N' - 'Z' =2
              1 - 3000 =3;
```

7. 不同程序步中输入格式和输出格式与变量相关联的区别

在一个 DATA 步中,使用 ATTRIB 或 INFORMAT 语句可永久地关联输入格式与变量;使用 INPUT 函数或 INPUT 语句仅在数据步的持续时间内联系输入格式与变量。

使用 ATTRIB 或 FORMAT 语句可永久关联输出格式与变量;使用 PUT 函数或 PUT 语句仅在数据步的持续时间内联系输出格式与变量。

在 base SAS 软件中,通常在 PROC 步不再定义输入格式,因为数据已经被读取到 SAS 变量中了。

如果在一个过程中,使用 ATTRIB 或 FORMAT 语句关联变量的格式并产生一个输出数据集,在输出数据集中输出格式是永久与变量相关联的。如果在一个过程中,使用这两个语句没产生输出数据集或修改现有的数据集,则两个语句对变量与输出格式的关联,只在 PROC 步的持续时间内有效。

注意：FORMAT 语句与 FORMAT 过程的不同。

FORMAT 和 INFORMAT 语句将现有的输出格式或输入格式(标准的 SAS 或用户定义的)与一个或多个变量关联起来；

FORMAT 过程用来创建用户定义的输出格式或输入格式。

5.2.3　举例

【例 5-2-2】　将 STUDENTS 数据集中的男学生按身高 h 值分档，h <1.70 为'L'；1.69 < =h <1.75 为'M'；而 h > =1.75 为'H'(见图 5-3)。

```
* ex5-2-2;
LIBNAME library 'e: \sasex';        /* 事先在 E:上创建一文件夹'SASEX' */
PROC FORMAT library = library;
VALUE hfmt   LOW- <1.70 = 'L'
             1.70- <1.75 = 'M'
             OTHER = 'H';
RUN;
LIBNAME ep 'e:\saslx';
DATA lmh;
    SET   ep. students;
    IF sex = 'M';
    FORMAT h hfmt. ;
PROC PRINT;
RUN;
```

程序运行结果如图 5-4 所示。

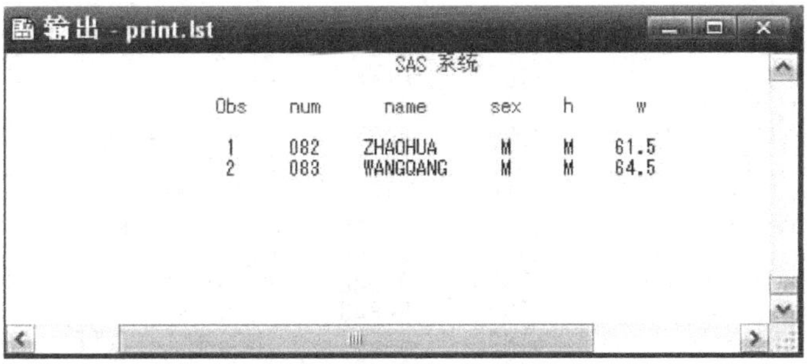

图 5-4　利用 FORMAT 格式化数据

【例 5-2-3】　在数据集中，性别用字符量'1'和'2'表示，在输出时要求用'Male'和'Female'表示，同时按三个年龄组分组进行肺活量的统计描述分析，变量 V 代表肺活量。

```
* ex5-2-3;
PROC FORMAT;
VALUE Agefmt   LOW-20 = '-20'
             20 <-45 = '-45'
             45 <-High = '45-';
VALUE $ sexfmt"1" = "Male"   "2" = 'Female';
DATA Vm;
    LENGTH NAME $ 12;
    INPUT NAME SEX $ AGE V @@ ;
    FORMAT AGE AGEfmt. SEX $ sexfmt. ;
DATA LINES;
```

```
wangdong  1 24 4300  xuping   2 18 4500
zhouhong  2 16 3900  helili   1 25 4100
zhangsan  1 40 3600  chuihong 2 37 3200
jingxuan  2 37 3900  dongdong 1 55 4100
chengcheng 1 58 4000
PROC MEANS;
    CLASS SEX AGE;
    VAR V;
RUN;
```

运行结果如图 5-5 所示。

MEANS 过程

分析变量: V

SEX	AGE	观测的个数	N	均值	标准偏差	最小值	最大值
Male	-45	3	3	4000.00	360.5551275	3600.00	4300.00
	45-	2	2	4050.00	70.7106781	4000.00	4100.00
Female	-20	2	2	4200.00	424.2640687	3900.00	4500.00
	-45	2	2	3550.00	494.9747468	3200.00	3900.00

图 5-5　MEANS 过程的输出

【例 5-2-4】　创建一个使用标准 SAS 输出格式的日期格式。列出 staff 数据集中的老职工，对录用日期早于 1979 年 12 月 31 日的人员给出具体日期。

staff 数据集：

Obs	name	ID	salary	site	HireDate
1	Capalleti, Jimmy	2355	34072	Birmingham UK	01/30/1979
2	Chen, Len	5889	33771	Birmingham UK	02/18/1976
3	Davis, Brad	3878	31509	Plymouth UK	03/30/1980
4	Leung, Brenda	4409	55256	Plymouth UK	04/18/1974
5	Martinez, Maria	3985	78980	Miami USA	07/03/1980
6	Orfali, Philip	740	80648	Miami USA	08/20/1980
7	Patel, Mary	2398	56643	York UK	07/13/1980
8	Smith, Robert	5162	64561	INCORRECT CODE	09/30/1980
9	Sorrell, Joseph	4421	62403	Denver USA	08/31/1980
10	Zook, Carla	7385	37010	York UK	03/10/1980

```
* ex5-2-4;
proc format ;
    value benefit   low - '31DEC1979'd = [worddate20.]
                    '01JAN1980'd - high = '  ** Not Eligible ** ';
run;
libname proclib 'e:\sasdt';
proc print data= proclib.staff noobs label;
   label salary='Salary in U.S. Dollars';
   format  hiredate benefit.;
  title 'PROCLIB.STAFF with a Format for the Variables';
  title2 ' HireDate';
run;
```

格式化结果如图 5-6 所示。

输出 - (无标题)

PROCLIB.STAFF with a Format for the Variables HireDate　　1

name	ID	Salary in U.S. Dollars	site	HireDate
Capalleti, Jimmy	2355	34072	Birmingham UK	January 30, 1979
Chen, Len	5889	33771	Birmingham UK	February 18, 1976
Davis, Brad	3878	31509	Plymouth UK	** Not Eligible **
Leung, Brenda	4409	55256	Plymouth UK	April 18, 1974
Martinez, Maria	3985	78980	Miami USA	** Not Eligible **
Orfali, Philip	740	80648	Miami USA	** Not Eligible **
Patel, Mary	2398	56643	York UK	** Not Eligible **
Smith, Robert	5162	64561	INCORRECT CODE	** Not Eligible **
Sorrell, Joseph	4421	62403	Denver USA	** Not Eligible **
Zook, Carla	7385	37010	York UK	** Not Eligible **

图 5-6　日期格式化结果

【例 5-2-5】 使用 INVALUE 语句将原始字符数据转换为数字值。这个程序将用字母表示的季度员工考核成绩转换为数字值，以便求和，产生全年总评分报告。

```
* ex5-2-5;
libname proclib 'e:\saslx';
libname library 'e:\saslx2';
options nodate pageno=1 linesize=64 pagesize=40;
proc format library=library;
   invalue evaluation 'O'=4
                      'S'=3
                      'E'=2
                      'C'=1
                      'N'=0;
run;
  data proclib.points;
  input EmployeeId $ (Q1-Q4) (evaluation.,+1);
  TotalPoints=sum(of q1-q4);
  datalines;
2355 S O O S
5889 2 2 2 2
3878 C E E E
4409 0 1 1 1
3985 3 3 3 2
0740 S E E S
2398 E E C C
5162 C C C E
4421 3 2 2 2
7385 C C C N
;
proc print data=proclib.points noobs;
   title 'The PROCLIB.POINTS Data Set';
run;
```

程序运行结果如图 5-7 所示。

输出 - (无标题)

The PROCLIB.POINTS Data Set　　1

Employee Id	Q1	Q2	Q3	Q4	Total Points
2355	3	4	4	3	14
5889	2	2	2	2	8
3878	1	2	2	2	7
4409	0	1	1	1	3
3985	3	3	3	2	11
0740	3	2	2	3	10
2398	2	2	1	1	6
5162	1	1	1	2	5
4421	3	2	2	2	9
7385	1	1	1	0	3

图 5-7　创建输入格式将字符转成数字结果

【例 5-2-6】 将同一范围内的大、小写字母进行转换。

```
* ex5-2-6;
data train;
input Name $17.  Test $  IdNumber $;
datalines;
Capalleti Jimmy    A    2355
Chen Len           A    5889
Davis Brad         a    3878
Leung Brenda       f    4409
Martinez Maria     C    3985
Orfali Philip      c    0740
Patel Mary         A    2398
Smith Robert       l    5162
Sorrell Joseph     C    4421
Zook Carla         x    7385
;
proc format;
      value $skilltest  'a'-<'e','A'-<'E'='Test A'
                 'e'-<'m','E'-<'M'='Test B'
                 'm'-'z~','M'-'Z~'='Test C';
proc print;
  format test  $skilltest.;
  run;
```

运行结果如图 5-8 所示。

输出 - (无标题)

Test Assignment for Each Employee

2013年10月14日

Obs	Name	Test	Id Number
1	Capalleti Jimmy	Test A	2355
2	Chen Len	Test A	5889
3	Davis Brad	Test A	3878
4	Leung Brenda	Test B	4409
5	Martinez Maria	Test A	3985
6	Orfali Philip	Test A	0740
7	Patel Mary	Test A	2398
8	Smith Robert	Test B	5162
9	Sorrell Joseph	Test A	4421
10	Zook Carla	Test C	7385

图 5-8　大小写字母的转换

【例 5-2-7】　填充 Picture 输出格式。

这个例子用指定的字符前缀格式化的值；用指定的字符填充前导的空格；显示 FILL = and PREFIX = 选项之间的相互作用。

```
* ex5-2-7;
options nodate pageno=1 linesize=64 pagesize=40;
  data pay;
  input Name $ MonthlySalary;
  datalines;
Liu     1259.45
Lars    1289.33
Kim     1439.02
Wendy   1675.21
Alex    1623.73
;
  proc format;
  picture salary low-high='00,000,000.00' (fill='*' prefix='$');
proc print data=pay noobs;
  format monthlysalary salary.;
    title 'Printing Salaries for a Check';
run;
```

运行结果如图 5-9 所示。

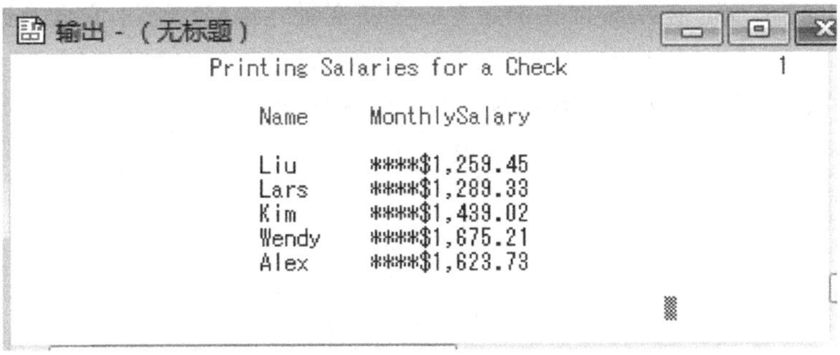

图 5-9　填充格式化

【例 5-2-8】　在 PICTURE 语句中使用 mult = 和 prefix = 选项。将原来的 salary 值乘以 1.5 并加上前缀“$”。

```
* ex5-2-8
libname proclib 'e:\saslx';
libname library 'e:\saslx2';
options nodate pageno=1 linesize=80 pagesize=40;
  proc format library=library;
      picture uscurrency low-high='000,000' (mult=1.5 prefix='$');
proc print data=proclib.staff noobs label;
  label salary='Salary in U.S. Dollars';
  format salary uscurrency. Hiredate date10.;
  title 'PROCLIB.STAFF with a Format for the Variable Salary';
run;
```

运行结果如图 5-10 所示。

输出 - (无标题)

PROCLIB.STAFF with a Format for the Variable Salary 1

name	ID	Salary in U.S. Dollars	site	HireDate
Capalleti, Jimmy	2355	$51,108	Birmingham UK	30JAN1979
Chen, Len	5889	$50,656	Birmingham UK	18FEB1976
Davis, Brad	3878	$47,263	Plymouth UK	30MAR1980
Leung, Brenda	4409	$82,884	Plymouth UK	18APR1974
Martinez, Maria	3985	118,470	Miami USA	03JUL1980
Orfali, Philip	740	120,972	Miami USA	20AUG1980
Patel, Mary	2398	$84,964	York UK	13JUL1980
Smith, Robert	5162	$96,841	INCORRECT CODE	30SEP1980
Sorrell, Joseph	4421	$93,604	Denver USA	31AUG1980
Zook, Carla	7385	$55,515	York UK	10MAR1980

图 5-10　使用 PICTURE 语句创建的格式输出

5.3　TRANSPOSE 过程

5.3.1　概述

TRANSPOSE 过程把一个数据集进行转置，使观测和变量的位置互换。

TRANSPOSE 过程读一个 SAS 数据集，并且建立一个新的数据集作为它的唯一输出。原数据矩阵的行变成列，而列则变成行。新数据集的变量对应原数据集的观测，而新数据集的观测对应于原数据集的变量。TRANSPOSE 在新数据集中建立一个新变量"_NAME_"，它含有原数据集中被转置的变量名。

【例 5-3-1】　如下语句运行将产生如图 5-11 所示的输出。

```
* ex5-3-1;
OPTIONS NODATE;
DATA A;
    INPUT A B C;
CARDS;
1 2 3
4 5 6
    ;
PROC TRANSPOSE;
PROC PRINT;
    TITLE 'SIMPLE TRANSPOSE EXAMPLE';
RUN;
```

输出 - (无标题)

SIMPLE TRANSPOSE EXAMPLE

Obs	_NAME_	COL1	COL2
1	A	1	4
2	B	2	5
3	C	3	6

图 5-11　转置后的数据集

5.3.2 语句说明

PROC TRANSPOSE 中使用的语句：

```
PROC TRANSPOSE 选项;
VAR 变量;
ID 变量;
IDLABEL 变量;
COPY 变量;
BY 变量;
```

1. PROC TRANSPOSE 语句

语句格式：

```
PROC TRANSPOSE 选项;
```

以下各选项可以出现在 PROC TRANSPOSE 语句中：

DATA = 数据集　指定一个将要被转置的 SAS 数据集。如果"DATA ="被省略，那么转置最新建立的 SAS 数据集。

PREFIX = 名　指定一个前缀，用来构成新的变量名。如果"PREFIX = VAR"，那么转置后的新变量名将分别是 VAR1，VAR2，…，VARn 等。

OUT = 数据集　指定转置所建立的新的 SAS 数据集名，如果打算建立一个永久性 SAS 数据集，必须给出一个二级名。

如果"OUT ="被省略，SAS 系统仍要建立一个输出数据集，按 DATAn 惯例自动地命名为 DATAn，就像在 DATA 语句中省略了数据集名一样。

NAME = 名　为输出数据集中所含的输入数据集的被转置的变量提供名字，如果不指出"NAME ="，则变量自动地被建立，且命名为"_ NAME _"。

LABEL = 名　对输出数据集中的变量提供一个名字，该变量含有输入数据集中被转置的变量的标记。如果 LABEL = 没被说明，并且至少一个正被转置的变量有一个标记，那么变量被自动地建立并命名为"_ LABEL _"。

LET　允许数据集中 ID 变量有重复值，如果使用了 BY 语句，则允许在 BY 组内 ID 变量有重复值。此时含有相同 ID 值的最后一个观测被转置。

2. VAR 语句

```
VAR 变量;
```

VAR 语句列出将被转置的变量，数值型的和字符型的变量都可以。如果 VAR 语句没被使用，则原数据集中在其他语句中没有列出的所有数值变量都要被转置。如果字符变量要被转置的话，它必须列在 VAR 语句中。不被转置的变量不进入新的数据集，除非在 COPY 或 BY 语句中列出它们。

PROC TRANSPOSE 可以和 BY 语句一起使用，从而以各种方式重新排列一个复杂的数据集。

【例 5-3-2】 收集了两种鱼(Mugil Curema 和 Atlantic Menhanden)的长度和重量的样本。在数据搜集过程中，一种方便的办法是一次输入日期和种类，然后在同一行上给出一串测量值。因此，每一行代表一个特定的样本组和日期。

然而，需要两个数据集，一个对每个长度值含有独立的观测，另一个对每一个重量值含有独立的观测。每个数据集中还必须指明对应于每一长度或重量测量的分组、种类和日期。以下语句将产生图 5-12 所示的输出。

```
* ex5-3-2;
DATA FISHDATA;
  INPUT GROUP DATE DATE7. SPECIES $ L1 W1 L2 W2 L3 W3 L4 W4;
  FORMAT DATE DATE7. ;
CARDS;
1 2JUN84   CUR 31   .25 32 .3   32 .25 33 .3
2 2JUN84   CUR 30   .20   36   .45   33   .25   36   .35
3 2JUN84   CUR 32   .35   32   .25   33   .30   .     .
1 11JUL84   MEN 72   4.0   82   5.5   70   4.0   79   4.3
1 14JUL84   MEN 79 4.1 78 3.8 80 3.8 74 3.6
1 13AUG84   MEN 86 7.0 83 5.4   89 7.6   80 4.9
PROC SORT;
  BY SPECIES DATE GROUP;
PROC TRANSPOSE DATA = FISHDATA OUT = LENGTH;
  BY SPECIES DATE GROUP;
  VAR L1-L4;
PROC PRINT;
  TITLE 'NEW DATA SET WITH LENGTH MEASUREMENTS';
/*  PROC TRANSPOSE DATA = FISHDATA OUT = WEIGHT;
  BY SPECIES DATE GROUP;
  VAR W1-W4;
PROC PRINT;
  TITLE 'NEW DATA SET WITH WEIGHT MEASUREMENTS';*/
RUN;
```

输出 - (无标题)

NEW DATA SET WITH LENGTH MEASUREMENTS

Obs	SPECIES	DATE	GROUP	_NAME_	COL1
1	CUR	02JUN84	1	L1	31
2	CUR	02JUN84	1	L2	32
3	CUR	02JUN84	1	L3	32
4	CUR	02JUN84	1	L4	33
5	CUR	02JUN[illegible]	2	L1	30
6	CUR	02JUN84	2	L2	36
7	CUR	02JUN84	2	L3	33
8	CUR	02JUN84	2	L4	36
9	CUR	02JUN84	3	L1	32
10	CUR	02JUN84	3	L2	32
11	CUR	02JUN84	3	L3	33
12	CUR	02JUN84	3	L4	.
13	MEN	11JUL84	1	L1	72
14	MEN	11JUL84	1	L2	82
15	MEN	11JUL84	1	L3	70
16	MEN	11JUL84	1	L4	79
17	MEN	14JUL84	1	L1	79
18	MEN	14JUL84	1	L2	78
19	MEN	14JUL84	1	L3	80
20	MEN	14JUL84	1	L4	74
21	MEN	13AUG84	1	L1	86
22	MEN	13AUG84	1	L2	83
23	MEN	13AUG84	1	L3	89
24	MEN	13AUG84	1	L4	80

图 5-12　含有每一观测长度测量的新数据集

3. ID 语句

```
ID 变量;
```

ID 语句使 ID 变量的格式化值成为新数据集中转置变量的名。在原数据集中，ID 变量的格式化值不得重复。如果使用了 ID 语句，ID 值为缺项的观测将从新数据集中删去。

【例 5-3-3】　如下程序产生的转置如图 5-7 所示。

```
* ex5-3-3;
DATA C;
    INPUT A B V $ ;
CARDS;
1  2  X
3  4  Y
5  6  Z
7  8
;
PROC TRANSPOSE;
    ID V;
PROC PRINT;
    TITLE 'TRANSPOSING WITH AN ID STATEMENT';
RUN;
```

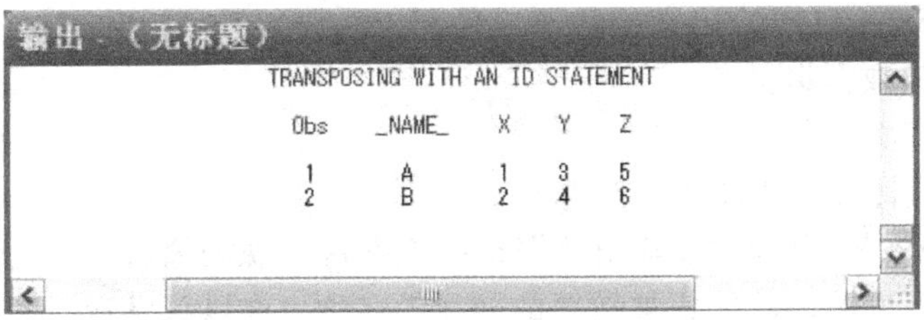

图 5-13　使用 ID 语句的转置

4. COPY 语句

```
COPY 变量;
```

COPY 语句中的所有变量将不转置，直接从输入数据集复制到输出数据集中。输出数据集中的观测数与输入集中的观测数相等。如果输入数据集中的观测数不等于转换的变量数，则在输出集中补加缺项值。例如，下列语句输出如图 5-14 所示。

【例 5-3-4】

```
* ex5-3-4;
DATA D;
    INPUT A B C;
CARDS;
1  2  3
4  5  6
7  8  9
11  12  13
;
PROC TRANSPOSE;
    COPY C;
PROC PRINT;
    TITLE 'TRANSPOSING WITH A COPY STATEMENT';
RUN;
```

5. BY 语句

```
BY 变量表;
```

BY 语句使 PROC TRANSPOSE 按 BY 组转置，BY 变量被包括在输出数据集中，但不被转置。BY 语句要求输入数据集中的观测事先已按 BY 变量的值顺序排列。

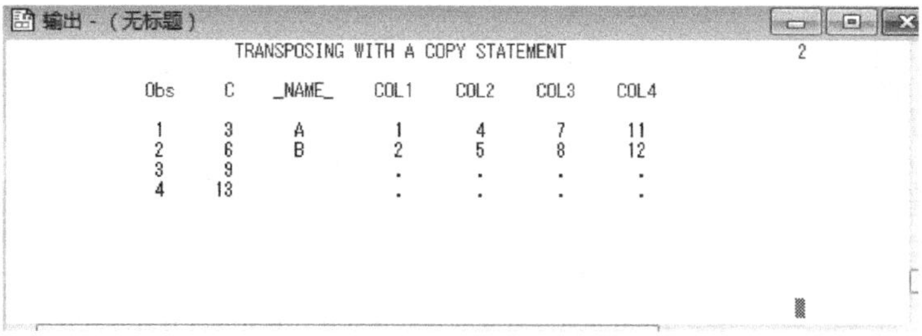

Obs	C	_NAME_	COL1	COL2	COL3	COL4
1	3	A	1	4	7	11
2	6	B	2	5	8	12
3	9		.	.	.	.
4	13		.	.	.	.

图 5-14　使用 COPY 语句的转置

6. 输出数据集

无论是否在 PROC TRANSPOSE 语句中指定了 OUT = 选项，转置过程总是产生一个输出数据集。PROC TRANSPOSE 不打印输出数据集。应使用 PROC PRINT，PROC REPORT 或一些其他的 SAS 报表工具打印输出数据集。

输出数据集包含下列变量：

(1)每个变量的值转置成结果的一个观测。

(2)PROC TRANSPOSE 创建的在输出数据集中识别每个观测值源的一个变量，这个变量是一个字符变量，它的值是从输入数据集被转置的变量的名称。在默认情况下，PROC TRANSPOSE 命名此变量为_name_。

为了覆盖默认的名称，使用 name = 选项。_name_变量的标签是 NAME OF FORMER VARIABLE。

(3)当使用 BY 或 COPY 语句时，PROC TRANSPOSE 从输入数据集复制的变量，具有与它们在输入数据集相同的名称和值。

(4)一个字符变量的值是转置变量的标签(如果被转置的变量有标签)。使用 LABEL = 选项指定变量的名字，默认为_label_。

注意：如果 LABEL = 选项或 NAME = 选项的值和出现在 BY 或 COPY 语句中的变量相同，则输出数据集不包含被转置的变量的名称或标记。

【例 5-3-5】　使用前缀 prefix。

```
* ex5-3-5;
options nodate pageno =1 linesize =80 pagesize =40;
data score;
input studentid $ test1 test2 test3;
datalines;
020207 90 99 98
020208 61 59 90
020109 77 67 87
020301 88 99 90
010111 79 90 89
010210 72 59 88
;
proc transpose data = score out = idnumber name = Test
     prefix = sn;
    id studentid;
    proc print;
run;
```

运行结果如图 5-15 所示。

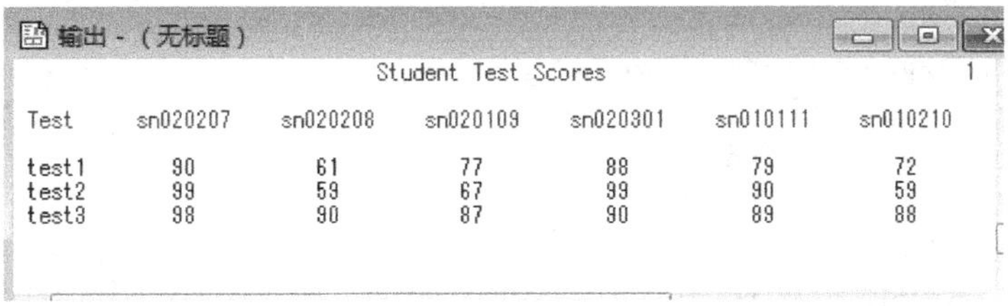

Student Test Scores　　1

Test	sn020207	sn020208	sn020109	sn020301	sn010111	sn010210
test1	90	61	77	88	79	72
test2	99	59	67	99	90	59
test3	98	90	87	90	89	88

图 5-15　转置时使用前缀

【例 5-3-6】　有选择的转置，对观测中的长度变量进行转置，转置后长度变量名为 Measurement。

```
options nodate pageno=1 linesize=80 pagesize=40;
* ex5-3-6;
 data fishdata;
   infile datalines missover;
   input Location & $10. Date date7.
         Length1 Weight1 Length2 Weight2 Length3 Weight3
         Length4 Weight4;
   format date date7.;
   datalines;
Cole Pond   2JUN95 31 .25 32 .3  32 .25 33 .3
Cole Pond   3JUL95 33 .32 34 .41 37 .48 32 .28
Cole Pond   4AUG95 29 .23 30 .25 34 .47 32 .3
Eagle Lake  2JUN95 32 .35 32 .25 33 .30
Eagle Lake  3JUL95 30 .20 36 .45
Eagle Lake  4AUG95 33 .30 33 .28 34 .42
;
  proc transpose data=fishdata
     out=fishlength(rename=(col1=Measurement));
     var length1-length4;
     by location date;
run;
  proc print data=fishlength noobs;
   title 'Fish Length Data for Each Location and Date';
run;
```

INPUT 语句中的“&”表示一个字符的值可以有一个或多个单嵌入空格。这种格式修饰符从下一个非空白列读取，直到指针达到两个连续的空白值、变量的定义长度或输入行的末端，以先到者为准。

运行结果如图 5-16 所示。

【例 5-3-7】　当 ID 变量有重复值时，使用 BY 语句，使含有相同 ID 值的最后一个观测被转置，并且命名为转置变量。

```
* ex5-3-7;
options nodate pageno=1 linesize=64 pagesize=40;
  data stocks;
    input Company $14. Date $ Time $ Price;
    datalines;
Horizon Kites jun11 opening 29
Horizon Kites jun11 noon    27
Horizon Kites jun11 closing 27
Horizon Kites jun12 opening 27
Horizon Kites jun12 noon    28
```

```
Horizon Kites jun12 closing 30
SkyHi Kites   jun11 opening 43
SkyHi Kites   jun11 noon    43
SkyHi Kites   jun11 closing 44
SkyHi Kites   jun12 opening 44
SkyHi Kites   jun12 noon    45
SkyHi Kites   jun12 closing 45
;
proc transpose data = stocks out = close let;
   by company;
   id date;
run;
  proc print data = close noobs;
  title 'Closing Prices for Horizon Kites and SkyHi Kites';
run;
```

运行结果如图 5-17 所示。

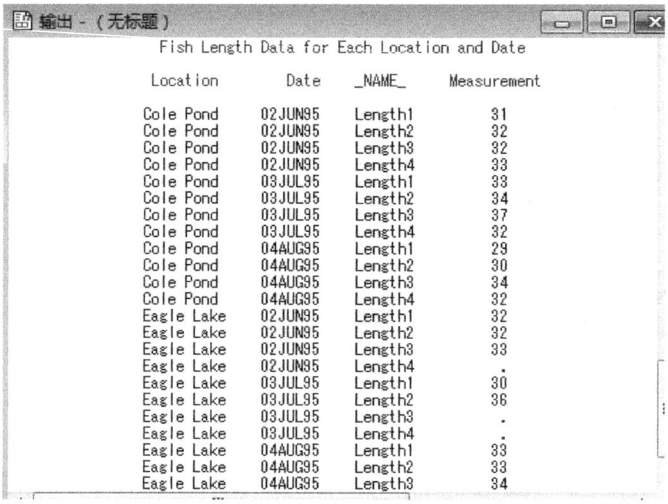

输出 - (无标题)

Fish Length Data for Each Location and Date

Location	Date	_NAME_	Measurement
Cole Pond	02JUN95	Length1	31
Cole Pond	02JUN95	Length2	32
Cole Pond	02JUN95	Length3	32
Cole Pond	02JUN95	Length4	33
Cole Pond	03JUL95	Length1	33
Cole Pond	03JUL95	Length2	34
Cole Pond	03JUL95	Length3	37
Cole Pond	03JUL95	Length4	32
Cole Pond	04AUG95	Length1	29
Cole Pond	04AUG95	Length2	30
Cole Pond	04AUG95	Length3	34
Cole Pond	04AUG95	Length4	32
Eagle Lake	02JUN95	Length1	32
Eagle Lake	02JUN95	Length2	32
Eagle Lake	02JUN95	Length3	33
Eagle Lake	02JUN95	Length4	.
Eagle Lake	03JUL95	Length1	30
Eagle Lake	03JUL95	Length2	36
Eagle Lake	03JUL95	Length3	.
Eagle Lake	03JUL95	Length4	.
Eagle Lake	04AUG95	Length1	33
Eagle Lake	04AUG95	Length2	33
Eagle Lake	04AUG95	Length3	34

图 5-16　有选择的转置

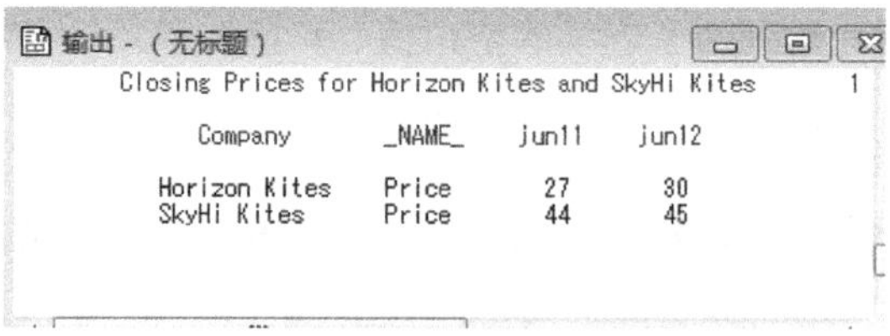

输出 - (无标题)

Closing Prices for Horizon Kites and SkyHi Kites　　1

Company	_NAME_	jun11	jun12
Horizon Kites	Price	27	30
SkyHi Kites	Price	44	45

图 5-17　当 ID 变量有重复值且命名为转置变量时

5.4　查 询 数 据

5.4.1　概述

结构化查询语言（SQL）是一种在关系数据库中广泛使用的语言，用于查询和更新数据表中的数据，以及基于表的数据视图的查询和加工。

PROC SQL 是 SQL 在 SAS 中的实现。使用 PROC SQL，可以

- 创建表、视图，以及向表中插入行创建索引；
- 查询和处理存储在一个或多个表或视图中的数据；
- 创建包含查询结果行中的值的 SAS 宏变量；
- 添加或修改表列中的数据，插入和删除行(记录)、列(字段)；
- 对表进行纵向连接和横向合并；
- 直接连接外部数据库，向数据库管理系统(DBMS)发送 DBMS 专有的 SQL 语句，以及检索 DBMS 数据。

1. PROC SQL 术语

1)PROC SQL 表

一个 PROC SQL 表是 SAS 数据文件的代名词，并有数据成员的类型。可以使用 PROC SQL 表输入数据到数据步和过程中。表中的一行与 SAS 数据文件的观测相同，一列与一个变量一样。

可以从 SAS 数据文件、SAS 数据视图或数据库表，使用 PROC SQL 的 Pass - Through Facility 技术或 SAS / ACCESS LIBNAME 语句创建 PROC SQL 表。

2)视图

SAS 数据视图被命名和存储供以后使用而定义的一个虚拟数据集。一个 PROC SQL 视图是由 PROC SQL 创建的一个 VIEW 类型的 SAS 数据集。一个 PROC SQL 视图不包含数据。这是一个存储的查询表达式，用来从基础的文件(包括 SAS 数据文件、SAS /ACCESS 视图、数据步视图、其他 PROC SQL 视图或 DBMS 数据)中读取数据值。

有三种 SAS 数据视图：

```
PROC SQL views
SAS/ACCESS views
DATA step views
```

在查询中可以参考视图，如它们是表一样。视图是从在 FROM 子句中列出的表或视图派生的数据。

SQL 分为两个部分：数据操作语言（DML）和数据定义语言（DDL）。查询和更新指令构成了 SQL 的 DML 部分；SQL 的数据定义语言（DDL）部分使我们有能力创建或删除表格、定义索引(键)、规定表间的链接，以及施加表间的约束。

可以将 SAS 数据集的大部分选项(如 KEEP = 和 DROP = 等)以空格分隔，由括号括起放在表或视图名称后，任意多次应用到 PROC SQL 中。

SQL 过程可以提供简单且灵活的数据分析方式。像其他 SAS 过程一样，可应用 SAS 语言元素，如全局语句、数据集选项、函数、输入格式和输出格式。

SQL 过程不需要 PRINT 过程就可输出结果。

PROC SQL 执行“结构化查询语言”，它的处理方式与其他 Base SAS 过程略有不同。

2. 语法

```
DROC SQL〈选项〉;
  ALTER TABLE 语句;          变更(改变)数据库表
  ALTER DATABASE 语句;       修改数据库
  CONNECT 语句;              建立一个与 SAS / ACCESS 软件所支持的数据库管理系统的连接
  CREATE DATABASE 语句;      创建新数据库
```

```
    CREATE INDEX 语句;          创建索引(搜索键)
    CREATE TABLE 语句;          创建新表
    CREATEVIEW 语句;            创建新视图
    DELETE 语句;                从数据库表中删除数据
    DROP TABLE 语句;            删除表
    DROP INDEX 语句;            删除索引
    INSERT INTO 语句;           向数据库表中插入数据
    SELECT 语句;                从数据库表中获取数据
    UPDATE 语句;                更新数据库表中的数据
QUIT;
```

SQL 过程的中每一条语句都有各自的功能和特点，不区分大小写，用“QUIT;”结束。

5.4.2 PROC SQL 语句

PROC SQL 语句将调用 SQL 过程。与其他许多过程语句不同，PROC SQL 语句不需要指定输入数据源。语句中可供设置的选项：

DOUBLE | NODOUBLE	表示是否在相邻的记录间插入一空行，默认值为 NODOUBLE。
DQUOTE = ANSI | SAS	指定把双引号中的内容认定为变量还是字符。ANSI 表示认定为变量；SAS 表示认定为字符，默认值为 SAS。
INOBS =	用来限制 SQL 过程从单个数据源获取的最大行数(观测数)。
LOOPS =	用来限制 SQL 过程运行时内循环的最大次数。
PRINT |NOPRINT	指定是否显示不必要的计算结果，默认值为 PRINT。

5.4.3 CREATE TABLE 语句

CREATE TABLE 有三种语法格式：

```
① CREATE TABLE table - name
  (column - specification <, ...column - specification | constraint - specification >) ;
② CREATE TABLE table - name LIKE table - name2;
③ CREATE TABLE table - name AS query - expression
       < ORDER BY order - by - item <, ... order - by - item >>;
```

【例 5-4-1】 创建一个 paylist 表。

```
* ex5-4-1;
libname proclib 'e:/saslx';
proc sql;
  create table proclib.paylist
    (IdNum char(4),
    Gender char(1),
    Jobcode char(3),
    Salary num,
    Birth num informat = date7. format = date7.,
    Hired num informat = date7. format = date7.);
```

表中的 6 个字段 IdNum c, 4；Gender c, 1；Jobcode c, 3；而 Salary、Birth 为 n 型，输入输出格式皆为 date7.；Hired n，输入输出格式皆为 date7.。

在 e:\SASLX 下创建了空的 paylist，表中各列如图 5-18 所示。

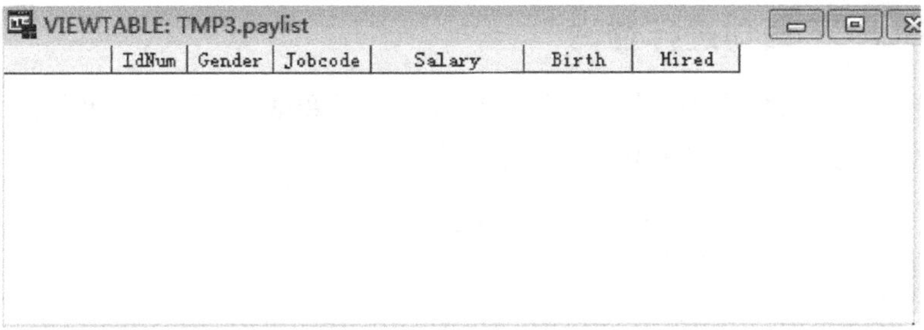

图 5-18　各字段名

5.4.4　用 INSERT INTO 语句向表中插入数据

有三种方式可向表中插入数据，语法格式：

```
① INSERT INTO table-name |sas/access-view |proc-sql-view <(column<,...column>)>
        SET column=sql-expression <, ... column=sql-expression>
        <SET column=sql-expression <, ... column=sql-expression>>;
② INSERT INTO table-name |sas/access-view |proc-sql-view <(column<, ... column
>)>
        VALUES (value <, ... value>) <... VALUES (value <, ... value>)>;
③ INSERT INTO table-name |sas/access-view |proc-sql-view
   <(column<, ...column>)> query-expression;
```

【例 5-4-2】　向前面创建的 paylist 表中插入数据。

```
* ex5-4-2;
libname proclib 'e:/saslx';
proc sql;
insert into proclib.paylist
    values('1639','F','TA1',42260,'26JUN70'd,'28JAN91'd)
        values('1065','M','ME3',38090,'26JAN54'd,'07JAN92'd)
        values('1400','M','ME1',29769.'05NOV67'd,'16OCT90'd)
    values('1561','M',null,36514,'30NOV63'd,'07OCT87'd)
        values('1221','F','FA3',.,'22SEP63'd,'04OCT94'd);

quit;
```

运行上面的程序，用 values 语句向表 paylist 中插入了 6 条记录。运行日志如图 5-19 所示。

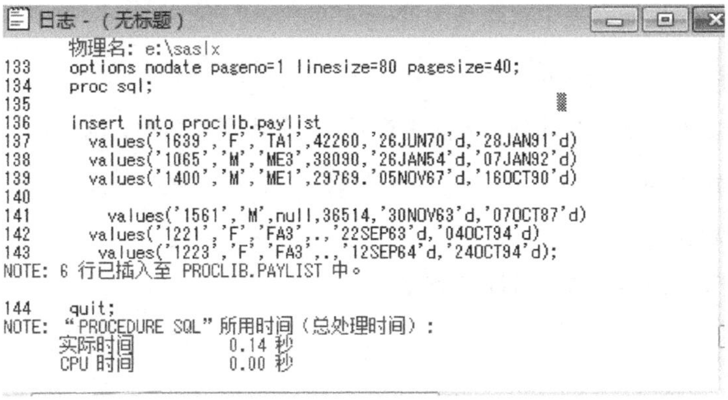

```
日志 - (无标题)
      物理名: e:\saslx
133    options nodate pageno=1 linesize=80 pagesize=40;
134    proc sql;
135
136    insert into proclib.paylist
137      values('1639','F','TA1',42260,'26JUN70'd,'28JAN91'd)
138      values('1065','M','ME3',38090,'26JAN54'd,'07JAN92'd)
139      values('1400','M','ME1',29769.'05NOV67'd,'16OCT90'd)
140
141        values('1561','M',null,36514,'30NOV63'd,'07OCT87'd)
142      values('1221','F','FA3',.,'22SEP63'd,'04OCT94'd)
143       values('1223','F','FA3',.,'12SEP64'd,'24OCT94'd);
NOTE: 6 行已插入至 PROCLIB.PAYLIST 中。

144    quit;
NOTE: “PROCEDURE SQL”所用时间（总处理时间）:
      实际时间          0.14 秒
      CPU 时间          0.00 秒
```

图 5-19　程序运行日志

5.4.5 用 SELECT 语句进行查询

SELECT 语句用于从表中查询数据，结果存储在一个结果表中(称为结果集)。SELECT 语句不单独使用，除了必要的子句外，还有可选的子句。格式：

```
SELECT 〈DISTINCT〉 object-item〈, …object-item>
    FROM table_name | view_name
     <WHERE expression>
     <GROUP BY column(s)>
     <HAVING expression>
     <ORDER BY column(s)>;
```

SELECT 语句是一个整体，从开始到结束只有一个分号“；”，使用时要注意这个格式。

(1) SELECT 从句

SELECT 从句选择要查看的存储在表中各列对应的数据。参数如下：

星号(*)用于指示表中所有的列作为输出的一部分来显示。

“DISTINCT”选项用于消除重复的行。

(2) FROM 从句

FROM 从句指出数据源。

(3) WHERE 从句

规定进行 SELECT 操作时必须满足的条件。“expression”是一个条件，也可以是多个条件；如果为多个条件，它们之间用“and”或“or”操作符连接。

(4) GROUP BY 从句

用于指定在进行汇总时如何对数据分组，“column(s)”表示据以分组的列的名称。

(5) HAVING 从句

在 SELECT 语句中，当 having 从句与 group by 一起使用时，给 group by 建的组设置条件。基于指定的条件对数据进行分组。

(6) ORDER BY 从句

用于对表或视图进行排序，使选择的输出以一定的形式排列。例如“... order by age, weight asc...”表示先按“age”，再按“weight”进行升序排序。

(7) DISTINCT 从句

在表中可能会包含重复值。使用 DISTINCT 仅列出唯一的值。

从名为“Persons”的数据库表中获取名为“Name”和“sex”列的内容：

```
SELECT Name,sex FROM Persons
```

若从“Persons”表中选取所有的列，可使用符号 * 取代列的名称，例如：

```
SELECT *  FROM Persons
```

星号“ * ”是选取所有列的快捷方式。

【例 5-4-3】 列出 paylist 表中男性的数据。

```
* ex5-4-3;
libname proclib 'e:/saslx';
   proc sql;
          title 'PROCLIB.PAYLIST Table';
```

```
        select *                          /* 输出所有列(字段)              */
        from proclib.paylist              /* 从 paylist 表中读数据         */
        where Gender = 'M';               /* 仅显示性别为男的记录          */
    quit;
```

程序运行结果如图 5-20 所示。

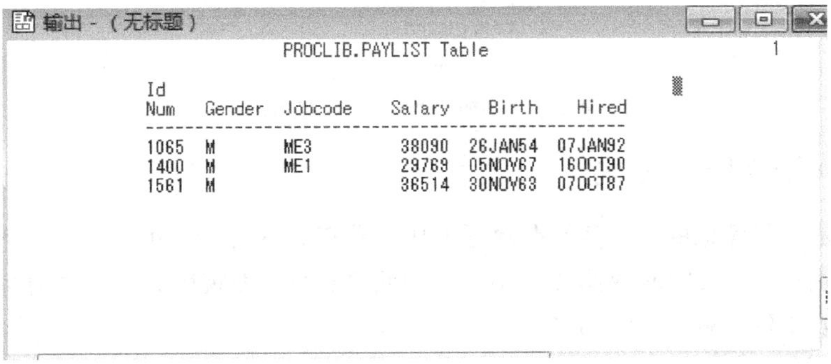

图 5-20　SELECT 语句用法

在 e:\saslx 下有一个永久数据集 salsrep。其结构和内容：

EMPNUM	EMPNAME $	EMPYEARS	EMPCITY $20.	EMPTITLE $9.
101	Herb	28	Ocean City	president
201	aetty	8	Ocean City	manager
213	Joe	2	Virginia Beach	salesrep
214	Jeff	1	Virginia Beach	salesrep
215	Wanda	10	Ocean City	salesrep
216	Fred	6	Ocean Citv	salesrep
314	Marvin	5	Wilmington	salesrep
318	Nick	1	Myrtle Beach	salesrep
401	Chuck	12	Charleston	manager
417	Sam	7	Charleston	salesrep

【例 5-4-4】 从数据集 salsrep 中，使用下面的 SQL 过程显示销售服务的城市，各城市仅选取唯一且不同的值。

```
* ex5-4-4;
libname salelib 'e:/saslx';
options nodate;
proc sql;
    title 'City of service';
    SELECT DISTINCT empcity, empyears
        FROM salelib.salsrep
        where   emptitle = 'salesrep';
quit;
```

输出如图 5-21 所示。

如果要从 salsrep 表的“empcity”列中选取所有的值，可使用

```
SELECTempcity FROM salsrep;
```

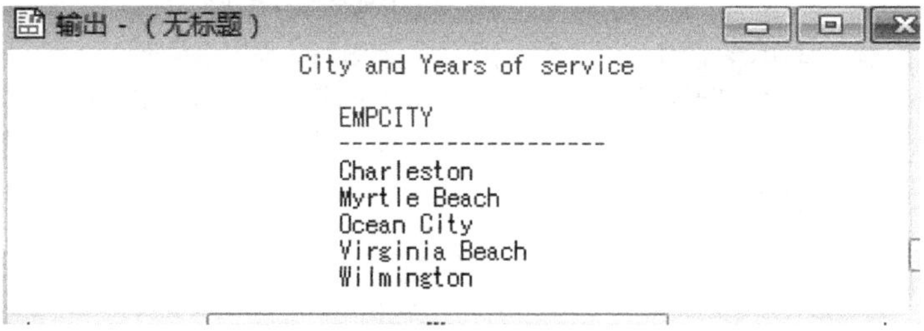

图 5-21　SELECT DISTINCT 应用

5.4.6　CREATE VIEW 语句

视图(view)是一张虚拟的表，存储在数据库中，具有表的外观，可以像表一样对其进行存取。它和表的主要区别在于，表中的数据要占用内存空间来存储，而视图并不需要存储空间。

(1) 从一个表中创建视图，语句格式：

```
CREATE VIEW view_name AS
    SELECT <* |column1, column2… >
    FROM table_name
    <WHERE expression1, expression2, … >
```

(2) 从已存在的视图中创建一个视图，语句格式：

```
CREATE VIEW view_name AS
    SELECT * |column1, column2….
    FROM view_name;
```

5.4.7　DELETE 语句

DELETE 语句用于从表中或视图中删除整行的数据，但是记录删除后无法恢复。格式：

```
DELETE
FROM table_name
<WHERE expression>;
```

5.4.8　DROP 语句

DROP 语句的作用是删除表、视图与索引，释放表或视图的存储单元。

(1) "删除表" 格式：

```
DROP TABLE table_name1, table_name2…;
```

(2) "删除视图"格式：

```
DROP VIEW view_name1, view_name2…;
```

(3) "删除索引"格式：

```
DROP INDEX index_name1, index_name2… FROM table_name;
```

5.4.9　举例

【例 5-4-5】　假定希望对工资信息创建两个查询。在第一个查询中，希望检索数据，计算每种职位代码中雇员的数目、平均年龄和平均工资；在第二个查询中，希望创建一个新表，其中包含每位雇员的工资和奖金信息。以下程序说明如何执行这些任务。

```
options nodate;
* ex5-4-5;
DATA payroll;
   INPUT ID $ sex $ jobcode $
         salary birth date7. @@ ;
   FORMAT birth mmddyy8. ;
DATALINES;
1009 M TA1 28880 02MAR59   1017 M TA3 40858 28DEC57
1036 F TA3 39392 19MAY65   1037 F TA1 28558 10APR64
1038 F TA1 26533 09NOV69   1050 M ME2 35167 14JUL63
1065 M ME2 35090 26JAN44   1076 M PT1 66558 14OCT55
1094 M FA1 22268 02APR70   1100 M BCK 25004 01DEC60
PROC SQl;
SELECT jobcode,
     COUNT(jobcode) AS number LABEL='人数',
     AVG (INT((today()-birth)/365.25))AS AVGAGE   /* AVG是求算术平均值函数 */
        FORMAT=2. label='平均年龄',
     AVG (salary) AS avgsal
        FORMAT=dollar8. LABEL='平均工资'
  FROM payroll
  GROUP BY jobcode
  HAVING avgage GE 30;
QUIT;

/*  create a new table from a query */
PROC SQL;
CREATE TABLE bonus AS
  SELECT ID,salary FORMAT=dollar8. LABEL='工资',
         salary* .025 as Bonus FORMAT=dollar8. LABEL='奖金'
    FROM payroll;
SELECT *
  FROM bonus;
QUIT;
```

程序说明：

SELECT 子句为视图指定了四列：jobcode、number、avgage 和 avgsal，后三列的值是函数生成的结果。数据按 jobcode 分组，COUNT 将返回每种职位代码的非缺失值的数目。

LABEL=指定该列的标签。

```
FROM payroll
```

FROM 子句指定要从 payroll 表中选择数据。

```
GROUP BY jobcode
```

GROUP BY 子句根据 jobcode 的值对数据分组，根据 jobcode 的值对每组计算汇总统计量。

```
HAVING avgage GE 30;
```

HAVING 子句对 GROUP By 分组设置条件，返回平均年龄大于或等于 30 岁的那些职位代码行。

```
QUIT;
```

与其他 SAS 过程不同，PROC SQL 并不要求 RUN 语句。要结束 SQL 过程，可提交另一个 PROC 步、DATA 步或 QUIT 语句。

```
CREATE TABLE bonus as
```

CREATE TABLE 语句将基于后续查询的结果创建表 bonus。

```
SELECT ID, salary FORMAT = DOLLAR8. ,
       salary* 0.025 AS Bonus FORMAT = DOLLAR8.
   FROM payroll;
```

SELECT 子句将 payroll 中的三列选入新表 bonus：ID、salary 和 bonus。“FORMAT = ”指定 salary 的输出格式为 dollar8.。Bonus 列基于 SQL 表达式“salary * 0.025”构建。

```
SELECT *
   FROM bonus;
```

SELECT 子句从 bonus 表中选择列。星号（ * ）用于选择所有列。两个 SQL 过程分别输出雇员基本信息(如图 5-22 所示)和雇员的工资、奖金表(如图 5-23 所示)。

Jobcode	人数	平均年龄	平均工资
BCK	1	46	$25,004
FA1	1	37	$22,268
ME2	2	54	$35,129
PT1	1	51	$66,558
TA1	3	43	$27,990
TA3	2	46	$40,125

图 5-22　雇员基本信息

ID	工资	奖金
1009	$28,880	$722
1017	$40,858	$1,021
1036	$39,392	$985
1037	$28,558	$714
1038	$26,533	$663
1050	$35,167	$879
1065	$35,090	$877
1076	$66,558	$1,664
1094	$22,268	$557
1100	$25,004	$625

图 5-23　雇员工资和奖金信息

5.5　PROC PRINTTO 过程

PROC PRINTTO 过程将 output 与 log 内容存成外部文件。

在执行 SAS 程序时，默认情况下，几乎任何过程的结果都会显示在输出窗口，而程序运行时的纪录、warnings 与错误 errors 的日志会显示在 log 窗口。这两窗口的内容在退出 SAS 后就会自动消失。

当需要存储输出窗口或日志窗口的内容时，可以使用【File】→【Save】存储在外部文件中；倘若用户想要每次都自动存储这两窗口的信息，可以使用 PROC PRINTTO 过程。

语法：

```
proc printto <option(s)>;
```

其中，option 选项有

（1）label =：为存储在 SAS 目录中的 SAS 日志或输出提供描述，最长可为 256 字符，使用时机为当用到 log = 或 print = 时。

（2）log =：将 log 保存到永久外部文件或目录中。

（3）print =：将 output 保存到永久外部文件、目录或打印机 printer 中。

（4）new：打开新文件或替换原文件，而不是追加到文件的后面，存储时会清空原文件内所有的数据。

注意：运行时需要两个 printto 过程步。第一个 printto 过程步先于 PROC PRINT 步。它将输出重定位到一个文件。第二个 PROC printto 过程步跟随 PROC REPORT 或 PROC PRINT 步后。它将复位默认目标，释放输出文件。

一般情况下，PROC PRINTTO 后面要加 RUN 语句，否则会使输出丢失信息。

还原成内部默认值只要输入 proc printto; run;

【例 5-5-1】 PROC PRINTTO 将打印输出写入'e:\saslx1\numbers'外部文件中；将运行日志写入'e:\saslx1\log'中。

```
* ex-5-5-1;
options nodate pageno=1 linesize=80 pagesize=60 source;
proc printto log='e:\saslx1\log';
run;
data numbers;
  input x y z;
  datalines;
14.2  25.2   96.8
10.8  51.6   96.8
 9.5  34.2  138.2
 8.8  27.6   83.2
11.5  49.4  287.0
 6.3  42.0  170.7
;
   proc printto print='e:\saslx1\numbers' new;
run;
   proc print data=numbers;
   title 'Listing of NUMBERS Data Set';
run;
  proc printto;
run;
```

运行结果写入两个文本文件中，找到两文件，用“记事本”打开，如图 5-24 和图 5-25 所示。

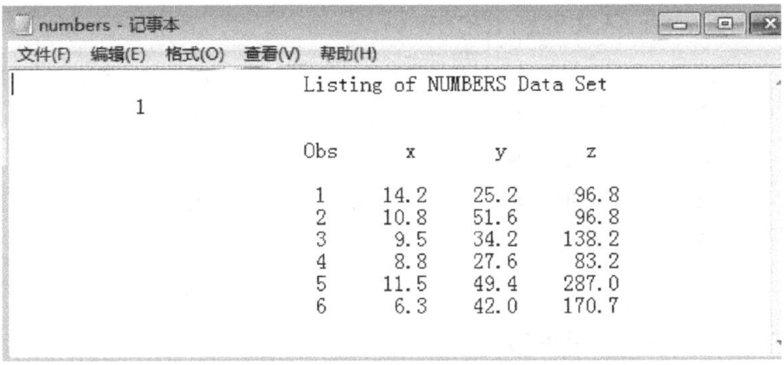

```
numbers - 记事本
文件(F) 编辑(E) 格式(O) 查看(V) 帮助(H)
                    Listing of NUMBERS Data Set
        1

                    Obs      x       y        z

                     1     14.2    25.2     96.8
                     2     10.8    51.6     96.8
                     3      9.5    34.2    138.2
                     4      8.8    27.6     83.2
                     5     11.5    49.4    287.0
                     6      6.3    42.0    170.7
```

图 5-24　数据集打印输出文件

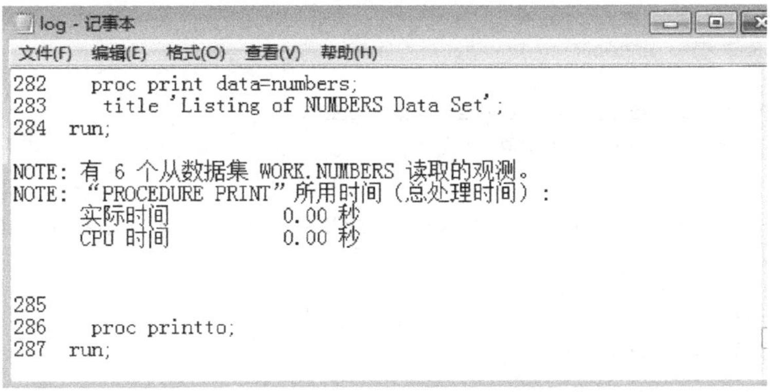

```
log - 记事本
文件(F) 编辑(E) 格式(O) 查看(V) 帮助(H)
282     proc print data=numbers;
283       title 'Listing of NUMBERS Data Set';
284    run;

NOTE: 有 6 个从数据集 WORK.NUMBERS 读取的观测。
NOTE: “PROCEDURE PRINT”所用时间（总处理时间）：
      实际时间          0.00 秒
      CPU 时间          0.00 秒


285
286     proc printto;
287    run;
```

图 5-25　运行日志的文本文件

习　　题

1. 在 score1. txt 中有学生的各科成绩，即表中信息为学号及计算机、英语、政治三门课的成绩。建立一数据集 stusco(学号由 6 位字符组成，前 2 位为入学年份，第 3 位为系编号，第 4 位为班级编号，第 5、6 位为学生序号)，按班级显示出各班级总成绩。

2. 对数据集 stusco，求出各班各科平均成绩、最大值和最小值。

3. 10 名学生各科考试成绩按科列在一行中，如下所示：

英语　88 77 78 89 97 90 82 93 91 90

计算机　99 98 92 90 80 82 88 89 87 96

政治　90 98 93 89 83 87 88 80 94 85

使用转置，并求出各科的平均成绩。

4. 利用 stusco 数据集，将每人成绩分为优(大于等于 85 分)、及格、不及格(小于 60 分)三类，按班级和科目给出各类成绩等级的人数。

5. The SAS data set WORK. CHECK has a variable named Id_Code in it. Which SQL statement would create an index on this variable?

A) create index Id_Code on WORK. CHECK;

B) create index(Id_Code) on WORK. CHECK;

C) make index = Id_Code from WORK. CHECK;

D) define index (Id_Code) in WORK. CHECK;

6. Given the SAS data set SASUSER. HIGHWAY

Steering	Seatbelt	Speed	Status	Count
absent	N0	0 – 29	serious	31
absent	N0	0 – 29	not	1419
absent	N0	30 – 49	serious	191
absent	n0	30 – 49	not	2004
absent	n0	50 +	serious	216

The following SAS program is submitted:

```
proc sql noprint;
    select distinct
    Speed [_insert_SQL_clause_]
    from SASUSER.HIGHWAY
quit ;
title1 "Speed values represented are: &GROUPS";
proc print data = SASUSER.HIGHWAY;
run ;
```

Which SQL clause stores the text 0 – 29, 30 – 49, 50 + in the macro variable GROUPS?

A) into &GROUPS

B) into :GROUPS .

C) into :GROUPS separated by ','

D) into &GROUPS separated by ','

7. The table WORK. PILOTS contains the following data:

WORK. PILOTS

Id	Name	Jobcode	Salary
001	Albert	PTI	50000
002	Brenda	PTI	70000
003	Carl	PTI	60000
004	Donna	PT2	80000
005	Edward	PT2	90000
006	Flora	PT3	100000

The data set was summarized to include average salary based on Jobcode

Jobcode	Salary	Avg
PTI	50000	60000
PT1	70000	60000
PTI	60000	60000
PT2	80000	85000
PT2	90000	85000
PT3	100000	100000

Which SQL statement could NOT generate this result?

A)

```
select
Jobcode, Salary,
avg(Salary) label = 'Avg'
from WORK.PILOTS
group by Jobcode
order by Id
;
```

B)

```
select
Jobcode, Salary,
(select avg(Salary)
from WORK.PILOTS as P1
where P1.Jobc avg(Salary)
from WORK.PILOTS
group by Jobcode) as Avg
from WO ode = P2.Jobcode) as Avg
from WORK.PILOTS as P2
order by Id
;
```

C)

```
select
Jobcode, Salary,
(select
RK.PILOTS
order by Id
;
```

D)

```
select
Jobcode, Salary, Avg
From WORK.PILOTS,
(select
Jobcode as Jc,
avg(Salary) as Avg
from WORK.PILOTS
group by 1)
where Jobcode = Jc
order by Id
;
```

第 6 章　ODS 输出交付系统

6.1　ODS 概述

在 SAS 7.0 版之前，“输出”通常指 SAS 过程和数据步的结果在 OUTPUT 窗口显示文本，在 GRAPH 窗口显示图形。这些显示方法都有一定的局限性：每个过程提交后其输出结果都是一个整体，难以从中挑选某些内容、修改格式等，很难再进行加工。SAS 系统中仅有部分过程可以将输出的结果存为 SAS 数据集，而且存入 SAS 数据集的数据也不全面。另外，为了便于通过 INTERNET 进行交流沟通，也需要将 SAS 输出的各种信息存为 HTML 文件格式。

随着 ODS（Output Delivery System）输出交付系统的出现，为输出数据提供了新的模式，ODS 被用来设计 SAS 过程和数据步的输出。ODS 为定制生成、存储、显现 SAS 输出提供了一个广泛的格式选择范围和输出目标，通过 ODS，几乎可以不受限制地以各种美观的方式来报告和显示分析结果。创建的 SAS 输出可以采用多种输出格式，如 HTML、PDF、RTF、PostScript、PCL、一系列标记语言(包括 HTML4 和 XML)，以及全新的“ODS 文档”格式。

ODS 能方便地控制输出的结构和层次。利用 DOCUMENT 过程，可以生成多个 ODS 输出结果，而不必反复运行各个过程或数据查询。此外，通过重新整理、复制或删除表甚至过程和数据查询的全部输出，可以控制文档内容的去留以及显示格式，定制或修改输出的层次结构，而不必反复运行同一过程和数据查询。

ODS 的功能：

ODS 将每个过程步的输出根据其内容的属性分为一个或多个对象，每个对象由两部分构成。

- 数据部分：输出的内容包括数值或字符；
- 模板部分：也称为表的定义，描述输出的内容在输出显示时如何布局；
- 对每个过程的输出对象，可选择不同的传送目标和显示格式；
- 挑选和剔除过程输出的某些部分；
- 将过程的输出生成数据集。

SAS 过程和数据步的输出可以通过修改这些定义或创建自己的定义，将原始数据与一个或多个表的定义结合产生一个或多个输出对象，从而定制输出。

ODS 提供了将个别输出对象选择传送到目标的方法：

对象传送目标	生成的文件格式
LISTING	OUTPUT 和 GRAPHI 窗口显示的列表
OUTPUT	SAS 数据集
HTML	HTML 格式文件
PRINTER	*.PS，*.PCL，*.PDF 文件或直接在打印机输出
RTF	*.RTF 文件

当一个传送目标打开时，ODS 就将过程的输出对象传送到这个目标，系统可以同时打开多个传送目标，默认仅打开 LISTING 目标。如图 6-1 所示。

- ODS 在结果文件夹中存储每个输出对象的关联，便于检索和访问。

● ODS 能够从一个单一的数据源产生多个目标输出，而无须每个目标对应一个单独的来源。

● ODS 的管理通过 ODS 语句来实现。ODS 语句是全局语句，ODS 语句设定的功能一直保持有效，直至用同类语句改变设置或进程结束为止。ODS 语句可在 SAS 程序的任何地方出现。

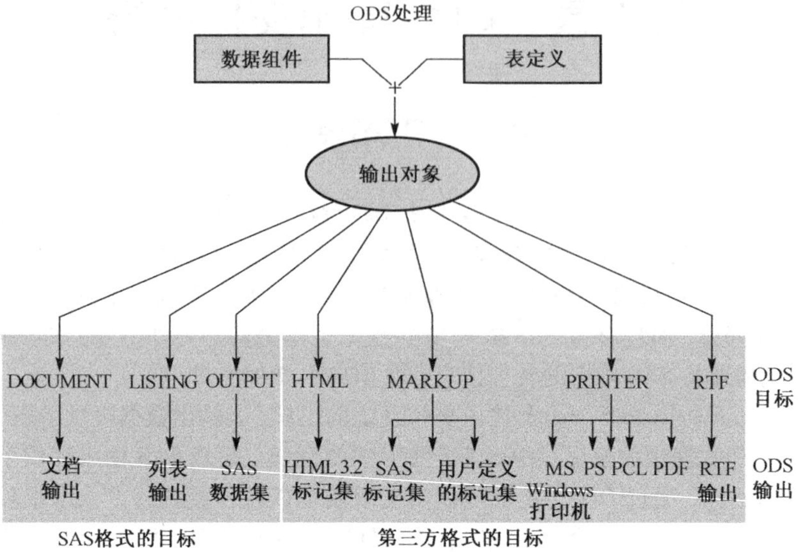

图 6-1　ODS 处理过程图

6.1.1　ODS LISTING 语句

用于打开、管理或关闭 LISTING 目标。默认状态下，输出结果传送至 LISTING 目标，在 OUTPUT 窗口显示文本结果；在 GRAPH 窗口显示图形的结果。

打开这一目标的语句：

```
Ods listing;
```

若要关闭 LISTING 目标，提交如下语句：

```
Ods listing close;
```

ODS LISTING 也可将结果存入文本格式的文件，命令格式如下：

```
Ods listing file='文件地址'|逻辑文件名;
```

例如：

```
ods listing file='e:sasdt\a.txt';
```

【例 6-1-1】　用 DATA 步和默认的表格定义创建报告。

此例使用数据步和 ODS 来创建一个列表报告。它使用默认的表定义(模板)为数据步写输出对象到 LISTING 目标(默认)。

```
* ex6-1-1;
options nodate pageno=1 linesize=64 pagesize=60;
    title '主要粮食产量';
    libname library 'e:/saslx';
proc format library=library;
  value $cntry 'BRZ'='Brazil'
               'CHN'='China'
               'IND'='India'
```

```
                'INS' = 'Indonesia'
                'USA' = 'United States';
data library.grain;
   length Country $3 Type $ 5;
   format country $cntry.;
   label type = 'Grain';
   input Year country  type  Kilotons;
     file print ods;/*  ODS 发送这个对象到所有打开的 ODS 的目标。*/
  put _ods_;/* 输出_ods_缓冲区的内容*/
  datalines;
1995  BRZ  Wheat    1516
1995  BRZ  Rice     11236
1995  BRZ  Corn     36276
1995  CHN  Wheat    102207
1995  CHN  Rice     185226
1995  CHN  Corn     112331
1995  IND  Wheat    63007
1995  IND  Rice     122372
1995  IND  Corn     9800
1995  INS  Wheat    .
1995  INS  Rice     49860
1995  INS  Corn     8223
1995  USA  Wheat    59494
1995  USA  Rice     7888
1995  USA  Corn     187300
;
run;
```

程序运行结果如图 6-2 所示。

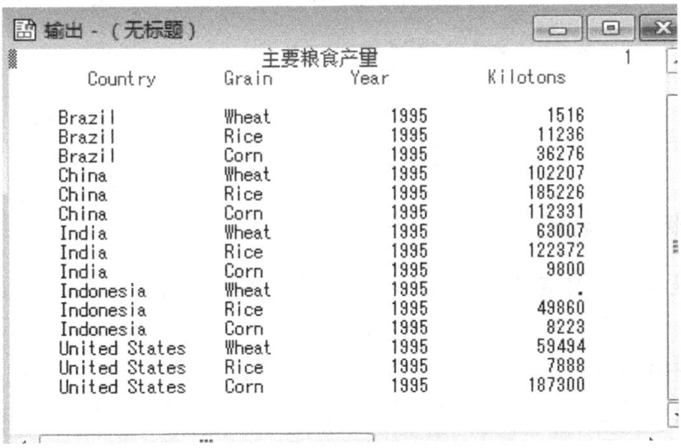

Country	Grain	Year	Kilotons
Brazil	Wheat	1995	1516
Brazil	Rice	1995	11236
Brazil	Corn	1995	36276
China	Wheat	1995	102207
China	Rice	1995	185226
China	Corn	1995	112331
India	Wheat	1995	63007
India	Rice	1995	122372
India	Corn	1995	9800
Indonesia	Wheat	1995	.
Indonesia	Rice	1995	49860
Indonesia	Corn	1995	8223
United States	Wheat	1995	59494
United States	Rice	1995	7888
United States	Corn	1995	187300

图 6-2　ODS 缓冲区内容输出

6.1.2　ODS OUTPUT 语句

该语句能从一个输出对象中创建一个 SAS 数据集，并管理输出目标的选择和排除列表。

部分过程可以将 SAS 输出结果生成 SAS 数据集，但许多过程无法做到这一点。而且，生成的数据集信息也不完全。用 ODS OUTPUT 语句可以为多数过程的输出对象建立 SAS 数据集，它可以包含输出报告中的每一个统计量。

```
ODS OUTPUT action;
ODS OUTPUT data - set - definition(s);
```

语句中 Actions 动作可以是下列之一：

CLEAR　用于 OUTPUT 目标排除所有 EXCLUDE ALL 列表。

CLOSE　关闭输出目标。当一个 ODS 的目标关闭时，关闭目标释放系统资源。

SHOW　将 OUTPUT 目标当前的选择或排除列表写入 SAS 日志。

【例 6-1-2】 对 ex6-1-1 产生的数据利用 t_test 过程对数据集进行分析时，使用 ODS，将 t-test 的输出导出到一个结果集。

```
* ex6-1-2;
options nodate;
libname ep 'e:\saslx\' ;
ods listing close;
ods output ttests = t_test_data;
proc ttest data = ep.ex823;
class a;
var x;
run;
ods listing;
title "Listing of T_TEST_DATA";
proc print data = t_test_data;
run;
```

导出到数据集后，可以进行更进一步的分析。数据集内容如图 6-3 所示。

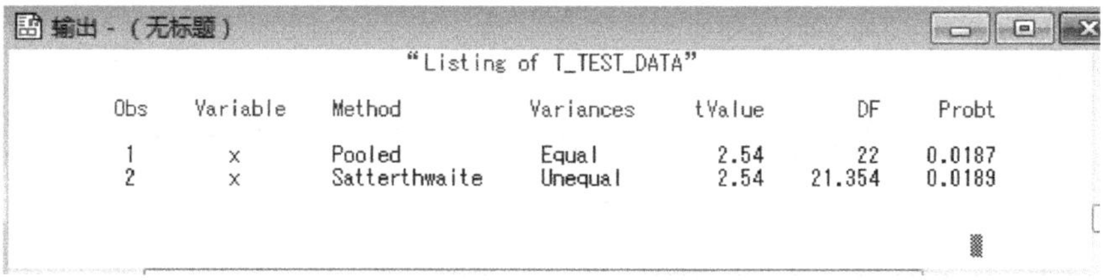

输出 - (无标题)

"Listing of T_TEST_DATA"

Obs	Variable	Method	Variances	tValue	DF	Probt
1	x	Pooled	Equal	2.54	22	0.0187
2	x	Satterthwaite	Unequal	2.54	21.354	0.0189

图 6-3　ODS 产生的数据集

6.1.3　ODS TRACE 语句

ODS 将每个过程步的输出结果根据其内容的属性分为一个或多个对象。使用 ODS 语句可以对这些对象进行选择，从而只传送选定的部分对象。

由于一个过程输出的对象依赖于使用的语句和选项。为了对某个过程输出的对象进行选择，必须首先查询这个过程的输出包含哪些对象。要查询某个过程的输出对象可使用 ODS TRANCE 语句。

语法格式：

```
ODS TRACE ON < /option(s) > ;
ODS TRACE OFF;
```

语句中的 Options：

LABEL 包括在记录中输出对象的标签路径。

LISTING 写跟踪记录到 LISTING 目标中。

【例 6-1-3】 查询 Univariate 过程的输出对象。

```
* ex6-1-3;
options nodate;
ods trace on/label listing;
title "Extreme Values of calcium";
libname ln 'e:\saslx\' ;
proc Univariate data=ln.blood;
    id number;
    var calcium;
run;
ods trace off;
quit;
```

运行结果如图 6-4 所示。

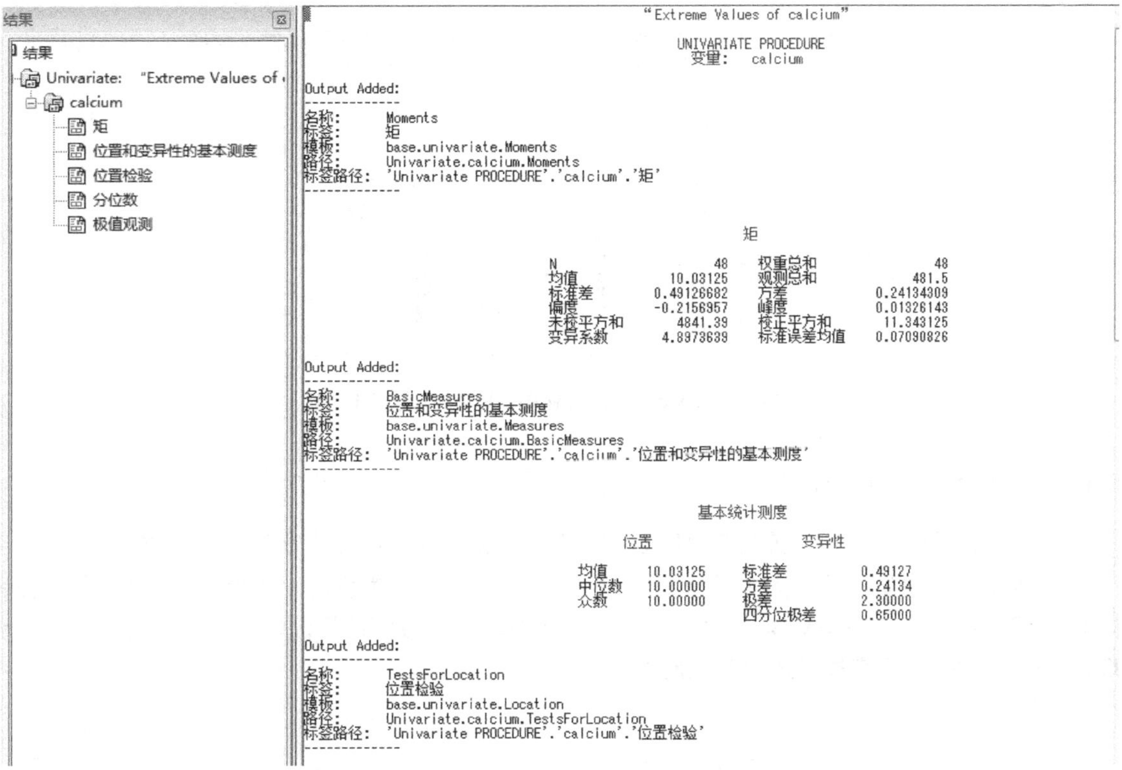

图 6-4　ODS TRACE 输出(部分)

在结果窗格中也列出了各对象。

6.1.4　选择或排除部分输出

对不同的传送目标，可以挑选不同的输出对象。ODS SELECT 和 ODS EXCLUDE 语句分别用于各个传送目标选择和剔除输出对象。

选择输出对象的语句格式：

```
ODS <传送目标> SELECT 对象 |ALL |NONE,
ODS <传送目标> EXCLUDE 对象 |ALL |NONE,
```

对于输出对象，可以使用它的全路径或路径标签，也可只用它的部分(可省略点‘.’前的部分)，路径和路径标签也可以混用。

【例6-1-4】 选择例6-1-3过程的输出对象。在proc Univariate中，输出变量calcium的前5个最大值和后5个最小值(extremeobs)。

```
* ex6-1-4;
options nodate;
ods select extremeobs;
title "Extreme Values ofcalcium";
libname ln 'e:\saslx\' ;
proc Univariate data = ln.blood;
    id number;
    var calcium;
run;
```

输出结果如图6-5所示。

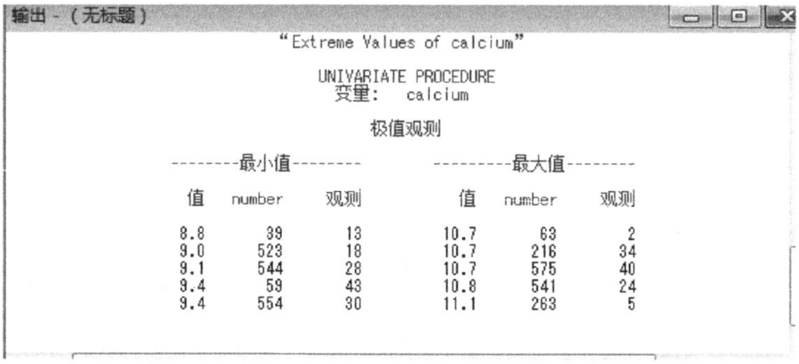

输出 - (无标题)

"Extreme Values of calcium"

UNIVARIATE PROCEDURE
变量: calcium

极值观测

最小值			最大值		
值	number	观测	值	number	观测
8.8	39	13	10.7	63	2
9.0	523	18	10.7	216	34
9.1	544	28	10.7	575	40
9.4	59	43	10.8	541	24
9.4	554	30	11.1	263	5

图6-5 Univariate过程利用ods select选择输出

6.1.5 ODS HTML语句

该语句用来打开、管理或关闭HTML目标，产生包含嵌入样式表的HTML 4.0的输出。

在互联网上，浏览的网页大多是用HTML(超文本标记语言)编程的。HTML是在网络信息传递中最广泛采用的格式。在SAS系统中可以利用ODS HTML作为传送目标，将SAS的输出结果生成HTML格式文件，以便直接发送到互联网上。

语法:

```
ODS HTML < ( < ID = > identifier) >  < action > ;
ODS HTML < ( < ID = > identifier) >  < html - file - specification(s) > < option(s) > ;
```

在ODS HTML语句中:

```
Action:       CLOSE
Arguments:    CONTENTS =
              BODY =
              FRAME =
              PAGE =
Options:      BASE =
              NEWFILE =
```

ODS HTML语句用法:

```
ODS HTML BODY = '文件位置和名称 ';
    PROC xxxx ; RUN;
ODS HTML CLOSE;
```

其中，“BODY =”指定生成的 HTML 文件存放的位置和名称。若这里只有文件的名称而没有路径，则文件存于系统运行时的当前逻辑库(子目录)下。

注意：文件名必须是有效的，举例如下。

```
ods html body = 'grain - body.htm'
    contents = 'grain - contents.htm'
        frame = 'grain - frame.htm'
         page = 'grain - page.htm'
         base = 'http://www.yourcompany.com/local - address/'
```

【例 6-1-5】 产生包含选择的变量的 ODS HTML 输出。

利用例 6-1-1 产生的永久数据集 grain，选择要包括在输出中的变量。产生的结果输出默认情况下是列表输出，而 HTML 输出是由 ODS HTML 语句实现的。

```
* ex6-1-5;
options nodate pageno =1 linesize = 64 pagesize = 60;
    ods html body = 'grain_1996.html';
    title 'Wheat Producers';
title2 'for1996   ';
data _null_;
   set ep.grain;
   label type = 'Grain';
   if type = 'Wheat';
      file print ods = (variables = (country type kilotons));
      put _ods_;
run;
    ods listing;
    quit;
```

运行输出如图 6-6 所示。

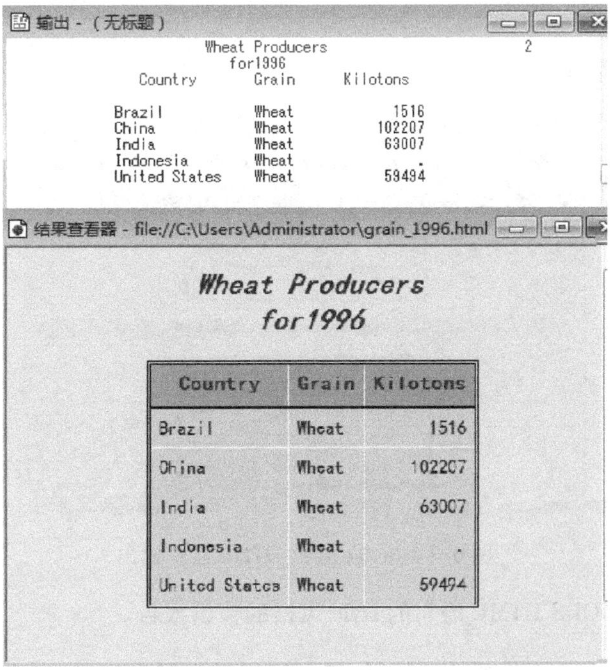

图 6-6　两种格式输出

【例 6-1-6】 按 BY 分类汇总开销(Expenses)与税收(Revenues)输出报告。

```
* ex6-1-6;
ods html file='e:\saslx\exprev1.html';
ods listing close;
libname lx 'e:\saslx';
data lx.exprev;
   input Region $ State $ Month monyy5.
         Expenses Revenues;
   format month monyy5.;
   datalines;
Southern GA JAN95 2000   8000
Southern GA FEB95 1200   6000
Southern FL FEB95 8500 11000
Northern NY FEB95 3000   4000
Northern NY MAR95 6000   5000
Southern FL MAR95 9800 13500
Northern MA MAR95 1500   1000
;
proc sort data=lx.exprev out=exp;
   by region state;
run;
proc print data=exp noobs;
   by region state;
   sum revenues expenses;
   sumby region;
   label region='Sales Region';
   format revenues expenses comma10.;
   title 'Revenue and Expense Figures for Each Region';
run;
quit;
ods html close;
```

输出结果如图 6-7 所示。

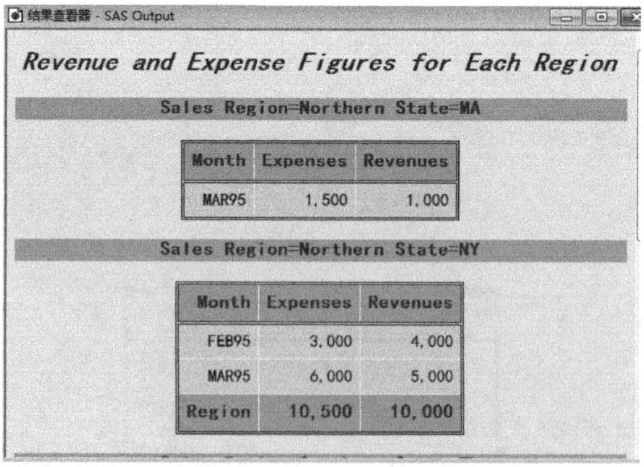

图 6-7 按 BY 分类 HTML 格式输出

【例 6-1-7】 利用 ODS HTML 语句的 style 风格的输出报告。

```
* ex6-1-7;
libname lx 'e:\saslx';
options nodate pageno=1 linesize=70 pagesize=60;
```

```
ods html file = ' exprev.html';
proc print data = lx.exprev n noobs;
sum expenses / style(GRANDTOTAL)  =  [background  = white foreground = blue];
sum revenues / style(TOTAL)  =  [background  = dark gray foreground = white];
   format revenues expenses comma10.;
   title 'Revenue and Expense Totals for Each State';
run;
ods html close;
```

输出结果如图 6-8 所示。

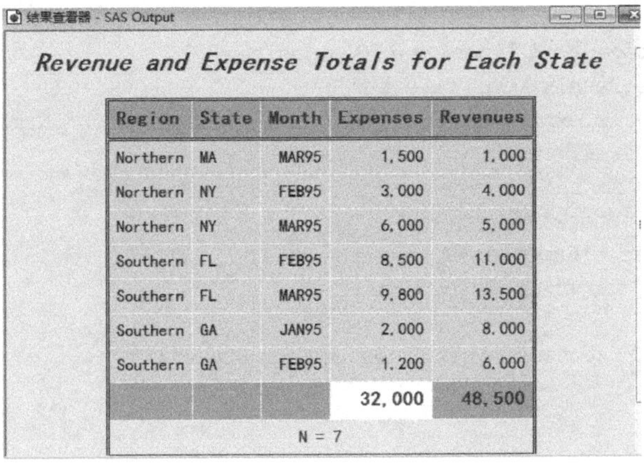

Region	State	Month	Expenses	Revenues
Northern	MA	MAR95	1,500	1,000
Northern	NY	FEB95	3,000	4,000
Northern	NY	MAR95	6,000	5,000
Southern	FL	FEB95	8,500	11,000
Southern	FL	MAR95	9,800	13,500
Southern	GA	JAN95	2,000	8,000
Southern	GA	FEB95	1,200	6,000
			32,000	48,500
N = 7				

图 6-8　带有 style 选项的 HTML 格式输出

6.1.6　ODS PDF 语句

该语句打开、管理或关闭 PDF 格式的目标。产生 PDF 文件输出，一个由 Adobe Acrobat Reader 和其他应用程序阅读的输出形式。

SAS 使用的 PDF 格式驱动不能识别微软的全部 Windows 字体，必须输入所有这样的字体进 SAS 注册表，以便 SAS 使用。

语法格式：

```
ODS PDF < (< ID = > identifier) >  < action > ;
ODS PDF < (< ID = > identifier) >  < option(s) > ;
```

action 是下列之一：

CLOSE 关闭目标。

EXCLUDE 不包括输出对象。

SELECT 选择输出对象。

SHOW 将当前排除列表或选择列表写进 SAS 日志。

Options 选项：

ANCHOR = 在当前文件中，为识别每个输出对象指定的根锚标签标识名称。

AUTHOR = 插入文本字符串，指定文件的元数据的作者。

BACKGROUND = 指定是否打印文本的背景颜色。

BASE = 指定一个字符串用作文件中 ODS 创建的所有引用的第一部分。

FILE = 指定要写入的文件。

ID = 同时打开同一目标的多个实例。

SAS 指定 SAS ODS 提供的打印机驱动程序。

STARTPAGE = 控制分页。

STYLE = 指定 PDF 输出使用的写作风格的定义。

TITLE = 插入文本字符串，作为文件元数据的标题。

TEXT = 在输出中插入文本。

如果使用 ODS PDF 语句而没有 action 或 option，则打开 PDF 目标并创建 PDF 输出。

创建 PDF 文件的做法与创建 HTML 和 RTF 文件相似。

【例 6-1-8】 利用 ODS PDF 语句生成 PDF 文件。

```
* ex6-1-8;
options nodate pageno=1 linesize=70 pagesize=60;
ods pdf file='e:/saslx/your_file.pdf';
proc print data=lx.exprev split='* ' n obs='Observation* Number*  ===========';
   var month state expenses;
   label month='Month**  ====='
         state='State**  ====='
         expenses='Expenses**  ========';
              format expenses comma10.;

  title 'Monthly Expenses for Offices in Each State';
run;
ods pdf close;
```

输出结果如图 6-9 所示。

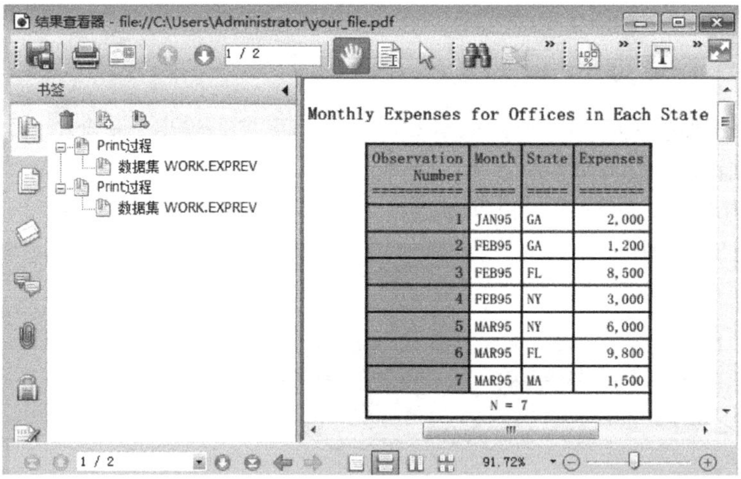

图 6-9 PDF 格式输出

6.1.7 ODS RTF 语句

RTF 格式文件可包含表格格式和字符属性的信息，可为很多文字处理软件阅读和编辑，是一种广泛使用的文件格式。

语法格式：

```
ODS RTF <(<ID=> identifier)> action;
ODS RTF <(<ID=> identifier)> <option(s)>;
```

Action 动作是下列之一：

(1)关闭目标;

(2)不包括输出对象;

(3)选择输出对象;

(4)将当前排除列表或选择列表写进 SAS 日志。

Option 有如下选项:

FILE = '*external - file*' | '*fileref*' 将输出对象存为 RTF 格式文件;

KEEPN | NOKEEPN 控制在页面分裂表格;

NEWFILE = *starting - point* 在指定位置创建新文件;

TEXT = '*text - string*' 将文本插入 RTF 输出。

6.1.8　ODS PRINTER 语句

传送目标 PRINTER 是将输出对象直接在打印机输出或生成打印文件。

```
ODS PRINTER <选项>
```

例如:将 your data set;输出到打印机上。

```
Ods listing close;
Ods printer;
Proc print data = your data set; Run;
Ods printer close;
Ods listing;
```

例中,没有选项时的默认情况是将输出对象直接在系统默认打印机上输出。

6.1.9　ODS _all_CLOSE 语句

关闭所有打开的输出目标,包括 LISTING。该语句可用于任何地方。

6.2　PROC DOCUMENT 过程

1. 为什么要使用 DOCUMENT 过程

当过程输出是一个 ODS 文档时,DOCUMENT 过程可以从一个过程或数据库查询的结果中重新排列、复制、移除输出。同时,可以向一个或更多的 ODS 目标输出新转换的输出层次文件。DOCUMENT 过程可以:

- 改变报告,而无须重新运行分析或重复数据库查询过程。
- 对输出结构做更多的控制。
- 显示任何格式的 ODS 输出,而不必再执行 SAS 程序。
- 导航当前的文件位置和列表项。
- 打开并列出 ODS 文件。
- 管理输出。
- 以原始形式存储输出对象。输出以原始的内部表示为数据组件加上一个表定义。

DOCUMENT 过程是一个互动的过程,能在 PROC DOCUMENT 步内使用 ODS 和全局语句。

不像其他的 ODS 目标,DOCUMENT 使用一个图形用户界面(GUI)执行任务。然而,也可以用批处理语句使用 DOCUMENT 过程完成同样的任务。

2. DOCUMENT 过程术语

- current document 是当前打开的文档。
- current path 是目前打开文档所处的位置。
- Entry 项(条目)是一个或多个链接、输出对象、文件或分段的数据集。
- graph segment 是包含图形的一种文件类型或输出目标。图形是某些 SAS 过程创建的，包括 SAS/GRAPH 中的过程。图形输出目标称为 GRSEG。
- Path 是分层文件系统的路由，指向一项特定的文件或项的物理位置。
- Replay 重播，当以相同的或不同的格式再次生成输出时，不须重复过程分析或数据的查询。
- root file location 根文件，定位在 ODS 文件的文件系统的最高位置，类似于 Windows 操作环境的根目录。

3. 语法

```
PROC DOCUMENT <options>;
    COPY path <, path-2, ...path-n> TO path </option(s)>;
                                              /* 插入一个项的副本到指定的路径 */
    DELETE path <, path-2, ...path-n>; /* 从指定的路径删除条目 */
    DIR <path>;                        /* 设置或显示当前目录*/
    DOC <options>;                     /*  打开一个文档，浏览或编辑其内容 */
    DOC CLOSE;                         /* 关闭当前的文档/*
    HIDE path <, path-2, ...path-n>;   /* 防止输出显示的文档*/
    IMPORT DATA= data-set-name | GRSEG= grseg TO path </options>;
                                       /* 导入一个数据集或图段至当前的目录 */
    LINK path TO path </options >;
                                       /* 创建从一个输出对象到另一个输出对象的动态链接*/
    LIST <path-1, path-2, ...path-n> </option(s)>;  /* 列出一项或多项的内容*/
    MAKE path <, path-2, ...path-n> </options>;     /* 创建一个或多个新的目录*/
    MOVE path <, path-2, ...path-n> TO path </option(s) >;
                                                    /* 将条目从一个目录移到另一个
                                                       目录 */
    OBSTITLE <n> output-object <'text'> </options>;/* 创建或修改子标题*/
    OBTITLE <n> output-object <'text'>;/* 在页面的顶部创建或修改标题文本行*/
    RENAME path-1 TO path-2;                 /* 为一个目录或输出对象重命名 */
    REPLAY <path <, path-2, ...path-n>> </options>;
                                       /* 重播一个或多个条目到指定打开的 ODS 目标*/
    SETLABEL path 'label';             /* 为当前项分配一个标签*/
QUIT;
```

【例 6-2-1】 将 PROC CONTENTS 的内容输出到 DOCUMENT 目标，改变输出的标题和脚注。

```
* ex6-2-1;
options nodate pageno=1;
   ods listing close;
   ods document name=class;
   title 'Title Specified with the Global TITLE Statement';
   footnote 'Footnote Specified with the Global FOOTNOTE Statement';
proc contents data=sashelp.class out=aaa;
run;
ods document close;
  ods listing;
```

程序运行结果如图 6-10 所示。

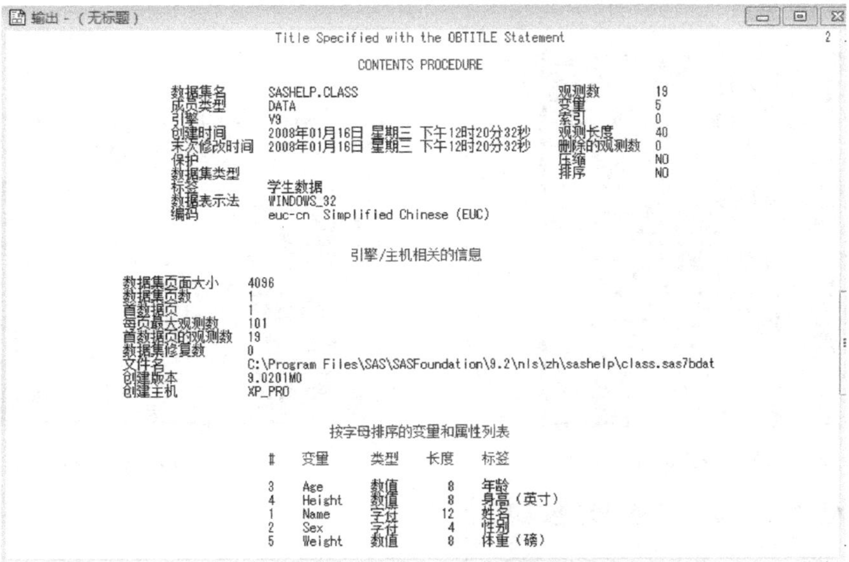

输出 - (无标题)

Title Specified with the OBTITLE Statement　　2

CONTENTS PROCEDURE

数据集名	SASHELP.CLASS	观测数	19
成员类型	DATA	变量	5
引擎	V9	索引	0
创建时间	2008年01月16日 星期三 下午12时20分32秒	观测长度	40
末次修改时间	2008年01月16日 星期三 下午12时20分32秒	删除的观测数	0
保护		压缩	NO
数据集类型		排序	NO
标签	学生数据		
数据表示法	WINDOWS_32		
编码	euc-cn Simplified Chinese (EUC)		

引擎/主机相关的信息

数据集页面大小	4096
数据集页数	1
首数据页	1
每页最大观测数	101
首数据页的观测数	19
数据集修复数	0
文件名	C:\Program Files\SAS\SASFoundation\9.2\nls\zh\sashelp\class.sas7bdat
创建版本	9.0201M0
创建主机	XP_PRO

按字母排序的变量和属性列表

#	变量	类型	长度	标签
3	Age	数值	8	年龄
4	Height	数值	8	身高（英寸）
1	Name	字符	12	姓名
2	Sex	字符	4	性别
5	Weight	数值	8	体重（磅）

图 6-10　数据集及其变量的属性

列出各级内容，增加下列程序：

```
ods html file = 'your_file.html' style = d3d;
  proc document name = class;
  list /levels = all;
run;
```

运行结果如图 6-11 和图 6-12 所示。

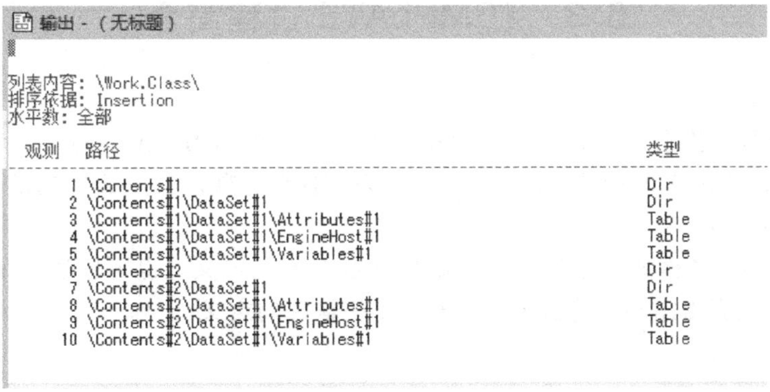

输出 - (无标题)

列表内容: \Work.Class\
排序依据: Insertion
水平数: 全部

观测	路径	类型
1	\Contents#1	Dir
2	\Contents#1\DataSet#1	Dir
3	\Contents#1\DataSet#1\Attributes#1	Table
4	\Contents#1\DataSet#1\EngineHost#1	Table
5	\Contents#1\DataSet#1\Variables#1	Table
6	\Contents#2	Dir
7	\Contents#2\DataSet#1	Dir
8	\Contents#2\DataSet#1\Attributes#1	Table
9	\Contents#2\DataSet#1\EngineHost#1	Table
10	\Contents#2\DataSet#1\Variables#1	Table

图 6-11　在输出窗口输出的各级路径

【例 6-2-2】　使用 dir 语句显示当前目录信息。

```
* ex6-2-2;
proc document name = class;
dir \Contents#1 \DataSet#1;
  obtitle Attributes#1 'Title Specified with the OBTITLE Statement';
  replay;
run;
quit;
```

运行结果如图 6-13、图 6-14 和图 6-15 所示。

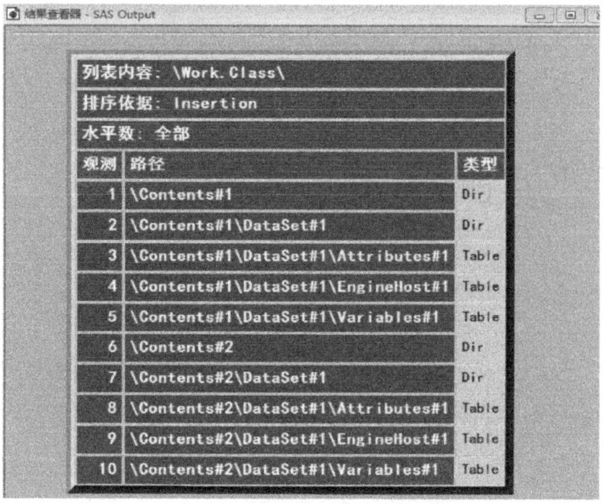

结果查看器 - SAS Output

列表内容：\Work.Class\		
排序依据：Insertion		
水平数：全部		
观测	路径	类型
1	\Contents#1	Dir
2	\Contents#1\DataSet#1	Dir
3	\Contents#1\DataSet#1\Attributes#1	Table
4	\Contents#1\DataSet#1\EngineHost#1	Table
5	\Contents#1\DataSet#1\Variables#1	Table
6	\Contents#2	Dir
7	\Contents#2\DataSet#1	Dir
8	\Contents#2\DataSet#1\Attributes#1	Table
9	\Contents#2\DataSet#1\EngineHost#1	Table
10	\Contents#2\DataSet#1\Variables#1	Table

图 6-12　HTML 格式的路径输出

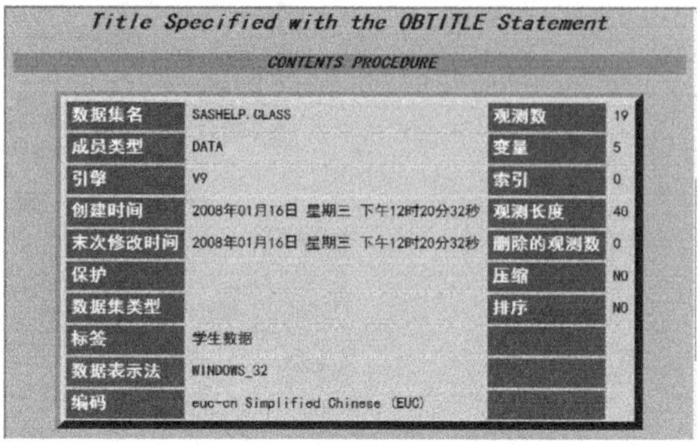

Title Specified with the OBTITLE Statement

CONTENTS PROCEDURE

数据集名	SASHELP.CLASS	观测数	19
成员类型	DATA	变量	5
引擎	V9	索引	0
创建时间	2008年01月16日 星期三 下午12时20分32秒	观测长度	40
末次修改时间	2008年01月16日 星期三 下午12时20分32秒	删除的观测数	0
保护		压缩	NO
数据集类型		排序	NO
标签	学生数据		
数据表示法	WINDOWS_32		
编码	euc-cn Simplified Chinese (EUC)		

图 6-13　数据集信息

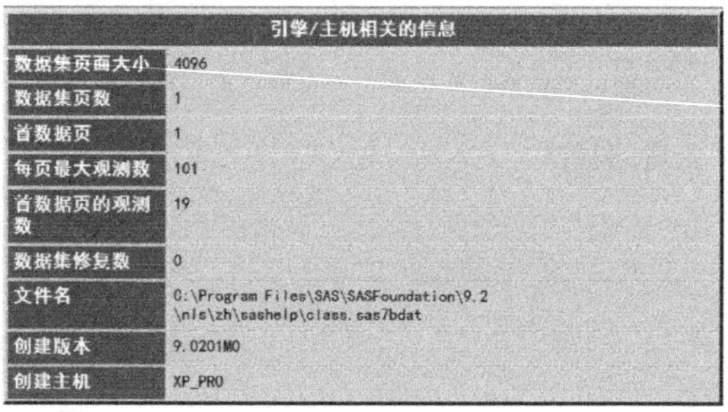

引擎/主机相关的信息	
数据集页面大小	4096
数据集页数	1
首数据页	1
每页最大观测数	101
首数据页的观测数	19
数据集修复数	0
文件名	C:\Program Files\SAS\SASFoundation\9.2\nls\zh\sashelp\class.sas7bdat
创建版本	9.0201M0
创建主机	XP_PRO

图 6-14　引擎/主机信息

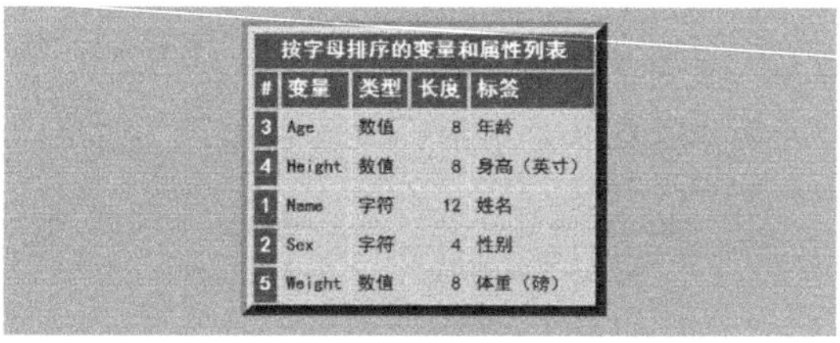

按字母排序的变量和属性列表

#	变量	类型	长度	标签
3	Age	数值	8	年龄
4	Height	数值	8	身高（英寸）
1	Name	字符	12	姓名
2	Sex	字符	4	性别
5	Weight	数值	8	体重（磅）

图 6-15　变量属性列表

6.3　TEMPLATE 过程简介

1. 过程作用

TEMPLATE 过程允许自定义 SAS 输出表格的外观。使用 TEMPLATE 过程，可以创建和修改表的定义、列定义、标题定义、页脚定义。输出交付系统使用这些定义生成定制的表格输出，效果要比默认的 SAS 输出更好。

默认情况下，输出的格式根据过程或数据步指定的不同定义。也可以通过使用 TEMPLATE 过程的下列语句自定义表格输出，或创建自己的新表格输出的定义。

2. 过程语法

定义表、列、标题、页脚：

```
PROC TEMPLATE;
    EDIT definition-path-1 <AS definition-path-2> </ STORE=libref.template-
store>;
    statements-and-attributes
    END;
```

修改列定义：

```
    DEFINE COLUMN column-path</ STORE=libref.template-store>;
    statements-and-attributes
    END;
```

修改页脚定义：

```
DEFINE FOOTER footer - path < / STORE = libref.template - store >
statements - and - attributes
END;
```

表头定义：

```
DEFINE HEADER definition - name;
statements - and - attributes
END;
```

表定义：

```
    DEFINE TABLE table - path  < / STORE = libref.template - store > ;
    statements - and - attributes
    END;
run;
```

3. 查看一个表定义的内容

要查看表定义的内容，可以使用 SAS 窗口环境、命令行或 TEMPLATE 过程。

1）使用 SAS 窗口环境

(1)使用 SAS 窗口环境，从菜单中选择 view/results。

(2)在“结果”窗口中，选择结果文件夹。右键单击并选择模板，打开模板窗口。

(3)在 SASHELP. TMPLMST 双击，查看该项目的存储或目录的内容。

(4)要查看子目录视图和希望查看的表模板列表，则双击目录。

例如，BaseSAS 表定义 Summary 是默认模板，存储 MEANS 和 SUMMARY 过程创建的汇总表。双击 Base 目录然后双击 Summary 表。

2）使用命令行

为查看模板窗口，提交下列命令：odstemplates。

3）使用 TEMPLATE 过程

```
PROC TEMPLATE
RUN;
```

习　　题

1. 什么叫 ODS 系统？有何作用？

2. 将例 5-2-4 的输出结果生成 HTML 格式文件。

3. 将例 5-4-5 的输出结果生成 PDF 和 RTF 格式的文件。

4. The following SAS program is submitted:

```
ods csvall file = 'c:\test.cvs';
proc print data = WORK.ONE;
   var Name Score Grade;
   by IdNumber;
run;
ods csvall close;
```

What is produced as output?

A) A file named test. cvs that can only be opened in Excel.

B) A text file named test. cvs that can be opened in Excel or in any text editor.

C) A text file named test. cvs that can only be opened in a text editor.

D) A file named test. cvs that can only be opened by SAS.

5. The following SAS program is submitted:

```
<_insert_ods_code_>
  proc means data = SASUSER.SHOES;
     where Product in ('Sandal' , 'Slipper' , 'Boot');
  run;
<_insert_ods_code_>
```

Which ODS statements, inserted in the two locations above, create a report stored in an html file?

A)

```
ods html open = 'sales.html';
ods html close;
```

B)

```
ods file = 'sales.html' / html;
ods file close;
```

C)

```
ods html file = 'sales.html';
ods html close;
```

D)

```
ods file html = 'sales.html';
ods file close;
```

6. Which of the following choices is an unacceptable ODS destination for producing output that can be viewed in Microsoft Excel?

A) MSOFFICE2K　　B) EXCELXP　　C) CSVALL　　D) WINXP

7. A raw data file is listed below.

```
1---+----10---+----20---+---
01/05/1989  Frank    11
12/25/1987  June     13
01/05/1991  Sally    9
The flollwing SAS program is submitted using the raw data file as input:
data work.family;
  infile 'file - specification';
  input @1 date_of_birth mmddyy10. @15 first_name $5. @25 age 3;
run;
proc print data = work.family noods;
rin;
```

Which one of the following is the result?

A) The program executes, but the age vaiues are missing in the output.

B) The program executes, but the date values are missing in the output.

C) The program fails to execute because the age informat is coded incorrectly.

D) The program falls to execute because the date informat is coded incorrectly.

第 7 章　描述性统计过程

7.1　统计概念简介

7.1.1　总体和样本

研究对象的指标测量值的集合叫做总体。收集一个总体中的所有值通常是不可能的，只能收集到一部分，这部分测量值称为一个样本(sample)。若想根据样本推断出总体，必须要求样本能代表总体，这种样本应是通过随机抽样的方法取得的。

7.1.2　定位测量

定位测量包括均值、众数和中位数，这些量常被作为分布中心的描述。在下述定义中，如果样本的每个观测都加一个固定的量，那么这些定位测量将偏移同样的量。

1) 均值(MEAN)

均值是描述数值分布中心的一种量度。总体的均值$\mu = E(X)$通常用样本均值来估计。

2) 中位数(Median)

中位数位于总体的上下两半之间。当数据按降序或升序排列时，样本的中位数是中间值。若是偶数个观测，两个中间值的中点通常认为是中位数。

中位数常用来描述偏态分布数据的集中趋势。

3) 众数(Mode)

众数是总体密度最大处的值，即出现次数最多的值。如总体是连续的，则样本众数无意义。

4) 分位数(Quantiles)

分位数(包括百分位数、四分位数及中值)是对分布的详细研究，是一个按大小排序的测量集。

一个分布的上四分位数是75%的测量值落在其下的值(即75%分位)；下四分位数是25%的测量值落在其下的值。在医学上，常用百分位数法确定医学正常值范围。

7.1.3　离散程度测量

研究总体分布很重要的另一组统计量是测量值的离散程度，又称变异性。

1) 全距(Range)

样本全距是样本中最大值与最小值之差，又称极差。粗略地反映离散趋势，但易受极端值的影响。全距越大，说明数据分布中各数据值变动范围越大，平均数的代表性较差。

2) 四分位间距(Quartile)

四分位间距是上四分位数与下四分位数之差，其值越大，变异度越大。

3）标准差(STD Dev)

标准差也称标准偏差，是方差的平方根，是测量值相对于均值的离散程度的测量。标准差越小，测量值越向均值集中。标准差大小与测量的单位有关，比如，用年作单位表示人的年龄和用月作单位表示人的年龄的标准差相差很大。

4）方差(VARance)

方差量度相对于均值的分散性和变异性，它是测量值与总体均值之差平方的期望值。

5）变异系数（CV Coefficient of Variation)

变异系数是无量纲的相对变异性测量，它被定义为标准差与均值的比。

6）自由度(Degrees of Freedom)

自由度指样本中可以自由变动的变量的个数，当有约束条件时：

自由度 = 样本个数 - 样本数据受约束条件的个数，即 $df = n - k$。

其中，df 为自由度，n 为样本个数，k 为约束条件个数。

7.1.4 形状测量

1. 偏度(SKewness)

偏度描述测量值是否对称分布在中心的两侧，是偏差在一个方向比另一个方向大的测量，也可以解释为总体一侧尾部比另一侧偏重的测量，如图 7-1 所示。

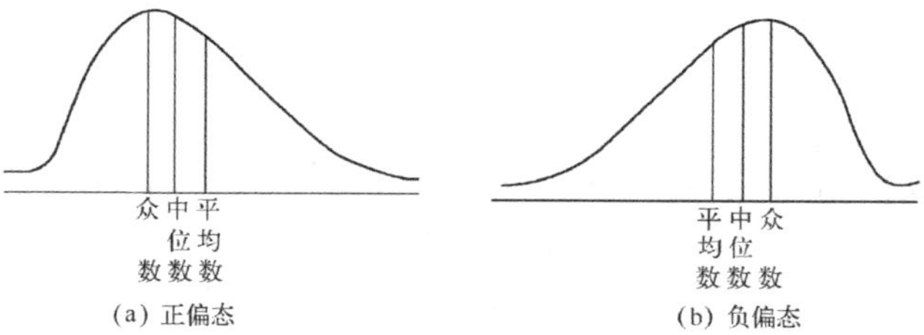

图 7-1　偏态曲线

正偏态(右偏态)：峰偏左，右尾向变量值较大一侧延伸，SK > 0；

负偏态(左偏态)：峰偏右，左尾向变量值较小一侧延伸，SK < 0。

通常正态分布的偏度应该接近零。

2. 峰度(Kurtosis)

峰度用来反映单峰分布情况，$K = 0$ 为正态分布；当 $K > 0$ 时，意味着随机变量 x 在其数学期望附近集中取值的概率要大于标准正态变量在其数学期望附近取值的概率。从而其密度在零附近的峰要比标准正态随机变量的密度函数的峰高；$K < 0$，峰平阔。

表 7-1 列出了常见的三个分布的峰度，均匀分布的密度函数很平坦，其峰度比正态分布峰度低，呈现负值；指数分布的密度函数较为尖峭，其峰度比标准正态分布的密度函数的峰度高，呈现正值。当 $K < -1.2$ 时，x 的密度函数将呈现出“U”形。

若一组观测数据的偏斜度、峰值都接近于 0，则可以认为这组数据来自正态总体。若偏斜度和峰值都不为 0，与正态分布相差可能是由于抽样误差引起的，须通过假设检验做出与正态间的差别显著与否的统计推断。

表 7-1　三种分布特点

	数学期望	方差	标准化变量的 4 阶原点矩	峰度
均匀分布 $U(a,b)$	$\frac{a+b}{2}$	$\frac{(b-a)^2}{12}$	1.8	-1.2
正态分布 $N(\mu,\sigma^2)$	μ	σ^2	3.0	0
指数分布 $E(\lambda)$	$\frac{1}{\lambda}$	$\frac{1}{\lambda^2}$	9.0	6.0

在小样本中，样本偏度和峰度是相当不可靠的；只有对大样本才值得相信。

7.1.5　正态分布

正态分布是一个平滑对称函数，曲线呈“钟形”，其偏度和峰度都为 0。一个正态分布只要用均值和标准差便可完全描述。在正态总体中，大约 68% 的值在总体均值的一个标准差内，大约 95% 的值在均值的两个标准差内，约 99.7% 的值在三个标准差内。正态分布的均值、众数和中位数相等。

许多统计方法是在样本为正态分布的假设下设计的。为此，在用这些方法分析数据前，须对数据进行正态性检验。可用 UNIVARIATE 过程中的 NORMAL 选项进行正态检验。

7.1.6　样本均值的分布

如果从总体中重复提取容量为 n 的样本，并计算每个样本均值，那么样本均值本身有一个分布。样本均值分布的标准差称为均值的标准误，均值的标准误提供了一个样本均值作为总体均值的估计值的准确性指示。

若原始总体为正态分布，则均值的样本分布也为正态。若原始总体不是正态，则随着样本的增大，样本均值的分布越接近正态分布（中心极值定理）。

7.1.7　置信度和置信区间

置信度也称为可靠度，或置信水平、置信系数；即在以抽样对总体参数作出估计时，由于样本的随机性，其结论总是不确定的。因此，采用一种概率的陈述方法，也就是区间估计法，即估计值与总体参数在一定允许的误差范围以内，其相应的概率有多大；这个相应的概率称为置信度。这一区间称为信赖区间（confidence interval），区间的左极限点即称为下信赖界限（Lower Confidence Limits，LCL），区间的右极限点即称为上信赖界限（Upper Confidence Limits，UCL）。

例如，某个样本平均值的 95% 的置信区间为 10 ± 3，也就是说，在 95% 的置信度下，从母体中抽取的样本平均值应该落在 7 ~ 13 之间。反过来，如果测了 100 个样本的均值，会发现约有 95 个是落在 7 ~ 13 之间的。

7.1.8　统计关键字

SAS 系统使用的统计量关键字如下：

N	非缺项观测数目
NMISS	缺项观测数目
MIN	最小值
MAX	最大值
RANGE	MAX-MIN，全距

SUM	和
SUMWGT	加权和
MEAN	算术平均值
USS	未校正的平方和
CSS	对于均值校正的平方和
VAR	方差
STD	标准差
STDERR	平均值的标准误
CV	变异系数（百分率）
SKEWNESS	偏度
KURTOSIS	峰度
T	对 H_0：总体均值 = 0 的 student t 值
PRT	自由度为 $n-1$ 的 student t 值的双尾 P 值，获得 t 的绝对值大于 t 值的概率
MEDIAN	按值排序，当 n 为奇数时为中值；当 n 为偶数时为两中值的平均值
QUARTILE	数据的上下四分位数的值
MODE	众数，x_i 的最频繁值
LCML	可信区间下限
UCML	可信区间上限
ALPHA	置信水平，默认为 0.05

7.1.9 单变量统计对数据的要求

用 SAS 进行统计时，如果不能计算出统计值，则该统计量为缺项值，对 N 和 NMISS 不要求任何非缺项观测；对 SUM、MEAN、MAX、MIN、RANGE、USS 和 CSS 要求至少有一个非缺项观测，其他的统计量要求如下：

- VAR，STD，STDERR，CV，T 和 PRT 要求至少有 2 个观测。
- SKEWNESS 要求至少有 3 个观测。
- KURTOSIS 要求至少有 4 个观测。
- SKEWNESS，KURTOSIS，T 和 PRT 要求 STD > 0。
- 当使用 WEIGHT 语句时，不能计算 SKEWNESS 和 KURTOSIS。
- CV 要求 MEAN 不为 0。

以下过程都可用于计算基本统计量，如频数、均值等，但它们又各有特色：

UNIVARIATE	进行单变量统计，包括分位数及描绘分布图。
SUMMARY	按观测分组计算基本单变量统计值。分组由 CLASS 语句中的变量所决定。统计结果可输出到 SAS 数据集中而不产生显示输出。
MEANS	计算均值及其他描述统计量。
TABULATE	输出基本统计的复杂表格。
CORR	求变量间的相关系数。

进行基本统计的其他过程还包括：

CHART	画频数、均值、总和的条形图、立体直方图、饼图及星图。
FREQ	对分类变量计算频数分布，并作多维列联表。

表 7-2 所示为从每个过程可得到的各种统计量和一些其他重要特点。

表 7-2　SAS 基本统计过程及其统计量

统　计　量	MEANS	UNIVARIATE	SUMMARY	TABULATE	CORR
非缺项值数(N)	V	V	V	V	
缺项值数(NMISS)	V	V	V	V	V
权重和(SUMWEIGHT)	V	V	V	V	
均值(b)《EAN》	V	V	V	V	V
和(SUM)	V	V	V	V	V
最小值(MIN)	V	V	V	V	V
最大值(MAX)	V	V	V	V	V
全距(RANGE)	V	V	V	V	
未校正平方和(UH)	V	V	V	V	
校正平方和(CSS)	V	V	V	V	
方差(VAR)	V	V	V	V	
标准差(STD)	V	V	V	V	V
标准误差(STDERR)	V	V	V	V	
变异系数(CV)	V	V	V	V	
偏度(SKEWNESS)	V	V		V	
峰度(KURTOSIS)		V		V	
Student *t* 值(T)	V	V	V	V	
大于 *t* 值的概率(PRT)	V	V	V	V	
中位数(MEDIAN)		V			
四分位数(QUARTILE)		V			
众数(MODE)		V			
泊松相关系数				V	
显示输出	yes	yes	no	yes	yes
输出到 SAS 数据集	yes	yes	yes	no	yes

7.2　MEANS 过程

MEANS 过程对数值变量给出简单的描述性统计。

MEANS 过程由下列语句控制：

```
PROC MEANS  <选项>;
     VAR     变量表;
     BY      变量表;
     CLASS   变量表;
     FREQ    变量;
     WEIGHT  变量;
     ID      变量表;
     OUTPUT  <选项>;
```

除 PROC 语句之外的其他语句均为可选语句。除 OUTPUT 语句之外，其他可选语句的用法请参阅第 4 章，以后各章节中除特殊用法也将不再介绍。

7.2.1　语句说明

1. PROC MEANS 语句

常用下列选项：

DATA = SAS 数据集　指出需做 MEANS 分析的 SAS 数量集名。

NOPRINT　说明不输出任何描述性统计值。此选项仅在建立一个新的数据集时才使用。

MAXDEC = n　指出 MEANS 用于输出结果的最大小数位 (0 ~ 8)，默认值为 2。

统计量列表

CLM	CSS	RANGE	SKEWNESS |SKEW
CV	KURTOSIS |KURT	STDDEV |STD	STDERR
LCLM	MAX	SUM	SUMWGT
MEAN	MIN	UCLM	USS
N	NMISS	VAR	PRT　　T

默认为 N、MIN，MAX、MEAN、STD。

2. OUTPUT 语句

OUTPUT 选项包括：

OUT = SAS 数据集　指定输出数据集名。

统计关键字 = 名字　指定新数据集中的统计项，并给这些统计项的变量命名。等号右边各变量名代表 VAR 语句中对应变量的相应统计量。

例如：

```
PROC MEANS;
  VAR X1 X2;
  OUTPUT OUT = STATS MEAN = MA MB STD = SA;
```

MEAN = 后的第一个变量 MA 代表 VAR 语句中第一个变量 X1 的均值；第二个变量 MB 代表第二个变量 X2 的均值。STD = 后的第一个变量 SA 代表 VAR 语句中第一个变量 X1 的标准差，X2 的标准差不输出。

如果省略统计关键字 = 选项，则 MEANS 输出一个含有 N、MIN、MAX、MEAN、STD 的 SAS 数据集。

7.2.2 举例

【例 7-2-1】 利用 MEANS 过程按班级 class 进行单变量统计。SCORE1. sas7bdat 为含学生成绩的永久数据集，存于 e:\saslx 文件夹下。注意：CLASS 及 BY 语句的区别，第一个 MEANS 过程运行结果如图 7-2 所示。

```
* ex7-2-1;
LIBNAME ep 'e:\saslx';
    PROC MEANS DATA = ep. score1 MAXDEC = 3;
      VAR t1 - t3;
      CLASS clas;
      TITLE 'statistics with a class variable';
PROC SORT DATA = ep. score1;
      BY clas;
    PROC MEANS MAXDEC = 3;
      BY clas;
      VAR t1 - t3;
      TITLE 'statistics with by variable';
RUN;
```

statistics with a class variable

MEANS 过程

clas	观测的个数	变量	N	均值	标准偏差	最小值	最大值
1	3	t1	3	84.000	6.557	77.000	90.000
		t2	3	83.000	12.530	70.000	95.000
		t3	3	72.333	14.295	60.000	88.000
2	3	t1	3	83.333	15.308	66.000	95.000
		t2	3	81.000	11.269	78.000	98.000
		t3	3	87.000	1.000	86.000	88.000

图 7-2　使用 CLASS 语句进行分类的 MEANS 输出

使用 CLASS 语句，数据集不需要用 SORT 过程排序；使用 BY 语句，数据集事先要进行排序，第二个 MEANS 过程输出如图 7-3 所示。这两个语句使 MEANS 过程输出格式有些不同。

```
                        statistics with by variable

------------------------------------ clas=1 ------------------------------------

                                MEANS 过程

      变量    N          均值         标准偏差          最小值          最大值
      ------------------------------------------------------------------------
      t1      3        84.000           6.557           77.000          90.000
      t2      3        83.000          12.530           70.000          95.000
      t3      3        72.333          14.295           60.000          88.000
      ------------------------------------------------------------------------

------------------------------------ clas=2 ------------------------------------

      变量    N          均值         标准偏差          最小值          最大值
      ------------------------------------------------------------------------
      t1      3        83.333          15.308           66.000          95.000
      t2      3        91.000          11.269           78.000          98.000
      t3      3        87.000           1.000           86.000          88.000
      ------------------------------------------------------------------------
```

图 7-3　使用 BY 语句进行分类的 MEANS 输出

【例 7-2-2】　40 名麻疹易感儿接受麻疹疫苗一个月，血凝抑制抗体滴度如表 7-3 所示，求平均滴度。

表 7-3　血凝抑制抗体滴度测试表

抗体滴度	1:4	1:8	1:16	1:32	1:64	1:128	1:256	1:512
人　　数	1	5	6	2	7	10	4	5

分析：

(1) 抗体滴度为几何级数，必须先化成对数再求均值，设 Y = LOG10(X)；

(2) 变量 F 代表频数；

(3) 由于需把按对数值求得的平均值再转换成滴度，即对 MEANS 产生的结果进一步处理，因此，要使用 OUTPUT 语句将 MEANS 结果写入到另一 SAS 数据集 B，变量名为 MY；

(4) 第二个数据步用于将均数还原成滴度，使用 MX = 10 ** MY。

程序如下：

```
* ex7-2-2;
DATA A;
 INPUT F X @@ ;
 Y = LOG10 (X);
CARDS;
1 4 5 8 6 16 2 32 7 64 10 128 4 256 5 512
PROC MEANS ;
 VAR Y;
 FREQ F;
 OUTPUT OUT = B   MEAN = MY;
DATA C;
 SET B;
 MX = 10** MY;
PROC PRINT;
RUN;
```

运行结果如图 7-4 和图 7-5 所示。

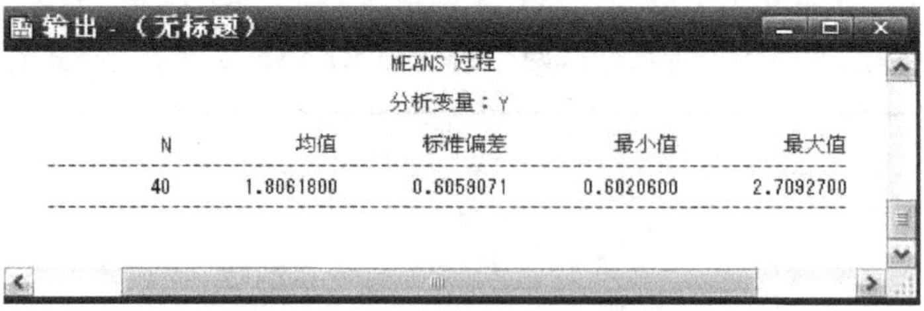

输出 - (无标题)

MEANS 过程

分析变量：Y

N	均值	标准偏差	最小值	最大值
40	1.8061800	0.6059071	0.6020600	2.7092700

图 7-4　MEANS 过程输出结果

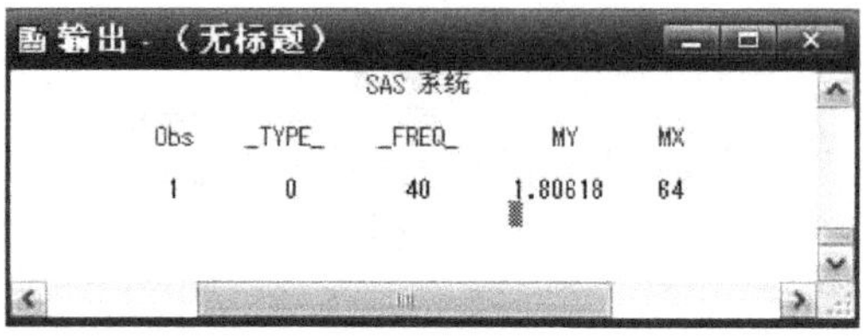

输出 - (无标题)

SAS 系统

Obs	_TYPE_	_FREQ_	MY	MX
1	0	40	1.80618	64

图 7-5　平均滴度 MX

【例 7-2-3】　在某一年级中，测得 15 名男生的身高，数据存于文件'e:\sasdt\Fit1.txt'中。试求出身高的平均值、标准差、变异系数和 95% 的置信区间。

求置信区间即求出可信区间下限 LCML 和 UCML，默认的 alpha 为 0.05。

```
* ex7-2-3;
DATA student;
  INFILE 'e:\sasdt\Fit1.txt';
  LENGTH name $ 10;
  INPUT num $ name sex $ H W;
PROC MEANS  DATA=student n MEAN STD CV LCML UCML;
  VAR H;
RUN;
```

运行结果如图 7-6 所示。

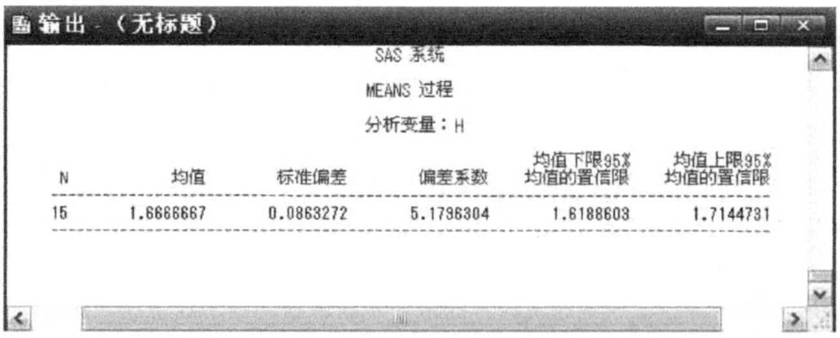

输出 - (无标题)

SAS 系统

MEANS 过程

分析变量：H

N	均值	标准偏差	偏差系数	均值下限95% 均值的置信限	均值上限95% 均值的置信限
15	1.6666667	0.0863272	5.1796304	1.6188603	1.7144731

图 7-6　均值的置信区间

7.3　FREQ 过程

7.3.1　简介

分析分类资料时，可能需要确定变量值在数据中如何分布。FREQ 过程产生一维至 n 维的频数表和列联表，以总计百分数和数据计数的形式表示变量值的分布。对于二维表，PROC FREQ 计算统计量并给出检验；对于 n 维表，PROC FREQ 作分层分析，在层内作统计计算，通过选项可对每一层的齐性和独立性进行卡方检验和基于卡方的有关检验，频数也能输出到 SAS 数据集中。由于频数表可对某个变量列出所有的值，可以查看这些值取值是否合理，所以它是检查数据错误的有效工具。

FREQ 过程可以通过使用“ODS 图形”生成频数图、累积频数图、偏差图、优比图和 Kappa 图。

交叉表具有 ODS 模板，可以使用 TEMPLATE 过程定制该模板。

等值检验和非劣效性检验可用于二项式比例和比例差值。

二项式比例置信限包括 Agresti – Coull、Jeffreys 和 Wilson(得分)置信限。

EXACT 语句中的 RISKDIFF 选项为比例(风险)差值提供无条件精确置信限。EXACT 语句中的 EQOR 选项提供针对等优比的 Zelen 精确检验。

对于计量值，作频数表时应先对数值分组再求频数。

【例 7-3-1】 对学生成绩进行分段统计分析。e:\sasdt\score2.txt 为含学生成绩的数据文件，把学生的平均成绩分成 A(大于等于 80)、B(大于等于 60，小于 80)、C(小于 60)三等，由 FREQ 过程产生每一分数段的学生人数和占总数的百分数。用 FORMAT 过程产生一输出格式 vfmt.，把学生的平均成绩分成 A、B、C 三等。

```
* ex7-3-1;
DATA b;       /* 读入数据*/
  INFILE 'E:\SASDT\SCORE2.TXT';
  INPUT num $ t1-t3;
  v=MEAN(OF t1-t3);
PROC FORMAT ;                    /* 产生成绩等级的格式*/
VALUE vfmt LOW-<60='C'
      60-<80='B'
      80-HIGH='A';
PROC FREQ DATA=b;                /* 对成绩各等级频数分析*/
  FORMAT v vfmt. ;
  TABLES v;
RUN;
```

FREQ 过程产生每一分数段的学生人数(频数)和占总数的百分数，结果如图 7-7 所示。

SAS 系统

FREQ 过程

v	频数	百分比	累积频数	累积百分比
C	2	13.33	2	13.33
B	7	46.67	9	60.00
A	6	40.00	15	100.00

图 7-7　各分数段人数分布

1. 一维频数表

若要求一维频数表，只需在 TABLES 语句中简单地命名这一变量。例如：

```
PROC FREQ;
    TABLES X;
```

产生变量 X 的每一水平的频数的一维表。

一维频数表输出下面的内容：

(1) 变量名和变量值。

(2) FREQUENCY　频数，给出每种值的频数。

(3) CUMULATIVE FREQUENCY　累积频数。

(4) PERCENT　百分比，给出该值占总数的百分数。

(5) CUMULATIVE PERCENT　累积百分比。

2. 二维频数表

如果要求两个变量的列联表，则在 TABLES 语句中用星号“ * ”连接两个变量。第一个变量的值形成表的行，而第二个变量的值形成表的列。例如：

```
PROC FREQ;
   TABLES A* B;
```

产生一个列联表，A 的值在左边(行)，B 的值在顶端(列)。二维表可以以列联表(默认)和清单(指定 LIST)的形式输出。列联表的每个表格包含：

(1) FREQUENCY　频数。

(2) PERCENT　百分比，代表该格的频数占总频数的百分比。

(3) ROWPCT　行百分比，代表该格的频数占该行的总频数计数的百分比。

(4) COLPCT　列百分比，代表该格的频数占该列的总频数计数的百分比。

(5) 如果指定了 CHISQ 选项，则对每个二维表输出联合检验和测量。

(6) 如果指定了 EXPECTED、DEVIATION、CELLCHI2 等选项，还可输出期望值、偏差、单元格卡方等值。

【例 7-3-2】 在第 5 章 ex5-1-1 有一个关于两个不同地区在职人员与退休人员年平均收入与消费水平的调查，产生一永久数据集 ear _ exp. sas7bdat。变量 reg 代表地区，wor 代表在职否(1 表示在职，2 表示不在职)，earn 代表收入，exp 代表消费。按地区求出在职和不在职的人数分布(见图 7-8)。

```
* ex7-3-2;
LIBNAME ep 'e:\saslx';
PROC FREQ DATA = ep. ear _ exp;
    TABLES reg* wor;
RUN;
```

表中，行表示地区 reg；列为工作情况；1 为有工作；2 为没工作。每个格中列出了频数、百分比(该格的频数/合计数)、行百分比(格频数/行合计)和列百分比(格频数/列合计)。

```
                    SAS 系统
                   FREQ 过程
                  reg * wor 表
reg        wor

频数      |
百分比    |
行百分比  |
列百分比  |1        |2        |  合计
----------+---------+---------+
A         |       7 |       4 |     11
          |   35.00 |   20.00 |  55.00
          |   63.64 |   36.36 |
          |   58.33 |   50.00 |
----------+---------+---------+
B         |       5 |       4 |      9
          |   25.00 |   20.00 |  45.00
          |   55.56 |   44.44 |
          |   41.67 |   50.00 |
----------+---------+---------+
合计            12         8        20
              60.00     40.00    100.00
```

图 7-8　二维列联表

3. *n* 维列联表

若想得到三维(或 *n* 维)列联表，在 TABLES 语句中用“ * ”连接给定的三个或 *n* 个变量名，最后一个变量的值形成表的列，倒数第二个变量的值形成表的行，其他变量的每一级水平（或水平组合）形成一层，且每层都形成分立的列联表。

4. FREQ 和其他 SAS 过程的比较

许多 SAS 过程也可能得到频数计数，PROC FREQ 以具有计算卡方检验和测量二维及多维表的联系的能力而与其他过程相区别。其他过程（如 TABULATE）能得到更普通的表格布局，SUMMARY 能输出数据集，而 CHART 还可得到条形图和其他图示。

7.3.2 语句说明

在 FREQ 过程中使用的语句：

```
PROC FREQ <选项>;
TABLES 请求式/<选项>;
WEIGHT <变量名>;
BY <变量表>;
```

PROC FREQ 语句为必须语句，其他语句为可选语句。

1. PROC FREQ 语句

```
PROC FREQ <选项>;
```

选项有：

DATA = SAS 数据集　规定此过程使用的数据集。

NLEVELS　用于显示 TABLES 语句中指定的每个变量的水平数。

ORDER = FREQ |DATA |INTERNAL |IFORMATTED　规定变量各级被报告出来的次序。

ORDER = FREQ　按递减的频数计数次序排列，即最大频数在前。

ORDER = DATA　按它们出现在输入数据集中的顺序排列。

ORDER = INTERNAL　按值的无格式化的次序排列，即与 SORT 过程处理的次序一样排列（默认）。

ORDER = FORMATTED　按数据的格式值排列。次序取决于操作环境，默认为升序。

ORDER = 　选项不适用于缺项值，缺项值总是排在前面。

2. WEIGHT 语句

通常，每个观测代表一个事物。当 WEIGHT 语句出现时，每个观测提供的是那个观测的加权变量值数（如 3 的加权意味着那个观测代表了三个事物），此值必须为非负数，但不必为整数。

WEIGHT 语句中的 ZEROS 选项可以包含权重值为 0 的观测。频数和交叉表将显示权重为 0 的观测对应的所有水平。PROC FREQ 将在单向表的卡方拟合优度检验、单向表的二项计算以及双向表的 Kappa 统计量计算中，包含权重为 0 的所有水平。

3. TABLES 语句

```
TABLES 请求式…/<选项>;
```

请求式由一个或多个由“ * ”号连起来的变量组成。一维表由一个变量名产生；二维表由“ * ”连接的两个变量名产生，任何数量的变量能被连接起来得到多维的表格。FREQ 过程可有多个 TABLES 语句，每个 TABLES 语句也可以有多个请求式。

下面的 TABLES 语句中，左边一栏与右边一栏意义一致。

```
TABLES  A* (B C);        等同于  TABLES A* B  A* C;
TABLES  (A B)* (C D);    等同于  TABLES A* C  A* D  B* C  B* D;
TABLES  (A-C)* D;        等同于  TABLES A* D  B* D  C* D;
```

而 TABLES A-C * D; 不合法。

若无 TABLES 语句,FREQ 对数据集中所有变量求一维频数,对变量的每一个水平产生频数、累积频数、百分数和累积百分数。如果需要一个二维表,且不规定任何选项,则 FREQ 产生交叉分组列表,此表包括各格的频数、总频数的百分数、行频数的百分数和列频数的百分数。每个变量的缺项被从表中排除,但缺项的总频数输出在每一表的下面。

TABLES 语句“/”后面的选项如下。

(1) 一般选项

MISSING 分析缺项值,且在百分数计算和其他统计计算时包括缺项值。

OUT = SAS 数据集 建立一个包括变量值和频数的输出数据集。如 TABLES 语句中有多个请求式,则最后一个请求式的内容输出到数据集中。

(2) 请求统计分析的选项

CHISQ 作齐性或独立性卡方(χ^2)检验和基于卡方的有关测量,包括泊松卡方、似然卡方和曼特尔-享塞尔(Mantel-Haenszel)卡方。测量包括斐(phi)系数、列联系数和克莱姆系数 V(Cramer'v)。对于 2×2 表也包括费雪尔(Fisher)精确检验。

AGREE 对于方形表格(行、列数相同)进行分类一致性检验。

MEASURES 计算一系列关联指标及渐近的标准误差,包括 Pearson 和 Spearman 相关系数,以及 Gamma 和 Kendall's tau-b 值等。对于 2×2 表,给出优比,还给出第一列和第二列的相对危险度及相应的置信限。

CMH 给出 Cochran-Mantel-Haenszel 统计量,在对多维表格的其他变量调整后,检验行变量与列变量之间的关联程度。对于 2×2 表,FREQ 过程给出相对危险度估计及其可信区间。对于分层四格表,还给出各层关联度指标是否齐性的 Breslow-Day 检验。

ALL 给出 CHISQ、MEASURES、CMH 所请求的全部统计量。

ALPHA = p 给出检验水准,默认为 0.05。

(3) 请求附加表格信息的可选项

EXPECTED 请求输出在独立(或齐性)假设下的期望格频数。

DEVIATION 请求输出各格的格频数和期望值的偏差。

CELLCHI2 请求输出每一格对总 χ^2(卡方)统计的贡献,即计算每格的(实际频数 - 期望频数)^2/期望频数。

CUMCOL 请求在格中输出累计列百分数。

MISSPRINT 要求输出缺项值频数。

SPARSE 输出在请求式中几个变量水平的所有可能的组合信息。

(4) 禁止输出选项

NOFREQ 禁止输出列联表中的格频数。

NOPERCENT 禁止输出列联表中的百分数。

NOROW 禁止输出列联表中各格的行百分数。

NOCOL 禁止输出列联表中各格的列百分数。

NOCUM 禁止输出一维频数表和用 LIST 格式频数表的累计频数和累计百分数。

NOPRINT 禁止输出表格,但 CHISQ、MEASURES、CMH 和 ALL 指定的统计值除外。

(5) TABLES 语句中的新增选项

CONTENTS = 选项用于指定链接到交叉表的 HTML 内容文件的文本。

BDT 在用 CMH 选项计算分层的 2×2 表的 Breslow-Day 检验时,可以在优比齐性的 Breslow-Day 检验中请求 Tarone 调整。

NOWARN　选项将隐藏下面的日志警告消息，即如果预计超过 20% 的表单元格的频数都小于 5，则渐近卡方检验可能无效。

CROSSLIST　用于显示 ODS 列格式的交叉表，该选项创建的表的定义可通过 TEMPLATE 过程定制。

此外，PROC FREQ 可以为普通优比和相关检验生成精确的置信限。

7.3.3　列联表卡方检验

列联表的零假设是两变量 x 和 y 相互独立。计算卡方检验的统计量是卡方值，它是每个格子实际频数 A 与零假设下期望频数 T 差值平方与理论频数之比的累计和。

使用 χ^2 检验要求每个单元格期望频数不少于 5，条件不满足的时候可以使用 Fisher 精确检验。对于 2×2 的表格 FREQ 过程自动给出 Fisher 精确检验的结果。

7.3.4　举例

【例 7-3-3】　现有一批数据如下：

单位	教授	讲师	助教
0001	50	147	183
0002	49	85	136
0003	77	195	244

求出各单位人员的构成。

分析：由于只能对变量不能对观测求构成比，故需要把上面的数据进行转置。把职称赋给变量 T，T 的值 A、B、C 分别代表教授、讲师、助教，用 NAME = 选项实现。新产生的变量 COL1 代表每一职称人员的输入频数，如图 7-9 所示，然后才能用 FREQ 过程显示出各职称人数比，结果如图 7-10 所示。

```
* ex7-3-3;
DATA templ;
  INPUT D $ A B C @@ ;
CARDS;
0001 50 147 183 0002 49 85 136 0003 77 195 244
PROC TRANSPOSE NAME = T OUT = TEMPL;
  VAR A B C;
  BY D;
PROC PRINT DATA = templ;
PROC FREQ DATA = templ;
  BY D;
TABLES T;
  WEIGHT COL1;
RUN;
```

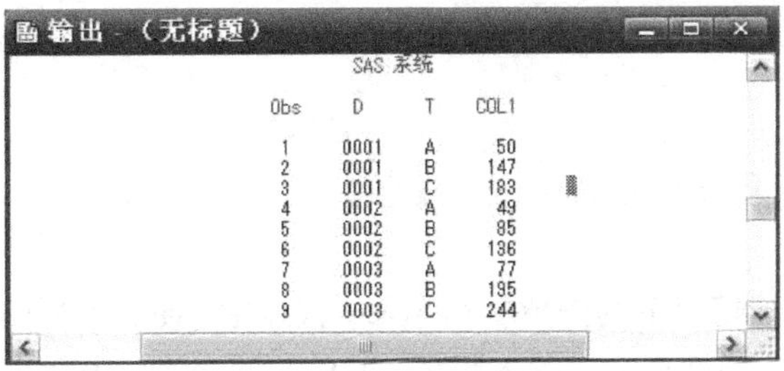
输出 - (无标题)

SAS 系统

Obs	D	T	COL1
1	0001	A	50
2	0001	B	147
3	0001	C	183
4	0002	A	49
5	0002	B	85
6	0002	C	136
7	0003	A	77
8	0003	B	195
9	0003	C	244

图 7-9　各单位各职称人数转置数据集

```
                         FREQ 过程

                                          累积          累积
T         频数        百分比              频数         百分比
----------------------------------------------------------------
A           50         13.16                50          13.16
B          147         38.68               197          51.84
C          183         48.16               380         100.00

--------------------------- D=0002 ---------------------------

                         FREQ 过程

                                          累积          累积
T         频数        百分比              频数         百分比
----------------------------------------------------------------
A           49         18.15                49          18.15
B           85         31.48               134          49.63
C          136         50.37               270         100.00

--------------------------- D=0003 ---------------------------

                         FREQ 过程

                                          累积          累积
T         频数        百分比              频数         百分比
----------------------------------------------------------------
A           77         14.92                77          14.92
B          195         37.79               272          52.71
C          244         47.29               516         100.00
```

图 7-10　FREQ 过程显示各单位各职称的人数比

【例 7-3-4】 在二乙基亚硝氨诱发大白鼠鼻咽癌的实验中，一组单纯用亚硝氨向鼻腔内滴注，另一组在鼻注的基础上加肌注维生素 B12，实验结果如表 7-4 所示。问两组发癌率的差别有无显著性。

表 7-4　大白鼠鼻咽癌的实验数据

	发 癌 数	未 发 癌 数
鼻注组	52	19
鼻注加肌注组	39	3

假设两组实验对大白鼠诱发癌的作用相同，建立数据集，对变量 F 进行卡方检验。程序如下，结果如图 7-11 所示。

```
* ex7-3-4;
DATA abc;
  DO a=1 TO 2;
     DO b=1 TO 2;
        INPUT f @@ ;
        OUTPUT;
     END;
  END;
CARDS;
52 19 39 3
;
PROC FREQ;
  WEIGHT f;
TABLES a* b/CHISQ EXPECTED NOPERCENT NOCOL;
RUN;
```

各组数据给出的是不同情况下的频数。在 FREQ 程序中，使用 WEIGHT 语句给出频数，由于数据是以表格方式给出的，使用循环方式读入数据，循环控制变量 a 表示试验组别：1 为鼻注组，2 为鼻注加肌注；b 表示发癌情况：1 为发癌，2 为未发癌。

FREQ 过程

a * b 表

a / 频数 / 期望值 / 行百分比	b = 1	b = 2	合计
1	52 57.177 73.24	19 13.823 26.76	71
2	39 33.823 92.86	3 8.177 7.14	42
合计	91	22	113

a * b 表的统计量

统计量	自由度	值	概率
卡方	1	6.4777	0.0109
似然比卡方	1	7.3101	0.0069
连续校正卡方	1	5.2868	0.0215
Mantel-Haenszel 卡方	1	6.4203	0.0113
Phi 系数		-0.2394	
列联系数		0.2328	
Cramer 的 V		-0.2394	

Fisher 精确检验

单元格 (1,1) 频数 (F)	52
左侧 Pr<=F	0.0083
右侧 Pr>=F	0.9985
表概率 (P)	0.0068
双侧 Pr<=P	0.0132

样本大小 =113

图 7-11　卡方检验

对卡方检验结果的解释：

上半部分是对资料的简单描述：加肌注组发癌的数目比期望值大，4 个格中期望频数都大于 5，故可采用统计检验结果中的第一项：卡方 =6.4777，DF =1，P =0.0109。

结论：在 0.05 检验水准下，不支持零假设。两组实验有显著差异。

当有一个格的期望频数小于 5 而大于 1，且总频数大于 40 时，应采用连续校正卡方，或以 Fisher 精确检验的结果为准。

当有一个格的期望频数小于 1，或总频数小于 40 时，应采用 Fisher 精确检验的结果。为使自由度和样本规模降至最低限度，为修正卡方值，给出了三种系数；

（1）Phi 系数 = -0.2394　反映两个二分类变量的相关系数，它修正了样本数对卡方值的影响。

（2）列联系数 =0.2328　表示列联表中两变量相关的密切程度。

（3）Cramer's　v = -0.2394　当样本数增大时，列联系数会减小，可用 Cramer'v 系数修正。

这三个系数的取值范围为 -1 ~ 1，其绝对值越接近 1，说明两个属性联系越密切。

7.4　TABULATE 过程

7.4.1　简介

TABULATE 过程既是一个统计过程，又是一个报表过程，它以非常灵活的报表方式输出描述性统计量。报表的形式可由用户自由安排，报表统计量包括 MEAN、STD、MIN、MAX、N、NMISS、RANGE、SUM、USS、CSS、STDERR、CV、T、PRT、VAR、SUMWGT、PCTSUM（SUM 的百分数）、PCTN（频数 N 的百分数）等。

TABULATE 过程使用 TABLE 语句，通过一个表格表达式来描述表格的格式，因此对 TABLE 语句的理解是使用 TABULATE 过程的基础。一个表格表达式主要涉及如下几个问题。

1. 在表达式中使用的操作数

(1) 分类变量

用 CLASS 语句定义。分类变量一般只有几个离散的值，如性别、国家等。

(2) 分析变量

用 VAR 语句定义，是数值型且可对其进行统计分析的量，如身高、体重、收入等。

有些量既可作为分类变量又可作为分析变量，如年龄；但在一个 TABLE 语句中，一个变量只能设定一个角色。

(3) ALL

ALL 称为全类符，在表达式中表示输出表格时给出分类的小计或总计值。

(4) 统计量

它们用专用符号描述，变量不能与之同名。常用的统计量如下：

NMISS、N、MEAN、STD、MAX、MIN、RANGE、SUM、USS、CUSS、STDERR、CV、T、PRT、VAR、SUMWGT，还有 PCTN (频数百分数)、PCTSUM (和的百分数)

(5) 格式修饰符

F=格式　说明输出项的宽度和小数位。

例如，F=6.2 说明输出占 6 个字符宽度，小数点后有 2 位。

2. 在表达式中使用的操作符

- 包含(＊):把项分成层次。
- 并列(空格):一项接一项地列出各项。
- 分组(括号):控制以上两个操作符的优先级。

表达式的运算次序：圆括号、包含操作、并列操作。

(1) 包含操作：在第一个操作数的每一水平内排列第二个操作数的所有水平。例如，对于两个分类变量 A 和 B，A 有两个水平级而 B 有三个水平级。A 与 B 包含产生如图 7-12 和图 7-13 所示的表格。

TABLE A*B

A=1			A=2		
B=1	B=2	B=3	B=1	B=2	B=3

图 7-12　列维 A＊B 表

TABLE B*A

B=1		B=2		B=3	
A=1	A=2	A=1	A=2	A=1	A=2

图 7-13　列维 B＊A 表

(2) 并列操作：引起第二个操作数的所有水平级都在第一个操作数所有水平级之后。A 与 B 并列(写成 A B)产生如图 7-14 所示的表格。

(3) 混合表达式：若表达式中包含了几种操作，例如，A＊B C(假设分类变量 C 有两个水平级)产生如图 7-15 所示的表格。

TABLE　A B

A=1	A=2	B=1	B=2	B=3

图 7-14　列维 (A B)表

TABLE　A*B C

A=1			A=2			C=1	C=2
B=1	B=2	B=3	B=1	B=2	B=3		

图 7-15　列维 (A＊B C)表

在混合表达式中，包含操作优先于并列操作，能将括号与操作符结合使用，改变操作的优先次序。例如，如果写成 A＊(B C)，那么产生的输出与上面表达式的输出不同，如图 7-16 所示。

<table>
<tr><td colspan="5">A=1</td><td colspan="5">A=2</td></tr>
<tr><td>B=1</td><td>B=2</td><td>B=3</td><td>C=1</td><td>C=2</td><td>B=1</td><td>B=2</td><td>B=3</td><td>C=1</td><td>C=2</td></tr>
</table>

图 7-16　列维 A∗(B C)表

3. 表的维数

TABULATE 产生的表，最多可达三维：页、行和列。每一维都由一个表达式所规定，各维表达式间用一个逗号分隔。各表达式从右向左分别是列维、行维和页维。仅有一维就是列维。

在列维中的并列使所有值水平地从左向右排列；包含被垂直表示。

在行维中的并列引起所有值竖直地排列，如图 7-17 所示。在行维中的包含是水平表示的（见图 7-18）。

当在页维中的任何一个分析变量、统计量或分类变量值改变时，TABLE 都开始一个新页。在许多情况下，用页维可以代替 BY 语句，而且更有效。

在表格中，每个格对应于从具有分类变量的相同值的观测值中对一个分析变量的所有值进行的统计计算。分析变量和统计量可能在任何维中一起出现，然而，所有的统计量必须仅出现在一维中，所有的分析变量也必须仅出现在一维中。并且，不能将一个分析变量与另外的分析变量相包含，也不能将一个统计量与另外的统计量相包含。

<table>
<tr><td>A=1</td></tr>
<tr><td>A=2</td></tr>
<tr><td>B=1</td></tr>
<tr><td>B=2</td></tr>
<tr><td>B=3</td></tr>
</table>

图 7-17　行维 (A B)表

<table>
<tr><td colspan="2">A=1</td></tr>
<tr><td colspan="2">A=2</td></tr>
<tr><td rowspan="2">B=1</td><td>C=1</td></tr>
<tr><td>C=2</td></tr>
<tr><td rowspan="2">B=2</td><td>C=1</td></tr>
<tr><td>C=2</td></tr>
</table>

图 7-18　行维(A B∗C)表

7.4.2　用菜单制作汇总表

TABULATE 过程没有默认的表格形式，只能用编程的方法或使用菜单利用图形界面的引导设计表格。

使用菜单制作表格步骤如下。

（1）建立报表数据集，可为临时数据集，也可为永久数据集。

（2）选择“解决方案”→“分析”→“分析家”，打开“分析家”(Analyst)窗口(见图 7-19)。

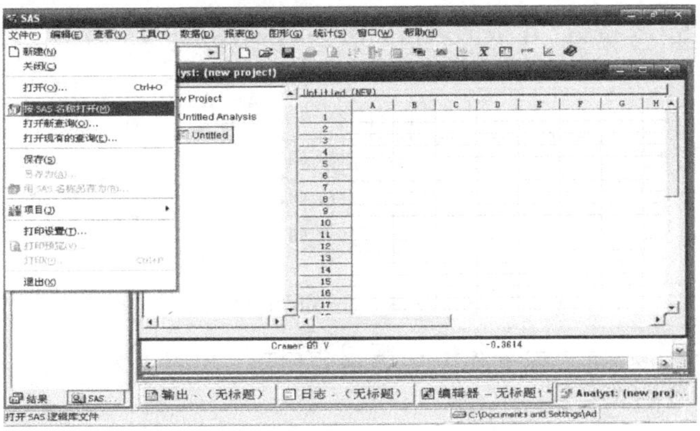

图 7-19　“分析家”(Analyst)窗口

(3) 选择“文件”→“按文件名称打开”，打开“选择成员”窗口，如图 7-20 所示。选择数据集所在的逻辑库，选中数据集。

(4) 出现“Tables Wakebgi”表格窗口，显示出五种汇总表的模板，如图 7-21 所示。在模板中规定了分类变量、分析变量和统计量在表格中的位置。

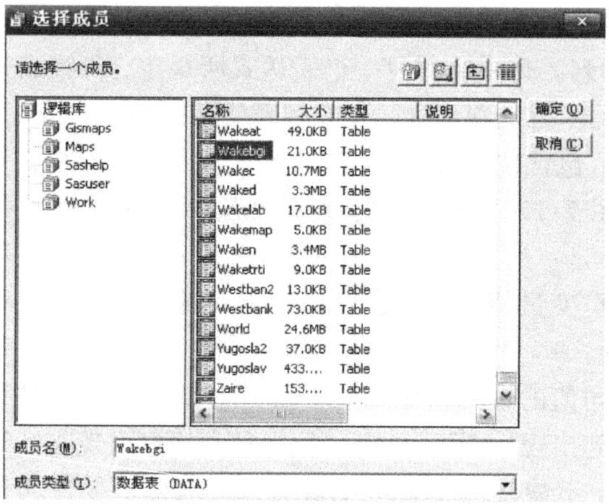

图 7-20 “选择成员”窗口

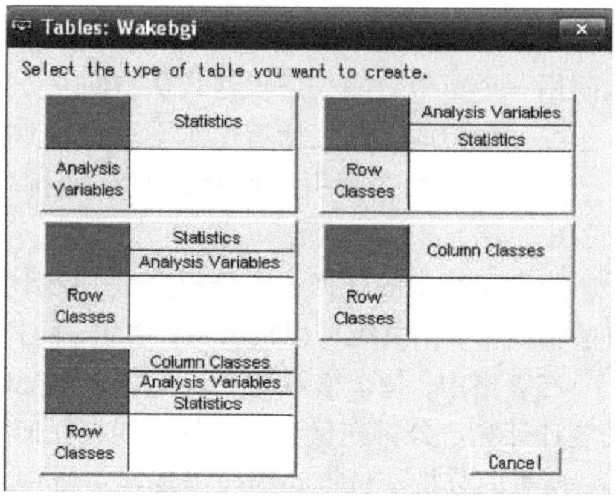

图 7-21 表格模板窗口

(5) 选择一种模板(如选择第一种)，进入设定窗口，如图 7-22 所示。在此窗口中设定统计变量和分析变量，双击左边窗格中的变量，将相应变量加入右边窗格中，如图 7-23 所示。

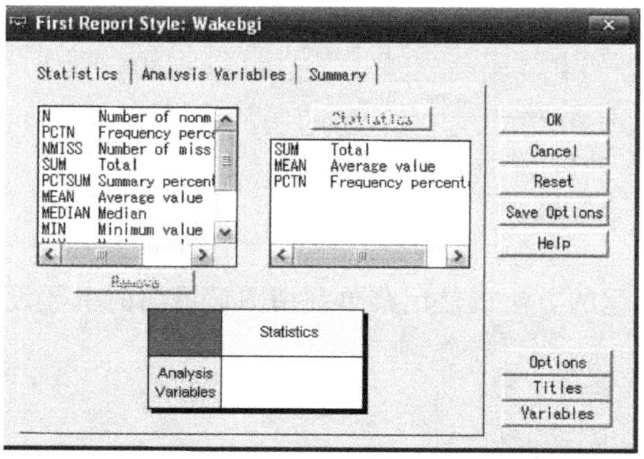

图 7-22 第一种模板设定窗口——设统计量

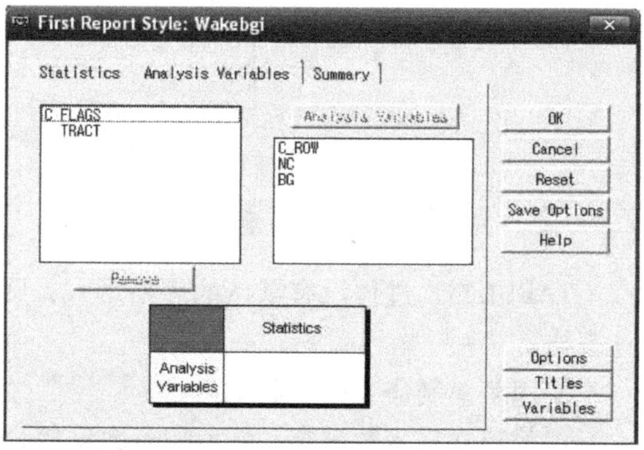

图 7-23 第一种模板设定窗口——设分析变量

变量设置完后单击 OK 按钮，生成的表格如图 7-24 所示。

	Total	Average value	Frequency percentage
C_ROW	11848178.00	31511.11	100.00
NC	5470.00	14.55	100.00
BG	1088.00	2.89	100.00

图 7-24 生成的表格

在左边窗口选择“Code”可显示制作上述表格的代码，如图 7-25 所示。可对其进行修改，再运行。

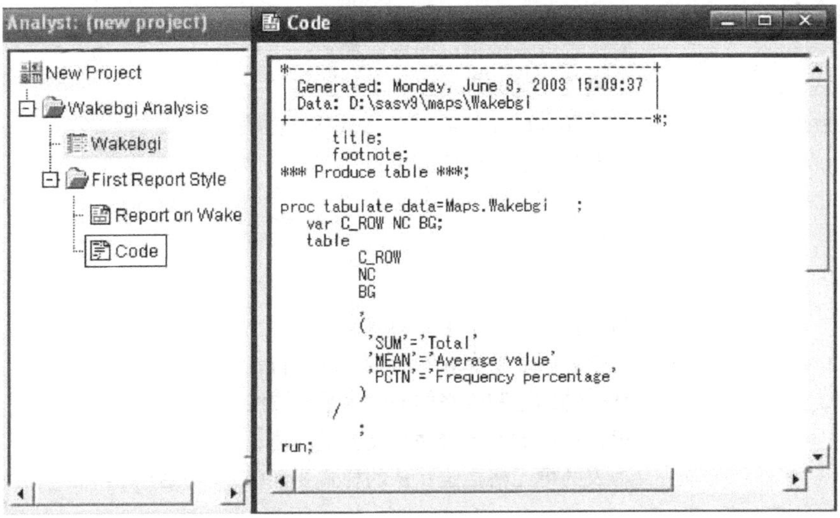

图 7-25　制作表格程序的代码

7.4.3　语句说明

在 TABULATE 过程中可使用如下语句：

```
PROC TABULATE <选项>;
CLASS 变量;                /* 此语句为必须语句 */
VAR 变量;                  /* 此语句为必须语句 */
FREQ 变量;
WEIGHT 变量;
BY 变量;
FORMAT 变量 格式...;
LABEL 变量 = 标记...;
TABLE 表达式 <, 表达式> <, 表达式> </任选项>;          /* 此语句为必须语句 */
KEYLABEL 关键词 = '文本'…;       /* 在输出的表中用定义的文本代替关键词 */
```

1. PROC TABULATE 语句

在 TABULATE 过程中，PROC TABULATE 语句说明过程的开始，并通过其后的选项定义一些有关的选择内容。

PROC TABULATE 语句的选项有：

TABULATE 语句选项：

CONTENTS =	自定义 HTML 内容链接到输出；
DATA =	指定输入数据集；
OUT =	指定输出数据集；
THREADS | NOTHREADS	重写 SAS 系统选择。

识别感兴趣的数据类别选项：

CLASSDATA =	指定一个包含分类变量值组合的辅助数据集，这些变量包括在表和输出数据中；
EXCLUSIVE	将不在 CLASSDATA = 数据类中变量值的所有组合排除在表和输出数据集外；
MISSING	考虑缺失值作为分类的变量的有效值。

控制统计分析的选项:

ALPHA =	对于置信限制指定的置信水平;
EXCLNPWGTS	排除负权重的观测;
QMARKERS =	指定样本尺寸用于 P^2 分位数估计方法;
QMETHOD =	指定分位数的估计方法;
QNTLDEF =	指定计算分位数的数学定义;
VARDEF =	指定方差。

自定义表的外观选项:

FORMAT =	指定在表中每个单元的默认格式;
FORMCHAR =	为创建表的轮廓和间隔定义的字符;
NOSEPS	从行的标题和表格体消除水平分隔线;
ORDER =	根据指定的次序排序分类变量的值;
STYLE =	为表的单元格指定默认的样式要素(对于 ODS)。

2. TABLE 语句

TABLE 语句的选项:

MISSING = '文本'　　最多 20 个字符的文本输出到包含默认值的格子里。

RTS = n　　规定表格左上角行标题格的宽度,默认为一行的四分之一。

BOX = 变量名 |'字符串'　　规定放在行标题上面的空框里的文本。

PRINTMISS　每一次变量标题被打印时,打印分类变量所有值,即使这些标题下的一些单元格无数据;默认值:如果忽略 printmiss,然后 PROC TABULATE 抑制没有数据的行或列,除非在 PROC TABULATE 语句中使用 CLASSDATA = 选项。

INDENT =　对缩进的嵌套行标题指定空格数。

ROW =　在可用空间内为行标题控制空间的分配。

RTSPACE =　为行标题指定有效的打印位置数。

TABLE 语句是整个 TABULATE 过程的核心。一个 TABLE 语句后面可接 1 ~ 3 个由逗号分隔开的表达式,它们按从右到左的次序分别定义为列维、行维和页维。当缺少一个表达式时,表示 TABLE 语句定义了一个二维表格;同理,当缺少两个表达式时,TABLE 语句定义了一个一维表格。

表达式可由分类变量和分析变量交叉,或分析变量和统计量嵌套而成。当规定了分析变量而没有指定统计量时,表示使用默认统计量 SUM;如果规定了分类变量而没有规定分析变量和统计量,则表示使用默认统计量 N。

ALL (全类符)　用于合计一个括号组中的所有分类变量。如果没有括号组,则 ALL 合计它所在行中的所有分类变量。

f = w. d 格式修饰符　改变部分格子的输出格式及宽度。f = 项的位置决定了表格中有多少处要受到格式化的影响。如 f = 项用在行维中,且在列维中没有其他格式修饰符,则受到影响的表格单元中的值将以同一方式格式化。列维中的格式修饰符对选定列的格子中的数据起作用。

PCTN (百分比)　在表格中可以得到各种百分数。当想得到格中观测值出现次数和总次数间的百分比时使用;当想得到某一分析量值与一组类别总和的百分比时,用 PCTSUM。

< >　若想获得一表格某单元的数值占表格某一部分的和的百分比时,就需要将分母用"_< >"括起来,附加在 PCTN 或 PCTSUM 后面。有如下几种情况:

(1) 与列总和相比的百分比,用定义表格一行的所有分类变量作为分母;

(2) 与行总和相比的百分比,用定义列的所有分类变量作为分母。在分母定义中不允许有分组,如用 <A* B A* C>,而不能用 A* (B C)。

```
TABLE A ALL, C* (B ALL)* (N PCTN<B ALL>);
```

分母中，至少有一个算式出现在受此分母影响的每一交叉中；在语句中，分母定义式不能仅是 B 或 ALL，必须同时用两者。

- 可用统计量包括上下置信限、偏度和峰度。PROC TABULATE 支持 ALPHA = 选项，允许指定置信水平。
- 使用 TABLE 语句的新选项 FORMAT_PRECEDENCE 和 STYLE_PRECEDENCE，可以指定将应用哪些(为列、行或页面尺寸定义的)格式和样式。

3. CLASS 语句

语句格式：

```
CLASS 分类变量表;
```

CLASS 可用来说明在 TABLE 语句中引用的分类变量，任何在 TABLE 语句中出现的分类变量必须事先在 CLASS 语句中说明。变量的值可能是离散的或连续的，对于分类变量值为连续的情形，可通过 PROC FORMAT 转化为离散值。

按(用 MULTILABEL 和 NOTSORTED 选项创建的)用户定义的格式格式化分类变量时，在 CLASS 语句中同时指定 MLF、PRELOADFMT 和 ORDER = DATA 选项后，会根据输出格式定义中的标签顺序对过程输出进行排序。

4. VAR 语句

语句格式：

```
VAR 分析变量表;
```

VAR 语句用来说明 TABLE 语句中引用的分析变量。任何用在 TABLE 语句中的分析变量必须事先在 VAR 语句中说明。分析变量必须是数值型的。

5. KEYLABEL 语句

```
KEYLABEL 关键字 = '文本'…;
```

关键字是表格中使用的有效统计量名称之一。文本替换为统计量名。

7.4.4 举例

【例 7-4-1】 下面的程序给出了两个班学生的学号(前三位是班级 cls 编号)和三门课的成绩，按每个人的平均成绩，并将其分为优(90 分以上)、一般、差(60 分以下)三类。给出各班各类成绩的人数、占班级人数的百分数、最大值和最小值(见图 7-26)。

```
* ex7-4-1;
DATA tab;
   INPUT id $ t1-t3 @@ ;
   cls = SUBSTR(id, 1, 3); ave = MEAN(OF t1-t3);
   IF ave > = 90 THEN grade = '优';
   ELSE IF ave < 60 THEN grade = '差';
   ELSE grade = '良';
CARDS;
95101 89 92 95 95102 77 87 83 95103 86 64 78 95104 47 65 60
95105 47 63 58 95106 54 56 65 95107 89 96 88 95108 87 76 68
95109 84 76 89 95110 92 89 91 95201 86 93 95 95202 86 91 78
95203 67 86 77 95204 54 67 48 95205 76 85 80 95206 92 88 83
95207 83 78 89 95208 48 72 54 95209 74 67 52 95210 79 81 88
;
```

```
OPTION PS =45;
PROC TABULATE;
   CLASS cls grade;
   VAR ave;
   TITLE '学生的平均成绩表';
   LABEL ave = '平均成绩' cls = '班级' grade = '等级';
   TABLE grade ALL, cls* F=6.2* (N PCTN<grade ALL> ave* (MAX MIN))/RTS=10
   BOX = '各班成绩';
   KEYLABEL N = '人数' PCTN = '百分比' MAX = '最高分' MIN = '最低分';
RUN;
```

学生的平均成绩表　　16:16 Wednesday,

各班成绩	班级							
	951				952			
			平均成绩				平均成绩	
	人数	百分比	最高分	最低分	人数	百分比	最高分	最低分
等级								
差	3.00	30.00	58.33	56.00	2.00	20.00	58.00	56.33
良	4.00	40.00	83.00	76.00	7.00	70.00	87.67	64.33
优	3.00	30.00	92.00	90.67	1.00	10.00	91.33	91.33
All	10.00	100.00	92.00	56.00	10.00	100.00	91.33	56.33

图 7-26　TABULATE 产生的成绩表

程序说明:

(1) 分类变量 cls(班级)是用串截取函数 SUBSTR 从变量 ID 第一位字符起截取三位而得;

(2) TABLE 语句中 PCTN 的分母用行维变量 grade ALL 来定义，即所有等级的人数也就是班级人数，表中的百分比是按列计算的;

(3) TABLE 语句中的 * F=6.2 表示输出宽度为 6，其中有两位小数;

(4) RTS=10 表示表格左上角的行标题宽度(容纳字符数为 RTS-2)。

请试着将上面程序中的 TABLE 语句改成

```
TABLE  cls* f=6.2* (grade ALL),(N PCTN<grade ALL> ave* (MAX MIN))/RTS=10
```

观察运行的结果。

【例 7-4-2】　复杂表格及 printmiss 选项的使用。

```
* ex7-4-2 ;
data ep.energy;
      input region $12.: division $17. type $24. expenditures;
      datalines;
Northeast  New England       Residential Customers    7477
Northeast  New England       Business Customers       5129
Northeast  Middle Atlantic   Residential Customers    19379
Northeast  Middle Atlantic   Business Customers       15078
West       Mountain          Residential Customers    5476
West       Mountain          Business Customers       4729
West       Pacific           Residential Customers    13959
West       Pacific           Business Customers       12619
;
```

```
  run;
  options nodate pageno=1 linesize=80 pagesize=60;
proc tabulate data=energy format=dollar12.;
   class region division type;
   var expenditures;
   table region* division,type* expenditures / rts=25;
   title 'Energy Expenditures for Each Region';
  title2 '(millions of dollars)';
run;
```

输出结果如图 7-27 所示。

region	division	type: Business Customers, expenditures, Sum	type: Residential Customers, expenditures, Sum
Northeast	Middle Atlantic	$15,078	$19,379
	New England	$5,129	$7,477
West	Mountain	$4,729	$5,476
	Pacific	$12,619	$13,959

图 7-27　复杂表格

如果在 table 语句中增加 printmiss 选项，可以打印出缺项值，如在上面的程序中，修改 table 语句如下：

```
table region* division, type* expenditures / rts=25 printmiss;
```

则输出结果如图 7-28 所示。

region	division	type: Business Customers, expenditures, Sum	type: Residential Customers, expenditures, Sum
Northeast	Middle Atlantic	$15,078	$19,379
	Mountain	.	.
	New England	$5,129	$7,477
	Pacific	.	.
West	Middle Atlantic	.	.
	Mountain	$4,729	$5,476
	New England	.	.
	Pacific	$12,619	$13,959

图 7-28　使用 printmiss 选项的结果

7.5 UNIVARIATE 过程

7.5.1 简介

UNIVARIATE 过程可对数值变量进行一般性统计描述。除了提供 MEANS、SUMMARY 及 TABULATE 等过程所具有的统计描述外，还给出了变量的峰度、偏度、众数、中位数及四分位数等较详尽的统计描述。

UNIVARIATE 过程能生成 Q-Q 图和概率图形，提供分布变化的优度拟合检验。

本过程还提供了以下有关变量分布的更多细节：

- 变量的极端值
- 几个描述分布的图
- 频数表
- 数据分布的正态性检验等

7.5.2 语句说明

在 UNIVARIATE 过程中可使用下列语句：

```
PROC UNIVARIATE 选项…;
VAR         变量表;
BY          变量表;
FREQ        变量;
WEIGHT      变量;
ID          变量表;
CLASS       变量可选项;
PROBPLOT 变量表/可选项;
QQPLOT      变量表/可选项;
OUTPUT OUT = SAS 数据集 关键字 = 名…;
```

PROC 为过程的起始语句，OUTPUT 语句可有多个，但其他语句每种最多只能出现一次。

1. PROC UNIVARIATE 语句

选项：

DATA = SAS　数据集

NOPRINT　抑制显示输出。此选项仅在只想建立一个新数据集时选用。

PLOT　给出三幅数据图：茎叶图(或水平棒图)、盒须图及正态概率图。当使用 BY 语句时，将按 BY 语句定义的变量值给出各组的数据图。

FREQ　给出由变量值、频数、百分数及累计百分数组成的频数表。

NORMAL　过程假设输入数据来自正态分布总体，然后给出统计检验量，并输出统计检验量的极端值。

VARDEF = DF　指定计算方差时的除数，以自由度 $N-1$ 作为除数(默认值)。

VARDEF = WEIGHT |WGT　以权重和作为除数。

VARDEF = N　以观测数 N 作为除数。

2. VAR 语句

```
VAR 变量表;
```

对该语句中全部数值变量进行统计描述。如果省略此语句，则对数据集中全部数值变量进行统计描述。当使用 OUTPUT 语句时必须使用 VAR 语句。

3. ID 语句

```
ID 变量表;
```

当使用 ID 语句时，在极值观测表中将包含 ID 语句指定的变量的相应值，默认输出最大 5 个和最小 5 个观测。

4. OUTPUT 语句

```
OUTPUT OUT = SAS 数据集　关键字 = 名表…;
```

将 UNIVARIATE 过程计算的统计量输出到一个新的 SAS 数据集中。

OUT = SAS 数据集　命名输出数据集。

关键字 = 名表　指定在新数据集中所要求的统计量，给新变量命名。

在输出数据集中，在 OUTPUT 语句中关键字后第一个变量的内容是在 VAR 语句中第一个变量的统计量，第二个变量对应 VAR 语句中第二个变量的统计量等。名表可以较 VAR 语句中的变量表短。

下列选项可用于 OUTPUT 语句中，以产生其他的百分位数：

PCTLPTS = 百分位数值　该选项指定要求附加的百分位数值。

例如　OUTPUT PCTLPTS = 15 35 55;表示要求计算第 15，35 及第 55 百分位数。

PCTLNAME = 百分位数名　指定所需的百分位数名。

百分位数名表应与选项 PCTLPTS = 指定的顺序相同。例如 OUTPUT PCTLPTS = 28 44 PCTLNAME = P28 P44; 计算第 28 百分位数(名为 P28)和第 44 百分位数(名为 P44)。

当过程中使用 BY 语句及 ID 语句时，新数据集中观测值的个数应与分组统计组数对应。

5. 请求绘图语句

(1) HISTOGRAM 语句　用于创建直方图;

(2) QQPLOT 语句　创建 Q - Q 图;

(3) PROBPLOT 语句　创建概率图;

(4) INSET 语句　将汇总统计量嵌入图形中。INSET 语句仅应用于产生图形的设备。

CLASS 语句与 HISTOGRAM，QQPLOT 和 PROBPLOT 语句创建比较直方图、Q - Q 图和概率图。

SAS 9.2 中，UNIVARIATE 过程能生成符合 ODS 样式的图形。可以使用两种方法来生成图形。对于传统图形，可以通过熟悉的过程语法以及 GOPTION 和 SYMBOL 语句来控制图形的每一细节。使用“ODS 图形”，可以通过最少的语法获得最高质量的输出，并且与 SAS/STAT 和 SAS/ETS 过程生成的图形完全兼容。

使用 CDFPLOT 语句可绘制观测到的某变量的累积分布函数(Cumulative Distribution Function，CDF)，并且支持在该图形上叠加拟合的理论分布。

PPPLOT 语句可用于创建概率-概率图(也称为 P-P 图或百分比图)，该图用于将某变量的经验累积分布函数 (Empirical Cumulative Distribution Function，ECDF) 与指定的理论累积分布函数进行比较。Beta、指数、Gamma、对数正态、正态和 Weibull 分布均可用于以上两个语句。

6. QQ 图

QQ 图是一种散点图。对应于正态分布的 QQ 图就是由标准正态分布的分位数为横坐标，样本值为纵坐标的散点图。要利用 QQ 图鉴别样本数据是否近似于正态分布，只需看 QQ 图上的点是否近似地在一条直线附近，而且该直线的斜率为标准差，截距为均值。用 QQ 图还可获得样本偏度和峰度的粗略信息。

在判断一系列的测量如何符合一个指定的理论分布时，可以使用 Q-Q 图和概率图。

如果理论的分位数和数据分布一致，绘制的点落在或靠近 $y=x$ 直线。

如果理论和数据分布仅是它们的位置(μ)和尺度(σ)不同，图上的点落在或靠近 $y = ax + b$ 的直线。斜率 a 和截距 b 是理论分布的尺度和位置参数的视觉估计。

因为 Q-Q 图 X 轴是线性刻度的，所以对位置与尺度参数的图形估计来说，Q-Q 图比概率图更方便。而概率图用于百分位数或概率估计更方便。

Q-Q 图上点形成的图案可能不是线性的原因有许多，见表 7-5。

表 7-5　Q-Q 图诊断

散点图的描述	可能的解释	散点图的描述	可能的解释
除几个点外其余点都落在直线上	数据的离群值	图案从左向右倾斜增加	数据分布右偏
图案左端在直线下方，而右端在直线上方	数据分布两端长尾	图案从左向右倾斜减少	数据分布左偏
图案左端在直线上方，而右端在直线下方	数据分布两端短尾	阶梯型	数据被舍入或离散

当图形为线性时，可用 Q-Q 图去估计形状、位置和尺度参数，及估计百分位数值。

7. 其他

在本过程中可使用 BY 语句，FREQ 语句及 WEIGHT 语句。

7.5.3　使用输出交付系统 ODS

由于 PROC UNIVARIATE 过程会创建许多表，输出很多内容，若希望仅输出感兴趣的内容，可以使用输出交付系统 ODS。UNIVARIATE 过程为它创建的每个表分配了一个名称，如表 7-6 所示。使用输出交付系统(ODS)时，须使用这些名称来引用该表，以选择该表和创建输出数据集。

表 7-6　PROC UNIVARIATE 语句产生的 ODS 表及相应的选项

ODS 表名	描　述	选　项
Basicintervals	均值、标准差、方差的置信区间	cibasic
BasicMeasures	位置和变异测量	默认
ExtremeObs	极端观测	默认
ExtremeValues	极端值	nextrval =
Frequencies	频数	freq
LocationCounts	用于符号检验和符号秩检验	loccount
MissingValues	缺失值	默认，如果缺失值存在
Modes	方式	modes
Moments	样本矩	默认
Plots	行打印机图表	plots
Quantiles	分位数	默认
RobustScale	尺度的稳健估计	ROBUSTSCALE
SSPlots	行打印机并行箱式图表	PLOTS（带 BY 语句)
estsForLocation	位置检验	默认
TestsForNormality	正态检验	NORMALTEST
TrimmedMeans	截尾均值	TRIMMED =
WinsorizedMeans	温塞平均数	WINSORIZED =

截尾均值(Trimmed mean)在计算之前，先将最小与最大观测值中给定百分比的一部分舍去，然后再计算剩余值的算术平均数。例如，5% 的截尾均值将丢弃最小和最大各 2.5% 的数据，然后再计算剩余 95% 数据的算术平均数。截尾均值常被用于体育比赛之中，它去除裁判的最低分和最高分之后，给予参赛者一个平均得分。

缩尾均值或温塞平均数(Winsorized mean)在计算均值前，先将数据中最小的一定百分比的值指定为一个相同的给定(低)数值，同时，将数据中最大的一定百分比的值指定为一个相同的给定(高)数值，然后再计算经过修改后的数据的平均数。例如，95% 的所谓均值将最小的 2.5% 的值都变为第 2.5 个百分位数的值，而将最大的 2.5% 的值都变为第 97.5 个百分位数的值。

利用 HISTOGRAM 语句也能产生 ODS 表，表名与选项如表 7-7 所示。

表 7-7　HISTOGRAM 语句产生的 ODS 表

ODS 表名	描　述	选　项
Bins	盒状图	MIDPERCENTS 第二个选项
HistogramBins	直方图	MIDPERCENTS 选项
FitQuantiles	适合分布的分位数	任何分布选项
GoodnessOfFit	适合分布的拟合优度检验	任何分布选项
ParameterEstimates	适合分布的参数估计	任何分布选项

7.5.4　应用举例

【例 7-5-1】 已知患者血中钙、磷和葡萄糖含量，数据存于 E:\sasdt\blood. txt，见表 7-8。用 UNIVARIATE 对 BLOOD 数据中的血磷进行统计描述，在过程中指定选项 PLOT，NORMAL 和 FREQ。

表 7-8　患者血中钙、磷、糖含量，四项数据分别为：编号、血钙、血磷、血糖

编号	血钙	血磷	血糖	编号	血钙	血磷	血糖	编号	血钙	血磷	血糖	编号	血钙	血磷	血糖	编号	血钙	血磷	血糖	编号	血钙	血磷	血糖
15	10.7	4.1	136	63	10.7	3.3	325	239	10.4	4.9	103	477	10.1	4.1	91	263	11.1	4.2	100	480	9.9	3.5	92
16	10.3	4.6	98	64	10.0	3.5	95	22	10.0	3.6	85	77	10.5	4.	100	266	9.7	4.4	100	494	10.1	2.4	96
39	8.8	2.7	90	97	10.0	4.5	97	307	10.0	4.1	117	520	9.8	3.3	80	338	10.4	3.5	93	523	9.0	3.7	87
44	10.5	4.5	160	132	9.5	3.7	105	46	10.0	3.0	95	152	9.8	3.8	100	383	10.6	5.1	91	541	10.8	4.1	120
48	9.9	2.7	90	156	9.7	3.2	90	408	9.5	4.3	135	544	9.1	3.7	111	416	9.8	4.1	105	554	9.4	3.4	132
51	9.9	4.1	100	164	9.6	3.3	155	56	9.7	3.1	110	216	10.7	5.3	117	420	10.2	3.0	97	561	9.9	3.8	102
57	10.6	4.4	138	221	10.6	4.6	110	441	9.9	3.9	98	575	10.7	3.9	100	457	10.0	4.2	95	629	10.2	3.7	104
59	9.4	3.5	95	225	9.5	4.5	95	61	10.1	4.0	97	234	10.4	4.3	100	473	10.0	4.0	93	644	10.0	3.6	110

```
* ex7-5-1;
LIBNAME ep 'e:\saslx';
DATA ep.blood;
INFILE 'e:\sasdt\blood.txt';
      INPUT number calcium phosphrs glucose@@ ;
           number = 'identification number'
           calcium = 'calcium                mg percent'
           phosphrs = 'inorganic phosphorus   mg percent'
           glucose = 'glucose                  mg percent';
PROC UNIVARIATE DATA = ep.blood PLOT NORMAL FREQ;
    VAR phosphrs;
RUN;
```

此过程提交后，除给出图 7-29 和图 7-30 的结果外，选项 PLOT 给出了茎叶图(Stem-leaf)、盒须图(Box Plot)和正态概率图(Normal Probability Plot)，如图 7-31 所示。

```
                                   矩

N                          48    权重总和                     48
均值               3.85833333    观测总和                  185.2
标准偏差           0.61638387    方差                 0.37992908
偏度               -0.0698187    峰度                 0.05197644
未校平方和             732.42    校正平方和           17.8566667
变异系数           15.9753919    标准误差均值         0.08896735

                              基本统计测度

               位置                         变异性

        均值     3.858333        标准偏差              0.61638
        中位数   3.900000        方差                  0.37993
        众数     4.100000        极差                  2.90000
                                 四分位极差            0.75000

                            位置检验: Mu0=0

        检验          --统计量---          -------P 值-------

        学生 t        t  43.36797          Pr > |t|      <.0001
        符号          M        24          Pr >= |M|     <.0001
        符号秩        S       588          Pr >= |S|     <.0001

                               正态性检验

检验                         ----统计量----        -------P 值-------

Shapiro-Wilk                 W     0.991481        Pr < W       0.9780
Kolmogorov-Smirnov           D     0.070057        Pr > D      >0.1500
Cramer-von Mises             W-Sq   0.02893        Pr > W-Sq   >0.2500
Anderson-Darling             A-Sq  0.181553        Pr > A-Sq   >0.2500
```

图 7-29　UNIVARIATE 对血磷数据处理输出-1

```
                         分位数（定义 5）

                      分位数                 估计值

                      100%  最大值            5.30
                      99%                     5.30
                      95%                     4.90
                      90%                     4.60
                      75% Q3                  4.25
                      50%   中位数            3.90
                      25% Q1                  3.50
                      10%                     3.00
                      5%                      2.70
                      1%                      2.40
                      0%   最小值             2.40

                             极值观测

                 ----最小值---           ----最大值---

                  值       观测            值       观测

                 2.4         12           4.6          5
                 2.7         25           4.6         38
                 2.7         13           4.9          3
                 3.0         35           5.1         23
                 3.0         21           5.3         34
```

图 7-30　UNIVARIATE 对血磷数据处理输出-2

```
输出 - (无标题)

                                      频数统计

            百分比                    百分比                    百分比                    百分比
 值  计数 单元格  累积      值  计数 单元格  累积      值  计数 单元格  累积      值  计数 单元格  累积

2.4    1    2.1    2.1     3.4    1    2.1   22.9     4.0    3    6.3   58.3     4.5    3    6.3   89.6
2.7    2    4.2    6.3     3.5    4    8.3   31.3     4.1    6   12.5   70.8     4.6    2    4.2   93.8
3.0    2    4.2   10.4     3.6    2    4.2   35.4     4.2    2    4.2   75.0     4.9    1    2.1   95.8
3.1    1    2.1   12.5     3.7    4    8.3   43.8     4.3    2    4.2   79.2     5.1    1    2.1   97.9
3.2    1    2.1   14.6     3.8    2    4.2   47.9     4.4    2    4.2   83.3     5.3    1    2.1  100.0
3.3    3    6.3   20.8     3.9    2    4.2   52.1
```

图 7-31　UNIVARIATE 对血磷数据处理输出-3

在图 7-29 中，最下面给出了正态性检验的结果。因为本例样本量 <2000，故采用 Shapiro-Wilk 检验：检验统计量 W 的值为 0.991481。W 值越大越表示数据来自正态分布。$Pr<W$ 给出一概率 p $(0\leqslant Pr\leqslant 1)$ 以表示对分布具有正态性的可信程度。当此值小于 0.05 时，拒绝数据来自正态总体的假设。本例 p 值为 0.9780，故不能拒绝数据来自正态分布的假设。

在样本规模较小，如仅有几十个观测时，还应看偏度和峰度。本例中，偏度为 -0.0698187，峰度为 0.05197644，接近 0，即接近正态分布。

选项 FREQ 给出频数表(如图 7-29 所示)，输出变量值(Value)、计数(Count)、单元格百分数(Cell)和累积百分数(Cum)。

图 7-32 所示为茎叶图(Stem-leaf plot)、盒须图(box-and-whisker plot)和正态概率图。利用这些图能方便地进行探索性数据分析。

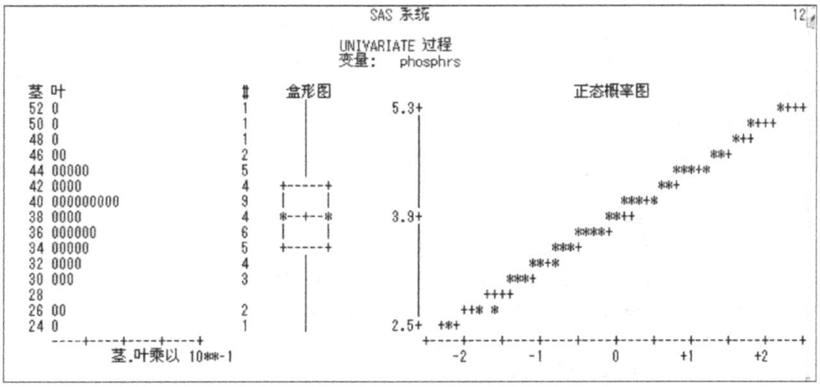

图 7-32　UNIVARIATE 对血磷数据处理输出-4

茎叶图可使读者对数据的分布一目了然，图中将数据分布用茎(stem)和叶(leaf)表示，茎表示整数，叶表示小数，一个叶代表一个观测。按系统自定间隔和尺度划分，图下方给出了尺度，本例间隔为 2，尺度为 $\times 10^{-1}$，Stem. leaf 值乘以尺度即为数据值。当一排叶的个数超过 48 个时，由水平条图(直方图)代替茎叶图。

对于茎叶图中脱离了主体的异常点，应仔细加以考察，以确定这些异常值是否应剔除，再作分析。

盒须图的盒子的长度代表内四分位数的范围(第 75 百分位数和第 25 百分位数之差值)；中间的横线(两端以“ * ”号标识)表示观测中值的位置；盒中的“ + ”号为观测平均值的位置。通常盒中包含 50% 变项的观测，因此盒子越大，则表示变量散布越大。

本例中 PHOSPHRS 的中值与平均值是重合的。在其他数据处理时，两值有可能不重合，但无论何种情况，表示中值的横线及表示平均值的“ + ”号均在盒子上下底线之间。如果中位线不在盒的正中间，说明分布不对称，偏上为左偏，偏下为右偏。

由盒须图盒子上下底线所延伸出的线称为触须线(whiskers)，用来表示数据散布的范围。触须线延伸的范围是上、下四分位数间距(即第 75 百分位数减去第 25 百分位数的距离)的 1.5 倍。超过这个范围的异常数据用“O”（ourlicrs)来标记，若数据散布大于 3 倍的上述间距，则用“ * ”号来标记，这种数据称为极端值。

本例中 PHOSPHRS 变量的茎叶图和盒须图形状基本对称，说明观测数据接近正态分布。

正态概率图为对比作图法。图中由“ + ”号描记参考直线，用“ * ”号描记实际数据点。如一样本来自正态分布，则星号构成一直线，当“ * ”号与“ + ”号重合时，表明观测数据服从正态分布。本例中 PHOSPHRS 观测数据基本与参考直线重合，接近正态分布。茎叶图与盒须图的纵坐标一致。

正态概率图纵坐标是实际标度，横轴按正态分布数据定标。

【例 7-5-2】　在研究女人身高时，获得一些数据，判断这些数据是否符合正态分布。

```
* ex7-5-2;
options nodate;
Libname lb 'e:\saslx';
data lb.Heights;
     label Height = 'Height (in)';
```

```
    input Height @@ ;
    datalines;
  64.1 60.9 64.1 64.7 66.7 65.0 63.7 67.4 64.9 63.7
  64.0 67.5 62.8 63.9 65.9 62.3 64.1 60.6 68.6 68.6
  63.7 63.0 64.7 68.2 66.7 62.8 64.0 64.1 62.1 62.9
  62.7 60.9 61.6 64.6 65.7 66.6 66.7 66.0 68.5 64.4
  60.5 63.0 60.0 61.6 64.3 60.2 63.5 64.7 66.0 65.1
  63.6 62.0 63.6 65.8 66.0 65.4 63.5 66.3 66.2 67.5
  65.8 63.1 65.8 64.4 64.0 64.9 65.7 61.0 64.1 65.5
  68.6 66.6 65.7 65.1 70.0
  ;
run;
title 'Analysis of Female Heights';
  ods select TestsForNormality;
  ods select ParameterEstimates GoodnessOfFit FitQuantiles Bins MyPlot;
  proc univariate  data = lb.Heights NORMALTEST;
   histogram Height / normal(color = yellow w = 3
                      percents = 20 40 60 80 midpercents)
                      cfill   = blue        /*  曲线下方填充颜色 */
                      name = 'MyPlot';      /*  给出图目录中图的名称 */
   inset n normal(ksdpval) / pos = ne format = 6.3;
run;
```

运行结果如图 7-33 和图 7-34 所示。

输出 - (无标题)

Analysis of Female Heights

UNIVARIATE PROCEDURE
"Height" 的拟合正态分布

"正态" 分布的参数

参数	符号	估计值
均值	Mu	64.56667
标准差	Sigma	2.188998

"正态" 分布的拟合优度检验

检验	------统计量------		-------P 值--------	
Kolmogorov-Smirnov	D	0.05969472	Pr > D	>0.150
Cramer-von Mises	W-Sq	0.03545061	Pr > W-Sq	>0.250
Anderson-Darling	A-Sq	0.26262168	Pr > A-Sq	>0.250

图 7-33　正态分布的拟合优度检验统计量

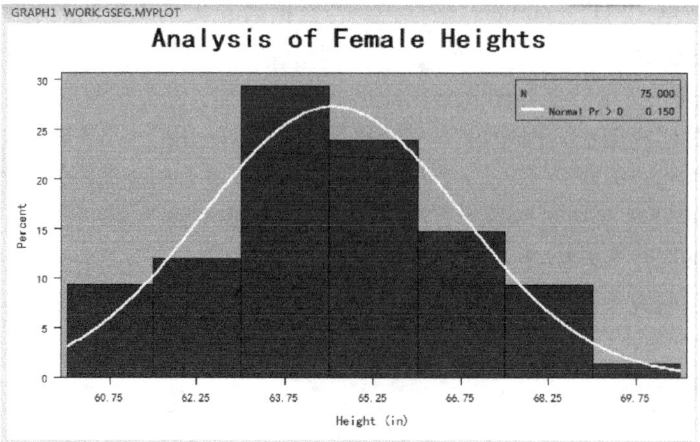

图 7-34　叠加正态曲线的直方图

由于几种检验的 P 值均大于 0.15，故正态假设不能被拒绝。

【例 7-5-3】　对 75 名女性的身高(in 为单位)，给出平均值、标准偏差和方差，计算置信限。

```
* ex7-5-3;
title 'Analysis of Female Heights';
   ods select BasicIntervals;
   proc univariate data = lb.Heights cibasic;
      var Height;
run;
```

程序中，ODS 的 SELECT 语句限制输出到“BasicIntervals”表。cibasic 选项请求平均值、标准偏差和方差的置信限。运行结果如图 7-35 所示。

```
输出 - (无标题)
                         Analysis of Female Heights

                           UNIVARIATE PROCEDURE
                     变量:   Height   (Height (in))

                            基本置信限正态假设

              参数          估计值          95% 置信限

              均值        64.56667       64.06302     65.07031
              标准差       2.18900        1.88608      2.60874
              方差         4.79171        3.55731      6.80552
```

图 7-35　群体平均值、标准差和方差的 95% 置信区间

输出表明人群平均值的 95% 置信区间为(64.06,65.07)。

默认情况下，cibasic 选项产生了置信限为 95% 的置信区间。可以通过在 cibasic 选项后括号中使用 α = 选择不同的置信限水平。例如：

```
proc univariate data = lb.Heights cibasic(alpha = .1);
```

语句产生 90% 的置信限。

在输出图 7-35 中置信限是在高度为正态分布的假设下做出的，所以在使用这些置信限前应检查这个正态假设。

7.6　PLOT 过程

7.6.1　简介

PLOT 是一个绘制散点图的过程，它描述数据集中两个变量的相互关系。

【例 7-6-1】　是一个绘制 $y = \sin(x)$ 函数关系散点图的程序。程序中数据步的 DO 语句产生 73 个 x 和 y 的离散点对，PROC PLOT 过程的输出结果如图 7-36 所示。

```
* ex7-6-1
OPTIONS NODATE;
DATA pl;
   n = 0;
   DO x = 0 TO 360 BY 5;
    y = SIN(x* 3.14159/180);
   OUTPUT;
   END;
PROC PLOT VPERCENT = 40 HPERCENT = 60;
   PLOT y* x/VREF = 0;
RUN;
```

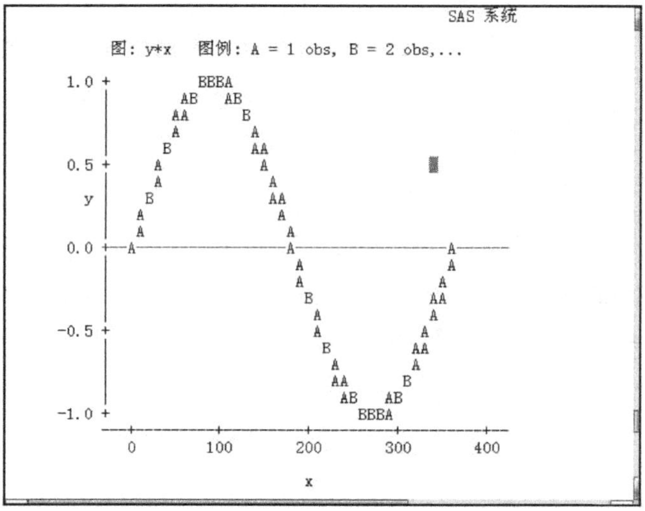

图 7-36 用 PLOT 过程绘制 sin(x)曲线

7.6.2 语句说明

在 PLOT 过程中可使用下列语句:

```
PROC PLOT <选项>;
BY 变量表;
PLOT 绘图表达式/选项;
```

在 PLOT 过程中,至少要给出一个 PLOT 语句,在每一个 PLOT 语句中可以有多个绘图表达式。

1. PROC PLOT 语句

选项:

DATA = SAS 数据集

UNIFORM 要求 BY 组的坐标刻度相同,可直接比较 BY 变量不同水平的图表。

VTOH = 值 指示 PLOT 过程输出时纵横坐标的比例。

VPERCENT = 值 指示 PLOT 过程产生图表长度占一页长的纵向百分率。使用 VPERCENT 选项可在一页上安排尽量多的图表。

VPERCENT = 33 使 PROC PLOT 过程在每页上垂直输出三个图,每个图占一页长的三分之一。

VPERCENT = 50 25 25 使 PROC PLOT 过程输出三个图在一页上,且第一个图是第二个图或第三个图的两倍长。

VPERCENT = 33 0 产生的图仅占一页的三分之一,但这一页只输出这一个图。

HPERCENT = 值 指示 PLOT 过程产生图表宽度占行长的百分率。使用方法类似于 VPERCENT 选项。

2. PLOT 语句

PLOT 绘图表达式[/选项]

绘图表达式采用以下格式:

```
Y* X< ='标记'>
```

其中,Y、X 分别代表两个用以绘图的变量,Y 表示垂直坐标,X 表示水平坐标。PLOT 过程把平面坐标上关于 X 和 Y 的点描述在图上。一般情况下,PLOT 过程用字符'A'描述绘图点,若点(X, Y)具有两对相同的离散值,则用字符'B'描述;有三对相同的离散值时,用字符'C'描记,等等。不过,还可以直接指出描记符号,例如:

```
PLOT A* B='* ';        请求绘制关于 B、A 点对的图，图上的每个点用'* '描述。
PLOT Y* X=变量;        要求变量的值作为图上的标记。
```

请求绘制两个以上的图时的一些等效写法：

```
PLOT (Y X)* (A B);      等效于 PLOT  Y* A  Y* B  X* A  X* B;
PLOT Y* (A-C);          等效于 PLOT  Y* A  Y* B  Y* C;
```

PLOT 语句可使用如下选项。

(1) 有关轴刻度的选项

VAXIS = 值表　指出纵轴上刻度标记。

例如：

```
PLOT Y* X/VAXIS=10 TO 20 BY 5;
```

请求绘制 Y 对 X 的图，纵轴上的刻度标为 10、15、20。

也可采用不均匀的刻度标记，如，PLOT Y* X/VAXIS= 0 100 1000 10000;

对于数值刻度要以有序的形式排列，字符刻度可以无序。

HAXIS=值　水平刻度标记，用法同 VAXIS。

(2) 参考线

VREF=值表　请求画平行于水平轴的直线，与纵轴的交点由值指出。

HREF=值表　请求画垂直于水平轴的直线，与水平轴的交点由值指出。

(3) 覆盖图

OVERLAY　请求将 PLOT 语句要求的所有图组合到一页上。

(4) 等高值图

CONTOUR=值　使 PLOT 过程输出的图带有灰度级的概念。

带有这个选项的 PLOT 语句要求如下形式：

PLOT 垂直变量* 水平变量=变量/CONTOUR=值

变量为数据集中的数值变量。

例如：

```
PLOT A* B=Z/CONTOUR=10;
```

要求图上点的灰度随 Z 值变化，且使用 1～10 共 10 个灰度级。

关于灰度输出字符，PLOT 过程自动按升序指明用于每个等高值的绘图符号。也可以用跟在 CONTOUR = 值选项后的 S 选项和 SLIST 选项自行选择灰度符号。例如：

```
PLOT Y, X/CONTOUR=5
S1='.'  S2=':'  S3='! '  S4='='  S5='B';
PLOT Y* X/CONTOUR=5 SLIST='.' ':' '! ' '=';
```

7.6.3　举例

【例 7-6-2】　等高值图　下面的程序绘制函数 $z=f(x, y)$ = SQRT($x*x+y*y$)的等高值图。

```
* ex7-6-2;
DATA d4;
DO x=-10 TO 10 BY 1;
    DO y=-10 TO 10 BY 0.5;
      z=SQRT(x* x+y* y);
```

```
      OUTPUT;
    END;
  END;
PROC PLOT VPERCENT=60 HPERCENT=60;
    PLOT y* x=z/CONTOUR=10;
RUN;
```

程序中使用 vpercent = 60 hpercent = 60;以缩小图的大小。结果如图 7-37 所示，可以看出该函数的立体图形为一锅形。

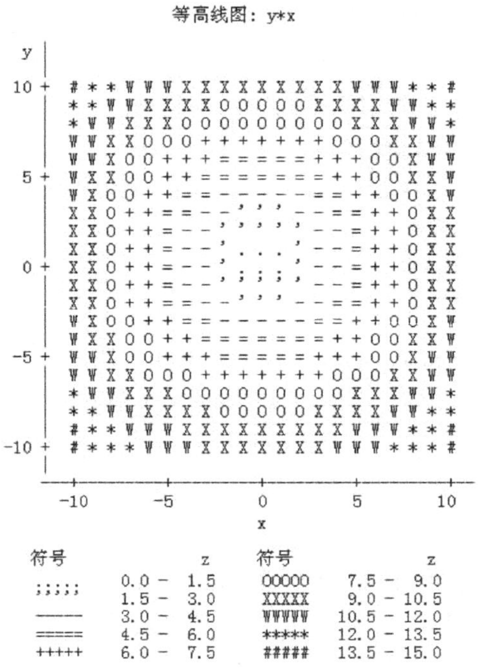

图 7-37　等高值图

【例 7-6-3】　覆盖图　下面的程序产生两个函数的覆盖图。

```
Y=SIN(X* 3.14159/180);
Z=2* K/180-2 ;
```

程序如下:

```
* ex7-6-3;
DATA d5;
  DO x=0 TO 360 BY 30;
    y=SIN(x* 3.14159/180);
    z=2* x/180-2;
    OUTPUT;
  END;
PROC PLOT VPERCENT=60 HPERCENT=60;
  PLOT y* x  z* x='* '/OVERLAY VAXIS=-2 TO 2 BY 0.2 VREF=0;
RUN;
```

其中,‘ * ’表示直线,‘A’表示正弦函数，输出结果如图 7-38 所示。

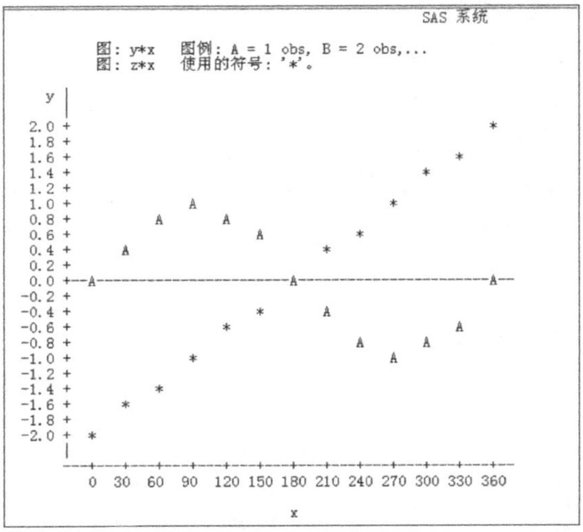

图 7-38 两个函数的覆盖图

7.7 CHART 过程

7.7.1 简介

CHART 过程产生垂直和水平的直方图、立体直方图、饼形图和星形图。这些图可形象地描述变量值的分布及变量之间的关系。

由 CHART 过程产生的图的外表是由如下三个因素确定的。

1. 表示图形的方法

可使用带有下列语句的 PROC CHART 过程来绘制各种图表：

(1) 垂直条形图(VBAR 语句)；

(2) 水平条形图(HBAR 语句)；

(3) 立体直方图(BLOCK 语句)；

(4) 饼图(PIE 语句)；

(5) 星图(STAR 语句)。

2. 显示变量的简要方法，用变量的值表示图形

列出的变量(图表变量)确定了标记条或段的值。图中的直条和区段可使用“TYPE =”选项去选择一个计算和显示的方法。

- 频数计数(TYPE = FREQ)
- 百分数(TYPE = PCT)
- 累积频数(TYPE = CFREQ)
- 累积百分数(TYPE = CPCT)
- 合计(TYPE = SUM)
- 平均值(TYPE = MEAN)

3. 说明值是怎样分组的

确定值如何分组的特性：

- 绘图变量的类型，数值或字符型；
- DISCRETE　选项用于属性变量分组；
- GROUP =　选项用于并列变量分组；
- SUBGROUP =　选项用于子分组；
- MIDPOINT =　选项用于对连续变量确定间隔的中点。

选项控制现有统计种类和所做的任何分组。

7.7.2　语句说明

在 CHART 过程中，可使用下列语句：

```
PROC CHART <选项>;
  BY 变量表;
  VBAR 变量表 </选项>;
  HBAR 变量表 </选项>;
  BLOCK 变量表 </选项>;
  PIE 变量表 </选项>;
  STAR 变量表 </选项>;
```

在 PROC CHART 语句后可跟任意多个绘图语句。

1. PROC CHART 语句

可使用的选项：

DATA = SAS 数据集

LPI = p　规定 PIE 和 STAR 图的比例(每英寸行数/每英寸列数) * 10。

FORMCHAR <(position(s))> = 'formatting-character(s)'

定义字符用于构成水平和垂直轴，基准线和图表的其他结构件。它还定义了符号，用来创造输出中的条、块或节(sections)部分。

2. HBAR 语句

```
HBAR 变量表 </选项>;
```

HBAR 语句对列出的每个变量画水平直方图。

3. VBAR 语句

```
VBAR 变量表 </选项>;
```

对列出的每个变量产生垂直直方图。

在纵轴上根据 TYPE = 选项的不同，CHART 过程描述了图的频数、累计频数、百分数、累计百分数和均值。在每一直方图的下面输出一个值，这个值就是 VBAR 语句中变量的值。对于字符变量或离散数值变量，这个值是用条表示的实际值；对于连续型数值变量，这个值给出了直条表示的间隔的中点值。

PROC CHART 过程能自动根据 PAGESIZE = 、LINESIZE = 选项，调整纵轴比例，确定直条宽度和选择两直方图间的距离。

因为每个图形必须对应一个输出页，所以变量的水平数对于页长 PS(Page Size)和行宽 LS(Line Size)有一定的要求，若 PS 和 LS 满足不了水平数的要求，则图形自动改成水平条图。此时应用 OPTIONS 语句改变 PS = 和 LS = 的值。

【例 7-7-1】　对表 7-9 职工情况表绘出按性别(F, M)分类的直方图。结果如图 7-37 和图 7-38 所示。

表 7-9　职工情况表

姓　名	性　别	职　称	年　龄	姓　名	性　别	职　称	年龄
Zhouli	M	P	50	Liping	F	AP	47
Wangfang	F	L	28	Yuhong	F	AP	40
Liulijun	M	L	30	Leiming	M	AP	32
Liuming	M	AP	36	Yuke	F	AP	48
Liuling	M	L	37	Zhulin	M	P	44
Liqing	F	AP	42	Wangfang	F	L	25
Fangjin	M	L	26				

```
* ex7-7-1;
LIBNAME ep 'e:\saslx';
DATA ep.employee;
    INPUT name $ sex $ title $ age @@;
DATALINES;
Zhouli    M          P        50  Yuke      F   AP   48
Liping    F          AP       47  Liuling   M   L    37
Wangfang  F          L        28  Zhulin    M   P    44
Yuhong    F          AP       40  Liqing    F   AP   42
Liulijun  M          L        30  Wangfang  F   L    25
Leiming   M          AP       32  Fangjin   M   L    26
Liuming   M          AP       36
    ;
OPTIONS PS=30 LS=80;
PROC CHART DATA=ep.employee;
    VBAR sex;
    HBAR sex;
RUN;
```

图 7-39 所示为水平轴表示变量 Sex 的两个值 F 和 M，纵轴表示数据集中含有该值的观测数目（人数）。

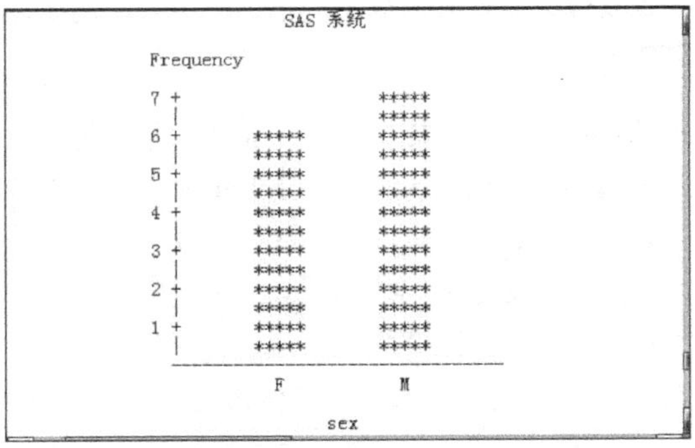

图 7-39　垂直直方图

图 7-40 中，纵轴表示变量 Sex 的两个值 F 和 M，水平轴表示数据集中含有的观测数目。其中，男职员有 7 人，女职员有 6 人。图中还给出了有关统计数据。

4. BLOCK 语句

```
BLOCK 变量表 </选项>;
```

BLOCK 语句对列出的每个变量画立体直方图。

VBAR 及 BLOCK 语句要求有足够的页长（PAGESIZE）及页宽（LINESIZE），否则只能绘出水平直方图。此时，应利用 OPTION 语句选择适当的页长及页宽。

```
                              SAS 系统
sex                                                 Cum.              Cum.
                                             Freq   Freq   Percent   Percent
     |
F    |******************************              6      6     46.15     46.15
     |
M    |************************************        7     13     53.85    100.00
     |
     ----+----+----+----+----+----+----+
         1    2    3    4    5    6    7

                  Frequency
```

图 7-40　水平直方图

5. PIE 语句

```
PIE 变量表 </选项 >;
```

PIE 语句对列出的每个变量画饼形图，表示变量的分布。

6. STAR 语句

```
STAR 变量表 </选项 >;
```

STAR 语句对列出的每个变量画星形图，星形图适于形象地描述周期性的变量。

7.7.3　选项说明

1. 在 VBAR、HBAR、BLOCK、PIE 和 STAR 语句中使用的选项

MISSING　指定绘图变量缺项值是有效的。

DISCRETE　指定数值型绘图变量为离散量。如果缺失 DISCRETE 选项，PROC CHART 过程就假定数值变量是连续的；如果没有指定 MIDPOINTS 或 LEVELS 选项，过程自动地选择间隔作图。

SUMVAR = 变量　该选项用来对其后的变量进行均值、总和或频数计算(取决于 type =)。

MIDPOINTS = 值　指定每一直条或区段代表的变量的范围之中点。例如，语句：

```
VBAR X/MIDPOINTS =1 2 3 4 5;
```

表示产生一个具有 5 个直条的直方图，第一直条表示以 1 为中点，第二直条表示以 2 为中点等。对于数字变量的中点值需按递增顺序给出，而对字符变量则可不必如此。下面的写法是合法的：

```
VBAR X/MIDPOINTS =1 TO 10 BY 2;
VBAR X/MIDPOINTS =1 2 4 8 16 32 64;
VBAR X/MIDPOINTS = 'JAN' 'FEB' 'MAR';
```

FREQ = 变量　当数据集中的某个变量值表示某个观测的频数(或权重)时使用。当 FREQ 变量的值为负数、0、缺项时，其值均视为 0。当指出 SUMVAR 选项时，和被乘以 FREQ 变量的值。

AXIS = 值 1 值 2　规定构造 FREQ，PCT、CFREQ、CPCT、SUM 或 MEAN 轴上的最小值及最大值，如果只给出一个值，则为最大值。

TYPE = 统计量　指示图中条或区段表示什么，默认值为 FREQ。当规定 SUMVAR 选项时，TYPE 的默认值为 SUM。TYPE 的值可选如下内容之一：

FREQ	每个直方图或区段表示绘图变量值或范围出现的频数。
PERCENT 或 PCT	每个直方图或区段表示绘图变量各水平的观测数的百分数。
CFREQ	每个直方图或区段表示累计频数。
CPERCENT 或 CPCT	每个直方图或区段表示累计百分数。

SUM　　与 SUMVAR = 变量同时使用时，按选项前面的变量分类，计算 SUMVAR 选项指定的变量值的和。TYPE = SUM 选择可缺项。

MEAN　　与 SUMVAR = 变量同时使用时，按选择前面的变量分类，计算 SUMVAR 选项指定的变量的均值。

对于上例 ex7-7-1 的 CHART 过程改写为：

```
PROC CHART DATA = ep.employee;
    VBAR Sex/TYPE = MEAN SUMVAR = Age;
```

可得表示男女职工各自平均年龄的直方图，结果如图 7-41 所示。

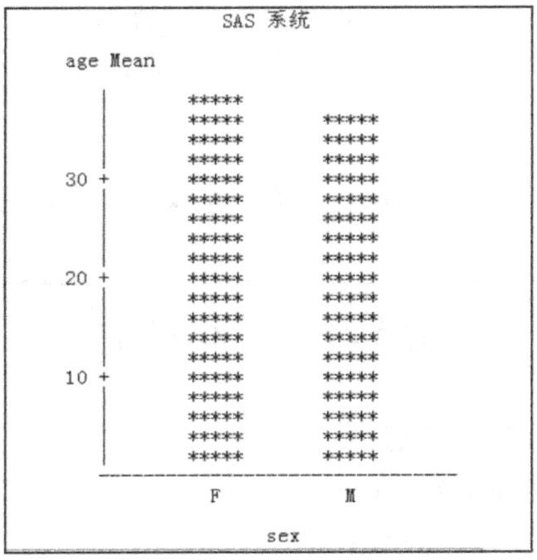

图 7-41　平均年龄直方图

2. 仅用于 VBAR、HBAR 和 BLOCK 语句的选项

GROUP = 变量　在用 CHART 过程产生某些变量的直方图、立体直方图时，如果指定了 GROUP 选项，则相应的图形要按 GROUP 选项指出的变量的值再分类产生并排图。

SUBGROUP = 变量　请求每个直方图按 SUBGROUP = 变量的水平再分。用变量的值填入直方图中，以显示变量的各级水平。

LEVELS = n　当 VBAR 语句中给出的变量是连续的时，用此选择指定每个绘图变量的水平数 n。

对上例，把 VBAR 语句改为；

```
VBAR Sex/GROUP = Title;
```

即得表示按性别、职称分类的人数直方图，如图 7-42 所示。

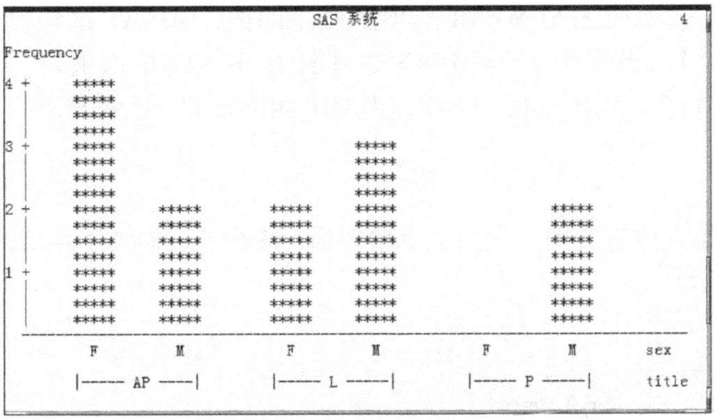

图 7-42　按性别、职称分类的人数直方图

对上例，把 VBAR 语句改写为：

```
VBAR Sex/SUBGROUP = Title;
```

则输出结果如图 7-43 所示。图下方，分别用字母 P、A、L 表示男、女职工中教授、副教授、讲师人数。

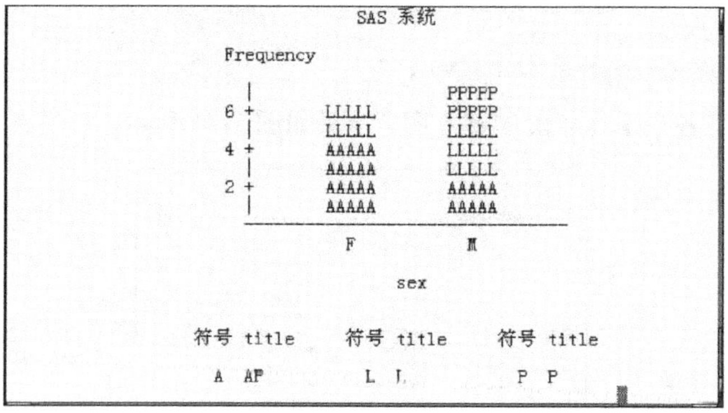

图 7-43　子分组直方图

3. 仅用于 HBAR，VBAR 语句中的选项

ASCENDING　以升序输出直方图和相关的统计量。

DESCENDING 以降序输出直方图和相关的统计量。

REF = 值　在图中指定位置画一条参考线。该选项与 TYPE = 选项相关，当 TYPE = FREQ 或 TYPE = CFREQ 时，REF 的值表示频数；当 TYPE = PCT 或 TYPE = CPCT，REF 的值表示 1 ~ 100 之间的百分数；当 TYPE = SUM 或 TYPE = MEAN 时，REF 的值表示均值。

4. 仅用于 HBAR 语句中的选项

NOSTAT　在水平直方图中不输出统计值。

FREQ　把水平直方图中每一直条的频数输出在图的边上。

CFREQ　输出累计频数。

PERCENT　输出观测的百分数。

CPERCENT　输出累计百分数。

SUM　输出每个直方图所表示的观测的总数。

MEAN　输出每个直方图所表示的观测的均值。

对于任何有 TYPE 选项而无 SUMVAR 选项所产生的图，CHART 过程能输出 FREQ、CFREQ、PERCENT 和 CPERCENT。当有 TYPE = MEAN 选项且有 SUMVAR 选项时，PROC CHART 能输出 FREQ 和 MEAN。有 TYPE = SUM 选项，PROC CHART 能输出 FREQ 和 SUM。

7.7.4　举例

【例 7-7-2】 绘制立体直方图。利用上例中数据，按性别、职称分类，绘出年龄平均值的立体直方图(如图 7-44 所示)。

```
* ex7-7-2;
OPTIONS PS = 66;
PROC CHART DATA = ep.employee;
    BLOCK Sex/GROUP = Title SUMVAR = Age TYPE = MEAN;
RUN;
```

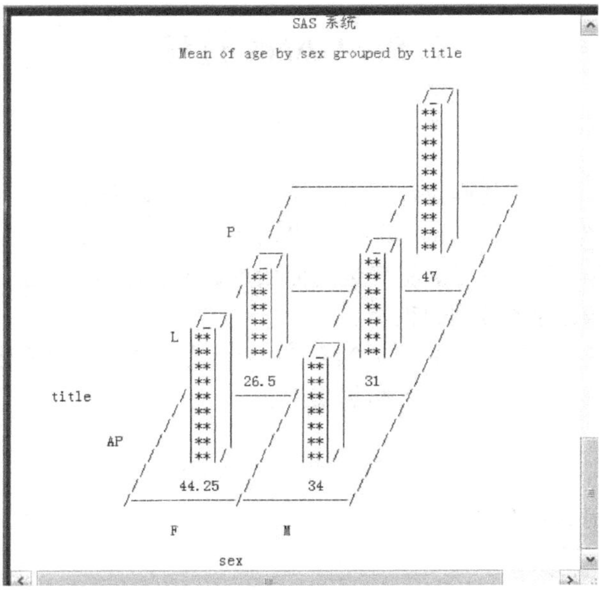

图 7-44　立体直方图

图中表示出了男、女职工中具有教授、副教授、讲师职称的职工的平均年龄。

【例 7-7-3】　绘制饼形图。把 * ex7-7-1 程序中的过程改写为：

```
* ex7-7-3;
PROC CHART DATA=ep.employee;
    PIE Title;
RUN;
```

可得如图 7-45 所示的输出结果。图中显示出了职工表中具有教授、副教授、讲师三类人员各占的比例。

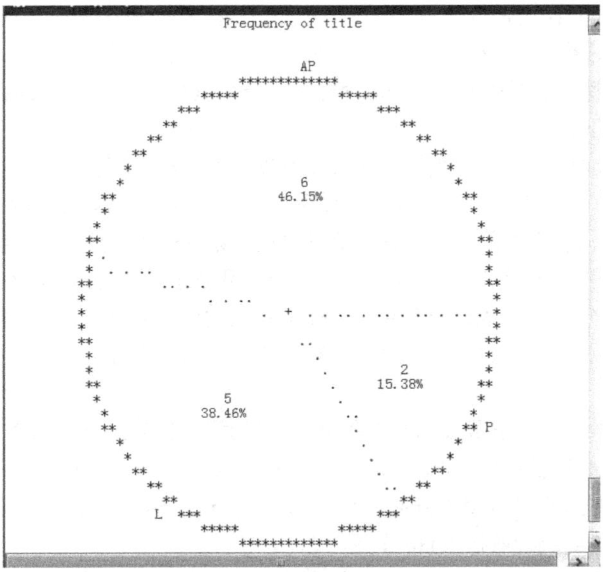

图 7-45　职称分布饼图

7.8 RANK 过程

7.8.1 简介

在许多实际问题中，有时不能确定数据的总体分布，或者数据分布呈明显偏态，或者为顺序尺度数据(即无具体数值，仅以程度表示的数据)，此时不宜用参数统计方法，而采用非参数统计法。这时，考虑将原始数据作秩得分变换。将变量的原始数据值从小到大(或从大到小)排列，然后分别给予序号，这些序号即为原始数据的秩次。

PROC RANK 可对在 SAS 数据集中的一个或多个数值变量的全部观测计算秩次，进行秩得分变换，并可将输出结果存放到一个新的 SAS 数据集中。

7.8.2 语句说明

RANK 过程中可使用下列语句：

```
PROC RANK  选项...;
VAR        变量表;
RANKS      名表;
BY         变量表;
```

1. PROC RANK 语句

PROC RANK 选项；

选项可以是：

DATA = SAS 数据集

TIES = MEAN |HIGH |LOW　变量有几个相同数据项时，为这些数据项取秩的三种方法：

TIES = MEAN 取相应秩次的平均值；

TIES = HIGH 取相应秩次的最高值；

TIES = LOW 取相应秩次的最低值。

若不指定此选项，系统默认指定 TIES = MEAN。

DESCENDING　反向编秩。数据从大到小按降序排列，最大值秩次为 1，次大值秩次为 2 等。不指定此选项，系统指定按升序排列取秩。

GROUPS = *n*　计算分位数秩次。*n* 为组数。秩次分为整数 0 到 *n*-1。每组有相等或近乎相等的观测数。常用的 GROUPS 值为 100，产生百分位秩次；*n* 为 10 产生十分位秩次；*n* 为 4 产生四分位秩次。

FRACTION　计算分数(小数)秩。RANK 过程将给出的秩次除以求秩变量为非缺项的观测数 *N*，得到小数秩次。当选项 TIES 省略或指定 TIES = HIGH 时，分数秩被认为是右连续的经验累计分布函数值。

PERCENT | P　计算百分数秩。RANK 过程用无缺项值观测数除每个秩次，然后乘 100 得到百分数，此选项默认指定 TIES = HIGH。注意：PERCENT 选项所给出的不是百分位秩次。百分位秩次应由 GROUPS = 100 得到。

NORMAL = BLOM | TUKEY | VW　将原始数据计算秩次后计算正态得分，即对秩次进行正态变换，结果变量为正态分布。RANK 过程提供 BLOM、TUKEY 及 VW(Van der Waerder)三种正态得分。这些正态分数接近正态分布的期望顺序统计量(expected order statistics)。

SAVAGE　由秩次计算 Savage(或指数)得分。

OUT = SAS 数据集　指定由 RANK 过程建立的包含结果秩次的 SAS 数据集。若不指出 OUT =，默认值为 OUT = _DATA_，它产生一个类似 DATAn 的名字；若想建立永久数据集，则需指定两级数据集名。输出数据集中包含输入数据集中的全部变量，再加上由 RANKS 语句命名的变量，此时也必须有 VAR 语句。

无 RANKS 语句时，过程按原始编秩变量存储这些秩次于输出数据集中。若无 VAR 语句，则输出数据集中包括全部数值变量。

2. VAR 语句

```
VAR 变量;
```

VAR 语句指定了 RANK 过程对哪些变量编秩。这些变量必须是数值变量。如果省略此语句，RANK 过程对数据集中全部变量编秩。如果使用了 RANKS 语句，必须同时指定 VAR 语句。

3. RANKS 语句

```
RANKS 秩名变量;
```

如果希望输出数据集中，除含有原始变量外，也要包含变量的秩次，可用 RANKS 语句给这些秩命名。RANKS 后第一个名对应于 VAR 语句中第一个变量名，以下一一对应。

4. BY 语句

```
BY 变量;
```

RANK 过程中的 BY 语句可分别分析由 BY 语句变量表分组的观测，但输入数据事先应按 BY 语句中的变量按升序排序。

秩得分计算方法分为：

(1) 分位秩的计算

(2) 正态得分　三种正态得分方法，BLOM、TUKEY、VW

(3) 指数得分(SAVAGE 得分)

RANK 过程应用广泛，可用秩得分检查原始数据的分布情况；许多非参数统计方法使用变量的秩而不用其原始值，将计量数据转化为顺序尺度数据，然后用 ANOVA 或 GLM 过程进行方差分析；用 NPAR1WAY 过程作两样本比较的秩和检验；用 CORR 过程做等级相关分析等。

7.8.3　应用

秩得分应用较广，大多数与其他过程结合进行分析。

1. 秩得分用于检验数据的分布

本过程可计算正态得分及指数得分，可用来检查数据是否服从正态分布或是指数分布。如果原始数据为正态分布，这时若以原数据为 Y 轴，正态得分为 X 轴作图，图形应近似为直线。

2. 将计量数据转化为等级数据

利用 PROC RANK 中的选项 GROUPS = n 将排好序的数据分组，每组数据编以相同的秩次，秩次从 0 到 n-1。用此法可将计量数据按等级分组。

3. 秩和检验

两样本比较的秩和检验是将原始数据的秩得分作 t 检验，即 WILCOXON 秩和检验。而 RANK 过程只给出秩得分。利用 NPAR1WAY 过程指定 WILCOXON 选项，即可将原始数据计算秩次后做两样本秩和检验。

多样本的秩和检验是对原始数据的秩次进行多因素、多水平方差分析，即 Kruskal- Walis 检验。与两样本比较的秩和检验一样，仍使用 NPAR1WAY 过程及选项 WILCOXON，输出结果仅给出卡方及 P 值，较两样本秩和检验少 Z 值。

4. 等级相关分析(RANK CORRELATION)

当变量分布未知，或不属于正态分布或为顺序尺度数据时，不采用一般的相关分析；可做秩相关分析，即采用 Spearman 相关。可利用 CORR 过程加选项 SPEARMAN，计算等级相关系数。

5. 利用秩次计算秩和比

秩和比是对变量秩的一种综合处理评价方法。对于多变量的样本，若变量数为 m，样本数为 n，将各变量排秩，然后将这些秩求和后除以变量数 m 与样本数 n，即得秩和比 RSR，$RSR = \sum R/mn$。

秩和比 RSR 可用来作为一个健康指数以表明健康状况排位。

7.8.4 举例

【例 7-8-1】 检查 blood 数据集中血磷、血糖的数据是否服从正态分布。

```
* ex7-8-1;
PROC RANK DATA = ep.blood NORMAL = VW OUT = outtwo;
    VAR phosphrs glucose;
    RANKS rankphos rankglu;
PROC PRINT DATA = outtwo;
    TITLE 'NORMAL = VW';
PROC PLOT;
    PLOT phosphrs* RANKPHOS glucose* RANKGLU;
RUN;
```

程序对 blood 数据集中的血磷(phosphrs)及血糖(glucose)变量进行编秩，作正态变换，指定使用 VW 正态得分方法。输出结果存放在 outtwo 数据集中(见图 7-46)，然后用血磷变量作 Y 轴，由血磷取秩的正态得分值作 X 轴绘图来检验数据分布。同样也可以用血糖变量作 Y 轴，血糖取秩的正态得分作 X 轴绘图。

NORMAL=VW

Obs	number	calcium	phosphrs	glucose	RANKPHOS	RANKGLU
1	15	10.7	4.1	136	0.36772	1.27001
2	63	10.7	3.3	325	-0.90324	2.04539
3	239	10.4	4.9	103	1.54458	0.33889
4	477	10.1	4.1	91	0.36772	-1.02435
5	16	10.3	4.6	98	1.33209	-0.15413
6	64	10.0	3.5	95	-0.59763	-0.56801
7	263	11.1	4.2	100	0.59651	0.07722
8	480	9.9	3.5	92	-0.59763	-0.90145
9	22	10.0	3.6	85	-0.42156	-1.74129
10	77	10.5	4.0	100	0.12835	0.07722
11	266	9.7	4.4	100	0.86429	0.07722
12	494	10.1	2.4	96	-2.04539	-0.39360
13	39	8.8	2.7	90	-1.64293	-1.27567
14	97	10.0	4.5	97	1.07051	-0.28545
15	307	10.0	4.1	117	0.36772	0.86429

图 7-46 编秩数据部分输出结果

由这两幅图可以看出血磷数据基本上是一条直线，说明数据接近正态分布，而血糖数据不为正态分布，如图 7-47 和图 7-48 所示。

【例 7-8-2】 计算一些国家的健康状况水平排位。有关数据情况见程序 DATA 步。

```
* ex7-8-2;
data rsrdata;
  INPUT nation $ birthr deathr ideathr tdeathr marriedr exlive0 exlive1 exlive65;
    LABEL birthr = '出生率'
      deathr = '死亡率'
     ideathr = '婴儿死亡率'
     tdeathr = '总死亡率'
```

```
      marriedr = '结婚率
      exlive0 = '0 岁预期寿命''
      exlive1 = '1 岁预期寿命'
    exlive65 = '65 岁预期寿命';
    CARDS;
    Russian 19.40  6.40    27.70  10.60   9.60    70.00  70.50  12.00
    China    21.04  7.65    50.08   6.65  17.20    67.51  69.28  13.54
    UK       13.30  5.30     9.40  11.80   6.90    73.00  72.70  12.90
    USA      15.70  6.10    10.50   8.70  10.10    74.80  74.60  16.80
    France  13.90  7.70     8.00  10.10   4.90    71.80  71.50  14.90
    Sweden  11.80  3.90     6.70  11.30   4.60    73.80  73.40  14.70
    PROC RANK DESCENDING OUT = outr1;
        VAR birthr deathr ideathr tdeathr;
        RANKS r1-r4;
    PROC RANK OUT = outr2;
        VAR marriedr exlive0 exlive1 exlive65;
        RANKS r5-r8;
    data rsrc;
        MERGE outr1 outr2;
        rsr = SUM(of r1-r8)/(6* 8);
        KEEP nation r1-r8 rsr;
    PROC SORT;
        BY DESCENDING rsr;
    PROC PRINT;
RUN;
```

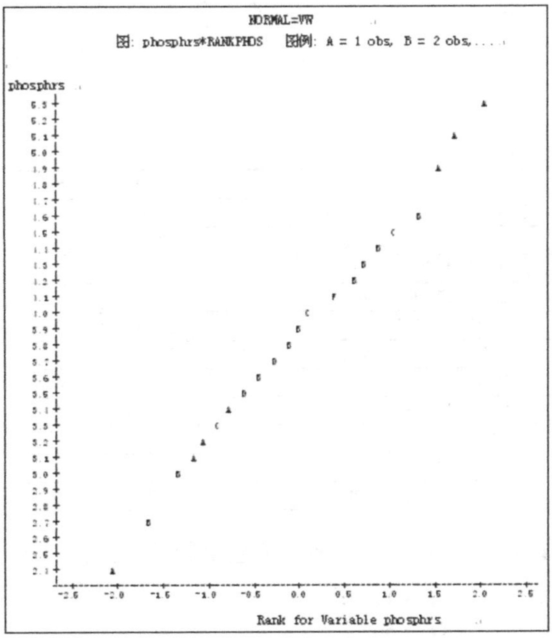

图 7-47　血磷数据结果输出

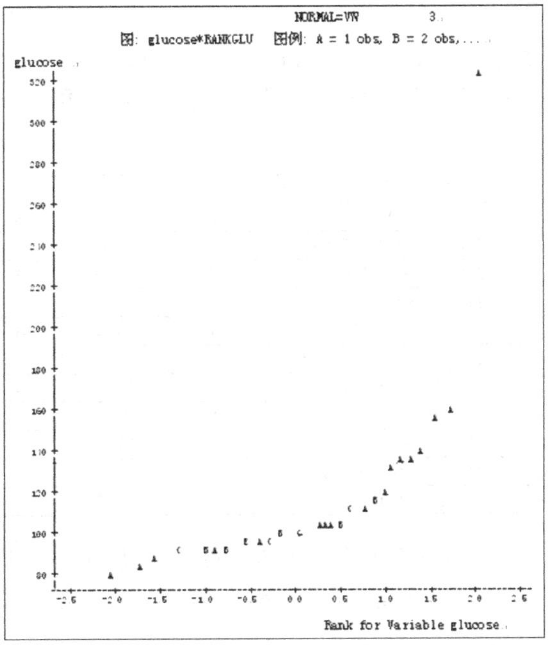

图 7-48　血糖数据结果输出

数据步建立了 6 个国家的包含出生率、死亡率、结婚率及预期寿命等 8 个健康指标的数据集 rsrdata，各变量名的含义用 label 语句说明。在这些指标中，出生率及死亡率越低越好，用第一个 RANK 过程对这些指标以降序排秩。而结婚率及预期寿命等指标则是越高越好，用第二个 RANK 过程对其以升序排秩。下面一个 DATA 步将两个 RANK 过程产生的数据集 OUTRl，OUTR2 合并后计算秩和比，同时只保存要输出的变量。最后用 PRINT 过程输出。由图 7-49 可见，发达国家的健康排位排在我国之前。

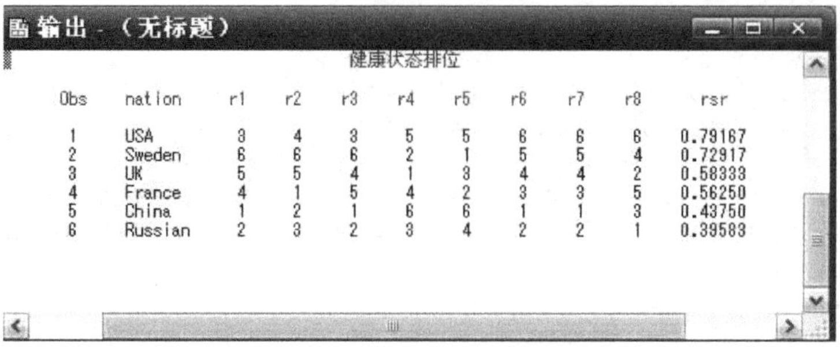

图 7-49　利用秩和比进行健康排位

习　　题

1. 利用表 7.6 中的信息，编程序输出每类职称的人数、最大年龄、最小年龄、平均年龄这些统计量。

2. 对上题的数据用 FREQ 过程求性别、职称人数频数及百分比。

3. 利用 stusco 数据集，将每人总平均成绩分为优(大于等于 85 分)、及格、不及格(小于 60 分)三类，利用 TABULATE 过程按班级和科目给出各类成绩等级的人数及占班级人数的百分数画表格。

4. 数据文件为 e:\sasdt\dc.txt，数据中有职工身份证号、职称、工资、受教育程度 4 列数据。受教育程度代码为小学(1)，中学(2)，高中(3)，大学(4)，硕士(5)，博士(6)。建立一数据集，画出受教育程度分布的饼图。数据见表 7-10。

表 7-10　数据表

210103196504153912	1	5342	6	210103197508053443	2	4819	5
210102196804093911	2	4876	3	210101197508153424	3	3456	5
210101198002253915	4	3098	4	210103197508153476	3	3210	3
210103197504153912	4	2090	4	210103197708053449	5	1022	1
210102196909093938	2	4678	6	210104197508153447	3	3487	3
210101196312253914	1	5613	6	210103197908153455	4	2019	2
210103197504153921	5	1290	1	210105197608053442	3	3387	3
210102197804093983	2	4364	5	210103197908153444	3	3387	4
210101198002253935	5	1010	1	210103197508153443	6	1001	1
210103197504153916	4	1998	2	210106197708053447	3	3087	3
210102196910093977	1	5109	5	210103197508153448	6	1981	2
210101196302253938	3	3780	4	210107197908153449	3	3415	3

5. 某一地区(12 个采样点)某类废水中 COD 和 BOD 的浓度如下所示，编程绘制其关系图。

```
1112.3 154.5     1560.2 210.3     899.5 133.6      800.4 110.2
1443.2 180.8     1555.5 201.4     700.4 103.5      456.3 90.7
1433.2 177.7     1421.5 171.0     1600.3 221.5     568.8 80.9
```

6. The following output is created by the FREQUENCY procedure:

```
      The FREQ Procedure
    Table of region by product
  region     product
```

```
Frequency |
Percent   |
Row Pct   |
Col Pct   |corn    |cotton  |oranges | Total
---------+--------+--------+--------+
          |      2 |      1 |      1 |    4
          |  22.22 |  11.11 |  11.11 |  44.44
EAST      |  50.00 |  25.00 |  25.00 |
          |  50.00 |  33.33 |  50.00 |
         ---------+--------+--------+--------+
          |      2 |      2 |      1 |      5
          |  22.22 |  22.22 |  11.11 |  55.56
SOUTH     |  40.00 |  40.00 |  20.00 |
          |  50.00 |  66.67 |  50.00 |
         ---------+--------+--------+--------+
                  4        3        2        9
Total         44.44    33.33    22.22   100.00
```

Which TABLES option(s) would be used to eliminate the row and column counts and just see the frequencies and percents?

A) norowcount nocolcount　　B) freq percent

C) norow nocol　　D) nocounts

7. The following output is created by the FREQUENCY procedure:

```
    The FREQ Procedure
  Table of region by product
region      product

Frequency |
Percent   |
Row Pct   |
Col Pct   |corn    |cotton   |oranges |  Total
---------+--------+--------+--------+
          |      2 |      1 |      1 |    4
          |  22.22 |  11.11 |  11.11 |  44.44
EAST      |  50.00 |  25.00 |  25.00 |
          |  50.00 |  33.33 |  50.00 |
         ---------+--------+--------+--------+
          |      2 |      2 |      1 |      5
          |  22.22 |  22.22 |  11.11 |  55.56
SOUTH     |  40.00 |  40.00 |  20.00 |
          |  50.00 |  66.67 |  50.00 |
         ---------+--------+--------+--------+
                  4        3        2        9
Total         44.44    33.33    22.22   100.00
```

Which TABLES statement was used to completed the following program that produced the output?

```
proc freq data=sales;
 <_insert_code_>
run;
```

A) tables region product　　B) tables region,product

C) tables region/product　　D) tables region * product

第8章　假设检验

假设检验是对我们关心的却又是未知的总体参数先做出假设，然后根据抽取的样本测量指标，运用数理统计方法对假设的正确性进行判断的统计推断过程。

8.1　假设检验简介

假设检验是数理统计学中根据一定假设条件由样本推断总体的一种方法。具体做法是：根据问题的需要对所研究的总体作某种假设。对总体参数进行假设检验时，首先要给定一个原假设H_0，H_0是关于总体参数的表述，与此同时存在一个与H_0相对立的备择假设H_1，H_0与H_1有且仅有一个成立；经过一次抽样，若发生了小概率事件(通常把概率小于0.05的事件称为小概率事件)，可以依据“小概率事件在一次实验中几乎不可能发生”的理由，怀疑原假设不真，作出拒绝原假设H_0，接受H_1的决定；反之，就没有理由拒绝H_0，从而应作出拒绝H_1的决定。

常用的假设检验方法有u检验法、t检验法、χ^2检验法(卡方检验)、(F)检验法、秩和检验等。选取合适的统计量，这个统计量的选取要使得在假设H_0成立时，其分布为已知；由实测的样本，计算出统计量的值，并根据预先给定的显著性水平进行检验，作出拒绝或接受假设H_0的判断。

在检验一个假设H_0时可能犯两类错误：第一类错误是真实情况为H_0成立，却判断H_0不成立，犯了“以真为假”的错误。第二类错误是H_0实际不成立，却判断它成立，犯了“以假为真”的错误。

8.1.1　两样本均数差别的统计意义检验

从具有变异的总体中随机抽取若干个样本，这些样本的均数(或率)与总体的均数(或率)之间存在差别，样本之间亦存在差别。若差异是由抽样引起的则叫做抽样误差。

由于抽样误差是客观存在的，所以在分析均数或率之间的差别时，应该排除抽样误差的影响。统计学将差别是由抽样误差引起的，称为差别“无统计意义”；差别不是由抽样误差引起的，称差别“有统计意义”。检验差别“有”、“无”统计意义的方法叫做假设检验。假设检验实质上是检验“差别是由抽样误差引起的”(无效假设)这个事件的概率(p)。统计学以$P=\alpha$为有无统计意义界限，又称显著性水平(α)。选择α值即选定检验假设的参考概率，α值一般有0.10、0.05和0.01三种取值，分别表示差异中等显著、显著及高度显著。

如果拒绝原假设的后果不是十分严重，可以取$\alpha=0.10$。

如果原假设是关系到非常重要的问题，拒绝后其后果严重，建议取$\alpha=0.01$或$\alpha=0.001$。一般情况下取$\alpha=0.05$。

显著性水平α是指犯假设检验中Ⅰ类错误的概率，是指当零假设成立时，拒绝零假设的概率，也就是说“弃真”的概率。

SAS 6.12以前版本输出标志为Prob；SAS 8.0以后版本输出标志为Pr。

8.1.2　t检验及类型

1. t检验

在研究两组计量资料的样本均数间差别时，由于有抽样误差，即使两组总体均数相同，样本均数也往往不相同。因此当看到两个样本的均数不同时，不能贸然地认为两个总体均数就不相同，而应该做差别的统计检验——t 检验。

t 检验用 t 分布理论来推论差异发生的概率，从而比较两个平均数的差异是否显著。

2. t 检验类型

t 检验有单样本 t 检验、配对 t 检验和两样本 t 检验。

单样本 t 检验：用样本均数代表的未知总体均数和已知总体均数进行比较，观察此组样本与总体的差异性。

配对 t 检验：采用配对设计方法观察以下几种情形。

（1）两个同质受试对象分别接受两种不同的处理；

（2）同一受试对象接受两种不同的处理；

（3）同一受试对象处理前后。

两样本（成组）t 检验：检验两组数据所来自的总体均数是否相等。将第一个样本的均值减去第二个样本的均值再与给定数值（默认为 0）相比较。

从两样本研究总体中分别随机抽取样本，对这两个样本进行比较的时候，首先要判断两总体方差是否相同，即方差齐性。根据方差齐（EQUAL）或方差不齐（UNEQUAL），由相应的 t 值和 P 值做出判断。

8.1.3 关于非正态分布资料均数差别的检验

由于 t 分布以原始资料呈正态分布为依据，因此非正态分布资料用 t 检验显然不妥。当资料的分布与正态分布略有偏倚时，对结果影响不会太大，所以在略有偏倚时 t 检验仍是可以使用的。

当资料与正态分布偏倚较大时，可采用以下两种处理方法。

（1）当 n 较大时，样本均数仍可近似为正态分布。当每组例数大于 100 时可用 u 检验，判断的标准：

$|u|<1.96$, $P>0.05$, 差别无统计意义；

$|u|\geq 1.96$, $P\leq 0.05$, 差别有统计意义；

$|u|\geq 2.58$, $P\leq 0.01$, 差别有高度统计意义。

（2）当 n 较小时，可将数据进行转换使其近似正态后再做检验。

若已知总体为正态分布时，进行差异的显著性检验，称为“参数性检验”，SAS 中 MEANS、TTEST、ANOVA、GLM 等均属此类检验；若未知总体分布时，进行差异的显著性检验，称为“非参数性检验”，SAS 中采用 NPAR1WAY 过程。

8.1.4 双侧检验和单侧检验

进行 t 检验时，如果其目的在于检验样本均数和总体均数是否有显著性差异，而不论差异的方向是正还是负，称这种检验为双侧检验。

若在检验样本均数和总体均数是否有显著性差异时，关注是否发生预先指定方向的差异。例如，抽样检验饮水细菌含量时，仅关心细菌含量是否高于安全标准，这时无效假设为 $H_0: \mu\geq\mu_0$，备择假设为 $H_1: \mu<\mu_0$，称为单侧检验。

单侧检验根据关心的是正差异还是负差异，分为左单侧检验和右单侧检验。

在同一 t 值的界限上，单侧检验的概率（P）仅相当于双侧检验概率的一半。采用单侧还是双侧检验，必须事先根据业务知识予以确定。

8.2 用 MEANS 过程进行 t 检验

8.2.1 已知均值比较的 t 检验

【例 8-2-1】 药厂制剂车间用自动装瓶机封装药液，在装瓶机工作正常时，每瓶药液净重 500 克。某日随机抽取了 10 瓶成品，称重为：504，498，496，487，509，476，482，510，469，472。问这时的装瓶机工作是否正常？

显然，若装瓶机工作正常，当前已装瓶的全部产品的净重与 500 克无统计意义差异。将分析变量的值减去正常值，得到一组新样本值，做单样本与给定值为零的 t 检验。程序如下：

```
* ex8-2-1;
DATA test1;
    INPUT x@@ ;
    x=x-500;
CARDS;
504 498 496 487 509 476 482 510 469 472
;
PROC MEANS T PRT;
RUN;
```

程序输出如图 8-1 所示。

图 8-1 与已知均数比较的 t 检验

从输出结果得知，统计量 t 取值大于从样本计算出来的 t 值的概率为 0.075，大于统计意义水平 0.05，故不拒绝无效的假设，即认为装瓶机工作正常。

8.2.2 配对比较的 t 检验

【例 8-2-2】 研究食物中维生素 E 与肝脏中维生素 A 含量的关系。将大白鼠按性别、体重配对，每对随机分配，一个用正常饲料，另一个用缺乏维生素 E 的饲料。经过一个时期饲养，杀死动物，测定肝中维生素 A 的含量，结果见表 8-1。

表 8-1 大白鼠肝脏中维生素 A 含量(IU/g)

配对号	1	2	3	4	5	6	7	8
正常饲料	3550	2000	3000	3950	3800	3750	3450	3050
缺乏 E 饲料	2450	2400	1800	3200	3250	2700	2500	1750

程序如下：

```
* ex8-2-2;
DATA a;
   INPUT x y @@ ;
   d=x-y;
CARDS;
3550 2450   2000   2400   3000   1800   3950   3200
3800 3250   3750   2700   3450   2500   3050   1750
;
```

```
PROC MEANS MEAN STD STDERR T PRT;
   VAR d;
RUN;
```

编程说明：

在数据步中，把每对数据中的一个作为 x，另一个作为 y，计算差数 $d=x-y$；在过程步中，计算差数 d 的均数、标准差、标准误差、t 值、P 值，结果如图 8-2 所示。

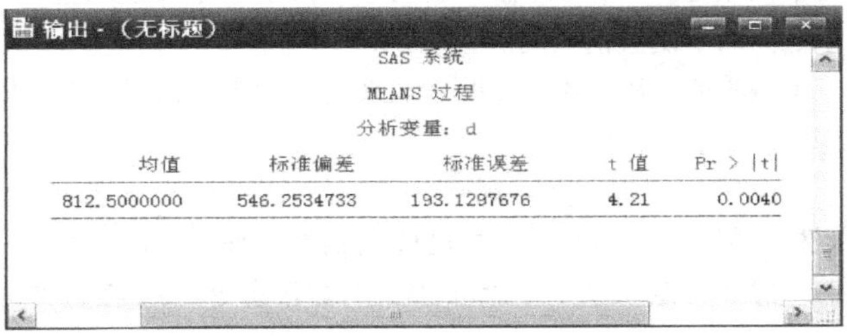

均值	标准偏差	标准误差	t 值	Pr > |t|
812.5000000	546.2534733	193.1297676	4.21	0.0040

图 8-2　配对比较的 t 检验

结果说明：

因 $t=4.21$，$P=0.0040<0.01$，故拒绝无效检验，说明差异有高度统计意义，即正常饲料组鼠肝维生素 A 含量比维生素 E 缺乏组的含量大。

8.3　用 TTEST 过程进行 t 检验

8.3.1　TTEST 过程格式

```
PROC TTEST  < options > ;
     CLASS variable ;
     PAIRED variables ;
     BY variables ;
     VAR variables < / options > ;
     FREQ variable ;
     WEIGHT variable ;
```

1. PROC TTEST 语句

该语句调用 TTEST 过程。

```
PROC TTEST < options > ;
```

可用的选项：

(1)基本选项

DATA = 指定输入数据集。

ORDER = 确定类变量或交叉处理变量排序。

(2)分析选项

ALPHA = 指定统计量可信区间的置信水平。默认情况下，PROC TTEST 使用 ALPHA = 0.05。

DIST = 指定分布的假设(正常或对数正态分布)。

DIST = LOGNORMAL | NORMAL

指定数据分布假设。默认情况下是 NORMAL(正态)，除非指定 TEST = RATIO，在这种情况下，是 LOGNORMAL(对数正态分布)。

H_0 = m

请求对零假设值 m 进行检验，除非 TOST 选项被使用，在这种情况下，m 仅用来推导上限和下限等价边界。对于交叉设计，该 m 值用于周期检验和处理。默认情况下，当 TEST = DIFF (或对于单样本设计 DIST = NORMAL) 时 TTEST 过程使用 H_0 = 0；当 TEST = RATIO (或对于单样本设计 DIST = LOGNORMAL) 时 H_0 = 1。

SIDES = 指定边数和方向

SIDES = 2　(默认值) 指定双侧检验和均值的置信区间。

SIDES = L　指定下侧检验，其中备择假设表明平均值小于零假设的值，以及在负无穷大和上侧置信限之间的下侧置信区间。

SIDES = U　指定上侧检验，其中备择假设表明平均值大于零假设的值，以及下侧置信限和无穷大之间的上侧置信区间。

TEST = DIFF |RATIO

指定检验判据。TEST = DIFF 检验均值差，而 TEST = RATIO 检验均值比。默认值是 DIFF。除非指定 DIST = LOGNORMAL(对数正态分布)，在这种情况下，默认的是 RATIO。

(3) 显示输出

CI = | UMPU | NONE 对于标准偏差或 CV 要求的置信区间

指定是否显示 σ 的置信区间，如果显示，按什么方式显示。CI = EQUAL 选项指定一个等尾置信区间，它是默认的。CI = UMPU 选项指定基于 $H_0:\sigma-\sigma_0$ 一致最强大的无偏检验的间隔。CI = NONE 选项要求无置信区间显示。EQUAL 及 UMPU 要求一起显示这两种类型的置信区间。如果既规定了 NONE 也规定了 EQUAL 和 UMPU，则 NONE 优先。

PLOTS　生成 ODS 统计图形。

(4) 输出次序

① BYVAR 由 PAIRED 或 VAR 变量的组结果。

② NOBYVAR 结果表。

2. CLASS 语句

在 TTEST 过程中，CLASS 语句是不可缺少的。

指定一个分组变量，利用这个变量的值，把要分析的每个变量的值分成两组。分组变量可以是数值型，也可以是字符型，但必须只取两个水平的值。

3. VAR 语句

指定一组要分析的变量，其中的每一个变量包括两个样本的值。若不使用 VAR 语句，则对输入数据集里的每个数值型变量进行 *t* 检验(class 语句指定的变量除外)。若同时有 CLASS 语句，则执行两组样本均数比较的 *t* 检验。

4. FREQ 语句

在 FREQ 语句中的变量标识每个观测发生的频率。PROC TTEST 处理每个观测有如它们出现了 *n* 次，*n* 是 FREQ 变量的值。如果该值不是一个整数，则只用整数部分。如果频率值小于 1 或缺失，则该观测不在分析中应用。若 FREQ 语句不指定，则每个观测被分配一个频数 1。如果 DATA = 数据集中包含统计量而非原始观测，则 FREQ 语句就不能使用。

5. PAIRED 语句

```
PAIRED 成对列表;
```

PAIRED 语句指出在成对比较时的比较变量列表。可以使用一个或多个成对列表。变量或变量的列表用星号(*)或冒号(:)分离。星号要求左边的各变量与右边的各变量进行比较。冒号要求比较左边的第一个变量和右边的第一个变量，左边第二个变量和右边第二个变量，以此类推。左边的变量个数必须等于右边的变量个数，差的计算是用左边的变量减去星号或冒号右边的变量。TTEST 过程中的 PAIRED 语句如表 8-2 所示。

6. 在 PROC TTEST 过程中使用的语句和选项

在 PROC TTEST 过程中使用的语句和选项如表 8-3 所示。

表 8-2　在 TTEST 过程中的 PAIRED 语句

PAIRED 语句	比较变量列表
PAIRED A * B;	A - B
PAIRED A * B C * D;	A - B and C - D
PAIRED (A B) * (C D);	A - C, A - D, B - C, and B - D
PAIRED (A B) * (C B);	A - C, A - B, and B - C
PAIRED (A1 - A2) * (B1 - B2);	A1 - B1, A1 - B2, A2 - B1, and A2 - B2
PAIRED (A1 - A2):(B1 - B2);	A1 - B1 and A2 - B2

表 8-3　TTEST 过程分析使用的语句和选项

作　用	语　法
设　计	
One-sample 单样本	VAR 语句
Paired 配对	PAIRED 语句
Two-independent-sample	
两独立样本	CLASS 语句，VAR 语句
AB/BA crossover 交叉	VAR/CROSSOVER

8.3.2　单样本 t 检验

单样本 t 检验(One-Sample T Test)是检验单个变量的均值是否与假设检验值(给定的常数)之间存在差异。

如果已知总体均值，进行样本均值与总体均值之间的差异显著性检验也属于单样本的 t 检验。在指定显著性水平下，单样本 t 检验过程对每个检验变量给出的统计量包括观测量个数、均值、标准差和均值的标准误差，还给出了每个数据值与假设检验值之间差的平均值，并进行该差值为零的 t 检验和该差值的置信区间。

【例 8-3-1】　检验某一特定类型的法院案件审理的平均时间是否超过 80 天。随机选择 20 例数据，只有一个变量 time，假设其值为正态分布。首先用数据步读取数据，然后调用 PROC TTEST 单样本 t 检验：

```
* ex8-3-1;
  data time;
     input time @@ ;
     datalines;
  43  90  84  87  116  95  86  99  93  92
  121  71  66  98  79  102  60  112  105  98
  ;
  run;
  ods graphics on;  /* 要求图形输出 */
  proc ttest h0 = 80 plots(showh0) sides = u alpha = 0.1;
     var time;       /* 对时间变量进行研究 */
  run;
  ods graphics off;
```

proc ttest 语句中：

h0 = 选项指出要比较的时间，这里变量的平均值要与零假设值 80 比较，而不是默认值 0。plots(showh0)选项要求这个 h0 值显示在相关的图上。

sides = U 选项反映了研究的问题关注点为右侧(upper sides)，即案件处理时间是否长于 80 天。

alpha = 0.1 选项申请 90% 的置信区间，而非默认的 95%。

运行结果如图 8-3、图 8-4 和图 8-5 所示。

```
输出 - (无标题)
                         SAS 系统              2013年11月03日 星期日 上午08时
                    The TTEST Procedure
                      Variable:  time
  N       Mean     Std Dev    Std Err    Minimum    Maximum
 20    89.8500     19.1456     4.2811    43.0000      121.0
     Mean       90% CL Mean        Std Dev      90% CL Std Dev
  89.8500    84.1659   Infty       19.1456     15.2002  26.2374
                    DF     t Value     Pr > t
                    19        2.30     0.0164
```

图 8-3　单样本 t 检验案件审理时间比较

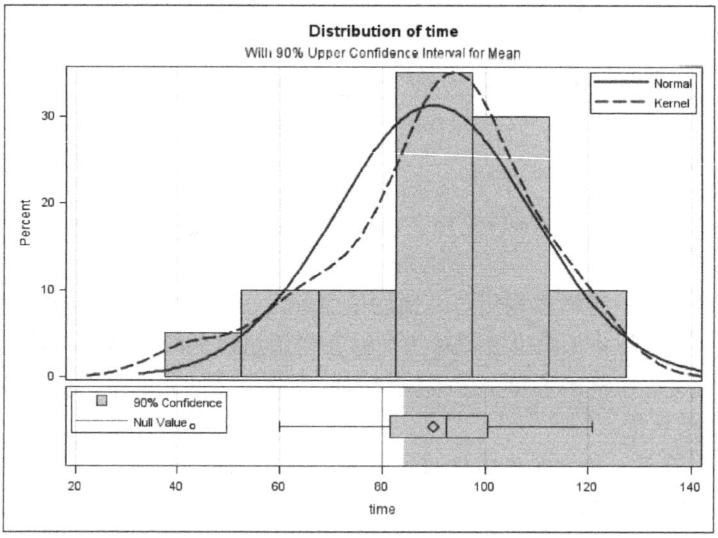

图 8-4　单样本 t 检验案件审理时间分布图

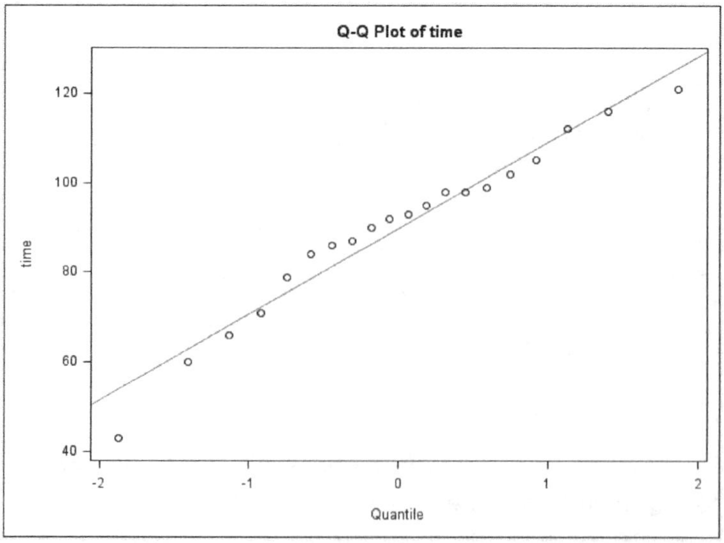

图 8-5　单样本 t 检验案件审理时间 Q-Q 图

在输出中显示数据的汇总统计结果：时间变量的样本大小(N)、平均值、标准差、标准误、最大值和最小值，均值和标准差的 90% 可信限。由于 sides = u 选项，平均值的区间为带有下限(84.1659 天)的右侧单边区间。在 PROC TTEST 语句中默认置信区间选项 CI = EQUAL，标准差的极限是等尾的。输出的下面是自由度、t 统计值和 t 检验的 p 值，在 0.1 的显著性水平下，这个检验表明，法庭案件处理的平均时长显著大于 80 天($t = 2.30$，$p = 0.0164$)。

图中下方的 Null 值即 h0 值，为 80。置信区间不包括 null 值，与在 $\alpha = 0.1$ 下拒绝零假设一致。

Q-Q 图即 Quantile-Quantile 分位数–分位数和概率图，是用变量数据分布的分位数与指定分布的分位数间的关系曲线进行检验的。

可以使用带有 NORMAL 选项的 UNIVARIATE 过程检查正态假设。点紧靠对角线表示与正态假设一致。

$x(i)$ 是一个分位数的经验累积分布函数(ECDF)，一个 Q-Q 图是 ECDF 的分位数与一个理论分布分位数的比较图。非标准正态分布的斜率为样本标准差，截距为样本均值。

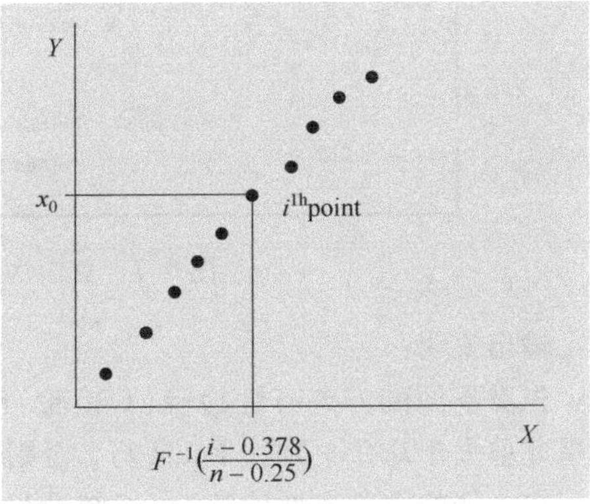

图 8-6　Q-Q 分位数 – 分位数和概率图

8.3.3　成组实验的 t 检验

成组实验是把实验对象随机地分成两组，两组中的实验对象之间没有对应关系。由于样本误差一般比配对实验的样本误差要大一些，所以样本容量应适当增加。成组实验的 t 检验只能用 TTEST 过程，TTEST 过程并不要求两组样本容量相同，但也不宜相差过大。

在做 t 检验时，应先看样本方差的齐性检验，以便确定使用哪种算法计算 t 统计量。

【例 8-3-2】 某克山病区测得 11 例急性克山病患者和 13 名健康人的血磷值(mq%)，如表 8-4 所示。问该地急性克山病患者与健康人的血磷值是否不同？

表 8-4　急性克山病患者与健康人的血磷值

患　者	2.60	3.24	3.73	3.73	4.32	4.73	5.18	5.58	5.78	6.40	6.53		
健 康 人	1.67	1.98	1.98	2.33	2.34	2.50	3.60	3.73	4.14	4.17	4.57	4.82	5.78

本例两样本容量不等，故采用 TTEST 过程做 t 检验。程序如下：

```
* ex8-3-2;
LIBNAME ep 'e:\saslx';
DATA ep.ex823;
    INPUT x @@ ;
    IF _N_ >11 THEN a=2;
    ELSE a=1;
CARDS;
2.60 3.24 3.73 3.73 4.32 4.73 5.18 5.58 5.78 6.40 6.53
1.67 1.98 1.98 2.33 2.34 2.50 3.60 3.73 4.14 4.17 4.57 4.82 5.78
;
PROC  TTEST;
    CLASS a;
    VAR x;
RUN;
```

程序中，利用数据步执行次数的计数器_ N _，判定读入数据的组数，输出如图 8-7 所示。

```
                                        SAS 系统                                              1
                                  The TTEST Procedure
                                      Statistics
                                Lower CL              Upper CL   Lower CL              Upper CL
ariable   a               N        Mean       Mean       Mean    Std Dev    Std Dev    Std Dev    Std Err

x                1       11      3.8356     4.7109     5.5863     0.9104      1.303     2.2866     0.3929
x                2       13      2.5664     3.3546     4.1428     0.9353     1.3044     2.1532     0.3618
x         Diff (1-2)             0.2486     1.3563      2.464     1.0083     1.3037     1.8452     0.5341

                                        T-Tests
                 Variable    Method          Variances      DF     t Value     Pr > |t|

                 x           Pooled          Equal          22        2.54       0.0187
                 x           Satterthwaite   Unequal      21.4        2.54       0.0189

                                Equality of Variances
                    Variable    Method      Num DF    Den DF    F Value    Pr > F

                    x           Folded F        12        10       1.00    1.0000
```

图 8-7　克山病患者与健康人血磷值比较的 t 检验

输出说明：

先看下面的方差齐性检验(F 检验)的 P 值。根据 F 检验的结果决定读 t 检验结果的哪一行。如果此值大于 0.05，则读 Equal 行，否则读 unequal 行。

在本例的方差齐性检验中，F 统计量的值为 1.00，$Pr>F$ 为 1.000，说明方差齐性的假设成立。因此，取方差齐性的 t 检验结果，P 为 $0.0187<0.05$，故以 0.05 的统计意义水平拒绝“克山病患者的血磷值和健康人的血磷值相等”的假设。

8.3.4　配对比较 t 检验

当假设两组数据是不独立的，存在数据的自然配对时，报告分析需要考虑它们的相关性。在检验两均值之间存在的差异时，使用相关结果检验能力更强。成对观测值之间的差异被假定是正态分布。一些自然配对的例子如下：

一个学生接受辅导之前和之后的测试成绩；

在同一汽车观测两个燃料类型的燃料效率的读数；

两防晒乳液防晒的分数，一个用于测试者的右臂，另一个用于左臂。

【例 8-3-3】　研究刺激对收缩压的影响。12 人参与了研究。施加刺激之前和之后测量每个人的血压。下面的语句输入数据：

```
* ex8-3-3;
data pressure;
        input SBPbefore SBPafter @@ ;
        datalines;
   120 128   124 131   130 131   118 127
   140 132   128 125   140 141   135 137
   126 118   130 132   126 129   127 135
   ;
   run;
ods graphics on;
proc ttest;
   paired SBPbefore* SBPafter;
run;
ods graphics off;
```

ODS GRAPHICS 语句要求图形输出。paired 语句用来检验收缩压的平均值变化是否显著不同于零。输出如图 8-8、图 8-9 和图 8-10 所示。

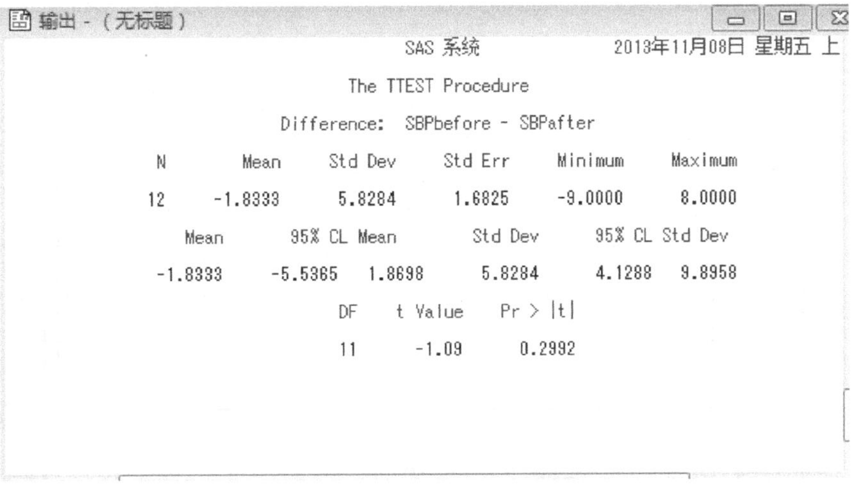
输出 - (无标题)

SAS 系统　　2013年11月08日 星期五 上

The TTEST Procedure

Difference: SBPbefore - SBPafter

N	Mean	Std Dev	Std Err	Minimum	Maximum
12	-1.8333	5.8284	1.6825	-9.0000	8.0000

Mean	95% CL Mean		Std Dev	95% CL Std Dev	
-1.8333	-5.5365	1.8698	5.8284	4.1288	9.8958

DF	t Value	Pr > |t|
11	-1.09	0.2992

图 8-8　刺激对收缩压的影响

图 8-8 中，变量 SBPbefore 和 SBPafter 是成对变量，样本大小为 12，显示出差异的汇总统计(平均值、标准差、标准误)以及它们的置信限，也显示了最小值和最大值的差。t 检验不显著($t=-1.09$，$p=0.2992$)，表明刺激没有显著影响收缩压。

图 8-9 所示输出直方图，正常、核密度图，箱线图和 p 为 95% SBPbefore- SBPafter 差的置信区间。

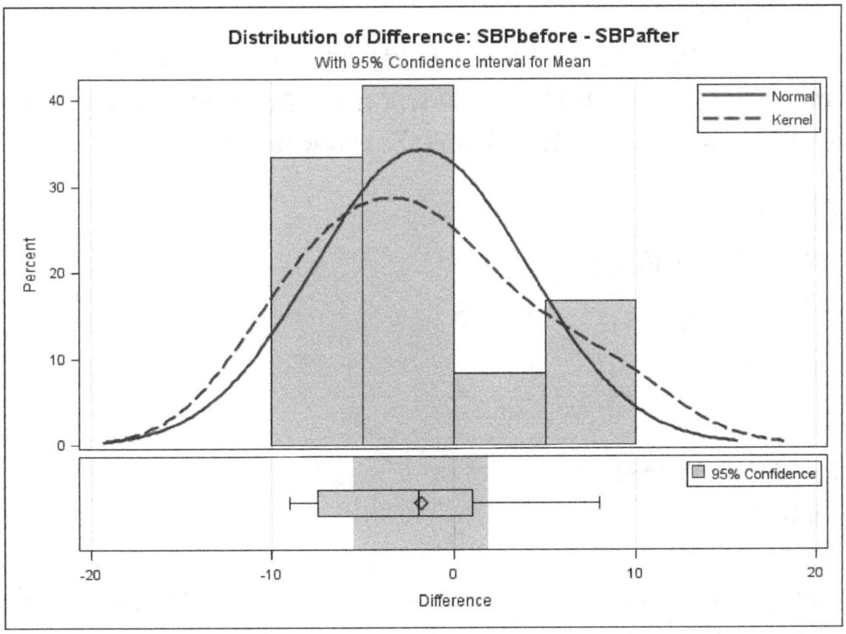

图 8-9　ODS graphics 图形输出

图 8-10 为 Q-Q 图，Q-Q 图显示没有观测明显地偏离正态。

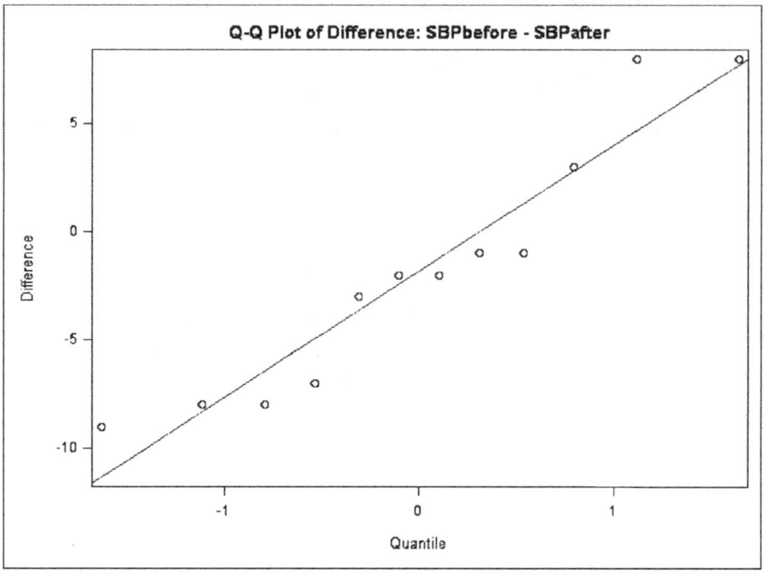

图 8-10　Q-Q 总结面板

8.4　NPAR1WAY 过程

前面介绍的 t 检验属于参数的假设检验,其前提条件是：总体的分布为正态分布。但在许多实际问题中，总体的分布形式很难确定，或者总体的分布为偏态。在这种情况下，t 检验就不适用了，一般可选用非参数统计方法。

NPAR1WAY 过程专门用来处理单因素的非参数性检验。它基于经验分布函数和根据对因变量的秩及某些秩次分，计算出几个统计量，用以检验所有不同组间变量的分布是否有相同的位置参数。秩得分包括 Wilcoxon 得分、中位数 Median 得分、Savage 得分和 Van der Waerder 得分。

8.4.1　语句说明

NPAR1WAY 过程所用的语句如下：

```
PROC NPAR1WAY <选项>;
CLASS 变量;
VAR 变量表;
BY 变量;
```

1. PROC NPAR1WAY 语句

语句中的选项：

ANOVA　标准方差分析。

WILCOXON　要求进行数据的秩分析或 Wilcoxon 得分分析。对于二分类资料或者两个样本，进行 Wilcoxon 秩和检验(u 检验)；对于多分类资料，给出 Kruskal- Wallis 检验(H 检验)。

MEDIAN　要求进行中位数得分分析，大于中位数的点得分为 1，反之为 0。对于二分类资料，进行中位数检验，对于多级分类资料，进行 Brown _wearder 检验。

VW　要求 Van der Wearder 得分分析，对于两水平情况就是 Van der Wearder 检验。

Savage　Savage 得分分析，适于比较两组由指数分布的数据。

2. CLASS 语句

这是必需语句，用来指定一个分类变量。

3. BY 语句

对由 BY 变量所定义的各组观测分别进行独立的分析，要求数据集事先已按 BY 变量升序排序。

4. VAR 语句

指定用于分析的因变量。若默认，则分析数据集中的所有数值型变量。首先给出各组样本的得分情况：Sum of Scores 秩和，在检验假设成立的情况下，各组期望的得分值总和 Expected Under H_0，以及在检验假设成立的情况下，标准差 Std Dev Under H_0 平均得分。对于秩次相等的，使用平均分 Average scores were used for ties。

8.4.2　举例

1. 两样本的差异检验

【例 8-4-1】 对 ex8-3-2 中的数据利用 NPARIWAY 过程进行处理，分析克山病患者与健康人血磷值差异有无统计意义。

程序如下：

```
* ex8-4-1;
LIBNAME ep 'e:\saslx';
PROC NPAR1WAY WILCOXON DATA=ep.ex823;
    CLASS a;
   VAR x;
RUN;
```

编程说明：

数据步中，变量 a 代表因素，其水平数是 2。过程步中，用 CLASS 语句指定单因素变量 a，用 VAR 语句指定分析变量，并作 Wilcoxon 秩和检验，结果如图 8-11 所示。

```
输出 - (无标题)

                        The NPAR1WAY Procedure

          Wilcoxon Scores (Rank Sums) for Variable x
                     Classified by Variable a

                     Sum of      Expected      Std Dev         Mean
  a        N         Scores      Under H0      Under H0        Score
  -------------------------------------------------------------------
  1       11         176.50        137.50     17.237735    16.045455
  2       13         123.50        162.50     17.237735     9.500000

                 Average scores were used for ties.

                    Wilcoxon Two-Sample Test

              Statistic                 176.5000

              Normal Approximation
              Z                           2.2335
              One-Sided Pr >  Z           0.0128
              Two-Sided Pr > |Z|          0.0255

              t Approximation
              One-Sided Pr >  Z           0.0178
              Two-Sided Pr > |Z|          0.0355

          Z includes a continuity correction of 0.5.

                      Kruskal-Wallis Test

              Chi-Square                  5.1188
              DF                               1
              Pr > Chi-Square             0.0237
```

图 8-11　克山病患者与健康人血磷值分析

结果说明:

Sum of Scores　列出每组的 Wilcoxon 得分和。

Expected Under H_0　给出在组间无差别的零假设下 Wilcoxon 得分和的期望值;如果两组的样本量相同,这两个值也应相等。

Std Dev Under H_0　给出零假设下得分的标准差。

Mean Score　每组的平均分。

Average scores were used for ties　有相同名次时使用平均分,如 7、8 位的变量值相同,则秩皆为 7.5。

Statistic　有较小样本尺寸的类得分总和。目标统计量为 176.5000。给出两种检验:正态分布近似检验和 t 分布近似检验,每种结果分别给出单侧和双侧检验概率值。

两种检验的双尾检验值 P 都小于 0.05,故认为克山病患者与健康人的血磷含量有显著差异。

给出的信息:Z includes a continuity correction of 0.5 表示正态分布近似检验的 Z 值是经过连续性校正所得的结果,校正量为 0.5。

注意:在用 Wilcoxon 检验方法进行两样本分布位置比较时,如两样本量相等,将以秩和较大者作为目标统计量进行概率值的计算。否则以秩和较小者作为目标统计量进行概率值计算。

这是两样本的检验,只需选择 Wilcoxon 检验的结果。因 $Z=2.2335$, $P=0.0255<0.05$,故认为克山病者与健康人的血磷含量差异有统计意义。

2. 多样本间的差异检验

【例 8-4-2】　根据主诉无月经患者的基础代谢量的情况,将其分为甲状腺功能亢进、正常及低下三组,测定尿中总雌激素排泄量,如表 8-5 所示,问三组间差异有无统计意义?用 Kruskal- wallis 的 H 检验法(多个样本的比较)检验并作出结论。

表 8-5　尿中总雌激素排泄量

甲状腺功能	尿中总雌激素排泄量
亢进	13　6.8　7.8　15.5　11.4
正常	14.1　7.9　6　6.7　5.2　10.7　3.8　9.4　13.9
低下	9.2　11.6　4.2

程序如下:

```
* ex8-4-2;
DATA na;
  INPUT x @@ ;
  a=1;
  IF _N_>5 THEN a=2;
  IF _N_>14 THEN a=3;
CARDS;
13 6.8 7.8 15.5 11.4
14.1 7.9 6 6.7 5.2 10.7 3.8 9.4 13.9
9.2 11.6 4.2
;
PROC NPAR1WAY WILCOXON;
  CLASS a;
  VAR x;
RUN;
```

编程说明：

过程步中，用 CLASS 语句指定单因素变量 a，用 VAR 语句指定分析变量，并做 Wilcoxon 秩和检验。因分类变量 a 水平数为 3，故作 Kruskal-Wallis 检验，结果如图 8-12 所示。

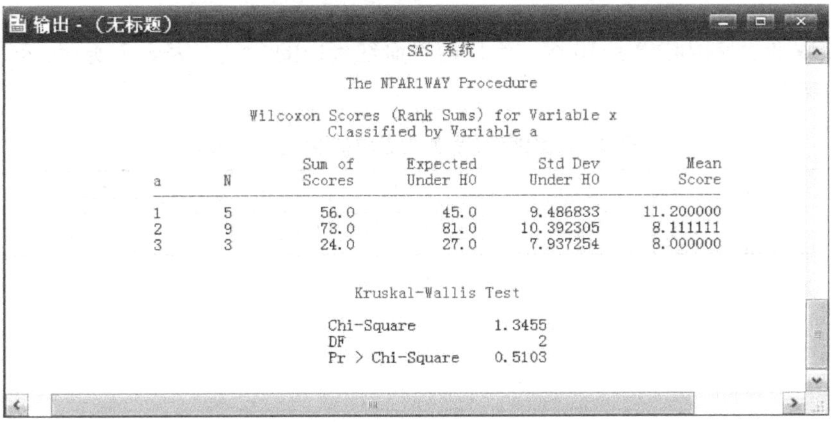

输出 - (无标题)

SAS 系统

The NPAR1WAY Procedure

Wilcoxon Scores (Rank Sums) for Variable x
Classified by Variable a

a	N	Sum of Scores	Expected Under H0	Std Dev Under H0	Mean Score
1	5	56.0	45.0	9.486833	11.200000
2	9	73.0	81.0	10.392305	8.111111
3	3	24.0	27.0	7.937254	8.000000

Kruskal-Wallis Test

Chi-Square	1.3455
DF	2
Pr > Chi-Square	0.5103

图 8-12　尿中总雌激素排泄量分析

结果说明：

因是多样本，故作 Wilcoxon 秩和检验时仅给出 Kruskal-Wallis 检验值。

由于 CHISQ = 1.3455，$P = 0.5103 > 0.05$，故甲状腺功能不同的无月经患者尿中雌激素的排泄量差异无统计意义。

习　　题

1. 什么是无效假设？
2. 什么是“第一类错误”？什么是“第二类错误”？
3. 12 个人经过减肥治疗前、后体重情况如下：

治疗前	治疗后	治疗前	治疗后
68	66	75	76
80	75	82	81
79	79	89	88
90	87	92	90
77	78	79	80
99	89	82	84

请问这种治疗是否有效？

4. 正常人的脉搏平均为 72 次/分，现测得 10 位慢性四乙基铅中毒患者的脉搏如下：

54，67，68，78，70，66，68，71，66，69

问：中毒患者与正常人的脉搏有无显著性差异？

5. 已知某水样中含 $CaCO_3$ 的真值为 20.7mg/L，现用某方法重复测定该水样 11 次，$CaCO_3$ 的含量：20.99，20.41，20.10，20.00，20.91，22.60，20.99，20.41，20，23，22。问用该法测 $CaCO_3$ 的含量所得的均值与真值有无显著差别？

6. 观察某药物对大白鼠肉瘤的影响。数据如表 8-6 所示，试作差异性检验。

表 8-6　某药物对大白鼠肉瘤的影响

对照组	56	55	54	53	56	52	57	54	52	56		
实验组	50	48	49	49	50	50	60	55	43	52	56	57

7. 应用克矽平治疗矽肺患者 10 名，治疗前后血红蛋白的含量如表 8-7 所示，问该药是否会引起血红蛋白的变化?

表 8-7　治疗前后血红蛋白的含量(rug%)

治疗前	11.3	15.0	15.0	13.5	12.8	10.0	11.0	12.0	13.0	12.3
治疗后	14.0	13.8	14.0	13.5	13.5	12.0	14.7	11.4	13.8	12.0

第9章 方差分析

9.1 概 述

科学实验中常常要探讨不同试验条件或处理方法对实验结果的影响。当试验结果受到多个因素(分组变量)的影响,而且也受到每个因素各水平的影响(因素的不同等级称为水平,对于定量资料必须离散化成几个有限的水平数)时,为从数量上反映各因素,以及各因素诸水平对试验结果的影响,使用方差分析的方法。

1. 什么是方差分析法

方差分析是检验两个或多个样本均数间差异是否具有统计意义的一种方法。

方差分析基本思想是把全部数据的总变异(总均值的离差平方和)分解成几个部分,每一部分表示某一因素或某些因素交互作用所产生的效应,将各部分方差与误差方差相比较,从而确认或否认某些因素或交互作用的重要性。一般将总变异(总离均差平方和 SS)分为两个部分,组内变异(Error)部分和组间变异(Model)部分:

总变异 = 组间变异 + 组内变异

其中,组间变异由各因素所引起,组内变异由个体差异或者说由误差引起的。将 $SS_{组间}$ 和 $SS_{组内}$ 被相应的自由度 df 除,其比值称为方差比即 F 值。公式为

$$F = \frac{SS_{组间}/df_1}{SS_{组内}/df_2}$$

原假设 H_0:样本来自具有相同方差或相同均数的总体。

当 F 统计量值明显大于 1 时,根据概率值确定组间变异是否仅仅由于偶然因素引起的,还是很难用偶然性来解释,即做出是否应当拒绝原假设的推断结论。

2. 常用的方差分析法

① 完全随机设计资料的方差分析(单因素方差分析)

② 随机区组设计资料的方差分析(二因素方差分析)

③ 拉丁方设计资料的方差分析(三因素方差分析)

④ R * C 析因设计资料的方差分析(有交互因素的方差分析)

SAS 系统中,ANOVA 过程可以处理以上情形的方差分析,但它要求每个分类因子的组合观察数相等,即数据是均衡的。若不均衡,就要用 GLM 过程进行处理。在只考虑组间变异和误差变异时,称为单向方差分析,此时 ANOVA 会自动处理均衡和非均衡数据。对于平衡数据,采用 ANOVA 比用 GLM 处理速度快。

在方差分析中,每次只研究 1 个指标时,称为一元方差分析(简称 ANOVA);同时考虑多个指标时,称为多元方差分析(MANOVA)。

3. 方差分析法适用条件

多组均数比较方差分析的两个基本假定:

(1) 各处理组的数据应分别服从正态分布;

(2) 所有试验数据的总体方差相等,即方差齐性(homogeneity of variance)。

考察数据是否满足第(1)个条件,要分别对各组数据进行正态性检验;但在实践中主要根据专业知识判断,当各组例数较少时尤其如此。

考察数据是否满足第(2)个条件,可用 Bartlett 方差齐性检验。

实践中不必拘泥于方差齐性检验结果,也可根据专业知识和工作经验判断。

4. 数据转换

若有充分理由认为数据不满足方差分析的假定,可采用以下方法。

(1)对数据进行变量转换。常用方法有:

$Y=\log(x+a)$将某些非对称分布的计量资料转变为近似正态分布,其中 a 为常数。

$Y=\sqrt{x}$ 将服从 Poisson 分布的计数资料转变为近似正态分布。

$Y=\sin^{-1}\sqrt{p}$ 将服从二项分布的百分比资料($0\leqslant p\leqslant 1$)转变为近似正态分布反正弦角度。

不论对原始资料作何种转换,其目的都只是为了使资料适合于方差分析和多重比较,从而做出正确结论。当获得必要的结论后,一般应尽可能将转换尺度反转换为原尺度(尤其在处理效应为固定模型时),以用于表达。但差异显著性结果不受影响。

(2) 非参数检验法:Kruskal- wallis 秩和检验(用 NPAR1WAY 过程)

5. 多组均数间的多重比较

均值的多重比较是研究因素单元对因变量影响之间是否存在显著性差异。

检验某两个特定总体均数是否相等,零假设为 $H_0:\mu_i=\mu_j(i\neq j)$。相应的第 I 类错误称为特定比较下的错误率(Comparison- wise Error Rate, CER)。

检验全部 G 个总体均数是否相等,零假设为 $H_0:\mu_1=\mu_2=\cdots=\mu_g$,相应的第 I 类错误称为全部试验组比较的错误率(Experiment- wise Error Rate under the complete null hypothesis, EER)。

进行均数间差别多重比较(multiple comparisons) 最常用的方法有:

(1) LSD-t 检验:又称最小有意义差异(least significant difference)t 检验,进行各组均值间的配对比较。用于控制 CER,即使方差分析结果不足以认为多组间差异具有统计学意义也可以做 LSD-t 检验。

(2) SNK-q 检验:SNK 为 Student- Newman- Keuls 的缩写,检验统计量为 q 值,均数多重比较时用于控制 EER。一般当方差分析拒绝 $H_0:\mu_1=\mu_2=\cdots=\mu_g$ 时,再用 SNK-q 检验进行多重比较。

9.2 均衡数据的方差分析(ANOVA 过程)

ANOVA 过程是个交互式过程,它的每个语句都可用交互方式执行,即执行完 RUN 语句后该过程并没结束,根据结果分析后,可再补充其他语句继续计算。使用 QUIT 语句可结束该过程。

9.2.1 ANOVA 过程的主要语句

```
PROC ANOVA [选项];
CLASS    变量表;
MODEL    因变量表 =效应表[/选项];
MEANS    效应表[/选项];
FREQ     变量;
```

```
    TEST      H=效应表 E=效应表;
    MANOVA    H=效应表 E=效应表[/选项];
    BY        变量表;
```

PROC ANOVA, CLASS 和 MODEL 语句是必需的，CLASS 语句必须出现在 MODEL 语句之前。MANOVA, MEANS 和 TEST 语句必须在 MODEL 语句之后使用。

9.2.2 语句说明

1. PROC ANOVA 语句

调用 ANOVA 过程，该语句使用如下选项：

DATA= 数据集。

MANOVA 按多变量方式删除那些因变量含有缺项值的观测。

OUTSTAT 定义一个输出数据集，其中含有平方和，F 统计量及模型中每个效应的概率水平。

2. CLASS 语句

在方差分析过程中，分类变量必须出现在 CLASS 语句中。CLASS 变量可以是数值型也可是字符型的，字符型量不可超过 16 个字符。

3. MODEL 语句

指定一个分析模型，等号左边列出因变量又叫响应变量，因变量的值只能是连续的数值型变量；等号右边列出分组变量或自变量的各种组合（即指出与因变量的关系）项。若不指定效应，ANOVA 只拟合截距(Intercept)，并检验因变量的均值是否为零。

在 MODEL 语句中，可选择的类型有：

(1) 主效应　指每个因素对观测指标的影响。例如：MODEL y=a b c;

(2) 交互效应　用以检验一个因素的效应与其他因素的水平是否有关系。例如：

```
    MODEL y=a b c a* b a* c b* c a* b* c;
```

其中，a*b，b*c，a*b*c 是交互效应，交互效应项用"*"连接。也可简化成：MODEL y=a|b|c。

当使用竖线时，它的左边和右边分类变量均成为效应，它们之间的交叉也成为一种效应。

(3) 嵌套效应　嵌套效应检验与交互效应相似，但嵌套变量水平对于嵌套中的每种结合是不同的。例如，MODEL y=a b c(a b); 其中 c(a b)是嵌套效应。嵌套效应项用空格隔开并用括号括起。

4. MEANS 语句

它是选择语句，在 MODEL 语句后可使用多个 MEANS 语句。SAS 根据 MEANS 语句中所列出的效应，把数据按每一效应项分组求出均值。

该语句若指定了选项，将进行主效应均数间的检验。选项列在斜线"/"之后：

ALPHA=p 指定均数多重比较的显著性水平，缺项时 p=0.05，DUNCAN 法只能指定 0.01、0.05 或 0.1。

BON 对 MEANS 语句中所有主效应均数差进行 BONferronit 检验。

CLM 要求 ANOVA 过程对 MEANS 语句中变量的每个水平的均值的结果按置信区间形式输出。

DUNCAN 对 MEANS 语句中所有主效应均数进行组间多重区域检验，此为默认选择。

DUNNETT 对 MEANS 语句中的全部效应进行各组与对照组间多重比较的双尾 Dunnet's t 检验。如果要指定对照组的(分组)变量水平，将该水平所对应的格式化变量值以单引号括起置于圆括号中。各水平所对应的格式化值以空格分隔。默认各效应的第一个水平将被作为对照组使用。例如：

```
    MEANS  A  B  C/DUNNETT('A1'  'B1'  'C1');
```

其中，'A1'、'B1'、'C1'分别是 A、B、C 各效应的对照组取值。

DUNNETTL 进行 DUNNETT 单尾 t 检验(DUNNETT's One _ Tailed T-test)。检验任一处理是否显著地小于对照组。

DUNNETTU 进行 DUNNETT 单尾 t 检验(DUNNETT's One-Tailed T-test)。它检验任一处理是否显著地大于对照组。

SCHEFFE 对该语句中所有主效应均数进行 scheffe 多重比较。

REGWQ 对于 MEANS 语句中的所有主效应进行组间多重比较。

SNK 对该语句中所有主效应进行 Student-Newman-Keuls 组间多重比较。

T|LSD 对 MEANS 语句中的所有主效应进行配对 t 检验，当样本例数相等时与 LSD Fisher's 最小显著差异检验一致。

TUKEY 对该语句中所有主效应均数进行 Tukey Student 极差检验。用所有配对比较误差率作为实验误差率。

5. TEST 语句

在方差分析中，尽管利用残差均方作为误差项可对所有平方和 SS 计算出 F 值，但有时需要利用其他效应作为误差项。

E= 指定一个且只能是一个效应作误差项(作分母)。

H= 指定作为检验的效应(作分子)。

6. MANOVA 语句

如果 MODEL 语句中含有多个因变量，可用 MANOVA 语句作多元方差分析用。

MANOVA 语句的选项：

H=效应表 用于指定一个或多个需分析的效应作为假设检验矩阵。所指定的效应必须事先在 MODEL 语句中列出；若要对 MODEL 语句列出的全部效应进行假设检验，应指定 H=_ALL_。

E=效应 用于指定产生误差项的效应。缺项时，用剩余平方和及交叉积和残差矩阵 (SSCP)作为误差项。

9.2.3 输出结果

ANOVA 过程先输出分类水平信息表，然后输出每个因变量基本方差分析表，其中各项含义如下。

1. Class Level Information(即分组水平信息)

(1) CLASS 语句中的变量名字；

(2) Levels 变量的水平个数；

(3) Values 变量的各水平取值；

(4) Number of Observations Read 从数据集中读入的观测数(即样本容量)；

(5) Number of Observations Used 使用的观测数。

2. Analysis of Variance(方差分析表信息)

(1) Dependent variable(因变量) 指出用于分析的测量变量。可以指定几个变量进行分析；PROC ANOVA 对每个变量分别显示分析结果。

(2) Source(变异来源) 列出数据中变异的来源。对单向方差分析，第一个表概括所有变异来源，第二个表只概括组间变异。

(3) DF 自由度。

(4) Sum of Squares (SS) 离均差平方和，度量给定来源引起的变异量。平方和常常简写为SS，注意：Model SS(模型平方和)和Error SS(误差平方和)加起来等于Corrected Total SS(校正总平方和)。

(5) Mean Square (MS) 均方。

(6) *F* Value *F*值，MSM/MSE；用以检验模型的有效性，即除截距之外的任何其他参数均为0的检验。同时用于检验效应的各个组均值是否相等及模型的显著性。

(7) $Pr>F$ 给出检验的*p*值。此值应与检验前预先确定的临界概率值相比较。

(8) Model 组间变异。

(9) Error 组内变异。

(10) Corrected Total 总变异。

(11) R Square 复回归系数，对单向方差分析，描述数据中组间变异所占总变异的比例。这个数取值从0到1，它离1越近，数据中的变异越多地归因于组间变异。

(12) C. V. 分析变量的变异系数。

(13) ROOT MSE Error(误差)的Mean Square(均方)的平方根，给出解释组间变异后剩下的标准差的估计。

(14) *x* Mean 分析变量均值。

3. DUNCAN或SNK检验(两两比较)

(1) ALPHA 两两比较的检验水准。

(2) MSE 为误差均方。

(3) Number of Means 均数个数。

(4) Critical Range 临界范围。

(5) DUNCAN\SNK Grouping 两两比较。

Means with the same letter are not significantly different 有相同字母者差异不显著。

(6) Mean 各组均值。

(7) *N* 观测数。

9.3 ANOVA过程应用实例

9.3.1 完全随机设计资料的方差分析(单因素方差分析)

【例9-3-1】 某单位研究棉布、府绸、的确良及尼龙4种衣料内棉花吸附十硼氢量。每种衣料各做5次试验，结果见表9-1。试问4种衣料内棉花吸附十硼氢量均数是否不同。

表9-1 各种衣料间棉花吸附十硼氢量

棉 布	府 绸	的 确 良	尼 龙
2.33	2.48	3.04	4.00
2.00	2.34	3.06	5.13
2.93	2.68	3.00	4.61
2.73	2.34	2.96	2.80
2.33	2.22	3.06	3.60

程序如下：

```
* ex9-3-1;
DATA anova1;
  DO i = 1 TO 5;
    DO a = 1 TO 4;
    INPUT x @@ ;  OUTPUT;
  END;  END;
  DROP i;
CARDS;
2.33 2.48 3.04 4.00    2.00 2.34 3.06 5.13    2.93 2.68 3.00 4.61
2.73 2.34 2.96 2.80    2.33 2.22 3.06 3.60
;
PROC SORT;BY a;
    ods select TestsForNormality;
PROC UNIVARIATE NORMAL TEST;
    VAR x;
    BY a;
RUN;
```

程序说明：

a 表示定性变量(衣料)，*x* 为测值。先做正态性检验，以检查数据是否为正态。结果如图 9-1 所示。

SAS 系统

a=1

UNIVARIATE PROCEDURE
变量： x

正态性检验

检验	----统计量----		-------P 值-------	
Shapiro-Wilk	W	0.947353	Pr < W	0.7183
Kolmogorov-Smirnov	D	0.242444	Pr > D	>0.1500
Cramer-von Mises	W-Sq	0.044592	Pr > W-Sq	>0.2500
Anderson-Darling	A-Sq	0.252369	Pr > A-Sq	>0.2500

a=2

检验	----统计量----		-------P 值-------	
Shapiro-Wilk	W	0.932057	Pr < W	0.6105
Kolmogorov-Smirnov	D	0.258899	Pr > D	>0.1500
Cramer-von Mises	W-Sq	0.04877	Pr > W-Sq	>0.2500
Anderson-Darling	A-Sq	0.287114	Pr > A-Sq	>0.2500

a=3

检验	----统计量----		-------P 值-------	
Shapiro-Wilk	W	0.8713	Pr < W	0.2717
Kolmogorov-Smirnov	D	0.243941	Pr > D	>0.1500
Cramer-von Mises	W-Sq	0.058409	Pr > W-Sq	>0.2500
Anderson-Darling	A-Sq	0.35927	Pr > A-Sq	>0.2500

a=4

检验	----统计量----		-------P 值-------	
Shapiro-Wilk	W	0.990002	Pr < W	0.9797
Kolmogorov-Smirnov	D	0.140912	Pr > D	>0.1500
Cramer-von Mises	W-Sq	0.019092	Pr > W-Sq	>0.2500
Anderson-Darling	A-Sq	0.143962	Pr > A-Sq	>0.2500

图 9-1　正态检验统计量

由结果可见，对于 *a* 的各级水平，$Pr < W$ 值皆大于 0.05，不拒绝来自正态的假设，说明数据为正态分布。再运行下面的程序：

```
* ex9-3-1-1;
PROC ANOVA;
  CLASS a;
  MODEL x = a;
RUN;
```

结果如图 9-2 所示。

```
                                SAS 系统
                          The ANOVA Procedure
Dependent Variable: x

                                         Sum of
     Source                  DF         Squares     Mean Square    F Value    Pr > F
     Model                    3      8.44552000      2.81517333      11.50    0.0003
     Error                   16      3.91540000      0.24471250
     Corrected Total         19     12.36092000

              R-Square     Coeff Var      Root MSE        x Mean
              0.683244      16.58901      0.494684      2.982000

     Source                  DF        Anova SS     Mean Square    F Value    Pr > F
     a                        3      8.44552000      2.81517333      11.50    0.0003
```

图 9-2　各种衣料棉花吸附十硼氢量分析

在输出中，看变量 a 的 F 值。此例中，$F=11.50$　$Pr>F=0.0003<0.01$，可得出各衣料组间吸附十硼氢量是有显著性差异的。

至于各种衣料两两之间差异是否有意义，需做多组均值间的多重比较检验，在上次运行之后接着输入语句：

```
* ex9-3-1-2;
MEANS a/DUNCAN;
RUN;
或 MEANS a /SNK; RUN;
```

再次运行，结果如图 9-3 所示。

```
                                SAS 系统
                          The ANOVA Procedure
                     Duncan's Multiple Range Test for x
NOTE: This test controls the Type I comparisonwise error rate, not the experimentwise error rate.

                       Alpha                         0.05
                       Error Degrees of Freedom        16
                       Error Mean Square         0.244713

               Number of Means          2          3          4
               Critical Range       .6632      .6955      .7157

          Means with the same letter are not significantly different.

            Duncan Grouping         Mean      N    a
                          A       4.0280      5    4

                          B       3.0240      5    3
                          B
                          B       2.4640      5    1
                          B
                          B       2.4120      5    2
```

图 9-3　DUNCAN 法多重比较的输出

输出中 EMS 为误差均方，number of means 及 Critical Range 为比较均数间相隔的组数及它们间相差有无意义的临界值。最后列出了均数、各组样本含量及组号。

用 DUNCAN 法多重比较的输出，是统计意义水平为 0.05 下的检验结果，每组占一行，每行前面有一个字母(如 A、B 等)，在同一字母下的任何两组之间，均数都无显著差异(Means with the same letter are not significantly different)。

可以看出：尼龙($a=4$)和其他布料间都有显著性差异。

9.3.2 随机区组设计资料的方差分析(两因素方差分析)

由于试验条件不均匀，比如：试验场地、人员、设备、试验材料等存在一些差异，可能会对试验结果造成不良影响。为解决这样的问题，把全部试验单元分为若干个区组，使得每个区组内各试验单元之间的差异尽可能的小，而区组间允许存在一些差异。在每个区组内对各试验单元以随机方式实施不同处理，这样的试验设计称为随机区组设计。

【例 9-3-2】 为评价 5 种饲料的营养价值，对 8 窝大白鼠每窝 5 只分别用这 5 种饲料喂养，9 周后所增体重如表 9-2 所示，试比较 5 种饲料营养价值有无差异。

表 9-2　8 窝大白鼠用 5 种饲料喂养所增体重

增重 饲料 / 窝别	甲	乙	丙	丁	戊
1	24	15	37	57	82
2	42	28	37	51	66
3	60	29	47	53	74
4	50	29	42	51	79
5	42	24	34	60	82
6	39	38	27	69	76
7	47	21	32	54	73
8	53	37	42	59	90

```
* ex9-3-2;
DATA d932;
  DO a = 1 TO 8;
     DO b = 1 TO 5;
        INPUT x @@ ;
        OUTPUT;
     END;
  END;
CARDS;
24 15 37 57 82   42 28 37 51 66   60 29 47 53 74   50 29 42 51 79
42 24 34 60 82   39 38 27 69 76   47 21 32 54 73   53 37 42 59 90
;
PROC UNIVARIATE NORMAL;
    VAR x;
    BY a;
PROC SORT;
    BY b;
PROC UNIVARIATE NORMAL;
    VAR x;
    BY b;
PROC ANOVA;
    CLASS a b;
    MODEL x = a b;
    MEANS a b/SNK;
RUN;
QUIT;
```

程序中，a 代表窝别，b 代表饲料种类。先用 UNIVARIATE 过程进行正态检验，以判断数据是否为正态。运行结果的缩略图如图 9-4 所示。

SAS 系统

UNIVARIATE 过程

正态性检验

变量：x

分组	检验	统计量		P 值	
a=1	Shapiro-Wilk	W	0.950932	Pr < W	0.7438
a=2	Shapiro-Wilk	W	0.977566	Pr < W	0.9212
a=3	Shapiro-Wilk	W	0.991707	Pr < W	0.9853
a=4	Shapiro-Wilk	W	0.930693	Pr < W	0.6011
a=5	Shapiro-Wilk	W	0.953507	Pr < W	0.7622
a=6	Shapiro-Wilk	W	0.876099	Pr < W	0.2920
a=7	Shapiro-Wilk	W	0.985439	Pr < W	0.9614
a=8	Shapiro-Wilk	W	0.893674	Pr < W	0.3759
b=1	Shapiro-Wilk	W	0.95835	Pr < W	0.7942
b=2	Shapiro-Wilk	W	0.953121	Pr < W	0.7426
b=3	Shapiro-Wilk	W	0.979634	Pr < W	0.9611
b=4	Shapiro-Wilk	W	0.882603	Pr < W	0.1994
b=5	Shapiro-Wilk	W	0.981306	Pr < W	0.9691

图 9-4 正态检验结果(汇总)

由正态性检验可见，a，b 各水平的 x 值 $Pr<W$ 都大于 0.05，说明数据皆为正态分布，可做方差分析。按处理及区组两方面分组，分组(class)变量有 a 及 b，模型(model)为 $x=a\ b$。

为进一步分析不同的窝别及不同饲料对增重的影响，利用 SNK 法检验(如图 9-5 ~ 图 9-7 所示)，即

输出分析：

由 model 行：$F=22.05$，$P<0.0001$ 可见拒绝 H_0，说明模型有统计意义。

a $F=1.83$，$P=0.1215$，不能拒绝 H_0，窝别对增重影响无统计意义。

b $F=57.45$，$P<0.0001$，拒绝 H_0，饲料种类对增重影响有显著的统计意义。

输出 - (无标题)

SAS 系统

The ANOVA Procedure

Dependent Variable: x

Source	DF	Sum of Squares	Mean Square	F Value	Pr > F
Model	11	12671.75000	1151.97727	22.05	<.0001
Error	28	1462.65000	52.23750		
Corrected Total	39	14134.40000			

R-Square	Coeff Var	Root MSE	x Mean
0.896518	14.81056	7.227551	48.80000

Source	DF	Anova SS	Mean Square	F Value	Pr > F
a	7	667.60000	95.37143	1.83	0.1215
b	4	12004.15000	3001.03750	57.45	<.0001

图 9-5 饲料营养分析-1

在图 9-6 中，由 SNK 组中字母可以看出：各窝别 *a* 的均数间用同一字母 A 分组(Grouping)，说明窝别间无显著差异。

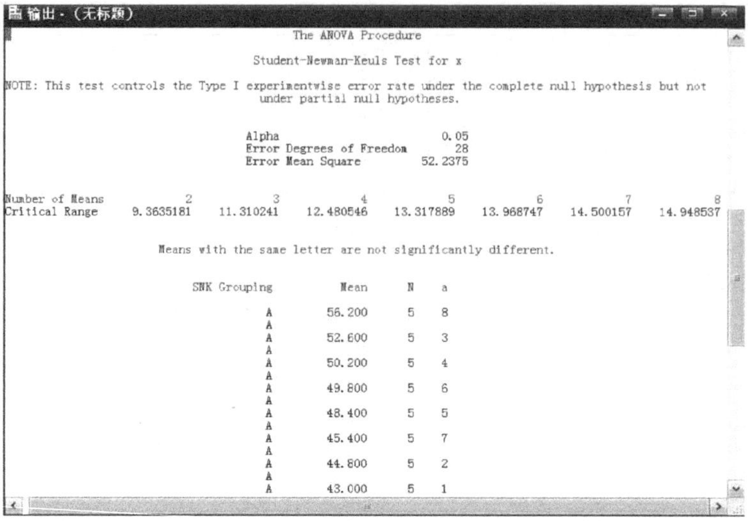

```
输出 - (无标题)
                              The ANOVA Procedure

                         Student-Newman-Keuls Test for x

NOTE: This test controls the Type I experimentwise error rate under the complete null hypothesis but not
                               under partial null hypotheses.

                           Alpha                          0.05
                           Error Degrees of Freedom         28
                           Error Mean Square           52.2375

Number of Means            2           3           4           5           6           7           8
Critical Range     9.3635181   11.310241   12.480546   13.317889   13.968747   14.500157   14.948537

                    Means with the same letter are not significantly different.

                      SNK Grouping          Mean      N    a

                                A         56.200      5    8
                                A
                                A         52.600      5    3
                                A
                                A         50.200      5    4
                                A
                                A         49.800      5    6
                                A
                                A         48.400      5    5
                                A
                                A         45.400      5    7
                                A
                                A         44.800      5    2
                                A
                                A         43.000      5    1
```

图 9-6　饲料营养分析-2

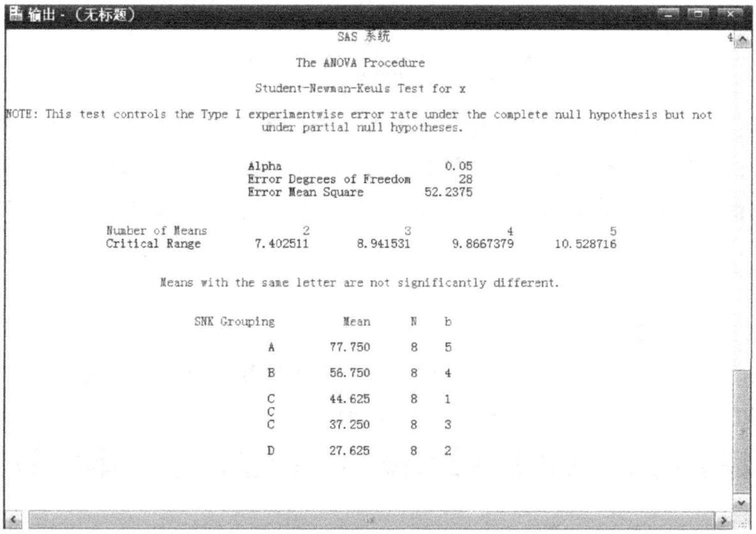

```
输出 - (无标题)
                                   SAS 系统                                          4
                              The ANOVA Procedure

                         Student-Newman-Keuls Test for x

NOTE: This test controls the Type I experimentwise error rate under the complete null hypothesis but not
                               under partial null hypotheses.

                           Alpha                          0.05
                           Error Degrees of Freedom         28
                           Error Mean Square           52.2375

          Number of Means            2            3            4            5
          Critical Range      7.402511     8.941531    9.8667379    10.528716

                    Means with the same letter are not significantly different.

                      SNK Grouping          Mean      N    b

                                A         77.750      8    5

                                B         56.750      8    4

                                C         44.625      8    1
                                C
                                C         37.250      8    3

                                D         27.625      8    2
```

图 9-7　饲料营养分析-3

在图 9-7 中，由 SNK 组中的字母可见，第一种和第三种饲料 b 间差异不显著，其他种饲料间差异显著。从 B 因素各水平下的体重增加量的均值 Mean 列可见：第 5 种饲料为 77.750，最好；第二种饲料为 27.625，最差。

在方差分析方法中，用 SNK 法多重比较的输出，是统计意义水平 Alpha 为 0.05 下的检验结果。

9.3.3　拉丁方资料的方差分析

拉丁方设计(latin square design)又叫平衡对抗设计(balanced design) 是一种为减少实验顺序对实验的影响，而采取的一种平衡试验顺序的技术。采用一种拉丁方格做辅助，拉丁方格就是由需要排序的几个变量构成的正方形矩阵，拉丁方设计的试验使实验条件均衡。在对拉丁方设计试验结果进行统计分析时，由于能将横行、直列二个单位组间的变异从试验误差中分离出来，抵消由于实验处理的先后顺序的影响而产生的顺序误差，试验精确性比随机单位组设计高。

当试验中涉及三个因素，三个因素的水平数相同，且它们之间无交互作用或交互作用可忽略不计时，可用拉丁方设计的方差分析。

【例9-3-3】 有5种防护服，由5个人各在不同的5天中穿着，测定脉搏数，如表9-3所示。试研究5种防护服对心跳有无不同作用(表中A~E代表不同防护服)。

表9-3 5种防护服对脉搏数影响

试验日期	受试者				
	甲	乙	丙	丁	戊
1	A 129.8	B 116.2	C 114.8	D 104.0	E 100.6
2	B 144.4	C 119.2	D 113.2	E 132.8	A 115.2
3	C 143.0	D 118.0	E 115.8	A 123.0	B 103.8
4	D 133.4	E 110.8	A 114.0	B 98.0	C 110.6
5	E 142.8	A 110.6	B 105.8	C 120.0	D 109.8

编写程序如下：

```
* ex9-3-3;
LIBNAME ep 'e:\saslx';
DATA ep.anova3;
   DO date=1 TO 5;
      DO person=1 TO 5;
         INPUT cloth $ x @@ ;
         OUTPUT;
      END;
   END;
CARDS;
A 129.8 B 116.2 C 114.8 D 104.0 E 100.6
B 144.4 C 119.2 D 113.2 E 132.8 A 115.2
C 143.0 D 118.0 E 115.8 A 123.0 B 103.8
D 133.4 E 110.8 A 114.0 B 98.0 C 110.6
E 142.8 A 110.6 B 105.8 C 120.0 D 109.8
;
PROC UNIVARIATE NORMAL;
   VAR x;
   BY date;
PROC SORT;
   BY person;
PROC UNIVARIATE NORMAL;
   VAR x;
   BY person;
PROC SORT;
   BY cloth;
PROC UNIVARIATE NORMAL;
   VAR x;
   BY cloth;
```

```
PROC ANOVA;
   CLASS date person cloth;
   MODEL x = date person cloth;
RUN;
```

数据步中，变量 date 代表试验时间因素，变量 person 代表受试者因素，变量 cloth 代表防护服因素。先做数据的正态检验，从检验结果可见数据服从正态，输出结果省略。

过程步中，用 CLASS 指定三个因素，MODEL 语句反映三个因素的效果模型。结果如图 9-8 所示。

结果说明：

因 Model 行的 $F=6.80$，$P=0.0011$，故有显著差异，其中只有一个区组 person 因素(受试者)对脉搏数影响极大($F=16.27$，$P<0.0001$)；而区组 date 因素(试验日期)和 cloth 因素(防护服)的 $Pr>F$ 皆大于 0.05，故都无显著差异。

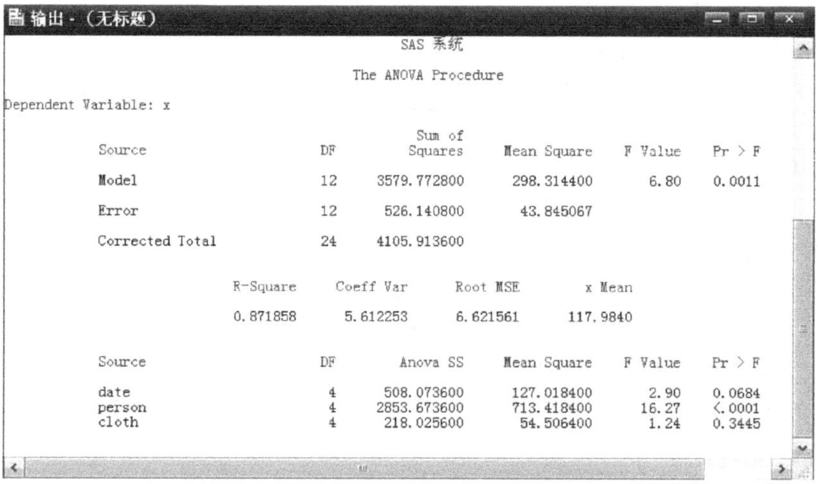
输出 - (无标题)

SAS 系统

The ANOVA Procedure

Dependent Variable: x

Source	DF	Sum of Squares	Mean Square	F Value	Pr > F
Model	12	3579.772800	298.314400	6.80	0.0011
Error	12	526.140800	43.845067		
Corrected Total	24	4105.913600			

R-Square	Coeff Var	Root MSE	x Mean
0.871858	5.612253	6.621561	117.9840

Source	DF	Anova SS	Mean Square	F Value	Pr > F
date	4	508.073600	127.018400	2.90	0.0684
person	4	2853.673600	713.418400	16.27	<.0001
cloth	4	218.025600	54.506400	1.24	0.3445

图 9-8　5 人穿着 5 种防护服的脉搏数分析

9.3.4　正交实验设计的方差分析

正交实验是研究多因素多水平影响的一种方法，在实验前要按照所研究的因素的个数，以及每个因素的水平数和各因素产生的主效应、交叉效应选定一个正交表，然后按正交表规定的水平搭配进行实验，即每个因素的每个水平与另一因素的各水平各碰一次。正交实验设计有两个主要特点：一是对任一因素不同水平下的实验数目都一样，二是任何两个因素之间都是交叉分组的全面实验。正交实验可以只用较少的实验达到预期的目的。

【例 9-3-4】 在啤酒生产中，既要大麦不发芽，又要使麦粒体内产生淀粉酶、蛋白酶，所以生产过程与加入能促进酶形成的赤霉素(G)有关，与能抑制大麦发芽的氨水浓度(N)和吸氨量(C)有关，与事先将大麦浸湿含水程度(W)有关。四个因素中，G、N、C 都是四水平，W 是两水平。根据因素及水平数可选用 L16($4^3\times2^1$)正交表做试验。相应数据见表 9-4。

表 9-4　影响大麦糖化因素数据

试验号	G	N	C	W	糖化时间	试验号	G	N	C	W	糖化时间
1	1	1	1	1	11	9	3	1	3	2	11
2	1	2	2	2	11	10	3	2	4	1	12
3	1	3	3	2	11	11	3	3	1	1	10

续表

试验号	G	N	C	W	糖化时间	试验号	G	N	C	W	糖化时间
4	1	4	4	1	16	12	3	4	2	2	12
5	2	1	2	1	9	13	4	1	4	2	16
6	2	2	1	2	16	14	4	2	3	1	13
7	2	3	4	2	16	15	4	3	2	1	20
8	2	4	3	1	21	16	4	4	1	2	18

程序如下：

```
* ex9-3-4;
DATA anova5;
   INPUT g n c w x @@ ;
CARDS;
1 1 1 1 11  1 2 2 2 11  1 3 3 2 11  1 4 4 1 16  2 1 2 1 9   2 2 1 2 16
2 3 4 2 16  2 4 3 1 21  3 1 3 2 11  3 2 4 1 12  3 3 1 1 10  3 4 2 2 12
4 1 4 2 16  4 2 3 1 13  4 3 2 1 20  4 4 1 2 18
;
PROC ANOVA;
  CLASS g n c w;
  MODEL x = g n c w;
RUN;
```

输出结果的主要部分方差分析表如图9-9所示。

```
                                   SAS 系统
                             The ANOVA Procedure
Dependent Variable: x
                                          Sum of
    Source                      DF       Squares      Mean Square   F Value   Pr > F
    Model                       10   144.6250000      14.4625000      1.24    0.4296
    Error                        5    58.3125000      11.6625000
    Corrected Total             15   202.9375000

                  R-Square    Coeff Var    Root MSE      x Mean
                  0.712658     24.50253    3.415040    13.93750

    Source                      DF      Anova SS      Mean Square   F Value   Pr > F
    g                            3   81.68750000      27.22916667      2.33   0.1908
    n                            3   54.68750000      18.22916667      1.56   0.3085
    c                            3    8.18750000       2.72916667      0.23   0.8692
    w                            1    0.06250000       0.06250000      0.01   0.9445
```

图9-9 影响大麦糖化因素分析

由分析结果可见P值皆大于0.05，这四种因素对糖化时间的影响没有统计意义。

本例所做的四因素交叉分组的全面实验，为对四因素的主效应进行分析只需做16次实验；若不用正交实验设计，应安排4 * 4 * 4 * 4 = 256次实验（当然256次实验可分析所有的交互效应）。

9.3.5 析因实验设计——三因素实验分析

析因设计是一种多因素的交叉分组设计，它不仅可检验每个因素各水平间的差异，而且可检验各因素间的交互作用。

【例9-3-5】 某医科大学病理生理教研室将24只小鼠分成8组研究小鼠种别、体重及性别三种因素对皮下移植SRS瘤细胞生长特性的影响。结果如表9-4所示，试进行方差分析。

表 9-5　SRS 瘤细胞生长特性实验

组　别	种别(A)	体重(B)	性别(C)	第 8 天肿瘤体积		
1	昆明	大	♂	0.7069	0.7854	0.3581
2	昆明	大	♀	0.0785	0.1885	0.3403
3	昆明	小	♂	1.0838	0.9425	0.3335
4	昆明	小	♀	0.5027	0.9550	0.9215
5	沪白一号	大	♂	0.0628	0.0942	0.0471
6	沪白一号	大	♀	0.0126	0.0126	0.0094
7	沪白一号	小	♂	0.4712	0.0880	0.1759
8	沪白一号	小	♀	0.2246	0.2513	0.3676

对表中最后三列数据，建立数据文件 mousecan. txt。而种别、体重、性别则在程序中分别用循环控制变量 *a*，*b*，*c* 来实现。

研究三个因素对肿瘤生长的影响时，不仅要研究各因素独自的影响，而且还要研究各因素间的交互作用(interaction)。研究交互作用要用析因实验(factorial experiment)进行设计和分析。

```
* ex9-3-5;
LIBNAME ep 'e:\saslx';
DATA ep.anova4;
   INFILE 'e:\saslx\mousecan.txt';
     DO a=1 TO 2;
      DO b=1 TO 2;
       DO c=1 TO 2;
        DO i=1 TO 3;
           INPUT x @@ ; OUTPUT;
     END; END; END; END;
PROC ANOVA;
    CLASS a b c;
    MODEL x=a  b  c  a*b  a*c  b*c  a*b*c;
RUN;
```

分组变量有 *a*，*b*，*c* 三个。模型为三个因素、三个一级交互作用 $a*b$，$a*c$ 及 $b*c$、一个二级交互作用 $a*b*c$ 组成。运行结果如图 9-10 所示。

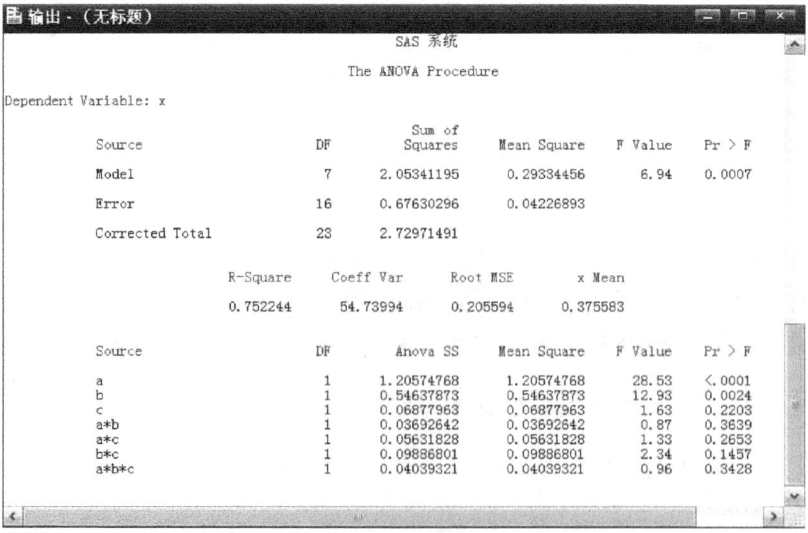
输出 - (无标题)

SAS 系统

The ANOVA Procedure

Dependent Variable: x

Source	DF	Sum of Squares	Mean Square	F Value	Pr > F
Model	7	2.05341195	0.29334456	6.94	0.0007
Error	16	0.67630296	0.04226893		
Corrected Total	23	2.72971491			

R-Square	Coeff Var	Root MSE	x Mean
0.752244	54.73994	0.205594	0.375583

Source	DF	Anova SS	Mean Square	F Value	Pr > F
a	1	1.20574768	1.20574768	28.53	<.0001
b	1	0.54637873	0.54637873	12.93	0.0024
c	1	0.06877963	0.06877963	1.63	0.2203
a*b	1	0.03692642	0.03692642	0.87	0.3639
a*c	1	0.05631828	0.05631828	1.33	0.2653
b*c	1	0.09886801	0.09886801	2.34	0.1457
a*b*c	1	0.04039321	0.04039321	0.96	0.3428

图 9-10　三因素对肿瘤生长的影响分析

输出主要结果如下：

由输出结果可见因素 a（鼠种）及因素 b（体重）对肿瘤体积影响有高度统计意义。性别及所有交互作用皆无统计意义。

9.3.6　R∗C 析因设计资料的方差分析（有交互因素的方差分析）

【例 9-3-6】　治疗缺铁性贫血病人 12 例，分 4 组给予不同治疗，一个月后观察红细胞增加数（百万/mm），资料如表 9-6 所示。

表 9-6　贫血病人治疗后红细胞增加数

		甲　药(A)					
		不　用			用		
乙　药(B)	不　用	0.8	0.9	0.7	1.3	1.2	1.1
	用	0.9	1.1	1.0	2.1	2.2	2.0

程序如下：

```
* ex9-3-6;
DATA an;
  DO a=0 TO 1;
    DO b=0 TO 1;
      DO i=1 TO 3;
        INPUT x @@ ; OUTPUT;
  END; END; END;
  DROP i;
CARDS;
0.8  0.9  0.7  0.9  1.1  1.0  1.3  1.2  1.1  2.1  2.2  2.0
  ;
PROC ANOVA;
   CLASS a b;
   MODEL x=a b a* b;
RUN;
```

编程说明：

变量 a 代表甲药因素，变量 b 代表乙药因素。过程步中，用 CLASS 语句指定这两个因素，用 MODEL 语句反映主效应（a b）和交互效应（$a*b$）模型，结果如图 9-11 所示。

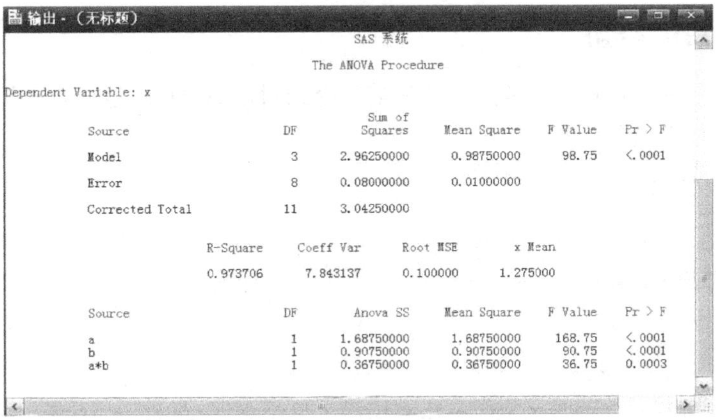

图 9-11　缺铁性贫血病人治疗结果分析

结果说明:

因 Model 行的 $F=98.75$, $P=0.0001<0.01$, 故差异有显著性意义, 其中 a 甲药, b 乙药, $a*b$(甲药和乙药的交互作用)各因素对红细胞数增加都有极显著的影响。

9.4 GLM 过程

9.4.1 概述

前面介绍的 ANOVA 过程只能用于平衡设计资料(每个分类因子的组合观察数相等)的方差分析; 对样本容量不等(非平衡)的数据做方差分析时, 应采用 GLM(General Liner Model 一般线性模型)过程。

应当说明的是, 对样本容量相等的数据, 用 ANOVA 过程作方差分析的效率和可靠性等方面, 都优于 GLM 过程。因此, 在实验设计和实验实施时, 应当尽可能对不同实验条件下做相同次数的实验或测量。除非受实验条件限制或其他意料不到的原因, 难以提供平衡数据的情况下, 才不得不用 GLM 过程的方差分析。对平衡数据用 GLM 过程处理和用 ANOVA 过程处理的结论是一致的。

GLM 是数据分析过程中功能最丰富的一个过程, 它包括以下内容。

- 简单回归(一元回归)
- 多重回归及多元回归
- 方差分析(尤其对不平衡设计资料更为有效)
- 协方差分析
- 反应面模型分析
- 加权回归
- 多项式回归
- 偏相关分析
- 多元方差分析
- 重复测量方差分析

这里, 我们只介绍 GLM 过程在方差分析中的应用。

GLM 过程中, 用 MODEL 语句反映因变量与自变量(即效应)的模型, 其形式是:

模型说明	模型类型
MODEL Y = A B C;	主效应
MODEL Y = A B A*B;	交互效应
MODEL Y = A B A(B);	嵌套效应
MODEL Y1 Y2 = A B;	多元方差分析
MODEL Y = A X;	协方差分析

其中, A、B、C 是分类变量, X、Y 是连续型变量。

9.4.2 过程使用的语句

GLM 过程所涉及的常用语句、常用选项和前面介绍过的 ANOVA 过程几乎相同。

GLM 过程使用如下语句:

```
PROC  GLM <选项>;
CLASS  变量;
MODEL  因变量=自变量表   </选项>;
LSMEANS  效应</选项>;
```

语句说明:

1) PROC GLM <选项>;

用以启动 GLM 过程, 选项与 ANOVA 几乎相同, 只是多了 alpha =, 指定各种可信区间的置信水平, 默认值为 0.05。

2）CLASS 语句

指定分类变量(因素)，用法同 ANOVA。在结果中给出关于 class 变量的汇总情况列表。

3）MODEL 语句

指定因变量与协变量、分类变量的模型。如果没有指定效应变量，则 GLM 过程只拟合截距，只检验因变量是否为 0。

MODEL 语句中的选项：

ALPHA = p：指定置信区间的 a 水平。p 值通常取 0.01、0.05、0.10。如果默认此选项，则用 0.05 水平。

CLI：对每个观测的预测值显示出置信限，CLI 不能同 CLM 一起使用。

CLM：对每个观测的平均预测值显示出置信限。

INT|INTERCEPT：要求 GLM 过程把截距作为一个效应进行处理，显示出与其有关的假设检验结果。如果缺项，则不输出有关的假设检验结果。

NOINT：如果截距项在模型中不显著，可用此选项将截距项从模型中删除。

P：对自变量没有缺失值的观测显示出观测、预测值、残差值等。

SOLUTION：要求输出回归方程中各参数的估计值。

SS1，SS2，SS3，SS4：给出每个效应的各型估计方程所对应的平方和，SS1 为默认项。

4）LSMEANS 语句

它是用于 MODEL 语句之后的可选语句，计算列在语句中每个效应的最小二乘均值。这是针对非均衡设计的。常用的选项：

E	计算最小平方均数的可估计函数
STDERR	输出最小平方均数标准误差
PDIFF	要求给出最小二乘均值组间比较的 P 值
E = effects	指定模型中的一个效应项用做误差项

5）MEANS 语句

它是选择语句，计算所列的效应对应的因变量均数。若指定了选项，则将进行主效应均数间的检验。常用的选项如下：

BON，DUNCAN、LSD、REGWF、REGWQ、SNK(Q 检验)、SCHEF、SIDAK，SMM(GT2)、TUKEY、WALLER、DUNNETT(1-n 检验)

以上选项在实际应用中，一般选择一种或两种方法即可。

6）CONTRAST 语句

```
CONTRAST 'LABEL' EFFECT VALUES  <EFFECT VALUES>  </选项3>;
```

CONTRAST 语句可以用自定义的方式进行假设检验，通过规定 $\boldsymbol{L}$ 向量或 $\boldsymbol{M}$ 矩阵来构造单变量(一元)假设检验 $\boldsymbol{L}\beta=0$ 或多元假设检验 $\boldsymbol{L}\beta\boldsymbol{M}=0$。

GLM 过程中可同时使用多条 CONTRAST 语句，但 CONTRAST 语句必须在 MODEL 语句之后。如果同时使用 MANOVA、REPEATED、TEST 语句、CONTRAST 语句必须出现在这些语句之前。

CONTRAST 语句中可使用：

'LABEL' 标签用来标识所进行的检验，是必需的，作为标签的字符串需用单引号括起来。

EFFECT|INTERCEPT 指定假设检验的效应，必须是 MODEL 语句所定义的效应之一。效应表达式后的常数向量用以指定相应因素(组合)各水平的值，在指定各水平的情况下进行相关因素的分析。当模型中拟合截距项时，INTERCEPT 可作为一个效应。

VALUES 它是和效应相关的 L 向量的元素，用以指定相应效应各水平的值，从而进行假设检验。

9.4.3 四种类型的可估计函数

对于一个线性模型 $Y = X\beta + \varepsilon$，满足 $E(Y) = X\beta$，模型中，β 和 ε 都是向量，X 是矩阵，Y 可能是矩阵也可能是向量。要分析模型最基本的是估计或检验 β 的分量或 β 分量的线性函数，这要通过计算 Y 的分量线性组合实现。为估计 β 分量的线性函数，有四种类型的可估计函数。

GLM 过程的方差分析增加了“Type-Ⅰ SS”，“Type-Ⅱ SS”，“Type-Ⅲ SS”和“Type Ⅳ SS”效应的统计意义检验。其中“Type-Ⅰ SS”是效应的Ⅰ类估计函数的离差平方和，它是按各因素之间有交互作用的情况计算的，并据此做出各效应统计意义检验；“Type-Ⅲ SS”是效应的Ⅲ类估计函数，它只按主效应计算离差平方和，并据此做出了各效应的统计意义检验。对单因素实验的方差分析，不存在因素之间的交互作用，因此两类估计函数的计算结果完全相同。

在多因素实验的方差分析中，效应的统计意义应按哪类估计函数为准呢？这要依实际问题的具体情况而定。当认为因素间交互作用较小时，应以第Ⅲ类估计函数的结果为准；反之，应以第Ⅰ类估计函数的结果为准。

在使用 GLM 过程时，若不加特殊的选择，系统将自动按两种方法求出各因素所引起的离均差平方和 Type-Ⅰ 和 Type-Ⅲ SS。当所分析的资料属于不平衡资料时，四种计算方法结果不会完全一致，应正确选择其中一种做出结论。选择依据如下：

(1) 选择 Type-Ⅰ SS

当各因素以作用由大到小的次序排列在平衡的模型中，交互作用放在主效应之后，因素按主次顺序排在纯嵌套模型中，如：

```
MODEL Y=A B(A) C(B A);
```

多项式回归模型中，低次项在前，高次项在后，如：

```
MODEL Y=X  X* X;
```

(2) 选择 Type-Ⅱ SS

任何均衡的模型，任何主效应模型，任何纯回归模型，不包含在其他效应中的一个效应。

(3) 选择 Type-Ⅲ SS，Type-Ⅳ SS

此两方法大多数场合是一致的。对于没有缺项单元的析因设计，对任何效应不包含在其他效应中的效应，两者是相同的。当资料中有缺项单元时，两种假设不同。

Type-Ⅲ SS 计算结果与因素在模型中的顺序无关。

9.4.4 举例

【例 9-4-1】 健康男子各年龄组淋巴细胞转化率(%)见表 9-7。问各组淋巴细胞转化率的均数之间的差异是否有统计意义？

表 9-7 健康男子各年龄组淋巴细胞转化率(%)

11～20 岁	58	61	61	62	63	68	70	70	74	78
41～50 岁	54	57	57	58	60	60	63	64	66	
61～75 岁	43	52	55	56	60					

这是一个单因素(年龄)三水平(三个年龄组)的方差分析问题，各水平的样本容量不等，故采用 GLM 过程做方差分析，程序如下：

```
* ex9-4-1;
DATA glm1;
   a=1;
   INPUT x@@ ;
   IF _N_>10 THEN a=2;
   IF _N_>19 THEN a=3;
CARDS;
58  61  61  62  63  68  70  70  74  78
54  57  57  58  60  60  63  64  66
43  52  55  56  60
PROC GLM;
   CLASS a ;
   MODEL x=a ;
RUN;
QUIT;
```

程序中，*a* 表示年龄组。输出如图 9-12 所示。

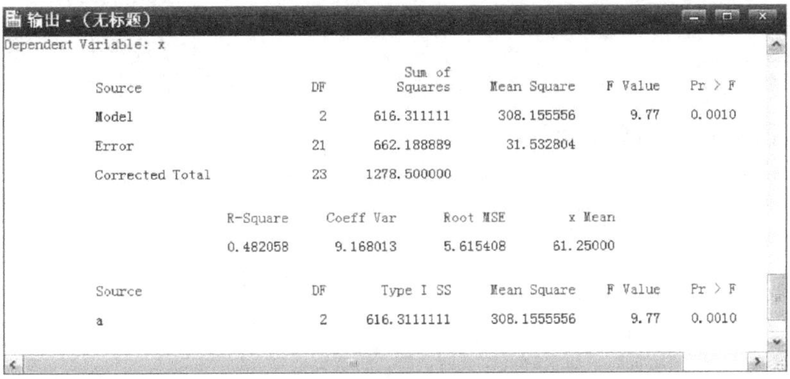

输出 - (无标题)

Dependent Variable: x

Source	DF	Sum of Squares	Mean Square	F Value	Pr > F
Model	2	616.311111	308.155556	9.77	0.0010
Error	21	662.188889	31.532804		
Corrected Total	23	1278.500000			

R-Square	Coeff Var	Root MSE	x Mean
0.482058	9.168013	5.615408	61.25000

Source	DF	Type I SS	Mean Square	F Value	Pr > F
a	2	616.3111111	308.1555556	9.77	0.0010

图 9-12　非平衡数据的方差分析输出

方差分析的结果：因 $F=9.77$，$P=0.0010$，故总体或因素 *a* 各水平间差异有高度统计意义，即可认为三个年龄组的淋巴细胞转化率有极显著差异。

【例 9-4-2】 测定间接血球凝集的抗体滴度，可用以诊断 I 型疱疹病毒引起的脑炎。为了寻求早期诊断指标，做了三组家兔实验，得出表 9-8 所示的资料。问任何两组"血清滴度倒数/脑脊液滴度倒数"的平均比值是否有差别？

表 9-8　三组家兔血清滴度倒数和脑脊液滴度倒数

外周感染组		颅内感染未发病组		颅内感染发病组	
血清滴度倒数	脑脊液滴度倒数	血清滴度倒数	脑脊液滴度倒数	血清滴度倒数	脑脊液滴度倒数
640	8	640	16	320	64
2560	2	1280	64	320	8
5120	8	2560	256	40	8
5120	2	1280	8	160	64
5120	8	5120	128	80	32
640	2	2560	64	80	8
2560	2	10240	32	40	32
5120	2	5120	128	160	2
5120	4	2560	64		
2560	32	1280	2		
10240	2				
1280	2				

本题各组观测个数不同，属非平衡设计，应该使用 GLM 过程。在分析前对变量要进行对数变换，程序如下：

```
* ex9-4-2;
DATA;
    INPUT A B @@ ;
    D=A/B;                    /* D为两种滴度倒数的比值*/
    D=LOG10(D);               /* 对数变换*/
    C=1;
    IF _N_>12 THEN C=2;       /* 利用_N_分组*/
    IF _N_>22 THEN C=3;
CARDS;
640 8 2560 2 5120 8 5120 2 5120 8 640 2 2560 2 5120 2 5120 4 2560 32  10240 2 1280 2
640 16 1280 64 2560 256 1280 8 5120 128 2560 64 10240 32 5120 128 2560 64 1280 2
320 64 320 8 40 8 160 64 80 32 80 8 40 32 160 2
PROC GLM;
    CLASS C;
    MODEL D=C;
    MEANS C/SNK;
RUN;
```

运行结果如图 9-13 和图 9-14 所示。

```
                              The GLM Procedure

Dependent Variable: D

                                        Sum of
    Source                      DF     Squares       Mean Square    F Value    Pr > F
    Model                        2   20.36361272     10.18180636      30.75    <.0001
    Error                       27    8.93957010      0.33109519
    Corrected Total             29   29.30318282

                  R-Square     Coeff Var      Root MSE       D Mean
                  0.694928      29.15927      0.575409     1.973330

    Source                      DF     Type I SS     Mean Square    F Value    Pr > F
    C                            2   20.36361272     10.18180636      30.75    <.0001

    Source                      DF   Type III SS     Mean Square    F Value    Pr > F
    C                            2   20.36361272     10.18180636      30.75    <.0001
```

图 9-13　血清滴度倒数/脑脊液滴度倒数的平均比值分析(方差分析)

```
                              The GLM Procedure

                       Student-Newman-Keuls Test for D

NOTE: This test controls the Type I experimentwise error rate under the complete null hypothesis but not
                          under partial null hypotheses.

                     Alpha                          0.05
                     Error Degrees of Freedom         27
                     Error Mean Square          0.331095
                     Harmonic Mean of Cell Sizes  9.72973

                      NOTE: Cell sizes are not equal.

                  Number of Means              2             3
                  Critical Range       0.5352835     0.6468309

             Means with the same letter are not significantly different.

               SNK Grouping          Mean      N    C

                          A        2.8814     12    1

                          B        1.7827     10    2

                          C        0.8495      8    3
```

图 9-14　血清滴度倒数/脑脊液滴度倒数的平均比值分析(两两比较)

由方差分析表得到 $F=30.75$，$Pr>F<0.0001$，故总体或分组因素 c 各水平间均有显著差异。

由 SNK Grouping 两两比较可见，变量 c 的各分组间都有显著差异。

9.5　协方差分析

9.5.1　协方差分析简介

协方差分析法是把直线回归法与方差分析法结合起来的一种方法。它利用回归的关系消除对比各组自变量值不同所产生的影响后，再进行方差分析。如在营养实验中，初始重量对喂养过程中增重的影响很大。方差分析忽略了始重不同的影响，因而不能反映出饲料的真实效应。用直线回归把初始重量与所增体重的关系找出来，然后求出当初始重量化为相等时，各饲料组动物所增体重的调整均数，用协方差分析检验调整均数间的差异。

协方差分析适合于完全随机化设计资料、随机化区组设计资料、拉丁方资料、析因设计资料等。

在用 GLM 过程做方差分析的 MODEL 语句中，若分析模型中加入非效应变量(连续变量)，则成为协方差分析，其中的非效应变量叫协变量。分析模型中加入协变量的实用意义是，考察在协变量作用下各效应均值的差异及各效应的统计意义。

协方差分析的常用语句及其功能和 GLM 过程的非协方差分析完全相同，不再赘述。

9.5.2　举例

【例 9-5-1】 为比较三种饲料对猪增重的影响，将 24 头猪分三组喂以不同的饲料，试验的结果如表 9-9 所示。试分析三种饲料对猪增重有无差异。

表 9-9　三种饲料喂猪试验的始重与增重资料　　(单位：kg)

饲　料	观　测　值								
a1 A1	x(始重)	18	16	11	14	14	13	17	17
	y(增重)	85	89	65	80	78	83	91	95
a2 A2	x(始重)	17	18	18	19	21	21	16	22
	y(增重)	95	100	94	98	104	97	90	106
a3 A3	x(始重)	17	23	23	20	24	25	25	26
	y(增重)	91	89	98	82	100	98	102	108

先用 UNIVARIATE 过程对数据做正态检验，以确定使用何种统计检验方法。

SAS 程序如下：

```
* ex9-5-1;
DATA glm;
   INPUT x y @@ ;
   a = INT((_N_-1)/8) +1;
DATALINES;
18 85 16 89 11 65 14 80 14 78 13 83 17 91 17 95
17 95 18 100 18 94 19 98 21 104 21 97 16 90 22 106
17 91 23 89 23 98 20 82 24 100 25 98 25 102 26 108
;
ods select TestsForNomality;
PROC UNIVARIATE NORMALTEST;
VAR y;
BY a;
RUN;
```

程序说明：数据步中，a 为处理因素饲料(定性变量)，用读数据的次数减 1 除 8 取整得到，即每读过 8 对数据 a 增加 1。x 为猪的初始体重；y 为猪的增重。通过 UNIVARIATE 过程判断资料是否满足正态性要求，如图 9-15 所示。

```
                         SAS 系统
------------------------------ a=1 ------------------------------
                      UNIVARIATE 过程
                        变量:  y
                       正态性检验
        检验                ----统计量----     --------P 值--------
        Shapiro-Wilk        W     0.947535     Pr < W      0.6864
------------------------------ a=2 ------------------------------
        Shapiro-Wilk        W     0.978243     Pr < W      0.9537
------------------------------ a=3 ------------------------------
        Shapiro-Wilk        W     0.967922     Pr < W      0.8812
```

图 9-15　正态检验分析

由输出看，a 的各水平数据正态检验 $Pr < W$ 均大于 0.05，不拒绝来自正态总体的假设，即是说都满足正态要求。继续运行下面程序对增重 Y 作方差分析(见图 9-16)。

```
* ex9-5-1-1;
PROC ANOVA;
   CLASS a;
   MODEL y = a;
   MEANS a/BON;
RUN;
```

```
                              SAS 系统
                         The ANOVA Procedure
Dependent Variable: y
                                         Sum of
        Source                  DF      Squares     Mean Square    F Value    Pr > F
        Model                    2  1024.333333      512.166667       8.45    0.0020
        Error                   21  1273.500000       60.642857
        Corrected Total         23  2297.833333

                   R-Square     Coeff Var     Root MSE      y Mean
                   0.445782      8.426351     7.787352    92.41667

        Source                  DF     Anova SS     Mean Square    F Value    Pr > F
        a                        2  1024.333333      512.166667       8.45    0.0020
```

图 9-16　饲料对猪增重影响方差分析表

ANOVA 过程的输出结果是在不考虑 x 的影响下得到的。饲料各水平下，猪体重增重 y 的未修正均数之间有显著性差异 $Pr > F = 0.0020$，小于 0.05。说明不同饲料对猪的增重有显著性差异。究竟哪种饲料好，可见 BON 检验结果(见图 9-17)。

饲料 a_2 与 a_3 都用符号 A 标识，显然对猪增重两者间没有显著差异，但都与 a_1 有显著差异。

SAS 系统

The ANOVA Procedure

Bonferroni (Dunn) t Tests for y

NOTE: This test controls the Type I experimentwise error rate, but it generally has a higher Type II error rate than REGWQ.

Alpha	0.05
Error Degrees of Freedom	21
Error Mean Square	60.64286
Critical Value of t	2.60135
Minimum Significant Difference	10.129

Means with the same letter are not significantly different.

Bon Grouping	Mean	N	a
A	98.000	8	2
A			
A	96.000	8	3
B	83.250	8	1

图 9-17 饲料对猪增重影响方差分析表—BON 检验

方差分析忽略了始重不同的影响，不能反映出饲料的真实效应。因此，需用协方差分析方法，矫正始重对增重的影响。继续运行下面的程序：

```
* ex9-5-1-2;
PROC GLM;
  CLASS a;
  MODEL Y=a x a* x/SSL;
PROC GLM;
  CLASS a;
  MODEL y=x a x* a/SSL;
RUN;
QUIT;
```

程序中，选项 SS1 意味着使用 TYPE Ⅰ 估算方法，结果与变量在 MODEL 语句中的先后顺序有关(见图 9-18)。

The GLM Procedure

Dependent Variable: y

Source	DF	Sum of Squares	Mean Square	F Value	Pr > F
Model	5	1856.638850	371.327770	15.15	<.0001
Error	18	441.194483	24.510805		
Corrected Total	23	2297.833333			

R-Square	Coeff Var	Root MSE	y Mean
0.807995	5.357084	4.950839	92.41667

Source	DF	Type I SS	Mean Square	F Value	Pr > F
a	2	1024.333333	512.166667	20.90	<.0001
x	1	787.959222	787.959222	32.15	<.0001
x*a	2	44.346295	22.173148	0.90	0.4223

SAS 系统

The GLM Procedure

Dependent Variable: y

Source	DF	Sum of Squares	Mean Square	F Value	Pr > F
Model	5	1856.638850	371.327770	15.15	<.0001
Error	18	441.194483	24.510805		
Corrected Total	23	2297.833333			

R-Square	Coeff Var	Root MSE	y Mean
0.807995	5.357084	4.950839	92.41667

Source	DF	Type I SS	Mean Square	F Value	Pr > F
x	1	1393.124161	1393.124161	56.84	<.0001
a	2	419.168394	209.584197	8.55	0.0025
x*a	2	44.346295	22.173148	0.90	0.4223

图 9-18 GLM 协方差分析

第一个 GLM 过程，MODEL 语句中的变量 a 在前，了解定性的影响因素 a 对因变量 y 的影响大小。

第二个 GLM 过程，MODEL 语句中的变量 x 在前，了解初始体重 x 对因变量 y 的影响大小。

在这两个 GLM 过程步中都含有 a 与 x 的乘积项，其目的是检验定性的因素 a 处于不同水平时，y 随 x 变化的直线回归方程的斜率是否相等，因为各组斜率相等是进行协方差分析的重要条件之一。

图 9-18 是两个 GLM 过程的输出结果，从每个结果的倒数第二行和第三行可看出，y 与 x 之间的 $P<0.0001$ 说明模型的直线关系有非常显著的意义。a 对 y 的 $Pr>F$ 皆小于 0.01，说明有非常显著意义。

两个 GLM 过程都显示，$x*a$ 之间的交互作用在模型中无显著性，在下一步研究中应去掉 $x*a$ 项。

```
* ex9-5-1-3;
PROC GLM;
   CLASS a;
   MODEL y=x a/SOLUTION SS3;
   LSMEANS a/STDERR PDIFF;
RUN;
QUIT;
```

选项 SOLUTION 要求输出回归系数的估计值及其标准误和假设检验等结果。

LSMEANS 语句要求输出定性的影响因素 a 各水平下 y 的修正均数。

选项 STDERR 要求输出 y 的修正均数的标准误、各修正均数与零比较的假设检验结果。

PDIFF 要求输出 y 的各修正均数之间两两比较的检验结果(见图 9-19)。

SAS 系统

The GLM Procedure

Dependent Variable: y

Source	DF	Sum of Squares	Mean Square	F Value	Pr > F
Model	3	1812.292555	604.097518	24.88	<.0001
Error	20	485.540778	24.277039		
Corrected Total	23	2297.833333			

R-Square	Coeff Var	Root MSE	y Mean
0.788696	5.331477	4.927174	92.41667

Source	DF	Type III SS	Mean Square	F Value	Pr > F
x	1	787.9592215	787.9592215	32.46	<.0001
a	2	419.1683935	209.5841968	8.63	0.0020

Parameter		Estimate	Standard Error	t Value	Pr > |t|
Intercept		40.70991659 B	9.86005343	4.13	0.0005
x		2.41705283	0.42426004	5.70	<.0001
a	1	6.28429101 B	4.15112759	1.51	0.1457
a	2	11.36607970 B	2.96175976	3.84	0.0010
a	3	0.00000000 B	.	.	.

NOTE: The X'X matrix has been found to be singular, and a generalized inverse was used to solve the normal equations. Terms whose estimates are followed by the letter 'B' are not uniquely estimable.

图 9-19　GLM 协方差输出-1

由中间部分结果变异来源 source 中，表明定性变量 a 和定量变量 x 对 y 的影响都有非常显著的作用。因为它们的 $Pr>F$ 的值都小于 0.01。故认为调理后的均值间差别有显著意义。

后一部分，对各回归系数检验的结果。对定性变量 a 而言，是以最后一个水平为基准的，即以第 3 种饲料为对照组。

由 Pr > |t| 一列可知：当将猪的始重 x 作为一个因素考察时，第二种饲料 a_2 与第三种饲料 a_3 间 Pr > |t| <0.0010，得出 a_2 与 a_3 存在极显著的差异；而第一种饲料 a_1 与第三种饲料 a_3 间，Pr > |t| = 0.1457，大于0.05。两饲料间无显著差异。这一结论与不考虑始重 x 时的 ANOVA 结果不同，说明用单因素方差分析法得到的结论不正确。

GLM 过程输出 y 的 3 个修正均数之间的两两比较的结果，如图 9-20 所示。

```
                                    SAS 系统                                              42

                                The GLM Procedure
                               Least Squares Means

                                         Standard                      LSMEAN
               a        y LSMEAN            Error    Pr > |t|          Number

               1      92.8175008        2.4196877      <.0001               1
               2      97.8992895        1.7421086      <.0001               2
               3      86.5332098        2.4074525      <.0001               3


                         Least Squares Means for effect a
                     Pr > |t| for H0: LSMean(i)=LSMean(j)

                             Dependent Variable: y

                    i/j              1              2              3

                      1                        0.1049         0.1457
                      2         0.1049                        0.0010
                      3         0.1457         0.0010


NOTE: To ensure overall protection level, only probabilities associated with pre-planned comparisons should
      be used.
```

图 9-20 GLM 协方差输出-2

设以第三种饲料为对照组 y 的修正均数为 86.5332098，因为 a_1(92.8175008)与 a_2(97.8992895)均值相等的概率为 0.1049；a_1 与 a_3(86.5332098)均值相等的概率为 0.1457，均大于 0.05，所以 a_1 与 a_2、a_1 与 a_3 间无显著性差异。而 a_2 与 a_3 均值相等的概率为 0.001，小于 0.01，存在极显著的差异。

扣除了试验猪的初始体重 x 对猪的最后增重 y 的影响之后，可看出第 2 种饲料对猪的增重 y 修正均值最高(97.8992895) 故对猪的增重有较好的效果。由于 a_1 与 a_2 两种饲料没有显著差异，所以第 1 种和第 2 种饲料营养价值较高。

最后一部分输出是始重 x 与饲料 a 间的关系(略去)。

习　　题

1. 为研究药物 A 和药物 D 对麻风病的疗效，分别测取了服药前和服药后病人 6 个体位上的麻风病菌数量，并按实测数的大小打分。实验安排：10 个麻风病人服用药物 A，10 个麻风病人服用药物 B，10 个麻风病人作为对照，数据见表 9-10。

表 9-10 麻风病药物疗效实验数据

药物(A1)组				药物(A2)组对照组(A3)	
服药前	服药后	服药前	服药后	服药前	服药后
11	6	16	12	16	13
8	0	9	7	13	10
5	2	7	3	11	18
14	8	8	1	9	5
19	11	12	10	21	23
6	4	8	4	16	12
10	13	19	14	12	5
6	1	8	9	12	16
11	8	10	7	7	1
3	0	15	9	12	20

2. 将性别相同，体重相近的同一配伍组的 5 只大鼠，分别用 5 种方法染尘，共 6 个配伍组 30 只大鼠，各得全肺湿重见表 9-11，问：5 种处理间的全肺湿重有无差别？

表 9-11　大鼠经 5 种染尘后的全肺湿重　(g)

配伍组	对照	50mgaSiO_2	50mgSiC	SiC +5% SiO_2	100mgSiC
1	1.4	4.1	1.9	1.8	2.0
2	1.5	3.6	1.9	2.3	2.3
3	1.5	4.3	2.1	2.3	2.4
4	1.8	3.3	2.4	2.5	2.6
5	1.6	4.2	1.8	1.8	2.6
6	1.5	3.3	1.7	2.4	2.1

3. 某湖水不同季节氯化物含量测定值如表 9-12 所示，问：不同季节氯化物含量是否有差别？

表 9-12　某湖水不同季节氯化物含量　(mg/L)

春	夏	秋	冬
22.6	19.1	18.9	19.0
22.8	22.8	13.6	16.9
21.0	24.5	17.2	17.6
16.9	18.0	15	14.8
20.0	15.2	16.6	13.1
21.9	15.4	14.2	16.9
21.5	20.1	16.7	16.2
21.2	21.2	19.6	14.8

4. 某医院用中药治疗 9 例再生障碍性贫血患者，现将血红蛋白(g/L)变化的数据列在下面，问：治疗前后是否有显著性差别？

患者编号	1	2	3	4	5	6	7	8	9
治疗前血红蛋白	68	65	55	75	50	70	76	65	72
治疗后血红蛋白	128	82	80	112	125	110	85	80	105

5. 研究酵解作用对血糖浓度的影响，从 8 名健康人中抽取了血液并制备成血滤液。每一个受试者的血滤液又分成 4 份，然后随机地把 4 份血滤液分别放置 0、45、90、135 分钟，测定其中血糖浓度，结果如表 9-13 所示，试分析放置不同时间的血糖浓度有无差别。

表 9-13　不同放置时间的血糖浓度

受试者编号(即区组号)	放置时间(分)			
	0	45	90	135
1	5.27	5.27	4.94	4.61
2	5.27	5.22	4.88	4.66
3	5.88	5.83	5.38	5.00
4	5.44	5.38	5.27	5.00
5	5.66	5.44	5.38	4.88
6	6.22	6.22	5.61	5.22
7	5.83	5.72	5.38	4.88
8	5.27	5.11	5.00	4.44

第 10 章　相关与回归

对于描述随机现象的变量，它们之间的关系具有某种不确定性。相关(correlation)和回归(regression)就是研究随机现象之间相互关系的统计方法。

10.1 概　　述

10.1.1 相关分析

相关分析的目的是为了检验分析变量之间是否存在某种联系，以及这种联系的密切程度，其联系的密切程度用相关系数来衡量。

当两个变量之间的关系呈直线相关时，称为线性相关，其统计指标是 PEARSON 相关系数 r，这时要求两变量是服从二元正态分布的随机变量。

r 被称做 PEARSON 积矩相关系数，其取值为 $-1 \leqslant r \leqslant 1$，绝对值越大表示相关密切程度越高，见表 10-1。r 为正值时，表示两变量的变化方向一致，称为正相关；r 为负值时，表示两变量变化呈相反方向，称为负相关。

表 10-1　相关系数的强度

r 值	强　度
0.80 以上	非常高(强)相关
0.60～0.80	高度(强)相关
0.40～0.60	中等相关
0.20～0.40	低(弱)相关
0.20 以下	非常低(弱)相关

例如，人的身高和体重的关系是正相关，是同增同减的关系；而糖尿病人的血糖水平与胰岛素水平是负相关，即胰岛素水平高时则血糖水平降低。

在用相关分析的方法解决实际问题时，应根据实际问题的类型和分析要求，选择恰当的相关分析过程和算法。

(1) 分析两个随机变量 Y 与 X 之间的 PEARSON 简单相关分析，可用 CORR 过程，它要求分析变量都服从正态分布。

(2) 当变量不服从正态分布或为等级数据时，例如按等级分类或相对数资料，这时需用非参数相关分析方法，如等级相关(又称秩相关)分析法等，采用 SPEARMAN 或 KENDALL 等级相关分析。

(3) 在对一个随机变量 Y 与一组随机变量之间进行多重相关分析(又称复相关分析)时，应该使用 CANCORR 过程，它要求多个自变量服从多元正态分布。

(4) 两组随机变量之间的典型相关分析，应使用 CANCORR 过程，它要求在两组变量中至少有一组变量服从多元正态分布。CANCORR 构造的第一对典型变量的相关系数最大，在对 CANCORR 的输出做专业解释时，应以第一对典型变量的相关系数 $r_1(v_1, w_1)$ 为主，并从构成第一对典型变量 (v_1, w_1) 的线性表达式系数中，了解各个原变量对两组变量相关性的影响。

(5) 上列相关分析都可以做固定一些变量的偏相关分析。偏相关分析描述的是当控制了一个或几个另外的变量的影响条件下两个变量间的相关性，如控制年龄和工作经验的影响，估计工资收入与受教育水平之间的相关关系。

10.1.2 回归分析

回归分析是研究一个或多个随机变量(称为因变量，一般说来是非时间的连续变量)与另一些自变量(或称回归变量)之间的数量依存关系，把关系不确定的若干变量用有确定关系的方程模型近似地分析，通过自变量的变化预测因变量的变化趋势。在实际工作中，回归比相关应用得更为广泛。

假设因变量 Y 主要受自变量 X 的影响，它们之间存在近似的线性关系：

$$Y=\beta_0+\beta_1 X$$

称为总体回归函数，式中 β_0、β_1 是未知的参数，称为回归系数。根据样本数据拟合的直线称为样本回归直线。

$$\hat{Y}=\hat{\beta}_0+\hat{\beta}_1 X$$

式中，$\hat{\beta}_0$ 称为截距估计值，$\hat{\beta}_1$ 称为斜率估计值。

当变量间不是线性关系时，通常进行数据转换以满足所需条件，再进行线性回归分析。

回归分析的基本问题是：根据观察所得的自变量和因变量的若干组独立的样本值，做如下的统计计算。

(1) 估计与直线方程有关的未知参数，包括回归系数 β_0，β_1，β_2，…，以及 β_k 的方差等，并检验对于这些参数所做的统计假设。

(2) 用所得的方程(称为回归方程)，对自变量的一组值，估计因变量的值(点估计或区间估计)，这称为预报问题。

实际观测到的因变量 Y 并不完全等于估计值 $\hat{Y}$，两者之差 $Y-\hat{Y}$ 称为残差。

(3) 从可能对因变量 y 有影响的一组自变量中，挑选出对 y 有重要影响的变量，剔除对 y 影响不大的变量；或者按某种标准，建立一个最优的回归方程。

在 SAS 中，常用的回归过程有：

REG 过程是 SAS 中的基本回归分析过程，它是用最小二乘法求解线性回归模型。

GLM 过程可提供多种统计方法，有回归、方差分析、协方差分析、多元方差分析和偏相关等，可处理具有几个水平的分类变量，也可处理连续变量。

RSQUARE 过程在多元回归分析中选出自变量的最优子集，选出有用的回归系数。

NLIN 过程通过最小二乘法拟合非线性回归模型。

LOGISTIC 属概率型非线性回归，以事件的发生概率为因变量，以影响因素为自变量进行线性回归。

STEPWISE 过程为逐步回归，可进行变量的筛选。

10.2 CORR 过程

10.2.1 语句说明

1. 过程格式

```
PROC CORR <选项>;
  VAR 变量表;
  WITH 变量表;
  PARTIAL 变量表;
  WEIGHT 变量;
  FREQ 变量;
BY 变量表;
```

2. 说明

(1) PROC CORR 语句

PROC CORR 语句的选项主要有：

DATA = dataset	
PEARSON	计算通常的皮尔逊积矩相关，为默认值。
KENDALL	计算肯德尔 r-b 系数。
SPEARMAN	计算斯皮尔曼等级相关系数。
HOEFFDING	计算霍夫丁 D 统计量。
OUTP = dataset	产生含有 PEARSON 相关系数、均值、标准差的一个新数据集。
NOMISS	将带有某一变量缺项值的观测从所有计算中除去。
NOSIMPLE	抑制简单统计。

(2) WITH 语句

指定与 VAR 语句配对的变量名，有 with 语句存在时，不再进行 Var 变量间的相关分析，而是对每个 Var 变量和每一个 with 变量间进行相关分析。VAR 语句列出相关矩阵上部出现的变量，WITH 语句列出相关矩阵左侧出现的变量。

(3) PARTIAL 语句

指定求偏相关时的偏变量名，同时激活 NOMISS 选项。

(4) WEIGHT 语句

该语句仅用于 Pearson 相关。

10.2.2　举例

【例 10-2-1】　(简单相关分析例)某医生用皮肤氧测定仪，测定 10 名健康成年男子的经皮氧分压 $TcPO_2$(mmHg)，同时用血氧分析仪取动脉血测定氧分压 PaO_2(mmHg)结果如下：

$TcPO_2$	77	78	79	80	81	82	83	84	76	79
PaO_2	87	90	89	90	91	89	91	92	86	88

求两种仪器所测数据间是否相关。

程序如下：

```
* ex10-2-1;
DATA A;
    INPUT x y @@ ;
CARDS;
77 87 78 90 79 89 80 90 81 91 82 89 83 91 84 92 76 86 79 88
PROC CORR;
RUN;
```

运行结果如图 10-1 所示。

输出结果可分为两部分：

第一部分为简单统计(Simple Statistics)，包括各变量的频数(N)、均值(Mean)、标准差(Std Dev)、总和(Sum)、最小值(Minimum)及最大值(Maxmum)；

第二部分为 Pearson 相关系数矩阵。

上一行为相关系数(Pearson Correlation Coefficients)，相关系数 $r=0.84362$。

下一行为 P 值，是当 H_0：Rho = 0 时，Prob > $|r|$，即检验“相关系数 Rho 为 0”时的显著性概率。此处，绝对不相关的概率为 0.0022。

```
                              SAS 系统
                              CORR 过程
                     2  变量:    x         y

                              简单统计量
变量        N        均值      标准偏差        总和        最小值        最大值

x          10    79.90000     2.60128    799.00000    76.00000    84.00000
y          10    89.30000     1.88856    893.00000    86.00000    92.00000

                       Pearson 相关系数, N = 10
                      当 H0: Rho=0 时, Prob > |r|

                                x           y

                     x    1.00000     0.84362
                                       0.0022

                     y    0.84362     1.00000
                           0.0022
```

图 10-1　两种仪器所测氧分压的相关分析

由此可以认为，经皮肤测定动脉氧分压与动脉取血测定氧分压之间是正相关的。

【例 10-2-2】 （偏相关分析例）研究肺活量时，测得 10 名女中学生体重 x_1(kg)、胸围 x_2(cm)、呼吸差 x_3(cm) 及肺活量 y(mL)。数据见表 10-2。

表 10-2　10 名女中学生体重、胸围、呼吸差及肺活量

体　重 x_1	胸　围 x_2	呼　吸　差 x_3	肺　活　量 y
35	60	0.7	1600
40	74	2.5	2600
40	64	2.0	2100
42	71	3.0	2650
37	72	1.1	2400
45	68	1.5	2200
43	78	4.3	2750
37	66	2.0	1600
44	70	3.2	2750
42	65	3.0	2500

先做两两变量之间的相关分析，再做偏相关分析，其程序如下：

```
* ex10-2-2;
LIBNAME ep 'e:\saslx' ;
DATA ep.corr;
   INPUT x1-x3 y @@ ;
DATALINES;
35  60  0.7  1600  40  74  2.5  2600  42  71  3.0  2650
40  64  2.0  2100  37  72  1.1  2400  45  68  1.5  2200
43  78  4.3  2750  37  66  2.0  1600  42  65  3.0  2500
44  70  3.2  2750
;
PROC CORR NOSIMPLE;
RUN;
```

运行结果如图 10-2 所示。

CORR 过程

4 变量:　x1　x2　x3　y

Pearson 相关系数, N = 10
当 H0: Rho=0 时, Prob > |r|

	x1	x2	x3	y
x1	1.00000	0.43195 0.2125	0.64093 0.0458	0.69454 0.0258
x2	0.43195 0.2125	1.00000	0.62927 0.0513	0.76165 0.0105
x3	0.64093 0.0458	0.62927 0.0513	1.00000	0.72882 0.0168
y	0.69454 0.0258	0.76165 0.0105	0.72882 0.0168	1.00000

图 10-2　中学生体重、胸围、呼吸差及肺活量相关分析

输出说明：

给出了两两变量之间的相关系数矩阵，并在每个相关系数下方给出总体相关系数为零的假设检验的概率。从相关系数矩阵中最下一行，可知肺活量 y 与 x_1、x_2、x_3 之间的相关系数为 0 的概率皆小于 0.05，可见是显著相关的。若想了解当体重固定时，胸围、呼吸差、肺活量之间的偏相关系数有何变化，可进行偏相关分析。继续运行下面的程序：

```
* ex10-2-2-1;
PROC CORR NOSIMPLE;
   PARTIAL x1;
RUN;
```

运行结果如图 10-3 所示。

CORR 过程

1 Partial 变量:　x1
3 　　　　变量:　x2　x3　y

Pearson 偏相关系数, N = 10
当 H0: Partial Rho=0 时, Prob > |r|

	x2	x3	y
x2	1.00000	0.50906 0.1616	0.71146 0.0316
x3	0.50906 0.1616	1.00000	0.51366 0.1572
y	0.71146 0.0316	0.51366 0.1572	1.00000

图 10-3　偏相关分析输出

图 10-3 为体重固定时，胸围、呼吸差与肺活量之间的偏相关系数，可见在体重相同的女学生中，肺活量 y 与胸围 x_2 之间 $r=0.71146$，$p=0.0316$，说明两者相关程度较高，而与呼吸差 x_3 的 $p=0.1572$ 为不相关。

在研究多个变量中两两变量之间的相关性时，把两变量之外的其他变量作为固定变量所求得的偏相关系数更能真实地反映出两变量之间的相关程度。

【例 10-2-3】　等级相关分析例。

等级相关(rank correlation)使用等级资料做直线相关分析。在肝癌病因研究中，某地调查了

10 个乡的肝癌死亡率(1/10 万)和某种食物中黄曲霉毒素相对含量的等级(最高为 10),数据见表 10-3。

表 10-3　肝癌死亡率与黄曲霉毒素相对含量

黄曲霉毒素相对含量		肝癌死亡率(1/10 万)	
X	等　级	Y	等　级
0.7	1	21.5	3
1.0	2	18.9	2
1.7	3	14.4	1
3.7	4	46.5	7
4.0	5	27.3	4
5.1	6	64.6	9
5.5	7	46.3	6
5.7	8	34.2	5
5.9	9	77.6	10
10.0	10	55.1	8

程序如下:

```
* ex10-2-3;
DATA rankcorr;
   INPUT x y @@ ;
CARDS;
0.7  21.5  1.0  18.9  1.7  14.4  3.7  46.5  4.0  27.3
5.1  64.6  5.5  46.3  5.7  34.2  5.9  77.6  10.0  55.1
;
PROC CORR NOSIMPLE SPEARMAN;
RUN;
```

程序运行结果如图 10-4 所示。

```
                    SAS 系统
                    CORR 过程
            2  变量:    x          y

            Spearman 相关系数, N = 10
            当 H0: Rho=0 时, Prob > |r|

                      x               y
        x       1.00000         0.74545
                                 0.0133

        y       0.74545         1.00000
                 0.0133
```

图 10-4　黄曲霉毒素相对含量与肝癌死亡率相关分析

本程序中直接使用了黄曲霉毒素相对含量和肝癌死亡率的原始数据,其实也可用对应的秩次数替换原始数据。

在 ex10-2-3 的 PROC CORR 语句前,加上 PROC RANK;就可将 x 和 y 转换为秩次。程序运行结果如图 10-5 所示。

变量的值被秩次替换,这说明了 SPEARMAN 相关系数是按数据的秩次计算出来的。两种方法计算结果是完全相同的。

从结果可见,$r=0.74545$,$P=0.0133$,肝癌死亡率与食物中黄曲霉毒素相对含量有显著的正相关性。

```
                              SAS 系统

                              CORR 过程

                       2  变量:     x          y

                        Spearman 相关系数, N = 10
                       当 H0: Rho=0 时, Prob > |r|

                                                      x             y

x                                               1.00000       0.74545
Values of x Were Replaced by Ranks                             0.0133

y                                               0.74545       1.00000
Values of y Were Replaced by Ranks               0.0133
```

图 10-5　秩次相关分析

10.3　CANCORR 过程

典型相关(canonical correlation)是分析两组变量之间关系的技术。为了研究两组变量的相关性，可以把两组变量的相关性转化为两个变量的相关性来考虑，即考察第一组变量的线性组合与第二组变量的线性组合的相关性。通过选择线性系数使线性化后的变量有最大的相关系数，形成第一对典型变量，依此可以形成第二对、第三对典型变量，并使各对典型变量之间互不相关，这样就将两组变量的相关转化为几对典型变量间的相关。

由于一组变量可以有数种线性组合(线性组合由相应的系数确定)，因此须找到既有意义又可以确定的线性组合。

典型相关分析就是要找到这两组变量线性组合的系数，使得这两个由线性组合生成的变量(和其他线性组合相比)之间的相关系数最大。CANCORR 就是完成典型相关分析的过程。CANCORR 检验一系列假设：在总体上每个典型相关及所有较小的典型相关都为零。

CANCORR 能产生两个输出数据集，其中一个含有每个典型变量的计分，可以用 PRINT 过程列出这些值。每个典型变量与它在另一组中对应变量的散点图经常是很有用的，这可以用 PLOT 过程去处理输出数据集得到。另一个输出数据集含有典型系数，这可以作为 FACTOR 过程的输入。

10.3.1　CANCORR 过程介绍

1. CANCORR 过程的语句

```
PROC CANCORR  选项;
VAR  变量表;
WITH  变量表;
<PARTIAL  变量表;>
FREQ  变量;
WEIGHT  变量;
BY  变量;
```

2. 语句说明

(1) PROC CANCORR 语句

PROC CANCORR 语句使用如下选项：

SIMPLE　要求输出平均值和标准差。

CORR　要求输出输入变量之间的简单相关系数。

ALL 输出简单统计量，输入变量间相关和典型冗余分析。

OUT = SASdataset 定义一个输出数据集，其中除含有所有原始数据之外，还增加典型变量的计分。

OUTSTAT = SASdataBe t 定义另一个输出数据集，其中含有各种统计量，包括典型相关及典型系数。

CORR | C 显示原变量之间的相关。

REDUNDANCY | RED 显示典型冗余统计。

SHORT 除了典型相关及多元统计之外，抑制所有默认的输出。

EDF = errordf 如果输入观测来自回归分析的残差，用来指定回归分析的误差自由度。有效的观测数为 DEF = 值加 1。如果有 100 个观测，那么 DEF = 99，与省略此选择等效。

RDF = regressiondf 如果输入观测来自回归分析的残差，用来指定回归自由度。有效的观测值数是实际数减去 RDF = 值。截距自由度不应包含在 RDF = 中。

NOINT 模型中不含有截距。

SINGULAR|SING = p 指定奇异判据 $0 < p < 1$。如果 PARTIAL 语句中的一个变量根据在语句中列在它之前的变量进行推测时，有 $1 - p$ 那样大的 R^2 (p 是 SINGULAR = 选项值)。那么它被赋予标准回归系数为 0。默认值为：SINGULAR = 1E - 8。

VPREFIX|VP = name 为命名来自 VAR 语句的典型变量指定前缀。默认地，这些典型变量将命名为 V1、V2 等。如果指定 VPREFIX = ABC，那么典型变量名将是 ABC1、ABC2 等。

WPREFIX|WP = name 为来自 WITH 语句的典型变量指定前缀。默认地，这些典型变量名将是 W1、W2，等等。如果指定 WPREFIX = XYZ，那么它们将是 XYZ1、XYZ2 等。

VNAME|VN = 'label' 指定一个最长为 40 的字符常数，以便在显示输出中标识来自 VAR 语句的变量。字符常数必须括在引号中；如果省略此选项，这些变量被标为 'VAR' VARIABLES。

WNAME|WN = 'label' 指定一个最长为 40 的字符常数，以便在显示输出中标识来自 WITH 语句的变量。字符常数应括在引号中；如果省略此选项，这些变量被标为 'WITH' VARIABLES。

(2) VAR 语句

这是在典型相关分析中的不可缺项的语句，用于指定第一组数值型分析变量，由这一组变量构成 V1，V2，…，Vk 典型变量。

(3) WITH 语句

这是在典型相关分析中的不可缺项的语句，用于指定第二组数值型分析变量，由这一组变量构成 W1，W2，…，Wk 典型变量。

(4) PARTIAL 语句

这是可选语句，用于在偏相关分析的基础上进行典型相关分析，这些变量不能出现在 VAR 或 WITH 语句中。

10.3.2 应用举例

【例 10-3-1】 表 10-4 中的数据是对 20 名中年男子的三项生理指标及三项训练指标测量的结果。试做生理指标和训练指标之间的典型相关分析。

表 10-4 的数据已存入 e:\sasdt 文件夹下，名为 fitex. txt 的文件中，程序如下：

```
* ex10-3-1;
DATA canssd;
INFILE 'e:\sasdt\fitex.txt' ;
INPUT weight waist pulse chins situps jumps;
PROC CANCORR ALL
   VPREFIX = PHYS VNAME = 'Physiological'
   WPREFIX = EXER WNAME = 'Exercises' ;
VAR weight waist pulse;
WITH chins situps jumps;
RUN;
```

表 10-4　三项生理指标及三项训练指标测量数据
(WEIGHT, WAIST, PULSE, CHINS, SITUPS, JUMPS)

生理指标			训练指标			生理指标			训练指标		
体重	腰围	脉搏	引体向上	仰卧起坐	跳绳	体重	腰围	脉搏	引体向上	仰卧起坐	跳绳
191	36	50	5	162	60	169	34	50	17	120	38
189	37	52	2	110	60	166	33	52	13	210	115
193	38	58	12	101	101	154	34	64	14	215	105
162	35	62	12	105	37	247	46	50	1	50	50
189	35	46	13	155	58	193	36	46	6	70	31
182	36	56	4	101	42	202	37	62	12	210	120
211	38	56	8	101	38	176	37	54	4	60	25
167	34	60	6	125	40	157	32	52	11	230	80
176	31	74	15	200	40	156	33	54	15	225	73
154	33	56	17	251	250	138	33	68	2	110	43

程序运行结果如图 10-6 ~ 图 10-15 所示。

```
                 The CANCORR Procedure

          Physiological                3
          Exercises                    3
          Observations                20


            Means and Standard Deviations

                                             Standard
      Variable               Mean           Deviation

      weight           178.600000           24.690505
      waist             35.400000            3.201973
      pulse             56.100000            7.210373
      chins              9.450000            5.286278
      situps           145.550000           62.566575
      jumps             70.300000           51.277470
```

图 10-6　典型相关输出-1 各变量均值和标准差

```
                        The CANCORR Procedure

              Correlations Among the Original Variables

                Correlations Among the Physiological

                       weight             waist              pulse

      weight           1.0000            0.8702            -0.3658
      waist            0.8702            1.0000            -0.3529
      pulse           -0.3658           -0.3529             1.0000

                 Correlations Among the Exercises

                        chins            situps              jumps

      chins            1.0000            0.6957             0.4958
      situps           0.6957            1.0000             0.6692
      jumps            0.4958            0.6692             1.0000

      Correlations Between the Physiological and the Exercises

                        chins            situps              jumps

      weight          -0.3897           -0.4931            -0.2263
      waist           -0.5522           -0.6456            -0.1915
      pulse            0.1506            0.2250             0.0349
```

图 10-7　典型相关输出-2 变量间的相关系数

输出说明：

图 10-6 输出原变量平均值和标准差。

图 10-7 输出原始变量间的相关系数，生理变量与训练变量间中等相关，WAIST 和 SITUPS 的相

关最大，为 -0.6456。组内有较大的相关：WEIGHT 和 WAIST 为 0.8702，CHINS 和 SITUPS 为 0.6957，SITUPS 与 JUMPS 为 0.6692。

The CANCORR Procedure

Canonical Correlation Analysis

	Canonical Correlation	Adjusted Canonical Correlation	Approximate Standard Error	Squared Canonical Correlation
1	0.795608	0.754056	0.084197	0.632992
2	0.200556	-.076399	0.220188	0.040223
3	0.072570	.	0.228208	0.005266

图 10-8　典型相关分析-3

图 10-8 输出：

(1) 依次给出了各对典型变量之间的典型相关系数。本例共给出三个典型相关系数，图中左侧数字 1、2、3 分别表示第一、第二、第三对典型变量。生理指标和训练指标之间的相关性主要由第一对典型变量的相关系数 $r=0.795608$ 来衡量。它充分地大于任何组间相关。

(2) 校正的典型相关系数，第一对典型变量相关系数的校正值为 0.754056。

(3) 近似的标准误。

(4) 典型决定系数(典型相关系数平方)。

	Eigenvalues of Inv(E)*H = CanRsq/(1-CanRsq)				Test of H0: The canonical correlations in the current row and all that follow are zero				
	Eigenvalue	Difference	Proportion	Cumulative	Likelihood Ratio	Approximate F Value	Num DF	Den DF	Pr > F
1	1.7247	1.6828	0.9734	0.9734	0.35039053	2.05	9	34.223	0.0635
2	0.0419	0.0366	0.0237	0.9970	0.95472266	0.18	4	30	0.9491
3	0.0053		0.0030	1.0000	0.99473355	0.08	1	16	0.7748

图 10-9　典型相关分析-4

图 10-9 输出：

(1) 各对典型相关系数的特征值。

(2) 相邻两特征值之差。

(3) 特征值所占方差信息量的比例。第一特征值占总变异的 0.9734，第二和第三典型相关没有考虑价值。

(4) 特征值所占方差信息量的比例累计值。

右边给出对各典型相关系数为零的假设检验：

(1) 似然比，(2) 近似 F 值，(3) 分子自由度数，(4) 分母自由度数，(5) 概率。

总体中第一典型相关为 0 的无效假设的概率 $Pr>F$ 为 0.0635，故在 $\alpha=0.10$ 的显著水平下，第一典型相关是显著的。余下的典型相关没有考虑的价值。

由于变量单位不一，因此应该使用标准系数来解释。

图 10-10 输出用 Wilk's lambda 等四种方法对各典型相关系数为零的假设检验。

Wilk's lambda 是组内平方和与总平方和之比。Wilk's lambda 值越小表示组间差异统计意义越大。

Pillai's trace 值恒为正，值越大表示该效应对模型的统计意义越大。

Hotelling-Lawley's trace 检验矩阵的特征根之和，值越大统计意义越大。

Roy's Greatest Root 最大根统计量，为检验矩阵特征根中最大值，值越大统计意义越大。

图的下方给出 Roy's 统计量 F 值是一个上限。

Multivariate Statistics and F Approximations

S=3　M=-0.5　N=6

Statistic	Value	F Value	Num DF	Den DF	Pr > F
Wilks' Lambda	0.35039053	2.05	9	34.223	0.0635
Pillai's Trace	0.67848151	1.56	9	48	0.1551
Hotelling-Lawley Trace	1.77194146	2.64	9	19.053	0.0357
Roy's Greatest Root	1.72473874	9.20	3	16	0.0009

NOTE: F Statistic for Roy's Greatest Root is an upper bound.

图 10-10　典型相关分析-5

图 10-11 所示是第一组变量相应于上面三个特征根的三个典型变量 PHYS1、PHYS2 和 PHYS3 的系数，即典型系数(canonical coefficient)。这些系数以两种方式给出：

The CANCORR Procedure
Canonical Correlation Analysis
Raw Canonical Coefficients for the Physiological

	PHYS1	PHYS2	PHYS3
weight	-0.031404688	-0.076319506	-0.007735047
waist	0.4932416756	0.3687229894	0.1580336471
pulse	-0.008199315	-0.032051994	0.1457322421

Raw Canonical Coefficients for the Exercises

	EXER1	EXER2	EXER3
chins	-0.066113986	-0.071041211	-0.245275347
situps	-0.016846231	0.0019737454	0.0197676373
jumps	0.0139715689	0.0207141063	-0.008167472

Standardized Canonical Coefficients for the Physiological

	PHYS1	PHYS2	PHYS3
weight	-0.7754	-1.8844	-0.1910
waist	1.5793	1.1806	0.5060
pulse	-0.0591	-0.2311	1.0508

Standardized Canonical Coefficients for the Exercises

	EXER1	EXER2	EXER3
chins	-0.3495	-0.3755	-1.2966
situps	-1.0540	0.1235	1.2368
jumps	0.7164	1.0622	-0.4188

图 10-11　典型相关分析-6

上半部分是没有标准化的原始变量的线性组合的典型系数(raw canonical coefficient)。利用这些系数不难写出各个典型变量的线性表达式。例如，第一对非标准化典型变量为：

$$\text{PHYS1} = -0.031404688\text{weight} + 0.4932416756\text{waist} - 0.008199315\text{pulse}$$

$$\text{EXER1} = -0.066113986\text{chins} - 0.016846231\text{situps} + 0.0139715689\text{jumps}$$

下半部分是标准化系数(standardized canonical coefficient)，第一对标准化典型变量为：

$$\text{PHYS1} = -0.7754\text{weight} + 1.5793\text{waist} - 0.0591\text{pulse}$$

$$\text{EXER1} = -0.3495\text{chins} - 1.0540\text{situps} + 0.7164\text{jumps}$$

同样可写出第二、第三对非标准化和标准化典型变量的线性表达式。

图 10-12 所示为构成典型变量的原变量系数，其绝对值的大小反映了原变量在典型变量中的权重，也表明原变量对典型相关系数的影响程度。据此，第一对典型变量中，生理指标的胸围(Waist)和训练指标的仰卧起坐(Situps)对两组变量之间相关性的影响较大。

典型结构矩阵(Canonical Structure)给出了原变量和每个典型变量之间的相关系数。其上半部分是原变量与组内典型变量之间的相关系数矩阵，其下半部分是原变量与组外典型变量之间的相关系数。

在图 10-11 中，生理变量的第一典型变量是 waist(1.5793)及 weight(-0.7754)的加权差，其中 WAIST 更显著(权大)。pulse 的系数近于 0。

由图 10-12 可见 waist 和 weight 与第一典型变量间的相关都是正的，waist 为 0.9254，weight 为 0.6206。因 weight 的系数和它的相关有不同的符号，所以它是一个遏制变量(它抑制了自变量和因变量间的关系)。

The CANCORR Procedure

Canonical Structure

Correlations Between the Physiological and Their Canonical Variables

	PHYS1	PHYS2	PHYS3
weight	0.6206	-0.7724	-0.1350
waist	0.9254	-0.3777	-0.0310
pulse	-0.3328	0.0415	0.9421

Correlations Between the Exercises and Their Canonical Variables

	EXER1	EXER2	EXER3
chins	-0.7276	0.2370	-0.6438
situps	-0.8177	0.5730	0.0544
jumps	-0.1622	0.9586	-0.2339

Correlations Between the Physiological and the Canonical Variables of the Exercises

	EXER1	EXER2	EXER3
weight	0.4938	-0.1549	-0.0098
waist	0.7363	-0.0757	-0.0022
pulse	-0.2648	0.0083	0.0684

Correlations Between the Exercises and the Canonical Variables of the Physiological

	PHYS1	PHYS2	PHYS3
chins	-0.5789	0.0475	-0.0467
situps	-0.6506	0.1149	0.0040
jumps	-0.1290	0.1923	-0.0170

图 10-12　典型相关系数结构矩阵

训练变量的第一典型变量也显示了不同的符号，在图 10-11 中，situps(-1.0540)和 chins(-0.3495)为负值，jumps(0.7164)为正值，其中权重最大的是 situps。在图 10-12 中，所有相关都是负的，表明 jumps 也是一个遏制变量。

各典型变量的意义解释：

一个变量的系数与它的典型变量的相关系数有不同的符号，这似乎是矛盾的。为了解释这个现象，考虑一个简化的情形：利用多元回归，根据 waist 和 weight 来预测 situps。简单地说，就仰卧起坐来说，胖人比瘦人要做得少。假设样本中的男人在高度上差异不大，因此 waist 与 weight 有很强的相关(0.8702)。检验肥胖度与下面自变量的关系：

- waist 值大的人比 waist 值小的人更倾向肥胖。因此 waist 与 situp 的相关应是负的；
- weight 值大的人比 weight 值小的人更倾向于肥胖，因此 weight 与 situp 是负相关；
- 对一个固定的 weight 值，waist 值大的人将更矮更胖，因此对 waist 多元回归系数就应是负的；
- 对一个固定的 waist 值，weight 值越高，则身高越高越瘦，weight 的多元回归系数应是正的，而与 weight 同 situp 之间的相关系数符号相反。

因此，第一典型相关的一般解释是：weight 和 jumps 是对增大 waist 与 situps 之间相关系数起遏制作用的变量。这个典型相关可能大到足以引起有实践经验的人的兴趣。但是，样本容量不大，不足以给出明显的结论。

典型冗余分析(Canonical Redundancy Analysis)是用来表示各典型变量对原始变量组整体的变异解释程度,发分为组内变差解释(Their Own Canonical Variables)和组间变差解释(The Opposite Canonical Variables)。

图 10-13 中，表示各典型变量对原始变量组整体的变异解释程度。上部左边为生理指标组变量的组内变异，表示第一典型变量能解释变量组 0.3712 的组内变异。右边为生理指标组变量的组间变异，表示来自第二个组的第一典型变量可以解释第一个组的 0.2349 的变异。

Canonical Redundancy Analysis

Raw Variance of the Physiological Explained by

Canonical Variable Number	Their Own Canonical Variables Proportion	Cumulative Proportion	Canonical R-Square	The Opposite Canonical Variables Proportion	Cumulative Proportion
1	0.3712	0.3712	0.6330	0.2349	0.2349
2	0.5436	0.9148	0.0402	0.0219	0.2568
3	0.0852	1.0000	0.0053	0.0004	0.2573

Raw Variance of the Exercises Explained by

Canonical Variable Number	Their Own Canonical Variables Proportion	Cumulative Proportion	Canonical R-Square	The Opposite Canonical Variables Proportion	Cumulative Proportion
1	0.4111	0.4111	0.6330	0.2602	0.2602
2	0.5635	0.9746	0.0402	0.0227	0.2829
3	0.0254	1.0000	0.0053	0.0001	0.2830

图 10-13　典型冗余分析-1 典型变量对原始变量的解释

下部左边为训练指标组变量的组内变异，表示第一典型变量能解释变量组 0.4111 的组内变异。右边为训练指标组变量的组间变异，表示来自第一个组的第一典型变量可以解释第二个组的 0.2602 的变异。

图 10-14 中，表示各典型变量对标准变量组整体的变异解释程度，上部左边为生理指标组变量的组内变异，表示第一典型变量能解释变量组 0.4508 的组内变异。右边为生理指标组变量的组间变异，表示来自第二个组的第一典型变量可以解释第一个组的 0.2854 的变异。

Canonical Redundancy Analysis

Standardized Variance of the Physiological Explained by

Canonical Variable Number	Their Own Canonical Variables Proportion	Cumulative Proportion	Canonical R-Square	The Opposite Canonical Variables Proportion	Cumulative Proportion
1	0.4508	0.4508	0.6330	0.2854	0.2854
2	0.2470	0.6978	0.0402	0.0099	0.2953
3	0.3022	1.0000	0.0053	0.0016	0.2969

Standardized Variance of the Exercises Explained by

Canonical Variable Number	Their Own Canonical Variables Proportion	Cumulative Proportion	Canonical R-Square	The Opposite Canonical Variables Proportion	Cumulative Proportion
1	0.4081	0.4081	0.6330	0.2584	0.2584
2	0.4345	0.8426	0.0402	0.0175	0.2758
3	0.1574	1.0000	0.0053	0.0008	0.2767

图 10-14　典型冗余分析-2 典型变量对标准变量的解释

下部左边为训练指标组变量的组内变异，表示第一典型变量能解释变量组 0.4081 的组内变异。右边为训练指标组变量的组间变异，表示来自第一个组的第一典型变量可以解释第二个组的 0.2584 的变异。

可见第一对典型变量的任一个都不能很好地预测对应组变量。第二和第三典型变量几乎没有什么意义。

由图 10-15 复相关平方表明训练的第一典型变量对 waist(0.5421)有较好的预测，对 weight(0.2438)次之，而对 pulse(0.0701)几乎没有。生理指标的第一典型变量对 chins(0.3351)及 situps(0.4233)有一些预测能力，但对 jumps(0.0167)几乎没有。

原变量 waist(胸围)和 Situps(仰卧起坐) 无论是和组内典型变量还是和组外典型变量都有较大

的相关系数，这再一次说明了在生理指标组和训练指标组的组间相关性研究时，胸围和仰卧起坐是两个值得重视的因素。

```
                              Canonical Redundancy Analysis
Squared Multiple Correlations Between the Physiological and the First M Canonical Variables of the Exercises

                              M                1               2               3

                              weight      0.2438          0.2678          0.2679
                              waist       0.5421          0.5478          0.5478
                              pulse       0.0701          0.0702          0.0749
Squared Multiple Correlations Between the Exercises and the First M Canonical Variables of the Physiological

                              M                1               2               3

                              chins       0.3351          0.3374          0.3396
                              situps      0.4233          0.4365          0.4365
                              jumps       0.0167          0.0536          0.0539
```

图 10-15　典型冗余分析-3

在实际应用典型相关分析时，不仅应注意第一对典型变量的各种信息，还应注意其他典型变量的信息并做出专业解释，这将更有益于对实际问题的全面了解和更加深入的探讨。

10.4　REG 过程

REG 过程是一个通用的回归过程，其他的回归过程有许多特殊的应用。

10.4.1　REG 过程使用的语句

REG 过程中，可以使用下列语句：

```
PROC REG  <选项>;
VAR 变量表;
BY 变量表;
FREQ 变量表;
WEIGHT 变量表;
ADD 变量表;
DELETE 变量表;
<标号:> MODEL 因变量=回归变量表</选项>;
<标号:>TEST 等式,<,……,等式></选项>
<标号:>MTEST 等式,<,……,等式></选项>
OUTPUT <OUT=SAS 数据集> 关键字=名表 <…关键字=名表>;
PLOT<y变量* x变量><=符号><…y变量* x变量><=符号></选项>;
```

PROC REG 语句是必须有的，在它后面至少有一个 MODEL 语句用以指定回归模型。

若 PROC REG 语句后只有 VAR 语句，则过程对这个语句指定的变量计算由语句 PROC REG 要求的统计量，但不做回归分析。

REG 是个交互式的过程，ADD、DELETE 语句允许以交互方式使用。

1. PROC REG 语句

PROC REG 语句可用如下选项：

OUTEST=SAS 数据集　将过程中各回归模型的参数估计值存入数据集。

OUTSSCP=SAS 数据集　指定输出相关矩阵到 TYPE=SSCP 的数据集中，该数据集含有平方和及变量叉积。当有大量数据要在不同的处理过程中使用时，用此选项很有帮助。

ALL　输出所有表。

CORR　输出在 MODEL 语句或 VAR 语句中所列变量的相关矩阵。

SIMPLE　输出 REG 过程的每个变量的和数、均值、方差、标准差和未调整的平方和。

NOPRINT　不显示输出。

2. MODEL 语句

指定回归模型中的因变量和自变量及有关回归计算、估计、预测值和残差等。

“/”后常用的选项有：

SELECTION＝方法名

方法名包括前进法 FORWARD（或 F）、后退法 BACKWARD（或 B）、逐步法 STEPWISE、MAXR、MINR、RSQUARE、ADJRSQ、CP 及不进行模型选择 NONE（为完整的模型），默认的方法为 NONE。

指定显示的统计量：

STB　显示标准化回归系数。标准化回归系数的计算方法是令回归系数除以应变量的样本标准差和回归量的样本标准差的比值。

CORRB　显示估计的相关矩阵。

COLLIN　要求进行回归量间的共线性分析，包括特征值、条件指数及对每个特征值的估计值的方差分析。

COLLININT　请求进行与 COLLIN 相同的共线性分析，但将截距调整出去。

P　从输入数据及估计模型计算预测值。

R　请求残差分析。

CLM　输出每一观测因变量期望值（均数）的 $100(1-\alpha)\%$ 上下置信限，默认为 95% 。

CLI　计算每一预测值的 $100(1-\alpha)\%$ 置信上下限，默认为 95% ，它反映了误差的偏差及参数估计的偏差。

COVB　输出估计值的估计协方差阵。

CORRB　输出估计的相关矩阵。

INFLUENCE　要求详细分析每个观测对估计和预测值的影响。

NOINT　模型拟合时不包含截距项。

3. VAR 语句

用来指出未包括在第一个 MODEL 中，而列在叉积矩阵中的变量。

4. TEST 和 MTEST 语句

这两个语句要求检验在本语句前 MODEL 语句中参数估计的假设，每个等式指定一个线性假设检验。各等式间用逗号分隔。

（1）TEST 语句中，由用户给出表达回归参数假设的一个等式。在这个等式中等号两边都可以是自变量和常量的一个线性组合，也可以只写出等式的一边，这时，省略的部分被认为是等号和零。下面是合法的 TEST 语句：

```
MODEL y=x1 - x4;
a: TEST x1 =x2;
b: TEST x1 + x2 =1;
C: TEST x1 =0, x2 =0;
D: TEST x1, x2;
```

后面两个语句是等同的，因为没规定常量，假设为 0。

语句前面的标号是可选的。为便于阅读，在该项假设检验的显示内容前面都冠以语句指定的标号，语句中的自变量必须是前面回归模型中的自变量。

（2）语句 MTEST 用于多元回归模型。

MTEST 语句同样有可选的标号以及一个或几个等式，各等式要以逗号分隔。这些等式分为两类，一类等式的格式和意义跟 TEST 语句中的一样，只含自变量和常量；另一类等式只包含因变量(不允许出现非零的常数项)。

5. OUTPUT 语句

OUTPUT 语句的作用是建立一个数据集，存入原始观察数据、回归过程产生的各种统计量，以及关于每个观测的回归诊断指标，并为统计量的变量命名。Keyword = names 等号右边的变量名依次用来定义 MODEL 语句中属于第一个因变量、第二个因变量……的统计量。

6. ADD 语句

将自变量交互地加入模型，以考查某个变量对模型拟合的影响。变量必须为 MODEL 语句或 VAR 语句中出现的变量。或将在 DELETE 语句中剔除的变量重新包含到模型中。ADD 语句的每一次执行都将改变模型的标签。

7. DELETE 语句

DELETE 语句的作用与 ADD 语句相反，用以交互地将某个变量剔除出模型。同样，对 DELETE 语句的每一次执行都会改变模型的标签。

8. PLOT 语句

对两个变量绘制散点图，表达式中位置在“ * ”之前的变量作为 y 轴，位置在“ * ”后的变量作为 x 轴。等号后的符号为散点图中表示点的图形符号，符号要用单引号括起来。

对同一个模型可指定多个 PLOT 语句，同一个 PLOT 语句中，可指定多个图形表达式，同时绘制多个散点图。

图形表达式中的变量名必须成对地出现，变量的选择范围为 MODEL 语句或 VAR 语句中的变量。此外，OUTPUT 语句中可以输出到数据集中的统计量、“OUTEST = ”选项指定的输出数据集中的统计量、其他 SAS 中产生的变量如 OBS(观测号)、NPP.(用以绘制 P－P 图)及 NQQ.(用以绘制 Q－Q 图)等，也可用于组成图形表达式，进而绘制关于该统计量的散点图。

图形表达式除可用 $y*x$ 的形式外，还可用变量组合的表达形式，即用圆括号括起来的两组变量组成的表达式。如

$(y_1\ y_2)*(x_1\ x_2\ x_3)$ 等同于 $y_1*x_1 \quad y_1*x_2 \quad y_1*x_3 \quad y_2*x_1 \quad y_2*x_2 \quad y_2*x_3$。

10.4.2 举例

【例 10-4-1】 某医科大学儿科医院研究某种代乳粉的营养价值时，用大白鼠做试验，得大白鼠进食量(克)和增加体重(克)间关系的原始数据如表 10-5 所示，试做直线回归分析。

表 10-5 大白鼠进食量与增重

动物编号	1	2	3	4	5	6	7	8	9	10
进食量(克)x	820	780	720	867	690	787	934	679	639	820
增加体重(克)y	165	158	130	180	134	167	186	145	120	158

```
* ex10-4-1;
DATA reg1;
   INPUT x y @@ ;
CARDS;
820 165 780 158 720 130 867 180 690 134
787 167 934 186 679 145 639 120 820 158
PROC CORR;
   VAR x y;
RUN;
```

运行结果如图 10-16 所示。

SAS 系统

CORR 过程

2　变量：　x　　y

简单统计量

变量	N	均值	标准偏差	总和	最小值	最大值
x	10	773.60000	91.83705	7736	639.00000	934.00000
y	10	154.30000	21.68999	1543	120.00000	186.00000

Pearson 相关系数，N = 10
当 H0: Rho=0 时，Prob > |r|

	x	y
x	1.00000	0.93952 <.0001
y	0.93952 <.0001	1.00000

图 10-16　营养研究—相关分析

由图 10-16 结果可知，x、y 间相关系数为 0.93952，$P<0.0001$，x 与 y 显著正相关，可做回归分析。继续输入如下程序：

```
* ex10-4-1-1;
PROC REG;
   MODEL y=x;
RUN;
```

输出如图 10-17 所示。

SAS 系统

The REG Procedure
Model: MODEL1
Dependent Variable: y

Number of Observations Read　　10
Number of Observations Used　　10

Analysis of Variance

Source	DF	Sum of Squares	Mean Square	F Value	Pr > F
Model	1	3737.41063	3737.41063	60.20	<.0001
Error	8	496.68937	62.08617		
Corrected Total	9	4234.10000			

Root MSE	7.87948	R-Square	0.8827
Dependent Mean	154.30000	Adj R-Sq	0.8680
Coeff Var	5.10660		

Parameter Estimates

Variable	DF	Parameter Estimate	Standard Error	t Value	Pr > |t|
Intercept	1	-17.35746	22.26443	-0.78	0.4581
x	1	0.22189	0.02860	7.76	<.0001

图 10-17　直线回归分析

图 10-17 所示为回归的 t 检验及方差分析，其中，$F=60.20$，$P<0.0001$，说明直线回归方程式是非常显著的。方程的精确度可用误差均方根 Root MSE = 7.87948 来量度。

R-Square（R^2）是验证一个线性模型拟合优度时常用的参数，称为判定系数。它体现了回归模型能“解释”的因变量变异性（方差）的百分比。这里 R^2 为 0.8827 说明模型拟合很好。

Adj R-Sq 为校正的 R^2，未校正时，R^2 是拟合度的不理想指标，Adj R-Sq 可以克服这一缺点。当模型中包括适当的变量集时，Adj R-sq 趋向稳定于某一数值。

截距(INTERCEPT)为 - 17.35746，$P=0.4581$，可见截距无统计意义。应不要截距重新拟合直线回归方程。程序为：

```
* ex10-4-1-2;
PROC REG;
  MODEL y=x/NOINT;
RUN;
```

运行结果如图 10-18 所示。

```
                          The REG Procedure
                            Model: MODEL1
                       Dependent Variable: y

              Number of Observations Read          10
              Number of Observations Used          10

         NOTE: No intercept in model. R-Square is redefined.

                         Analysis of Variance

                                   Sum of          Mean
Source                 DF         Squares        Square    F Value    Pr > F

Model                   1          241785        241785    4071.79    <.0001
Error                   9       534.42432      59.38048
Uncorrected Total      10          242319

         Root MSE              7.70587    R-Square     0.9978
         Dependent Mean      154.30000    Adj R-Sq     0.9975
         Coeff Var             4.99408

                         Parameter Estimates

                        Parameter      Standard
    Variable    DF       Estimate         Error    t Value    Pr > |t|

    x            1        0.19974       0.00313      63.81      <.0001
```

图 10-18　不含截距项的回归分析

由图 10-18 可见，R^2 为 0.9978，$F=4071.79$，$P<0.0001$，说明直线回归方程非常显著。根据参数估计，通过原点的直线回归方程为 $y=0.19974x$。

【例 10-4-2】 在运动生理学的研究中，为了确定运动员的耗氧量与其他一些因素的关系，在一个实验中对 31 个人测量了年龄(age)，体重(weight)，跑完 1.5 英里用的时间(runtime)，静态时的心率(rstpulse)，跑动时的心率(runpulse)，跑步时的最大心率(maxpulse)，每公斤体重每分钟的耗氧量(oxy)。实测数据见表 10-6。数据已存入 e:\sasdt\oxy.txt 的文件中，试以 oxy 为因变量，估计该变量对于问题中所有其他变量的直线回归方程。其 SAS 程序为：

表 10-6　运动生理学研究中的测量数据

(每行 2 个人的数据，分别是：age weight oxy runtime rstpulse runpulse maxpulse)

44	89.47	44.609	11.37	62	178	182	40	75.07	45.313	10.07	62	185	185
44	85.84	54.297	8.65	45	156	168	42	68.15	59.571	8.17	40	166	172
38	89.02	49.874	9.22	55	178	180	47	77.45	44.811	11.63	58	176	176
40	75.98	45.681	11.95	70	176	180	43	81.19	49.091	10.85	64	162	170
44	81.42	39.442	13.08	63	174	176	38	81.87	60.055	8.63	48	170	186
44	73.03	50.541	10.13	45	168	168	45	87.66	37.368	14.03	56	186	192
45	66.45	44.754	11.12	51	176	176	47	79.15	42.273	10.60	47	162	164
54	83.12	51.885	10.33	50	166	170	49	81.42	49.156	8.95	44	180	185
51	69.63	40.836	10.95	57	168	172	51	77.91	46.672	10.00	48	162	168
48	91.63	47.774	10.25	48	162	164	49	73.37	50.388	10.08	67	168	168
57	73.37	39.407	12.63	58	174	176	54	79.38	46.080	11.17	62	156	165

续表

52	76.32	45.441	9.63	48	164	166	50	70.87	54.625	8.92	48	146	166
51	67.25	45.118	11.08	48	172	172	54	91.63	39.203	12.88	44	168	172
51	73.71	45.790	10.47	59	186	188	57	59.08	50.545	9.93	49	148	156
49	76.32	48.673	9.40	56	186	188	48	61.24	47.920	11.50	52	170	176
52	82.78	47.467	10.50	53	170	172							

```
* ex10-4-2;
LIBNAME ep 'e:\saslx';
DATA ep.oxys;
   INFILE 'e:\sasdt\oxy.txt';
   INPUT age weight oxy runtime rstpulse runpulse maxpulse;
PROC REG;
  MODEL oxy = age weight runtime runpulse rstpulse maxpulse;
RUN;
```

结果如图 10-19 所示。

```
                              The REG Procedure
                                Model: MODEL1
                          Dependent Variable: oxy

                Number of Observations Read          31
                Number of Observations Used          31


                             Analysis of Variance

                                    Sum of          Mean
Source                  DF         Squares        Square    F Value    Pr > F

Model                    6       722.54361     120.42393      22.43    <.0001
Error                   24       128.83794       5.36825
Corrected Total         30       851.38154


             Root MSE              2.31695    R-Square     0.8487
             Dependent Mean       47.37581    Adj R-Sq     0.8108
             Coeff Var             4.89057


                             Parameter Estimates

                            Parameter       Standard
    Variable      DF         Estimate          Error    t Value    Pr > |t|

    Intercept      1        102.93448       12.40326       8.30      <.0001
    age            1         -0.22697        0.09984      -2.27      0.0322
    weight         1         -0.07418        0.05459      -1.36      0.1869
    runtime        1         -2.62865        0.38456      -6.84      <.0001
    runpulse       1         -0.36963        0.11985      -3.08      0.0051
    rstpulse       1         -0.02153        0.06605      -0.33      0.7473
    maxpulse       1          0.30322        0.13650       2.22      0.0360
```

图 10-19　运动生理学研究的回归分析的输出

图 10-19 输出说明：

(1) 方差分析部分 $F=22.43$，$P<0.0001$ 回归方程显著，但所检验的统计假设是 6 个自变量的系数全为零。对该假设的拒绝表示至少有一个系数不为零，即至少有一个自变量对 oxy 的影响是有统计意义的。因此，还不能断定所有自变量中的每一个对 oxy 的影响都有统计意义。

(2) 决定系数 R – square 表示所得的回归方程对于所给数据的拟合精确程度，该值为 0.8487，说明模型拟合很好。它的平方根称为因变量 oxy 与所有 6 个自变量的复相关系数。

(3) 输出内容的最后一部分是分别检验每一参数(常数项或自变量系数)等于零的假设。一般来说，某个自变量对因变量的影响是否有统计意义，不仅决定于这个变量本身，还跟回归方程中同时存在的其他自变量有关。如果换一种环境，跟这个自变量同时存在的只是这几个自变量中的某几个，或在回归方程中加入其他变量，检验的结论可能要发生变化。

从检验结果看，如果显著水平定为 0.05，体重 weight($p=0.1869$)和休息时的心率 rstpulse($p=$

0.7473)这两个变量对因变量的影响无统计意义。把对因变量影响无统计意义的自变量留在回归方程中,会增大参数估计或预报的误差,因此回归方程中应不包含这样的变量。

为了使回归方程包含对因变量影响有统计意义的变量,而不包含对因变量影响无统计意义的变量,可使用逐步回归法。

10.5 STEPWISE 过程

10.5.1 STEPWISE 过程简介

在多元线性回归分析中,直接建立 Y 与全部自变量之间的线性回归模型通常是不可取的,因为不能说这些自变量对建立此模型都是必要的,因此,在建立回归方程的过程中有必要考虑筛选自变量,从许多自变量中挑选出对 Y 影响有统计意义的自变量,有利于提高回归方程的质量。筛选自变量的方法有许多,STEPWISE 过程提供了下述方法供选择。

(1) 前进法 (FORWARD)

事先给定挑选自变量进入方程的统计意义水平 SLE(Significance Level for Entry)(默认值 SLE = 0.5),开始方程中没有自变量,然后,按自变量对 Y 的贡献大小由大到小依次挑选进入方程,直到方程外没有有统计意义的自变量可引入方程为止。

(2) 后退法 (BACKWARD)

事先给定从方程中剔除自变量的统计意义水平 SLStay(默认时 SLS = 0.10),开始全部变量都在方程之中,然后,按自变量对 Y 的贡献大小由小到大依次剔除,一旦剔除,则再不能进入模型,直到方程中没有无统计意义的自变量可剔除为止。

(3) 逐步回归法 (STEPWISE)

逐步方法是前进法的修正,对已在模型中的变量,不必一直在模型中。事先给定两个统计意义水平 SLE 和 SLS,将变量逐个引入方程,引入的条件是其偏回归平方和经检验有显著性,同时每引入一个新变量后,对已选入的变量要进行逐个检验,将无统计意义的变量剔除,这样保证最后所得的变量子集中的所有变量对因变量的影响都是有统计意义的。

(4) 求最优变量模型法

有最大全相关系数平方改进法(MAXR)、最小全相关系数平方改进法(MINR)。MAXR 法从寻找产生最高 R^2 的单变量模型开始,然后引入使 R^2 有最大增加的另一变量。一旦双变量模型被获得,模型中的每一变量与不在模型中的各个变量比较,以决定是否移出一变量而用另一个能增加 R^2 的变量代替它。最佳双变量模型建立后,再加入一变量,继续比较和替换。MINR 法类似于 MAXR 法,只不过是寻找产生最小 R^2 增量的替换。

10.5.2 STEPWISE 过程使用的语句

过程使用如下语句:

```
PROC STEPWISE <DATA=数据集>;
MODEL 因变量=自变量表/<选项>;
WEIGHT 变量;
BY 变量表;
```

1. PROC STEPWISE 语句

调用 STEPWISE 过程,包括筛选自变量,拟合多元线性回归模型,并指定一个逐步回归过程所用的 SAS 数据集。

2. MODEL 语句

指定要进行逐步回归分析的因变量和自变量名称。MODEL 语句的选项主要有：

NOINT 不产生一般在模型中自动生成的截距参数。

FORWARD|F 请求前进法选择自变量。

BACKWARD|B 请求后退法剔除自变量。

STEPWISE 请求逐步回归法双向筛选自变量，这个选项是预置的。

MAXR 请求前进型的最大 R^2 改良方法，以求得最佳变量模型。

MINR 请求前进型的最小 R^2 改良方法。

SLENTRY|SLE = 值 指出向前选择和逐步法中选择变量进入模型的统计意义水平，如果省略，那么对前进法置 SLE = 0.15，对逐步法置 SLE = 0.15。

SLSTAY|SLS = 值 指出后退法与逐步法中变量留在模型里的统计意义水平，如果省略，则对逐步法置 SLS = 0.15，后退法置 SLS = 0.10。

INCLUDE = n 强迫前 n 个自变量总是在模型中。

START = s 以含有 MODEL 语句中前 s 个自变量的模型为开始，进行比较、选择过程。该选项仅能用于 MAXR 或 MINR 方法。

STOP = s 当找到最佳 s 个变量模型之后，逐步回归便停止，该选项仅应用于 MAXR 或 MINR 方法。

10.5.3 举例

【例 10-5-1】 对运动员运动耗氧量的研究采用逐步回归法再进行分析。

```
* ex10-5-1;
LIBNAME ep 'e:\saslx';
PROC STEPWISE DATA = ep.oxys;
  MODEL oxy = runtime age weight runpulse maxpulse rstpulse;
RUN;
```

运行结果如图 10-20 和图 10-21 所示。

图 10-20 给出逐步回归的 4 步变量选择过程。程序中没有设置选择变量进入模型的统计意义水平和留在模型里的统计意义水平，默认值 SLE = SLS = 0.15。对每一步都显示方差分析表、回归系数和有关的统计量。

方差分析表包括变异来源、自由度、平方和、均方、F 值和检验概率。

方差分析表的上部，显示本步新引入的变量名称，R - square(R^2)是决定系数，即复相关系数的平方；$C(p)$是误差总平方的量度，是 Mallows 提出的作为选择模型的判别统计量。$C(p)$定义如下：

$$C(p) = \mathrm{SSE}p/s^2 - (N - 2p)$$

式中，s^2 是所有自变量都在模型中时的 MSE；SSEp 是有 p 个自变量加上常数项的模型误差平方和；N 是自变量的个数。

第 1 步把对 oxy 影响大的变量 runtime 引入方程，检验结果 $P < 0.0001$，不剔除。

第 2 步把方程外面对 oxy 影响大的变量 age 引入方程，检验结果 age 的 $P = 0.1267$，不大于 0.15，故进入没有剔除。

第 3 步引入作用较大的 runpulse，检验结果 runpulse 的 $P = 0.0154$，故 runpulse 进入，age 的 P 值下降 $p = 0.0129$，runtime 和 age 仍然保留。

第 4 步引入作用较大的 maxpulse，检验结果 maxpulse 的 $P = 0.0533$，故 maxpulse 进入，age 的 $P = 0.0488$，runpulse 的 $P = 0.0064$，runtime 的 $P < 0.0001$ 仍然保留。

```
                         The STEPWISE Procedure
                             Model: MODEL1
                       Dependent Variable: oxy
               Number of Observations Read          31
               Number of Observations Used          31

                      Stepwise Selection: Step 1
        Variable runtime Entered: R-Square = 0.7434 and C(p) = 13.6988
                         Analysis of Variance
                                   Sum of          Mean
Source                    DF      Squares        Square    F Value    Pr > F
Model                      1    632.90010     632.90010      84.01    <.0001
Error                     29    218.48144       7.53384
Corrected Total           30    851.38154

                Parameter    Standard
     Variable    Estimate       Error   Type II SS  F Value  Pr > F
     Intercept   82.42177     3.85530   3443.36654   457.05  <.0001
     runtime     -3.31056     0.36119    632.90010    84.01  <.0001
                    Bounds on condition number: 1, 1
-------------------------------------------------------------------------------
                      Stepwise Selection: Step 2
         Variable age Entered: R-Square = 0.7642 and C(p) = 12.3894
                         Analysis of Variance
                                   Sum of          Mean
Source                    DF      Squares        Square    F Value    Pr > F
Model                      2    650.66573     325.33287      45.38    <.0001
Error                     28    200.71581       7.16842
Corrected Total           30    851.38154

                Parameter    Standard
     Variable    Estimate       Error   Type II SS  F Value  Pr > F
     Intercept   88.46229     5.37264   1943.41071   271.11  <.0001
     runtime     -3.20395     0.35877    571.67751    79.75  <.0001
     age         -0.15037     0.09551     17.76563     2.48  0.1267
               Bounds on condition number: 1.0369, 4.1478
-------------------------------------------------------------------------------
                      Stepwise Selection: Step 3
       Variable runpulse Entered: R-Square = 0.8111 and C(p) = 6.9596
                         Analysis of Variance
                                   Sum of          Mean
Source                    DF      Squares        Square    F Value    Pr > F
Model                      3    690.55086     230.18362      38.64    <.0001
Error                     27    160.83069       5.95669
Corrected Total           30    851.38154

                Parameter    Standard
     Variable    Estimate       Error   Type II SS  F Value  Pr > F
     Intercept  111.71806    10.23509    709.69014   119.14  <.0001
     runtime     -2.82538     0.35828    370.43529    62.19  <.0001
     age         -0.25640     0.09623     42.28867     7.10  0.0129
     runpulse    -0.13091     0.05059     39.88512     6.70  0.0154
               Bounds on condition number: 1.3548, 11.597
-------------------------------------------------------------------------------
                      Stepwise Selection: Step 4
       Variable maxpulse Entered: R-Square = 0.8368 and C(p) = 4.8800
                         Analysis of Variance
                                   Sum of          Mean
Source                    DF      Squares        Square    F Value    Pr > F
Model                      4    712.45153     178.11288      33.33    <.0001
Error                     26    138.93002       5.34346
Corrected Total           30    851.38154
                Parameter    Standard
     Variable    Estimate       Error   Type II SS  F Value  Pr > F
     Intercept   98.14789    11.78569    370.57373    69.35  <.0001
     runtime     -2.76758     0.34054    352.93570    66.05  <.0001
     age         -0.19773     0.09564     22.84231     4.27  0.0488
     runpulse    -0.34811     0.11750     46.90089     8.78  0.0064
     maxpulse     0.27051     0.13362     21.90067     4.10  0.0533
               Bounds on condition number: 8.4182, 76.851
```

图 10-20　运动员运动耗氧量逐步回归分析

至此，方程外面的自变量 rstpulse 无统计意义，不能引入，按 0.15 标准，方程中没有可以剔除的对因变量影响无统计意义的变量，逐步回归过程结束。

方差分析表显示模型包含的自变量、自变量参数估计(截距和偏回归系数估计值)、估计值的标准误、自变量平方和、F 值和概率。

图 10-21 给出逐步回归过程的总结表，这里显示了引进变量的顺序、每一步引进的变量对 R^2 的贡献和总 R^2 的变化、$C(p)$值的变化及引进每个变量时的检验概率。其中$C(P)$ 值最小(4.8800)的最后那个模型为最合适的回归模型。至此得到年龄(age)，跑完 1.5 英里用的时间(runtime)，跑动时的心率(runpulse)，跑步时的最大心率(maxpulse)4 个变量。

All variables left in the model are significant at the 0.1500 level.
No other variable met the 0.1500 significance level for entry into the model.

Summary of Stepwise Selection

Step	Variable Entered	Variable Removed	Number Vars In	Partial R-Square	Model R-Square	C(p)	F Value	Pr > F
1	runtime		1	0.7434	0.7434	13.6988	84.01	<.0001
2	age		2	0.0209	0.7642	12.3894	2.48	0.1267
3	runpulse		3	0.0468	0.8111	6.9596	6.70	0.0154
4	maxpulse		4	0.0257	0.8368	4.8800	4.10	0.0533

图 10-21　运动员运动耗氧量逐步回归分析总结

估计每公斤体重每分钟耗氧量(oxy)的线性方程：

$y=0.27051\text{maxpulse}-0.34811\text{runpulse}-2.76758\text{runtime}-0.19773\text{age}+98.14789$

此过程结果提示，年龄(age)，跑完 1.5 英里用的时间(runtime)，跑动时的心率(runpulse)，跑步时的最大心率(maxpulse)影响每公斤体重每分钟的耗氧量(oxy)。

从每步的结果中可以看到，每引入(或剔除)一个变量时，会引起模型的所有参数和各统计量的变化，仔细分析能使我们进一步了解各变量之间的内在联系。

应当说明，逐步回归分析是 SAS 早期版本中的一个过程，在 SAS V9 中仍可运行，但在新版本中用 REG 过程来完成，只要在 MODEL 语句中加上/Selection = Stepwise，指定选择模型的方法即可。

逐步回归的结果与 SLE 和 SLS 的取值关系较大，在用逐步回归法时，开始时最好给 SLE 和 SLS 取较大的值，经过初步分析后适当调整，直至取得比较合理的结果。更为妥当的做法是同时用几种方法筛选变量，对各种分析的结果综合考虑。

10.6　非线性回归 NLIN 过程

10.6.1　非线性回归概述

在进行回归分析时，若两变量之间为线性关系，可用 REG 或 GLM 过程。若两变量之间为非线性关系时，如对自变量进行变换能使之与因变量呈线性关系，比如数据符合对数曲线关系 $y=a+b\cdot\lg x$ 时，可先把 x 转换为 $\lg(x)$，即 $x'=\lg(x)$，然后按 $y=a+bx'$的线性关系用 REG 或 GLM 过程求出回归系数 a 及 b。若虽经变换，仍不能达到线性关系者，就必须使用非线性回归分析(nonlinear regration)的 NLIN 过程来处理。

NLIN 过程通过最小二乘法或加权最小二乘法拟合非线性回归类型，非线性模型比线性模型更难以说明和估计，不能简单地列出回归变量，还必须给出方程表达式、说明参数名称、推测它们的起始数值和尽可能说明关于参数模型的偏导数。一些模型是很难拟合的，所以这个过程并不保证总能成功地拟合一些模型。

NLIN 过程首先检查参数说明的开始值，如果数值的间距给定，NLIN 对每种初值组合计算残差平方和，从中找出最好的参数组合进行某种规定的迭代。

对于每个要分析的非线性模型必须给出下面的值：

(1) 被估计的参数名以及初始值。

(2) 模型(使用单因变量)。

(3) 对每个参数所期望的模型的偏导数(DUD 法除外)。

(4) 对每个参数期望的模型的二阶偏导数(只对 Newton 法)。

(5) 通过使用边界条件限制估计值的方法把估计过程限制到某一参数范围内。

(6) 按照 SSE 给定收敛标准、参数估计，或者两种都指定。

(7) 生成新的数据集，包括每次迭代过程的预测值、残差、参数估计、残差平方和、参数估计的协方差矩阵和其他统计量。

10.6.2 过程说明

调用 NLIN 过程可以使用下列语句：

```
PROC NLIN 选项;
   MODEL 因变量 = 表达式;
   PARAMETERS | PARMS 参数 = 值…;
   BOUNDS 表达式…;
   BY 变量表;
   DER. 参数 <. 参数 > = 表达式;
   OUTPUT OUT = 数据集 关键字 = (变量)名;
```

其中，PARMS 及 MODEL 语句是必须有的，余者为可选语句。NLIN 允许在过程内产生一些新的变量，并且在非线性分析中使用它们。

1. PROC NLIN 语句

PROC NLIN 语句使用以下选项：

DATA = 数据集

OUTEST = 数据集　定义一个 SAS 数据集。它包括每次 PROC NLIN 迭代所生成的估计参数。

网格搜索选项：

BEST = n　要求 PROC NLIN 只输出网格初始值组合中最好的 n 组残差平方和，省略时，NLIN 显示所有参数初始值组合的残差平方和。

迭代方法选项：

METHOD = GAUSS | NEWTON | GRADIENT | DUD | MARQUARDT　修正的高斯 - 牛顿法，牛顿法，最速下降法或梯度法，多元割线法，马科德特迭代法。如果不指定 METHOD = 选项，若有 DER 语句，则使用 GAUSS 法，否则用 DUD 法。

控制步长的选项：

RHO = 数值　指定一个数用于控制寻找步长，默认值为 0.1，而在 METHOD = MARQUARDT 时为 10。

SMETHOD = HALVE | GOLDEN | ARMGOLD | CUBIC　指定 NLIN 过程步长寻找方法，默认值为 HALVE。

指定迭代方法细则的选项：

SIGSQ = 数值　指定一个数值用以代替均方差，计算估计值的标准误。

调整选项：

CONVERGE = c　指定收敛的准则。默认值是 10^{-5}。

MAXITER = i　设置迭代次数的限制。i 的数值必须是正整数，默认值为 100。

2. MODEL 语句

MODEL 语句指定因变量和定义表达式来确定预测方程。表达式结果为数值，任何在数据步中可以用的操作符和函数同样可以用在 MODEL 语句中。

3. PARMS 语句

指定被估计的参数及初始值。在每个“参数 = 数值”说明中，参数名代表一个被估计的参数，数值说明参数可能的起始值。通常对每个参数指定一个数值。如果给每个参数指定 n 个数值，NLIN 在网格每个点上估计这个模型。下面的 PARMS 语句命名了 5 个参数，并设置它们的可能起始值：

```
PARMS                              可能的起始值：
      b0 =0                        0
      b1 =4 TO 8                   4  5  6  7  8
      b2 =0 TO 0.6 BY 0.2          0.0  0.2  0.4  0.6
      b3 =1, 10, 100               1  10  100
      b4 =0, 0.5, 1 TO 4;          0.0  0.5  1  2  3  4
```

PARMS 语句中，参数名必须是有效的 SAS 名，而且必须不与 NLIN 过程所用数据集中的变量同名。NLIN 过程后只能有一个 PARMS 语句。

4. BOUNDS 语句

BOUNDS 语句在指定的边界内限制参数估计。在每个边界语句中可以指定一系列的边界值，各值用逗号分隔开。下面是一个有效的单边界表达式的例子：

```
bounds a< =20;
```

也可以使用双边界，如：

```
bounds 10 <a< =20;
```

5. DER 语句

使用该语句给出一阶偏导数或二阶偏导数。默认情况下分析系数是自动计算的，通常这是最好的选择。

对于大多数计算方法必须对所估计的每个参数指定一阶偏导数。而对 NEWTON(牛顿)法则须同时指定一阶偏导数和二阶偏导数。

在 DER 语句中的表达式可以是 MODEL 语句表达式偏导数的代数表述。例如：

```
model y=b0* (1 -exp(-b1* x));
der.b0 =1 -exp(-b1* x);
der.b1 =b0* x* exp(-1* x);
```

6. PROC NLIN 的其他程序语句

NLIN 过程与通常的过程步有些不同，一些 DATA 步中的程序语句可以在 PROC NLIN 语句后使用，这些语句可以出现在 PROC NLIN 中任何地方。

10.6.3　可能出现的问题

1. 时间过长

如果指定的初始值间距点过多，那么分析要费过多的时间。如果问题需要多次迭代才可以收敛，也会费很多时间。

2. 不收敛

如 NLIN 不收敛，试着用一组不同的起始值、不同的 METHOD = 选项或不同的模型重新分析，也可增加 BOUND 语句。

3. 发散

迭代过程可能会导致发散，结果会溢出。可能是由于参数输入了空格使像 LOG 和 SQRT 这样的函数非法。

4. 不能继续进行

计算方法假设模型是连续的而且参数为光滑函数才能进行，否则不能进行。

NLIN 不一定一次就可以得到一个好的解，这在很大程度上取决于给出很好的参数起始值，可在 PARMS 语句中给一个间距值以寻找好的初始值。当默认的 Gause-Newton 方法不能工作时，指定 METHOD = MARQUARDT 有时能工作。

10.6.4 输出内容

(1) 在每次迭代中确定的残差平方和与参数估计。

(2) 与所有或部分参数初值的可能结合有关的残差平方和的清单。

如果收敛条件满足的话，NLIN 还显示出：

(3) 方差分析表，包括回归（Regression）、残差（Residual）、未校正总和及校正(偏差)平方和(Corrected Total)。

(4) 参数估计值(Parameter Estimates)。

(5) 估计的渐近标准误(Asymptotic STD Error)。

(6) 渐近 95% 可信区间(Asymptotic 95% Confidence Interval)。

(7) 参数的渐近相关矩阵(Asymptotic Correlation Matrix)。

10.6.5 举例

【例 10-6-1】 某疾病防治站重复治疗钩虫病病人次数(times)与阳性率（rate)资料如表 10-7 所示。散点图显示两者近似指数关系(见图 10-22)，试做指数曲线拟合。

表 10-7 防治站重复治疗钩虫病病人资料

次数	1	2	3	4	5	6	7	8
阳性率	63.9	36.0	17.1	10.5	7.3	4.5	2.8	1.7

程序如下：

```
* ex10-6-1;
DATA nlin3;
   INPUT times rate @@ ;
CARDS;
1  63.9  2  36.0  3  17.1  4  10.5  5  7.3  6  4.5  7  2.8  8  1.7
;
PROC PLOT;
   PLOT rate* times = ' + ';
RUN;
```

运行结果如图 10-22 所示。

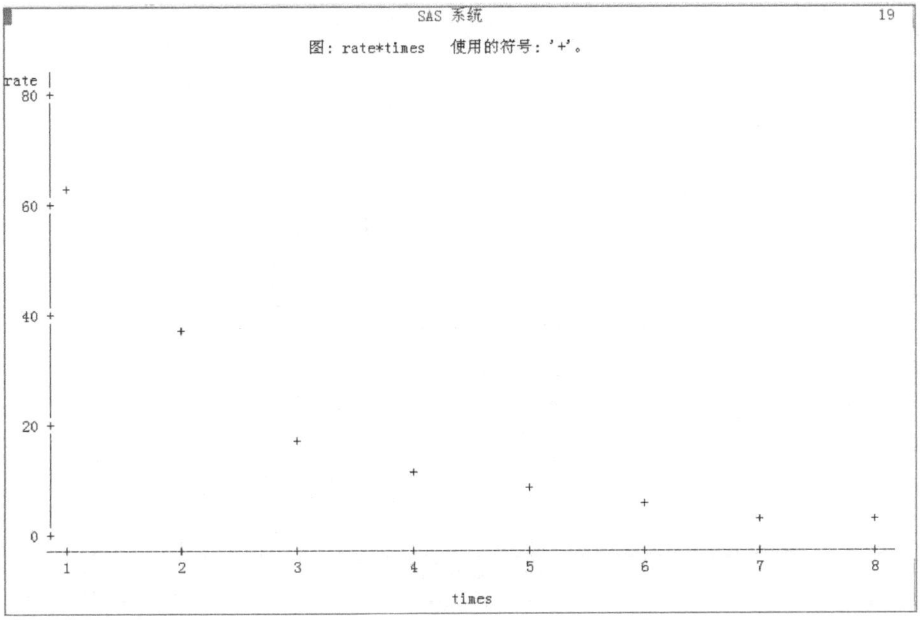

图 10-22　散点图

由图 10-22 中 PLOT 绘出的图形显示了典型的指数衰减的曲线。考虑拟合曲线模型为:

$$y = e^{a+bx}$$

```
* ex10-6-2;
PROC NLIN;
   PARMS a=0 b=0;
   MODEL rate=EXP(a+b* times);
RUN;
```

程序中，参数 a，b 起始值皆设为零。模型为 $rate = e^{a+b*times}$。结果如图 10-23 和图 10-24 所示。

图 10-23 为 NLIN 输出的第一部分，指出此次处理的方法是 Gauss-Newton 法，Iterative Phase 迭代过程列出每次迭代时的参数值和残差平方和；随着迭代次数的增加，各参数估计值越来越稳定，而残差平方和越来越小。经过 7 次迭代后，残差平方和由 5586.5 减小到 11.0431，已满足收敛标准。系统给出 NOTE：Convergence criterion met。模型达到收敛标准而停止。

第二部分是模型拟合情况的汇总。其中：

R 是对参数的主收敛测量，它测量了残差的程度。

PPC 是预期参数改变测量。

RPC 是回顾参数改变测量。

图 10-24 给出了输出的第三部分：近似(Approx)方差分析的结果。相应的原假设为：所拟合的模型对因变量的预测无贡献。显然，最终得到的 $P<0.0001$，远小于 0.05，拒绝原假设，可认为模型中至少有一些自变量对因变量是有作用的。

第四部分给出的是模型中未知参数的估计和区间估计值。参数估计值的标准误为近似标准误，近似的 95% 可信区间(Approximate 95% Confiedence Limits)仅供参考。当可信区间的界值离 0 较近时，下结论应慎重。正因为此，这部分的输出并不给出基于 u 检验的检验结果。

输出的最后一部分为各参数的近似相关系数矩阵，参数 a、b 间相关系数 $r=-0.8763163$，存在负相关关系。

```
                         SAS 系统

                   The NLIN Procedure
                Dependent Variable rate
                 Method: Gauss-Newton

                    Iterative Phase
                                                  Sum of
          Iter          a            b           Squares

             0          0            0            5586.5
             1     3.2118      -0.4780            3264.5
             2     4.4855      -0.6181             402.4
             3     4.7777      -0.5889           18.7113
             4     4.7511      -0.5945           11.0463
             5     4.7512      -0.5950           11.0431
             6     4.7512      -0.5950           11.0431
             7     4.7512      -0.5950           11.0431

NOTE: Convergence criterion met.

                   Estimation Summary

          Method                     Gauss-Newton
          Iterations                            7
          Subiterations                         4
          Average Subiterations          0.571429
          R                              7.434E-7
          PPC(b)                         6.871E-8
          RPC(b)                         1.572E-6
          Object                         3.02E-10
          Objective                       11.0431
          Observations Read                     8
          Observations Used                     8
          Observations Missing                  0
```

图 10-23　NLIN 输出-1

```
                         The NLIN Procedure

           NOTE: An intercept was not specified for this model.

                                     Sum of         Mean                 Approx
Source                      DF      Squares       Square    F Value    Pr > F

Model                        2       5855.1       2927.5    1590.61    <.0001
Error                        6      11.0431       1.8405
Uncorrected Total            8       5866.1

                                     Approx
     Parameter      Estimate      Std Error    Approximate 95% Confidence Limits

     a                4.7512         0.0368        4.6611        4.8412
     b               -0.5950         0.0224       -0.6499       -0.5401

                    Approximate Correlation Matrix
                                 a               b

               a         1.0000000      -0.8763163
               b        -0.8763163       1.0000000
```

图 10-24　NLIN 输出-2

参数估计 $a = 4.7512$，$b = -0.5950$，方程为

$$\text{rate} = e^{4.7512 - 0.5950 * \text{times}}$$

10.7　LOGISTIC 过程

10.7.1　Logistic 回归简介

在医学研究中探索某疾病的危险因素时，经常遇到因变量为互斥的二分类资料（如治愈与未愈、生存与死亡、发病与未发病等）和有序分类变量(如：无、轻、重等级)，同时有许多自变量可能对结果产生影响，而且这种影响不一定是线性的。如果以某事件的发生概率为因变量，以影响因素为自变量，无法使用线性回归分析，可采用 Logistic 回归进行分析。

用最大似然法为二分类或有序分类资料拟合线性 Logistic 回归模型，可利用各种模型选择方法来选择解释变量的子集，并可显示二分类模型的回归诊断。Logistic 回归分析常用于研究分类概率与解释变量之间的关系。

1）二分类类型及其模型

一个受试单位或个体的分类变量 Y 取值为两个可能的数值之一，为方便起见，用 1 和 0 表示（如：患病 $Y=1$，否则 $Y=0$）。

$$Y=\begin{cases}1 & (\text{出现阳性结果})\\ 0 & (\text{出现阴性结果})\end{cases}$$

假定 x_h 是第 h 个子总体的解释变量，出现阳性结果的概率记为 p_h；出现阴性结果的概率为 $1-p_h$，能用 Logistic 模型描述 $\{p_h\}$ 中的变异。

$$p_h = \left\{1+\exp\left[-\alpha-\sum_{k=1}^{t}\beta_k x_{hk}\right]\right\}^{-1}$$

式中，α 是与研究因素无关的常数项，$\beta_k(k=1, \cdots, t)$ 是模型的参数，称为回归系数。h 为组数。第 h 组阳性概率为

$$\frac{p_h}{1-p_h}=\exp\left\{\alpha+\sum_{k=1}^{t}\beta_k x_{hk}\right\}$$

对其两边取对数得到 Logistic 线形回归模型为

$$\log\left\{\frac{p_h}{1-p_h}\right\}=\alpha+\sum_{k=1}^{t}\beta_k x_{hk}$$

$\exp\{\beta_k\}$ 为优势比 OR（Odds Ratio），OR 可作为相对危险度的近似估计。

所谓建立 Logistic 回归方程，就是求出回归系数 α 和 β。最大似然法被用于估计 α 和 β。

Logistic 回归广泛地应用在流行病学研究中。在临床医学中则多用于鉴别诊断、评价治疗措施的好坏及分析与疾病预后有关的因素等。

Logistic 模型与一般线性模型具有一个共同特性，即它们都假定分类变量均值的函数 $g=g(\mu)$ 与解释变量呈直线相关关系。由于均值 μ 完全依赖于分类的随机行为，并假定解释变量是固定的，因此，函数 g 表示分类变量 Y 的随机部分与非偶然（或决定性）部分间的联系，$g(\mu)$ 称为联系函数。被广泛应用的联系函数还有 normit 函数和互补双对数函数。

在 SAS 中，用 MODEL 语句选择一个联系函数，从而建立一个 Logistic 程序所能拟合的较广义的二分类模型。这类模型的形式如下

$$\pi=P_r(Y=1|\boldsymbol{x}) \qquad \text{logit}(\pi)=\alpha+\boldsymbol{\beta}'\boldsymbol{x}$$

2）有序分类类型及其模型

一个受试单位或个体的分类变量 Y 可有几个有限值，为方便起见，写成 1，…，k，$k+1$。例如，冠心病的严重程度可分成 3 个分类类别：1 = 无病，2 = 心绞痛，3 = 心肌梗死。LOGISTIC 程序拟合一个平行线回归模型，它是基于响应类别的累积分布概率而非它们各自的概率。

10.7.2　模型的选择

有 5 种模型的选择方法可供选择。最简单的也是默认的方法是 NONE。这时，LOGISTIC 拟合由 MODEL 语句所指定的完全模型；另外 4 种方法：向前选择法（FORWARD）、向后剔除法

(BACKWARD)、逐步选择法(STEPWISE)和最优子集法(SCORE)。这些方法由 MODEL 语句中的 SELECTION = 选项指定。截距参数总是被强迫留在模型中，除非在 MODEL 语句中指定了 NOINT 选项。

LOGISTIC 程序还提供三种模型用来建立选项：FAST，SEQUENTIAL 和 STOPRES。这些选项能改变变量进入或从模型中被剔除的默认标准。

10.7.3 LOGISTIC 过程使用的语句

在 PROC LOGISTIC 中可使用下列语句：

```
PROC LOGISTIC <选项>;
By 变量;
CLASS 变量 < (选项) >   <变量 < (选项) >… >   </选项>;
FREQ 变量;
MODEL 变量 <变量选项> = <效应> </选项>;
MODEL 事件/试验 = <效应> </选项>;
<标号: >TEST  等式 1, <, …, <等式 K> >   </选项>;
WEIGHT 变量;
OUTPUT OUT = SAS 数据集 <关键词 = 名字…关键词 = 名字> </选项>;
```

PROC LOGISTIC 和 MODEL 语句是必需语句。

1. PROC LOGISTIC 语句

PROC LOGISTIC 语句选项如下：

(1) 指定输入数据集的细节

DATA = 数据集

ORDER = DATA | FORMATTED | INTERNAL 指定 MODEL 语句中分类变量各水平的排列顺序。

  DATA 与输入数据集中的顺序一样。

  FORMATTED 指定格式的值。

  INTERNAL 非指定格式的值。

(2) 指定输出数据集的细节

OUTEST = SAS 数据集 建立一个含有最终参数估计值的输出 SAS 数据集，并可选择输出其估计协方差。数据集中的变量包括 MODEL 语句中的解释变量和二分类模型中截距参数 INTERCEPT。

COVOUT 向"OUTEST = 数据集"中加入估计协方差矩阵。要想让 COVOUT 生效，必须指定 OUTEST = 输出数据集。

(3) 取消显示输出

NOPRINT 取消所有的显示输出。

2. MODEL 语句

MODEL 语句指定应变量和解释效应。如果省略了解释效应，程序将拟合一个只含截距的模型。过程中仅能用一个 MODEL 语句。MODEL 语句有两种句法格式：

第一种形式称为单试验模型句法，用于二分类、有序和名义响应数据；

第二种形式叫做事件/试验模型句法，仅用于二分类响应数据。

在单试验模型句法中，等号之前须指定一个变量作为应变量。这个变量可以是字符型的或数值型的。

在事件/试验模型句法中，应指定两个含有用做二分类试验的计数数据的变量。这两个变量之间用一个“/”分隔。第一个变量(事件)的值是阳性分类数(或事件)，第二个变量(试验)的值是试验次数。事件和(试验-事件)的值必须是非负数。试验次数必须为正数。

在 MODEL 语句的两种形式中，等号后面都是模型的解释效应。

MODEL 语句中的选项为：

(1) 指定模型

LINK = 指定联系函数。

NOINT 取消截距。

NOFIT 取消模型拟合。

SELECTION = 指定模型中效应选择的方法。

(2) 指定模型建立的细节（如果使用 SELECTION = NONE，这些选项无效）

DETAILS 每步详细输出。

FAST 使用快速排除法。

INCLUDE = 每一模型中包含的效应数。

MAXSTEP = 指定 STEPWISE 选择的最大步数。

SEQUENTIAL 按指定的顺序筛选变量。

SLENTRY = 进入模型的显著性水平。

SLSTAY = 留在模型中的显著性水平。

START = 第一个模型中的变量数。

STOP = 最终模型中变量的最大数。

STOPRES 加入或剔除的剩余 χ^2 标准。

(3) 模型拟合

XCONV = 指定相对参数收敛标准。

MAXITER = 迭代最大数。

SINGULAR = 奇异性检验的容忍值。

(4) 显示控制

CORRB 显示最终估计的相关系数矩阵。

COVB 显示最终估计的协方差矩阵。

ITPRINT 显示迭代史。

(5) 获得分类表

CTABLE 显示模型分类表。

PPROB = 为带有 CTABLE 选项的分类观测指定临界概率值。

(6) 获得回归诊断

INFLUENCE 在自变量为二分类变量的模型中，为鉴别有影响的观测显示诊断尺度。

IPLOTS 产生索引散点图。

3. OUTPUT 语句

OUTPUT 语句用于输出一个新的 SAS 数据集(包括输入数据集中的全部变量)，并可选择性地输出线性预测估计值（XBETA)及其标准误的估计值、分类概率的估计值、分类概率的可信限和回归诊断统计量。

4. WEIGHT 语句

输出数据集中的每个观测按 WEIGHT 变量的值加权。加权变量的值可以不是整数，但不能被截尾。加权变量为负数、零或缺项值的观测被从分析中删除。

10.7.4 使用注意

1. 联系函数

在 LOGISTIC 程序中可使用四种联系函数，默认是 logit 函数。要想指定另一个联系函数，可使用 MODEL 语句中的 LINK = 选项。

- LOGIT 函数　　$g(p) = \log(p/(1-p))$
- PROBIT(NORMIT)函数　　$g(p) = \varphi^{-1}(p)$
- CLOGLOG 函数　　$g(p) = \log(-\log(1-p))$
- GLOGIT 函数　　$g(p_i) = \log(p/p_{k+1}) \quad i = 1, \cdots, k$

2. 评价模型拟合度的标准

-2Log Likelihood 似然统计量在无效假设(模型中的所有解释变量均为零)下呈χ^2分布，AIC 和 SC 统计量给出两种不同方法，根据模型中的项数和所用的观测数来调整 -2Log Likelihood 统计量。当比较同一资料的不同模型时，应使用这些统计量。统计量的值越低，表示模型越理想。

3. 显示输出

LOGISTIC 程序除显示输出变量名等内容外，还显示如下内容。

(1) 联系函数(Link Function)。

(2) 响应概要(Response Profile)表，包括每一分类水平的有序值、分类变量值(如果用的是实际模型的话)或事件和非事件值(如果用的是事件/试验模型的话)、频数，以及加权值之和(如果用了 WEIGHT 语句的话)。

(3) 解释变量的简单统计量(Simple Statistics for Explanatary Variable)，包括 MODEL 语句中各解释变量的均值、标准差、最小值和最大值。如果 PROC LOGISTIC 语句中用了 NOSIMPLE 选项，则不显示这张表。

(4) 如果拟合的是有序响应模型，则输出平行线假设检验的计分检验结果。如果指定了 LINK = CLOGLOG 或 PROB，则输出平行斜率假设的计分检验(Score Test for the Parallel Slopes Assumption)。如果指定了 LINK = LOGIT，则输出比例比数假设的计分检验(Score test for the proportional odds assumption)，这是使用对数优势尺度时，平行线假设的一个特例。

(5) 评价模型拟合度的标准("Model Fit statistics"和"Testing Global Null Hypothesis: BETA = 0")表，给出了各种标准(-2 Log L，AIC，SC)，这些标准的基础均是拟合一个仅含截距的模型和一个含有截距和解释变量的模型所用的似然度。如果指定了 NOINT，计算这些统计量时不考虑截距参数。表的第三列给出 -2 Log L 统计量和计分统计量的χ^2值和 p 值。用于检验模型中解释变量的联合作用。由表中前两列所识别的各模型没有计分标准。还需注意：因为对 AIC 和 SC 检验无法执行，χ^2栏的前两行不显示出来。

(6) 最大似然估计值分析(Analysis of Maximum Likelihood Estimates)表，包含下列内容：

- 参数的最大似然估计值；
- 参数估计值的估计标准误，等于误差估计协方差矩阵对角线元素的平方根；

- Wald χ^2 值，它等于参数估计值被其标准误估计值除的平方；
- Wald χ^2 的 p 值，该 χ^2 值服从自由度为 1 的 χ^2 分布；
- 如果你在 MODEL 语句中使用了 STB 选项，给出斜率参数的标准化估计值。它等于斜率参数的估计值被基础分布(联系函数的倒数) 的标准差与解释变量的样本标准差之比除。

(7) 预计概率与观察分类间联系(Association of Predicted Probabilities and Observed Responses)表，包括不同响应对子数的情况和四个等级相关指标：Semers'D，Goodman-Kruskal Gamma，Kendall's Tau-a 和 C。

(8) 如果 MODEL 语句中指定了 ITPRINT 选项，输出显示最大似然迭代状态 (Maximum Likelihood Iterative Phase)表，给出迭代数、步长(1.0，0.5，0.25 等)，-2 Log Likelihood 和每一迭代步的参数估计值，也显示梯度矢量的最终结果和 -2 Log Likelihood 的最终变化。

(9) 如果在 MODEL 语句中用了 SELECTION = FORWARD，BACKWARD 或 STEPWISE 选择方法，输出显示：模型建立过程的摘要，包括步数、每步进入和移出的解释变量、χ^2 值，以及变量进出所依据的对应的 p 值。

(10) 如果在 MODEL 语句中用了 FAST 选择，程序显示：对快速后退删除法所剔除的变量的分析(Analysis of Variables Removed by Fast Backward Elimination)表，包括剔除变量的近似 χ^2 值，自由度为 1 的 χ^2 分布对应的 p 值，检验该变量与前面各变量的联合显著性的剩余 χ^2，自由度以及对应于该自由度的剩余 χ^2 的 p 值。

(11) 如果在 MODEL 语句中用了 DETAILS 选项，输出显示：不在模型中的变量的分析(Analysis of Effects not in the Model)表，给出已在模型中的变量调整出模型的每一变量显著性检验的计分 χ^2 值以及对应于自由度为 1 的 χ^2 分布的 χ^2 统计量的 p 值。

(12) 如果在 MODEL 语句中用了 COVB 选项，程序输出参数估计值的估计协方差矩阵(Estimated Covariance Matrix)。

(13) 如果在 MODEL 语句中用了 CORRB 选项，输出显示：参数估计值的估计相关系数矩阵。

(14) 如果在 MODEL 语句中用了 CTABLE 选项，输出显示：分类表(Classification Table)。

(15) 如果在 MODEL 语句中用了 INFLUENCE 选项，输出显示：回归诊断(Regression Diagnostics)表，给出每一观测的编号、在模型中的解释变量的值、Pearson 剩余、偏差剩余、hat 矩阵对角线元素、各参数估计的标化差(用“名字 + Dfbeta”表示)、两个可信区间位移诊断统计量(C 和 CBAR)、Pearson χ^2 值的变化(DIFCHISQ)和离差的改变(DIFDEV)。

(16) 如果在 MODEL 语句中用了 IPLOTS 选项，显示回归诊断索引图等各种索引图。

10.7.5　LOGISTIC 过程的应用

【例 10-7-1】 为了探讨冠心病发生的有关危险因素，对 26 例冠心病病人和 28 例对照者进行病例-对照研究，各因素的说明如表 10-8 所示。数据存于 e:\sasdt\coronary1.txt'，如表 10-9 所示。试进行 Logistic 回归分析。

表 10-8　冠心病 8 个可能的危险因素

因　素	变 量 名	赋 值 说 明
年龄(岁)	x_1	<45 =1，45 ~54 =2，55 ~64 =3，>64 =4
高血压史	x_2	无 =0，有 =1
高血压家族史	x_3	无 =0，有 =1
吸烟	x_4	不吸 =0，吸 =1

续表

因　素	变量名	赋值说明
高血脂史	x_5	无 =0，有 =1
动物脂肪摄入	x_6	低 =0，高 =1
体重指数(BMI)	x_7	<24 =1，24 ~25 =2，>25 =3
A 型性格	x_8	否 =0，是 =1
冠心病	y	对照 =0，病例 =1

表 10-9　冠心病危险因素的病例—对照调整治疗

序号	X_1	X_2	X_3	X_4	X_5	X_6	X_7	X_8	Y	序号	X_1	X_2	X_3	X_4	X_5	X_6	X_7	X_8	Y
1	3	1	0	1	0	0	1	1	0	28	2	0	1	1	0	0	1	0	0
2	2	1	0	1	0	0	1	0	0	29	2	0	0	1	0	0	1	0	0
3	3	0	0	1	0	1	1	1	0	30	3	0	1	1	0	0	2	1	0
4	2	0	1	0	0	0	1	0	0	31	3	0	1	1	1	0	1	0	0
5	2	0	0	0	0	0	1	1	0	32	1	0	0	1	0	0	1	0	0
6	1	0	1	0	0	0	1	1	0	33	1	0	0	0	0	0	2	1	0
7	2	0	0	0	0	0	1	0	0	34	4	1	0	1	0	0	1	0	0
8	3	0	1	1	0	0	1	1	0	35	1	0	0	1	0	0	3	1	0
9	2	0	0	1	0	0	1	0	0	36	1	0	0	1	0	0	1	1	0
10	3	1	1	1	1	0	1	0	0	37	2	1	1	1	1	0	2	0	0
11	3	1	0	1	0	0	1	0	0	38	2	1	1	0	1	0	3	1	0
12	2	0	0	1	1	0	1	1	0	39	2	0	0	0	0	0	1	0	0
13	2	0	1	0	0	0	1	0	0	40	2	0	0	1	1	0	1	1	0
14	2	0	0	0	0	0	1	0	0	41	2	0	0	0	0	0	2	1	0
15	2	1	1	1	0	1	2	1	1	42	3	0	0	1	1	1	2	1	1
16	2	0	0	1	1	1	1	0	1	43	3	1	1	1	1	1	3	1	1
17	2	0	0	1	0	0	1	1	1	44	2	0	1	0	1	1	1	1	1
18	2	0	0	1	0	1	1	0	1	45	2	1	1	1	1	0	1	1	1
19	3	1	1	1	1	0	1	1	1	46	3	1	1	1	0	1	1	1	1
20	3	1	1	1	1	0	1	1	1	47	3	0	1	0	0	0	1	0	1
21	2	1	1	1	1	0	2	1	1	48	3	1	0	1	0	1	2	1	1
22	3	1	0	1	0	0	1	1	1	49	3	1	1	1	1	1	2	1	1
23	4	0	0	1	1	0	3	1	1	50	3	1	1	1	1	0	3	1	1
24	4	1	1	1	1	0	3	0	1	51	3	0	1	1	1	0	1	1	1
25	4	0	0	1	0	0	2	1	1	52	1	0	1	1	1	0	2	1	1
26	2	0	1	1	0	1	2	1	1	53	2	1	1	1	0	0	2	1	1
27	2	1	0	1	0	0	1	1	1	54	3	1	1	0	1	0	3	1	1

资料中，年龄和体重为连续型变量，为更有利于结果的解释，将其转换为有序变量。

本例研究目的是找出与冠心病有关的影响因素及其影响作用的大小。变量 $x_1 - x_8$ 是可能与冠心病有关的影响因素，对这些因素进行筛选，挑出与冠心病有关影响因素，再分析这些因素对冠心病的影响程度大小。

SAS 程序如下：

```
* ex10-7-1;
LIBNAME ep 'e:\saslx' ;
DATA ep.coronary;
   INFILE 'e:\sasdt\coronary1.txt' ;
   INPUT n x1-x8 y;
```

```
PROC LOGISTIC DESCENDING;
   MODEL y = x1- x8/SELECTION = STEPWISE SLE = 0.1 SLS = 0.1 STB;
RUN;
QUIT;
```

程序中 DESCENDING 表示因变量 y 的取值由大到小排列。以便计算因变量 y 值为 1 的概率。MODEL 语句将“y”定义为因变量，“$x_1 - x_8$”作为自变量，“/”后面的选项“SELECTION = STEPWISE”表示用逐步法筛选自变量，选项“SLE =0.1”和“SLS =0.1”表示变量进入模型和留在模型中的显著性水平均为 0.1，选项“STB”表示计算标准化回归系数。

程序运行结果如图 10-25 ~ 图 10-29 所示。

```
                                   SAS 系统

                           The LOGISTIC Procedure

                             Model Information

          Data Set                          EP.CORONARY
          Response Variable                 y
          Number of Response Levels         2
          Model                             binary logit
          Optimization Technique            Fisher's scoring


             Number of Observations Read          54
             Number of Observations Used          54


                              Response Profile

                Ordered                          Total
                  Value            y         Frequency

                      1            1                26
                      2            0                28

                       Probability modeled is y=1.
```

图 10-25　Logistic 回归分析——模型信息

```
                        Stepwise Selection Procedure

Step   0. Intercept entered:


                          Model Convergence Status

                Convergence criterion (GCONV=1E-8) satisfied.

                            -2 Log L = 74.786


                         Residual Chi-Square Test

                     Chi-Square        DF     Pr > ChiSq

                        25.4181         8         0.0013
```

图 10-26　Logistic 分析——逐步选择 1

图 10-25 结果的第一部分显示了一些模型信息：数据集名、因变量名和水平数（Number of Response Levels）为 2，建立的为二分类变量 logit 模型，优化技术（Optimization Technique）采用 fisher 得分法（Fisher's Scoring）。观测数（Number of Observations）为 54，“Response Profile”显示因变量值的排列顺序（Ordered Value）、因变量名（Y）及其取值（1，0）和各自的总频数（Total Frequency）分别为 26 和 28。“Probability modeled is y = 1”模型中计算的因变量概率为因变量值为 $Y = 1$ 的概率。

图 10-26 给出逐步选择的第 0 步，将截距选入模型（Intercept entered），模型收敛（Model Convergence Status）状态：（Convergence criterion（GCONV = 1E − 8）satisfied）以 1E − 8 为相对梯度收敛标准时，收敛判别标准是满意的。

残差χ^2检验结果:χ^2值为 25.4181,概率值 $P=0.0013$,结果有统计学意义。

图 10-27 所示是逐步法筛选自变量的过程,在各步中,自变量 x_6、x_5、x_8 和 x_1 依次被选入模型,模型收敛结果满意。

```
Step  1. Effect x6 entered:
                              Model Convergence Status
                     Convergence criterion (GCONV=1E-8) satisfied.

                               Model Fit Statistics
                                                  Intercept
                                     Intercept        and
                         Criterion        Only     Covariates
                         AIC            76.786         67.467
                         SC             78.775         71.445
                         -2 Log L       74.786         63.467

                      Testing Global Null Hypothesis: BETA=0
                Test                 Chi-Square       DF     Pr > ChiSq
                Likelihood Ratio        11.3186        1         0.0008
                Score                   10.1174        1         0.0015
                Wald                     6.6570        1         0.0099

                              Residual Chi-Square Test
                           Chi-Square       DF      Pr > ChiSq
                              18.0210        7          0.0119
NOTE: No effects for the model in Step 1 are removed.
Step  2. Effect x5 entered:
                              Model Convergence Status
                     Convergence criterion (GCONV=1E-8) satisfied.

                               Model Fit Statistics
                                                  Intercept
                                     Intercept        and
                         Criterion        Only     Covariates
                         AIC            76.786         61.480
                         SC             78.775         67.447
                         -2 Log L       74.786         55.480

                      Testing Global Null Hypothesis: BETA=0

                Test                 Chi-Square       DF     Pr > ChiSq
                Likelihood Ratio        19.3055        2         <.0001
                Score                   16.4702        2         0.0003
                Wald                    12.2010        2         0.0022
                              Residual Chi-Square Test

                           Chi-Square       DF      Pr > ChiSq
                              12.6157        6          0.0496

NOTE: No effects for the model in Step 2 are removed.
Step  3. Effect x8 entered:
                              Model Convergence Status
                     Convergence criterion (GCONV=1E-8) satisfied.

                               Model Fit Statistics
                                                  Intercept
                                     Intercept        and
                         Criterion        Only     Covariates
                         AIC            76.786         58.402
                         SC             78.775         66.358
                         -2 Log L       74.786         50.402

                              The LOGISTIC Procedure
                       Testing Global Null Hypothesis: BETA=0

              Test                 Chi-Square       DF     Pr > ChiSq
              Likelihood Ratio        24.3835        3         <.0001
              Score                   20.3833        3         0.0001
              Wald                    13.8847        3         0.0031


                              Residual Chi-Square Test

                           Chi-Square       DF      Pr > ChiSq
                               7.9650        5          0.1582
NOTE: No effects for the model in Step 3 are removed.
Step  4. Effect x1 entered:
                              Model Convergence Status
                     Convergence criterion (GCONV=1E-8) satisfied.

                               Model Fit Statistics
                                                  Intercept
                                     Intercept        and
                         Criterion        Only     Covariates
                         AIC            76.786         56.224
                         SC             78.775         66.169
                         -2 Log L       74.786         46.224
                      Testing Global Null Hypothesis: BETA=0

                Test                 Chi-Square       DF     Pr > ChiSq
                Likelihood Ratio        28.5613        4         <.0001
                Score                   23.1563        4         0.0001
                Wald                    14.2827        4         0.0064

                              Residual Chi-Square Test

                           Chi-Square       DF      Pr > ChiSq
                               3.9490        4          0.4129

NOTE: No effects for the model in Step 4 are removed.
NOTE: No (additional) effects met the 0.1 significance level for entry into the model.
```

图 10-27　Logistic 回归分析——逐步法筛选自变量

模型拟合统计量(Model Fit Statistics)，分别显示由截距拟合的模型似然函数和基于截距与协变量共同拟合的模型似然函数的三种判断标准：AIC、SC 和-2 Log L；还显示了无效假设为 $\beta=0$ 的假设检验结果(Testing Global Null Hypothesis：BETA =0)，采用 Likelihood Ratio、Score 和 Wald 三种检验方法，结果 P 值均小于 0.01，有显著统计学意义；最后给出了残差 χ^2 检验结果。

提示：再没有自变量在 0.1 的入选标准下被选入模型。

图 10-28 所示是对逐步法筛选自变量的过程总结，分别列出每一步入选或剔除自变量的名称(Effect Entered/Removed)、自由度(DF)、模型中存在自变量的数目(Number In)、得分法和 Wald 法 χ^2 检验的检验统计量(Score Chi-Square 和 Wald Chi-Square)以及该统计量所对应的概率值(Pr > ChiSq)，本例所有选入变量的 P 均小于 0.1 的 SLS 标准，因而全部被留在模型中。

Summary of Stepwise Selection

Step	Effect Entered	Effect Removed	DF	Number In	Score Chi-Square	Wald Chi-Square	Pr > ChiSq
1	x6		1	1	10.1174		0.0015
2	x5		1	2	7.8749		0.0050
3	x8		1	3	4.9956		0.0254
4	x1		1	4	4.1370		0.0420

SAS 系统

The LOGISTIC Procedure

Analysis of Maximum Likelihood Estimates

Parameter	DF	Estimate	Standard Error	Wald Chi-Square	Pr > ChiSq	Standardized Estimate
Intercept	1	-4.7050	1.5433	9.2950	0.0023	
x1	1	0.9239	0.4766	3.7583	0.0525	0.4009
x5	1	1.4959	0.7439	4.0440	0.0443	0.4058
x6	1	3.1355	1.2489	6.3031	0.0121	0.7028
x8	1	1.9471	0.8466	5.2893	0.0215	0.5233

图 10-28　Logistic 分析——逐步法筛选自变量过程总结

最大似然估计分析(Analysis of Maximum Likelihood Estimates)的结果中，包括估计的参数(Parameter)、自由度(DF)、回归系数估计值(Estimate)、标准误(Standard Error)、Wald χ^2 检验统计量(Wald Chi-Square)、相对应的概率值(Pr > ChiSq)及标准化回归系数估计值(Standardized Estimate)。从标准化回归系数来看，x_6(动物脂肪摄入)对模型的影响最大，其次为 x_8(A 型性格)、x_5(高血脂史)和 x_1(年龄(岁))。

可以得出结论：动物脂肪摄入高、A 型性格、有高血脂史、年龄较大的人患冠心病的危险性比较大。

图 10-29 在优势比估计 Odds Ratio Estimates 中，给出各自变量 OR 值的估计结果，分为点估计情况(Point Estimate)和 95% Wald 可信区间估计情况(95% Wald Confidence Limits)。

Odds Ratio Estimates

Effect	Point Estimate	95% Wald Confidence Limits	
x1	2.519	0.990	6.411
x5	4.464	1.039	19.181
x6	23.000	1.989	265.945
x8	7.008	1.333	36.834

Association of Predicted Probabilities and Observed Responses

Percent Concordant	87.1	Somers' D	0.766
Percent Discordant	10.4	Gamma	0.786
Percent Tied	2.5	Tau-a	0.390
Pairs	728	c	0.883

图 10-29　Logistic 分析——优势比估计

可见，动物脂肪摄入(x_6)高的人冠心病发病率为摄入低的人的 23 倍；A 型性格(x_8)的人发病率为非 A 型性格人的 7.008 倍，有高血脂史(x_5)的人发病率为无高血脂史的人的 4.464 倍，年龄(x_1)稍大一个等级的人的冠心病发病率为稍低一个等级的人的2.519 倍。

最后显示的是预测概率与观测响应之间的关联性(Association of Predicted Probabilities and Observed Responses)，包括不同情况的构成比和四种秩相关索引分析：Somers'D、Gamma、Tau-a 和 c。

习　题

1. 某医生为了探讨缺碘地区母婴 TSH 水平的关系，应用免疫放射分析测定了 160 名孕妇(15~17 周)及分娩时脐带血 TSH 水平(mU/L)。随机抽取 10 对数据，见表 10-10，试对母血 TSH 水平与新生儿脐带血 TSH 水平进行相关分析。数据存于 SASDT\tal10-11.x2s 中。

表 10-10　10 名孕妇及其分娩时脐带血 TSH 水平

母血 TSH	1.21	1.30	1.39	1.42	1.47	1.56	1.68	1.72	1.98	2.10
脐带血 TSH	3.90	4.50	4.20	4.83	4.16	4.93	4.32	4.99	4.70	5.20

2. 某学校 20 名一年级女大学生体重(公斤)、胸围(厘米)、肩宽(厘米)及肺活量(升)实测值如表 10-11 所示，试对影响女大学生肺活量的有关因素作多元回归分析。数据存于 SASDT\tal10-11.x2s 中。

表 10-11　20 名一年级女大学生肺活量及有关变量测量结果

编号	体重 X_1(kg)	胸围 X_2(cm)	肩宽 X_3(cm)	肺活量 Y(1)	编号	体重 X_1(kg)	胸围 X_2(cm)	肩宽 X_3(cm)	肺活量 Y(1)
1	51.3	73.6	36.4	2.99	11	48.8	83.8	33.9	3.1
2	48.9	83.9	34	3.11	12	52.6	88.4	38	3.28
3	42.8	78.3	31	1.91	13	42.7	78.2	30.9	1.92
4	55	77.1	31	2.63	14	52.5	88.3	38.1	3.27
5	45.3	81.7	30	2.86	15	55.1	77.2	31.1	2.64
6	45.3	74.8	32	1.91	16	45.2	81.6	30.2	2.85
7	51.4	73.7	36.5	2.98	17	51.4	78.3	36.5	3.16
8	53.8	79.4	37	3.28	18	48.7	72.5	30	2.51
9	49	72.6	30.1	2.52	19	51.3	78.2	36.4	3.15
10	53.9	79.5	37.1	3.27	20	45.2	74.7	32.1	1.92

3. 一些夏季害虫盛发期的早迟和春季温度高低有关。江苏武进县测定 1956~1964 年 3 月下旬至 4 月中旬旬平均温度累积值(x，单位：旬.度)和一代三化螟蛾盛发期(y)的数据，见表 10-12，试计算 x 和 y 的相关系数和决定系数(数据来源：南京农业大学，田间试验和统计方法)。

表 10-12　累积温度和一代三化螟蛾盛发期的关系数据

x 累积温	35.5	34.1	31.7	40.3	36.8	40.2	31.7	39.2	44.2
y 盛发期	12	16	9	2	7	3	13	9	-1

4. 测定 13 块中籼南京 11 号高产田的每亩穗数(x1，单位：万)、每穗粒数(x2)和每亩稻谷产量(y，单位：斤)，得结果如表 10-13 所示。试分析每亩穗数、每穗粒数和亩产量间的相关(数据来源：南京农业大学，田间试验和统计方法)。

表 10-13　每亩穗数(x_1)、每穗粒数(x_2)与亩产量(y)

x_1	x_2	Y	x_1	x_2	Y	x_1	x_2	Y
26.7	73.4	1008	33.8	64.6	1103	31.5	61.1	104
31.3	59.0	959	30.4	62.1	992	33.1	56.0	995
30.4	65.9	1051	27.0	71.4	945	34.0	59.8	1045
33.9	58.2	1022	33.3	64.5	1074	34.6	64.6	1097
30.4	64.1	1029						

5. 有一个 29 例儿童的血红蛋白与微量元素的实测资料如表 10-14 所示，此资料已经被建立在 e:\sasdt\blood. txt 中。试以钙、镁、铁、铜为自变量对因变量血红蛋白作逐步回归分析。

表 10-14　儿童的血红蛋白与微量元素的测定结果(每 100 ml 血)

观察号	血红蛋白 Y(g)	钙 x_1(μg)	镁 x_2(μg)	铁 x_3(μg)	铜 x_4(μg)	观察号	血红蛋白 Y(g)	钙 x_1(μg)	镁 x_2(μg)	铁 x_3(μg)	铜 x_4(μg)
1	13.50	54.89	30.86	448.70	1.010	16	10.25	70.08	36.81	409.80	1.190
2	13.00	72.49	42.61	467.30	1.640	17	10.00	63.05	35.07	384.10	0.853
3	13.75	53.81	52.86	425.61	1.220	18	9.75	48.75	30.53	342.90	0.924
4	14.00	64.74	39.18	469.80	1.220	19	9.50	52.28	27.14	326.29	0.817
5	14.25	58.80	37.67	456.55	1.010	20	9.25	52.21	36.18	388.54	1.020
6	12.75	43.67	26.18	395.78	0.594	21	9.00	49.71	25.43	331.10	0.897
7	12.50	54.89	30.86	448.70	1.010	22	8.75	61.02	29.27	258.94	1.190
8	12.25	86.12	43.79	440.13	1.770	23	8.50	53.68	28.79	292.80	1.320
9	12.00	60.35	38.20	394.40	1.140	24	8.25	50.22	29.17	292.60	1.040
10	11.75	54.04	34.23	405.60	1.300	25	8.00	65.34	29.99	312.80	1.030
11	11.50	61.23	37.35	446.00	1.380	26	7.80	56.39	29.29	283.00	1.350
12	11.25	60.17	33.67	383.20	0.914	27	7.50	66.12	31.93	344.20	0.689
13	11.00	69.69	40.01	416.70	1.350	28	7.25	73.89	32.94	312.50	1.150
14	10.75	72.28	40.12	430.80	1.200	29	7.00	47.31	28.55	294.70	0.838
15	10.50	55.13	33.02	445.80	0.918						

第 11 章 判别分析

11.1 判别分析概述

判别分析(Discriminant Analysis)是根据观测到的某些指标对研究对象进行分类的一种统计方法，如根据患者的症状、体征和化验指标判定患者的疾病或判断预后情况，根据某一株细菌的形态和生化特点判定细菌所属的种类，等等。判别分析通常是根据已知样本的分类及所测的指标，筛选出能提供较多信息的指标，从而建立判别方程，使其错判率最小。对于未知分类的样本，可将所测指标代入判别方程，判断它所属的总体。

1. 判别原理

(1)费歇(Fisher)判别思想是投影，使多维问题简化为一维问题来处理。选择一个适当的投影轴,使所有的样品点都投影到这个轴上得到一个投影值。对这个投影轴的方向的要求是，使每一类内的投影值所形成的类内离差尽可能小，而不同类间的投影值所形成的类间离差尽可能大。

(2)贝叶斯(Bayes)判别思想是根据先验概率求出后验概率，并依据后验概率分布做出统计推断。

所谓先验概率,就是用概率来描述人们事先对所研究的对象的认识的程度。

所谓后验概率，就是根据具体资料、先验概率、特定的判别规则所计算出来的概率。它是对先验概率修正后的结果。

(3)距离判别思想是根据各样品与各母体之间的距离远近做出判别。即根据资料建立关于各母体的距离判别函数式，将各样品数据逐一代入计算，得出各样品与各母体之间的距离值，判断样品属于距离值最小的那个母体。

2. 判别分析的目的

SAS 判别过程处理有一个分类变量和几个计量变量的资料。以便找到：

(1) 判别函数，以便根据计量变量来确定一个观测属于哪一类；

(2) 一组计量变量的线性组合，它能最好地区分各类；

(3) 计量变量的子集，以便最好地区别各类。

和聚类分析不同，各种判别分析都要求有分类的先验知识。

3. SAS 的判别分析过程

(1) DISCRIM 过程。该过程可以对一个或多个数值变量计算线性或二次判别函数，对观测进行分类。

(2) NEIGHBOR 过程。该过程用于各类数据不是多元正态分布的情况，进行最邻近判别分析，根据最邻近原则或 K 最邻近原则将观测分类。例如，已知一个待分类的观测，NEIGHBOR 过程考虑 K 个与其最近的观测，无论是基于总体协方差矩阵的马氏距离(Mahalanobis 提出的表示数据的协方差距离，是一种有效地计算两个未知样本集的相似度的方法。它考虑到各种特性间的联系。)或是欧氏距离(是 m 维空间中两个点之间的真实距离)都可以用来决定近似性，将此观测放入最邻近的类中。

DISCRIM 及 NEIGHBOR 过程是根据一个或几个数值变量将观测分成已知的两组或多组，进行分类判别分析的。

（3）CANDISC 过程。该过程执行典型判别分析，典型判别分析是与主成分及典型相关有关的维数缩减技术。该过程计算马氏距离，并进行单变量方差分析和多变量单向一维方差分析，输出数据集中含有根据典型变量建立的典型系数和计分，这些变量可最佳地概括出各类别之间的差异。

（4）STEPDISC 过程。该过程又称逐步判别分析。逐步判别分析是变量选择技术，它通过向前选择、向后剔除、逐步选择三种选择变量的方式，进行逐步判别分析，试图找出一组能够充分表示各类别之间差异的变量，从而舍弃其他含信息量少的变量。该过程只是选择变量却不能进行判别。因此，当使用 STEPDISC 选择一组变量之后，可以用其他任意一种判别过程进行更详细的分析。

本章只介绍常用的 DISCRIM 和 STEPDISC 过程，其他过程请见《SAS 统计过程指导》。

11.2　DISCRIM 过程

11.2.1　概述

1. 判别方法

DISCRIM 过程中涉及两种判别方法，一种为参数判别方法，另一种为非参判别方法。

（1）参数方法(parametric methods)

参数判别方法是假设每组数据都呈多元正态分布时，根据计算广义平方距离求出判别方程或判别准则。在计算判别准则时，或者通过计算组内协方差矩阵，或者通过合并协方差矩阵，同时还考虑每个类别的先验概率，最后将各观测分到具有最小广义平方距离的类别中。DISCRIM 也能够通过计算后验概率将观测判别到具有最大后验概率的类别中。

（2）非参数方法(nonparametric methods)

当用于判别分析的原始数据分布不确定时，采用非参数方法，利用 Kernel 或 K 最邻近方法求出每组的非参概率密度估计，最后得到判别准则。

2. 判别分析的假设检验

（1）等协方差矩阵检验

在 Bayes 判别法中，常要求每组变量呈多元正态分布，在不同组(母体)间具有相同的理论协方差阵。在判别分析的很多公式中，对正态分布的条件要求是不高的，但对不同母体间具有相同的理论协方差矩阵要求是很严格的，如果违反这个准则就要选用二次型判别方法。

在 DISCRIM 过程中多个协方差矩阵相等的假设检验是通过同时选用选项 POOL = TEST 和 SL-POOL = 显著性水平来实现的。如果最后的结果 $P<0.05$，则在判别分析中使用组内协方差矩阵，否则使用合并协方差矩阵。

（2）多个均值向量的检验

由于 Bayes 理论要求各组母体协方差矩阵相等，所以各组母体的区别就在于均值向量的不同。如果各组母体的均值向量相等，那么各组母体就归属于同一母体，其判别效果就可想而知了。因此对已选择的变量看其判别效果是否好，关键要检验不同母体均值是否相等。

DISCRIM 提供 Wilks 值、Pilai 迹、Hotelling-Lawdey 迹和 Roy 的最大特征根四种统计量。通过计算 P 值来得到最后的结论：当 $P>0.05$ 时各组均值相等，此时选择的变量不利于样本分类，需考虑重新选变量；当 $P<0.05$ 时，选择的变量有利于样本的分类。

11.2.2 DISCRIM 过程使用的语句

DISCRIM 过程使用下述语句：

```
PROC  DISCRIM <选项>;
CLASS  变量;
VAR  变量表;
ID  变量;
PRIORS  概率表;
TESTCLASS  变量;
TESTFREQ  变量;
TESTID 变量;
BY  变量表;
WEIGHT  变量;
```

以上各项除 PROC DISCRIM 和 CLASS 语句外，其余皆为可选语句。

1. PROC DISCRIM 语句

调用 DISCRIM 过程，在 DISCRIM 语句中可以使用如下选项。

（1）输入数据集参数

DATA =数据集名　此数据集可以是由原始数据建立的 SAS 数据集，也可以是由 SAS/STAT 过程产生的具有特殊结构的数据集，如相关矩阵或协方差矩阵等。当数据为相关矩阵时，需指定选项 TYPE = CORR，数据为协方差矩阵时，需指定 TYPE = COV。如果用了 METHOD = NPAR 时，分析数据必须是由原始数据建立的 SAS 数据集。

TESTDATA = 数据集名　指定观测待分类的原始 SAS 数据集名，在这个数据集中定量变量名必须与 DATA = 数据集中的变量名相匹配。

（2）输出数据集参数

当输入数据集为原始数据或 TYPE = CORR，TYPE = COV 等时，下面参数可以输出一般的判别统计信息。

OUTSTAT = 数据集名　输出数据集中包括多种统计量，如均值、标准差、相关系数等。

当输入数据为原始数据时，下列参数可以输出一般分类结果和指定组的密度估计。

OUT =数据集名　输出数据集包括 DATA = 数据集中所有观测，以及每个观测的后验概率和由回代法判别后的类别。

OUTCROSS = 数据集名　输出数据集包括 DATA = 数据集中所有观测，以及每个观测的后验概率和由交叉验证法判别后的类别。

OUTD =数据集名　输出数据集包括 DATA = 数据集中的所有观测，以及每个观测在指定组的密度估计。

当使用 TESTDATA = 数据集中这个参数时，下面的两个参数可以输出 TESTDATA = 数据集中所有观测的分类结果和指定组的密度估计。

TESTOUT = 数据集　输出数据集包括 TESTDATA = 数据集中所有观测，以及每个观测的后验概率和判别后的类别。

TESTOUTD = 数据集　输出数据集包括 TESTDATA = 数据集中所有观测数据和每个观测在指定组中的密度估计。

（3）选择判别分析方法参数

METHOD = NORMAL | NPAR　当每个类别中多变量分布为正态时，用 METHOD = NORMAL，可以得到线性判别方程或二次型判别方程。否则，用 METHOD = NPAR (非参方法) 对观测进行分类，估计指定组的密度。

METHOD默认值为NORMAL。

POOL = YES|NO|TEST　此参数决定是用合并的协方差矩阵还是用组内协方差矩阵计算平方距离。POOL = YES用合并的协方差矩阵计算平方距离。POOL = NO用组内协方差矩阵计算平方距离。POOL = TEST，则请求组内协方差矩阵齐次似然比检验。如果此检验在以SLPOOL = P指定的统计意义水平下有统计意义，计算平方距离时就采用组内协方差矩阵，否则采用合并的协方差矩阵，如果省略此参数，默认值为"YES"。

SLPOOL = P　指定齐次性检验的统计意义水平。如果在POOL = TEST参数指定后没有选用该选项，其默认值为0.10。

(4) 指定判别标准

THRESHOLD = P　指定分类时可接受的最小后验概率(0 < P < 1)，如果组成员的最大后验概率小于THRESHOLD值，则观测被分到OTHER组中。默认值为0。

(5) 控制显示统计信息参数

ALL　激活所有控制显示输出的选项。

SHORT　取消显示某些默认的输出项。

NOPRINT　取消显示结果。

以下参数用以显示相关矩阵：

BCORR　显示类间相关。

PCORR　显示合并的类内相关。

TCORR　显示全体样本相关。

WCORR　对每一分类水平显示类内相关矩阵。

当输入数据集为原始数据的SAS数据集时，下面参数控制显示判别回代结果：

LIST　显示每个观测的回代分类结果。仅在输入数据集为普通数据集时，才可使用此选项。

LISTERR　仅显示回代后的错判样本分类结果。仅在输入数据集为普通数据集时，才可使用此选项。

NOCLASSIFY　取消对输入数据集的回代分类。仅在输入数据集为普通数据集时，才可使用此选项。

以下参数控制显示交叉验证后的分类结果：

CROSSLIST　显示每个观测的交叉验证后的分类结果；

CROSSLISTERR　仅显示错判分类的观测交叉验证后的分类结果。

以下参数描述一些检验信息和统计量：

ANOVA　显示检验各类中假设每个变量总体均值相等的单变量方差分析；

MANOVA　显示检验总体中假设各类均值相等的多元方差分析的结果；

SIMPLE　显示整个样本和各类内简单统计量描述；

STDMEAN　显示整个样本和合并的各类内标准化分类均值。

2. CLASS语句

指定分析的分类变量，变量值可以是数值型或字符型的。该语句不能省略。

3. ID语句

ID语句仅当在PROC DISCRIM语句中选用LIST或LISTERR时才有效，当DISCRIM过程显示分类结果时，它将取代每个观测的序号。

4. PRIORS语句

PRIORS语句用于指定组成员的先验概率，有如下三种选择。

(1) PRIORS EQUEL; 设置各组先验概率相等。

(2) PRIORS PROPORTIONAL; 设置先验概率正比于样本容量。

(3) PRIORS 概率表; 对分类变量的每个水平定义一个先验概率。

例如，一个分类变量有水平 A-D，每级各有先验概率 0.1，0.3，0.5，0.1，则语句为:

PRIORS A = 0.1 B = 0.3 C = 0.5 D = 0.1;

当分类变量的值为数字型其格式化值分别为'1'，'2'，'3'，'4'时，可写成:

PRIORS　'1' =0.1' 2' =0.3' 3' =0.5' 4' =0.1;

注意：先验概率之和为 1。

5. TESTCLASS 语句

TESTCLASS 语句是为了命名 TESTDATA = 数据集中的一个变量，以确定该数据集中观测是否被错分，TESTCLASS 变量应与 CLASS 语句中的变量类型和长度相一致；如果省略该语句，则 CLASS 语句中的变量将代替它。

6. TESTID 语句

TESTID 语句仅当在 PROC DISCRIM 语句中出现 TESTLIST 或 TESTLISTERR 选项时才有效。当显示 TESTDATA 数据集的分类结果时，TESTID 变量值将取代每个观测序号。

11.2.3 DISCRIM 过程的输出

DISCRIM 过程的判别分类结果的信息较多，它以一系列图表的形式显示和输出。

(1) 在分析中有关分类变量值、频数、先验概率(Prior Probabilities)。

(2) 每组的简单统计(Simple Statistics)描述。

(3) 每组的组内协方差矩阵(Within Covariance Matrixes)。

(4) 每组组内相关系数矩阵，及总体相关系数为零的假设检验(Within Correlatioon Coefficiens / Probability > |R|)。

(5) 合并协方差矩阵(Pooled Covariance Matrix)。

(6) 由合并协方差矩阵计算的偏相关系数及总体相关系数为零的假设检验（Partial Correlation Coefficients Computed From Pooled Covariance Matrix / Prob > |R|)。

(7) 组内协方差矩阵信息(Within Covariance Matrix Information)包括：协方差矩阵秩次(Covariance Matrix Rank)，协方差矩阵行列式的自然对数（ Natural Log of The Determinant of The Covariance Matrix ）。

(8) 组内协方差矩阵的齐性检验(Test of Homogeneity of Within Covariance Matrixes)。

(9) 组间两两广义平方距离（Pairwise Squared Generalized Distances Between Groups)。

(10) 线性判别函数(Liner Discriminant Function)，在使用合并协方差矩阵时出现。

(11) 对标准化数据的分类结果(Classification Results for Calibration Data)。

(12) 标准化数据的分类小结(Classification Summary for Calibration Data)。

11.2.4 应用举例

在医学上判别分析常用于分析和诊断，如临床中要诊断患者所患的某种疾病时，往往通过已确诊患者的一些生化指标，求出判别方程;将今后就诊者所测指标代入判别方程，以达到预测和诊断的目的。

【例 11-2-1】 为研究舒张期血压与血浆胆固醇对冠心病的作用，测定了 50 ~ 59 岁女工冠心病患者 15 例和正常人 16 例的舒张期血压(x1)和血浆胆固醇(x2)，结果如表 11-1 所示，试做判别分析。

表 11-1　冠心病人和正常人舒张期血压和血浆胆固醇数据表

冠心病组 编号	舒张压 kPa(dbp)	胆固醇 mmol/L (chol)	正常组 编号	舒张压 kPa(dbp)	胆固醇 mmol/L (chol)
1	9. 86	5. 18	1	10. 66	2. 07
2	13. 33	3. 73	2	12. 53	4. 45
3	14. 66	3. 89	3	13. 33	3. 06
4	9. 33	7. 10	4	9. 33	3. 94
5	12. 80	5. 49	5	10. 66	4. 45
6	10. 66	4. 09	6	10. 66	4. 92
7	10. 66	4. 45	7	9. 33	3. 68
8	13. 33	3. 63	8	10. 66	2. 77
9	13. 33	5. 96	9	10. 66	3. 21
10	13. 33	5. 70	10	10. 66	5. 02
11	12. 00	6. 19	11	10. 40	3. 94
12	14. 66	4. 01	12	9. 33	4. 92
13	13. 33	4. 01	13	10. 66	2. 69
14	12. 80	3. 63	14	10. 66	2. 43
15	13. 33	5. 96	15	11. 20	3. 42
			16	9. 33	3. 63

数据存于 e:\sasdt\heart. txt 中，其中仅有 dbp 和 chol 两项，程序如下：

```
  * ex11-2-1;
DATA heart;
  INFILE 'e:\sasdt\heart.txt';
  INPUT dbp chol;
    IF _N_<16 THEN group=1;
    ELSE group=2;
PROC DISCRIM DISTANCE MANOVA LISTERR;
  CLASS group;
  VAR dbp chol;
RUN;
```

本程序从文本文件 heart. txt 中读入变量 dbp(舒张压) 及 chol(胆固醇)。前 15 个观测为冠心病组 group = 1，后面为正常人组 group = 2，用 IF 语句获得 group 值。判别分析过程中，以变量 group 分组。PROC DISCRIM 中，用 DISTANCE 输出组间广义平方距离 D^2；MANOVA 检验判别函数的判别效果。输出结果的主要部分如图 11-1 至图 11-4 所示。

```
                 Generalized Squared Distance to group

        (1)        From group            1            2
                            1            0      4.64167
                            2      4.64167            0

                         The DISCRIM Procedure

        (2)    Multivariate Statistics and Exact F Statistics

                         S=1      M=0      N=13

Statistic                    Value     F Value    Num DF    Den DF    Pr > F
Wilks' Lambda           0.44659674       17.35         2        28    <.0001
Pillai's Trace          0.55340326       17.35         2        28    <.0001
Hotelling-Lawley Trace  1.23915652       17.35         2        28    <.0001
Roy's Greatest Root     1.23915652       17.35         2        28    <.0001
```

图 11-1　冠心病的判别分析-1

图 11-1 结果分析：

(1) 输出 D^2 为 4.64167。

(2) SAS 做了多种统计检验，所得结果相同，P 值 <0.0001。

(3) 图 11-2 中，输出判别函数的常数及系数向量。由此可得到判别函数式：

$$Z1 = -72.49746 + 8.41761dbp + 8.18104chol$$

$$Z2 = -49.25511 + 7.04324dbp + 6.45716chol$$

把待判样本的 dbp 及 chol 代入两式，哪一个 Z 值大就归入哪一类。本例第一例为冠心病人，将其 dbp = 9.86 及 chol = 5.18 代入上式得：

$$Z1 = -72.49746 + 8.41761 \times 9.86 + 8.18104 \times 5.18 = 52.87796$$

$$Z2 = -49.25511 + 7.04324 \times 9.86 + 6.45716 \times 5.18 = 53.63932$$

Linear Discriminant Function for group

(3)

Variable	1	2
Constant	-72.49746	-49.25511
dbp	8.41761	7.04324
chol	8.18104	6.45716

图 11-2　冠心病判别分析 - 线性判别函数

由于 Z2 比较大，被判为正常人而判错。下面将列出错判的各例及其分属两组的概率(见图 11-3)。

Posterior Probability of Membership in group

(4)

Obs	From group	Classified into group	1	2
1	1	2 *	0.3183	0.6817
6	1	2 *	0.1764	0.8236
7	1	2 *	0.2849	0.7151
17	2	1 *	0.8389	0.1611
18	2	1 *	0.5874	0.4126
25	2	1 *	0.5156	0.4844

图 11-3　冠心病判别分析 - 错判分析

(4) 由图 11-3 可见本例有 3 例(1，6，7 号)冠心病人错判为正常人，有 3 例正常人(17，18，25 号)即正常组编号 2，3，10 号被错判为冠心病人。

(5) 由图 11-4 可见总的分类信息。本例第一组冠心病例判对 12 例占 80%。判错 3 例占 20%。正常人判对 13 例，占 81.25%，判错 3 例占 18.75%。

Number of Observations and Percent Classified into group

(5)

From group	1	2	Total
1	12	3	15
	80.00	20.00	100.00
2	3	13	16
	18.75	81.25	100.00
Total	15	16	31
	48.39	51.61	100.00
Priors	0.5	0.5	

Error Count Estimates for group

	1	2	Total
Rate	0.2000	0.1875	0.1938
Priors	0.5000	0.5000	

图 11-4　冠心病的判别分析 - 分类矩阵

【例 11-2-2】 胃癌的鉴别。从某医院消化内科的病人中，抽取 140 例病人做五项生化指标的检测，其中经临床确诊为胃癌者 46 例，为非胃癌者(包括萎缩性胃炎病人)94 例，数据见表 11-2。数据存放在名为 stomach.txt 的文件中。数据中有 6 个变量：分类变量 illness (1 = 非胃癌，2 = 胃癌)；5 个解释变量：water(水试验)；purple(蓝色反应)；copper(血清铜蓝蛋白含量)；indole（吲哚乙酸)；sulfo(中性硫化物)。

表 11-2　stomach. txt 文件内容

1 0.0 100 175 0.190	0.180	2 2.0 112 150 0.110	0.090	2 4.0 290 250 0.600	1.000	2 2.0 150 260 0.500	0.230
2 2.5 135 200 0.140	0.250	1 1.0 100 205 0.140	0.380	1 0.0 100 130 0.250	0.140	2 4.0 160 250 0.270	0.350
2 4.0 240 320 0.330	0.175	2 4.0 190 176 0.500	0.090	1 0.0 115 250 0.120	0.600	2 2.0 150 220 0.600	0.390
1 0.0 115 205 0.290	0.155	2 4.0 130 180 0.600	0.310	2 4.0 195 265 0.450	0.330	1 0.0 105 175 0.240	0.430
2 3.0 135 175 0.270	0.050	2 4.0 200 285 0.600	0.600	2 4.0 160 200 0.600	0.400	2 3.0 195 240 0.340	0.090
1 0.0 125 230 0.130	0.370	1 0.0 105 155 0.600	0.330	2 4.0 165 230 0.240	0.210	2 4.0 105 150 0.340	0.280
2 0.5 160 220 0.300	0.600	1 3.0 180 350 0.190	0.150	2 4.0 170 280 0.600	0.420	1 0.0 125 180 0.370	0.600
2 1.0 125 190 0.600	0.600	2 2.0 200 280 0.215	0.360	1 0.0 105 130 0.070	0.080	2 2.0 100 190 0.600	0.150
1 0.0 120 195 0.090	0.110	1 0.0 100 150 0.140	0.110	2 4.0 190 120 0.600	0.600	1 0.0 110 200 0.080	0.100
2 4.0 180 265 0.400	0.600	1 0.0 80 130 0.080	0.050	1 0.0 125 205 0.110	0.110	1 0.0 115 150 0.250	0.160
1 0.0 120 210 0.120	0.360	2 2.0 120 200 0.340	0.380	1 0.0 100 160 0.180	0.320	2 2.0 150 180 0.320	0.500
1 0.0 125 125 0.040	0.060	1 0.0 100 185 0.180	0.370	2 2.0 190 300 0.250	0.600	1 0.0 130 150 0.230	0.160
2 3.0 170 280 0.360	0.600	1 0.0 100 140 0.120	0.110	1 0.0 140 195 0.500	0.170	2 4.0 160 140 0.500	0.600
1 0.0 100 120 0.150	0.090	1 0.0 110 180 0.240	0.600	1 0.0 80 155 0.170	0.140	1 4.0 170 200 0.600	0.600
2 2.0 140 195 0.270	0.120	1 0.0 100 145 0.080	0.140	2 4.0 200 460 0.210	0.500	1 0.0 105 280 0.130	0.220
1 0.0 100 260 0.150	0.310	2 3.0 150 210 0.230	0.120	2 3.0 150 120 0.300	0.495	1 0.0 105 140 0.600	0.370
2 3.5 140 240 0.300	0.170	2 1.0 180 260 0.290	0.600	1 0.0 105 120 0.220	0.190	1 0.0 130 310 0.180	0.090
2 4.0 130 210 0.450	0.180	1 0.0 100 170 0.180	0.090	1 0.0 125 160 0.190	0.145	2 2.0 90 130 0.600	0.240
1 0.0 110 170 0.180	0.250	1 0.0 105 190 0.165	0.165	2 2.0 165 290 0.310	0.600	1 0.0 115 205 0.125	0.010
1 1.0 130 175 0.270	0.160	2 3.0 120 330 0.600	1.000	1 0.0 110 175 0.400	0.600	1 0.0 140 240 0.190	0.300
2 3.0 120 160 0.340	0.350	1 0.0 130 155 0.320	0.130	1 0.0 125 220 0.060	0.060	2 0.0 200 330 0.600	0.190
1 0.0 110 160 0.055	0.130	1 0.0 100 165 0.200	0.100	2 3.0 200 255 0.600	0.470	1 0.5 115 230 0.270	0.340
1 0.0 110 170 0.130	1.000	2 4.0 160 210 0.090	0.600	1 0.0 130 200 0.190	0.290	1 0.0 90 210 0.130	0.140
1 0.0 100 210 0.190	1.000	1 0.0 90 190 0.210	0.120	1 0.0 95 155 0.350	0.210	1 1.0 90 170 0.400	0.240
1 0.0 90 165 0.190	0.040	1 0.0 105 195 0.200	0.250	1 0.0 125 170 0.370	0.270	1 0.0 105 170 0.500	0.190
1 0.0 100 150 0.220	0.500	1 0.0 110 210 0.110	0.080	1 0.0 90 135 0.360	0.130	1 0.0 110 200 0.160	0.230
1 0.0 135 150 0.080	0.400	1 4.0 180 380 0.450	0.360	1 0.0 115 140 0.600	0.280	1 3.0 135 180 0.150	0.150
1 0.0 125 230 0.210	0.120	1 4.0 160 180 0.310	0.380	1 2.0 140 295 0.190	0.400	1 1.0 150 290 0.600	0.100
1 0.0 130 120 0.600	0.600	1 0.0 135 250 0.220	0.600	1 0.0 110 190 0.120	0.040	1 0.0 250 215 0.420	0.600
1 0.0 90 145 0.100	0.080	1 0.0 110 145 0.390	0.600	1 0.0 100 210 0.500	0.500	1 0.0 125 160 0.190	0.080
1 0.0 95 200 0.160	0.120	1 0.5 140 220 0.400	0.600	2 4.0 150 220 0.400	0.600	1 0.0 140 200 0.220	0.230
1 1.0 170 310 0.290	0.500	2 3.0 145 290 0.350	1.000	1 0.0 125 190 0.110	0.210	1 0.0 85 135 0.150	0.080
2 3.0 200 370 1.000	0.600	1 0.0 195 190 0.100	0.110	1 0.0 205 200 0.350	0.600	2 4.0 125 195 0.600	1.000
1 0.0 105 230 0.210	0.400	1 0.0 160 195 0.600	0.300	1 0.0 90 125 0.220	0.050	1 0.0 100 140 0.190	0.210
1 0.0 125 165 0.240	0.090	1 0.0 130 185 0.270	0.120	1 0.0 140 320 0.330	0.200	1 0.0 110 145 0.270	0.260

为了考察这些生化指标是否对胃癌有鉴别能力，利用判别分析建立诊断胃癌的判别函数，并分析各指标的贡献大小。

程序如下：

```
* ex11-2-2;
LIBNAME library 'e:\saslx';
PROC FORMAT LIBRARY = library;
    value illname  1 = '非胃癌'  2 = '胃癌';
DATA library. stomach;
   INFILE "e:\sasdt\stomach. txt";
```

```
    INPUT illness water purple copper indole sulfo @@ ;
    FORMAT illness illname. ;
PROC DISCRIM OUTSTAT = DISSTAT PCORR POOL = TEST ANOVA MANOVA LISTERR CROSSLISTERR;
    CLASS illness;
RUN;
```

程序说明:

在语句 LIBNAME library 'e:\saslx' ;中, library 为库逻辑名,之所以使用此特殊的逻辑名,是为将 FORMAT 过程创建的格式永久保存。

PROC FORMAT LIBRARY = library;中, LIBRARY 是 FORMAT 过程的选项,能将 FORMAT 过程创建的格式永久保存,而后面的 library 是规定的已创建的逻辑库名。

疾病名称 illname 以 1 表示非胃癌, 2 表示胃癌。为了清楚地显示疾病名称,使用 FORMAT 过程为变量 illness 设定格式值:

```
  PROC FORMAT;
     VALUE illname  1 = '非胃癌'  2 = '胃癌' ;
```

在建立数据集时使用此格式:

```
FORMAT illness illname. ;
```

OUTSTAT = disstat　表示一般统计信息输出至 disstat 数据集中。

PCORR　显示合并的组内相关矩阵。

POOL = TEST　检验不同组内协方差矩阵是否相等,以决定计算广义平方距离时采用何种矩阵。

ANOVA　显示检验各组中每个变量总体均值是否相等的一元统计量。

MANOVA　显示各类均值间进行多元分析的结果。

CROSSLISTERR　显示交叉检验后的错判样本分类结果。

程序运行结果如图 11-5 至图 11-14 所示。

SAS 系统
The DISCRIM Procedure

Observations	140	DF Total	139
Variables	5	DF Within Classes	138
Classes	2	DF Between Classes	1

Class Level Information

illness	Variable Name	Frequency	Weight	Proportion	Prior Probability
非胃癌	_____	94	94.0000	0.671429	0.500000
胃癌	___	46	46.0000	0.328571	0.500000

图 11-5　胃癌资料判别分析-1(数据概述)

主要输出结果及解释:

(1) 图 11-5 给出输入数据概述:总样本数(Observations),变量数(Variables),类别数(Classes),总自由度(DF TOTAL),类内自由度(DF Within Classes),类间自由度(DF Between Class),每个类别频数(Frequency),权重(Weight),比率(Proportion),先验概率(Prior Probability)。

(2) 图 11-6 由选项 PCORR 而输出合并的组内偏相关系数和 $Pr > |r|$ 的值。从 P 值可以推断出任何两变量相关系数是否具有统计意义。例如, water 和 purple 间、copper 和 purple 间高度相关($P < 0.01$),而 water 和 sulfo 间不相关($P = 0.1730$)。

The DISCRIM Procedure

Pooled Within-Class Correlation Coefficients / Pr > |r|

Variable	water	purple	copper	indole	sulfo
water	1.00000	0.31821	0.21520	0.15647	0.11624
		0.0001	0.0110	0.0659	0.1730
purple	0.31821	1.00000	0.49352	0.21476	0.23721
	0.0001		<.0001	0.0111	0.0049
copper	0.21520	0.49352	1.00000	0.06403	0.20215
	0.0110	<.0001		0.4539	0.0170
indole	0.15647	0.21476	0.06403	1.00000	0.30374
	0.0659	0.0111	0.4539		0.0003
sulfo	0.11624	0.23721	0.20215	0.30374	1.00000
	0.1730	0.0049	0.0170	0.0003	

图 11-6 胃癌资料判别分析-2(合并后组内偏相关系数)

(3) 图 11-7 组内协方差矩阵，包括每组协方差矩阵的秩和协方差矩阵行列式值的自然对数。

Within Covariance Matrix Information

illness	Covariance Matrix Rank	Natural Log of the Determinant of the Covariance Matrix
非胃癌	5	6.38500
胃癌	5	9.19971
Pooled	5	7.57420

图 11-7 胃癌资料判别分析-3(合并后组内协方差矩阵)

(4) 图 11-8 选项 pool = test 检验不同组内协方差矩阵是否相等，可见经过卡方检验后得到 P 值 = 0.0019，在统计意义水平 0.10 的水准上卡方值有意义，拒绝“协方差矩阵相等”的零假设，故用组内协方差矩阵进行判别分析。

SAS 系统

The DISCRIM Procedure

Test of Homogeneity of Within Covariance Matrices

```
Notation: K     = Number of Groups
          P     = Number of Variables
          N     = Total Number of Observations - Number of Groups
          N(i)  = Number of Observations in the i'th Group - 1

                                   N(i)/2
                 ∏  |Within SS Matrix(i)|
          V   = --------------------------------------
                                      N/2
                      |Pooled SS Matrix|

                                               2
                      ┌         1       1  ┐ 2P + 3P - 1
          RHO  = 1.0 -│ SUM  -----  -  --- │ -------------
                      └        N(i)      N ┘ 6(P+1)(K-1)

          DF   = .5(K-1)P(P+1)

                                            ┌   PN/2          ┐
                                            │  N          V   │
Under the null hypothesis:      -2 RHO ln   │ --------------- │
                                            │       PN(i)/2   │
                                            └  ∏ N(i)         ┘

is distributed approximately as Chi-Square(DF).
```

Chi-Square	DF	Pr > ChiSq
35.734588	15	0.0019

Since the Chi-Square value is significant at the 0.1 level, the within covariance matrices will be used in the discriminant function.

图 11-8 胃癌资料判别分析-4(卡方检验)

(5) 图 11-9 输出组间成对数据的广义距离平方。

Pairwise Generalized Squared Distances Between Groups

$$D^2(i|j) = (\bar{X}_i - \bar{X}_j)' COV_j^{-1} (\bar{X}_i - \bar{X}_j) + \ln |COV_j|$$

Generalized Squared Distance to illness

From illness	非胃癌	胃癌
非胃癌	6.38500	16.30324
胃癌	16.89032	9.19971

图 11-9　胃癌资料判别分析-5(组间成对数据的广义距离平方)

(6) 图 11-10 输出各变量的统计检验信息包括总体标准差，合并后标准差，组间标准差，复相关系数平方，复相关系数平方除以 1 减复相关系数平方，*F* 值和 *P* 值等。

The DISCRIM Procedure
Univariate Test Statistics

F Statistics,　　Num DF=1,　　Den DF=138

Variable	Total Standard Deviation	Pooled Standard Deviation	Between Standard Deviation	R-Square	R-Square / (1-RSq)	F Value	Pr > F
water	1.5769	0.9403	1.7874	0.6470	1.8328	252.93	<.0001
purple	36.9642	31.4789	27.5620	0.2800	0.3889	53.66	<.0001
copper	60.4954	57.3307	28.0606	0.1084	0.1215	16.77	<.0001
indole	0.1775	0.1582	0.1150	0.2115	0.2683	37.02	<.0001
sulfo	0.2337	0.2215	0.1084	0.1083	0.1215	16.76	<.0001

图 11-10　胃癌资料判别分析-6(统计检验信息)

选项 ANOVA，检验各组中每个变量总体均值是否相等，从 *Pr* > *F* 值中，可以看出所有变量的 *P* 值都小于 0.0001，说明 WATER，PURPLE，COPPER，INDOLE，SULFO 这 5 个变量对胃癌组与非胃癌组均值差异均有高度统计意义，判别效果非常好。

(7) 图 11-11 选项 MANOVA，检验各类均值向量之间是否相等。4 种统计方法检验的 *P* 值均小于 0.0001，说明胃癌组和非胃癌组的样本来自于两个不同母体，这样有利于样本分类。

Average R-Square

Unweighted	0.2710344
Weighted by Variance	0.1552546

Multivariate Statistics and Exact F Statistics

S=1　　M=1.5　　N=66

Statistic	Value	F Value	Num DF	Den DF	Pr > F
Wilks' Lambda	0.33788406	52.52	5	134	<.0001
Pillai's Trace	0.66211594	52.52	5	134	<.0001
Hotelling-Lawley Trace	1.95959505	52.52	5	134	<.0001
Roy's Greatest Root	1.95959505	52.52	5	134	<.0001

图 11-11　胃癌资料判别分析-7(多元统计信息)

(8) 图 11-12 用二次判别函数置换对数据分类概述。给出广义距离平方函数和每个成员的后验概率。

(9) 图 11-13 选项 LISTERR，输出用二次型判别方程回代后错判样本，例如 25 号样本，医生诊断为非胃癌病人，但经判别方程回代后判为胃癌，并且输出它属于非胃癌组的后验概率为 0.0317，属于胃癌组的后验概率是 0.9683，故被判为胃癌组。我们看出 94 个非胃癌患者中判为胃癌的 8 人，正确判别率为 91.49%，错误判别率为 8.51%；胃癌患者 46 人中正确判别率为 93.48%，错误判别率为 6.52%，从结果看出判别效果还是不错的。

```
                    The DISCRIM Procedure
   Classification Summary for Calibration Data: EP.STOMACH
   Resubstitution Summary using Quadratic Discriminant Function

              Generalized Squared Distance Function

                2          _         -1  _
              D (X) = (X-X )' COV  (X-X ) + ln |COV |
               j          j     j     j           j

        Posterior Probability of Membership in Each illness

                           2                      2
          Pr(j|X) = exp(-.5 D (X)) / SUM exp(-.5 D (X))
                             j        k             k
```

图 11-12　胃癌资料判别分析-8(数据分类概述)

Obs	From illness	Classified into illness		非胃癌	胃癌
25	非胃癌	胃癌	*	0.0317	0.9683
27	胃癌	非胃癌	*	0.9446	0.0554
29	胃癌	非胃癌	*	0.6424	0.3576
55	非胃癌	胃癌	*	0.0001	0.9999
66	胃癌	非胃癌	*	0.6875	0.3125
106	非胃癌	胃癌	*	0.0009	0.9991
108	非胃癌	胃癌	*	0.0100	0.9900
110	非胃癌	胃癌	*	0.0001	0.9999
111	非胃癌	胃癌	*	0.4933	0.5067
112	非胃癌	胃癌	*	0.1849	0.8151
116	非胃癌	胃癌	*	0.0433	0.9567

Number of Observations and Percent Classified into illness

From illness	非胃癌	胃癌	Total
非胃癌	86	8	94
	91.49	8.51	100.00
胃癌	3	43	46
	6.52	93.48	100.00
Total	89	51	140
	63.57	36.43	100.00
Priors	0.5	0.5	

Error Count Estimates for illness

	非胃癌	胃癌	Total
Rate	0.0851	0.0652	0.0752
Priors	0.5000	0.5000	

图 11-13　胃癌资料判别分析-9(判别方程回代)

(10) 图 11-14 选项 crosslisterr 输出利用二次型判别方程交叉验证后的错判样本，及每个错判样本在每组中的后验概率，同时输出正确判别率和错误判别率总表。

Obs	From illness	Classified into illness		非胃癌	胃癌
25	非胃癌	胃癌	*	0.0053	0.9947
27	胃癌	非胃癌	*	0.9728	0.0272
29	胃癌	非胃癌	*	0.7523	0.2477
55	非胃癌	胃癌	*	0.0000	1.0000
66	胃癌	非胃癌	*	0.7709	0.2291
106	非胃癌	胃癌	*	0.0000	1.0000
108	非胃癌	胃癌	*	0.0023	0.9977
110	非胃癌	胃癌	*	0.0000	1.0000

图 11-14　胃癌资料判别分析-10(正确判别率和错误判别率总表)

111	非胃癌	胃癌	*	0.4152	0.5848
112	非胃癌	胃癌	*	0.0604	0.9396
116	非胃癌	胃癌	*	0.0000	1.0000
130	非胃癌	胃癌	*	0.4642	0.5358
131	非胃癌	胃癌	*	0.4626	0.5374

* Misclassified observation

The DISCRIM Procedure
Classification Summary for Calibration Data: EP.STOMACH
Cross-validation Summary using Quadratic Discriminant Function

Generalized Squared Distance Function
广义距离平方函数

$$D_j^2(X) = (X-\bar{X}_{(X)j})' COV_{(X)j}^{-1} (X-\bar{X}_{(X)j}) + \ln |COV_{(X)j}|$$

Posterior Probability of Membership in Each illness
每一成员后验概率函数

$$Pr(j|X) = \exp(-.5\, D_j^2(X)) / SUM_k \exp(-.5\, D_k^2(X))$$

Number of Observations and Percent Classified into illness

From illness	非胃癌	胃癌	Total
非胃癌	84	10	94
	89.36	10.64	100.00
胃癌	3	43	46
	6.52	93.48	100.00
Total	87	53	140
	62.14	37.86	100.00
Priors	0.5	0.5	

Error Count Estimates for illness

	非胃癌	胃癌	Total
Rate	0.1064	0.0652	0.0858
Priors	0.5000	0.5000	

图 11-14 胃癌资料判别分析-10(正确判别率和错误判别率总表)(续)

11.3 STEPDISC 过程

11.3.1 概述

如果指标较多则可用 PROC STEPDISC 进行逐步判别分析。它通过向前选择，向后剔除和逐步选择三种方式来选择变量。逐步判别只选出有统计意义的因子并检验其判别效果的统计意义，但并不给出判别函数等内容。可以在逐步判别之后再用 DISCRIM 过程来分析。

1. 向前选择法(Forward selection method)

变量由少到多逐个引入判别方程。开始时模型的变量个数为零，然后每步将对模型的判别能力贡献最大的变量移进模型。判别能力用 Wilks λ 值度量，即似然比准则，当未被选择的变量再没有满足进入的判据时，停止引入变量。

2. 向后剔除法(Backward elemination method)

变量由多到少逐个剔除，开始时全部变量都放入方程，然后在每一步中将对模型的判别能力贡献最小的变量移出，直到所有剩下来的变量都满足停留在模型中的判据为止。

3. 逐步选择法(Stepwise selection method)

将向前选择法和后退剔除法结合起来使用，在每一步中，如果模型中对模型判别能力的贡献最小的变量不能满足留在模型中的判据，那么将从模型中移走；另一方面尚未在模型中的但对模型判别能力贡献最大的一个变量，如满足停留在模型中的判据，则将它移入模型中。当模型中所有变量都满足停留在模型中的判据，而且又没有其他变量满足进入模型判据时，则停止逐步选择处理。

11.3.2 STEPDISC 过程使用的语句

在 STEPDISC 过程中可调用如下语句：

```
PROC STEPDISC <选项>;
VAR      变量表;
CLASS    变量;
FREQ     变量;
WEIGHT   变量;
BY       变量表;
```

PROC STEPDISC 和 CLASS 语句为必用语句，其余皆为任选语句。

1. PROC STEPDISC 语句

其中选项包括如下的内容。

(1) 输入数据集名

DATA=数据集名　可以是普通数据集，也可以是 CANDISC 过程用 OUTSTAT 选项或带 BY 语句的 CORR 过程及其他统计过程产生的 TYPE=CORR，COV，CSSCP 和 SSCP 的数据集。

(2) 选择判别分析方法参数

METHOD=FORWARD | FW　使用向前选择法。

METHOD=BACKWARD | BW　使用后退剔除法。

METHOD=STEPWISE | SW　使用逐步选择法，默认值为 SW。

(3) 选择判别标准参数

SLENTRY | SLE=p　指定移入变量的统计意义水平 p 值，0≤p≤1，默认值为 0.15。

SLSTAY | SLS=p　指定停留变量的统计意义水平 p 值，0≤p≤1，默认值为 0.15。

SINGULAR=p | SING=p　指定移入变量的奇异判据，0<p<1，如果一个变量与已在模型中的变量预测的多重相关的平方 R^2 大于 1-p，那么 STEPDISC 过程拒绝该变量引入模型，SINGULAR 的默认值为 1E-8。

(4) 选择变量个数参数

INCLUDE=n　要求在 VAR 语句中，前 n 个变量总包含在模型中，n 的默认值为零。

MAXSTEP=n　指定选择变量最大的步数，默认值为 VAR 语句中变量个数的两倍。

STOP=n　指定在最后的模型中变量的个数。当模型中的变量个数等于 n 时，停止变量选择。它仅适用于用 METHOD=指定的 FW 法和 BW 法，在 FW 法中 STOP 的默认值为 VAR 语句中变量的个数，而在 BW 法中 STOP 的默认值为零。

(5) 控制显示统计信息参数

SIMPLE　显示全部样本和每一类内的简单描述统计量。

STDMEAN　显示全部样本和各类内合并的标准化类均值。

TCORR　显示全部样本相关。

WCORR　显示每一类水平的类内相关。

2. CLASS 语句

CLASS 变量的值定义了分析组，CLASS 变量可以是数值型量也可以是字符型量。

11.3.3 STEPDISC 过程应用举例

【例 11-3-1】 引用前面的胃癌鉴别的永久数据集，进行逐步判别分析。

1. 逐步判别

```
* ex11-3-1;
LIBNAME ep 'e:\saslx';
PROC FORMAT;
   VALUE illname 1 = '非胃癌'  2 = '胃癌';
PROC STEPDISC DATA = ep.stomach METHOD = SW;
  CLASS illness;
RUN;
```

程序中 METHOD = SW 表示用逐步判别方法选择变量，结果如图 11-15 至图 11-19 所示。

结果分析：

(1) 图 11-15 输出总样本数、类别数、分析中的变量数，将要包含在方程里的变量数、变量引入方程和剔除方程的临界值 0.15；每个类别的频数、权值和百分率。

The STEPDISC Procedure

The Method for Selecting Variables is STEPWISE

Observations	140	Variable(s) in the Analysis	5
Class Levels	2	Variable(s) will be Included	0
		Significance Level to Enter	0.15
		Significance Level to Stay	0.15

Class Level Information

illness	Variable Name	Frequency	Weight	Proportion
非胃癌	____	94	94.0000	0.671429
胃癌	____	46	46.0000	0.328571

图 11-15 胃癌资料的逐步判别分析(数据集处理简述)

(2) 图 11-16 输出逐步选择变量的第一步，找到 F 最大值 252.93 所对应的变量 water，$Pr > F < 0.0001$(小于引入变量的临界值 0.15)，说明它对判别效果有显著统计意义，因而首先引入方程；显示出 water 进入后的多元统计量。

The STEPDISC Procedure
Stepwise Selection: Step 1
Statistics for Entry, DF = 1, 138

Variable	R-Square	F Value	Pr > F	Tolerance
water	0.6470	252.93	<.0001	1.0000
purple	0.2800	53.66	<.0001	1.0000
copper	0.1084	16.77	<.0001	1.0000
indole	0.2115	37.02	<.0001	1.0000
sulfo	0.1083	16.76	<.0001	1.0000

Variable water will be entered.
Variable(s) that have been Entered
water

Multivariate Statistics

Statistic	Value	F Value	Num DF	Den DF	Pr > F
Wilks' Lambda	0.353002	252.93	1	138	<.0001
Pillai's Trace	0.646998	252.93	1	138	<.0001
Average Squared Canonical Correlation	0.646998				

图 11-16 逐步判别分析(第 1 步进入统计量)

（3）图 11-17 逐步选择变量的第二步，找到 F 最大值所对应的变量 indole，$Pr>F=0.0329$，说明它对判别效果有统计意义，因而引入变量 indole；并显示出 water、indole 进入后的多元统计量。

The STEPDISC Procedure
Stepwise Selection: Step 2
No variables can be removed.

Statistics for Entry, DF = 1, 137

Variable	Partial R-Square	F Value	Pr > F	Tolerance
purple	0.0144	2.00	0.1596	0.6566
copper	0.0012	0.17	0.6841	0.8514
indole	0.0328	4.65	0.0329	0.7953
sulfo	0.0129	1.79	0.1829	0.8911

Variable indole will be entered.
Variable(s) that have been Entered
water indole

Multivariate Statistics

Statistic	Value	F Value	Num DF	Den DF	Pr > F
Wilks' Lambda	0.341426	132.13	2	137	<.0001
Pillai's Trace	0.658574	132.13	2	137	<.0001
Average Squared Canonical Correlation	0.658574				

图 11-17 胃癌资料的逐步判别分析（第 2 步）

（4）图 11-18 逐步选择变量的第三步，已引入的两个变量其 $Pr>F$ 值都小于 0.05，因此没被剔除，其余三个未引入方程的变量其 P 值都大于引入变量的临界值 0.15，所以选择变量结束。

The STEPDISC Procedure
Stepwise Selection: Step 3

Statistics for Removal, DF = 1, 137

Variable	Partial R-Square	F Value	Pr > F
water	0.5670	179.39	<.0001
indole	0.0328	4.65	0.0329

No variables can be removed.

Statistics for Entry, DF = 1, 136

Variable	Partial R-Square	F Value	Pr > F	Tolerance
purple	0.0077	1.06	0.3050	0.6012
copper	0.0008	0.11	0.7395	0.7058
sulfo	0.0039	0.53	0.4676	0.7213

No variables can be entered.
No further steps are possible.

图 11-18 胃癌资料的逐步判别分析（第 3 步）

（5）图 11-19 输出逐步选择变量总结表，列出了进入方程的两个变量 water 和 indole，$Pr>F$ 皆小于 0.05，说明对判别效果有高度的统计意义。

The STEPDISC Procedure
Stepwise Selection Summary

Step	Number In	Entered	Removed	Partial R-Square	F Value	Pr > F	Wilks' Lambda	Pr < Lambda	Average Squared Canonical Correlation	Pr > ASCC
1	1	water		0.6470	252.93	<.0001	0.35300237	<.0001	0.64699763	<.0001
2	2	indole		0.0328	4.65	0.0329	0.34142594	<.0001	0.65857406	<.0001

图 11-19 胃癌资料的逐步判别分析（选择总结）

2. 判别分析

【例 11-3-2】 由于 STEPDISC 过程只能进行变量选择，因而其输出结果不包括方程和正确判别率与错误判别率，所以再用 DISCRIM 过程对 STEPDISC 过程选入判别方程的两个变量 water 和 indole 进行分析：

```
* ex11-3-2;
LIBNAME ep "e:\saslx";
PROC DISCRIM DATA=ep.stomach OUTSTAT=ep.out
    POOL=TEST ANOVA MANOVA CROSSLISTERR NOCLASSIFY;
    VAR water indole;
    CLASS illness;
  RUN;
```

程序中，OUTSTAT = ep. out 将结果输出至永久数据集中，包括一般的判别统计信息，以便将来用于待分样本分类，结果如图 11-20 和图 11-21 所示。

Posterior Probability of Membership in illness

Obs	From illness	Classified into illness		非胃癌	胃癌
25	非胃癌	胃癌	*	0.0056	0.9944
27	胃癌	非胃癌	*	0.9690	0.0310
29	胃癌	非胃癌	*	0.5012	0.4988
55	非胃癌	胃癌	*	0.0000	1.0000
66	胃癌	非胃癌	*	0.8883	0.1117
84	胃癌	非胃癌	*	0.9350	0.0650
106	非胃癌	胃癌	*	0.0000	1.0000
108	非胃癌	胃癌	*	0.0048	0.9952
110	非胃癌	胃癌	*	0.0000	1.0000
111	非胃癌	胃癌	*	0.2841	0.7159
112	非胃癌	胃癌	*	0.3750	0.6250

* Misclassified observation

图 11-20　胃癌资料的判别分析(后验概率)

图 11-20 列出用判别方程回代后错判样本及其后验概率。

图 11-21 从表中看到非胃癌组正确判别率为 92.55%，错误判别率为 7.45%；胃癌组正确判别率为 91.30%，错误判别率为 8.70%，可见仅用两个变量判别效果非常不错。

The DISCRIM Procedure
Classification Summary for Calibration Data: EP.STOMACH
Cross-validation Summary using Quadratic Discriminant Function

Generalized Squared Distance Function

$$D_j^2(X) = (X-\bar{X}_{(X)j})' COV_{(X)j}^{-1} (X-\bar{X}_{(X)j}) + \ln |COV_{(X)j}|$$

Posterior Probability of Membership in Each illness

$$Pr(j|X) = \exp(-.5 D_j^2(X)) / SUM_k \exp(-.5 D_k^2(X))$$

Number of Observations and Percent Classified into illness

From illness	非胃癌	胃癌	Total
非胃癌	87	7	94
	92.55	7.45	100.00
胃癌	4	42	46
	8.70	91.30	100.00
Total	91	49	140
	65.00	35.00	100.00
Priors	0.5	0.5	

Error Count Estimates for illness

	非胃癌	胃癌	Total
Rate	0.0745	0.0870	0.0807
Priors	0.5000	0.5000	

图 11-21　胃癌资料的判别分析(分类总结)

3. 检验

【例 11-3-3】　有 8 个待判病例，测得每位患者的 water 和 indole 化验值列在程序中 CARDS 语句后：

```
* ex11-3-3;
PROC FORMAT;
    VALUE illname 1 = '非胃癌' 2 = '胃癌';
DATA test;
    INPUT water indole @@ ;
CARDS;
0.0  0.370  4.0  0.240  0.0  0.150  3.0  0.260
0.0  0.250  0.4  0.220  0.0  0.290  3.0  0.600
;
LIBNAME ep 'e:\saslx';
PROC DISCRIM DATA = ep.out TESTDATA = test TESTOUT = out2;
    VAR water indole;
    CLASS illness;
PROC PRINT DATA = out2;
RUN;
```

数据步建立待分样本数据集 test；DISCRIM 过程对待分样本进行分类。ep. out 是ex11-3-2 程序中 OUTSTAT = 输出的数据集，TESTDATA = test 指出使用刚建立的待分样本数据集 test，TESTOUT = out2 输出 8 个待测样本及后验概率和判别类别(在 DISCRIM 过程中没有选择 CROSSLISTERR 参数是由于它要求的 DATA = 数据集是由原始数据建立的 SAS 数据集，而程序中 DATA = ep. out 为混合类型数据集)。结果如图 11-22 所示。

Number of Observations and Percent Classified into illness

	非胃癌	胃癌	Total
Total	5	3	8
	62.50	37.50	100.00
Priors	0.5	0.5	

Obs	water	indole	____	____	_INTO_
1	0.0	0.37	0.97461	0.02539	非胃癌
2	4.0	0.24	0.00021	0.99979	胃癌
3	0.0	0.15	0.99156	0.00844	非胃癌
4	3.0	0.26	0.01245	0.98755	胃癌
5	0.0	0.25	0.98749	0.01251	非胃癌
6	0.4	0.22	0.97419	0.02581	非胃癌
7	0.0	0.29	0.98460	0.01540	非胃癌
8	3.0	0.60	0.00350	0.99650	胃癌

图 11-22　胃癌资料的判别分析(待判病例判别结果)

图 11-22 从表中看出对于待分的 8 个样本，其中 5 个样本判为非胃癌组，占待分样本数 62.5%，三个样本判为胃癌组，占待分样本数 37.5%。各组先验概率均为 0.5。每个样本分类也可从表中看出。例如，第一个样本其属于非胃癌组的后验概率为 0.97461，而属于胃癌组的后验概率为 0.02539，显然属于非胃癌组的后验概率大于属于胃癌组的后验概率，结果第一个样本判为非胃癌组。同理，根据后验概率也可以得到其余样本分类。

习　　题

1. 英国统计学家 Fisher 提供的鸢尾花数据被广泛地用来作为聚类和判别分析的例子。此数据从三种不同的鸢尾花中，各取 50 个样本，每个样本有 4 个变量：sepallen 为 '萼片长'、sepalwid 为

'萼片宽'、petallen 为'花瓣长'、petalwid 为'花瓣宽' 它们的单位为 mm。花的种类排在最后 Setosa (表示为 1)、Versicolor(表示为 2)、Virginica(表示为 3)。数据见表 11-3(也可在本书网上教学资源的 SASDT 文件夹中找到，文件名为 iris. txt。请对这些数据进行判别分析。

表 11-3　鸢尾花数据(每行 6 组数据)

50	33	14	02	1	64	28	56	22	3	65	28	46	15	2	67	31	56	24	3	62	22	45	15	2	69	31	51	23	3
63	28	51	15	3	46	34	14	03	1	46	36	10	02	1	61	30	46	14	2	51	28	45	13	2	62	34	54	23	3
65	30	52	20	3	56	25	39	11	2	65	30	55	18	3	51	33	17	05	1	60	27	51	16	2	59	32	48	18	2
58	27	51	19	3	68	32	59	23	3	63	33	47	16	2	67	33	57	25	3	76	30	66	21	3	77	38	67	22	3
49	25	45	17	3	55	35	13	02	1	67	30	52	23	3	70	32	47	14	2	64	32	45	15	2	61	28	40	13	2
48	31	16	02	1	59	30	51	18	3	55	24	38	11	2	63	25	50	19	3	64	32	53	23	3	52	34	14	02	1
49	36	14	01	1	54	30	45	15	2	79	38	64	20	3	44	32	13	02	1	67	33	57	21	3	50	35	16	06	1
58	26	40	12	2	44	30	13	02	1	77	28	67	20	3	63	27	49	18	3	47	32	16	02	1	55	26	14	12	2
50	23	33	10	2	72	32	60	18	3	48	30	14	03	1	51	38	16	02	1	61	30	49	18	3	48	34	19	02	1
50	30	16	02	1	50	32	12	02	1	61	26	56	14	3	64	28	56	21	3	43	30	11	01	1	58	40	12	02	1
51	38	19	04	1	67	31	44	14	2	62	28	48	18	3	49	30	14	02	1	51	35	14	02	1	56	30	45	15	2
58	27	41	10	2	50	34	16	04	1	46	32	14	02	1	60	29	45	15	2	57	26	35	10	2	57	44	15	04	1
50	36	14	02	1	77	30	61	23	3	63	34	56	24	3	58	27	51	19	3	57	29	42	13	2	72	30	58	16	3
54	34	15	04	1	52	41	15	01	1	71	30	59	21	3	64	31	55	18	3	60	30	48	18	3	63	29	56	18	3
49	24	33	10	2	56	27	42	13	2	57	30	42	12	2	55	42	14	02	1	49	31	15	02	1	77	26	69	23	3
60	22	50	15	3	54	39	17	04	1	66	29	46	13	2	52	27	39	14	2	60	34	45	16	2	50	34	15	02	1
44	29	14	02	1	50	20	35	10	2	55	24	37	10	2	58	27	39	12	2	47	32	13	02	1	46	31	15	02	1
69	32	57	23	3	62	29	43	13	2	74	28	61	19	3	59	30	42	15	2	51	34	15	02	1	50	35	13	03	1
56	28	49	20	3	60	22	40	10	2	73	29	63	18	3	67	25	58	18	3	49	31	15	01	1	67	31	47	15	2
63	23	44	13	2	54	37	15	02	1	56	30	41	13	2	63	25	49	15	2	61	28	47	12	2	64	29	43	13	2
51	25	30	11	2	57	28	41	13	2	65	30	58	22	3	69	31	54	21	3	54	39	13	04	1	51	35	14	03	1
72	36	61	25	3	65	32	51	20	3	61	29	47	14	2	56	29	36	13	2	69	31	49	15	2	64	27	53	19	3
68	30	55	21	3	55	25	40	13	2	48	34	16	02	1	48	30	14	01	1	45	23	13	03	1	57	25	50	20	3
57	38	17	03	1	51	38	15	03	1	55	23	40	13	2	66	30	44	14	2	68	28	48	14	2	54	34	17	02	1
51	37	15	04	1	52	35	15	02	1	58	28	51	24	3	67	30	50	17	2	63	33	60	25	3	53	37	15	02	1

2. 对被测验者 10 人做智能检验，三个指标 x、y、z 分别表示数学推理能力、空间想象能力、语言理解能力。10 个被测者三项指标的测验得分如下，试选择合适的统计方法对被测验者智能按高、中、低分类。数据存于 SASDT\xt11-2. txt 中。

受试者编号	1	2	3	4	5	6	7	8	9	10
数学推理能力 x	28	18	11	21	26	20	16	14	24	22
空间想象能力 y	29	23	22	23	29	23	22	23	29	27
语言理解能力 z	28	18	16	22	26	22	22	24	24	24

3. 为了更准确地鉴别胃癌，研究者选取了胃癌患者，萎缩性胃炎，非胃病者各 5 人的 4 项生化指标：铜蓝蛋白 x_1、蓝色反应 x_2、吲哚乙酸 x_3、中性硫化物 x_4，资料如下，数据存于 SASDT\xt11-3. txt 中试作判别分析。

类别	编号	x_1	x_2	x_3	x_4
胃癌患者	1	228	134	20	11
	2	245	134	10	40

	3	200	167	12	27
	4	170	150	7	8
	5	100	167	20	14
萎缩性胃炎	1	225	125	7	14
	2	130	100	6	12
	3	150	117	7	6
	4	120	133	10	26
	5	160	100	5	10
非胃病者	1	185	115	5	19
	2	170	125	6	4
	3	165	142	5	3
	4	135	108	2	12
	5	100	117	7	2

4. 为了判定脾虚症，选定血浆白蛋白含量(g/L)x_1，血红蛋白含量(g/L)x_2 与玫瑰花结形成率(%)x_3 为特征指标，分别收集到典型脾虚症病人 18 例和非脾虚症对照组 18 例资料如下，试进行判别分析，并给出判别函数式。数据存于 SASDT\xt11-4 中。

	脾虚症病人			对照组				脾虚症病人			对照组		
N0.	(x_1,	x_2,	x_3)	(x_1,	x_2,	x_3)	N0.	(x_1,	x_2,	x_3)	(x_1,	x_2,	x_3)
1	27.5	78.5	381.5	35.5	119.5	530.5	10	30.1	88.5	415.2	34.6	108.5	513.2
2	27.5	78.5	371.5	36.3	120.5	540.5	11	31.2	91.5	433.5	33.5	105.3	510.8
3	27.5	80.5	381.5	38.5	127.5	541.5	12	30.4	80.5	405.5	34.5	115.2	520.5
4	29.5	80.5	381.5	37.4	126.5	541.2	13	30.5	91.5	415.5	35.5	120.5	530.5
5	28.5	79.5	401.5	36.3	120.5	540.8	14	30.6	87.5	405.4	35.0	118.2	525.2
6	28.5	80.5	405.2	35.4	118.5	530.5	15	30.9	83.5	420.5	35.0	118.0	530.3
7	30.5	88.5	412.5	34.5	110.5	522.5	16	31.1	88.5	430.5	35.3	118.2	528.0
8	31.5	87.5	442.5	36.5	123.5	530.5	17	31.6	91.5	445.2	35.2	117.5	524.2
9	30.5	87.5	422.5	34.2	109.2	503.5	18	31.8	90.5	452.5	34.5	116.5	523.5

第12章 聚类分析

12.1 概 述

聚类分析是研究事物分类的一种统计方法。它与判别分析不同，判别分析要求知道各类总体的情况，根据训练样本建立判别函数，然后将其应用于待判别的样本，对样本进行分类；而聚类是在各类总体情况不清楚时，根据数据特征进行的分类研究，比较样本中各指标之间的“性质”，将性质相近的归为一类。

聚类分析实质上是寻找一种能客观反映元素之间亲疏关系的统计量，然后根据这种统计量把目标分成若干类。常用的聚类统计量有距离系数和相似系数两类。距离系数一般用于对样本分类，而相似系数一般用于对变量聚类。距离的定义很多，如极端距离、明考斯基距离、欧氏距离、切比雪夫距离等。相似系数有相关系数、夹角余弦、列联系数等。

明考斯基距离：两项之间的距离是每个变量值差的 p 次方绝对值之和的 p 次方根。

欧氏距离：即欧几里得距离，两项之间的距离是每个变量值差的平方。

切比雪夫距离：最大的变量值之差的绝对值。

根据分类对象的不同分为样品聚类和变量聚类。

(1) 样品聚类　又称 Q 型聚类，是对事件进行聚类。

(2) 变量聚类　又称 R 型聚类，是一种降维的方法，用于在变量众多时寻找有代表性的变量。选择部分有代表性的变量，对事物的某方面进行研究。

无论哪种聚类分析都是为某种目的所做的工作，不是寻找真实存在的类。

聚类和回归分析有着密切关系。当自变量太多，且有某种相关时，应先通过变量聚类，从每一类中挑选一个最有代表性的自变量进行回归。

12.1.1 聚类方法

平均连接法——通过使用算术平均的未加权配对组方法来计算组平均数。

重心法——利用重心法的未加权配对组方法，UPGMC，重心法排序，加权组方法。

Ward 最小方差法——使用 Ward 最小方差法，通过迹 W 来计算误差平方和。

K 均值算法——使用 Euclidean 距离，聚类中心基于最小二乘法估计。该方法假定，当运行算法完成收敛时，聚类中心是分配至每个聚类的观测的均值。每次迭代将减小最小二乘条件，直至完成收敛。

如果选择 K 均值算法作为聚类方法，则可以设置以下附加选项。

- 最大聚类数——指定允许的最大聚类个数。
- 最大迭代次数——指定重计算聚类种子(seed)的最大迭代次数。
- 种子替换——指定如何执行种子替换。
  - 全部——当观测和最邻近种子之间的距离大于种子最小间距，或者观测与除最邻近种子之外的所有种子之间的最小距离大于最邻近种子与所有其他种子之间的最短距离时，替换种子。
  - 部分——仅当观测和最邻近种子之间的距离大于种子最小间距时，替换种子。

○ 无——取消种子替换。
○ 随机——选择完整观测的简单伪随机样本作为初始聚类种子。

- 指定随机种子——指定一个正整数作为伪随机数生成器的起始值。

12.1.2 SAS 提供的聚类过程

(1) CLUSTER 对坐标数据或距离数据的观测用 11 种方法进行系统聚类。当观测数太多时，不宜采用。

(2) FASTCLUS 适用于坐标数据，用 K 均值法对观测进行不相交聚类。当观测数大于 10000 个时，特别适用 FASTCLUS 过程对其进行初步聚类，再用 CLUSTER 过程进行系统聚类。

(3) VARCLUS 通过斜交多组分量分析，对变量进行系统聚类或不相交聚类。

(4) TREE 利用 CLUSTER 或 VARCLUS 过程产生的输出画树状图。

(5) ACECLUS 能得到合并的类内协方差矩阵的近似估计。可以对数据进行线性转换，使转换后的数据满足经典聚类分析方法的要求。

12.1.3 聚类过程的输出及聚类类数的确定

聚类最终得到一个聚类树，把所有观测聚为一类。可是，仅聚成一类就失去了聚类的意义。决定把观测分为几类是一个比较困难的问题，根据方差分析的思想有几种决定类数的方法。确定聚类类数要根据输出的信息来综合决定。

聚类类数确定的依据如下。

1. R^2 统计量

$$R^2 = 1 - (P_G/T)$$

式中，T 为所有变量的总离均差平方和；

P_G 分类数为 G 时的类内离均差平方和。

R^2 越大，P_G/T 越小，说明 G 个类内离均差平方和在样本总离均差平方和中所占比例越小，分为 G 个类时每个类内的离差平方和都较小，聚类效果好，以此来评价聚类的累计效果。

注意：分类越多，每个类越小，R^2 越大。所以，选取 G 时要使得 R^2 足够大，G 较小，且 R^2 不再大幅度地增加为好。

2. 三次聚类准则(CCC)

显示统一的原假设下的三次聚类准则和近似期望 R^2。该选项仅适用于坐标数据。若输入数据集的类型是 DISTANCE，则该选项不可用。

大于 2 或 3 的 CCC 值表示好的聚类；0 与 2 之间的值表示潜在聚类，应仔细研究；大的负数值表示离群值。

3. 半偏相关

在把类 C_K 和类 C_L 合并为下一水平的类 C_M 时，定义半偏相关

$$R^2 = B_{KL}/T$$

B_{KL}表明此次合并所引起的类内离均差平方和的增加。显然 B_{KL}/T 值越小，说明此次合并的效果越好，此值用来判别一次合并的效果。所以，如果由 G 类合并为 $G-1$ 类时半偏相关很大，就应该取 G 类。

4. 伪 F 统计量 PSF

在给定的水平上，伪 $F=((T-P_G)/(G-1))/(P_G/(n-G))$，自由度分别为$V(G-1)$及 $V(n-$

G)，可以评价分为 G 个类的效果；如果分为 G 个类合理，则类内离差平方和(分母)应该较小，类间平方和(分子)相对较大，所以应取伪 F 统计量较大而类数较小的聚类水平。伪 F 统计量的相对大值表示停止点。

5. 伪 t^2 统计量 PFT2

C_K 和 C_L 两类合并，其效果用伪 t^2 统计量来评价。

伪 $t^2 = B_{KL}/((W_K + W_L)/(N_K + N_L - 2))$，自由度为 V 和 $V(N_K + N_L - 2)$。

可以评价上一次聚类的效果。该值大说明不应合并这两个类，应该取合并前的水平。具体做法是，下移列直至找到第一个明显大于前一个值的值，然后将列上移回一个聚类。

12.1.4 散点图和树形图

聚类过程的图形化视图有助于解释聚类，可选择以下散点图和树形图。

- 伪 F 统计量显示基于聚类个数的伪 F 统计量的散点图。
- 伪 T 方统计量显示基于聚类个数的伪 T 方统计量的散点图。
- CCC 统计量显示基于聚类个数的三次聚类准则统计量的散点图。若输入数据集的类型是 DISTANCE，则该选项不可用。
- 树形图显示聚类的树形图，聚类的对象为叶，包含所有对象的聚类为根，包含至少两个对象但并非所有对象的聚类为分支，叶、分支和根通称为节点。如果聚类 A 是聚类 B 和 C 的并集，则 A 是 B 和 C 的父级，B 和 C 是 A 的子级。因此叶是没有子级的节点，而根是没有父级的节点。如果每个聚类最多有两个子级，则树形图为二叉树。选择水平将树形图的方向设置为高度轴水平方向且根在左侧。选择垂直将树形图方向设置为高度轴垂直方向且根在顶部(默认设置)。

使用 K 均值算法聚类方法时，散点图和树形图不可用。

12.2 CLUSTER 过程

12.2.1 简介

CLUSTER 过程对 SAS 数据集中的观测进行系统聚类。用以进行聚类的数据可以是原始数据或观测间的距离。若是原始数据，则以欧氏距离为默认的距离计算方法，否则对数据先用 distance 过程将数据转换成相应的距离数据再聚类。所有的聚类方法都以分层凝聚聚类为基础。最开始每个观测自成一类，然后求两两之间的距离，将距离最近的两个观测合成一类，以代替原来的两个类。两个最近的类再聚成一个新类，这个过程一直进行下去，每次减少一类，直到聚成一类为止。CLUSTER 过程将显示这个聚类过程，并给出一些对估计类数有用的统计量，可以据此做出适当的结论。此外 CLUSTER 过程还将结果输出到一个数据集中，可供 TREE 过程来显示树图，以便更形象地显示聚类过程。

聚类方法有 11 种，可根据问题的性质选用，它们的区别在于怎样计算两类之间的距离。

12.2.2 语句说明

CLUSTER 过程中，使用以下语句：

```
PROC CLUSTER METHOD = name <选项>;
VAR 变量名表;
ID 变量名表;
```

```
COPY 变量名表;
FREQ 变量;
RMSSTD 变量;
BY 变量名表;
```

通常只有 PROC CLUSTER 和 VAR 语句是必要的，其余都为可选。

1. PROC CLUSTER 语句

METHOD = name 是必须指定的，用来指定聚类的方法。name 可以是：

AVERAGE |AVE (平均连接法)，如果不指定 NOSQUARE，距离数据被平方。

CENTROID |CEN (重心法)，如果不指定 NOSQUARE，距离数据将被平方。

COMPLETE |COM (完全连接法) (直径法，秩次典型分析)。

DENSITY |DEN (密度连接法)，使用非参数概率密度估计的聚类方法。

EML (最大似然法)，对球形多元正态分布混合进行最大似然估计。

FLEXIBLE |FLE (可变 β 法)，Lance-Williams 可变 β 法。

MCQUITTY |MCQ (加权平均连接法)，McQuitty 相似分析。

MEDIAN |MED (中位数法)，Gower 中间距离法，若不指定 NOSQUARE,距离数据将被平方。

SINGLE |SIN (单连接法)，为了减少链接，应指定 TRIM = 选择。

TWOSTAGE |TWO (2 级密度连接法)，必须指定 K = ，R = 或 HYBRID 选项。

WARD |WAR (沃尔德法)，最小方差法，若不指定 NOSQUARE，距离数据将被平方。

其他选项：

DATA = SASdataset 指定输入数据集。如果省略，默认地将使用最新建立的数据集。如果数据集是距离矩阵，那么变量个数必须与观测数相同，并且应指定 TYPE = DISTANCE，否则数据被解释成欧几里德空间坐标，并计算欧氏距离。

OUTTREE = SASdataset 建立一个树图数据集，以便利用 TREE 过程去画出树图。如果省略此选择，则按惯例命名为 DATAn。若要建立永久数据集，则应指出 2 级名。如果 OUTTREE = _NULL_ 抑制输出数据集的建立。

P = n 指定要显示的系统聚类过程中的代数。默认为显示所有代数，若 P = 0 则抑制聚类过程的显示。

NOSQUARE 禁止输入的距离数据被平方。

CCC 显示立方聚类判别标准及一致无效假设下的近似期望值 R^2。

PSEUDO 显示伪 F 及 t^2 统计量，该选项只有当数据是坐标或 METHOD = AVERAGE、CENTROID、WARD 时有效。

2. VAR 语句

列出用来进行聚类分析的数值变量。若省略此语句，则默认为没有出现在其他语句中的所有数值型变量。

3. ID 语句

在 OUTTREE = 数据集中显示聚类史时，用 ID 变量值识别观测。

4. COPY 语句

COPY 语句中的变量将被复制到 OUTTREE 数据集中去。

5. FREQ 语句

语句中的变量代表该观测的频数；如果省略此选择，若数据集中有变量_ FREQ _，那么频数从_ FREQ _变量中读得。如果既无 FREQ 语句，又无_ FREQ _变量，则每个观测频数为 1。

12.2.3 举例

【例 12-2-1】 根据美国十城市之间的距离进行聚类。

1. 程序

```
* ex12-2-1;
DATA mileages(TYPE=DISTANCE);
   INPUT(atlanta chicago denver houston losangel
   miami newyork sanfran seattle washdc)(5.)@51 city $15.;
CARDS;
  0                                                   ATLANTA
  587   0                                             CHICAGE
  1212  920   0                                       DENVER
  701   940   879   0                                 HOUSTON
  1936  1745  831   1374  0                           LOS ANGELES
  604   1188  1726  968   2339  0                     MIAMI
  748   713   1631  1420  2451  1092  0               NEW YORK
  2139  1858  949   1645  347   2594  2571  0         SANFRANCISCO
  2182  1737  1021  1891  959   2734  2408  678   0   SEATTLE
  543   597   1494  1220  2300  923   205   2442  2329  0   WASHINGTON D.C
;
PROC CLUSTER DATA=mileages METHOD=AVERAGE PSEUDO;
   ID city;
PROC TREE;
RUN;
```

2. 程序说明

(1) DATA mileages(TYPE = DISTANCE);

原始数据是两两之间距离的三角阵(而不是坐标),因此在 DATA 语句的括号中加上 TYPE = DISTANCE。

(2) INPUT(atlanta chicago denver houston losangel miami newyork sanfran seattle washdc)(5.)@51 city $15.;

由于两城之间最大距离为 4 位数,加上一空格作为间隔,数据排列整齐,故可以用格式输入法,此处格式为(5.)。从第 51 列开始为城市名(CITY),因为长度超过 8,且有空格,所以使用了按列及输入格式相结合的方式输入。

(3) PROC CLUSTER DATA = mileages METHOD = AVERAGE PSEUDO;

调用 CLUSTER 过程对数据集 mileages 进行聚类。

METHOD = AVERAGE 使用平均连接法。

PSEUDO 要求输出伪 F 及伪 t^2 统计量,用以检验聚类。

(4) ID city;

指定标识变量为 city,否则为观测序号 OBS。

(5) PROC TREE;

调用 TREE 过程,对上面的聚类结果给出树图。

程序运行结果如图 12-1 和图 12-2 所示。

```
                         ①
                          The CLUSTER Procedure
                       Average Linkage Cluster Analysis

        ② Root-Mean-Square Distance Between Observations    = 1580.242

                              Cluster History
                                                                  Norm      T
③                     ④                          ⑤      ⑥       ⑦      ⑧  RMS      i
NCL     ---------Clusters Joined----------      FREQ     PSF    PST2     Dist     e

  9     NEW YORK           WASHINGTON D.C          2     66.7      .     0.1297
  8     LOS ANGELES        SANFRANCISCO            2     39.2      .     0.2196
  7     ATLANTA            CHICAGE                 2     21.7      .     0.3715
  6     CL7                CL9                     4     14.5     3.4    0.4149
  5     CL8                SEATTLE                 3     12.4     7.3    0.5255
  4     DENVER             HOUSTON                 2     13.9      .     0.5562
  3     CL6                MIAMI                   5     15.5     3.8    0.6185
  2     CL3                CL4                     7     16.0     5.3    0.8005
  1     CL2                CL5                    10       .     16.0    1.2967
```

图 12-1　聚类分析

3. 结果及其说明

① Average Linkage Cluster Analysis 指出聚类方法，由 PROC CLUSTER 语句中的 METHOD = AVERAGE 选择决定。

② Root-Mean-Square Distance Between Observations = 1580.242 观测之间距离的均方根，是平均距离法要求的。

③ NCL(Number of CLuster)类数，即公式中的 G，每聚一次，类数减少 1。

④ Clusters Joined 指出每次被合并的类。

⑤ FREQ (FREQuency of New Cluster)，新类中的频数。

⑥ PSF 伪 F 值　在 $G=2$ 处 PSF 较大，分两类较好。

⑦ PST2 伪 t^2 值。在 $G=1$ 和 $G=5$ 处有峰值，由于最佳分类为它上面一种，故本例表明它支持 2 分类和 6 分类。

⑧ 和⑦中的缺值项是由于公式中的分母为零所致。

⑨ Normalized RMS Distance　标准化的均方根距离，由类间距离除以观测间距离均方根得来。用此距离可以判断聚类的合适数量，当某一步的标准化的均方根距离增加的幅度最大时，此步前的聚类数最合适。

本例当类别从两个变为一个时，标准化均方根距离增加的幅度最大，由 0.80005 增加到 1.2967。可判断此例聚类的合适数量为两类。

Tie 结：在系统聚类的每一层，CLUSTER 必须按最小距离把两类合并，但有时几个类会有相等的最小距离，称为结，用 T 来表示。

图 12-2 所示的树图显示出聚类过程：

第一次将 NEW YORK 和 WASHINGTON D. C 合并成 CL9，有两个观测；

第二次将 LOS ANGELES 和 SANFRANCISCOC 合并成 CL8，有两个观测；

第三次将 ATLANTA 和 CHICAGE 合并成 CL7，有两个观测；

……

【例 12-2-2】　在判别分析和聚类分析中，最广泛使用的经典例子是对 Fisher 1936 年发表的鸢尾花数据进行分析。有三种不同的鸢尾花(Setosa、Versicolor、Virginica)，每种取 50 个样本。变量 SPECIES 表示种类，以毫米为单位测量花萼长(Sepallen)、花萼宽(Sepalwid)、花瓣长(Petallen)和花瓣宽(Petalwid)。这些数据本来已经分类，为了研究聚类过程，假装不知道样本的分类，进行聚类分析，看得到的类数和分类结果是否符合真实的植物分类。

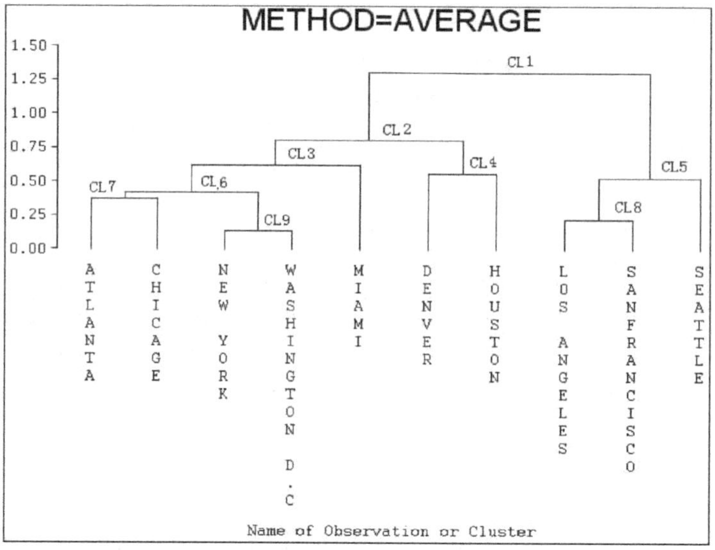

图 12-2　聚类分析树图

数据已存于 e:\sasdt\iris. txt 中(见 11 章习题中的表 11.3)。

聚类并产生帮助确定类数的统计量，使用如下过程：

```
* ex12 - 2 - 2. sas;
DATA iris;
INFILE 'e:\sasdt\iris. txt' ;
    INPUT SepalLen SepalWid PetalLen PetalWid Species @@ ;
PROC CLUSTER DATA = iris METHOD = ward OUTTREE = otree PSEUDO CCC;
COPY species;
PROC TREE;
RUN;
```

运行程序，显示聚类过程(节选)如图 12-3 和图 12-4 所示。

The CLUSTER Procedure
Ward's Minimum Variance Cluster Analysis

Cluster History

NCL	--Clusters	Joined---	FREQ	SPRSQ	RSQ	ERSQ	CCC	PSF	PST2	Tie
9	CL27	CL17	31	0.0031	.956	.936	5.02	387	17.8	
8	CL35	CL15	23	0.0031	.953	.930	5.44	414	13.8	
7	CL10	CL47	26	0.0058	.947	.921	5.43	430	19.1	
6	CL8	CL13	38	0.0060	.941	.911	5.81	463	16.3	
5	CL9	CL19	50	0.0105	.931	.895	5.82	488	43.2	
4	CL12	CL11	36	0.0172	.914	.872	3.99	515	41.0	
3	CL6	CL7	64	0.0301	.884	.827	4.33	558	57.2	
2	CL4	CL3	100	0.1110	.773	.697	3.83	503	116	
1	CL5	CL2	150	0.7726	.000	.000	0.00	.	503	

图 12-3　鸢尾花数据聚类分析 - 聚类过程

图 12-3 中，NCL 列指出聚类水平。“- Clusters Joined- ”为两列，指定这一步合并了哪两个类，其中 OBxxx 表示哪一个原始观测，而 CLxxx 表示在哪一个聚类水平上产生的类。

FREQ 表示这次合并得到的类中有多少个观测。RSQ 是 R^2，若 R^2 的变化程度 R，取变化前的分类较合适。ERSQ 是在均匀零假设下的近似期望值。Norm RMS Dist 是正规化的两类元素间距离的均方根，Tie 指示距离最小的候选类对是否有多对值相同。

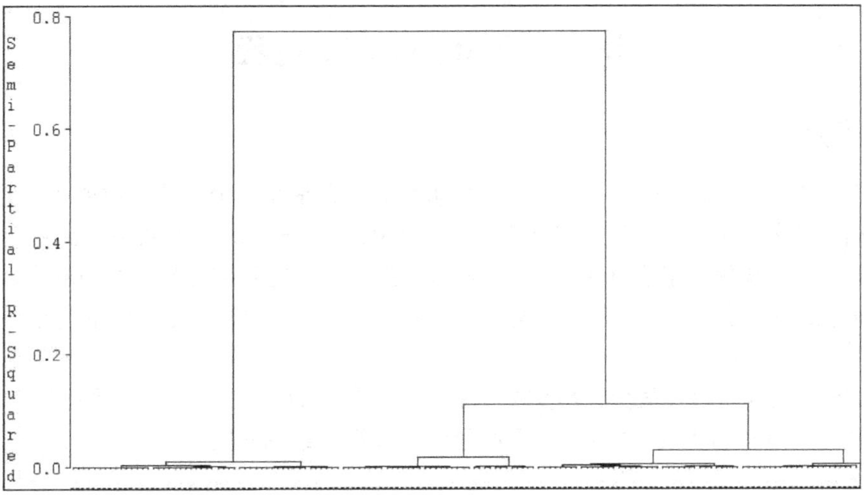

图 12-4 聚类树图

因为我们假装不知道数据的实际分类情况，须找到一个合理的分类个数。为此，考察 CCC、伪 F、伪 t^2 和 R^2 半偏统计量。

CCC 统计量在五类和三类处有峰值，建议分五类或三类，伪 F 统计量 Pseudo F 在三类处有峰值，建议分三类；伪 t^2 Pseudo t ** 2 在五类处值局部最大，说明不应合并；半偏 R^2 SPRSQ 在两类处值急剧增大，因此应取三类。由这些指标看，比较一致的是分三类，其次是五类。由聚类树图可见，数据分为三类。

为了看到分类的情况，可用 FREQ 过程对 TREE 过程分成三类时输出的数据进行分析。

```
PROC TREE NOPRINT NCL =3 OUT = aa;
  COPY species;
PROC FREQ;
  TABLES species* cluster /NOPCT NOROW NOCOL;
RUN;
```

程序运行结果如图 12-5 所示。

FREQ 过程

Species * CLUSTER 表

Species / 频数	CLUSTER 1	2	3	合计
1	0	0	50	50
2	49	1	0	50
3	15	35	0	50
合计	64	36	50	150

图 12-5 分类分析

由图 12-5 可见，1(Setosa)全部分到一类中，2(Versicolor)有 49 个分到另一类中，3(Virginica)被分错的较多，与 2(Versicolor)相混的有 15 个。

12.3 FASTCLUS 过程

12.3.1 简介

FASTCLUS 过程叫做动态聚类过程，也叫快速聚类。它是在一个或几个数值变量的欧氏距离基础之上对数据进行分类的，这些类之间互不相交。可以指定分类的最大数目。此过程主要用于大样本数据的聚类，其观测数超过 100。对于小容量数据集，此过程对观测的排列顺序比较敏感。该过程不形成树状结构，产生两个输出数据集，其中一个含有类成员关系变量，另一个含有聚类均值。

FASTCLUS 过程输出内容很少，大多数情况需建立一个数据集再用其他过程像 PRINT、PLOT、CHART、MEANS、DISCRIM 或 CANDIDC 等过程对类进行细致的研究。

聚类方法：

PROC FASTCLUS 使用最近质心分类(nearest centroid sorting)方法。它首先选择一些“种子”(seed)，作为各类均值的初次猜测，之后每个观测划分到与它最近的“种子”代表的类，以构成临时的类；再用这些临时类的均值代替初始“种子”，过程如此循环，直至分成的类再没有什么变化为止。

初始“种子”总是选择没有缺失值的观测，这些“种子”可以自己选择，也可以让过程去选择。在过程中可以用选项 MAXCLUSTERS = 指定最大“种子”数，也可以用选项 RADIUS = 指定“种子”间最短距离。

12.3.2 过程语句说明

FASTCLUS 过程使用的语句：

```
PROC FASTCLUS MAXCLUSTERS = n|RANDIUS = t <选项>;
VAR 变量表;
ID 变量;
FREQ 变量;
WEIGHT 变量;
BY 变量表;
```

通常情况下，PROC FASTCLUS 语句和 VAR 语句是必需的。在 PROC FASTCLUS 语句中，必须指定 MAXCLUSTERS = 或者 RANDIUS = 。

1. PROC FASTCLUS 语句

1）数据集选项

DATA = SAS dataset

SEED = SAS dataset

指定一个 SAS 数据集，其中包括要选择的原始"种子"，如果缺项，"种子"从 DATA = 指定的数据集中选择。

MEAN = SAS dataset

建立一个输出数据集，其中含有类均值和每个类的一些统计量。

OUT = SAS dataset　建立一个输出数据集，其中含有原始数据和新的 CLUSTER 和 DISTANCE 变量。

CLUSTER = name　指定 MEAN = 和 OUT = 数据集中用以标明各类关系的 CLUSTER 变量的名字。默认值为 CLUSTER。

2）选择原始“种子”的选项

在下面的一些选项中，必须至少指定 RADIUS = 和 MAXCLUSTERS = 选项之一。

MAXCLUSTERS = n | MAXC = n　指定所允许分类的最大数，默认值为 100。

RADIUS = t　指定选择新的"种子"的最小距离准则，只有观测到已有的中心点最小距离大于该选择项给定的值，观测才被当作新的中心点，其默认值为 0。如果用了 REPLACE = RANDOM 选项，则 RADIUS = 选项不起作用。

RANDOM = n　指定用于 REPLACE = RANDOM 伪随机数发生器的种子，n 必须为整数值。如果缺失则使，用当天的时间初始化发生器。

REPLACE = FULL |PART |NONE |RANDOM　指定"种子"替换方式，如果一个观测没有资格作为一个新的"种子"，PROC FASTCLUS 考虑用它替换一些老的"种子"，但要经过两个检验：

(1) 观测同其最近"种子"之间的距离比原来"种子"间最小距离大。在此情况下就用此观测替代相距最近的两个"种子"之一，且当用此观测替代"种子"之后，距离其他"种子"最远者。

(2) 如果 (1) 的检验没有通过，则进行第二步检验。其规则为：如果观测到"种子"距离最小值大于离观测最近的"种子"到其他"种子"的最小距离，则用观测替代距此观测最近的"种子"。

REPLACE = FULL，要求过程进行以上两种检验进行"种子"替换。

REPLACE = PART 只要求 (1) 检验；

REPLACE = NONE 要求禁止"种子"替换。

REPLACE = RANDOM 要求从那些完全的观测中选择一个伪随机样本作为初始"种子"。

MAXITER = n　指定反复计算类种子的最大迭代次数，默认为 1。

3）用以计算最终类“种子”的选项

CONVERGE = c |CONV = c　指定收敛的判别准则，当"种子"相对改变小于等于 CONVERGE = 的值时，循环过程结束。如果指定 LEAST = p，对于所有的 p 值 c 默认值为 0.0001，否则 c 的默认值为 0.02。只有当指定的 MAXITER = 值大于 1 时才能使用此选项。

DELETE = n　当归于"种子"所在类的观测数小于等于 n 时，则要求删除那些"种子"，这个过程是在进行完 DRIFT 选项和 MAXITER = 选项指定的最大循环次数之后进行的。如果 MAXITER = 0 且未指定 DRIFT 选项，则选项 DELETE = 无效。如果此选项缺失，则无"种子"被删除。

2. VAR 语句

列出用于聚类分析的数值变量。如果省略此语句，默认为所有没在其他语句中出现的数值变量。

其他语句的用法为通用用法。

12.3.3 过程输出数据集说明

1. OUT = 数据集

此数据集含有以下内容：

- 原始变量；
- 用以标明类号码的新变量，此变量名由 CLUSTER = 选项指定，默认值为 CLUSTER；变量值为从 1 至选项 MAXCLUSTERS = 指定的值；
- 新变量 DISTANCE，其值是观测到其所在类“种子”间的距离。

如果使用了 IMPUTE 选项，数据集中也包含_ IMPUTE _变量，其值是每个观测估算值的个数。

2. OUTSEED = 数据集

此数据集包含用以代表类的观测，含有：

- 如果用了 BY 变量，则含 BY 变量；
- 用以标明类号码的新变量，此变量名字由 CLUSTER = 选项确定，默认为 CLUSTER；
- FREQ 变量或_ FREQ _变量，其值为每类中观测的个数；
- 如果用了 WEIGHT 变量，则也出现在此数据集中；
- 新的_ RMSSTD _变量，其值为类的均方根标准偏差；
- 新的_ GAP _变量，其值为当前类均值同其他类均值距离最小值；
- 新的_ NEAR _变量，其值为距当前类最近类序号；
- VAR 变量，其值为类均值。

12.3.4 举例

【例 12-3-1】 55 个国家和地区 1984 年前在 7 个径赛项目上的女子记录，见表 12-1，存于 e:\sasdt\sportdata. xls 文件中。变量 M100、M200、M400、M800、M1500、M3000、MARATHON 分别表示 100 米、200 米、400 米、800 米、1500 米、3000 米、马拉松 7 个径赛项目。前 3 项单位为秒，后 4 项单位为分。分析这 55 个国家按 7 个径赛项目上的成绩分类。试用 FASTCLUS 过程进行聚类分析。(数据来自《实用统计方法》梅长林等编)。

表 12-1 55 个国家和地区 1984 年前在七个径赛项目上的女子记录

NATION_AREA	M100	M200	M400	M800	M1500	M3000	MARATHON
阿根廷	11.61	22.94	54.5	2.15	4.43	9.79	178.52
澳大利亚	11.2	22.35	51.08	1.98	4.13	9.08	152.37
奥地利	11.43	23.09	50.62	1.99	4.22	9.34	159.37
比利时	11.41	23.04	52	2	4.14	8.88	157.85
百慕大	11.46	23.05	53.3	2.16	4.58	9.81	169.98
巴西	11.31	23.17	52.8	2.1	4.49	9.77	168.75
缅甸	12.14	24.47	55	2.18	4.45	9.51	191.02
加拿大	11	22.25	50.06	2	4.06	8.81	149.45
智利	12	24.52	54.9	2.05	4.23	9.37	171.38
中国	11.95	24.41	54.97	2.08	4.33	9.31	168.48
哥伦比亚	11.6	24	53.26	2.11	4.35	9.46	165.42
库克岛	12.9	27.1	60.4	2.3	4.84	11.1	233.22
哥斯达黎加	11.96	24.6	58.25	2.21	4.68	10.43	171.8
捷克	11.09	21.97	47.99	1.89	4.14	8.92	158.85
丹麦	11.42	23.52	53.6	2.03	4.18	8.71	151.75
多米尼加	11.79	24.05	56.05	2.24	4.74	9.89	203.88
芬兰	11.13	22.39	50.14	2.03	4.1	8.92	154.23
法国	11.15	22.59	51.73	2	4.14	8.98	155.27
东德	10.81	21.71	48.16	1.93	3.96	8.75	157.68
西德	11.01	22.39	49.75	1.95	4.03	8.59	148.53
英国	11	22.13	50.46	1.98	4.03	8.62	149.72
希腊	11.79	24.08	54.93	2.07	4.35	9.87	182.2
危地马拉	11.84	24.54	56.09	2.28	4.86	10.54	215.08
匈牙利	11.45	23.06	51.5	2.01	4.14	8.98	156.37
印度	11.95	24.28	53.6	2.1	4.32	9.98	188.03

续表

NATION_AREA	M100	M200	M400	M800	M1500	M3000	MARAT
印度尼西亚	11.85	24.24	55.34	2.22	4.61	10.02	201.28
爱尔兰	11.43	23.51	53.24	2.05	4.11	8.89	149.38
以色列	11.45	23.57	54.9	2.1	4.25	9.37	160.48
意大利	11.29	23	52.01	1.96	3.98	8.63	151.82
日本	11.73	24	53.73	2.09	4.35	9.2	150.5
肯尼亚	11.73	23.88	52.7	2	4.15	9.2	181.05
韩国	11.96	24.49	55.7	2.15	4.42	9.62	164.65
朝鲜	12.25	25.78	51.2	1.97	4.25	9.35	179.17
卢森堡	12.03	24.96	56.1	2.07	4.38	9.64	174.68
马来西亚	12.23	24.21	55.09	2.19	4.69	10.46	182.17
毛里求斯	11.76	25.08	58.1	2.27	4.79	10.9	261.13
墨西哥	11.89	23.62	53.76	2.04	4.25	9.59	158.53
荷兰	11.25	22.81	52.38	1.99	4.06	9.01	152.48
新西兰	11.55	23.13	51.6	2.02	4.18	8.76	145.48
挪威	11.58	23.31	53.12	2.03	4.01	8.53	145.48
巴布亚新几内亚	12.25	25.07	56.96	2.24	4.84	10.69	233
菲律宾	11.76	23.54	54.6	2.19	4.6	10.16	200.37
新加坡	12.3	25	55.08	2.12	4.52	9.94	182.77
西班牙	11.8	23.98	53.59	2.05	4.14	9.02	162.6
瑞典	11.16	22.82	51.79	2.02	4.12	8.84	154.48
瑞士	11.45	23.31	53.11	2.02	4.07	8.77	153.42
中国台北	11.22	22.62	52.5	2.1	4.38	9.63	177.87
泰国	11.75	24.46	55.8	2.2	4.72	10.28	168.45
土耳其	11.98	24.44	56.45	2.15	4.37	9.38	201.08
美国	10.79	21.83	50.62	1.96	3.95	8.5	142.72
苏联	11.06	22.19	49.19	1.89	3.87	8.45	151.22
西沙摩亚	12.74	25.85	58.73	2.33	5.81	130.04	306

1. **程序**

```
* ex12-3-1;
PROC IMPORT OUT = sptdata
        DATAFILE = "e:\sasdt\sportdata.xls"
        DBMS = EXCEL2000 REPLACE;
    SHEET = "Sheet1 $ ";
    GETNAMES = YES;
    OPTIONS OBS = 55;
PROC FASTCLUS DATA = sptdata MAXCLUSTERS = 6 OUT = fcl;
ID NATION_AREA;
RPOC SORT DATA = fcl OUT = sortfcl;
BY cluster;
PROC PRINT DATA = sortfcl;
RUN;
```

程序说明：使用 IMPORT 过程将 EXCEL 数据文件导入永久数据集 ep. sptdata 中。

SHEET = "Sheet1 $ ";	指出数据在 Sheet1 表中；
GETNAMES = YES;	指出数据有列名，导入作变量名；
OPTIONS OBS = 55;	数据仅用 55 个观测，不用此选项会将一条空记录导入。

调用 FASTCLUS 过程进行快速聚类。最大分类数设为 6，聚类结果输出到 FCL 数据集中。对 FCL 数据集按 cluster 值排序，显示排序后的结果(如图 12-6 至图 12-9 所示)。

SAS 系统

(1)

The FASTCLUS Procedure
Replace=FULL Radius=0 Maxclusters=6 Maxiter=1

Initial Seeds

Cluster	M100	M200	M400	M800	M1500	M3000	MARATHON
1	11.8500000	24.2400000	55.3400000	2.2200000	4.6100000	10.0200000	201.2800000
2	11.9600000	24.4900000	55.7000000	2.1500000	4.4200000	9.6200000	164.6500000
3	11.7600000	25.0800000	58.1000000	2.2700000	4.7900000	10.9000000	261.1300000
4	10.7900000	21.8300000	50.6200000	1.9600000	3.9500000	8.5000000	142.7200000
5	12.7400000	25.8500000	58.7300000	2.3300000	5.8100000	130.0400000	306.0000000
6	12.2500000	25.0700000	56.9600000	2.2400000	4.8400000	10.6900000	233.0000000

Criterion Based on Final Seeds = 2.6422

(2)

Cluster Summary

Cluster	Frequency	RMS Std Deviation	Maximum Distance from Seed to Observation	Radius Exceeded	Nearest Cluster	Distance Between Cluster Centroids
1	7	3.3708	15.0141		2	28.9068
2	21	3.0799	15.3018		4	19.3111
3	1	.	0		6	28.0559
4	23	1.7806	9.6881		2	19.3111
5	1	.	0		3	127.3
6	2	1.0888	2.0370		3	28.0559

图 12-6　FASTCLUS 聚类分析-1

(3)

Statistics for Variables

Variable	Total STD	Within STD	R-Square	RSQ/(1-RSQ)
M100	0.45221	0.30670	0.582593	1.395741
M200	1.11106	0.76450	0.570384	1.327662
M400	2.67834	1.87184	0.556788	1.256257
M800	0.10822	0.06657	0.656696	1.912870
M1500	0.33243	0.16685	0.771407	3.374579
M3000	16.28304	0.37663	0.999515	2058.914933
MARATHON	30.42954	6.52828	0.958235	22.943700
OVER-ALL	13.09214	2.59050	0.964474	27.148263

Pseudo F Statistic = 266.05

Approximate Expected Over-All R-Squared = 0.88184

(4)

Cubic Clustering Criterion = 10.350

WARNING: The two values above are invalid for correlated variables.

Cluster Means

Cluster	M100	M200	M400	M800	M1500	M3000	MARATHON
1	11.9014286	24.2228571	55.3042857	2.1942857	4.5642857	9.9257143	200.1057143
2	11.7333333	23.9276190	53.8419048	2.0828571	4.3576190	9.5790476	171.2409524
3	11.7600000	25.0800000	58.1000000	2.2700000	4.7900000	10.9000000	261.1300000
4	11.2895652	22.8326087	51.5356522	1.9982609	4.0939130	8.8369565	152.1208696
5	12.7400000	25.8500000	58.7300000	2.3300000	5.8100000	130.0400000	306.0000000
6	12.5750000	26.0850000	58.6800000	2.2700000	4.8400000	10.8950000	233.1100000

图 12-7　FASTCLUS 聚类分析-2

The FASTCLUS Procedure
Replace=FULL Radius=0 Maxclusters=6 Maxiter=1

Cluster Standard Deviations

Cluster	M100	M200	M400	M800	M1500	M3000	MARATHON
1	0.131836840	0.343642949	0.998379640	0.059401780	0.196711052	0.390719727	8.843505823
2	0.340900768	0.878168006	2.121109660	0.081923309	0.211208541	0.477492458	7.793218144
3	.	.	.	.	.	.	.
4	0.299203158	0.689065358	1.781301429	0.052193014	0.104391707	0.251403963	4.287125455
5	.	.	.	.	.	.	.
6	0.459619408	1.435426766	2.432447327	0.042426407	0.000000000	0.289913780	0.155563492

图 12-8　FASTCLUS 聚类分析-3

SAS 系统

Obs	NATION_AREA	M100	M200	M400	M800	M1500	M3000	MARATHON	CLUSTER	DISTANCE
1	缅甸	12.14	24.47	55.00	2.18	4.45	9.51	191.02	1	9.1075
2	多米尼加	11.79	24.05	56.05	2.24	4.74	9.89	203.88	1	3.8572
3	危地马拉	11.84	24.54	56.09	2.28	4.86	10.54	215.08	1	15.0141
4	印度	11.95	24.28	53.60	2.10	4.32	9.98	188.03	1	12.1985
5	印度尼西亚	11.85	24.24	55.34	2.22	4.61	10.02	201.28	1	1.1810
6	菲律宾	11.76	23.54	54.60	2.19	4.60	10.16	200.37	1	1.0528
7	土耳其	11.98	24.44	56.45	2.15	4.37	9.38	201.08	1	1.6287
8	阿根廷	11.61	22.94	54.50	2.15	4.43	9.79	178.52	2	10.9526
9	奥地利	11.43	23.09	50.62	1.99	4.22	9.34	159.37	2	8.7014
10	百慕大	11.46	23.05	53.30	2.16	4.58	9.81	169.98	2	2.4270
11	巴西	11.31	23.17	52.80	2.10	4.49	9.77	168.75	2	1.3029
12	智利	12.00	24.52	54.90	2.05	4.23	9.37	171.38	2	4.2168
13	中国	11.95	24.41	54.97	2.08	4.33	9.31	168.48	2	2.1863
14	哥伦比亚	11.60	24.00	53.26	2.11	4.35	9.46	165.42	2	2.2990
15	哥斯达黎加	11.96	24.60	58.25	2.21	4.68	10.43	171.80	2	6.7401
16	希腊	11.79	24.08	54.93	2.07	4.35	9.87	182.20	2	14.6444
17	以色列	11.45	23.57	54.90	2.10	4.25	9.37	160.48	2	7.4190
18	肯尼亚	11.73	23.88	52.70	2.00	4.15	9.20	181.05	2	13.3811
19	韩国	11.96	24.49	55.70	2.15	4.42	9.62	164.65	2	4.0911
20	朝鲜	12.25	25.78	51.20	1.97	4.25	9.35	179.17	2	11.8655
21	卢森堡	12.03	24.96	56.10	2.07	4.38	9.64	174.68	2	7.7345
22	马来西亚	12.23	24.21	55.09	2.19	4.69	10.46	182.17	2	14.6868
23	波兰	11.13	22.21	49.29	1.95	3.99	8.97	160.82	2	8.0227
24	罗马尼亚	11.44	23.46	51.20	1.92	3.96	8.53	165.45	2	3.1157
25	新加坡	12.30	25.00	55.08	2.12	4.52	9.94	182.77	2	15.3018
26	西班牙	11.80	23.98	53.59	2.05	4.14	9.02	162.60	2	5.1377
27	中国台北	11.22	22.62	52.50	2.10	4.38	9.63	177.87	2	10.2663
28	泰国	11.75	24.46	55.80	2.20	4.72	10.28	168.45	2	3.0605
29	毛里求斯	11.76	25.08	58.10	2.27	4.79	10.90	261.13	3	0.0000
30	澳大利亚	11.20	22.35	51.08	1.98	4.13	9.08	152.37	4	2.5652
31	比利时	11.41	23.04	52.00	2.00	4.14	8.88	157.85	4	7.8720
32	加拿大	11.00	22.25	50.06	2.00	4.06	8.81	149.45	4	1.9315
33	捷克	11.09	21.97	47.99	1.89	4.14	8.92	158.85	4	9.6881
34	丹麦	11.42	23.52	53.60	2.03	4.18	8.71	151.75	4	2.6210
35	芬兰	11.13	22.39	50.14	2.03	4.10	8.92	154.23	4	4.5829
36	法国	11.15	22.59	51.73	2.00	4.14	8.98	155.27	4	5.3012
37	东德	10.81	21.71	48.16	1.93	3.96	8.75	157.68	4	8.5993
38	西德	11.01	22.39	49.75	1.95	4.03	8.59	148.53	4	2.5666
39	英国	11.00	22.13	50.46	1.98	4.03	8.62	149.72	4	1.5800
40	匈牙利	11.45	23.06	51.50	2.01	4.14	8.98	156.37	4	6.3993
41	爱尔兰	11.43	23.51	53.24	2.05	4.11	8.89	149.38	4	1.7106
42	意大利	11.29	23.00	52.01	1.96	3.98	8.63	151.82	4	1.8620
43	日本	11.73	24.00	53.73	2.09	4.35	9.20	150.50	4	2.4010
44	墨西哥	11.89	23.62	53.76	2.04	4.25	9.59	158.53	4	8.8630
45	荷兰	11.25	22.81	52.38	1.99	4.06	9.01	152.48	4	2.5812
46	新西兰	11.55	23.13	51.60	2.02	4.18	8.76	145.48	4	4.5222
47	挪威	11.58	23.31	53.12	2.03	4.01	8.53	145.48	4	4.7346
48	葡萄牙	11.81	24.22	54.30	2.09	4.16	8.84	151.20	4	3.1455
49	瑞典	11.16	22.82	51.79	2.02	4.12	8.84	154.48	4	4.4991
50	瑞士	11.45	23.31	53.11	2.02	4.07	8.77	153.42	4	3.7126
51	美国	10.79	21.83	50.62	1.96	3.95	8.50	142.72	4	7.4556
52	苏联	11.06	22.19	49.19	1.89	3.87	8.45	151.22	4	2.9863
53	西沙摩亚	12.74	25.85	58.73	2.33	5.81	130.04	306.00	5	0.0000
54	库克岛	12.90	27.10	60.40	2.30	4.84	11.10	233.22	6	2.0370
55	巴布亚新几内亚	12.25	25.07	56.96	2.24	4.84	10.69	233.00	6	2.0370

图 12-9　FASTCLUS 聚类分析数据集

2. 结果及其说明

在图 12-6 的(1)部分中，给出 6 个初始种子(Initial seeds)；

在(2)部分中，显示出聚类汇总：

Frequency　类中的观测数；

RMS Std Deviation　标准差的均方根，它等于在类内观测之间距离的均方根；

Maximum Distance from Seed to Observation　从“种子”到类内观测之间的最大距离;

Radius Exceeded　超出范围;

Nearest Cluster　类的均值最接近当前类的均值的类号;

Distance Between Cluster Centroids　当前类的重心同最近的其他类之间的距离。

在图 12-7(3)部分显示变量的统计量:

Total STD　　总标准差;

Within STD　　类内的合并标准差;

R-Square　　根据聚类预测变量的 R^2;

RSQ/(1-RSQ)　　类间方差同类内方差之比;

CCC　　三次聚类判据为 10.350。该值大于 2 或 3 表示分类很好;

Over - All　　对前面所有变量的综合值。

最后部分是 FASTCLUS 聚类分析生成的按 CLUSTER 排序的数据集, DISTANCE 是对应观测与该类均值间的距离。由输出结果可知: 1 类中包括的国家或地区有: 缅甸、多米尼加、危地马拉、印度、印度尼西亚、菲律宾, 这些国家或地区的气候、地理位置相近, 生活习惯相似, 所以运动员的素质也相近。2 类属发展中的国家, 毛里求斯为 3 类。4 类属较发达国家。西沙摩亚为 5 类。库克岛、巴布亚新几内亚为 6 类。

图 12-8 显示每个变量在各类的标准差。

12.4　VARCLUS 过程

12.4.1　简介

VARCLUS 过程被用来对变量进行聚类分析, 是一种减少变量的方法。它对一组数值变量进行系统聚类或逐步聚类, 聚类的选择是要使每一类的第一主成分或者重心分量所解释的变异为最大。

VARCLUS 过程将一组数值变量分成不相交的或分层的类。每一类由类内变量的线性组合来代表。分析的依据可以是相关矩阵也可以是协方差矩阵。如果采用相关矩阵, 则所有变量都有同等重要性; 如果采用协方差矩阵, 则带有较大方差的变量在分析中占有更重要的地位。分析结果将输出到两个数据集中, 一个可以用 SCORE 过程计算每一分类的计分, 另一个数据集可以用 TREE 过程画出系统聚类的树图。

默认地, 首先认为所有分析变量在一类之中, 然后重复以下步骤:

(1) 选一个将被分裂的类。原则是它的类分量所解释的变异所占百分数最小(使用 PROPORTION = 选项)或者是第二主成分的特征值最大(使用 MAXEIGEN = 选项)。

(2) 将选中的类按类内前两个主成分分成两类, 并且进行正交斜交旋转, 然后把每一个变量分到具有较高相关系数平方的旋转分量去。

(3) 变量被反复地归入各个类以使类成分所占的方差达最大。

过程当遇到下列条件之一停止分裂:

(1) 当达到由 MAXCLUSTERS = 选项指定的最大类数。

(2) 当每个类都满足由 PROPORTION = (解释的变异百分比) 和/或 MAXEIGEN = (第二特征值)指定的准则时。若用户没有指定这些准则, 过程在各类只要有一个特征值比 1 大时停止。

12.4.2　VARCLUS 过程使用的语句

VARCLUS 过程由以下语句调用:

```
PROC VARCLUS <选项>;
VAR 变量表;
SEED 变量表;
PARTIAL 变量表;
WEIGHT 变量表;
FREQ 变量表;
BY 变量表;
```

除了 PROC VARCLUS 语句外，通常只有 VAR 语句被选用。

1. PROC VARCLUS 语句

PROC VARCLUS 语句可以使用以下选项：

DATA＝数据集

OUTTREE＝数据集　建立一个输出数据集。其中含有可被 TREE 过程显示出树图的树结构信息，该选项意味着使用了 HIERARCHY 选项。

控制聚类方法的选项：

COVARIANCE | COV　分析协方差矩阵而不是相关矩阵。

INITIAL＝方法　指定初始化聚类方法，有：

- RANDOM　随机地将变量分到各类。
- SEED　将 SEED 语句中列出的变量作为一个类的基底成分，而其余变量不单独分类。如果不指出 SEED 语句，在 VAR 语句的第一个 MINCLUSTERS＝变量被作为种子。
- INPUT　在 DATA＝数据集中从_ TYPE _变量具有值'SCORE'的观测获得聚类成分计分系数。如果输入数据集是 TYPE＝CORR，COV，FACTOR，可使用该选择。
- GROUP　如果输入数据集类型是 TYPE＝CORR，COV 或 FACTOR，可以使用该选择，变量的隶属类可以从 DATA＝数据集的_ TYPE _＝'GROUP'的观测获得。
- CENTROID　使用重心分量而不是主成分（缺项为主成分）。聚类成分为标准化变量的不加权平均值；如果规定 CONARIANCE 则为非标准化变量的不加权平均值。
- HIERARCHY | HI　要求在不同层次上聚类构成一个分层体系结构。

控制聚类数的选项：

MINCLUSTERS＝n | MINC＝n　指定最少分类数，默认值为 2。

MAXCLUSTERS＝n | MAXC＝n　指定最大分类数，默认值为变量数。

PROPORTION＝n | PERCENT＝n　指定类分量所能解释的变异的比例或百分数。

MAXEIGEN＝n　指定要分裂的类的最大第二特征值。指定 CENTROID 时，该选项无效。

MAXITER＝n　指定在最近成分分类步骤的最大迭代次数。如果指定 CENTROID 选项默认 n 为 1，否则默认 n 为 10。

MAXSEARCH＝n　指定在检索阶段最大迭代次数，默认值为 1000 被变量数除。

类的分裂是基于 MAXEIGEN＝和 PROPORTION＝选项的。两项选择仅能使用一个，如同时使用了两个选项，仅是后面的选项起作用。如两个选项都没选，则分裂依赖于 CENTROID 选项。

控制显示输出的选项：

SHORT　抑制类结构、记分系数及类间相关矩阵的输出。

SUMMARY　除了最后的总结表之外，抑制所有其他输出。

NOPRINT　抑制全部输出。

TRACE　列出在迭代过程中每个变量被分类的过程。

2. SEED 语句

列出用来作为初始分类种子的变量。如果选择了 SEED 语句，则 PROC VARCLUS 语句中不必再有 INITIAL = SEED 选择；如果为 INITIAL = 指定了其他选择，则 SEED 语句无效。

3. PARTIAL 语句

如果你想根据偏相关进行聚类，应在 PARTIAL 语句中列出相应变量。

12.4.3 举例

【例 12-4-1】 数据见表 12-2，为某年各地农民生活费用支出数据，保存在 e：\sasdt\livedata.xls 文件中。其中：num 为序号、area 为地区、x_1 为食品、x_2 为衣着、x_3 为燃料、x_4 为住房、x_5 为生活用品及其他、x_6 为文化生活服务支出。试对这些指标作变量聚类分析。

表 12-2 某年各地农民生活费用支出

num	area	x_1	x_2	x_3	x_4	x_5	x_6
1	北京	190.33	43.77	7.93	60.54	49.01	90.4
2	天津	135.2	36.4	10.47	44.16	36.49	3.94
3	河北	95.21	22.83	9.3	22.44	22.81	2.8
4	山西	104.78	25.11	6.46	9.89	18.17	3.25
5	内蒙古	128.41	27.63	8.94	12.58	23.99	3.27
6	辽宁	145.68	32.83	17.79	27.29	39.09	3.47
7	吉林	159.37	33.38	18.37	11.81	25.29	5.22
8	黑龙江	116.22	29.57	13.24	13.76	21.75	6.04
9	上海	221.11	38.64	12.53	115.65	50.82	5.89
10	江苏	144.98	29.12	11.67	42.6	27.3	5.74
11	浙江	169.92	32.75	21.72	47.12	34.35	5
12	安徽	153.11	23.09	15.62	23.54	18.18	6.39
13	福建	144.92	21.26	16.96	19.52	21.75	6.73
14	江西	140.54	21.59	17.64	19.19	15.97	4.94
15	山东	115.84	30.76	12.2	33.1	33.77	3.85
16	河南	101.18	23.26	8.46	20.2	20.5	4.3
17	湖北	140.64	28.26	12.35	18.53	20.95	6.23
18	湖南	164.02	24.74	13.63	22.2	18.06	6.04
19	广东	182.55	20.52	18.32	42.4	36.97	11.68
20	广西	139.08	18.47	14.68	13.41	20.66	3.85
21	四川	137.8	20.74	11.07	17.74	16.49	4.39
22	贵州	121.67	21.53	12.58	14.49	12.18	4.57
23	云南	124.27	19.81	8.89	14.22	15.53	3.03
24	陕西	106.02	20.56	10.94	10.11	18	3.29
25	甘肃	95.65	16.82	5.7	6.03	12.36	4.49
26	青海	107.12	16.45	8.98	5.4	8.78	5.93
27	宁夏	113.74	24.11	6.46	9.61	22.92	2.53
28	新疆	123.24	38	13.72	4.64	17.77	5.75

(来自《数据分析》范金城、梅长林编著，科学出版社)

1. 程序

```
* ex12-4-1;
LIBNAME ep'e:\saslx';
PROC IMPORT OUT = ep.varclus1
    DATAFILE = "e:\sasdt\livedata.xls"
    DBMS = EXCEL2000 REPLACE;
  SHEET = "Sheet1 $";
  GETNAMES = YES;
```

```
OPTIONS OBS = 28;
LABEL x1 = '食品' x2 = '衣着' x3 = '燃料' x4 = '住房' x5 = '生活用品' x6 = '文化生活';
PROC VARCLUS DATA = ep.varclus1;
  VAR x1-x6;
RUN;
QUIT;
```

程序运行结果如图 12-10 ~ 图 12-13 所示。

SAS 系统
Oblique Principal Component Cluster Analysis

Observations	28	Proportion	0
Variables	6	Maxeigen	1

Clustering algorithm converged.

Cluster Summary for 1 Cluster

Cluster	Members	Cluster Variation	Variation Explained	Proportion Explained	Second Eigenvalue
1	6	6	3.475378	0.5792	1.2317

Total variation explained = 3.475378 Proportion = 0.5792

Cluster 1 will be split because it has the largest second eigenvalue, 1.231674, which is greater than the MAXEIGEN=1 value.

Clustering algorithm converged.

图 12-10　VARCLUS 聚类分析图——倾斜的主成分聚类分析

2. 结果及其说明

图 12-10 为主成分聚类的第一步，把全部 6 个变量聚成一类。能解释的变异为 3.475378，占总变异 6 的 0.5792。由于第二特征值为 1.2317，大于默认的 MAXEIGEN = 1，故该类将被分裂。

Cluster Variation　　类方差；

Variation Explained　　能解释的变异；

Proportion Explained　　能解释的比例；

Second Eigenvalue　　第 2 特征值。

图 12-11 所示为聚类分析的第二步，6 个变量分成两类，能解释的变异为 4.392786，占总变异 6 的 0.7321。第二特征值为 0.7641。

Cluster Summary for 2 Clusters

Cluster	Members	Cluster Variation	Variation Explained	Proportion Explained	Second Eigenvalue
1	5	5	3.392786	0.6786	0.7641
2	1	1	1	1.0000	

Total variation explained = 4.392786　Proportion = 0.7321

R-squared with

2 Clusters Cluster	Variable	Own Cluster	Next Closest	1-R**2 Ratio	Variable Label
Cluster 1	x1	0.7093	0.2675	0.3968	食品
	x2	0.6563	0.0221	0.3515	衣着
	x4	0.7814	0.0291	0.2251	住房
	x5	0.8741	0.0503	0.1325	生活用品
	x6	0.3716	0.0243	0.6440	文化生活
Cluster 2	x3	1.0000	0.0586	0.0000	燃料

图 12-11　VARCLUS 聚类分析图——倾斜的主成分聚类分析

每个指标与所在类成分间的相关系数平方(R-squared with Own Cluster)：如指标 x_1(食品)在第一类中，它与第一类成分(相当于因子分析中的第一公因子)间的相关系数的平方为 0.7093。

每个指标与相邻类成分之间相关系数的平方(R-squared with Next Cluster)：如指标 x_1(食品)它与第二类成分间的相关系数的平方为 0.2675。该值越小说明分类越合理。

1-R **2 Ratio 由同一行的数据求得。如：$(1-0.7093)/(1-0.2675)=0.3968$。此值越小，说明分类越合理。

图 12-12 所示为标准得分系数(Standardized Scoring Coefficients)输出是从标准化变量预测类成分的标准回归系数，若设 c_1 和 c_2 分别为第一类和第二类成分，其数学模型：

$$c_1=0.24824x_1+0.23877x_2+0.26055x_4+0.27557x_5+0.17968x_6$$

$$c_2=x_3$$

类结构(Cluster Structure)相当于因子分析中的因子模型，每个标准化变量可表示成全部类成分的线性组合。如：

$$x_1=0.84222C_1+0.51719C_2,$$

$$x_2=0.81010C_1+0.14864C_2,$$

$$\cdots$$

Standardized Scoring Coefficients

Cluster		1	2
x1	食品	0.24824	0.00000
x2	衣着	0.23877	0.00000
x3	燃料	0.00000	1.00000
x4	住房	0.26055	0.00000
x5	生活用品	0.27557	0.00000
x6	文化生活	0.17968	0.00000

Cluster Structure

Cluster		1	2
x1	食品	0.84222	0.51719
x2	衣着	0.81010	0.14864
x3	燃料	0.24214	1.00000
x4	住房	0.88400	0.17063
x5	生活用品	0.93494	0.22428
x6	文化生活	0.60961	-0.15582

图 12-12　VARCLUS 聚类分析图

在图 12-13 中给出：

类间相关(Inter-Cluster Correlations)就是类成分之间的相关系数。

系统提示：No cluster meets the criterion for splitting. 没有类满足分裂的临界值，停止分裂。

Oblique Principal Component Cluster Analysis
Inter-Cluster Correlations

Cluster	1	2
1	1.00000	0.24214
2	0.24214	1.00000

No cluster meets the criterion for splitting.

Number of Clusters	① Total Variation Explained by Clusters	② Proportion of Variation Explained by Clusters	③ Minimum Proportion Explained by a Cluster	④ Maximum Second Eigenvalue in a Cluster	⑤ Minimum R-squared for a Variable	⑥ Maximum 1-R**2 Ratio for a Variable
1	3.475378	0.5792	0.5792	1.231674	0.1151	
2	4.392786	0.7321	0.6786	0.764112	0.3716	0.6440

图 12-13　VARCLUS 聚类分析

最后输出如下信息。

① Total Variation Explained by Clusters 各类分别能解释的总变异。

② Proportion of Variation Explained by Clusters 各类分别能解释的变异占全部变量指标总变异的比例。

③ Minimum Proportion Explained by a Cluster 由一个类成分能解释的变异占全部变量指标总变异的最小比例。

④ Maximum Second Eigenvalue in a Cluster 各类中最大的第二特征值。

⑤ Minimum R-squared for a Variable 各类中一个变量与它所在类成分的最小相关系数的平方 R^2。

⑥ Maximum 1-R * * 2 Ratio for a Variable 一个变量所在类的$(1-R^2_{\text{own}})$与它最近类的$(1-R^2_{\text{next}})$的最大比值。

12.4.4 输出结果的进一步说明

以上输出结果中有标准化得分系数、类分量及聚类结构、类际相关等。为进一步说明这些，我们可以编一个程序来研究。

```
* ex12-4-2;  LIBNAME ep 'e:\saslx';
PROC STANDARD DATA = ep.varclus1 OUT = b MEAN = 0 STD = 1;
DATA c; SET b;
    c1 = 0.24824* x1 + 0.23877* x2 + 0.26055* x4 + 0.27557* x5 + 0.17968* x6;
    c2 = x3;
PROC CORR;
    VAR c1 c2;WITH x1-x6;
RUN;
```

程序中用 PROC STANDARD 标准化过程，将前面的数据集 varclus1 按变量均数为零，标准差为 1 标准化后输出到数据集 b 中。

利用类分量 c_1 及 c_2 的数学模型，对标准化数据集 b 的 $x_1 \sim x_6$ 进行运算后写入数据集 c。再用 PROC CORR 计算变量 c_1 及 c_2 与 $x_1 \sim x_6$ 的相关。

程序运行结果如图 12-14 所示。

简单统计量

变量	N	均值	标准偏差	总和	最小值	最大值	标签
x1	28	0	1.00000	0	-1.37121	2.80767	食品
x2	28	0	1.00000	0	-1.40988	2.42274	衣着
x3	28	0	1.00000	0	-1.61965	2.26502	燃料
x4	28	0	1.00000	0	-0.90143	3.99483	住房
x5	28	0	1.00000	0	-1.46280	2.50405	生活用品
x6	28	0	1.00000	0	-0.33433	5.07130	文化生活
C1	28	0	1.00000	0	-1.23062	2.98356	
C2	28	0	1.00000	0	-1.61965	2.26502	

Pearson 相关系数, N = 28
当 H0: Rho=0 时, Prob > |r|

	C1	C2
x1 食品	0.84222 <.0001	0.51719 0.0048
x2 衣着	0.81010 <.0001	0.14864 0.4503
x3 燃料	0.24214 0.2144	1.00000 <.0001
x4 住房	0.88399 <.0001	0.17063 0.3853
x5 生活用品	0.93494 <.0001	0.22428 0.2512
x6 文化生活	0.60961 0.0006	-0.15582 0.4285

图 12-14 c_1, c_2 与 x_i 相关系数

由此相关系数可以看到，这就是前面所说的 cluster structure。相关表的下行为概率。由此可见，c_1 与 x_1、x_2、x_4、x_5 及 x_6 高度相关，且有高度统计意义，而与 x_3 相关系数很小且无统计意义。c_2 与 x_1 及 x_3 高度相关且有高度统计意义，而与其他变量相关系数很小且无统计意义。

对于给定的一批资料究竟应聚成几类合适，没有统一的规定。可先将资料聚成不同的类，再结合专业知识决定。

下面将该数据聚成 4 类：

```
* ex12-4-3; LIBNAME ep 'e:\saslx';
    PROC VARCLUS DATA=ep.varclus1 MAXC=4;
    VAR x1-x6;
RUN;
```

运行后输出如图 12-15 ~ 图 12-18 所示。

Cluster 1 will be split because it has the largest second eigenvalue, 0.764112, which is greater than the MAXEIGEN=0 value.

Clustering algorithm converged.

Cluster Summary for 3 Clusters

Cluster	Members	Cluster Variation	Variation Explained	Proportion Explained	Second Eigenvalue
1	4	4	3.099177	0.7748	0.5356
2	1	1	1	1.0000	
3	1	1	1	1.0000	

Total variation explained = 5.099177 Proportion = 0.8499

Cluster Structure

Cluster		1	2	3
x1	食品	0.85457	0.51719	0.40493
x2	衣着	0.80117	0.14864	0.47091
x3	燃料	0.29966	1.00000	-0.15582
x4	住房	0.91610	0.17063	0.33253
x5	生活用品	0.94221	0.22428	0.47295
x6	文化生活	0.47547	-0.15582	1.00000

图 12-15　VARCLUS 过程输出-1

前面的输出与聚成 2 类的输出完全相同，但在最后给出一个信息：

```
Cluster 1 will be split because it has the largest second eigenvalue, 0.764112, which is
greater than the MAXEIGEN=0 value.
```

因为最大的第二特征值 0.764112 大于 MAXEIGEN = 0，故类 1 将分裂。

由图 12-16 可见，聚成 3 类后给出一个信息：

```
Cluster 1 will be split because it has the largest second eigenvalue,0.53562, which is
greater than the MAXEIGEN=0 value.
```

因为最大的第二特征值 0.53662 大于 MAXEIGEN = 0，故类 1 将分裂。

分成 4 类后，能解释的变异为：5.55292 占总变异 6 的 0.9255。

由图 12-17 的类结构可写出因子方程：

x1 = 0.89529 * c1 + 0.51719 * c2 + 0.40493 * c3 + 0.51824 * c4

x2 = 0.66864 * c1 + 0.14864 * c2 + 0.47091 * c3 + c4

…

由类结构可写出主成分方程：

C1 = 0.89529 * x1 + 0.66864 * x2 + 0.32583 * x3 + 0.94918 * x4 + 0.92219 * x5
+ 0.43648 * x6

…

Cluster 1 will be split because it has the largest second eigenvalue, 0.53562, which is greater than the MAXEIGEN=0 value.

Cluster Summary for 4 Clusters

Cluster	Members	Cluster Variation	Variation Explained	Proportion Explained	Second Eigenvalue
1	3	3	2.55292	0.8510	0.3023
2	1	1	1	1.0000	
3	1	1	1	1.0000	
4	1	1	1	1.0000	

Total variation explained = 5.55292 Proportion = 0.9255

4 Clusters		R-squared with			
Cluster	Variable	Own Cluster	Next Closest	1-R**2 Ratio	Variable Label
Cluster 1	x1	0.8015	0.2686	0.2713	食品
	x4	0.9009	0.3353	0.1490	住房
	x5	0.8504	0.5654	0.3441	生活用品
Cluster 2	x3	1.0000	0.1062	0.0000	燃料
Cluster 3	x6	1.0000	0.2218	0.0000	文化生活
Cluster 4	x2	1.0000	0.4471	0.0000	衣着

图 12-16　VARCLUS 过程输出-2

Standardized Scoring Coefficients

Cluster		1	2	3	4
x1	食品	0.35069	0.00000	0.00000	0.00000
x2	衣着	0.00000	0.00000	0.00000	1.00000
x3	燃料	0.00000	1.00000	0.00000	0.00000
x4	住房	0.37180	0.00000	0.00000	0.00000
x5	生活用品	0.36123	0.00000	0.00000	0.00000
x6	文化生活	0.00000	0.00000	1.00000	0.00000

Cluster Structure

Cluster		1	2	3	4
x1	食品	0.89529	0.51719	0.40493	0.51824
x2	衣着	0.66864	0.14864	0.47091	1.00000
x3	燃料	0.32583	1.00000	−0.15582	0.14864
x4	住房	0.94918	0.17063	0.33253	0.57902
x5	生活用品	0.92219	0.22428	0.47295	0.75192
x6	文化生活	0.43648	−0.15582	1.00000	0.47091

图 12-17　VARCLUS 过程输出-3

图 12-18 输出的是主要结果，可据此做出专业结论。

Oblique Principal Component Cluster Analysis

Number of Clusters	Total Variation Explained by Clusters	Proportion of Variation Explained by Clusters	Minimum Proportion Explained by a Cluster	Maximum Second Eigenvalue in a Cluster	Minimum R-squared for a Variable	Maximum 1-R**2 Ratio for a Variable
1	3.475378	0.5792	0.5792	1.231674	0.1151	
2	4.392786	0.7321	0.6786	0.764112	0.3716	0.6440
3	5.099177	0.8499	0.7748	0.535620	0.6419	0.4602
4	5.552920	0.9255	0.8510	0.302296	0.8015	0.3441

图 12-18　VARCLUS 过程输出-4

12.5 TREE 过程

12.5.1 简介

TREE 过程不是一个独立的过程，它利用 CLUSTER 或 VARCLUS 过程建立的数据集显示树图，从而使聚类的结果更加形象。被聚类的对象叫做叶,含有全部对象的类叫做根,若一个类包含至少两个对象而不是全体对象,则称为枝，叶、根和枝又统称为节。若类 A 是由类 B 和类 C 合成的，那么 A 称为 B 和 C 的“父辈”，而 B 和 C 则称为 A 的“子辈”。因此所谓叶就是没有“子辈”的节点，而根是没有“父辈”的节点。树图有两种类型，一种根在顶部，一种根在左侧。若每一类最多有两个“子辈”，则称这种树为二元树。CLUSTER 过程产生二元树，而 VARCLUS 过程则产生多子树图。

TREE 过程还能在树的任一指定水平上建立一个输出数据集，并以变量 CLUSTER 指出各个体(观测或变量)所属的类。可以用 PRINT 过程来显示此数据集。

12.5.2 过程使用的语句

TREE 过程可使用以下语句:

```
PROC TREE   <可选项>;
NAME     变量表;
HEIGHT  变量;
ID         变量;
COPY  变量表;
FREQ  变量;
BY  变量表;
```

如果输入数据集是由 CLUSTER 或者 VARCLUS 过程建立的，则仅有 PROC TREE 语句是必须的语句,其余皆为可选项。

1. PROC TREE 语句

语句可使用以下各可选项:

DATA = 数据集　指定定义树的输入数据集。

OUT = 数据集　指定一个输出数据集，对树或正在处理的子树中的每个目标含有一个观测，且变量 CLUSTER 和 CLUSNAME 显示树中任一指定水平的类成员。要求 NCLUSTERS = 或 LEVEL = 必须被指定,以定义输出水平。

HEIGHT | H = 变量　指定某一约定变量作为高度轴，在许多情况下这是唯一需要的选项。

- NCL | N　指定_NCL_变量;
- HEIGHT | H　指定_HEIGHT_变量;
- MODE | M　指定_MODE_变量;
- RSQ | R　指定_RSQ_变量;
- LENGTH | L　指定每个节点的高度为从根算起的路径长,即节点的辈数。

LEVEL = n　指定树的水平,以定义 OUT = 数据集中的不相交类。要求在根和高度为 n 之间的类被显示,输出数据集中的聚类是树图中高度为 n 存在的类。例如，若 HEIGHT 变量是_NCL_(类数)而 LEVEL = 5，则输出数据集中含有 5 个不相交的类。若 HEIGHT 变量是_RSQ_ (R^2) 而 LEVEL = 0.9，那么 OUT = 数据集中含有 R^2 至少为 0.9 的最少类数。

NCLUSTERS |NCL | N = n　指定 OUT = 数据集中所希望的类数。

NOPRINT　如果仅仅想建立一个 OUT = 数据集,那么用此选择抑制树图的显示。

HORIZONTAL | HOR　规定树的高度轴为水平方向，默认为垂直方向。

INC = n　规定在高度轴上刻度间的增量，如 HEIGHT = NCL，默认值为 1。

SORT　按 HEIGHT 变量对每一节点的"子辈'按类形成的顺序排序。

SPACES = n | S = n　为输出的目标之间指定空格数，默认值取决于对象的数目、树图的方向、PAGESIZE = 和 LINESIZE = 选项。LINEPRINTE 选项也必须指定。

2. HEIGHT 语句

指定一个数值变量，以便定义树中每个节点的高度。高度变量也可以用 PROC TREE 语句中的 HEIGHT = 选择来指定。若两者都被省略，TREE 寻找_ HEIGHT _ 变量，如果数据集中不含有_ HEIGHT _变量，TREE 去寻找_ NCL _变量。如果_ NCL _也没找到，每个节点高度被定义为从根到该节点的路径长度。

3. ID 语句

ID 变量用来在树图中识别对象(个体)。ID 变量可以是任意长度的字符或数值变量。

4. COPY 语句

COPY 语句列出一个或多个字符或数值变量，复制到 OUT = 数据集中去。

5. FREQ 语句

FREQ 语句列出一个数值变量，以便说明多少个观测属于这一类。如果 FREQ 语句省略，TREE 去寻找_ FREQ _变量，以便指定每类含有的观测数。如果 FREQ 语句和_ FREQ _变量均没出现，每个叶假定代表一个目标，而每个内部节点的频数即是它的子辈的频数之和。

6. NAME 语句

NAME 语句指定一个字符或者数值变量，标识被每个观测所表示的节点。

12.5.3　补充说明

1. 输出数据集

OUT = 数据集　对正被处理的树或子树中的每一个叶含有一个观测，变量为：

BY 变量，如果有的话；

ID 变量，如果没有 ID 变量则是 NAME 变量；

COPY 变量；

数值变量 CLUSTER，取值为 1 到 c，此处 c 是不相交类的个数。第一个观测所属的类将赋值为 1，不属于第一类的下一个观测所属类被赋值为 2，依次处理；

字符变量 CLUSNAME，观测所属类的值。

2. 显示输出

TREE 过程产生的显示输出包括：

(1) 树中对象的名被显示在树图底部；

(2) 纵轴(高度)显示在树图左边。

12.5.4　举例

【例 12-5-1】　哺乳动物牙齿分析。

下面程序中的数据给出哺乳动物各种牙齿的数目。利用 CLUSTER 过程用平均距离法对哺乳动物进行聚类。

1. 程序

```
* ex12-5-1;
DATA TEETH;
      TITLE"MAMMALS'TEETH' ;
      INPUT MAMMAL $16. V1-V8 @@ ;
      LABEL V1 = '上门牙' V2 = '下门牙' V3 = '上犬齿' V4 = '下犬齿'
            V5 = '上前臼齿' V6 = '下前臼齿' V7 = '上臼齿' V8 = '下臼齿';
CARDS;
BROWN BAT          2 3 1 1 3 3 3 3    MOLE           3 2 1 0 3 3 3 3
SILVER HAIR BAT    2 3 1 1 2 3 3 3    PIGMY BAT      2 3 1 1 2 2 3 3
HOUSE BAT          2 3 1 1 1 2 3 3    RED BAT        1 3 1 1 2 2 3 3
PIKA               2 1 0 0 2 2 3 3    RABBIT         2 1 0 0 3 2 3 3
BEAVER             1 1 0 0 2 1 3 3    GROUNDHOG      1 1 0 0 2 1 3 3
GRAY SQUIRREL      1 1 0 0 1 1 3 3    HOUSE MOUSE    1 1 0 0 0 0 3 3
PORCUPINE          1 1 0 0 1 1 3 3    WOLF           3 3 1 1 4 4 2 3
BEAR               3 3 1 1 4 4 2 3    RACCOON        3 3 1 1 4 4 3 2
MARTEN             3 3 1 1 4 4 1 2    WEASEL         3 3 1 1 3 3 1 2
WOLVERINE          3 3 1 1 4 4 1 2    BADGER         3 3 1 1 3 3 1 2
RIVER OTTER        3 3 1 1 4 3 1 2    SEA OTTER      3 2 1 1 3 3 1 2
JAGUAR             3 3 1 1 3 2 1 1    COUGAR         3 3 1 1 3 2 1 1
FUR SEAL           3 2 1 1 4 4 1 1    SEA LION       3 2 1 1 4 4 1 1
GREY SEAL          3 2 1 1 3 3 2 2    ELEPHANT SEAL  2 1 1 1 4 4 1 1
REINDEER           0 4 1 0 3 3 3 3    ELK            0 4 1 0 3 3 3 3
MOOSE              0 4 0 0 3 3 3 3    DEER           0 4 0 0 3 3 3 3
;
PROC CLUSTER METHOD = AVERAGE STD PSEUDO NOEIGEN OUTTREE = TRE;
ID MAMMAL; VAR V1-V8;
PROC TREE spaces =1;
RUN;
```

第一个 PROC TREE 利用平均距离作为高度轴(纵轴，这是默认的)。但由于观测多，树图在一页画不下，改成水平输出。spaces =1 指定输出目标间的空格数为 1。

程序运行结果如图 12-19 所示。

2. 结果及其说明

由图 12-19 中，PSF 列可见，在 G =4 和 G =6 处有峰值，因此分为 4 类或 6 类较好(见图 12-20)。

从图 12-20 可见由左向右对象和类逐渐合并直至成一类。例如，在 0.6 水平处划一竖线，与各分支交点有 6 处，即将哺乳动物分为 6 类。5 种蝙蝠(Bat)聚为一类，下一类仅由鼹鼠(Mole)组成，驯鹿(Reindeer)、麋鹿(Elk)、鹿(Deer)和驼鹿(Moose)聚为一类，鼠兔(Pika)到家鼠(House Mouse)为第 4 类，狼(Wolf)、熊(Bear)和浣熊(Raccoon)为第 5 类，最后一类由貂鼠(Marten)到海象(Elephant Seal)。

为显示各类动物名称，采用如下方法：用 TREE 过程建立一个输出数据集，在树的 0.6 水平(6 分类水平)上，指出每个观测所属的类，按类排序后由 PROC PRINT 显示出来。

【例 12-5-2】

```
ex12-5-2;
PROC TREE NOPRINT DATA = tre OUT = part NCLUSTERS = 6 ;
ID MAMMAL; COPY V1-V8;
PROC SORT DATA = part OUT = sortpart;
```

```
BY CLUSTER;
PROC PRINT DATA = sortpart LABEL;
ID MAMMAL; VAR V1-V8;
BY CLUSTER;RUN;
```

运行结果如图 12-21 所示。

Cluster History

NCL	Clusters Joined		FREQ	PSF	PST2	Norm RMS Dist	Tie
31	Beaver	Groundhog	2	.	.	0	T
30	Gray Squirrel	Porcupine	2	.	.	0	T
29	Wolf	Bear	2	.	.	0	T
28	Marten	Wolverine	2	.	.	0	T
27	Weasel	Badger	2	.	.	0	T
26	Jaguar	Cougar	2	.	.	0	T
25	Fur Seal	Sea Lion	2	.	.	0	T
24	Reindeer	Elk	2	.	.	0	T
23	Deer	Moose	2	.	.	0	
22	Pigmy Bat	Red Bat	2	281	.	0.2289	
21	CL28	River Otter	3	139	.	0.2292	
20	CL31	CL30	4	83.2	.	0.2357	T
19	Brown Bat	Silver Hair Bat	2	76.7	.	0.2357	T
18	Pika	Rabbit	2	73.2	.	0.2357	
17	CL27	Sea Otter	3	67.4	.	0.2462	
16	CL22	House Bat	3	62.9	1.7	0.2859	
15	CL21	CL17	6	47.4	6.8	0.3328	
14	CL25	Elephant Seal	3	45.0	.	0.3362	
13	CL19	CL16	5	40.8	3.5	0.3672	
12	CL15	Grey Seal	7	38.9	2.8	0.4078	
11	CL29	Raccoon	3	38.0	.	0.423	
10	CL18	CL20	6	34.5	10.3	0.4339	
9	CL12	CL26	9	30.0	7.3	0.5071	
8	CL24	CL23	4	28.7	.	0.5473	
7	CL9	CL14	12	25.7	7.0	0.5668	
6	CL10	House Mouse	7	28.3	4.1	0.5792	
5	CL11	CL7	15	26.8	6.9	0.6621	
4	CL13	Mole	6	31.9	7.2	0.7156	
3	CL4	CL8	10	31.0	12.7	0.8799	
2	CL3	CL6	17	27.8	16.1	1.0316	
1	CL2	CL5	32	.	27.8	1.1938	

图 12-19　TREE 聚类分析

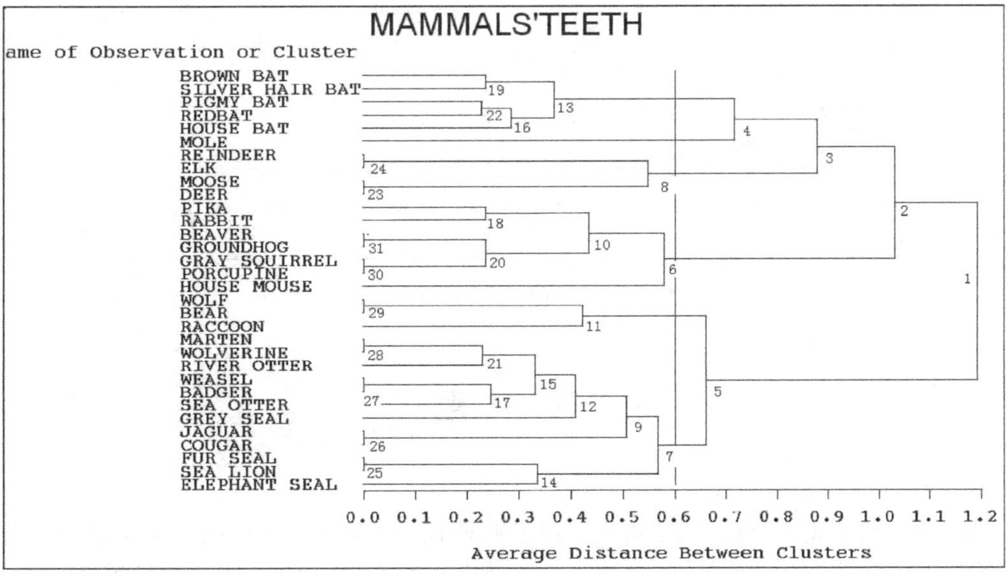

图 12-20　TREE 聚类分析图

MAMMALS' TEETH

CLUSTER=1

MAMMAL	上门牙	下门牙	上犬齿	下犬齿	上前臼齿	下前臼齿	上臼齿	下臼齿
Beaver	1	1	0	0	2	1	3	3
Groundhog	1	1	0	0	2	1	3	3
Gray Squirrel	1	1	0	0	1	1	3	3
Porcupine	1	1	0	0	1	1	3	3
Pika	2	1	0	0	2	2	3	3
Rabbit	2	1	0	0	3	2	3	3
House Mouse	1	1	0	0	0	0	3	3

CLUSTER=2

MAMMAL	上门牙	下门牙	上犬齿	下犬齿	上前臼齿	下前臼齿	上臼齿	下臼齿
Wolf	3	3	1	1	4	4	2	3
Bear	3	3	1	1	4	4	2	3
Raccoon	3	3	1	1	4	4	3	2

CLUSTER=3

MAMMAL	上门牙	下门牙	上犬齿	下犬齿	上前臼齿	下前臼齿	上臼齿	下臼齿
Marten	3	3	1	1	4	4	1	2
Wolverine	3	3	1	1	4	4	1	2
Weasel	3	3	1	1	3	3	1	2
Badger	3	3	1	1	3	3	1	2
Jaguar	3	3	1	1	3	2	1	1
Cougar	3	3	1	1	3	2	1	1
Fur Seal	3	2	1	1	4	4	1	1
Sea Lion	3	2	1	1	4	4	1	1
River Otter	3	3	1	1	4	3	1	2
Sea Otter	3	2	1	1	3	3	1	2
Elephant Seal	2	1	1	1	4	4	1	1
Grey Seal	3	2	1	1	3	3	2	2

CLUSTER=4

MAMMAL	上门牙	下门牙	上犬齿	下犬齿	上前臼齿	下前臼齿	上臼齿	下臼齿
Reindeer	0	4	1	0	3	3	3	3
Elk	0	4	1	0	3	3	3	3
Deer	0	4	0	0	3	3	3	3
Moose	0	4	0	0	3	3	3	3

CLUSTER=5

MAMMAL	上门牙	下门牙	上犬齿	下犬齿	上前臼齿	下前臼齿	上臼齿	下臼齿
Pigmy Bat	2	3	1	1	2	2	3	3
Red Bat	1	3	1	1	2	2	3	3
Brown Bat	2	3	1	1	3	3	3	3
Silver Hair Bat	2	3	1	1	2	3	3	3
House Bat	2	3	1	1	1	2	3	3

CLUSTER=6

MAMMAL	上门牙	下门牙	上犬齿	下犬齿	上前臼齿	下前臼齿	上臼齿	下臼齿
Mole	3	2	1	0	3	3	3	3

图 12-21　TREE 的输出数据集

习　　题

1. 什么是 Q 聚类及 R 聚类?

2. 为研究人脑老化的严重程度，有人测定了不同年龄的 60 名正常男性 10 项有关指标的数据，各变量的含义如下：AGE 为年龄、TJ 为图片记忆、SG 为数字广度记忆、TS 为图形顺序记忆、XX 为心算位数、XS 为心算时间、CK 为规定时间内穿孔数、BJ 为步距、JJ 为步行时双下肢夹角、BS 步速。试对这些指标作变量聚类分析。数据见表 12-3，已存于 SASDT\Tab12-3. XLS 中。

表 12-3　60 名男性 10 项有关指标

AGE	TJ	SG	TS	XX	XS	CK	BJ	JJ	BS	AGE	TJ	SG	TS	XX	XS	CK	BJ	JJ	BS
16	17	9	14	5.14	4	9	54	35.32	3.92	48	20	8	3	5.00	5	12	37	24.70	3.73
18	12	8	14	3.57	5	11	46	30.66	3.30	49	18	8	5	1.87	5	10	34	22.54	4.77
19	11	8	2	11.67	3	12	53	37.01	3.08	50	13	8	4	3.20	5	11	45	33.47	2.78
20	18	9	5	7.04	5	9	47	30.10	3.90	51	16	7	14	3.58	5	2	40	26.27	4.38
21	15	9	6	6.57	5	10	57	37.14	2.72	52	17	8	14	2.86	5	7	34	23.93	5.10
22	19	8	14	3.29	5	11	46	30.66	3.24	53	10	8	14	3.43	3	4	41	26.01	4.04
24	16	9	5	3.50	2	10	43	27.64	4.41	54	11	8	8	6.18	5	2	37	25.45	3.80
25	19	9	6	3.57	1	9	42	26.54	4.49	55	11	8	14	2.15	4	0	42	29.68	2.61
26	17	9	14	3.86	3	9	52	29.24	3.54	56	8	7	9	22.10	1	5	45	29.80	6.67
27	15	8	1	6.00	4	9	42	32.30	4.38	57	12	10	7	4.50	5	8	24	15.95	7.29
28	18	7	14	3.98	5	9	51	33.94	3.03	58	10	6	9	9.50	2	4	43	28.96	3.50
29	20	10	14	1.93	5	8	43	30.79	4.51	59	11	10	12	8.69	0	12	44	31.15	2.89
30	14	10	14	2.93	5	7	45	32.67	4.45	60	12	7	8	8.78	2	8	18	12.92	7.43
31	19	8	10	3.73	5	10	33	19.91	5.71	61	10	5	2	6.35	5	0	15	8.96	11.14
32	14	10	14	3.57	2	12	44	31.92	4.12	62	12	8	7	17.00	5	8	32	21.83	4.71
33	15	9	14	3.36	5	6	42	28.61	5.39	63	14	9	4	9.40	2	12	42	28.96	4.01
34	15	7	14	3.94	5	10	43	30.26	4.31	64	12	9	5	3.00	5	12	30	22.18	5.41
35	17	9	14	2.64	2	11	27	27.79	4.45	66	7	7	3	8.49	5	1	29	20.62	5.67
36	18	9	12	3.23	5	10	38	25.83	4.68	67	15	8	6	3.43	5	6	37	24.65	5.50
37	19	8	7	3.00	5	9	38	25.38	3.73	68	14	5	6	8.00	0	8	40	28.06	4.34
38	16	8	7	4.38	4	11	35	23.34	4.99	69	6	7	2	8.34	2	2	29	17.02	4.69
39	20	8	14	1.43	5	11	46	30.30	3.41	70	13	9	11	9.4	4	1	38	25.83	3.70
40	17	8	7	2.05	2	12	37	24.56	4.49	71	15	9	14	4.50	5	6	41	28.01	5.06
41	17	9	11	3.70	5	11	35	23.76	4.33	72	10	7	2	3.33	5	7	38	24.80	3.88
42	16	9	8	3.33	5	9	12	32.11	2.63	73	0	7	6	5.77	1	0	31	21.27	5.73
43	20	8	3	2.50	2	10	39	25.90	3.77	74	20	8	8	4.11	5	7	39	27.69	5.60
44	14	9	14	2.57	4	10	43	27.03	3.71	75	12	8	14	8.14	3	4	28	19.23	6.26
45	18	8	2	2.67	5	8	39	27.51	3.94	76	6	7	3	6.75	3	5	24	16.63	7.56
46	20	8	10	2.82	5	10	40	27.06	3.54	78	9	7	4	8.20	2	4	13	9.44	8.91
47	18	9	14	1.93	5	9	43	27.95	5.01	79	13	5	1	9.50	0	6	38	25.53	3.24

3. 某医院测得 20 例肝病患者的 4 项肝功能指标：SGPT（转氨酶），INDEX（肝大指数），ZnT（锌浊度）和 AFP（甲球蛋白）。数据如表 12-4 所示，存于 SASDT\Tab12-4. XLS 中，试作聚类分析。

表 12-4　20 例肝病患者四项肝功能指标

编　号	SGPT	INDEX	ZnT	AFP	编　号	SGPT	INDEX	ZnT	AFP
1	40	2.0	5	20	11	180	3.5	14	40
2	10	1.5	5	30	12	130	2.0	30	50
3	120	3.0	13	50	13	220	1.5	17	20
4	250	4.5	18	0	14	160	1.5	35	60
5	120	3.5	9	50	15	220	2.5	14	30
6	10	1.5	12	50	16	140	2.0	20	20
7	40	1.0	19	40	17	220	2.0	14	10
8	270	4.0	13	60	18	40	1.0	10	0
9	280	3.5	11	60	19	20	1.0	12	60
10	170	3.0	9	60	20	120	2.0	20	0

4. 某研究者收集了 24 种菌株，其中 17 ~ 22 号为已知的标准菌株，它们分别取自牛、羊、犬、猪、鼠、绵羊，其他为未知菌株。测得各菌株的 16 种脂肪酸百分含量，试作样品聚类分析，以便了解哪些未知菌株与已知的标准菌株在全部指标上最为接近。数据已存于 SASDT\xt12-4 文本文件中。

5. 为研究儿童生长发育的分期，调查 1253 名 1 月至 7 岁儿童的身高(cm)、体重(kg)、胸围(cm)和坐高(cm)资料。资料作如下整理：先把 1 月至 7 岁划成 19 个月份段，分月份算出各指标的平均值，将第 1 月的各指标平均值与出生时的各指标平均值比较，求出月平均增长率(%)，然后第 2 月起的各月份指标平均值均与前一月比较，即求出月平均增长率(%)，结果见表 12-5，已存于 SASDT\Tab12-5. XLS。欲将儿童生长发育分为 4 期，故指定聚类的类别数为 4，请通过聚类分析确定 4 个儿童生长发育期的起止区间。

表 12-5　儿童生长发育数据月平均增长率(%)

月份	身高	体重	胸围	坐高	月份	身高	体重	胸围	坐高
1	11.03	50.3	11.81	11.27	24	0.77	1.41	0.52	0.42
2	5.47	19.3	5.2	7.18	30	0.59	1.25	0.3	0.14
3	3.58	9.85	3.14	2.11	36	0.65	1.19	0.49	0.38
4	2.01	4.17	1.47	1.58	42	0.51	0.93	0.16	0.25
6	2.13	5.65	1.04	2.11	48	0.73	1.13	0.35	0.55
8	2.06	1.74	0.17	1.57	54	0.53	0.82	0.16	0.34
10	1.63	2.04	1.04	1.46	60	0.36	0.52	0.19	0.21
12	1.17	1.6	0.89	0.76	66	0.52	1.03	0.3	0.55
15	1.03	2.34	0.53	0.89	72	0.34	0.49	0.18	0.16
18	0.69	1.33	0.48	0.58					

6. 对某小学 10 名 9 岁男生 6 个项目的智力测验的得分资料列于表 12-6。请用聚类分析方法对这 10 名小学生的智力状况进行分类。数据存于 SASDT\tab12-6. txt 中。

表 12-6　9 岁男生 6 个项目的智力测验的得分

学生编号	常识	算术	理解	填图	积木	译码
1	14	13	28	14	22	39
2	10	14	15	14	34	35
3	11	12	19	13	24	39
4	7	7	7	9	20	23
5	13	12	24	12	26	38
6	19	14	22	16	23	37
7	20	16	26	21	38	69
8	9	10	14	9	31	46
9	9	8	15	13	14	46
10	9	9	12	10	23	46

第 13 章 因子分析

13.1 因子分析的简单原理

因子分析是一种用少数的彼此不相关的综合指标来表达多个观测变量的多元统计方法。这些综合指标往往是不能直接观察到的。例如，学生的各科成绩受智力、计算能力、表达能力和灵活性等因子的影响。我们可以通过考试或检查等手段获得学生的各科成绩，但那些对各科成绩起支配作用的因子的状态不能直接测定到；又如，考虑 5 项生理指标——收缩压、舒张压、心跳间隔、呼吸间隔和舌下温度，从生理知识知道，这 5 项指标是受交感神经和副交感神经支配的，而这 2 种神经的状态也不能直接测定出来。对这样一些潜在的无法直接观测到的指标需用因子分析的方法才能测定。这些指标称为原来指标的主成分或主分量。

因子分析在心理学、社会学、医学和经济学等学科中都得到了广泛的应用。

因子分析的基本思想是根据相关性的大小把变量分组，使得同组内的变量之间相关性较高，不同组的变量相关性较低。每组变量代表一个潜在因子。对于所研究的问题就可以试图用最少个数的不可测的潜在因子的线性函数与特殊因子之和来描述原始观测的每一分量。

主成分分析中，某个主成分是原先各变量的线性组合；

因子分析中，原先各变量是共同因子与特殊因子的线性组合。

将因子分析的数学模型写成矩阵形式为

$$\boldsymbol{X} = \boldsymbol{AF} + \boldsymbol{E}$$

式中，$\boldsymbol{A}$ 为公因子载荷矩阵；$\boldsymbol{F}$ 为公因子向量；$\boldsymbol{X}$ 为原变量向量；$\boldsymbol{E}$ 为特殊因子向量，每个特殊因子（如 $\boldsymbol{E}_i$）只对第 $\boldsymbol{i}$ 个变量起作用。

所谓载荷就是指某 1 因子与某 1 变量的相关，载荷量即相关系数。相关系数 r 的平方在统计学上称为决定系数，因子载荷的平方代表在总方差中由该因素引起的比例。

特征值等于每列因子载荷量的平方和。

当最初的公因子被提取出来的时候，各公因子之间一般是相互无关的。一些常用的因子提取方式将大多数的变异集中在第一公因子上，次多数的变异集中在第二公因子上，依次类推。如果在这样的情况下提取出的公因子从专业角度出发不好解释，可以将它们进行旋转变换。因为因子分析的目的不仅仅是求出公共因子，更主要的是要知道每个公因子的意义。通过对初始因子模型的旋转变换，可使因子载荷矩阵每列中各个元素的值向 0 和 1 两极分化，这样有利于对公因子进行解释。如果这些因子的旋转是通过正交变换的（因子对应轴相互正交），那么旋转后的因子仍互不相关。常用的方法是方差最大（Varimax）正交旋转；如果因子的旋转是经过了斜交变换，那么旋转后的因子就相关了。常用的斜交旋转法有 Promax 法。在实际问题中，因子之间正交比较常见。

斜交旋转有时会产生比正交旋转更令人满意的形式。旋转一组因子并不会改变这组因子的统计学解释。

检查在某一因子上载荷较高或较低的那些变量具有的特征，结合专业知识进行解释。

在 SAS 中，用 FACTOR 过程可进行多种公因子和分量分析及旋转。FACTOR 过程可以处理由其他过程产生的输出。输入可以是多元变量数据、相关矩阵、协方差矩阵、因子模型或计分系数矩阵。

PRINCOMP 过程执行主成分分析，并建立包含特征值、特征向量和标准化或非标准化的主成分得分的数据集。

FACTOR 与 PRINCOMP 产生的结果有很多地方相同。

与 FACTOR 相比，PRINCOMP 有以下优点：

（1）如果要求的成分较少，PRINCOMP 运行较快。

（2）使用简单。

与 PRINCOMP 相比,FACTOR 有以下优点：

（1）输出较多，包括散点图模型矩阵及残差相关。

（2）有以容易解释的方式显示矩阵的选择。

（3）可进行旋转。

13.2 FACTOR 过程

13.2.1 FACTOR 过程所用的语句

FACTOR 过程中使用如下的语句：

```
PROC  FACTOR  <选项>;
  PRIORS  数值1，数值2...;
  VAR       变量表;
  PARTIAL   变量表;
  FREQ      变量;
  WEIGHT    变量;
  BY        变量表;
```

除 PROC FACTOR 语句外，通常只需要用 VAR 语句。甚至，只用 PROC FACTOR 语句就能进行因子分析。

1. PROC FACTOR 语句

语句的选项可以分成以下几类：

1）指定等待分析的数据集

DATA = 数据集　输入数据集可以是原始 SAS 数据集，或是一个特殊构造的 SAS 数据集，即 TYPE = CORR、COV、FACTOR 类型的数据集；用这些特殊数据集，可以节省运行时间。

2）指定因子提取法

METHOD = 因子提取法 |M = 因子提取法

常用的因子提取法：

PRINCIPAL |P　在 PRIORS = ONE 或 PRIORS 子句不出现的情况下产生主成分分析（此为默认值），否则为主因子分析。

PRINIT　迭代主因子分析。

ULS |U　执行未加权最小二乘法因子分析。

ML |M　最大似然因子分析，要求非奇异相关矩阵。

ALPHA　进行 α 因子分析。

3）设置先验公因子方差

在选择因子提取方式的同时，FACTOR 过程允许用户选择估计先验公因子方差的方法，一个恰当的先验公因子方差估计，能对产生令人满意的分析结果起到相当大的作用。它是任意一种因子提取法的计算基础。如果不选，系统用默认值。也可以使用 PRIORS 语句。

在 PROC FACTOR 语句中设置先验公因子方差估计方法的选项是：

```
PRIORS = 估计方法
```

常用的估计法有：

```
ONE  置所有先验公因子方差值为 1.0。
MAX |M  置每一变量的先验公因子方差值为该变量与任何其他变量相关的最大的绝对值。
SMC |S  取每个变量与其他所有变量的复相关系数的平方作为其先验公因子方差估计值。
RANDOM |R  置先验公因子方差值为在 0 ~ 1 之间均匀分布的伪随机数。
```

系统默认的与因子提取方式对应的先验公因子方差估计如下：

METHOD =	PRIORS =
PRINCIPAL	ONE
PRINIT	ONE
ALPHA	SMC
ULS	SMC
ML	SMC

4）指定因子旋转方式

ROTATE = 旋转方式

常用的旋转方式有：

VARIMAX |V　采用方差最大正交旋转。

EQUAMAX |E　采用均方最大正交旋转。

PROMAX |P　作 promax 倾斜旋转。可与 PREROTATE = 选项设置期望的预旋转方法及 POWER = 选择同时使用。

HK　采用 Harris-Kaiser Ⅱ 型正交斜旋转。

PROCRUSTES　作斜交 Procrustes 旋转，其目标模型由 TARGET = 数据集给出。转后无约束最小平方法用来将因子标度旋转成单位方差。

NONE |N　不旋转（默认值）。

HKPOWER |HKP = p　为 Harris-Kaiser 旋转指定重标度特征向量的特征值的平方根所用的幂指数，有效值为 0.0 ~ 1.0 之间。默认值为 0，产生独立类的解。若取值 1.0，则等价于 VARIMAX 正交旋转。

HKPOWER = 选择可以与 ROTATE = QUARTIMAX、ARIMAX、EQUAMAX 或 ORTHOMAX 一起指定，使用特定的 Orthogonal 旋转法。

POWER = n　为 ROTATE = PROMAX 指定计算目标模型所用的幂，该值必须为大于 1 的正整数，默认值为 3。

PREROTATE |P = name　为 ROTATE = PROMAX 指定预旋转方法。

5）指定参数控制项

COVARIANCE |COV　要求对协方差矩阵，而不是相关矩阵进行分解。该选项只能与 METHOD = PRINCIPAL、PRINIT、ULS 或 IMAGE 选项同时使用。

WEIGHT　要求对加权相关矩阵或协方差矩阵进行因子分析。该选项只能与 M = PRINCIPAL、PRINIT、ULS 或 IMAGE 同时使用。输入数据集必须是 TYPE = CORR、UCORR、COV、UCOV 或 FACTOR 类型的，且变量的权重从带有_ TYPE _ = 'WEIGHT' 的观测得到。

MAXITER = n　当 METHOD = PRINIT、ULS、ALPHA 或 ML 时，指定因子提取的最大迭代次数，默认为 30。

CONVERGE |CONV = n　为 METHOD = PRINIT、ULS、ALPHA 或 ML 指定收敛判别标准。当公因子方差的最大变动小于 CONVERGE = 值时，迭代停止，默认值为 0.001。

下面的选项用来控制因子提取的数目：

NFACTORS = n |N = n　指定将要提取因子的最大数目，并且决定了因子矩阵所需内存空间的大小，其默认值为变量数。如果指定一个小于变量数目的数，能大大减少运行 FACTOR 所需的内存空间，特别是斜交旋转。如果 NFACTOR = 0，则仅计算特征值，没有因子被提取。

PROPORTION = n |P = n　指定利用先验公因子方差估计值所保留的因子占公共方差的比例。如果值大于 1，则被解释成百分数，默认值为 1.0 即 100% 。当 METHOD = PATTERN 或 SCORE 选择被指定时，不能使用该选择。

MINEIGEN = p |MIN = p　指定保留因子的最小特征值，该选择不能与 METHOD = PATTERN 或 METHOD = SCORE 同时使用，默认值为 0。

如果选项 NFACTORS =、MINEIGEN = 及 PROPORTION = 中的两个或两个以上被指定，那么保留因子的数目是满足全部迭代的最小值。

HEYWOOD |HEY　如果公因子方差大于 1，即设其值为 1，使迭代继续。

6）输出选择

SIMPLE |S　显示均值、标准差和观测数。

CORR |C　显示相关矩阵或偏相关矩阵。

MSA　显示控制所有其他变量的每对变量之间的偏相关矩阵（负反图像相关）及 Kaiser's 样本合适度测量。

SCREE　显示特征值碎石图。

EIGINVECTORS |EV　显示约化相关矩阵的特征向量，该向量的对角元素用公因子方差估计所代替。

PRINT　显示输入因子模型或计分系数及相关统计量。在斜交情况下，参考结构及因子结构被计算且显示。PRINT 选择仅仅在 METHOD = PATTERN 或 METHOD = SCORE 出现时才有效。

RESIDUALS |RES　显示残差相关矩阵及相应的偏相关矩阵。

PREPLOT　显示旋转之前的因子模型。

PLOT　显示旋转之后的因子模型。

NPLOT = n　指定用于绘图的因子个数，默认值为所有因子，最小值为 2。如指定 NPLOT = n，显示前 n 个因子的所有配对，共显示 n(n - 1)/2 个图。

SCORE　显示因子计分系数，除了非旋转主成分情况之外，还显示每个因子与变量的复相关系数的平方。

ALL　显示除碎石图之外的所有可选择的输出。当输入数据集 TYPE = CORR、COV 或 FACTOR 时，不显示简单统计、相关及 MSA。

REORDER |RE　各种因子矩阵的行（变量）在输出时，按载荷大小重新排序。

2. PRIORS 语句

PRIORS 语句为每个变量指定一个介于 0.0 与 1.0 之间的先验公因子方差估计值。给出的数值与 VAR 语句中变量的顺序相对应。数值的个数与变量的数目必须相等。例如：

```
PROC FACTOR;
  VAR  X  Y  Z;
  PRIORS 0.7  0.8  0.9;
```

3. PARTIAL 语句

如果想基于偏相关或协方差矩阵进行分析，可以使用 PARTIAL 语句列出相应的变量。

13.2.2　输出内容

FACTOR 过程有选择地输出以下各项。

(1) 如果指定 SIMPLE 选项，显示 Mean(均值)、Std Dev(标准差)、Observations(观测数)。

(2) 如果指定 CORR 选项，显示 Correlations(相关矩阵)。

(3) Inverse Correlations Matrix(逆相关矩阵)。

(4) Partial Correlations Controlling all other Variables(控制所有其他变量的偏相关，即负反图像相关)，如果数据对公因子模型适宜的话，偏相关将较小。

(5) Kaiser's Measure of Sampling Adequacy(Kaiser 抽样合适度)，如果指定 MSA，不仅给出每个变量的 Kaiser 合适度，而且给出 OVER _ ALL MSA(全体变量抽样合适度)。MSA 是偏相关相对于普通相关所占比例的概括，大于 0.8 的值可以认为好，而值小于 0.5 时，应进行矫正，或者删除造成错误的变量或把其他与错误有关的变量包括进来重新调节。

(6) Prior Communality Estimates(先验公因子方差估计，如果不使用 1.0 或如果不指定 METHOD = IMAGE、METHOD = HARRIS)。

(7) Squared Multiple Correlations(如果指定 METHOD = IMAGE 或 METHOD = HARRIS，显示每个变量与其他所有变量的复相关平方)。

(8) Image Coefficients(如果指定了 METHOD = IMAGE，显示图像系数)。

(9) Image Covariance Matrix(图像协方差矩阵，如果指定了 METHOD = IMAGE)。

(10) Preliminary Eigenvalues(根据先验公因子方差得到的初步特征值)，包括特征值的 Total(总和)及 Average(平均)、Difference(连续特征值之差)、Proportion(所占变异比例)Cumulative(变异累计比例)。

(11) 被保留的因子数。

(12) The Scree Plot of Eigenvalues(特征值碎石图)要求指定 SCREE 选项。

(13) 迭代过程，包括 ITER(迭代次数)、Criterion(判据)、Ridge(脊值)、Change(在任何公因子方差估计中的最大改变)和 Communalities(公因子方差)。

(14) Significancetests(显著性检验)，如果指定 METHOD = ML，包括用以解释相关的检验假设 H_0: No common Factors(无公因子)及假设 H_0: 保留的因子足以解释相关的统计量 χ^2, df 和 Prob > χ^2。变量应在有效的概率水平上，有近似多元正态分布。一般认为观测数应比变量数多 50 以上；也有人主张当有 5 个变量和 1 个公因子时，10 个观测就够了。

(15) Akaike's Information Criterion(AIC 判据)，如果指定 METHOD = ML，当使用最大似然估计时，估计在模型中的参数最佳数目的一般准则。与 AIC 的最小值对应的因子数目被认为最好。

(16) Schwarz's Bayesian Criterion(SBC 判别式)，与 AIC 类似用来决定参数最佳数目。与最小 SBC 值对应的因子数目被认为最好。与 AIC 或卡方检验相比，SBC 把没有价值的因子包括进来的可能较少。

(17) Squared Canonical Correlations(典型相关平方)，这与复相关平方一样可以预言每个因子。

(18) Coefficent Alpha for Each Factor(每个因子的 α 系数)。

(19) Eigenvectors(特征向量)。

(20) Eigenvalues of the (Weighted) (Reduced) (Image) Correlation or Covariance Matrix 加权的、简化的、图像相关或协方差矩阵的特征值，包括 Total(特征值的合计)、Average(平均值)、Difference(邻近特征值之差)，Proportion(变异比例，即每个主成分的变异在总变异中所占的比例，反映了各主成分的贡献率)及 Cumulative Proportion(累积变异比例，即前几个主成分的累积贡献率)。

(21) Factor Pattern(因子模型)，它等价于从公因子中预言变量的标准回归系数的矩阵及变量和公因子间的相关矩阵，因为抽取的因子是不相关的。

(22) Variance Explained Each factor(由每个因子解释的方差)。

(23) Final Communality Estimates(最终公因子方差估计),包括 Total(总公因子方差)。如果使用了变量权重,给出 Final Communality Estimate and Variable Weights(最终公因子方差估计及变量权重),包括 weighted(加权)及 unweighted(未加权)。最终公因子方差估计是复相关的平方,用来从估计因子中预言变量。可以从因子模型的每一行的平方和获得。

(24) Residual Correlations with Uniqueness on the Diagonal(对角线上单值残差相关)。

(25) Root-Mean-Square Off-diagonal Residuals(非对角线残差均方根)包括对每一个变量及总体(Over-all),如果规定了 RESIDUAL 或 ALL 选项。

(26) Partial Correlations Controlling Factors(控制因子的偏相关)。

(27) Root-Mean-Square off-diagonal Partials(非对角线部分的均方根既对所有的也对每一个变量)。

(28) Plot of Factor Pattern(未旋转因子模型碎石图,如果指定了 PREPLOT 选项)。

(29) Variable Weights for Rotation(旋转变量权重)。

(30) Factor Weights for Rotation(旋转因子权重)。

(31) Orthogonal Transformation Matrix(正交转换矩阵)。

(32) Rotated Factor Pattern(旋转因子模型)。

(33) Variance explained by each factor after rotation(旋转后每个因子解释的方差)。

(34) Target Matrix for Procrustean Transformation(Procrustean 转换的目标矩阵)。

(35) Procrustean Transformation Matrix(Procrustean 转换矩阵)。

(36) Normalized Oblique Ttansformation Matrix(正规化斜交转换矩阵)。

(37) Inter-factor Correlations(因子间相关)。

(38) Rotated Factor Pattern(Std Reg Coefs)(如果指定一个斜交旋转,给出标准回归系数用以从因子预报变量)。

(39) Reference Axis Correlations(参考轴相关)。

(40) Reference Structure(Semipartial Correlations) 参考结构 (半偏相关)。参考结构是从每个公因子中移去其他公因子的影响之后,变量和公因子之间的半偏相关矩阵。如果公因子是不相关的,那么参考结构等同于因子模型。

(41) Variance explained by each factor eliminating the effects of all other factors(每个因子在排除其他因子的影响后能解释的方差)。

(42) Factor Structure(Correlations)因子结构(相关阵)。

(43) Variance Explained by each factor ignoring the effects of all other factors(忽视所有其他因子影响后,每个因子解释的方差)。

13.2.3 举例

【例 13-2-1】 主成分分析。

数据集 socecon 为洛杉矶 12 个统计区的五项社会经济指标:人口总数(POP)、教育程度(SCHOOL)、就业人数(EMPLOY)、服务业人数(SERVICES)及中等的房价(HOUSE),用 FACTOR 过程可以进行主成分分析。要求计算变量的简单统计量,输出相关矩阵。

```
* ex13-2-1;
DATA socecon;
    TITLE"五个社会经济指标";
    INPUT POP SCHOOL EMPLOY SERVICES HOUSE @@ ;
DATALINES;
```

```
5700  12.8  2500  270  25000  1000  10.9   600   10  10000
3400   8.8  1000   10   9000  3800  13.6  1700  140  25000
4000  12.8  1600  140  25000  8200   8.3  2600   60  12000
1200  11.4   400   10  16000  9100  11.5  3300   60  14000
9900  12.5  3400  180  18000  9600  13.7  3600  390  25000
9600   9.6  3300   80  12000  9400  11.4  4000  100  13000
;
PROC FACTOR SIMPLE CORR;
    TITLE;
    TITLE2 '主成分分析';
RUN;
```

程序运行结果如图 13-1 ~ 图 13-3 所示。

主成分分析

The FACTOR Procedure

Means and Standard Deviations from 12 Observations

Variable	Mean	Std Dev
POP	6241.667	3439.9943
SCHOOL	11.442	1.7865
EMPLOY	2333.333	1241.2115
SERVICES	120.833	114.9275
HOUSE	17000.000	6367.5313

Correlations

	POP	SCHOOL	EMPLOY	SERVICES	HOUSE
POP	1.00000	0.00975	0.97245	0.43887	0.02241
SCHOOL	0.00975	1.00000	0.15428	0.69141	0.86307
EMPLOY	0.97245	0.15428	1.00000	0.51472	0.12193
SERVICES	0.43887	0.69141	0.51472	1.00000	0.77765
HOUSE	0.02241	0.86307	0.12193	0.77765	1.00000

图 13-1 主成分分析-1(原变量均值标准及相关系数)

主成分分析

The FACTOR Procedure
Initial Factor Method: Principal Components

Prior Communality Estimates: ONE

Eigenvalues of the Correlation Matrix: Total = 5 Average = 1

	Eigenvalue	Difference	Proportion	Cumulative
1	2.87331359	1.07665350	0.5747	0.5747
2	1.79666009	1.58182321	0.3593	0.9340
3	0.21483689	0.11490283	0.0430	0.9770
4	0.09993405	0.08467868	0.0200	0.9969
5	0.01525537		0.0031	1.0000

2 factors will be retained by the MINEIGEN criterion.

Factor Pattern

	Factor1	Factor2
POP	0.58096	0.80642
SCHOOL	0.76704	-0.54476
EMPLOY	0.67243	0.72605
SERVICES	0.93239	-0.10431
HOUSE	0.79116	-0.55818

图 13-2 主成分分析-2(先验公因子方差估计)

图 13-1 给出原变量概述，包括均值、标准差和相关系数。

图 13-2 给出了先验公因子估计为 1(Prior Communality Estimates:ONE)的特征值，结果中有两个大的特征值(Eigenvalue)2.87331359 及 1.79666009，累计占标准方差的 0.9340。因此，前两个主成分就大多数目的来说，对数据给出了充分的概括。三个成分能解释变异的 0.9770，几乎对任何

应用都是充分的。因为第三个特征值只有 0.21483689，根据特征值大于 1 的准则,FACTOR 仅保留两个主成分。

```
                    Variance Explained by Each Factor

                          Factor1         Factor2

                        2.8733136       1.7966601

              Final Communality Estimates: Total = 4.669974

        POP          SCHOOL         EMPLOY        SERVICES          HOUSE

  0.98782629     0.88510555     0.97930583     0.88023562     0.93750041
```

图 13-3　主成分分析-3(最终公因子方差估计)

由因子模型(Factor Pattern)可见，第一个主成分对所有 5 个变量都有很大的正载荷，与 SERVICES 的相关系数特别高(载荷为 0.93239)，F1 反映了城市规模的影响。第二个主成分 F2 与 POP (0.80642)、EMPLOY(0.72605)为正载荷。而其余三个均为负值，即 SCHOOL(-0.54476)、HOUSE(-0.55818)和 SERVICES(-0.10431)，其中 SERVICES 的载荷非常小。

由此得出含有两个公因子的模型为：

POP = 0.58096F1 + 0.80642F2

SCHOOL = 0.76704F1 - 0.54476F2

EMPLOY = 0.67243F1 + 0.72605F2

SERVICE = 0.93239F1 - 0.10431F2

HOUSE = 0.79116F1 - 0.55818F2

图 13-3 给出了公因子对每个变量解释能力的量度。每个因子能解释的方差(Variance Explained by Each Factor)为：F1 为 2.8733136、F2 为 1.7966601,方差总和为 4.669974。

最终公因子方差估计(Final Communality Estimates)表明：所有变量都可以由两个主成分很好的代表，公因子方差估计的范围从 0.88023562(SERVICES)到 0.98782629(POP)。

【例 13-2-2】 为主因子分析例。对上面的数据使用复相关的平方，对先验公因子方差估计(PRIORS = SMC)的主因子分析。为有助于确定公因子模型是否适当，要求 Kaiser 抽样合适度(MSA)，并计算残差相关和偏相关为有助于确定因子数，显示特征值碎石图(SCREE)，并且使用 PREPLOT 选项画出无旋转因子模型。

```
* ex13-2-2;
PROC FACTOR DATA = socecon PRIORS = SMC MSA SCREE RESIDUAL PREPLOT
    ROTATE = PROMAX REORDER PLOT ;
    TITLE3 'PRINCIPAL FACTOR ANALYSIS WITH PROMAX ROTATION';
RUN;
```

程序中使用的选项：

SMC　把每个变量值设为它与所有变量复相关的平方；

MSA　抽样合适度；

SCREE　显示特征值碎石图；

RESIDUAL　显示残差相关矩阵；

PREPLOT　选项显示非旋转因子模型的碎石图；

ROTATE = PROMAX 以产生正交 Varimax 预旋转之后，又跟着来一个斜交旋转；

REORDER 根据因子载荷的大小重新排定变量，把受相同因子影响的原始变量放在一起；

PLOT 给出了参考结构的碎石图。

程序运行结果如图 13-4 ~ 图 13-14 所示。

PRINCIPAL FACTOR ANALYSIS WITH PROMAX ROTATION
The FACTOR Procedure
Initial Factor Method: Principal Factors
Partial Correlations Controlling all other Variables

	POP	SCHOOL	EMPLOY	SERVICES	HOUSE
POP	1.00000	-0.54465	0.97083	0.09612	0.15871
SCHOOL	-0.54465	1.00000	0.54373	0.04996	0.64717
EMPLOY	0.97083	0.54373	1.00000	0.06689	-0.25572
SERVICES	0.09612	0.04996	0.06689	1.00000	0.59415
HOUSE	0.15871	0.64717	-0.25572	0.59415	1.00000

Kaiser's Measure of Sampling Adequacy: Overall MSA = 0.57536759

POP	SCHOOL	EMPLOY	SERVICES	HOUSE
0.47207897	0.55158839	0.48851137	0.80664365	0.61281377

图 13-4 主因子分析-1

如果数据对公因子模型适宜，那么控制其他变量的偏相关与原相关相比将变小。在图 13-4 中，SCHOOL 和 HOUSE 之间的偏相关是 0.64717，略微小于原相关 0.86307(见图 13-1)。POP 与 SCHOOL 之间的偏相关是 -0.54465，其绝对值比原相关系数 0.00975 大得多，因而显出不当之处。Kaiser's MSA 为每一个变量及合在一起的所有变量作一个概括，看看偏相关比原相关小多少，值为 0.8 或 0.9 被认为是好的，而低于 0.5 的 MSA 是不能接受的。POP、SCHOOL 及 EMPLOY 有很小的 MSA 值，只有 SERVICES 有较好的 MSA。总的抽样合适度(MSA)为 0.57536759，这个值太小，因此要增加分析变量以便更好地定义公因子。通常的经验是每个因子至少要有三个变量。

图 13-5 表明，各变量的 SMC 都相当大，因此因子载荷与主成分分析没有很大的不同。简化相关矩阵的特征值(Eigenvalues of the Reduced Correlation Matrix)总和为 4.39280116，均值为 0.87856023。

Prior Communality Estimates: SMC

POP	SCHOOL	EMPLOY	SERVICES	HOUSE
0.96859160	0.82228514	0.96918082	0.78572440	0.84701921

Eigenvalues of the Reduced Correlation Matrix: Total = 4.39280116 Average = 0.87856023

	Eigenvalue	Difference	Proportion	Cumulative
1	2.73430084	1.01823217	0.6225	0.6225
2	1.71606867	1.67650586	0.3907	1.0131
3	0.03956281	0.06408626	0.0090	1.0221
4	-0.02452345	0.04808427	-0.0056	1.0165
5	-0.07260772		-0.0165	1.0000

2 factors will be retained by the PROPORTION criterion.

图 13-5 主因子分析-2

特征值清楚地表明，存在两个公因子，两个大的正特征值累计占公共方差的 101.31%。

根据 PROPORTION 判据，保留两个公因子(2 factors will be retained by the PROPORTION criterion)。

图 13-6 碎石图表明在第三特征值处有尖锐弯曲。

由图 13-7 可见，主因子模型很相似于主成分模型。例如，SERVICES 对第一因子有最大的载荷，POP 最小，POP 和 EMPLOY 对第二因子有较大的正载荷，HOUSE 和 SCHOOL 有一大的负载荷。

最终公因子方差估计都相当接近先验估计，只有 HOUSE 的公因子方差从 0.84701921(见图 13-5)稍微增到 0.88494998。

由图 13-8 可见，非对角线元素残差相关较低，最大才 0.03370。

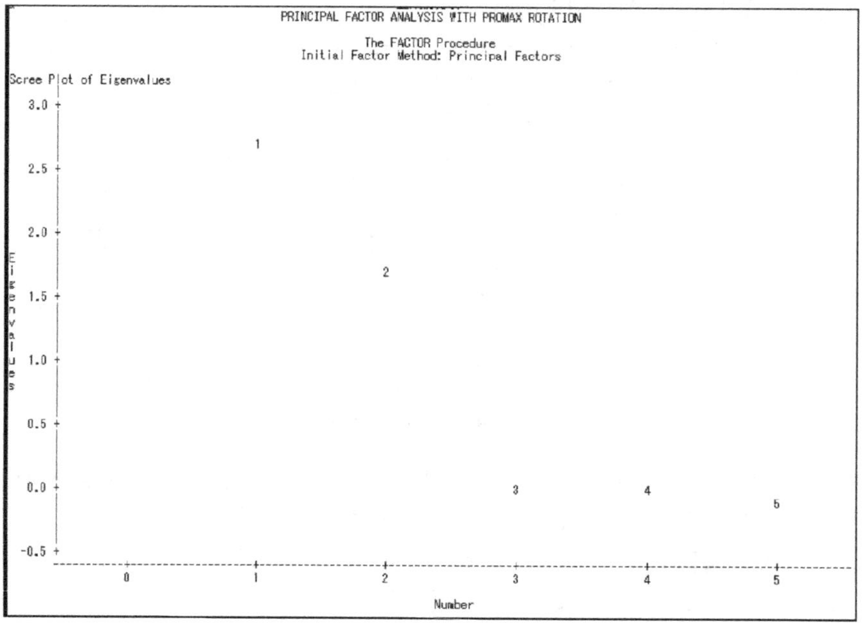

图 13-6　主因子分析-3(碎石图)

PRINCIPAL FACTOR ANALYSIS WITH PROMAX ROTATION

The FACTOR Procedure
Initial Factor Method: Principal Factors

Factor Pattern

	Factor1	Factor2
SERVICES	0.87899	-0.15847
HOUSE	0.74215	-0.57806
EMPLOY	0.71447	0.67936
SCHOOL	0.71370	-0.55515
POP	0.62533	0.76621

Variance Explained by Each Factor

Factor1	Factor2
2.7343008	1.7160687

Final Communality Estimates: Total = 4.450370

POP	SCHOOL	EMPLOY	SERVICES	HOUSE
0.97811334	0.81756387	0.97199928	0.79774304	0.88494998

图 13-7　主因子分析-4(主因子模型)

Residual Correlations With Uniqueness on the Diagonal

	POP	SCHOOL	EMPLOY	SERVICES	HOUSE
POP	0.02189	-0.01118	0.00514	0.01063	0.00124
SCHOOL	-0.01118	0.18244	0.02151	-0.02390	0.01248
EMPLOY	0.00514	0.02151	0.02800	-0.00565	-0.01561
SERVICES	0.01063	-0.02390	-0.00565	0.20226	0.03370
HOUSE	0.00124	0.01248	-0.01561	0.03370	0.11505

图 13-8　主因子分析-5(对角线残差相关)

由图 13-9 可见，偏相关给人印象不太深刻，因为其单一性值也相当小。这些结果表明，虽然 SMC 是好的，但不是最佳的公因子方差估计。

Root Mean Square Off-Diagonal Residuals: Overall = 0.01693282

POP	SCHOOL	EMPLOY	SERVICES	HOUSE
0.00815307	0.01813027	0.01382764	0.02151737	0.01960158

Partial Correlations Controlling Factors

	POP	SCHOOL	EMPLOY	SERVICES	HOUSE
POP	1.00000	-0.17693	0.20752	0.15975	0.02471
SCHOOL	-0.17693	1.00000	0.30097	-0.12443	0.08614
EMPLOY	0.20752	0.30097	1.00000	-0.07504	-0.27509
SERVICES	0.15975	-0.12443	-0.07504	1.00000	0.22093
HOUSE	0.02471	0.08614	-0.27509	0.22093	1.00000

Root Mean Square Off-Diagonal Partials: Overall = 0.18550132

POP	SCHOOL	EMPLOY	SERVICES	HOUSE
0.15850824	0.19025867	0.23181838	0.15447043	0.18201538

图 13-9　主因子分析-6

由图 13-10 可见，非旋转因子模型的碎石图表明，变量有两类，HOUSE 及 SCHOOL 在 FACTOR2 的负端，而 EMPLOY 和 POP 在正端。SERVICES 是在其之间，距 HOUSE 和 SCHOOL 较近。

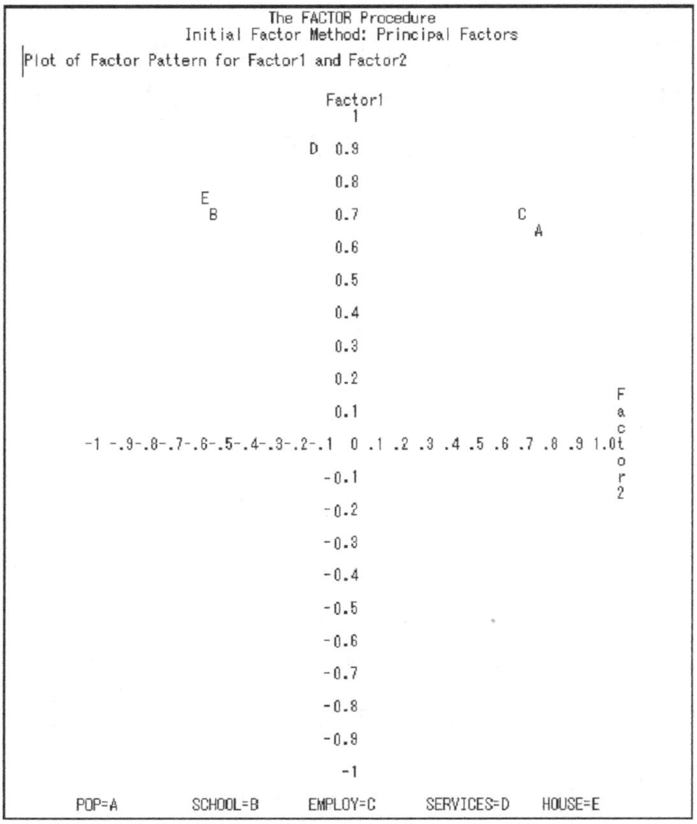

图 13-10　主因子分析-7(非旋转因子模型的碎石图)

一个好的旋转将会使参考轴通过这两个类。

在 PROC FACTOR 语句中加上 ROTATE = PROMAX 旋转选项，将在进行主因子分析后先做方差最大正交预旋转(Varimax)然后进行斜交旋转，加上REORDER选项，使得输出时把受相同因子影响的原始变量放在一起。

图13-11给出正交转化阵，然后是旋转后的因子模型，即因子载荷阵。可以看出，相对于旋转前的因子模型，第一公因子在HOUSE、SCHOOL上的载荷增加了。可见第一因子反映了房价、教育水平和服务业人数，这些应该与发达程度有关；第二因子在POP、EMPLOY上的载荷也增加了，反映了人口和就业情况，与城市规模有关。这样得到的因子就比较好解释了。但第一公因子在SERVICES上的载荷不足0.8，为此应进一步进行斜交旋转。

PRINCIPAL FACTOR ANALYSIS WITH PROMAX ROTATION

The FACTOR Procedure
Prerotation Method: Varimax

Orthogonal Transformation Matrix

	1	2
1	0.78895	0.61446
2	-0.61446	0.78895

Rotated Factor Pattern

	Factor1	Factor2
HOUSE	0.94072	-0.00004
SCHOOL	0.90419	0.00055
SERVICES	0.79085	0.41509
POP	0.02255	0.98874
EMPLOY	0.14625	0.97499

图13-11　主因子分析-8(旋转矩阵)

含有两个公因子的模型为：

```
HOUSE = 0.94072F1 - 0.00004F2
SCHOOL = 0.90419F1 + 0.00055F2
SERVICE = 0.79085F1 + 0.41509F2
POP = 0.02255F1 + 0.98874F2
EMPLOY = 0.14625F1 + 0.97499F2
```

由图13-12从碎石图可看出，经方差最大化正交旋转后A就在FACTOR2轴上，C也极靠近FACTOR2轴，FACTOR1轴通过了E和B。看来，两个主因子对这些变量的载荷更大了。

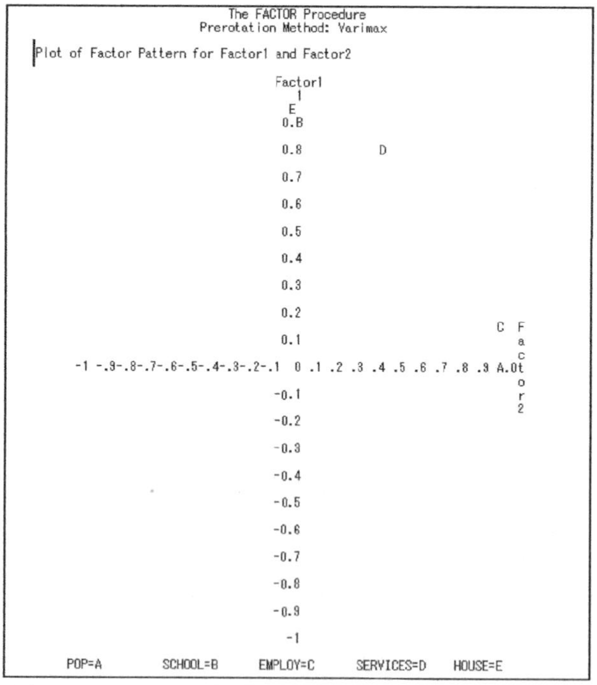

图13-12　公因子分析-9(方差最大正交预旋转碎石图)

再看图13-13斜交旋转的结果，两参考轴间相关系数为 -0.2019，旋转角为101.6471。

图13-14给出了斜交旋转后的参考结构和因子模型阵。

从因子结构(Factor Structure，为原始变量与公因子间的相关系数)看，第一主因子与house、

school 和 services 载荷都超过 0.8，而第二主因子与 pop 和 employ 载荷也都超过 0.9。各因子解释起来更确切了。

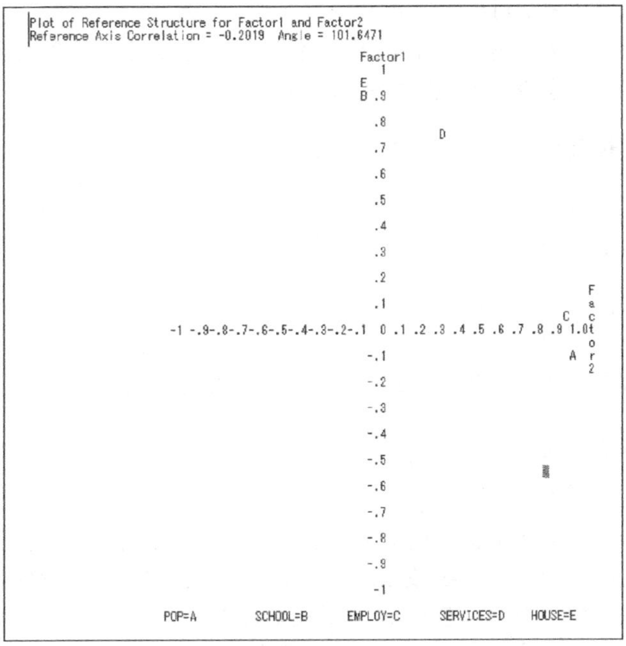

图 13-13　公因子分析-10（斜交旋转碎石图）

PRINCIPAL FACTOR ANALYSIS WITH PROMAX ROTATION

The FACTOR Procedure
Rotation Method: Promax (power = 3)

Reference Structure (Semipartial Correlations)

	Factor1	Factor2
HOUSE	0.93591	-0.09590
SCHOOL	0.89951	-0.09160
SERVICES	0.74487	0.33233
POP	-0.07745	0.98129
EMPLOY	0.04700	0.95601

Variance Explained by Each Factor Eliminating Other Factors

Factor1	Factor2
2.2480892	2.0030200

Factor Structure (Correlations)

	Factor1	Factor2
HOUSE	0.93582	0.09500
SCHOOL	0.89954	0.09189
SERVICES	0.82903	0.49286
POP	0.12319	0.98596
EMPLOY	0.24484	0.98478

图 13-14　主因子分析-11（斜交旋转后的因子模型阵）

13.3　PRINCOMP 过程

PRINCOMP 过程（主成分过程）执行主成分分析，输入的数据集可以是原始的 SAS 数据集，也可以是相关矩阵或协方差矩阵或平方和与交积矩阵（SSCP）。该过程能够创建包括特征值、特征向量和标准化或未标准化的主分量得分的输出数据集。主成分分析是探求几个计量变量之间关系的多元分析方法。可以选择因子分析和主成分分析，这部分地取决于你研究的对象。如果你想概述数据或检测数据间的线性关系，可使用本过程。

如果一个数据集有 P 个数值型变量，就可以计算 P 个主成分，每个主成分是原始变量的线性组合，其系数等于相关矩阵或协方差矩阵的特征向量。

13.3.1 语句格式说明

```
PROC PRINCOMP <选项>;
VAR       变量表 ;
WEIGHT    变量;
FREQ      变量;
BY        变量;
PARTIAL   变量表;
```

1. PROC PRINCOMP 语句

PRINCOMP 语句可使用下列选项：

DATA =SAS 数据集　指定 PRINCOMP 过程要分析的 SAS 数据集。这个输入文件可以是原始数据，也可以是一个相关系数矩阵(TYPE = CORR 或 UCORR)，或是一个变异数/共变异数矩阵(TYPE = COV 或 UCOV)，或 TYPE = FACTOR、SSCP 及 EST 等不同形式的资料文件。

OUT = SAS 数据集　建立一个输出数据集，包含原始数据和主成分得分。

OUTSTAT =SAS 数据集　命名一个含有均值、标准差、观测个数、相关阵或协方差阵、特征值和特征向量的输出 SAS 数据集。如果指定 COV 选项，则数据集为 TYPE = COV 或 UCOV，且含协方差；否则为 TYPE = CORR。

STANDARD |STD　要求在 OUT = 的数据集里主分量得分标准化为单位方差。如果没有此项，则主分量得分的方差等于相应的特征值。

COV　要求用协差阵进行分析，否则用相关阵进行分析。

N = n　指定主成分数 n。默认值为变量的个数。指定值必须为大于、等于零的整数。

NOPRINT　不输出分析的结果。

PREFIX = 名　为主成分命名前缀。默认值为 PRIN1，PRIN2，…，PRINn，n 为正整数。

2. VAR 语句

用来列出要分析的数值变量。如果省略 VAR 语句，则对没有在其他语句中出现的所有数值型变量都进行分析。

3. PARTIAL 语句

指定一组数值变量，用来分析偏相关或协方差矩阵。PRINCOMP 过程通过 PARTIAL 语句估计 VAR 中指定的变量的剩余主成分。如果在程序中选择了“OUT =”或“OUTSTAT =”语句，则此输出资料文件也会含残差变量(Residual Variable)。这些残差变量的命名原则是 R _加在 VAR 语句所指定的变量名前。假如 VAR 语句中含 x、y、z 三个变量，则其所对应的残差变量就是 R _ x、R _ y、R _ z。

WEIGHT 语句、FREQ 语句、BY 语句同其他过程一样。

13.3.2 举例

【例 13-3-1】 对肝功能指标数据试做主成分分析，数据在表 13-1 中，也存在于 e:\sasdt\liver. xls 文件中。

表 13-1 肝病患者的四项肝功能指标(转氨酶、肝大指数、锌浊度、甲胎球蛋白)

SGPT	INDEX	ZnT	AFP	SGPT	INDEX	ZnT	AFP
40	2	5	20	40	1	19	40
10	1.5	5	30	270	4	13	60
120	3	13	50	280	3.5	11	60
250	4.5	18	0	170	3	9	60
180	3.5	14	40	220	2.5	14	30
130	2	30	50	140	2	20	20
220	1.5	17	20	220	2	14	10
160	1.5	35	60	40	1	10	0
120	3.5	9	50	20	1	12	60
10	1.5	12	50	120	2	20	0

1. 程序

```
* ex13-3-1;
PROC IMPORT OUT = liver
        DATAFILE = "e:\sasdt\liver.xls"
        DBMS = EXCEL2000 REPLACE;
    SHEET = "Sheet1 $ ";
    GETNAMES = YES;
PROC PRINCOMP DATA = liver OUT = liv1 OUTSTAT = liv2 STANDARD;
PROC CORR DATA = liv1;
VAR SGPT INDEX ZnT AFP;
  WITH Prin1-Prin4;
  RUN;
```

2. 程序说明

用 IMPORT 过程将 Excel 表中的数据导入数据集 liver 中。使用 PRINCOMP 过程进行主成分分析，OUT = 将输出结果存放在 liv1 中，它包括原始数据以及对应的 4 个主成分值，因为没使用 PREFIX 选项，系统自动将 4 个主成分变量表示为 Prin1 ~ Prin4。OUTSTAT = 将统计量保存在数据集 liv2 中。

程序运行结果如图 13-15 ~ 图 13-18 所示。

3. 结果及其说明

图 13-15 显示 4 个原始变量的简单统计量 Mean 与 StD 和相关系数矩阵。除 ZnT 与 INDEX 间呈现负相关外，其余皆呈现正相关，SGPT 和 INDEX 相关系数高达 0.6950。

图 13-16 给出了相关矩阵的特征值(Eigenvalue)。特征值越大，它所对应的主成分变量包含的信息就越多。应选取特征向量值大于 1 的主成分，因第 3 主成分的特征向量值为 0.98134701 故宜保留 3 个主成分，这里给出了 4 个主成分。第 1 个至第 4 个主成分的贡献率分别为 42.96%、27.34%、24.53% 和 5.17%；最后 1 列为累积贡献率，可见前 3 个主成分就包含了原来 4 个指标的 94.83% 的信息。

图 13-17 给出了特征向量，据此可以写出由标准化变量所表达的各主成分的关系式：

$$Prin1 = 0.699964\ SGPT + 0.689798\ INDEX + 0.087939\ ZnT + 0.162777\ AFP$$

$$Prin2 = 0.095010\ SGPT - 0.283647\ INDEX + 0.904159\ ZnT + 0.304983\ AFP$$

Prin3 = -0.240049 SGPT +0.058463 INDEX -0.270314 ZnT +0.930532 AFP

Prin4 = -0.665883 SGPT +0.663555 INDEX +0.318895 ZnT -0.120830 AFP

```
                              The PRINCOMP Procedure

                          Observations            20
                          Variables                4

                               Simple Statistics

                    SGPT              INDEX               ZnT                AFP
Mean         138.0000000        2.325000000       15.00000000        35.50000000
StD           88.8878655        1.054751155        7.41974606        21.87885304

                               Correlation Matrix

                                  SGPT         INDEX           ZnT           AFP
      SGPT        SGPT          1.0000        0.6950        0.2195        0.0249
      INDEX       INDEX         0.6950        1.0000        -.1480        0.1351
      ZnT         ZnT           0.2195        -.1480        1.0000        0.0713
      AFP         AFP           0.0249        0.1351        0.0713        1.0000
```

图 13-15 肝病数据主成分分析图-1

```
                 Eigenvalues of the Correlation Matrix

             Eigenvalue    Difference    Proportion    Cumulative
        1    1.71825161    0.62471584        0.4296        0.4296
        2    1.09353577    0.11218875        0.2734        0.7029
        3    0.98134701    0.77448141        0.2453        0.9483
        4    0.20686561                      0.0517        1.0000
```

图 13-16 肝病数据主成分分析图-2

```
                                Eigenvectors

                              Prin1         Prin2         Prin3         Prin4
      SGPT        SGPT     0.699964      0.095010      -.240049      -.665883
      INDEX       INDEX    0.689798      -.283647      0.058463      0.663555
      ZnT         ZnT      0.087939      0.904159      -.270314      0.318895
      AFP         AFP      0.162777      0.304983      0.930532      -.120830
```

图 13-17 肝病数据主成分分析图-3

图 13-18 是 CORR 过程的输出，给出主成分与原始变量间的相关系数矩阵。第一行为相关系数，第二行为在相关系数为零的假设条件下的检验概率(当 H_0: Rho =0 时，Prob > |r|)。第一主成分中的两个变量在 0.01 水平上是显著的。相关系数的绝对值越大，说明该主成分受该指标的影响也就越大。因此，决定第一主成分 Prin1 大小的主要是 SGPT 转氨酶和 INDEX 肝大指数，从专业判断为急性肝炎因子；决定第二主成分 Prin2 的主要是 ZnT 锌浊度，从专业判断为慢性肝炎类因子。决定第三主成分 Prin3 的主要是 AFP 甲胎球蛋白从专业判断为肝癌因子。

这三个主成分已经包含原始变量的 94.83% 信息，后一个主成分可以忽略。

前三个主成分可表示为：

Prin1 =0.91753 SGPT +0.90420 INDEX +0.11527 ZnT +0.21337 AFP

Prin2 =0.09935 SGPT -0.29662 INDEX +0.94550 ZnT +0.31893 AFP

Prin3 = -0.23780 SGPT +0.05792 INDEX -0.26778 ZnT +0.92181 AFP

```
                                   CORR 过程

              4 With 变量:   Prin1     Prin2    Prin3    Prin4
              4      变量:   SGPT      INDEX    ZnT      AFP

                                  简单统计量

变量          N        均值      标准偏差         总和       最小值        最大值     标签
Prin1        20           0       1.00000            0     -1.49649       1.74964
Prin2        20           0       1.00000            0     -1.38851       2.89184
Prin3        20           0       1.00000            0     -1.81809       1.40974
Prin4        20           0       1.00000            0     -2.11453       1.87828
SGPT         20   138.00000      88.88787         2760     10.00000     280.00000     SGPT
INDEX        20     2.32500       1.05475     46.50000      1.00000       4.50000     INDEX
ZnT          20    15.00000       7.41975    300.00000      5.00000      35.00000     ZnT
AFP          20    35.50000      21.87885    710.00000            0      60.00000     AFP

                           Pearson 相关系数, N = 20
                          当 H0: Rho=0 时, Prob > |r|

                      SGPT          INDEX           ZnT            AFP
          Prin1    0.91753        0.90420       0.11527        0.21337
                    <.0001         <.0001        0.6284         0.3664
          Prin2    0.09935       -0.29662       0.94550        0.31893
                    0.6769         0.2041        <.0001         0.1705
          Prin3   -0.23780        0.05792      -0.26778        0.92181
                    0.3127         0.8084        0.2537         <.0001
          Prin4   -0.30286        0.30180       0.14504       -0.05496
                    0.1943         0.1959        0.5418         0.8180
```

图 13-18 肝病数据主成分分析图-4

习 题

1. 描述因子分析与主成分分析的区别。

2. 表 13-2 是某地区某时间的气候综合指数，数据存在 e:\sasdt 文件夹下，名为 Climate. xls 文件中。其中 X_1 为平均降水量，X_2 为气压值，X_3 为气温值，X_4 为绝对湿度。试用主成分分析法分析该地区的气候综合指数。

表 13-2 某地区的气候综合指数

X_1	X_2	X_3	X_4	X_1	X_2	X_3	X_4
42.4	12	24	22.7	83.4	5.7	27.5	29.4
10.2	19.4	18.4	15.1	90	12.8	23.7	23.6
116.8	24.6	12.5	12.1	18.8	19.4	17.4	15.1
4.8	28.8	1	4.4	47.6	22.8	13.3	12.3
43.6	24.7	2.8	5.4	99.6	21	9.5	10.6
13.3	28.3	1.8	4.7	100.1	23	3.6	6.7
61.1	18.7	8.8	8.5	80.6	2.8	2.6	6.2
99.3	18.3	13.7	11.8	90	21.2	6.8	8.3
139.5	9.4	18.7	17.9	100.8	15.1	14.2	13.7
55.5	8.1	22.6	22.3	146.1	8.4	19.6	18.6
68.3	3.5	26.7	29.1	55.1	6.7	22.4	21.2

3. 表 13-3 资料为 25 名健康人的 7 项生化检验结果，存于 e:\sasdt\bioche. txt 中。7 项生化检验指标依次命名为 $X_1 \sim X_7$，请对该资料进行因子分析。

表 13-3　25 名健康人的 7 项生化检验结果

X_1	X_2	X_3	X_4	X_5	X_6	X_7
3.76	3.66	0.54	5.28	9.77	13.74	4.78
8.59	4.99	1.34	10.02	7.50	10.16	2.13
6.22	6.14	4.52	9.84	2.17	2.73	1.09
7.57	7.28	7.07	12.66	1.79	2.10	0.82
9.03	7.08	2.59	11.76	4.54	6.22	1.28
5.51	3.98	1.30	6.92	5.33	7.30	2.40
3.27	0.62	0.44	3.36	7.63	8.84	8.39
8.74	7.00	3.31	11.68	3.53	4.76	1.12
9.64	9.49	1.03	13.57	13.13	18.52	2.35
9.73	1.33	1.00	9.87	9.87	11.06	3.70
8.59	2.98	1.17	9.17	7.85	9.91	2.62
7.12	5.49	3.68	9.72	2.64	3.43	1.19
4.69	3.01	2.17	5.98	2.76	3.55	2.01
5.51	1.34	1.27	5.81	4.57	5.38	3.43
1.66	1.61	1.57	2.80	1.78	2.09	3.72
5.90	5.76	1.55	8.84	5.40	7.50	1.97
9.84	9.27	1.51	13.60	9.02	12.67	1.75
8.39	4.92	2.54	10.05	3.96	5.24	1.43
4.94	4.38	1.03	6.68	6.49	9.06	2.81
7.23	2.30	1.77	7.79	4.39	5.37	2.27
9.46	7.31	1.04	12.00	11.58	16.18	2.42
9.55	5.35	4.25	11.74	2.77	3.51	1.05
4.94	4.52	4.50	8.07	1.79	2.10	1.29
8.21	3.08	2.42	9.10	3.75	4.66	1.72
9.41	6.44	5.11	12.50	2.45	3.10	0.91

4. 某矿石中 5 种成分的百分比含量见表 13-4，存于 e:\sasdt\ore. txt 中。资料的特点是每个样品的 5 个变量取值之和为 100%，而且，每个变量的取值全为正数。试寻找少数几个综合指标反映原来 5 个指标 85% 以上的信息。

表 13-4　矿石含量

编　号	X_1	X_2	X_3	X_4	X_5	编　号	X_1	X_2	X_3	X_4	X_5
1	48.8	31.7	3.8	6.4	9.3	14	41.4	12.9	23.4	15.8	6.5
2	48.2	23.8	9.0	9.2	9.8	15	26.2	17.5	15.8	28.3	12.2
3	37.0	9.1	34.2	9.5	10.2	16	32.3	7.3	40.9	12.9	6.6
4	50.9	23.8	7.2	10.1	8.0	17	43.2	44.3	1.0	7.8	3.7
5	44.2	38.3	2.9	7.7	6.9	18	49.5	32.3	3.2	8.7	6.3
6	52.3	26.2	4.2	12.5	4.8	19	42.3	15.8	20.4	8.3	13.2
7	44.6	33.0	4.6	12.2	5.6	20	44.6	11.5	23.8	11.6	8.5
8	34.6	5.2	42.9	9.6	7.7	21	45.8	16.6	16.8	12.0	8.8
9	41.2	11.7	26.7	9.6	10.8	22	49.9	25.0	6.8	10.9	7.4
10	42.6	46.6	0.7	5.6	4.5	23	48.6	34.0	2.5	9.4	5.5
11	49.9	19.5	11.4	9.5	9.7	24	45.5	16.6	17.6	9.6	10.7
12	45.2	37.3	2.7	5.5	9.3	25	45.9	24.9	9.7	9.8	9.7
13	32.7	8.5	38.9	8.0	11.9						

5. 表 13-5 数据反映了 1999 年我国各地区教育人力资源发展水平的相关数据。A_1 为每百万人口学校数，A_2 为每十万人口毕业生数，A_3 为每十万人口招生数，A_4 为每十万人口在校生数，A_5 为每十万人口研究生数，A_6 为每十万人口教职工数，A_7 为每十万人口专职教师数，A_8 为高级教师占专职教师的比例，A_9 为每所学校在校生数，A_{10} 为生师比。数据存于 e:\sasdt\teach. txt 中。试用主成分分析法分析我国 1999 年各地区教育人力资源发展水平。

表 13-5 1999 年我国各地区教育人力资源发展水平的相关数据

地区	A_1	A_2	A_3	A_4	A_5	A_6	A_7	A_8	A_9	A_{10}
北京	5.09	400	624	1871	3987	861	280	0.49	3674	7.71
天津	2.19	201	330	943	760	269	101	0.47	4307	9.91
河北	0.73	60	110	67	70	65	26	0.34	3681	9.82
山西	0.72	61	118	193	60	74	30	0.33	4092	10.17
内蒙古	0.8	46	77	211	53	71	32	0.36	2617	7.43
辽宁	1.53	120	211	565	272	143	60	0.4	3685	10.38
吉林	1.5	114	197	525	323	144	57	0.38	2617	7.43
黑龙江	1.03	80	165	414	223	112	42	0.5	4027	10.56
上海	2.78	273	429	1263	1656	409	136	0.45	4544	10.05
江苏	1	85	176	457	252	104	42	0.39	581	11.69
浙江	0.8	59	118	309	166	68	29	0.38	3849	11.1
安徽	0.59	37	83	213	72	44	20	0.36	3595	10.36
福建	0.9	62	117	309	118	63	27	0.34	3419	11.85
江西	0.8	59	103	262	37	60	24	0.37	3261	11.8
山东	0.59	56	93	242	73	56	24	0.42	4109	10.68
河南	0.6	42	84	197	25	46	20	0.33	3312	11.25
湖北	0.96	83	162	434	329	119	47	0.4	4524	10.04
湖南	0.78	60	118	296	85	65	27	0.38	3795	10.83
广东	0.69	66	117	304	132	61	25	0.39	4416	11.61
广西	0.62	41	69	192	34	40	18	0.33	3113	10.45
海南	0.66	49	64	191	12	47	19	0.33	2914	10.16
四川	0.75	66	112	314	164	77	32	0.39	4199	10.1
重庆	0.5	41	77	211	120	53	21	0.37	4192	10.1
贵州	0.54	28	67	152	21	35	16	0.33	2823	8.95
云南	0.57	38	66	176	49	44	20	0.38	3079	8361
西藏	1.56	42	65	157	3.9	68	30	0.14	1005	5.1
陕西	1.19	100	188	496	398	140	55	0.36	4173	9.9
甘肃	0.71	55	90	246	113	65	27	0.31	3480	9.23
青海	1.18	49	68	183	17	68	34	0.2	1558	5.32
宁夏	0.92	49	83	242	25	73	33	0.33	2624	7.52
新疆	0.96	66	110	305	51	96	42	0.3	3180	7.23

6. 现有 10 个 O2 玉米杂交种的 10 项指标观测数据，其中 x_1（亩产 500kg）、x_2（穗长）、x_3（穗行数）、x_4（行粒数）、x_5（穗粒重）、x_6（出籽率）、x_7（千粒重）、x_8（蛋白质）、x_9（全子粒赖氨酸含量）、x_{10}（百克蛋白质赖氨酸含量），number 为序号。要解决的问题：对玉米杂交种的观测指标进行因子分析，用以指导和评价育种工作。数据见表 13-6，存于 e:\sasdt\corn. txt 中。

表 13-6 玉米杂交种的 10 项指标观测数据

number	x_1	x_2	x_3	x_4	x_5	x_6	x_7	x_8	x_9	x_{10}
1	947.00	23.40	14.80	45.30	0.46	85.20	373.00	9.54	0.37	3.88
2	935.00	23.20	16.20	41.70	0.40	83.30	305.00	7.90	0.38	4.81
3	918.20	20.90	14.80	43.30	0.38	82.60	320.00	9.51	0.43	4.52
4	910.70	23.40	16.10	44.00	0.46	85.20	338.00	8.60	0.33	3.84
5	905.00	22.90	17.00	39.80	0.45	80.40	348.00	9.53	0.42	4.40
6	892.60	22.30	15.70	44.00	0.41	85.40	286.00	8.67	0.39	4.50
7	853.40	20.90	15.90	41.60	0.35	85.40	273.00	9.79	0.42	4.29
8	837.80	20.20	14.40	37.30	0.33	82.50	326.00	7.62	0.36	4.73
9	833.30	22.20	15.20	38.30	0.37	82.20	310.00	7.84	0.40	5.10
10	760.30	20.40	15.50	40.70	0.32	84.20	268.00	7.75	0.35	4.52

7. 某医院为了合理地评价该院各月的医疗工作质量，搜集了三年有关门诊人次、出院人数、病床利用率、病床周转次数、平均住院天数、治愈好转率、病死率、诊断符合率、抢救成功率 9 个指标数据，数据见表 13-7，存于 e:\sasdt\medic.txt 中。现采用因子分析方法，探讨其综合评价指标体系。

表 13-7 某医院三年的医疗工作质量有关指标实测值

年月 X_0	门诊人次 X_1	出院人数 X_2	病床利用率 X_3	病床周转次数 X_4	平均住院天数 X_5	治愈好转率 X_6(%)	病死率 X_7(%)	诊断符合率 X_8(%)	抢救成功率 X_9(%)
91.01	4.34	389	99.06	1.23	25.46	93.15	3.56	97.51	61.66
91.02	3.45	271	88.28	0.85	23.55	94.31	2.44	97.94	73.33
91.03	4.38	385	103.97	1.21	26.54	92.53	4.02	98.48	76.79
91.04	4.18	377	99.48	1.19	26.89	93.86	2.92	99.41	63.16
91.05	4.32	378	102.01	1.19	27.63	93.18	1.99	99.71	80.00
91.06	4.13	349	97.55	1.10	27.34	90.63	4.38	99.03	63.16
91.07	4.57	361	91.66	1.14	24.89	90.60	2.73	99.69	73.53
91.08	4.31	209	62.18	0.52	31.74	91.67	3.65	99.48	61.11
91.09	4.06	425	83.27	0.93	26.56	93.81	3.09	99.48	70.73
91.10	4.43	458	92.39	0.95	24.26	91.12	4.21	99.76	79.07
91.11	4.13	496	95.43	1.03	28.75	93.43	3.50	99.10	80.49
91.12	4.10	514	92.99	1.07	26.31	93.24	4.22	100.00	78.95
92.01	4.11	490	80.90	0.97	26.90	93.68	4.97	99.77	80.53
92.02	3.53	344	79.66	0.68	31.87	94.77	3.59	100.00	81.97
92.03	4.16	508	90.98	1.01	29.43	95.75	2.77	98.72	62.86
92.04	4.17	545	92.98	1.08	26.92	94.89	3.14	99.41	82.35
92.05	4.16	507	95.10	1.01	25.82	94.41	2.80	99.35	60.61
92.06	4.86	540	93.17	1.07	27.59	93.47	2.77	99.80	70.21
92.07	5.06	552	84.38	1.10	27.56	95.15	3.10	98.63	69.23
92.08	4.03	453	72.69	0.90	26.03	91.94	4.50	99.05	60.42
92.09	4.15	529	86.53	1.05	22.40	91.52	3.84	98.58	68.42
92.10	3.94	515	91.01	1.02	25.44	94.88	2.56	99.36	73.91
92.11	4.12	552	89.14	1.10	25.70	92.65	3.87	95.52	66.67
92.12	4.42	597	90.18	1.18	26.94	93.03	3.76	99.28	73.81
93.01	3.05	437	78.81	0.87	23.05	94.46	4.03	96.22	87.10
93.02	3.94	477	87.34	0.95	26.78	91.78	4.57	94.28	87.34

续表

年月 X_0	门诊人次 X_1	出院人数 X_2	病床利用率 X_3	病床周转次数 X_4	平均住院天数 X_5	治愈好转率 X_6(%)	病死率 X_7(%)	诊断符合率 X_8(%)	抢救成功率 X_9(%)
93.03	4.14	638	88.57	1.27	26.53	95.16	1.67	94.50	91.67
93.04	3.87	583	89.82	1.16	22.66	93.43	3.55	94.49	89.07
93.05	4.08	552	90.19	1.10	22.53	90.36	3.47	97.88	87.14
93.06	4.14	551	90.81	1.09	23.06	91.65	2.47	97.72	87.13
93.07	4.04	574	81.36	1.14	26.65	93.74	1.61	98.20	93.02
93.08	3.93	515	76.87	1.02	23.88	93.82	3.09	95.46	88.37
93.09	3.90	555	80.58	1.10	23.08	94.38	2.06	96.82	91.79
93.10	3.62	554	87.21	1.10	22.50	92.43	3.22	97.16	87.77
93.11	3.75	586	90.31	1.12	23.73	92.47	2.07	97.74	93.89
93.12	3.77	627	86.47	1.24	23.22	91.17	3.40	98.98	89.80

8. 北京 1951 ~ 1976 年冬季的气温资料见表 13-8，存于 e:\sasdt\temper. txt 中。此时变量个数 $p=3$，对这些资料进行主成分分析。第一列为年份，X_1 为 12 月份平均气温，X_2为 1 月份平均气温，X_3为 2 月份平均气温。

表 13-8　北京 1951 ~ 1976 年冬季的气温资料

年　份	X_1	X_2	X_3	年　份	X_1	X_2	X_3
1951	1.0	−2.7	−4.3	1964	−1.4	−4.9	−1.7
1952	−5.3	−5.9	−3.5	1965	−3.9	−5.7	−2.5
1953	−2.0	−3.4	−0.8	1966	−4.7	−4.8	−3.3
1954	−5.7	−4.7	−1.1	1967	−6.0	−5.6	−4.9
1955	−0.9	−3.8	−3.1	1968	−1.7	−6.4	−5.1
1956	−5.7	−5.3	−5.9	1969	−3.4	−5.6	−2.9
1957	−2.1	−5.0	−1.6	1970	−3.1	−4.2	−2.0
1958	0.6	−4.3	−0.2	1971	−3.8	−4.9	−3.9
1959	−1.7	−5.7	2.0	1972	−2.0	−4.1	−2.4
1960	−3.6	−3.6	1.3	1973	−1.7	−4.2	−2.0
1961	3.0	−3.1	−0.8	1974	−3.6	−3.3	−2.0
1962	0.1	−3.9	−1.1	1975	−2.7	−3.7	0.1
1963	−2.6	−3.0	−5.2	1976	−2.4	−7.6	−2.2

9. 分析美国犯罪情况，统计 7 种罪行的犯罪率，分别为 Murder(谋杀)、Rape(强奸)、Robbery(抢劫)、Assault(斗殴)、Burglary(夜盗罪)、Larceny(偷窃)、Auto(汽车犯罪)。以各州平均每100 000人犯罪人数为 7 个变量的观察数据，数据表 13-9，存于e:\sasdt\offence. txt 中，试做主成分分析。

表 13-9　美国犯罪情况

City	Murder	Rape	Robbery	Assault	Burglary	Larceny	Auto
Alabama	14.2	25.2	96.8	278.3	1135.5	1181.9	280.7
Alaska	10.8	51.6	96.8	284.0	1331.7	3369.8	753.3
Arizona	9.5	34.2	138.2	312.3	2346.1	4467.4	439.5
Arkansas	8.8	27.6	83.2	203.4	972.6	1862.1	183.4
California	11.5	49.4	287.0	358.0	2139.4	3499.8	663.5
Colorada	6.3	42.0	170.0	292.9	1935.2	3903.2	477.1
Connectieat	4.2	16.8	129.5	131.8	1346.0	2620.7	593.2

续表

City	Murder	Rape	Robbery	Assault	Burglary	Larceny	Auto
Delaware	6.0	24.9	157.0	194.2	1682.6	3678.4	467.0
Florida	10.2	39.6	187.9	449.1	1859.9	3840.5	351.4
Georgia	11.7	31.1	140.5	256.5	1351.1	2170.2	297.9
Hawaii	7.2	25.5	128.0	64.1	1911.5	3920.4	489.4
Idaho	5.5	19.4	39.6	172.5	1050.8	2599.6	237.6
Illinois	9.9	21.8	211.3	209.0	1085.0	2828.5	528.6
Indiana	7.4	26.5	123.2	153.5	782.2	1662.1	245.5
Iowa	2.3	10.6	41.2	89.8	812.5	2685.1	219.9
Kansas	6.6	22.0	100.7	180.5	1270.4	2739.3	244.3
Kentucky	10.1	19.1	81.1	123.3	872.2	1552.1	245.4
Louisiana	15.5	30.9	142.9	335.5	1165.5	2469.9	337.7
Maine	2.4	13.5	38.7	170.0	1253.2	2350.7	246.9
Maryland	8.0	34.8	292.1	358.9	1400.0	3177.7	428.5
Massachusetts	3.1	20.8	169.1	231.6	1532.2	2311.3	1140.1
Michigan	9.3	38.9	261.9	274.6	1522.7	3159.0	545.5
Minnsota	2.7	19.5	85.9	85.8	1134.7	2559.3	343.1
Mississippil	4.3	19.6	65.7	189.1	915.6	1239.9	144.4
Missouri	9.6	28.3	189.0	233.5	1318.3	2424.2	378.4
Montana	5.4	16.7	39.2	156.8	804.9	2316.1	309.2
Nebraska	3.9	18.1	64.7	112.7	760.0	2773.2	249.1
Nevada	5.8	49.1	323.1	355.0	2453.1	4212.6	559.2
NewHampshire	3.1	10.7	23.2	76.0	1041.7	2343.9	293.4
NewMexico	9.8	39.1	109.6	343.4	1418.7	3008.6	259.5
NewYork	10.7	29.4	472.6	319.1	1728.0	2782.0	745.8
NorthCarolina	10.6	17.0	61.3	318.3	1154.1	2037.8	192.1
NorthDakota	0.9	9.0	13.3	43.8	446.1	1843.0	144.7
Ohio	7.8	27.3	190.5	181.1	1216.0	2696.8	400.4
Oklahoma	8.6	29.2	93.0	205.0	1288.2	2228.1	326.8
Oregon	8.9	39.0	124.1	286.9	1636.4	3506.1	388.9
Pennsylvania	5.6	19.0	130.3	128.0	877.5	1624.1	333.2
RhodeIsland	3.6	10.5	86.5	201.0	1489.5	2844.1	791.4
SouthCarolina	11.9	33.0	105.9	485.3	1613.6	2342.4	245.1
SouthDakota	2.0	13.5	17.9	155.7	570.5	1704.4	147.5
Tennessee	10.1	29.7	145.8	203.9	1259.7	1776.5	314.0
Texas	13.3	33.8	152.4	208.2	1603.1	2988.7	397.6
Utah	3.5	20.3	68.8	147.3	1171.6	3004.6	334.5
Vermont	1.4	15.9	30.8	101.2	1348.2	2201.0	265.2
Virginia	9.0	23.3	92.1	165.7	986.2	2521.2	226.7
Washington	4.3	39.6	106.2	224.8	1605.6	3386.9	360.3
WestVirginia	6.0	13.2	42.2	90.9	597.4	1341.7	163.3
Wisconsin	2.8	12.9	52.2	63.7	846.9	2614.2	220.7
Wyoming	5.4	21.9	39.7	173.9	811.6	277.2	282.0

10. 某学校体检中获得的 30 位学生身体的 4 项指标，数据见表 13-10，存于 e:\sasdt\studphys. txt 中，试做主成分分析。

表 13-10 某学校体检中获得的 30 位学生身体的 4 项指标

序号	身高	体重	胸围	坐高	序号	身高	体重	胸围	坐高
1	148	41	72	78	16	152	35	73	79
2	139	34	71	76	17	149	47	82	79
3	160	49	77	86	18	145	35	70	77
4	149	36	67	79	19	160	47	74	87
5	159	45	80	86	20	156	44	78	85
6	142	31	66	76	21	151	42	73	82
7	153	43	76	83	22	147	38	73	78
8	150	43	77	79	23	157	39	68	80
9	151	42	77	80	24	147	30	65	75
10	139	31	68	74	25	157	48	80	88
11	140	29	64	74	26	151	36	74	80
12	161	47	78	84	27	144	36	68	76
13	158	49	78	83	28	141	30	67	76
14	140	33	67	77	29	139	32	68	73
15	137	31	66	73	30	148	38	70	78

第 14 章　生 存 分 析

14.1　概　　述

14.1.1　什么是生存分析

在医学研究中，要研究肿瘤等慢性疾病的治疗方法优劣，疾病预后的好坏以及影响疾病预后的因素时，常采用随访研究的方法。对某一疾病作随访研究时，规定某一事件作为进入观察起点事件。如：病人确诊、治疗开始或手术时间、动物试验中染毒等；要规定某个事件作为随访结局：根据研究问题的性质和目的的不同，结局可以是死于研究的疾病、复发、恢复等。这样获得的数据称为生存资料。

所谓生存资料就是指描述寿命或者一个事件从某一时间点到事件发生时，时间长短的数据。生存资料的基本特点是数据存在有终检值的可能，由于实验对象退出或实验结束而某些研究对象仍没出现终止事件。对于这样的观测，只知道其生存时间大于 T，而不知道其准确的生存时间。例如，某种手术后的随访调查中的死于其他疾病、失访者以及在调查结束时仍健在的患者，称其生存时间在 T 是右终检(删失)的。相应地，也可能在某些研究中出现不清楚的开始时间称为左终检(删失)值，或研究时间的区间不清楚称为区间删失值。

由于终检值的存在，在数据分析时必须包含一个作为终检值的标志变量，以标示哪些观测为完全数据，哪些观测为不完全(终检)数据。

生存资料的另一特点是因变量不能为负值。因为在进行分析时，对生存时间可能必须进行变换，如对数变换，或者采用某种特定的分析方法要比采用其他基于误差项为正态分布假设的方法更适当。

对生存资料的分析称为生存分析。生存问题的因变量是生存时间，而自变量则是与生存时间有关的其他变量。生存分析的基本目的是描述生存时间的分布以及它与其他变量的关系。自变量(影响因素)可以是连续变量，如温度和年龄；也可以是离散量，如民族、性别、手术种类等。

生存分析研究方法

统计描述：包括求生存时间的分位数、中数生存期、平均数、生存函数的估计、判断生存时间的图示法。

非参数检验：检验分组变量各水平所对应的生存曲线是否一致，常用的方法有对数秩检验(Log-rank Test)、威尔科克森检验(Wilcoxon Test)和似然比检验(Likelihood ratio Test)。

半参数模型回归分析：在特定的假设之下，建立生存时间随多个风险因素变化的回归方程，如 COX 模型。

参数模型回归分析：已知生存时间服从特定的参数模型时，拟合相应的参数模型，更准确地刻画变量之间的变化规律，有指数分布法、威布尔分布、对数正态回归分析法、对数 LOGISTIC 回归分析法等。

14.1.2　生存分析的过程

有关生存分析的过程有三个：LIFETEST、LIFEREG 和 PHREG。

PROC LIFEREG 是一个用以建立生存时间的分布与一组伴随变量间的模型的参数回归过程。PROC LIFETEST 是估计生存函数、比较两个或较多样品的潜在生存曲线的一个非参数过程，而且检验生存时间与其他的变量的联系。PROC PHREG 是一个适合 Cox 比例风险模型的半参数过程。

14.1.3　生存分析中使用的术语

1. 生存时间

指观察到的存活时间。生存时间(survial time)通常称为失效时间，而事件时间是未删失的生存时间。必须指定生存时间，并且只可以指定一个变量作为生存时间变量。生存时间有如下两种类型。

(1) 完全数据(complete data)：指从起点至事件发生时所经历的时间，即对象的失效时间。

(2) 截尾数据(censored data)：由于失访、改变防治方案、研究时间结束时事件尚未发生等情况，使得部分对象不能随访到底，称之为截尾。从起点至截尾所经历的时间，也称删失数据或终检值。如 1400 天，记为 1400^+ 天(实际处理时，采用负数表示)，提供了其生存期长于观察期的信息。

2. 终检变量

指示删失数据的变量。这些值指示生存时间是否删失，终检变量的值应为数值型的非缺失值。

3. 层变量

指定其值确定层水平的变量。如果不指定数值变量的端点，则由层变量的唯一值水平的组合确定层。允许缺失值构成有效层水平。

4. 检验协变量

指定用来检验与失效时间相关的数值(连续)变量。

5. ID 变量

ID 变量的值可用做乘积限(Kaplan-Meier)生存估计的观测的标签。

6. 分析分组依据

指定对表排序依据的一个或多个变量，以便对每个组执行分析。

7. 估计方法

1)乘积限法(Kaplan-Meier 法)基于实际生存时间分析，此为默认方法。

2)寿命表法将生存时间分组为区间分析。

8. 生存概率

表示在某单位时段开始时存活的个体到该时段结束时仍存活的可能性大小，记为 p。

14.2　LIFEREG 过程

14.2.1　简介

LIFEREG 过程又称生存回归过程，它是用参数模型拟合可能有终检值的一组数据。模型的类型可以是指数、威布尔、GAMMA、正态、Logistic、对数正态，以及对数 Logistic 分布。以生存时间为响应变量的模型被假定为：

$$y = X\beta + \sigma\varepsilon$$

此处 y 是响应值矢量，通常是生存时间的对数，X 是变异矩阵或自变量矩阵(通常包含一个截距项)，β 是待求的回归参数向量，σ 是尺度参数，ε 是假设来自已知分布的误差向量(比如标准正态分布)。自变量可以是数值型，也可以是字符型，但因变量只能是正的连续量。

14.2.2 LIFEREG 过程使用的语句

LIFEREG 过程的语句如下：

```
PROC LIFEREG <选项>;
BY 变量表;
CLASS 变量表;
<标号: >  MODEL  响应 = <效应> </选项>;
OUTPUT  <OUT = 数据集>  关键字 = 名  <... 关键字 = 名>   <选项>;
```

PROC LIFEREG 语句用来调用过程。除此之外，只有 MODEL 语句是必需的，它被用来指定生存回归的因变量和自变量。

1. PROC LIFEREG 语句

该语句可使用以下各选项：

DATA = dataset

OUTEST = dataset　建立一个输出数据集，其中含有参数估计及最大对数似然值。如果

语句中使用了 COVOUT　在数据集中增加估计协方差矩阵。

2. CLASS 语句

如果变量中存在分类变量(不是数值型变量)必须用 CLASS 语句列出。对于列在 CLASS 语句中的每一个解释变量，将对每个水平产生一指示变量。如果使用该语句，它必须在 MODEL 语句前出现。

3. MODEL 语句

在 LIFEREG 过程中，MODEL 语句可以写成如下三种格式。

① <label: > MODEL response < * censor(1ist) > = effects </options>

② <label: > MODEL(lower, upper)= effects </options>

③ <label: > MODEL events/trials = effects </options>

格式① 适用于包含右终检值的数据，其中的因变量(response)有可能是右终检的。如果因变量可能有右终检值，必须指定另一个变量“censor”，用以表示因变量是否为终检值，置于因变量后，它和因变量间须以星号“ * ”相连接，紧跟其后的圆括号中还必须指定一个以逗号或空格相隔的变量值列表，用以标识终检值。如果 cencor 变量的取值为括号中所列值之一，则相应的因变量值即为右终检值，否则相应的因变量值为完全值。

格式② 指定两个变量(圆括号中的“lower”和“upper”)表示终检区间的两个端点。如果两个变量值相等且不缺失，表示因变量值为完全测量值且等于该值；如果下界值缺失，则上界值被当作左终检值；如果上界值缺失，则下界值被当作右终检值；如果上下界值都存在且上界值大于下界值，则因变量值被认为是上下界值之间的区间终检值；如果上界值小于下界值或上下界值均缺失，则该条观测将被剔除出分析过程。

格式③ 适用于两个因变量为二分类计数资料的情况。分子变量“events”表示某事件发生(成功)的次

数，分母变量"trials"表示所进行试验的次数。events 和(trials-events)值必须为非负数，分母变量值必须为正数。两个变量的值无须为整数，也不会被修正为整数来处理。等号后面的效应 effects 是模型中的变异。

在 LIFEREG 的一次调用中可以有多个 MODEL 语句，但在 SAS 8.2 之后，只有最后一条能起作用。标签 label 的作用是对输出数据集中有关模型参数估计值的部分进行标识。

MODEL 语句中，斜线(/)之后可用以下选项：

DISTRIBUTION | D=WEIBULL | EXPONENTIAL | LNORMALL | LLOGISTIC | GAMMA

指定失效时间的分布类型，默认为拟合应变量对数的 1 型极值分布类型，等同于 D=WEIBULL。可以是威布尔、指数、对数正态、对数 Logistic、伽玛分布。

NOLOG　通常所说的生存回归，是对因变量取对数之后进行的，如果因变量不取对数，则应用此选择。

COVB　产生参数估计的协方差矩阵。

CORRB　要求显示参数估计的估计相关矩阵。

NOINT　保持截距项不变。

INITIAL 设置回归参数的初始值，以提高迭代运算效率。

4. OUTPUT 语句

OUTPUT 语句要求将拟合模型的统计量输出到一个新的 SAS 数据集中。语句中至少要有一个关键字=名称被指出。OUTPUT 语句可以有多个，每个与它前面的 MODEL 语句相对应。

在 OUTPUT 语句中有以下选项：

OUT=数据集　命名一个输出数据集，若省略此选择，则 SAS 系统将自动按 DATAn 的惯例命名，n 是自然数。

Q　指定所要计算的分位数值列表。列出的值必须在 0 和 1 之间，且不包括 0 和 1。若省略，则默认为 Q=0.5，即中位数。

P　指定包含分位数估计值的变量名。如果因变量为二分类，则该变量包含估计概率。

STD　指定一个表示分位数估计的标准误估计的变量名，这些估计值可被用来为分位数计算可信区间。

CENSORED　指定一个变量，指示观测是否为终检值，是则变量值为 1，否则为 0。

除了以上可选变量之外，输入数据集中的所有其他变量都将加到输出数据集中去。

14.2.3　补充说明

1. 缺项值的处理

如果一观测中自变量含有缺项值(不确定)，则在回归分析中将不使用该观测。

2. 模型规范

与 GLM 过程类似，LIFEREG 过程中的 MODEL 语句允许有交互项。

14.2.4　生存回归应用举例

【例 14-2-1】　肺癌患者生存时间分析。数据来自一医院收治的肺癌患者，因变量 T 为肺癌病人的生存时间，单位为天；协变量有：

Cell　癌细胞类型：Squamous(鱼鳞状)、Small(小)、Large(大)、Adeno(腺状)。

Therapy　治疗类型：Standard(标准)、Test(试验)。

Prior　事先是否治疗过：Yes(治过)、No(未)。

Age　病人年龄。

Diagtime　从诊断到治疗的时间(单位为月)。

KPS　手术前的综合状态评分。

其中，前三个为分类变量，后三个为连续变量。终检值用负值表示，引入一个终检指示变量 CENSOR，数据见表 14-1，存于 e:\asadt\canliferge. txt 中，数据分 8 组，每组有两部分内容，第一部分为治疗类型、癌细胞类型和该组人数三项；第二部分为该组内每个人的 T、KPS、Diagtime、Age 和 Prior 五项。

表 14-1　肺癌患者生存时间

```
STANDARD  SQUAMOUS  15
72  60  7  69  N  411  70  5  64  Y  228  60  3  38  N  126  60  9  63  Y  118  70  11  65  Y
110  80  29  68  N  314  50  18  43  N  -100  70  6  70  N  42  60  4  81  N  8  40  58  63  Y
144  30  4  63  N  25  80  9  52  Y  11  70  11  48  Y  10  20  5  49  N  82  40  10  69  Y
STANDARD  SMALL  30
30  60  3  61  N  384  60  9  42  N  4  40  2  35  N  54  80  4  63  Y  153  60  14  63  Y
13  60  4  56  N  -123  40  3  55  N  -97  60  5  67  N  16  30  4  53  Y  151  50  12  69  N
59  30  2  65  N  117  80  3  46  N  22  60  4  68  N  56  80  12  43  Y  21  40  2  55  Y
139  80  2  64  N  20  30  5  65  N  31  75  3  65  N  52  70  2  55  N  18  20  15  42  N
287  60  25  66  Y  18  30  4  60  N  51  60  1  67  N  122  80  28  53  N  63  50  11  48  N
27  60  8  62  N  54  70  1  67  N  7  50  7  72  N  392  40  4  68  N  10  40  23  67  Y
STANDARD  ADENO  9
8  20  19  61  Y  92  70  10  60  N  35  40  6  62  N  117  80  2  38  N  95  80  4  34  N
132  80  5  50  N  12  50  4  63  Y  162  80  5  64  N  3  30  3  43  N
STANDARD  LARGE  15
177  50  16  66  Y  162  80  5  62  N  216  50  15  52  N  553  70  2  47  N  200  80  12  41  Y
278  60  12  63  N  12  40  12  68  Y  260  80  5  45  N  143  90  8  60  N  105  80  11  66  N
156  70  2  66  N  -182  90  2  62  N  103  80  5  38  N  250  70  8  53  Y  100  60  13  37
YTEST  SQUAMOUS  20
999  90  12  54  Y  112  80  6  60  N  -87  80  3  48  N  -231  50  8  52  Y  1  20  21  65  Y
242  50  1  70  N  991  70  7  50  Y  111  70  3  62  N  33  30  6  64  N  25  20  36  63  N
587  60  3  58  N  389  90  2  62  N  N  467  90  2  64  N  201  80  28  52  Y  1  50  7  35  N
357  70  13  58  30  70  11  63  N  44  60  13  70  Y  283  90  2  51  N  15  50  13  40  Y
TEST  SMALL  18
25  30  2  69  N  -103  70  22  36  Y  21  20  4  71  N  13  30  2  62  N  7  20  11  66  N
87  60  2  60  N  2  40  36  44  Y  20  30  9  54  Y  24  60  8  49  N  99  70  3  72  N
8  80  2  68  N  99  85  4  62  N  61  70  2  71  N  25  70  2  70  N  95  70  1  61  N
80  50  17  71  N  51  30  87  59  Y  29  40  8  67  N
TEST  ADENO  18
24  40  2  60  N  18  40  5  69  Y  -83  99  3  57  N  31  80  3  39  N  73  60  3  70  N
51  60  5  62  N  90  60  22  50  Y  52  60  3  43  N  48  10  4  81  N  7  40  4  58  N
8  50  5  66  N  36  70  8  61  N  140  70  3  63  N  186  90  3  60  N  84  80  4  62  N
19  50  10  42  N  45  40  3  69  N  80  40  4  63  N
TEST  LARGE  12
52  60  4  45  N  164  70  15  68  Y  19  30  4  39  Y  53  60  12  66  N  133  75  1  65  N
15  30  5  63  N  43  60  11  49  Y  340  80  10  64  Y  378  80  4  65  N  49  30  3  37  N
111  60  5  64  N  231  70  18  67  Y
```

1. 程序

```
* ex14-2-1;
LIBNAME EP 'e: \saslx';
DATA EP. lifereg1;
INFILE'c: \sasdt\canlifereg. txt';
    LABEL  T = '终检或失效时间'
           KPS = '手术前的综合状态'
           Diagtime = '从诊断到治疗的时间'
           Age = '年龄'
           Prior = '先前的治疗'
           Cell = '癌细胞类型'
           Therapy = '治疗类型'
           Cellthpy = '治疗类型癌细胞类型';
    DROP I N;
    INPUT Therapy $  Cell $  n;
  Cellthpy = Therapy || Cell;
  DO i = 1 TO n;
    INPUT t KPS Diagtime Age Prior $  @@ ;
    Censor = (t < 0);
    t = ABS(t);
    OUTPUT;
  END;
PROC LIFEREG;
  CLASS Prior Therapy Cell Cellthpy;
  MODEL T* CENSOR(1) = KPS Age Diagtime Prior Cell Therapy Cellthpy;
RUN;
```

2. 程序说明

INPUT Therapy \$ Cell \$ n;首先读入治疗类型、癌细胞类型和这组观测的数目。

Cellthpy = Therapy || Cell;将字符型治疗类型和细胞类型并成一个变量。

在 DO-END 循环中，读入 n 个观测；

Censor = (t <0);建立终检标志 Censor，当 t <0 时为 1，否则为 0。

t = ABS(t);保证所有因变量皆为正值。

LABEL 语句是为了使变量的意义表述得更加明确。

PROC LIFEREG 语句调用 LFEREG 过程。

CLASS 语句中指定分类变量。

MODEL 语句给出了回归模型：等号左端 t * Censor(1) 表明 t 为因变量，代表生存时间，而 Censor 为终检变量，括号内给出终检指示值，Censor 为 1 时，t 为右终检值，否则为完全值。等号右边为自变量。MODEL 语句默认用/D = WEIBULL 分布。

程序运行结果如图 14-1 ~ 图 14-3 所示。

3. 输出结果及说明

图 14-1 为生存分析有关模型拟合的一些基本信息。

(1) Data Set：数据集。

(2) Dependent Variable：因变量。

(3) Censoring Variable：终检标志变量。

(4) Censoring Value(S)：终检值。

```
                              The LIFEREG Procedure

                                Model Information

           Data Set                          EP.LIFEREG1
           Dependent Variable                     Log(T)    终检或失效时间
           Censoring Variable                     CENSOR
           Censoring Value(s)                          1
           Number of Observations                    137
           Noncensored Values                        128
           Right Censored Values                       9
           Left Censored Values                        0
           Interval Censored Values                    0
           Name of Distribution                  Weibull
           Log Likelihood                   -192.6257989

                     Number of Observations Read         137
                     Number of Observations Used         137

                              Class Level Information

Name        Levels  Values

PRIOR            2  N Y
THERAPY          2  STANDARD TEST
CELL             4  ADENO LARGE SMALL SQUAMOUS
CELLTHPY         8  STANDARDADENO STANDARDLARGE STANDARDSMALL STANDARDSQUAMOUS TEST    ADENO TEST    LARGE
                    TEST    SMALL TEST    SQUAMOUS

        Algorithm converged.
```

图 14-1　肺癌生存分析-1

(5) Number of Observations：观测数。

(6) Noncensored Values：非终检值。

(7) Right Censored Values：右终检值。

(8) Interval Censored Values：终检值间隔。

(9) Name of Distribution：分布名称，Weibull。

(10) Log Likelihood：似然估计对数。此处为 -192.6257989，此数越接近 0 模型拟合越好。

(11) Class Level Information：分类水平信息，即模型中分类变量水平数及其值。

Algorithm converged.　运算达到收敛

Type Ⅲ Analysis of Effects

Effect	DF	Wald Chi-Square	Pr > ChiSq
KPS	1	39.0470	<.0001
AGE	1	0.4776	0.4895
DIAGTIME	1	0.1794	0.6719
PRIOR	1	0.1383	0.7100
CELLTHPY	3	7.8831	0.0485

图 14-2　肺癌生存分析-2

图 14-2 所示为 Type Ⅲ Analysis of Effects　第Ⅲ类自变量效应分析

在 0.05 的检验水平下，只有 KPS、Cellthpy 有统计意义。

图 14-3 所示是参数估计分析。

(1) Parameter：参数名。

(2) DF：自由度。

(3) Estimate：参数估计。

(4) Standard Error：参数估计的标准误差。

(5) 95% Confidence Limit：95% 置信限。

(6) Chi-Square：卡方值(检验参数为零)。对于分类变量，除了总的卡方之外，还有对各个水平参数检验的卡方值。

(7) Pr > ChiSq：概率。

本例中，只有 INTERCEPT、KPS 和 CELL 的参数估计是有意义的，它们的 P 值大都小于 0.001。

重新选择回归变量，简化分析如下：

Analysis of Parameter Estimates

Parameter		DF	Estimate	Standard Error	95% Confidence Limits		Chi-Square	Pr > ChiSq
Intercept		1	3.2209	0.6781	1.8918	4.5500	22.56	<.0001
KPS		1	0.0295	0.0047	0.0202	0.0387	39.05	<.0001
AGE		1	0.0055	0.0080	-0.0102	0.0213	0.48	0.4895
DIAGTIME		1	0.0034	0.0080	-0.0123	0.0191	0.18	0.6719
PRIOR	N	1	0.0771	0.2073	-0.3291	0.4833	0.14	0.7100
PRIOR	Y	0	0.0000	.	.	.	.	.
CELL	ADENO	1	-1.2127	0.3210	-1.8419	-0.5836	14.27	0.0002
CELL	LARGE	1	-0.7364	0.3325	-1.3881	-0.0847	4.91	0.0268
CELL	SMALL	1	-1.3900	0.3263	-2.0296	-0.7505	18.15	<.0001
CELL	SQUAMOUS	0	0.0000	.	.	.	.	.
THERAPY	STANDARD	1	-0.3185	0.3318	-0.9688	0.3318	0.92	0.3371
THERAPY	TEST	0	0.0000	.	.	.	.	.
CELLTHPY	STANDARDADENO	1	0.1146	0.5145	-0.8938	1.1231	0.05	0.8237
CELLTHPY	STANDARDLARGE	1	0.7783	0.4825	-0.1673	1.7239	2.60	0.1067
CELLTHPY	STANDARDSMALL	1	1.0586	0.4376	0.2009	1.9163	5.85	0.0156
CELLTHPY	STANDARDSQUAMOUS	0	0.0000	.	.	.	.	.
CELLTHPY	TEST　ADENO	0	0.0000	.	.	.	.	.
CELLTHPY	TEST　LARGE	0	0.0000	.	.	.	.	.
CELLTHPY	TEST　SMALL	0	0.0000	.	.	.	.	.
CELLTHPY	TEST　SQUAMOUS	0	0.0000	.	.	.	.	.
Scale		1	0.8861	0.0607	0.7748	1.0133		
Weibull Shape		1	1.1286	0.0773	0.9869	1.2906		

图 14-3　肺癌生存分析-3

【例 14-2-2】 对例 14-2-1，重新选择回归变量，简化分析。

1. 程序

```
* ex14-2-2;
PROC LIFEREG DATA = ep. lifereg1;
    CLASS Prior Therapy Cell;
    MODEL t* Censor(1) = KPS Cell;
    OUTPUT OUT = Out P = Pred;
    PROC PR1NT;
RUN;
```

程序运行结果如图 14-4 和图 14-5 所示。

The LIFEREG Procedure

Model Information

Data Set	EP.LIFEREG1	
Dependent Variable	Log(T)	终检或失效时间
Censoring Variable	CENSOR	
Censoring Value(s)	1	
Number of Observations	137	
Noncensored Values	128	
Right Censored Values	9	
Left Censored Values	0	
Interval Censored Values	0	
Name of Distribution	Weibull	
Log Likelihood	-197.1021854	

Number of Observations Read	137
Number of Observations Used	137

Class Level Information

Name	Levels	Values
PRIOR	2	N Y
THERAPY	2	STANDARD TEST
CELL	4	ADENO LARGE SMALL SQUAMOUS

Algorithm converged.

Type III Analysis of Effects

Effect	DF	Wald Chi-Square	Pr > ChiSq
KPS	1	39.8216	<.0001
CELL	3	21.3579	<.0001

Analysis of Parameter Estimates

Parameter		DF	Estimate	Standard Error	95% Confidence Limits		Chi-Square	Pr > ChiSq
Intercept		1	3.4806	0.3405	2.8133	4.1480	104.50	<.0001
KPS		1	0.0292	0.0046	0.0201	0.0382	39.82	<.0001
CELL	ADENO	1	-1.1085	0.2527	-1.6037	-0.6132	19.24	<.0001
CELL	LARGE	1	-0.3220	0.2500	-0.8120	0.1680	1.66	0.1978
CELL	SMALL	1	-0.7082	0.2261	-1.1513	-0.2650	9.81	0.0017
CELL	SQUAMOUS	0	0.0000	.	.	.	.	.
Scale		1	0.9378	0.0619	0.8241	1.0672		
Weibull Shape		1	1.0663	0.0703	0.9370	1.2135		

图 14-4　肺癌生存分析-4

Obs	T	KPS	DIAGTIME	AGE	PRIOR	CELL	THERAPY	CELLTHPY	CENSOR	_PROB_	PRED
1	72	60	7	69	N	SQUAMOUS	STANDARD	STANDARDSQUAMOUS	0	0.5	132.616
2	411	70	5	64	Y	SQUAMOUS	STANDARD	STANDARDSQUAMOUS	0	0.5	177.544
3	228	60	3	38	N	SQUAMOUS	STANDARD	STANDARDSQUAMOUS	0	0.5	132.616
4	126	60	9	63	Y	SQUAMOUS	STANDARD	STANDARDSQUAMOUS	0	0.5	132.616
5	118	70	11	65	Y	SQUAMOUS	STANDARD	STANDARDSQUAMOUS	0	0.5	177.544
6	10	20	5	49	N	SQUAMOUS	STANDARD	STANDARDSQUAMOUS	0	0.5	41.282
7	82	40	10	69	Y	SQUAMOUS	STANDARD	STANDARDSQUAMOUS	0	0.5	73.991
8	110	80	29	68	N	SQUAMOUS	STANDARD	STANDARDSQUAMOUS	0	0.5	237.692
9	314	50	18	43	N	SQUAMOUS	STANDARD	STANDARDSQUAMOUS	0	0.5	99.058
10	100	70	6	70	N	SQUAMOUS	STANDARD	STANDARDSQUAMOUS	1	0.5	177.544
11	42	60	4	81	N	SQUAMOUS	STANDARD	STANDARDSQUAMOUS	0	0.5	132.616
12	8	40	58	63	Y	SQUAMOUS	STANDARD	STANDARDSQUAMOUS	0	0.5	73.991
13	144	30	4	63	N	SQUAMOUS	STANDARD	STANDARDSQUAMOUS	0	0.5	55.268
14	25	80	9	52	Y	SQUAMOUS	STANDARD	STANDARDSQUAMOUS	1	0.5	237.692
15	11	70	11	48	Y	SQUAMOUS	STANDARD	STANDARDSQUAMOUS	0	0.5	177.544
16	30	60	3	61	N	SMALL	STANDARD	STANDARDSMALL	0	0.5	65.320
17	384	60	9	42	N	SMALL	STANDARD	STANDARDSMALL	0	0.5	65.320
18	4	40	2	35	N	SMALL	STANDARD	STANDARDSMALL	0	0.5	36.444
19	54	80	4	63	Y	SMALL	STANDARD	STANDARDSMALL	0	0.5	117.076
20	13	60	4	56	N	SMALL	STANDARD	STANDARDSMALL	0	0.5	65.320
21	123	40	3	55	N	SMALL	STANDARD	STANDARDSMALL	1	0.5	36.444
22	97	60	5	67	N	SMALL	STANDARD	STANDARDSMALL	1	0.5	65.320
23	153	60	14	63	Y	SMALL	STANDARD	STANDARDSMALL	0	0.5	65.320

图 14-5　LIFEREG 产生的输出数据集部分内容

2. 输出结果及说明

在图 14-4 中，先看 P 值，Intercept 和 KPS 都显著，CELL 总的看来显著($P=0.0001$)，以 SQUAMOUS 为基准取 $\alpha=0.05$，则 SMALL 对应的 P 值为 0.0017，ADENO 对应的 P 值为 <0.0001，说明细胞类型为 SMALL 及 ADENO 的与 SQUAMOUS 相比对生存时间的影响是显著的，而 LARGE 则不显著。就 CELL 这一因素来说，CELL = 'SMALL' 将比 CELL = 'SQUAMOUS' 生存时间缩短 $e^{-0.7082}$ 倍。WEIBULL 分布的尺度参数估计值为 0.9378。

OUTPUT 语句产生一个输出数据集，该数据集中除了含有原数据集中的所有变量外，还含有预测值 PRED(OUTPUT 语句中，由 P = PRED 定义)，用 PRINT 过程来显示这一结果，如图 14-5 所示。

由此例将加深对生存回归方程的理解。例中有两个显著参数 KPS 和 CELL。

(1) KPS 及 CELL 分别相等的观测其预测值 PRED 也相等，如 Obs1、Obs3、Obs4 与 Obs11；Obs16、Obs17、Obs20、Obs22 与 Obs23 等。

(2) 若 CELL 相同，则预测值完全依赖 KPS。如：Obs1 与 Obs2 其 CELL 值都为 SQUAMOUS：

OBS	KPS	PRED
1	60	132.616
2	70	177.544

则 Ln(P2/P1) = 0.2917608 = 10 * 0.02917607。这里两个 KPS 值相差为 10，而 0.0292 正是 KPS 的参数估计值，在其余相同的 CELL 值之间也同样可以验证。

(3) KPS 值相同，而 CELL 不同，则其 PRED 比值的对数值固定。如

OBS	KPS	CELL	PRED
1	60	SQUAMOUS	132.616
16	60	SMSLL	65.320

则 Ln(P16/P1) = Ln(65.320/132.616) = −0.70815946 对应于前面结果中 CELL = 'SMALL' 的参数估计值 −0.7082。

14.3　LIFETEST 过程

14.3.1　简介

LIFETEST 又称生存检验过程，专门用来对可能有右终检值的数据进行生存分布的非参数估

计，并且计算响应变量与其他变量(称为协变量)相关联的秩次检验。生存估计是分层计算的，而秩次检验则被合并，此外还给出检验各层之间的一致性的统计量。

通常，分析这种数据的第一步是估计生存时间的分布。首先要用到生存分布函数(SDF)又称为生存函数，用来描述感兴趣总体的寿命，SDF 的值是在 t 时刻计算出的 SDF 值，表示从总体中随机地选择一个实验体的寿命超过 t 的概率。也就是：$S(t) = \text{Prob}(T > t)$，此处 $S(t)$ 为生存分布函数，T 是总体中随机抽取的实验个体的寿命，Prob 表示括号中条件成立的概率。计算生存分布函数的方法有乘积限法及寿命表法，可由用户选择。

乘积限法基于实际生存时间，而寿命表法将生存时间分组为区间。默认的方法是乘积限法。

除了生存分布函数(SDF)之外，还有如下一些函数常被使用：

(1) 累计分布函数 CDF，记为 $F(t)$，定义为 $1 - S(t)$，即寿命不超过 t 的概率，又称死亡概率。

(2) 概率密度函数 PDF，记为 $f(t)$，是 $F(t)$ 的导数。

(3) 风险函数 HAZARD，记为 $h(t)$，定义为 $f(t)/S(t)$。

在生存数据分析中，一项重要的任务是比较生存曲线。各种函数曲线均可有选择地显示，而且可以产生输出数据集，以便进一步分析。

14.3.2 LIFETEST 过程用的语句

LIFETEST 过程由以下语句调用：

```
PROC LIFETEST <选项>;
TIME 时间变量 <* 终检变量(表)>;
STRATA 变量<表> <... 变量<表> >;
TEST 变量表;
ID 变量表;
FREQ 变量;
BY 变量表;
SURVIVAL 选项;
```

LIFETEST 最简单的应用是对生存数据的一个样本进行生存函数的无参估计，在这种情况下，除了 PROC LIFETEST 语句之外，只有 TIME 语句是必需的，而且各语句之间无顺序关系。TIME 语句只限用一次。以下分别详述。

1. PROC LIFETEST 语句

可以使用以下各选项：

DATA = 数据集

METHOD = PL|KM|LT|LIFE|ACT　用来指定计算生存函数估计值的方法。PL 或 KM 为乘积限法，而 LT 或 LIFE 或 ACT 代表寿命表估计法。默认为乘积限法。

MISSING　允许数值变量的缺项值或字符变量的空格值作为有效的分层水平。

OUTTEST = 数据集　建立一个输出数据集，其中含有 TEST 语句中每个变量的单变量秩次检验统计量，及它们的估计协方差矩阵及与在 TEST 语句中的变量失效时间相联系的卡方检验统计量。

PLOTS = (type <(NAME = name)>) <, ..., (type <(NAME = name])>>)　指定显示生存估计或终检观测碎石图。type 是图的类型，它们可以是：

- SURVIVAL 或 S　代表与时间对应的生存分布函数
- LOGSURVIVAL 或 LS　代表与时间对应的 -LOG(SDF)
- LOGLOGS 或 LLS　代表 LOG(-LOG(SDF))
- HAZARD 或 H　代表与时间对应的估计风险函数
- PDF 或 P　代表与时间对应的估计概率密度函数

其中，HAZARD 及 PDF 只有在指定寿命表法时有效，若要产生多个碎石图，则各项之间用逗号分开。例如，PLOTS =(S, LLS)。

INTERVALS = 数值表　为寿命表法指定区间端点，也可为乘积极限法指定显示的区间，间隔端点必须为非负数，不管是否指定，初始间隔假定从 0 开始。

WIDTH = 数　为寿命表法计算生存分布函数时指定区间宽度，如果指定了 INTERVALS = 参数，此选择失效。

ALPHA = 值　指出 0.0001 及 0.9999 之间的小数，用来计算分布函数估计的可信区间的可信水平，可信水平为 1 - ALPHA，默认 ALPHA = 0.05，即可信水平为 95%。

如果没有任何选择，LIFETEST 计算并显示每一层内生存分布的乘积限估计值和各层之间生存函数的一致性检验。

2. TIME 语句

TIME 语句用来指定失效时间变量，星号后为一右终检变量。如 TIME T * FLAG(1, 2)；T 是失效时间变量,FLAG 是终检指示变量，当其值为括号中的值 1 或 2 时，该观测中的 T 为右终检值。

3. STRATA 语句

指出哪些变量决定计算的层水平。例如语句：

```
STRATA AGE(5, 10 TO 50 BY 10) SEX;
```

AGE 变量值为：{(-∞, 5)、[5, 10)、[10, 20)、[20, 30)、[30, 40)、[40, 50)、[50, ∞)} 7 个水平。SEX 分为 FEMALE，MALE 2 个水平。因此观测将被分为 2 * 7 = 14 个层进行分析。

4. TEST 语句

列出数值型协变量，以便检验它们与失效时间的关联。

14.3.3 举例

【例 14-3-1】 表 14-2 是某地男性心脏病手术病人随访情况，生存时间是从诊断算起的年数，数据是某一年的时间间隔中死亡人数和失访人数。试求寿命表及生存曲线。

表 14-2　某地男性心脏病手术病人随访情况

术后年数	期内死亡数	期内失访数	术后年数	期内死亡数	期内失访数
0	456	0	9	42	64
1	226	39	10	43	45
2	152	22	11	34	53
3	171	23	12	18	33
4	135	24	13	9	27
5	125	107	14	6	23
6	83	133	15	0	30
7	74	102			
8	51	68			

1. 程序

在程序中使用三个变量：年(time　其值为时间间隔的中点)、终检值(C　1 表示终检观测，0 为死亡的观测)和频数(fre)。每个时间间隔建立两个观测，一个表示死亡观测，另一个为终检观测。

```
* ex14-3-1;
DATA EX1;
DO tim=0.5 TO 15.5;
  INPUT fail withdraw @@ ;
  C=0; fre=fail; OUTPUT;
  C=1; fre=withdraw; OUTPUT;
  DROP fail withdraw;
END;
CARDS;
456 0   226 39   152 22   171 23   135 24   125 107   83 133   74 102    51 68
42  64   43 45   34 53   18 33    9 27    6  23   0  30
;
PROC LIFETEST PLOTS=(S, H) INTERVALS=(0 TO 15) METHOD=LT;
  TIME tim* C(1);
  FREQ fre;
RUN;
```

2. 程序解释

```
DO tim=0.5 TO 15.5;
INPUT fail withdraw @@ ;
```

时间范围为 0 ~ 15(年)，应该用相应的中点值 0.5 ~ 15.5，步长为 1。在循环中，依次读取死亡人数和失访人数。

```
C=0; fre=fail; OUTPUT;
```

将死亡数 FAIL 传递给频数变量 FRE，并用 C=0 标记为非终检值，然后输出。同样：

```
C=1; fre=withdraw; OUTPUT;
```

将失访数 withdraw 传递给频数变量 fre，并用 C=1 标记为终检值，然后输出。

在 PROC LIFETEST 语句中：

PLOTS=(S, H)用来要求绘制生存曲线和风险函数曲线；

INTERVALS=(0 TO 15)用来指示寿命表计算间隔终点；

METHOD=LT 要求使用寿命表法。

语句 TIME tim * C(1)；指出 tim 为因变量，C 为终检指示。

程序运行结果如图 14-6 ~ 图 14-9 所示。由于数据不是分层的，所以没有执行同质性检验。

3. 输出结果及说明

图 14-6 输出寿命表：

(1) Interval 区间起、终点，为术后年数，由 INTERVALS=(0 TO 15)指定；

(2) Number Failed 期内死亡人数；

(3) Number Censored 期内失访人数；

(4) Effective Sample Size 有效样本大小；

(5) Conditional Probability of Failure 死亡概率；

(6) Conditional Probability Standard Error 标准误的条件概率；

(7) Survival 生存率；

(8) Failure 死亡率；

The LIFETEST Procedure

Life Table Survival Estimates

Interval [Lower,	Upper)	Number Failed	Number Censored	Effective Sample Size	Conditional Probability of Failure	Conditional Probability Standard Error	Survival	Failure	Survival Standard Error
0	1	456	0	2418.0	0.1886	0.00796	1.0000	0	0
1	2	226	39	1942.5	0.1163	0.00728	0.8114	0.1886	0.00796
2	3	152	22	1686.0	0.0902	0.00698	0.7170	0.2830	0.00918
3	4	171	23	1511.5	0.1131	0.00815	0.6524	0.3476	0.00973
4	5	135	24	1317.0	0.1025	0.00836	0.5786	0.4214	0.0101
5	6	125	107	1116.5	0.1120	0.00944	0.5193	0.4807	0.0103
6	7	83	133	871.5	0.0952	0.00994	0.4611	0.5389	0.0104
7	8	74	102	671.0	0.1103	0.0121	0.4172	0.5828	0.0105
8	9	51	68	512.0	0.0996	0.0132	0.3712	0.6288	0.0106
9	10	42	64	395.0	0.1063	0.0155	0.3342	0.6658	0.0107
10	11	43	45	298.5	0.1441	0.0203	0.2987	0.7013	0.0109
11	12	34	53	206.5	0.1646	0.0258	0.2557	0.7443	0.0111
12	13	18	33	129.5	0.1390	0.0304	0.2136	0.7864	0.0114
13	14	9	27	81.5	0.1104	0.0347	0.1839	0.8161	0.0118
14	15	6	23	47.5	0.1263	0.0482	0.1636	0.8364	0.0123
15	.	0	30	15.0	0	0	0.1429	0.8571	0.0133

Evaluated at the Midpoint of the Interval

Interval [Lower,	Upper)	Median Residual Lifetime	Median Standard Error	PDF	PDF Standard Error	Hazard	Hazard Standard Error
0	1	5.3313	0.1749	0.1886	0.00796	0.208219	0.009698
1	2	6.2499	0.2001	0.0944	0.00598	0.123531	0.008201
2	3	6.3432	0.2361	0.0646	0.00507	0.09441	0.007649
3	4	6.2262	0.2361	0.0738	0.00543	0.119916	0.009154
4	5	6.2185	0.1853	0.0593	0.00495	0.108043	0.009285
5	6	5.9077	0.1806	0.0581	0.00503	0.118596	0.010589
6	7	5.5962	0.1855	0.0439	0.00469	0.1	0.010963
7	8	5.1671	0.2713	0.0460	0.00518	0.116719	0.013545
8	9	4.9421	0.2763	0.0370	0.00502	0.10483	0.014659
9	10	4.8258	0.4141	0.0355	0.00531	0.112299	0.017301
10	11	4.6888	0.4183	0.0430	0.00627	0.155235	0.023602
11	12	.	.	0.0421	0.00685	0.17942	0.030646
12	13	.	.	0.0297	0.00668	0.149378	0.03511
13	14	.	.	0.0203	0.00651	0.116883	0.038894
14	15	.	.	0.0207	0.00804	0.134831	0.054919
15	.	.	.	.	.	.	.

图 14-6　生存检验输出寿命表

(9) Survival Standard Error 生存估计的标准误;

(10) Median Residual Lifetime 中位数残差生存时间;

(11) Median Standard Error 中位数标准误;

(12) PDF 概率密度;

(13) PDF Standard Error 概率密度的标准误;

(14) Hazard 风险函数;

(15) Hazard Standard Error 风险函数标准误。

由输出可见:

5 年生存率为 0.5193, 其标准误为 0.0103, 估计剩余寿命中值最初为 5.3313 年, 在第 2 年初达到最大值 6.3432 年, 然后逐渐减小, 在第 7 年初为 5.1671, 小于最开始的 5.3313。

图 14-7 给出终检值和非终检值概述:

死亡 1625 人, 终检 793 人, 总计 2418 人, 在研究中有 32.8% 的患者失访。有两个观测有缺失值, 是由于频数小于 1 而致。

图 14-8 显示了寿命表生存函数估计图, 生存时间中值从生存函数曲线中读出为 5.33 年, 第 25% 和第 75% 值为 11.13 年和 1.04 年。

```
                    Summary of the Number of Censored and Uncensored Values

                                                      Percent
                         Total   Failed    Censored   Censored

                          2418     1625         793      32.80

NOTE: There were 2 observations with missing values, negative time values or frequency values less than 1.
```

图 14-7　生存检验分析

图 14-9 为风险函数估计图，显示了在诊断后的第一年死亡率很高，而从第 1 年结束到第 10 年结束死亡率保持相对恒定，在 0. 09 ~0. 12 间浮动。

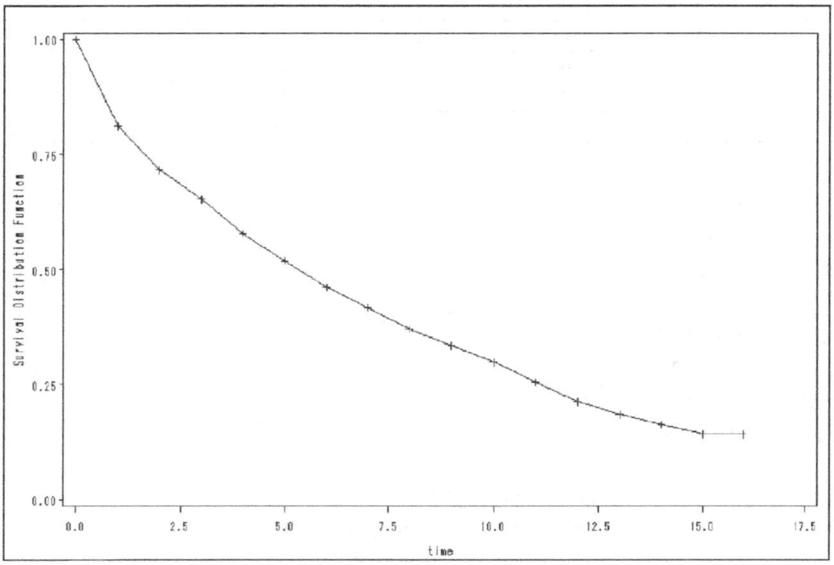

图 14-8　生存检验生存曲线碎石图

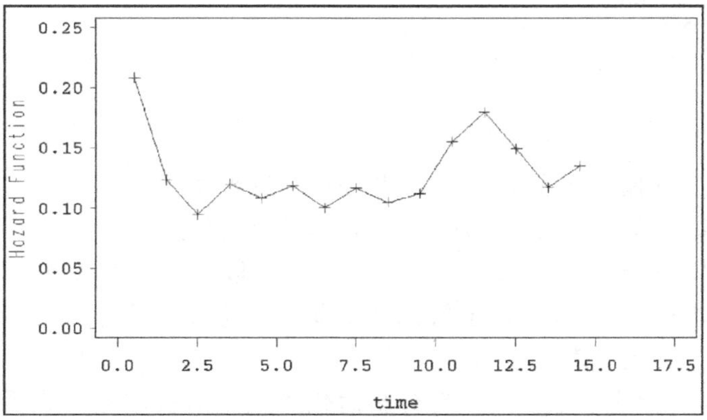

图 14-9　风险函数碎石图

14. 3. 4　单变量 Wilcoxon 和 logrank 检验

【例 14-3-2】　患某种癌症的病人在不同日期经随机化分配到 A、B 两治疗组，并继续进行随访到数据处理日结束。资料如表 14-3 所示，数字后有 + 号者为终检值。试进行生存率分析。

表 14-3　肾病患者生存资料

A 疗 法		B 疗 法	
编　号	生存日数	编　号	生存日数
1	8	13	13
12	8	16	18
5	52	25	23
8	63	11	70
21	63	10	76
7	220	2	180
24	365 +	9	195
4	852 +	20	210
18	1296 +	3	632
22	1328 +	17	700
19	1460 +	23	1296
15	1976 +	14	1990 +
		6	2240 +

1. 程序

```
* ex14-3-2;
LIBNAME ep 'e: \saslx';
DATA ep.life1;
  INPUT days @@ ;
  censor = (days < 0);
  group = (_n_ > 12);
  days = ABS(days);
CARDS;
8 8 52 63 63 220 -365 -852 -1296 -1328 -1460 -1976
13 18 23 70 76 180 195 210 632 700 1296 -1990 -2240
;
PROC LIFETEST PLOTS = (s);
  TIME days* censor(1);
  TEST group;
RUN;
```

2. 程序说明

程序中以不分行方式输入日数(days)。终检值使用负数表示。

censor = (days < 0)说明凡日数为负数(小于零)者为终检值。

group = (_n_ > 12)表示数据前 12 个为 A 疗法组，12 以上为 B 疗法组。_n_ > 12 为逻辑表达式，其中_n_为数据步执行的次数，对于前 12 个数据此表达式逻辑值为 0，而对第 13 个数据及以后的数据此逻辑表达式为真，其值为 1。

数据中带有负号者为终检值。由于在分析时仍需用正的日数进行分析，故再用 days = ABS (days)语句对日数取绝对值。

PROC LIFETEST 做 LIFETEST 分析。

PLOTS 作图，等号后面括号中的 s 为 survival，即为估计生存分布函数(SDF)。此外，还可估计其他几种分布函数。

TIME days * censor(1) 指定生存时间和删失指标。这里，days 是生存时间变量，censor 为终检变量，(1)表示 censor 值为 1，days 为终检值。至此，可求出各生存分析指标及生存分布函数随时间改变的图形。

test 是以 group 为协变量做两组比较做 Wilcoxon 及 logrank 检验。程序运行结果如图 14-10 ~ 图 14-15 所示。

The LIFETEST Procedure

Product-Limit Survival Estimates

days	Survival	Failure	Survival Standard Error	Number Failed	Number Left
0.00	1.0000	0	0	0	25
8.00	.	.	.	1	24
8.00	0.9200	0.0800	0.0543	2	23
13.00	0.8800	0.1200	0.0650	3	22
18.00	0.8400	0.1600	0.0733	4	21
23.00	0.8000	0.2000	0.0800	5	20
52.00	0.7600	0.2400	0.0854	6	19
63.00	.	.	.	7	18
63.00	0.6800	0.3200	0.0933	8	17
70.00	0.6400	0.3600	0.0960	9	16
76.00	0.6000	0.4000	0.0980	10	15
180.00	0.5600	0.4400	0.0993	11	14
195.00	0.5200	0.4800	0.0999	12	13
210.00	0.4800	0.5200	0.0999	13	12
220.00	0.4400	0.5600	0.0993	14	11
365.00*	.	.	.	14	10
632.00	0.3960	0.6040	0.0986	15	9
700.00	0.3520	0.6480	0.0970	16	8
852.00*	.	.	.	16	7
1296.00	0.3017	0.6983	0.0953	17	6
1296.00*	.	.	.	17	5
1328.00*	.	.	.	17	4
1460.00*	.	.	.	17	3
1976.00*	.	.	.	17	2
1990.00*	.	.	.	17	1
2240.00*	.	.	.	17	0

NOTE: The marked survival times are censored observations.

图 14-10　乘积限生存估计——寿命表

Summary Statistics for Time Variable days

Quartile Estimates

Percent	Point Estimate	95% Confidence Interval [Lower	Upper)
75		220.00	
50	210.00	63.00	1296.00
25	63.00	18.00	195.00

Mean	Standard Error
562.76	117.32

NOTE: The mean survival time and its standard error were underestimated because the largest observation was censored and the estimation was restricted to the largest event time.

图 14-11　四分位数估计值

3. 结果及其说明

输出结果中，图 14-10 首先输出乘积限生存率估计，即不同日数的生存率(Survival)、死亡率(Failure)、生存率的标准误(Survival Standard Error)和死亡数(Number Failed)。

图中有 * 号者为终检观测。

图 14-11 是对时间变量 days 的描述统计量。输出四分位数估计值，即第 75、50 及 25 百分位数，25% 的人生存时间低于 63 天，半数生存时间为 210 天。平均生存时间为 562.76 天，标准误为 117.32 天。

由于最大的观测为终检值，所以平均生存时间和标准误被低估了。

图 14-12 是终检和非终检值数概述：死亡 17 人，终检 8 人占总人数 25 的 32%。

图 14-13 中折线为乘积限估计曲线，“○”表示终检观测。

图 14-14 输出 days 与协变量相关的秩检验 wilcoxn 检验的单变量统计量、协方差、卡方值及 P 值。由 P 值 0.5777 可见两种疗法差异不显著。

Summary of the Number of Censored and Uncensored Values

Total	Failed	Censored	Percent Censored
25	17	8	32.00

图 14-12　终检值和非终检值概述

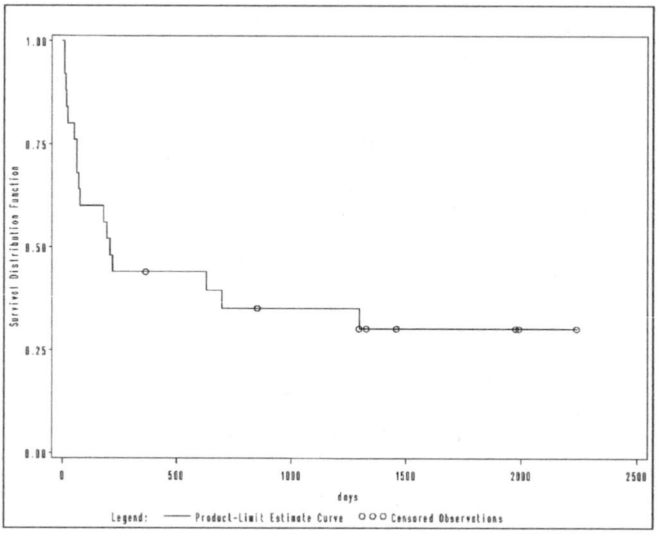

图 14-13　生存曲线图

The LIFETEST Procedure

Rank Tests for the Association of days with Covariates

Univariate Chi-Squares for the Wilcoxon Test

Variable	Test Statistic	Standard Deviation	Chi-Square	Pr > Chi-Square
group	-0.7622	1.3691	0.3100	0.5777

Covariance Matrix for the Wilcoxon Statistics

Variable	group
group	1.87445

Forward Stepwise Sequence of Chi-Squares for the Wilcoxon Test

Variable	DF	Chi-Square	Pr > Chi-Square	Chi-Square Increment	Pr > Increment
group	1	0.3100	0.5777	0.3100	0.5777

图 14-14　Wilcoxn 检验的单变量统计量

图 14-15 显示 logrank 检验结果，两组比较检验卡方的 *P* 值为 0.2547，差别无统计意义。若要分别计算两组的生存率，可在 time 语句后加上 strata group；语句。部分结果如图 14-16 和图 14-17 所示。

图 14-17 生存分布函数中，group = 1 的拟合线在原图中为红色线条，是两条线中下面一条。

Univariate Chi-Squares for the Log-Rank Test

Variable	Test Statistic	Standard Deviation	Chi-Square	Pr > Chi-Square
group	-2.3376	2.0522	1.2975	0.2547

Covariance Matrix for the Log-Rank Statistics

Variable	group
group	4.21151

Forward Stepwise Sequence of Chi-Squares for the Log-Rank Test

Variable	DF	Chi-Square	Pr > Chi-Square	Chi-Square Increment	Pr > Increment
group	1	1.2975	0.2547	1.2975	0.2547

图 14-15 logrank 检验的单变量统计量

Covariance Matrix for the Wilcoxon Statistics

group	0	1
0	1301.00	-1301.00
1	-1301.00	1301.00

Test of Equality over Strata

Test	Chi-Square	DF	Pr > Chi-Square
Log-Rank	1.3126	1	0.2519
Wilcoxon	0.2490	1	0.6178
-2Log(LR)	1.5240	1	0.2170

Rank Tests for the Association of days with Covariates Pooled over Strata

Univariate Chi-Squares for the Wilcoxon Test

Variable	Test Statistic	Standard Deviation	Chi-Square	Pr > Chi-Square
group	-266E-17	0	.	.

Covariance Matrix for the Wilcoxon Statistics

Variable	group
group	1.89E-14

图 14-16 组间比较

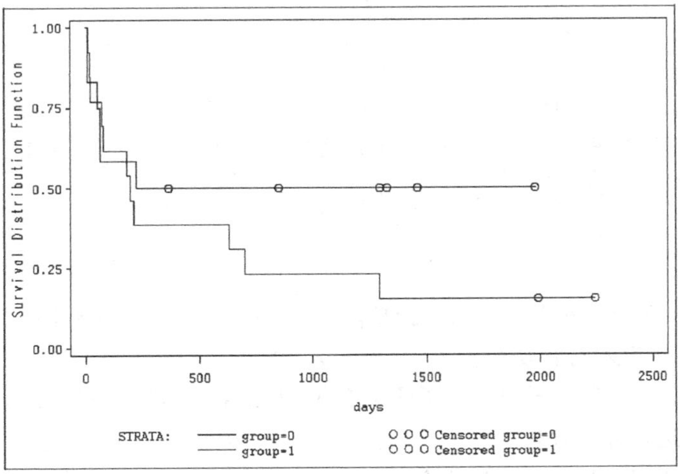

图 14-17 生存分布函数

14. 3. 5 多变量 Wilcoxon 和 logrank 检验

除了比较两种处理对预后影响外，有时要考虑其他对预后可能有作用的因素(协变量)的效应，即对处理效应的检验消去这些可能的影响。如在上例中，两组肾功能损害的情况不同，为此，同时检验处理及肾功能两种因素对预后的作用。

【例 14-3-3】 数据同前例，但增加一个变量肾功能(renal)，表 14-4 列出了其中有肾功能损害者在两组中的生存时间，所有肾功能损害者数据都非终检值。

表 14-4 肾功能损害者记录

病人号	治疗组	是否死亡	治疗时间
1	A	Y	8
13	B	Y	13
16	B	Y	18
25	B	Y	23
5	A	Y	52
8	A	Y	63
21	A	Y	63

将表 14-2 与表 14-3 合并，数据见 CARDS 语句后的内容。

1. 程序

```
* ex14-3-3;
LIBNAME ep 'e: \saslx';
    DATA ep.renaldata;
    INPUT days renal @@ ;
    censor = (days < 0);
    days = ABS(days);
    group = (_n_ > 12);
CARDS;
    8 1 8 0 52 1 63 1 63 1 220 0 -365 0 -852 0 -1296 0 -1328 0
    -1460 0 -1976 0 13 1 18 1 23 1 70 0 76 0 180 0 195 0 210 0
    632 0 700 0 1296 0 -1990 0 -2240 0
    ;
PROC LIFETEST PLOTS = (s);
    TIME days* censor(1);
    TEST group renal;
    STRATA renal;
RUN;
```

2. 程序说明

这一程序在 input 语句中增加了 renal(肾功能损害)变量，在 CARDS 语句后的数据中日数 days 后增加了 renal 的值，1 表示有肾功能损害，0 表示无损害。

TEST group renal：在 TEST 语句中用了两个变量，同时检验这两者的效应。

STRATA renal：进行分层分析。

程序运行结果如图 14-18 和图 14-19 所示。

3. 结果及其说明

图 14-18 显示了 Wilcoxon 及 Log-rank 检验，输出结果前一部分与前例类似。首先给出了秩统计量，接着给出 Log-Rank 和 Wilcoxon 统计量的协方差矩阵。

The LIFETEST Procedure
Testing Homogeneity of Survival Curves for days over Strata

Rank Statistics

renal	Log-Rank	Wilcoxon
0	-5.4009	-113.00
1	5.4009	113.00

Covariance Matrix for the Log-Rank Statistics

renal	0	1
0	1.21443	-1.21443
1	-1.21443	1.21443

Covariance Matrix for the Wilcoxon Statistics

renal	0	1
0	611.722	-611.722
1	-611.722	611.722

Test of Equality over Stratua

Test	Chi-Square	DF	Pr > Chi-Square
Log-Rank	24.0188	1	<.0001
Wilcoxon	20.8739	1	<.0001
-2Log(LR)	35.4813	1	<.0001

图 14-18　多变量 Wilcoxon 和 Log-rank 检验-1

给出了层相等检验，几种检验方法的 P 值都小于 0.0001，可见有肾损害与否对生存有显著差异。

图 14-19 给出 Wilcoxon、Log-Rank 检验分层单变量卡方等统计量，分别输出处理和肾功能的单变量检验的结果，包括检验统计量、方差、卡方值(检验统计量的平方除以方差)及概率，结果显示肾功能 renal 对预后有显著影响，处理 group 在 0.05 水准下也有影响。

Rank Tests for the Association of days with Covariates Pooled over Strata

Univariate Chi-Squares for the Wilcoxon Test

Variable	Test Statistic	Standard Deviation	Chi-Square	Pr > Chi-Square
group	-2.6352	1.2963	4.1324	0.0421
renal	0	0	.	.

Covariance Matrix for the Wilcoxon Statistics

Variable	group	renal
group	1.68039	0.00000
renal	0.00000	0.00000

Forward Stepwise Sequence of Chi-Squares for the Wilcoxon Test

Variable	DF	Chi-Square	Pr > Chi-Square	Chi-Square Increment	Pr > Increment
group	1	4.1324	0.0421	4.1324	0.0421

Univariate Chi-Squares for the Log-Rank Test

Variable	Test Statistic	Standard Deviation	Chi-Square	Pr > Chi-Square
group	-4.4306	1.8412	5.7908	0.0161
renal	0	0	.	.

图 14-19　多变量 Wilcoxon 和 Log-rank 检验-2

输出了 Wilcoxon 检验卡方的向前逐步分析序列。在消除肾损害的影响后，组别对生存影响在 0.05 水平下有统计意义。

图 14-20 是分层生存曲线，左边靠近纵轴的曲线即为 renal = 1 的线，原图使用红色显示此曲线明显比无肾损伤组的陡峭。结合假设检验的结果，显示出肾损害对生存的影响显著。

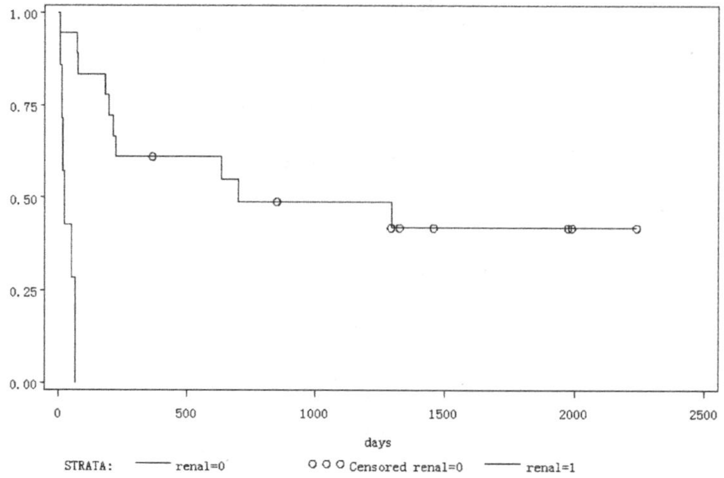

图 14-20　多变量 Wilcoxon 和 Log-rank 检验-3

14.4　PHREG 过程

14.4.1　PHREG 过程概述

phreg 过程针对生存数据执行基于 Cox 比例风险模型(Cox proportional hazards model)的回归分析。在对生存数据的分析中，Cox 半参数模型是一种被广泛应用的方法，用以解释自变量按风险比例对生存时间的效应。

在 Cox 比例风险模型中，假定总体中每一个成员的生存时间服从自身的风险函数$\lambda_i(t)$，其表达式为

$$\lambda_i(t)=\lambda(t:Z_i)=\lambda_0(t)\exp(Z_i'\beta)$$

式中，$\lambda_0(t)$为不确定的任意未指定的基线风险函数，Z_i 为第 i 个个体的解释变量向量，β 为与各解释变量相关的未知回归参数组成的向量，对于所有个体，向量β 被假定完全相等。对应的存活函数表达为

$$S(t:Z_i)=[S_0(t)]^{\exp(Z_i'\beta)}$$

式中，$S_0(t)=\exp\left(-\int_0^t\lambda_0(u)\mathrm{d}u\right)$，为基线存活函数。为估计$\beta$，Cox 引入了偏似然函数，此方法无须考虑未知的基线风险函数 $\lambda_0(t)$和解释删失的生存时间。

Cox 的偏似然函数允许使用时间依赖型解释变量的存在。对于给定的任何个体如果一个变量的值能随时间变化，这个变量就称为时间依赖型变量。时间依赖型变量在生存分析中具有很多的用途，使用时间依赖型解释变量能建立一个项目效应随处理组改变的模型，比如血压、血液化学测量这些都是在研究期间随时间而变化的时间依赖变量，也能用时间依赖变量检验比例风险模型的效度等。

当时间标度为离散的，或连续性时间模型产生的生存时间被分为若干个较大的组时，失效时间可能产生同秩现象。PHREG 过程具有 4 种处理同秩现象的方法，其中离散 Logistic 模型适用于离散型时间数据，其余三种方法适用于连续型时间数据。

PHREG 过程提供 4 种变量筛选方法，可从多个备选变量中鉴别出重要的预报因子，分别为前

进法、后退法、逐步法以及最佳子集法。最佳子集法是基于似然评分统计量的一种变量筛选方法，这种方法识别指定数量变量的最佳模型。

通过 PHREG 过程，我们可以检验有关回归参数的线性假设，针对配对病例对照研究执行条件 LOGISTIC 回归分析过程，创建包含有关统计量的输出数据集等。

PHREG 过程也能：

在模型中包括一个补偿变量；

加权输入数据中的观察；

检验关于回归参数的线性假定；

为相配病例对照研究执行条件 Logistic 回归分析；

建立一个包含存活函数估计，剩余和回归诊断的 SAS 数据集；

建立一个 SAS 数据集，数据集中包含为说明变量的给定实现的生存分布估计和在每个事件时间存活函数的可靠区间。

PHREG 过程也被用做对离散选择数据拟合多项式 Logit 选择模型。

14.4.2　PHREG 过程使用的语句

PHREG 过程使用如下语句：

```
PROC PHREG < options > ;
ASSESS keyword < / options > ;
MODEL response < * censor(list) > = variables < /options > ;
MODEL (t1, t2) < * censor(list) > = variables < /options > ;
STRATA variable < (list) > < ... variable < (list) > > < /option > ;
 < label: > TEST equation1 < , ... , equationk > < /option > ;
FREQ variable ;
WEIGHT variable < /option >;
ID variables ;
OUTPUT < OUT=SAS-data-set > < keyword=name... keyword=name > < /options > ;
BASELINE < OUT=SAS-data-set > < COVARIATES=SAS-data-set >
       < keyword=name.. keyword=name > < /options > ;
BY variables;
```

1. PROC PHREG 语句

PHREG 语句使用下面选项：

COVOUT　将参数估计的协方差矩阵加到 OUTEST= 数据集中，除非使用 OUTEST= 选项，否则该选项不起作用。

OUTEST=SAS dataset　建立一个包含回归系数估计值的数据集。

SIMPLE　对在 MODEL 语句中的每一个说明变量显示简单描述统计量。

2. ASSESS 语句

ASSESS 语句通过图形和数值的方法检查 Cox 回归模型的充足性。必须使用下面子句之一规定图形细节去建立分析。

VAR=(清单)规定说明变量清单。

PROPORTIONALHAZARDS | PH 请求比例风险假设检验。

3. MODEL 语句

MODEL 语句指定用做失效时间的变量、可选择的终检变量和解释变量。有两种语法格式。第一种语法格式适用于仅有一个应变量，而第二种格式允许两个变量用于输入计数处理方式(不在本书介绍)。

在第一种格式中，等号前面是失效时间变量名，后面可有选择地跟着一个星号、终检变量名和括在圆括号中的终检值清单。用下列可选项：

ENTRYTIME = variable | ENTRY = variable

规定表示左截断时间的变量名。当规定了输入计数处理方式时，此选项无效。

SELECTION = method 规定用来选择模型的方法，下列方法可用：

NONE | N 完全模型(无选择) 该方法为默认方法，MODEL 语句中所有解释变量都包含在模型中。

FORWARD | F 向前选择 首先估计那些强制进入模型的变量的参数。n 的默认值为零，即在模型中没有变量。然后，该方法计算不在模型中的各个变量的修正卡方统计量并检查这些统计量的最大值。将这些统计量的 p 值与在模型中包括变量而指定的显著性水平(默认值为 0.05)进行比较，如果有意义则进入模型。

BACKWARD | B 向后剔除 首先估计完全模型的参数，检查各参数的 Wald 检验结果，不满足指定的显著性水平(默认值为 0.05)的最小显著性变量将被删除。变量从模型中删除后，将不会再进入模型。这一过程反复进行，直到模型中没有满足指定删除水平的其他变量为止。

STEPWISE | S 逐步选择 它是向前选择方法的修改，唯一不同的是已在模型中的变量不必保留。在对模型添加或删除变量过程中，每个向前选择步骤可以跟随一个或多个向后剔除步骤。再没有变量可添加到模型中，或者刚添加到模型中的变量就是后续的向后剔除步骤中删除的变量，则逐步选择过程终止。

BEST = n 最佳子集选择 该选项专门与 SCORE 模型选择方法一起使用。按照似然得分(卡方)统计量对模型排序。它可以对每个模型大小，显示 n 个具有最高卡方统计量的模型。如果该选项被忽略，且解释变量不超过 10 个，则对每个模型大小列出所有可能的模型。如果该选项被忽略，且解释变量超过 10 个，则为每种模型大小选定的模型数至多等于列在 MODEL 语句中解释变量的总数。

4. BASELINE 语句

BASELINE 语句建立一个新数据集，数据集中包括在 COVARIATES = 数据集中给出的解释变量值(x)的每一模式、每一层的事件时间的存活函数估计。如果缺项，数据集中也包含相对于解释变量每一层均值的存活函数估计。

OUT = SAS-data-set 命名一个 BASELINE 输出数据集，如果省略 OUT = 选项，数据集名按惯例为 DATAn。

ALPHA = value 指定存活函数置信区间的显著意义水平，值必须在 0 和 1 之间。默认为 0.05。METHOD = method 指定计算存活函数估计的方法。有两种可用的方法：

CH|EMP|NELSON 指定计算存活函数的 Nelson 累积风险函数估计。

PL 指定计算存活函数的乘积极限估计。此为默认的方法。

5. OUTPUT 语句

建立一个新的数据集，包括对每一个观测计算的统计量。

6. TEST 语句

用于检验有关回归系数的线性假设。对于单个 TEST 语句所指定的假设，PHREG 过程执行合并假设的 Wald 检验过程。可以发送多个 TEST 语句。语句中：

"label："为用户自定义的标签，用于在输出结果中对相应的检验结果进行标识。

equation1 <, ... , equationk >(即 1 ~ k 个等式)项为 TEST 语句所指定的一个或多个线性假设，每一个等式均代表一个单独的线性假设。如果在同一条 TEST 语句中设置多个线性假设，各等式之间以逗号分隔。等式具有如下的形式：

term < ± term... > < = < ±term < ±term... > > >

其中的"term"项代表变量、常数或常数与变量的乘积，变量为 MODEL 语句中所指定的任何自变量。

如果等式中的等号被忽略，则相应表达式被默认设置为等于 0。

例如下面的示例程序：

```
PROC PHREG;
    MODEL time = a1 a2 a3 a4;
  Test1: TEST a1, a2;
  Test2: TEST a1 =0, a2 =0;
  Test3: TEST a1 = a2 = a3;
  Test4: TEST a1 = a2, a2 = a3;
RUN;
```

程序中有 4 条 TEST 语句，其标签分别设为："Testl"、"Test2"、"Test3"及"Test4"，其中第一条语句与第二条语句所指定的线性假设完全相同，第三条语句与第四条语句所指定的线性假设也完全相同。

TEST 语句中，"/ "后可设置的控制选项有如下几条：

AVERAGE　对 TEST 语句指定的变量的平均效应做出估计。

E　要求将线性系数和常数项一并输出，如果该选项同"AVERAGE"选项一起设置，则平均效应的最佳权重被同时输出。

PRINT　要求将中间计算过程一并输出。

7. WEIGHT 语句

指出在输入数据集中事例的权重变量。

WEIGHT 变量取值为 0、负数或缺项值的观测，将会被排除出分析过程。WEIGHT 语句可在使用处理结值方法"TIES = BRESLOW"或"TIES = EFRON"时，指定个案的权重。

WEIGHT 语句中还可在斜线(/)后使用，即"NORMALIZE"选项。设置该选项可使 WEIGHT 变量所确定的权重规格化。

14.4.3 实例

【例 14-4-1】 用 14.3.4 实例中的数据，做 COX 回归检验。

```
* ex14-4-1;
LIBNAME ep 'e: \saslx';
PROC PHREG DATA = ep. renaldata;
    MODEL days* censor(1) = group renal;
RUN;
```

程序使用前面例题中建立的数据集 ep. renaldata。变量名同前为 days(日期)、censor(终检变量)、group(组别)及 renal(肾功能)。

用 PHREG 过程分析，MODEL 语句中 censor(1)表示终检变量取 1 时为终检值，自变量为 group 及 renal。程序运行结果如图 14-21 和图 14-22 所示。

图 14-21 首先输出模型信息：数据集、应变量及自变量的名称，并说明终检变量值取 1 时为终检数据，对结(相等)数据的处理用 BRESLOW 方法，并输出死亡数、终检数占总数的百分数。

图 14-22 输出收敛状态，满意的收敛标准为(GCONV = 1E-8)模型符合统计量、有变异和无变异的三种收敛值。

图 14-23 显示整体无效假设检验：BETA = 0。

本例对模型的总的检验用三种方法，结果 P 之值皆小于 0.0012，说明模型有高度统计意义。对于 group，P 值为 0.0381 在 0.05 水准下差异显著；而 renal，P 为 0.0004 说明肾功能损害对生存影响极大。

根据参数估计值可列出 Cox 回归方程为：

$$\lambda(t; x) = \lambda_0(t) * e^{(0.124308 * group + 4.10540 * renal)}$$

最后输出风险度 Hazard ratio，组别为 3.466，肾功能为 60.667，即 B 组风险度为 A 组的 3.466 倍，而肾功能损害者为未损害者之 60.667 倍。

The PHREG Procedure

Model Information

Data Set	EP.RENALDATA
Dependent Variable	days
Censoring Variable	censor
Censoring Value(s)	1
Ties Handling	BRESLOW

Number of Observations Read	25
Number of Observations Used	25

Summary of the Number of Event and Censored Values

Total	Event	Censored	Percent Censored
25	17	8	32.00

图 14-21　比例风险分析-1

Convergence Status
Convergence criterion (GCONV=1E-8) satisfied.

Model Fit Statistics

Criterion	Without Covariates	With Covariates
-2 LOG L	94.084	71.415
AIC	94.084	75.415
SBC	94.084	77.081

图 14-22　比例风险分析-2

Testing Global Null Hypothesis: BETA=0

Test	Chi-Square	DF	Pr > ChiSq
Likelihood Ratio	22.6687	2	<.0001
Score	27.0215	2	<.0001
Wald	13.5094	2	0.0012

Analysis of Maximum Likelihood Estimates

Variable	DF	Parameter Estimate	Standard Error	Chi-Square	Pr > ChiSq	Hazard Ratio
group	1	1.24308	0.59932	4.3021	0.0381	3.466
renal	1	4.10540	1.16451	12.4286	0.0004	60.667

图 14-23　比例风险分析-3

习　题

1. 描述生存资料的特点。
2. 描述 LIFEREG 过程与 LIFETEST 过程的区别。
3. 有人研究了甲种手术方法治疗肾上腺肿瘤病人的生存情况，定义从手术后到病人死亡的时间为生存时间，得到的生存时间(月)如下：1，3，5，6，7，8，10，14$^+$，17，19$^+$，20$^+$，22$^+$，26$^+$，31$^+$，34，34$^+$，44，59。其中有"＋"者是截尾数据，表示病人仍生存或失访。试计算其生存率。

4. 为探讨某恶性肿瘤的预后，收集了 63 例病人的生存时间、结局及影响因素。影响因素包括病人的治疗方式、肿瘤的浸润程度、组织学类型、是否有淋巴结转移及病人的性别、年龄，生存时间以月计算，收集的原始资料及变量的意义见表 14-5 和表 14-6 已存于 SASDT\cancer. xls 中。试进行生存分析。

5. 两种疗法治疗白血病后的存活月数如下：

对照组：2＋，13，7＋，11＋，6，1，11，3，17，7；

中药组：10，2＋，12＋，13，18，6＋，19＋，26，9＋，8＋，6＋，43＋，9，4，31，24；

带"＋"为终检值。

试分析两种疗法治疗的生存期有无差别？

表 14-5　恶性肿瘤的影响因素及量化值

变　量	意　义	量 化 值
X_1	病人的年龄	岁
X_2	性别	男　1　女　0
X_3	组织学类型	高分化　1　低分化　0
X_4	治疗方式	新治疗方式　1　传统治疗方式　0
X_5	淋巴结是否转移	是　1　否　0
X_6	肿瘤的浸润程度	突破浆膜层　1　未突破浆膜层　0
T	病人的生存时间	月
Y	病人的结局	死亡　0　截尾　1

表 14-6　63 名某恶性肿瘤患者的生存时间及影响因素

序　号	X_1	X_2	X_3	X_4	X_5	X_6	t	Y
1	54	0	0	0	1	0	52	1
2	57	0	1	1	0	0	51	1
3	58	0	0	1	1	1	35	0
4	43	1	1	0	1	0	103	1
5	48	0	1	1	0	2	7	0
6	40	0	1	1	0	2	60	1
7	44	0	1	1	0	2	58	1
8	36	0	0	1	1	1	29	0
9	39	1	1	0	0	1	70	1
10	42	0	1	1	0	1	67	1
11	42	0	1	1	0	0	66	1
12	42	1	0	0	1	2	87	1
13	51	1	1	0	0	0	85	1
14	55	0	1	1	0	1	82	1
15	49	1	1	0	0	1	76	1
16	52	1	1	0	0	1	74	1
17	48	1	1	0	0	2	63	1
18	54	1	0	0	1	1	101	1
19	38	0	1	1	0	0	100	1
20	40	1	1	0	0	1	66	0

续表

序 号	X_1	X_2	X_3	X_4	X_5	X_6	t	Y
21	38	0	0	1	1	2	93	1
22	19	0	0	1	1	2	24	0
23	67	1	0	0	1	0	93	1
24	37	0	0	0	1	0	90	1
25	43	1	0	1	1	2	15	0
26	49	0	0	1	1	2	3	0
27	50	1	1	0	1	1	87	1
28	53	1	1	0	0	2	120	1
29	32	1	1	0	0	0	120	1
30	46	0	1	1	0	1	120	1
31	43	1	0	0	1	0	120	1
32	44	1	0	0	1	2	120	1
33	62	0	0	1	1	2	120	1
34	40	1	1	0	0	1	40	0
35	50	1	0	1	1	0	26	0
36	33	1	1	1	0	2	120	1
37	57	1	1	0	0	0	120	1
38	48	1	0	1	1	2	120	1
39	28	0	0	1	1	2	3	0
40	54	1	0	0	1	0	120	0
41	35	0	1	1	1	1	7	0
42	47	0	0	1	1	2	18	0
43	49	1	0	0	1	0	120	1
44	43	0	1	1	0	0	120	1
45	48	1	1	1	0	2	15	0
46	44	0	0	1	1	2	4	0
47	60	1	1	0	0	2	120	1
48	40	0	0	1	1	2	16	0
49	32	0	1	1	0	1	24	0
50	44	0	0	1	1	1	19	0
51	48	1	0	1	1	0	120	1
52	72	0	1	1	1	2	24	0
53	42	0	0	1	1	0	2	0
54	63	1	0	0	1	0	120	1
55	55	0	1	0	0	2	12	0
56	39	0	0	1	1	2	5	0
57	44	0	0	1	1	0	120	1
58	42	1	1	0	0	2	120	1
59	74	0	0	1	1	1	7	0
60	61	0	1	1	1	0	40	0
61	45	1	0	0	1	0	108	1
62	38	0	1	1	0	2	24	0
63	62	0	0	1	1	2	16	0

第 15 章　分类资料分析

15.1　概　　述

分类变量(Categorical variable)是仅有有限个离散值的变量，其度量尺度是无约束的。它可以是名义上的，即观测的水平是无序的，例如性别，其值可为 F、M；也可以是有序的，即观测的水平以某种方式可以排序，如对某种疾病的治疗效果中的无效、微效、显效；也可以是一个区间，例如可假设身高在 1.60 m 以下为矮，1.61 ~ 1.70 m 为中，1.71 m 以上为高，在同一区间内的变量值将相同，而不计较其位置如何。分类变量有时又称为定性变量(Qualitative variable)或属性变量。

每个观测有一个或一个以上的分类变量。如果对分类变量进行分析时，若只有一个分类变量，通常的统计是求频数表，即列出其各水平及其发生频数。如果只有两个分类变量，则通常用 2 维列联表表示。变量 1 的每个水平构成了列联表的行，而变量 2 的每个水平对应表的列，行与列的交叉点称为单元(Cell)，每个单元对应两个变量的水平的一种组合。

如果分类变量多于两个，处理方法可以有两种，涉及两个不同的过程。它们的共同点是都要求把分类变量分成两组，不同之处在于怎样分组。

一种方法是让一组分类变量含有 2 维列联表的行变量和列变量，而所有其余分类变量为第二组。第二组变量称为断面变量，它们的水平的每一个组合构成一个断面，每个断面对应一个 2 维列联表。这种分析方法由 FREQ 过程来实现。例如有 4 个分类变量，其值情况如下：

变量名	A	B	C	D
水平值	1, 2	1, 2, 3, 4	1, 2, 3	1, 2

那么

```
PROC FREQ;
  TABLE A* B* C* D;
```

将产生 8 个 2 维列联表，语句 TABLE A * B * C * D；中，最后两个量 C * D 是一组，定义了 2 维列联表，D 是行维，C 是列维，而其余变量 A * B 定义了 8 个断面。

另一种方法是使一组含有自变量，而另一组含有因变量。自变量组的各分类变量水平的每一种组合构成自变量断面，自变量断面称为总体断面，每个总体断面对应于列联表的一行；因变量组的各分类变量水平的每种组合构成因变量(响应)断面，每个响应断面对应于列联表的一列。这种分析方法由 CATMOD 过程实现。

FREQ 过程在前面的章节中已有介绍，本章主要介绍 CATMOD 过程，并试图将两者进行比较。

15.2　CATMOD 过程的基本原理

15.2.1　单总体

假设随机地选取 100 个人，向他们询问：在红、蓝、绿三个颜色中你最喜欢哪种颜色？结果如表 15-1 所示。

因为这里只有一个分类变量，因此称为单总体，又称简单随机采样。

如果随机地从这个总体中再选择一个人，他喜欢哪种颜色的概率是多少呢？为了估计这个概率，可以利用样本比例：

表 15-1　喜爱颜色调查表

	喜爱颜色			
	红	蓝	绿	合　计
频数	52	31	17	100
比例	0.52	0.31	0.17	1.00

$$P_i = n_i/n$$

此处 n_i 是第 i 个响应水平的频数，而 n 是总频数。

因为在任何一个随机采样中都固有随机变异，因此频数有一个概率分布，代表了在假设的一系列采样中发生的相对频数。对于上面这个简单的随机样本，设总频数为 n，第一个水平的频数为 n_1，第二个水平的频数为 n_2，第三个水平的频数为：$n_3 = n - n_1 - n_2$。

其概率为：

$$P(n_1, n_2, n_3) = n!\ \pi_1^{n_1}\pi_2^{n_2}\pi_3^{n_3}/(n_1!\ n_2!\ n_3!)$$

此处 π_i 为总体中观测到的第 i 个响应水平的真实概率。这种分布称为积多项式分布。

15.2.2　多总体

假设取两个简单随机样本，50 个男人和 50 个女人，分别询问喜欢红、蓝、绿三色中哪一颜色？这次与上一段中介绍的单总体有所不同。本次有两个不同的总体(男人，女人)，因此可能有不同的响应概率，设采样结果如表 15-2 所示。

在本实验中，列联表中行频边际总数(50，50)是由抽样设计所固定了的，但列频边总数(50，20，30)却是随机的。这种多总体问题，可称为分层简单随机采样。CATMOD 过程利用多项式分布的乘积去估计概率向量及其协方差矩阵。如果样本容量足够大，根据中心极限定理，概率向量近似正态分布。CATMOD 利用这个结论，对指定的统计模型计算近似的检验统计量，这些统计量称为沃尔德统计量(Wald)，当无效假设为真时，它近似于卡方分布。

表 15-2　性别与喜爱颜色调查表

性　别	喜爱颜色			
	合　计	红	蓝	绿
男	30	10	10	50
女	20	10	20	50
合计	50	20	30	100

15.2.3　参数估计及假设检验

CATMOD 提供两种方法去估计参数。

(1) 最大似然法：使响应的联合多项式似然函数的值最大。这种方法只适用于标准对数线性响应函数，用于广义 Logits 分析和对数线性模型的分析。

(2) 加权最小 2 乘法：使模型的加权残差平方和最小，权重被包括在函数 $F(\mathrm{p})$ 的逆协方差阵中。根据中心极限定理，如果样本容量足够大，则 F 的元素及 β 的估计值近似服从多元正态分布，因此可以计算检验模型拟合优度的统计量及变异的显著性。

线性模型和对数线性模型的对比

线性模型方法使自变量和因变量间的区别明显，这些方法侧重于模型参数的估计和假设检验。

对数线性模型方法，不在于事先区分自变量和因变量，尽管模型的指定允许区分。该方法强调的是模型建立、拟合优度检验，以及列联表中格频或概率的估计。这种方法容易检验独立性，但不适合检验概率之间的差异，进行重复测量分析以及边际一致性检验。

15.3 CATMOD 过程语句

15.3.1 CATMOD 过程语句

CATMOD 过程使用如下语句：

```
PROC CATMOD <options>;
MODEL response_effect = design_effects </options>;
BY variables;
CONTRAST 'label' row_description <,row_description, …> </options>;
DIRECT variables;
POPULATION variables;
REPEATED factor_description <, …factor_description> </options>;
RESPONSE function <, …, function> </options>;
WEIGHT variable;
```

在以上 9 个语句中，只有 PROC 及 MODEL 语句是必要的，其余皆为可选语句。如果有 DIRECT 语句，它必须放在 MODEL 语句之前；如果有 CONTRAST 语句，它必须放在 MODEL 语句之后，其余语句无顺序关系。

1. PROC CATMOD 语句

```
PROC CATMOD <选项>;
```

调用 CATMOD 过程，其中选项包括：

DATA = SASdataset

ORDER = DATA|FORMATTED|FREQ|INTERNAL 指定分类变量水平排序的顺序，这将影响总体（样本）、响应、参数及参数的定义的顺序。若省略，ORDER = INTERNAL 则变量水平按没格式化值排序。

2. MODEL 语句

定义模型，CATMOD 过程必须有一个 MODEL 语句，语句中：

Response_effect 响应效应，可以是一个变量，也可以是多个变量用'* '连起来的交叉效应，它决定了列联表的列。

Design_effects 设计效应，指定模型中潜在的变异来源，它们确定了参数的个数以及参数的意义。如果没有 POPULATION 语句，设计效应说明中所包含的任何变量都被 CATMOD 所用。

以下均为有效的 MODEL 语句：

MODEL R = A B;	只有主效应
MODEL R = A B A* B;	主效应及交互作用
MODEL R = A B(A);	嵌套效应
MODEL R = A |B;	完全因子

选项包括：

DESIGN 显示设计矩阵。

FREQ 显示一个总体* 响应的交叉分类 2 维频数表。

PROB 显示一个总体* 响应的交叉分类 2 维概率估计表。

ML <= NR|IPF < (ipf-options) >> 要求最大似然估计，或者使用 Newton-Raphson logits (NR) 或者使用迭代比例拟合 (IPF) 算法进行分析。ML = NR 只有当执行 logits、累计 logits 或相邻类别

logits 的二分类 logistic 回归时，此选择有效。

PRED 对每个总体显示观察及其响应函数的预测值，同时给出其标准误差及残差(观察值 - 预测值)。如果响应函数是标准的，那么 PRED = FREQ 还显示预测格频，而 PRED = PROB 将显示预测格概率；若只写 PRED，默认为 PRED = FREQ。

NODESIGN 抑制设计矩阵 X 的输出。

ONEWAY 对用于分析中的每一变量产生一维频数表，这个表对确定每个变量观察水平的次序是有用的。

NOPARM 抑制显示估计参数及其检验每个参数为 0 的统计量。

NOPROFILE 抑制总体断面及响应断面的输出。

以下皆为可选语句。

3. CONTRAST 语句

语句中的行描述为 < @ n effect values < ··· < @ n effect Value >

允许用户构造并检验 MODEL 语句中参数的线性函数。每一个行描述(row _ description)列出矩阵 C 的一行。CATMOD 检验假设 $C\beta = 0$，C 为各行描述的矩阵，而 β 是参数估计向量。该语句又称对比语句。语句中可使用下列各项：

'label'	最多可以为 256 个字符，说明检验所显示的识别信息，不可省；
@ n	当模型中对每一个响应函数有几组参数集时，指出是第几组参数，若省略则为第 1 组；
effect	列在 MODEL 语句中的效应之一；
values	一组数，形成给定效应的参数的系数。

例如变量 A 有 4 个水平，就有 4 个参数，分别为 a1，a2，a3，a4，但仅使用前三个参数，第 4 个参数根据下式与其他参数联系：

a4 = - a1 - a2 - a3

要检验 a1 对 a4，即检验 a1 = a4，相等于 a1 = - a1 - a2 - a3。可以写成：

2a1 + a2 + a3 = 0

使用

```
CONTRAST '1 VS. 4'  A  2 1 1;
```

为使前两级的平均值与第 3 级对比，要检验

(a1 + a2) / 2 = a3

相等于

a1 + a2 - 2a3 = 0

使用

```
CONTRAST '1 & 2 VS. 3'  A  1 1 -2;
```

要检验 a1 对 a2，即是 a1 = a2，相当于 a1 - a2 + 0a3 = 0。可以写成：

```
PROC CATMOD;
    MODEL Y = A;
    CONTRAST '1 VS. 2'  A 1 -1 0;
```

4. DIRECT 语句

用来宣布数值变量按照定量变量而不是定性变量来处理。设 X 有 5 个水平，那么语句：

```
PROC CATMOD;
    DIRECT X;
    MODEL Y = X;
```

将使主效应 X 在设计矩阵中仅占 1 列，而不是 4 列。插入设计矩阵中的值将是 X 的实测值。这对于 Logistic 回归来说是非常有用的。DIRECT 语句需放在 MODEL 语句前。

5. POPULATION 语句

规定总体是由指定变量的交叉分类形成的。若省略此语句，那么总体由 MODEL 语句中自变量交叉分类来决定。

6. REPEATED 语句

用于将重复测量因子纳入模型，只要因变量超过一个，并且在 MODEL 语句中指定了关键字 _RESPONSE_，就可以利用 REPEATED 语句。如果因变量对应一个或多个重复测量因子，就可以使用该语句根据这些因子定义_RESPONSE_。并能指定这些重复测量因子的名字、类型及其水平数。

Factor_name　给出对应于 2 个或多个响应函数的重复测量因子的名称，该名与已知变量名不得重复。

Levels　指出重复度量因子的水平数，如果只有一个重复因子，则可省略，CATMOD 假设其水平数等于每个总体响应函数的数目。

RESPONSE=effects　对 MODEL 语句中的_RESPONSE_定义；如果省略，用标准响应函数。

7. RESPONSE 语句

指定响应概率函数，这些响应函数作为参数的线性组合进入模型。如省略此语句，CATMOD 将使用默认的标准响应函数：广义 Logits。这些标准响应函数默认的估计方法是最大似然法。

指定的函数可以是下列之一。

MARGINAL　响应函数是 MODEL 语句中每个因变量的边际概率。对于每个因变量来说，响应函数是通过删去最后一个水平所对应的边际概率之后所得到的一组线性独立的边际值。

MEAN　响应函数是 MODEL 语句中因变量的均值，当然所有因变量必须都是数值型。

JOINT　响应函数是联合响应概率，线性无关集是通过删去最后一个响应概率建立的。

LOGIT　指定响应函数是每个因变量边缘概率的广义 Logits 值，是对 2 个概率的比值取对数后而得到的。每个比值的分母是变量的最后一个水平所对应的边际概率，而分子是各个水平的边际概率。例如，

```
RESPONSE 1 2 3;
```

即指定 3 个响应水平对应的计分分别为 1 2 3，而响应函数是平均数。

有一个实验，实验中对每一类指标在不同的 3 个时间点上测量，因变量 $t1$，$t2$，$t3$ 代表同一类指标在 3 个不同的时间点的测量值，响应函数是每个因变量的边缘概率，如果每个因变量都有 K 个水平，那么 PROC CATMOD 每一次都要计算 $K-1$ 个响应函数。至于这些时间的响应函数间的差异，将归于重复测量因子 Time。为合并 Time 变化进入模型，用如下程序：

```
PROC CATMOD;
    RESPONSE marginals;
    MODEL t1* t2* t3 =_response_;
    REPEATED Time 3 / _response_ = Time;
RUN;
```

15.3.2　关于设计矩阵

设计矩阵的每一行对应于一个总体，是由自变量值的组合构成的，其每一列相应于模型的参数，列是由 MODEL、FACTORS 及 REPEAED 语句中的效应形成的。

1. 主因素

如果一个分类变量 A 有 K 个水平，它的主效应有 $K-1$ 个自由度，即在设计矩阵中占 $K-1$ 列，对应于 A 的前 $K-1$ 个水平。矩阵的第 i 行的第 i 列为 1，最后一行为 -1，其余都为 0，总共为 K 行，$K-1$ 列。最后的参数是不需要的，因为 PROC CATMOD 强迫 K 个参数的和为 0。例如：

数据水平　　对应的设计矩阵的列

A	A	
1	1	0
2	0	1
3	-1	-1

B	B
1	1
2	-1

2. 交互效应

交互效应(比如 A * B)是由主效应的水平直接乘积形成的。还用上面的例子，则有：

数据水平　　对应的设计矩阵

A	B	A		B	A * B	
1	1	1	0	1	1	0
1	2	1	0	-1	-1	0
2	1	0	1	1	0	1
2	2	0	1	-1	0	-1
3	1	-1	-1	1	-1	-1
3	2	-1	-1	-1	1	1

15.4 举　　例

【例 15-4-1】 对于多总体来说，通常要检验所有总体的响应概率的一致性假设。例如，上面提到的从男女两个总体中询问偏爱颜色的问题，其无效假设是对三种颜色偏爱的概率对男女来说是一致的。这可以由 FREQ 过程完成，程序如下：

1. 程序

```
* ex15-4-1;
LIBNAME ep'e:\saslx';
DATA ep.a;
    INPUT sex $  color $  count  @@;
CARDS;
male red 30 male blue 10 male green 10
female red 20 female blue 10 female green 20
;
PROC FREQ;
    WEIGHT count;
    TABLE sex* color/CHISQ NOCOL NOPERCENT;
RUN;
```

程序运行结果如图 15-1 所示。

2. 结果说明

图 15-1 显示 FREQ 过程产生的皮尔逊(Person)卡方为 5.3333，似然比卡方值为 5.4115，两者都指出：两个总体(男、女)之间的响应概率在 0.05 的水平上是没有差异的($P=0.0695$ 和 0.0668)。

FREQ 过程

SEX * COLOR 表

SEX 频数 行百分比	COLOR BLUE	 GREEN	 RED	合计
FEMALE	10 20.00	20 40.00	20 40.00	50
MALE	10 20.00	10 20.00	30 60.00	50
合计	20	30	50	100

SEX * COLOR 表的统计量

统计量	自由度	值	概率
卡方	2	5.3333	0.0695
似然比卡方	2	5.4115	0.0668
Mantel-Haenszel 卡方	1	1.6230	0.2027
Phi 系数		0.2309	
列联系数		0.2250	
Cramer 的 V		0.2309	

样本大小 = 100

图 15-1　FREQ 结果图

【例 15-4-2】　这个问题也可以用 CATMOD 过程解决。对于这些资料，color 是响应变量，而 sex 是自变量，通过沃尔德(Wald)统计量去检验一致性假设。而当无效假设为真时，沃尔德统计量有卡方分布。

1. 程序

```
* ex15-4-2;
PROC CATMOD DATA = ep. a;
    WEIGHT count;
    RESPONSE JOINT;
    MODEL color = sex/DESIGN;
RUN;
```

2. 程序说明

语句 RESPONSE JOINT；指出响应函数是联合响应概率；

语句 MODEL color = sex，指出 color 是因变量，sex 是自变量，/DESIGN 显示设计矩阵。

程序运行结果如图 15-2 和图 15-3 所示。

3. 结果及其说明

图 15-2 列出如下内容。

(1) 数据概述：响应变量 color，权重变量 count，数据集名 A，缺失值频数 0，响应变量的水平数 3，总体数 2，总频数 100 及观测数 6。

(2) Population Profiles：总体断面两个样本数据，样本量各为 50。

The CATMOD Procedure

Data Summary

Response	COLOR	Response Levels	3
Weight Variable	COUNT	Populations	2
Data Set	A	Total Frequency	100
Frequency Missing	0	Observations	6

Population Profiles

Sample	SEX	Sample Size
1	FEMALE	50
2	MALE	50

Response Profiles

Response	COLOR
1	BLUE
2	GREEN
3	RED

图 15-2　CATMOD 结果-1

(3) Response Profiles:响应断面,响应变量 color 的三个水平。

```
                    Response Functions and Design Matrix

                        Response Functions          Design Matrix
            Sample          1             2             1         2
            ------------------------------------------------------
               1         0.20000       0.40000          1         1
               2         0.20000       0.20000          1        -1

                              Analysis of Variance

                 Source          DF     Chi-Square     Pr > ChiSq
                 ------------------------------------------------
                 Intercept        2         104.23         <.0001
                 SEX              2           5.63         0.0598

                 Residual         0              .              .

                 Analysis of Weighted Least Squares Estimates

                            Function                 Standard        Chi-
Parameter                   Number      Estimate        Error      Square    Pr > ChiSq
---------------------------------------------------------------------------------------
Intercept                      1          0.2000       0.0400       25.00        <.0001
                               2          0.3000       0.0447       45.00        <.0001
SEX            FEMALE          1       -375E-20        0.0400        0.00        1.0000
               FEMALE          2          0.1000       0.0447        5.00        0.0253
```

图 15-3　CATMOD 结果-2

图 15-3 列出如下内容。

(1) Response Functions and Design Matrix:响应函数和设计矩阵。

(2) Analysis of Variance:方差分析表,可以看出,因素 SEX 的卡方值为 5.63,接近上面 FREQ 过程的结果 5.3333。$P=0.0598$,两个总体(男、女)之间的响应概率在 0.05 的水平上是没有差异的,这与用 FREQ 所得结果一致。

(3) Analysis of Weighted Least Squares Estimates(加权最小二乘参数估计分析):这里的参数估计(Estimate)对每个因素来说都有两行,第一行对应第一个响应函数;第二行对应第二个响应函数。

【例 15-4-3】 重复测量

随机地从工作在白炽灯下工人中选取 100 人,再从工作在日光灯下工人中随机选取 100 人,向这 200 人询问同样的问题:上午 10 点累否?下午 4 点累否?结果如表 15-3 所示。

表 15-3　工人疲倦因素

上午 10 点累否 TIRED10	下午 4 点累否 TIRED4	频数 LIGHTING	
		日光灯下工作	白炽灯下工作
YES	YES	19	14
YES	NO	7	11
NO	YES	60	53
NO	NO	14	22

问题:疲倦是否与工作灯光有关?与时间有关?

显然,这是一个多总体问题。自变量为灯光(LIGHTING),它有两个水平,因此有两个总体;因变量为 TIRED10、TIRED4。这是同一个问题,只是时间点不同,因此是重复度量。

1. 程序

```
* ex15-4-3;
DATA REP;
INPUT LIGHTING $ TIRED10 $ TIRED4 $ WT @@ ;
CARDS;
```

```
INCAN   YES YES 19 FLUOR YES YES 14
INCAN   YES NO 7 FLUOR YES NO 11
INCAN   NO YES 60 FLUOR NO YES 53
INCAN   NO NO 14 FLUOR NO NO 22
;
PROC CATMOD;
WEIGHT WT;
RESPONSE MARGINALS;
MODEL TIRED10* TIRED4 = LIGHTING  _RESPONSE_ LIGHTING* _RESPONSE_;
REPEATED TIME 2 /_RESPONSE_ = TIME;
RUN;
```

2. 程序说明

WEIGHT WT：指定 WT 为权重变量，即观测的重复频数。

RESPONSE MARGINALS：指出响应函数是 MODEL 语句中每个因变量的边际概率。

MODEL TIRED10 * TIRED4 = LIGHTING _RESPONSE_ LIGHTING * _RESPONSE_；指定因变量有两个，而等号右边为变异来源；_RESPONSE_的意义在语句 REPEATED 中有明确说明。

REPEATED TIME 2 / _RESPONSE_ = TIME 中指出因变量对应一个重复测量因子 TIME，它有两个水平。

程序运行结果如图 15-4 和图 15-5 所示。

```
                         The CATMOD Procedure
                            Data Summary

Response           TIRED10*TIRED4        Response Levels     4
Weight Variable    WT                    Populations         2
Data Set           REP                   Total Frequency   200
Frequency Missing  0                     Observations        8

                         Population Profiles

                   Sample    LIGHTING    Sample Size
                   -------------------------------
                      1      FLUOR           100
                      2      INCAN           100

                          Response Profiles

                   Response    TIRED10    TIRED4
                   ---------------------------
                       1       NO         NO
                       2       NO         YES
                       3       YES        NO
                       4       YES        YES

                        Analysis of Variance

   Source                DF    Chi-Square    Pr > ChiSq
   ----------------------------------------------------
   Intercept              1        605.04        <.0001
   LIGHTING               1          2.48        0.1152
   TIME                   1        105.84        <.0001
   LIGHTING*TIME          1          1.42        0.2336

   Residual               0           .             .
```

图 15-4　重复度量结果分析-1

3. 结果说明

图 15-4 输出了：

（1）Population Profiles：总体断面。因为自变量 lighting 有两个水平，因此有两个总体。

（2）Response Profiles：响应断面。因为响应为 tired10 * tired4，而它们各有两个水平，故有 4 个断面。

（3）Response Function：响应函数。

(4) Analysis of Variance：方差分析。可以看出，因素 lighting 和 lighting * time 是不显著的。而 Time 的卡方为 105.84，$P<0.0001$ 有显著性差异。即疲劳与否仅与工作时间有关。

图 15-5 中给出加权最小二乘估计分析 Analysis of Weighted Least Squares Estimates。

Analysis of Weighted Least Squares Estimates

Effect	Parameter	Estimate	Standard Error	Chi-Square	Pr > ChiSq
Intercept	1	0.5075	0.0206	605.04	<.0001
LIGHTING	2	0.0325	0.0206	2.48	0.1152
TIME	3	0.2375	0.0231	105.84	<.0001
LIGHTING*TIME	4	-0.0275	0.0231	1.42	0.2336

图 15-5　重复度量结果分析-2

结论：灯光对累与不累没有影响，起作用的只是时间。

读者可从 MODEL 语句中去掉 Lighting 和 Lighting * Time 项后重新运行。

【例 15-4-4】 洗洁剂的选择依赖三个分类变量，其意义如下。

SOFTNESS：水质的硬度，其值为 SOFT(软)、MED(中)、HARD(硬)。

PREV ：曾是 M 牌的用户吗？YES(是)，NO(非)。

TEMP ：洗涤温度，HIGH(高)，LOW(低)。

响应变量为 BRAND(牌号)，M 表示选用此牌号，X 表示其他牌号。调查结果如表 15-4 所示，请分析是否选用 M 牌，主要因素是什么？

表 15-4　洗洁剂选择的调查数据

水质硬度 SOFTNESS	曾是 M 的用户 PREV	水温 TEMP	选择 BRAND	
			M	X
HARD	NO	HICH	30	42
HARD	NO	LOW	42	68
HARD	YES	HIGH	43	24
HARD	YES	LOW	52	37
MED	NO	HICH	23	33
MED	NO	LOW	50	66
MED	YES	HIGH	47	23
MED	YES	LOW	55	47
SOFT	NO	HIGH	27	29
SOFT	NO	LOW	53	63
SOFT	YES	HICH	29	19
SOFT	YES	LOW	49	57

1. 程序

```
* ex15-4-4;
DATA A;
  INPUT SOFTNESS $ PREV $ TEMP $ M X @@ ;
CARDS;
HARD NO HIGH 30 42 HARD NO LOW 42 68
HARD YES HIGH 43 24 HARD YES LOW 52 37
MED NO HIGH 23 33 MED NO LOW 50 66
MED YES HIGH 47 23 MED YES LOW 55 47
SOFT NO HIGH 27 29 SOFT NO LOW 53 63
SOFT YES HIGH 29 19 SOFT YES LOW 49 57
;
```

```
DATA DETERG;
  SET A;
  brand = "M";count = M;OUTPUT;
  brand = "X";count = X;OUTPUT;
  DROP M X;
PROC CATMOD;
  RESPONSE 1 0;
  WEIGHT count;
  MODEL BRAND = SOFTNESS |PREV |TEMP/ FREQ PROB;
  TITLE"SATURATED MODEL";
RUN;
```

2. 程序说明

（1）首先根据数据的 2 维列联表建立数据集 A，CARDS 之后的数据与原表一致，便于输入及检查。

（2）第二个数据步中，SET A；从数据集 A 中读入观测；

```
BRAND = "M";COUNT = M;OUTPUT;
BRAND = "X";COUNT = X;OUTPUT;
```

是将 A 的一个观测变成两个，删掉 M 和 X，将 M 值送 COUNT，同时将 BRAND 设为“M”输出；将 X 值送 COUNT，同时将 BRAND 设为“X”输出到数据集 DETERG 中，以便进一步分析。

（3）在 CATMOD 过程中 RESPONSE 1 0，指定响应函数。其值 1 及 0 分别对应于 BRAND 的 M 及 X，即选中 M 为 1 分，不选为 0 分，以此来计算响应函数。

（4）WEIGHT COUNT，指定 COUNT 为频数变量。如果省略此句，则各总体样本数都为 1，分析无意义。

（5）语句 MODEL BRAND = SOFTNESS | PREV | TEMP/ FREQ PROB;

指出 BRAND 为响应变量，而 SOFTNESS、PREV、TEMP 的主因素及它们的交互作用为误差来源，选项 FREQ 要求给出 2 维频数表，PROB 要求给出响应概率。

程序运行结果如图 15-6 ~ 图 15-8 所示。

```
                      SATURATED MODEL
                   The CATMOD Procedure
                       Data Summary

Response             BRAND      Response Levels      2
Weight Variable      COUNT      Populations         12
Data Set             DETERG     Total Frequency   1008
Frequency Missing    0          Observations        24

                    Population Profiles

 Sample    SOFTNESS     PREV    TEMP     Sample Size
 ---------------------------------------------------
     1     HARD         NO      HIGH              72
     2     HARD         NO      LOW              110
     3     HARD         YES     HIGH              67
     4     HARD         YES     LOW               89
     5     MED          NO      HIGH              56
     6     MED          NO      LOW              116
     7     MED          YES     HIGH              70
     8     MED          YES     LOW              102
     9     SOFT         NO      HIGH              56
    10     SOFT         NO      LOW              116
    11     SOFT         YES     HIGH              48
    12     SOFT         YES     LOW              106
```

图 15-6　CATMOD 洗洁剂的选择研究输出-1

Response Frequencies				Response Probabilities		
	Response Number				Response Number	
Sample	1	2		Sample	1	2
1	30	42		1	0.41667	0.58333
2	42	68		2	0.38182	0.61818
3	43	24		3	0.64179	0.35821
4	52	37		4	0.58427	0.41573
5	23	33		5	0.41071	0.58929
6	50	66		6	0.43103	0.56897
7	47	23		7	0.67143	0.32857
8	55	47		8	0.53922	0.46078
9	27	29		9	0.48214	0.51786
10	53	63		10	0.45690	0.54310
11	29	19		11	0.60417	0.39583
12	49	57		12	0.46226	0.53774

图 15-7　CATMOD 洗洁剂的选择研究输出-2

The CATMOD Procedure
Analysis of Variance

Source	DF	Chi-Square	Pr > ChiSq
Intercept	1	983.13	<.0001
SOFTNESS	2	0.09	0.9575
PREV	1	22.68	<.0001
SOFTNESS*PREV	2	3.85	0.1457
TEMP	1	3.67	0.0555
SOFTNESS*TEMP	2	0.23	0.8914
PREV*TEMP	1	2.26	0.1324
SOFTNESS*PREV*TEMP	2	0.76	0.6850
Residual	0	.	.

Analysis of Weighted Least Squares Estimates

Parameter		Estimate	Standard Error	Chi-Square	Pr > ChiSq
Intercept		0.5069	0.0162	983.13	<.0001
SOFTNESS	HARD	-0.00073	0.0225	0.00	0.9740
	MED	0.00623	0.0226	0.08	0.7830
PREV	NO	-0.0770	0.0162	22.68	<.0001
SOFTNESS*PREV	HARD NO	-0.0299	0.0225	1.77	0.1831
	MED NO	-0.0152	0.0226	0.45	0.5007
TEMP	HIGH	0.0310	0.0162	3.67	0.0555
SOFTNESS*TEMP	HARD HIGH	-0.00786	0.0225	0.12	0.7265
	MED HIGH	-0.00298	0.0226	0.02	0.8953
PREV*TEMP	NO HIGH	-0.0243	0.0162	2.26	0.1324
SOFTNESS*PREV*TEMP	HARD NO HIGH	0.0187	0.0225	0.69	0.4064
	MED NO HIGH	-0.0138	0.0226	0.37	0.5415

图 15-8　CATMOD 洗洁剂的选择研究输出-3

3. 结果及其说明

图 15-6 中，有两部分内容：

（1）关于数据概述和总体断面，给出响应变量、频数变量、响应水平数、总体数、总频数及观测数。

（2）总体断面由自变量的水平组合决定，自变量的顺序同 MODEL 语句，水平的顺序按字母升序。

图 15-7 中，有两部分内容：

（3）响应频数，由 FREQ 选项产生，总体顺序与(2)对应。

（4）响应概率，由 PROB 选项产生，总体顺序同(2)，每个总体概率总和为 1。

图 15-8 中，有两部分内容：

（5）方差分析，Source 为方差来源，由 MODEL 语句中等号右侧决定。本例是自变量的所有组合，故又称饱和模型。第 2 列为自由度(DF)，第 3 列为卡方值(Chi-Square)，第 4 列为相应概率(Pr > Chisq)。因为是饱和模型，因此 Residual 对应的自由度为 0。

(6) 参数分析是方差分析的继续，(5)中的来源(Source)的自由度为几，就给出几个参数分析。Pr > Chisq 一列给出相应参数为 0 的概率。显然，所有的交互作用是不显著的。

从模型中去掉交互因素，再次进行简化模型分析：

【例 15-4-5】

```
* ex15-4-5;
PROC CATMOD;
    RESPONSE 1 0;
    WEIGHT count;
    POPULATION softness prev temp;
    MODEL BRAND = softness prev temp/NOPROFIlE;
run;
```

注意：此处 POPULATION softness prev temp;是为了与上面的分析保持相同的总体，输出如图 15-9 所示。

```
                           Data Summary

        Response            BRAND       Response Levels      2
        Weight Variable     COUNT       Populations         12
        Data Set            DETERG      Total Frequency   1008
        Frequency Missing   0           Observations        24


                        Analysis of Variance

            Source           DF    Chi-Square     Pr > ChiSq
            ---------------------------------------------------
            Intercept         1       1004.93         <.0001
            SOFTNESS          2          0.24         0.8859
            PREV              1         20.96         <.0001
            TEMP              1          3.95         0.0468

            Residual          7          8.26         0.3100


              Analysis of Weighted Least Squares Estimates

                                           Standard       Chi-
   Parameter               Estimate        Error        Square     Pr > ChiSq
   ----------------------------------------------------------------------------
   Intercept                 0.5080        0.0160      1004.93         <.0001
   SOFTNESS     HARD       -0.00256        0.0218         0.01         0.9066
                MED          0.0104        0.0218         0.23         0.6342
   PREV         NO          -0.0711        0.0155        20.96         <.0001
   TEMP         HIGH         0.0319        0.0161         3.95         0.0468
```

图 15-9　洗洁剂的选择研究简化结果图

在图 15-9 中，有三部分内容，第一部分为数据概述，后两部分为：

(1) 方差分析，从 *Pr* > Chisq 中可以看出，除了 softness 之外皆显著。Residual 一行自由度为 7，其中含有模型中所未包含的各种因素，卡方值为 8.26，$P = 0.3100$，说明未进模型的所有因素加在一起都是不显著的，模型正确。

(2) 进一步给出各个参数及检验，softness 自由度为 2，因此有两个参数，依次为 HARD、MED。相对于 SOFT 而言，若取 $P = 0.1$ 为检验水平，可以说 HARD、MED 与 SOFT 不显著。显著因素为 PREV 及 TEMP。

【例 15-4-6】 对 12 指肠溃疡病，有 4 种手术(Treatment = A：引流和迷走神经切断术；Treatment = B：25% 切除和迷走神经切断术；Treatment = C：50% 切除和迷走神经切断术；Treatment = D：

75% 切除和迷走神经切断术)同时在 4 个医院进行，手术效果为：无效(none)、稍微有效(slight)、中等有效(moderate)，见表 15-5。试分析影响手术效果的因素(平均分响应函数；响应水平 $r=3$)。

表 15-5　4 种手术数据

RESULT 效果	TRT(手术种类)															
	A HOSPITAL				B HOSPITAL				C HOSPITAL				D HOSPITAL			
	1	2	3	4	1	2	3	4	1	2	3	4	1	2	3	4
NONE	23	18	8	12	23	18	12	15	20	13	11	14	24	9	7	13
SLIGHT	7	6	6	9	10	6	4	3	13	13	6	8	10	15	7	6
MODERATE	2	1	3	1	5	2	4	2	5	2	2	3	6	2	4	4

1. 程序

```
* ex15-4-6;
DATA A;
DO TRT='A','B','C','D';
  DO hospital =1 TO 4;
       INPUT none slight moderate @@ ;
       OUTPUT;
  END;
END;
CARDS;
23   7   2  18   6   1   8   6  3  12  9  1
23  10   5  18   6   2  12   4  4  15  3  2
20  13   5  13  13   2  11   6  2  14  8  3
24  10   6   9  15   2   7   7  4  13  6  4
;
DATA OPERATE;
     SET A;
     result='NO '; WT=NONE; OUTPUT;
     result='SLIGHT';  WT=SLIGHT;  OUTPUT;
     result='MODERATE'; WT=MODERATE; OUTPUT;
PROC CATMOD ORDER=DATA;
     WEIGHT WT;
     RESPONSE 0 0.5 1;
     MODEL RESULT=TRT HOSPITAL/FREQ ONEWAY;
     TITLE2 'MAIN-EFFECTS MODEL';
RUN;
```

程序说明：PROC CATMOD 语句中选择了 ORDER = DATA；输出的顺序不是按字母顺序，而是自然顺序(无效、微效、有效)。

程序运行结果如图 15-10 ~ 图 15-14 所示。

2. 结果及其说明

图 15-10 中，有两部分内容：

(1) Data Summary 数据描述。

(2) One-Way Frequencies：一维频数表。这是由于 MODEL 语句中选择了“ONEWAY”的结果。因为 PROC CATMOD 语句中选择了“ORDER = DATA”，输出的顺序按自然顺序(无效、微效、有效)，如果按字母排列，会很不方便。

图 15-11 中，有两部分内容：

```
                    SATURATED MODEL
                   MAIN-EFFECTS MODEL
                  The CATMOD Procedure

                      Data Summary

Response            RESULT      Response Levels    3
Weight Variable     WT          Populations       16
Data Set            OPERATE     Total Frequency  417
Frequency Missing   0           Observations      48

                  One-Way Frequencies

         Variable     Value       Frequency
         ------------------------------------
         RESULT       NO              240
                      SLIGHT          129
                      MODERATE         48

         TRT          A                96
                      B               104
                      C               110
                      D               107

         HOSPITAL            1        148
                             2        105
                             3         74
                             4         90
```

图 15-10　手术效果分析-1

```
                 Population Profiles

    Sample    TRT     HOSPITAL      Sample Size
    ---------------------------------------------
       1      A       1                  32
       2      A       2                  25
       3      A       3                  17
       4      A       4                  22
       5      B       1                  38
       6      B       2                  26
       7      B       3                  20
       8      B       4                  20
       9      C       1                  38
      10      C       2                  28
      11      C       3                  19
      12      C       4                  25
      13      D       1                  40
      14      D       2                  26
      15      D       3                  18
      16      D       4                  23

                  Response Profiles

              Response      RESULT
              ---------------------
                  1         NO
                  2         SLIGHT
                  3         MODERAT
```

图 15-11　手术效果分析-2

(3) Population Profiles：总体断面，由自变量 HOSPITAL 及 TRT 的各种水平组合决定。

(4) Response Profiles：响应断面，其顺序同(1)，也是由“ORDER = DATA”决定的。

(5) 在图 15-12 中，给出 Response Frequencies：响应频数表，由 MODEL 语句中 FREQ 选择产生。可将图 15-11 与图 15-12 横向合起来看。

图 15-13 中，给出两部分内容：

(6) Analysis of Variance：方差分析，分别给出了方差来源(Source)、自由度(DF)、卡方(Chi - Square)和概率($Pr > \text{Chisq}$)。可见，手术种类 TRT 卡方值为 8.90，$P = 0.0307$，在 $\alpha = 0.05$ 的水平下，对手术效果有显著差异。HOSPITAL 不显著($P = 0.5065$)。Residual 对应的自由度为 9，代表了 HOSPITAL * TRT，即(3 * 3)。$P = 0.7069$，说明它们的综合作用不显著，它们不必包括在模型中。

(7) 加权最小二乘估计分析给出参数各级水平的估计值、标准差、卡方值和概率。

TRT 的系数显示了前两个处理(负系数)比后两个处理(第 4 个系数没有显示,它必须是正值,因为 4 个系数之和为 0)有较低的平均计分。其意义为手术处理的越轻(前两个处理),并发症越小。

SATURATED MODEL
MAIN-EFFECTS MODEL

The CATMOD Procedure

Response Frequencies

Sample	Response Number 1	2	3
1	23	7	2
2	18	6	1
3	8	6	3
4	12	9	1
5	23	10	5
6	18	6	2
7	12	4	4
8	15	3	2
9	20	13	5
10	13	13	2
11	11	6	2
12	14	8	3
13	24	10	6
14	9	15	2
15	7	7	4
16	13	6	4

图 15-12 手术效果分析-3

Analysis of Variance

Source	DF	Chi-Square	Pr > ChiSq
Intercept	1	248.77	<.0001
TRT	3	8.90	0.0307
HOSPITAL	3	2.33	0.5065
Residual	9	6.33	0.7069

Analysis of Weighted Least Squares Estimates

Parameter		Estimate	Standard Error	Chi-Square	Pr > ChiSq
Intercept		0.2724	0.0173	248.77	<.0001
TRT	A	-0.0552	0.0270	4.17	0.0411
	B	-0.0365	0.0289	1.59	0.2073
	C	0.0248	0.0280	0.78	0.3757
HOSPITAL	1	-0.0204	0.0264	0.60	0.4388
	2	-0.0178	0.0268	0.44	0.5055
	3	0.0531	0.0352	2.28	0.1312

图 15-13 手术效果分析-4

TRT 显著,是指 TRT 的前 3 个水平与最后一个水平相比有意义。具体来说,只是第 1 个水平与第 4 个水平相比有差异($P=0.0411$),而其余两个并无差异。

习 题

1. 描述分类资料分析的特点。
2. 描述 CATMOD 模型的适用范围。
3. 某地气候(季节)对儿童感冒平均次数的数据(见表 15-6),分析性别和气候(季节)对儿童平均感冒次数的影响。其中，sex：1 女，2 男；season：1 春，2 夏，3 秋，4 冬；感冒次数 periods（因变量），感冒人数 count（权）。数据存于 SASDT\tab15-6. xls 中。

表 15-6　某地气候对儿童感冒平均次数的数据

性　别	季　节	感冒次数	感冒人数	性　别	季　节	感冒次数	感冒人数
1	1	0	45	2	1	0	31
1	1	1	164	2	1	1	136
1	1	2	171	2	1	2	180
1	2	0	25	2	2	0	26
1	2	1	24	2	2	1	26
1	2	2	55	2	2	2	32
1	3	0	30	2	3	0	21
1	3	1	73	2	3	1	18
1	3	2	66	2	3	2	11
1	4	0	12	2	4	0	36
1	4	1	18	2	4	1	11
1	4	2	24	2	4	2	8

4. 根据数据分类变量 school 学校类型（重点，非重点）与 method 教学法（实验班，普通班）4 种组合分析对高考结果（上榜，落榜）影响是否显著，数据见表 15-7。

表 15-7　学校类型与教学法数据

样　本	上榜人数	落榜人数
1 非重点学校实验班	30	20
2 非重点学校普通班	23	27
3 重点学校实验班	39	11
4 重点学校普通班	34	16

5. 表 15-8 记录了一个关于过敏性鼻炎的随机化临床试验的情况。试分析影响过敏性鼻炎的治疗情况的因素。数据表存于 SASDT\tab15-8. xls 中。

表 15-8　过敏性鼻炎的随机化临床试验数据

诊断类别	调　查　员	治疗方法	病人治疗后情况				
			差	一般	好转	好	很好
1	A	active	6	6	8	3	0
1	A	placebo	8	1	2	2	2
1	B	active	0	7	2	6	4
1	B	placebo	6	5	3	4	4
2	A	active	1	0	1	2	2
2	A	placebo	1	1	0	1	1
2	B	active	0	1	1	1	6
2	B	placebo	3	1	1	5	0
3	A	active	2	0	3	3	2
3	A	placebo	5	0	0	8	1
3	B	active	2	4	1	10	3
3	B	placebo	2	5	1	4	2
4	A	active	8	1	3	4	0
4	A	placebo	5	0	3	3	0
4	B	active	1	5	2	3	1
4	B	placebo	3	4	3	4	2

6. 对 7477 名年龄在 30 ~ 39 之间的妇女进行视力测定，结果如表 15-9 所示，试分析左右眼视力是否均衡(重复度量例)。数据存于 SASDT\tab15-9. xls 中。

表 15-9 妇女视力测定数据

人数		左眼视力			
		1	2	3	4
右眼视力	1	1520	266	124	66
	2	234	1512	432	78
	3	117	362	1772	205
	4	36	82	179	492

7. 设在一个简单随机采样中，被调查者给出了年龄组、性别及所爱颜色，结果如表 15-10 所示。

表 15-10 性别、年龄与颜色

			偏爱颜色		
总体	年龄组	性别	红	蓝	绿
1	青年	女	50	40	100
2	青年	男	55	10	30
3	中年	女	50	30	100
4	中年	男	95	20	50
5	老年	女	50	30	100
6	老年	男	50	20	20

问题：6 个总体的三个响应概率分别相同吗？如果不同，原因是什么？

(1)性别因素；(2)年龄因素；(3)性别加上年龄；(4)性别、年龄及其交互作用。

参考文献

[1] SAS Institute Inc. SAS V9. 1 Help
[2] SAS Institute Inc. SAS Procedures Guide for Personal Computers Version 6 Edition
[3] SAS Institute Inc. SAS/STAT Guide for Personal Computers Version 6 Edition
[4] 董大钧. SAS 统计分析软件应用指南. 北京：电子工业出版社，1993
[5] 董大钧等. SAS 统计分析. 沈阳：辽宁科技出版社，1996
[6] 董大钧等. SAS 统计过程指导. 沈阳：辽宁科技出版社，1992
[7] 董大钧等. SAS 过程指导. 沈阳：辽宁科技出版社，1992
[8] 董大钧等. SAS 语言指导. 沈阳：辽宁科技出版社，1991
[9] 胡良平等. 现代统计学与 SAS 应用. 北京：军事医学科学出版社，2000
[10] 薛富波等. SAS 8. 2 统计应用教程. 北京：兵器工业出版社，2004
[11] 黄燕等. SAS 统计分析及应用. 北京：机械工业出版社，2006
[12] 郭祖超. 医用数理统计方法. 北京：人民卫生出版社，1988
[13] 卢纹岱. SPSS for Windows 统计分析. 北京：电子工业出版社，1997
[14] 生物谷. 统计软件中的录入格式 www. bioon. com
[15] 洪楠，侯军. SAS for Windows 统计分析系统教程. 北京：电子工业出版社，2001